1. 本书是教育部人文社会科学重点研究基地华中师范大学中国农村研究院 2016 年基地重大项目"作为政策和理论依据的深度中国农村调查与研究"（16JJD810004）的成果之一。

2. 本书是华中师范大学中国农村研究院"2015 版中国农村调查"的成果之一。

中国农村调查

（总第71卷·口述类第14卷·农村妇女第4卷）

徐勇 邓大才 主编

天津出版传媒集团

天津人民出版社

图书在版编目（CIP）数据

中国农村调查. 总第71卷, 口述类. 第14卷, 农村妇女. 第4卷 / 徐勇, 邓大才主编. -- 天津：天津人民出版社, 2020.4
ISBN 978-7-201-15852-5

Ⅰ.①中… Ⅱ.①徐… ②邓… Ⅲ.①农村调查–研究报告–中国 Ⅳ.①F32

中国版本图书馆 CIP 数据核字(2020)第 039183 号

中国农村调查（总第71卷·口述类第14卷·农村妇女第4卷）
ZHONGGUO NONGCUN DIAOCHA

出　　版	天津人民出版社
出 版 人	刘　庆
地　　址	天津市和平区西康路 35 号康岳大厦
邮政编码	300051
邮购电话	(022)23332469
网　　址	http://www.tjrmcbs.com
电子信箱	reader@tjrmcbs.com

策划编辑	王　琤
责任编辑	王　琤
装帧设计	汤　磊

制版印刷	北京虎彩文化传播有限公司
经　　销	新华书店
开　　本	787 毫米×1092 毫米　1/16
印　　张	36.5
插　　页	6
字　　数	1000 千字
版次印次	2020 年 4 月第 1 版　2020 年 4 月第 1 次印刷
定　　价	750.00 元

《中国农村调查》编辑委员会

总　序

　　2015 年是华中师范大学中国农村研究院历史上的关键一年。在这一年,本院不仅成为完全独立建制的研究机构,更重要的是进一步明确了目标,特别是进行了学术整合,构建了一个全新的调查研究计划。这一计划的内容包括多个方面,其中,中国农村调查是基础性工程,从 2015 年开始出版的《中国农村调查》便是其主要成果。

　　学术研究是一个代际接力、不断提升的过程。农村调查是本院的立院之本、兴院之基。本院的农村调查经历了三个阶段。

　　第一阶段主要是基于项目调查基础上的个案调查(1985—2005 年)。

　　20 世纪 80 年代开启的中国改革开放起始于农村改革。延续二十多年的人民公社体制废除后,农村的生产功能由家庭所承担,社会管理功能则成为一个新的问题,这一问题引起了我院学者的关注。1928 年出生的张厚安先生是中国政治学恢复以后较早从事政治学研究的学者之一,他与当时其他政治学学者不同,他比较早地关注农村政治问题,并承担了农村基层政权方面的国家研究课题。与此同时, 本校其他学者也承担了有关农村政治研究的课题。1988 年,这些学者建立起以张厚安先生为主任的农村基层政权研究中心,由此形成了一个自由结合的学术共同体。

　　作为一个学术共同体,农村基层政权研究中心有其研究宗旨和方法。在学术共同体建立之初,张厚安先生就提出了"三个面向,理论务农"的宗旨。"三个面向"是指面向社会、面向基层、面向农村,"理论务农"是指立足于农村改革实践、服务于农村改革实践。这一宗旨对于政治学学者是一个全新的使命。政治学研究政治价值、政治制度与政治行为。传统政治学更多研究的是国家制度和国家统治,以文本为主要研究素材。"三个面向"的宗旨,必然要求方法的改变,这就是进行实地调查。自学术共同体形成开始,实地调查便成为我们的主要研究方法。

　　自 20 世纪 80 年代中期,以张厚安先生为领头人的学者就开始进行农村调查。最初是走向农村,进行全国性的广泛调查,主要是面上了解。1995 年,在原农村基层政权研究中心的基础上,成立了农村问题研究中心,由张厚安先生担任主任,由 1955 年出生的中年学者徐勇教授担任常务副主任。新中心的研究重点仍然是基层政权与村民自治,但领域有所扩大,并将研究方法凝练为"实际、实证、实验",更加强调"实"。这种务实的方法引起了学术界的关注,并注入国际学术界的一些研究理念和方法。我们的农村调查由面上的了解走向个案调查。当时,年届七旬的张厚安先生带领并参与个案村庄调查,其代表作是《中国农村村级治理——22 个村的调查与比较》。这一项目在全国东、中、西三个地区选择了 6 个重点村和 18 个对照村进行个案调查,参与调查人员数十人,并形成了一个由全国相关人员参与的学术调查研究团队。

　　第二阶段主要是基于机构调查基础上的全面调查(2005—2015 年)。

　　1999 年,国家教育部为推动人文社会科学研究,启动了教育部人文社会科学研究重点基地建设。当年,华中师范大学农村问题研究中心更名为"华中师范大学中国农村问题研究中心",由徐勇教授担任主任。2000 年,中心成为首批教育部人文社会科学重点研究基地。在基地成立之前,以张厚安教授为首的研究人员是一个没有体制性资源保障、纯因个人兴趣而结合的学术共同体,有人坚持下来,也有人离开。成为教育部研究基地以后,中心仍然坚持调查这一基本方法,并试图体制化。其主要进展是在全国选择了二十多家机构作为调研基地,为全国性调查提供相应的保障,并建立相互合作关系。

作为教育部重点基地,中心是一个有一定资源保障的学术共同体,有固定的编制人员,也有固定的项目经费,条件大为改善,但也产生了新的问题。这就是农村调查根据个人承担的研究项目而开展。这不仅会导致研究人员过分关注项目资源分配,更重要的是易造成调查研究的"碎片化"和"片断化",难以形成整体性和持续性的调查。同时,研究人员也会因为理念和风格不同而产生分歧,造成体制性的学术共同体动荡。为了改变调查研究项目体制引起的"碎片化"倾向,2005年,徐勇教授重新规划了基地的发展,提出"百村观察计划",计划在全国选择一百多个村进行为期10年、20年、30年以至更长时间的调查和跟踪观察。目标是像建立气象观测点一样,能够及时有效地长期观测农村的基本状况及变化走向。这一计划得到时任华中师范大学社会科学研究处处长石挺先生的鼎力支持。2006年,计划得以试行,主要由刘金海副教授具体负责。最初的试点调查村只有6个,后有所扩展。2008年,在试点基础上,由邓大才教授主持,全面落实计划,调查团队通过严格的抽样,确定了二百多个村和三千多个农户的调查样本。

"百村观察"是一项大规模和持续性的调查工程,需要更多人的参与。同时它又是一项公共性的基础工程,人们对其认识有所不同。因为它要求改变项目体制造成的调查"碎片化"和研究"个体化"的工作模式,为此,学术共同体再次出现了有人退出、有人坚持、有人加入的变化。

2009年正式启动的"百村观察计划"取得了超出预想的成绩:一是从2009年开始,我们每年都要对样本村和户进行调查,调查内容和形式逐步完善,并形成相对稳定的调查体系。除了暑假定点调查以外,还扩展到寒假专题调查。每年参与调查的人员达五百人左右,并出版《中国农村调查》等系列著作。二是因为是调查的规模大,可以进行充分的分析,并在此基础上形成调查报告,提供给决策部门,由此也形成了"顶天立地"的理念。"顶天"就是为决策部门服务,"立地"就是立足于实地调查。这一收获,使中心得以在教育部第二次基地评估中成为优秀基地,并于2010年更名为华中师范大学中国农村研究院,由徐勇教授担任院长,邓大才教授担任执行院长。三是形成了一支专门的调查队伍并体制化。起初的调查者有相当一部分是没有受到严格专业训练的志愿者。为了提高调查质量,自2012年起,研究院将原来分别归于导师名下指导的研究生进行整合,举办"重点基地班"。基地班以提高学生的调查研究能力为导向,实行开放式教学、阶梯性培养、自主性管理,形成社会大生产培养模式,改变了过往一个老师带三五个学生的小作坊培养方式。至此,农村调查完全由受到专门调查和学术训练的人员承担,走向了专业化道路。四是资料数据库得以建立并大大扩展。过往的调查因为是项目式调查,所以资料难以统一保管和使用。2006年,我们启动了中国农村数据库建设。随着"百村观察计划"的正式实施,大量数据需要录入,并收集到许多第一手资料,资料数据库得以迅速扩展。

第三阶段主要是基于历史使命基础上的深度调查(2015年至今)。

农村调查的深入和相应工作的扩展,势必与以行政方式组织科研的现行大学体制发生碰撞。但是已经有一个良好开端的调查不可停止。适逢中国的智库建设时机,2015年,华中师范大学中国农村研究院成为完全独立建制的研究机构,由 1970 年出生的邓大才教授担任行政负责人。

中国农村研究院独立建制,并不是简单地成为一个独立的研究机构,而是克服体制障碍,进一步改变学术"碎片化"倾向,加强整合,提升调查和研究水平,目标是在高等学校中建设适应国家需要的智库。实现这一目标有五大支撑点:一是大学术,通过以政治学为主,多学科参与,协同研究;二是大服务,继续坚持"顶天立地"的宗旨,全面提高服务决策的能力,争取成为有影响力的决策咨询机构;三是大调查,在原有"百村观察计划"的基础上构建内容更加丰富的农村调查体系,争取成为世界农村调查重镇;四是大数据,收集和扩充农村资料和数据,争取拥有最丰富的农村资料数据库;五是大平台,将全校、全省、全国,乃至全球的农村研究学者吸引并参与到农村研究院的工作中来,争取成为世界性的调查研究平台。这显然是一个完全不同于以往的宏大计划,也标志着中国农村研究院的全新起步。

独立建制后的中国农村研究院仍然将农村调查作为基础性工作,且成为体制性保障的工作。除了"百村观察计划"的持续推进以外,我们重新设计了 2015 版的农村调查体系。这一体系包括"一主三辅":"一主"即以长期延续并重新设计的"中国农村调查"为主体;"三辅"包括"满铁农村调查"翻译、"俄国农村调查"翻译和团队到海外农村进行实地调查的"海外农村调查",目的是完善农村调查体系,并为中国农村调查研究提供借鉴。

现代化是一个由传统农业社会向现代工业社会转变的过程,这一转变是从农村开始的。农村和农民成为现代化的起点,并规划着现代化的路径。19 世纪后期,处于历史大转变时期的俄国,数千人参与对俄国农村调查,持续时间长达四十多年。20 世纪上半叶,日本在对华扩张中,以南满洲铁道株式会社为依托开展对中国农村的大规模调查,持续时间长达四十多年,形成著名的"满铁调查"。进入 21 世纪,中国作为一个世界农业文明最为发达的大国,正在以超出想象的速度向现代工业文明迈进。中国需要也应有能够超越前人的大规模农村调查。"2015 版的中国农村调查"正是基于这一历史背景设计的。

"2015 版的中国农村调查"超越了以往的项目或者机构调查体制,而具有更为宏大的历史使命:一是政策目的。智库理所当然要出思想,但"思想"除了源自思考以外,更要源自于可供分析的实地调查。过往的调查虽然也是实地调查,但难以对调查进行系统化的分析,并根据调查提出有预见性的结论。在这方面,19 世纪的俄国农村调查有其长处。"2015 版的中国农村调查"将重视实地调查的可分析性和可预测性,以此提高决策服务的成效。二是学术目的。调查主要在于知道"是什么"或者"发生了什么",是对事实的描述。但是这些事实为什么发生?其中存在什么关联?这是过往调查关注比较少的,以至于大量的调查难以进行深度的学术开发,学术研究主要依靠的还是规范方法,实地调查难以为学术研究提供必要的基础,由此会大大制约调查的影响力。"2015 版的中国农村调查"特别重视实地调查的深度学术开发性,调查中包含着学术目的,并可以通过调查提炼学术思想,使其作为一种有实地调查支撑的学术思想也可以间接影响决策。为此,"2015 版的中国农村调查"在设计时,除了关注"是什么"以外,也特别重视"为什么",试图对中国农村社会的底色及其变迁进行类似于生物学"基因测序"的调查。三是历史传承目的。在现代化进程中,传统农村正在迅速消逝。"留得住乡愁"需要对"乡愁"予以记录和保存。20 世纪以来,中国农村发生了巨大的变化,中国农民经历了太多的起伏,农民的历史构成了国家历史不可或缺的部分。"2015 版的中国农村调查"因此特别关注历史的传承。

基于以上三个目的，"2015 版的中国农村调查"由四个部分构成：

　　其一，口述调查。主要是通过当事人的口述，记录 20 世纪上半期以来农村的变化及其对当事人命运的影响。其主体是农民个人。在历史上，他们是微不足道的，尽管是历史的创造者，但没有哪部历史记载他们的状况与命运。进入 20 世纪以后，这些微不足道的人物成为"政治人物"，尽管还是"小人物"，但他们是大历史的折射。通过他们自己的讲述，我们可以更加充分地了解历史的真实和细节，也可以更好地"以史为鉴"。口述史调查关注的是大历史下的个人行为。

　　其二，家户调查。主要是以家户为单位的调查，了解中国农村家户制度的基本特性及其变迁。中国在历史上创造了世界上最为灿烂的农业文明，必然有其基本组织制度为支撑。但长期以来，人们只知道世界上有成型的农村庄园制、部落制和村社制，而没有多少人了解研究中国自己的农村基本组织制度。20 世纪以来受革命和现代化思维的影响，人们对传统一味否定，更忽视对中国农村传统制度的科学研究，以至于我们在否定自己传统的同时引进和借鉴的体制并不一定更为高明，使得中国农村变迁还得在一定程度上向传统回归。实际上，中国有自己特有的农村基本组织制度，这就是延续上千年的家户制度。家户调查关注的是家户制度的原型及其变迁，目的是了解和寻求影响中国农业社会变迁的基因和特性。

　　其三，村庄调查。主要是以村庄为单位的调查，了解不同类型的村庄形态及其变迁实态。农村社会是由一个个村庄构成的。与海洋文明、游牧文明相比，农业文明的社会联系更为丰富，"关系"在中国农村社会形成及其演变中居于重要地位。中国在某种意义上说是一个"关系国家"，但是作为一个历史悠久、人口众多、地域辽阔、文明多样的大国，关系格局在不同的地方有不同的表现，由此形成不同类型的村庄。国家政策要"因地制宜"，必须了解各个"地"的属性和差异。村庄调查以"关系"为核心，注重分区域的类型调查，通过不同区域的村庄形态和变迁的调查，了解和回答在国家"无为而治"的传统条件下，一个超大的农业社会是如何通过自我治理实现持续运转的；了解和回答在国家深度介入的现代条件下，农业社会是如何反应和变化的。

　　其四，专题调查。主要是以特定的专题为单位的调查，了解选定的专题领域的状况及其变化。如果说前三类调查是基本调查的话，专题调查则是专门性调查，针对某一个专题领域，从不同角度进行广泛深入的调查，以期获得对某一个专门领域的全面认识和把握。

　　"2015 版的中国农村调查"是一项世纪性的大型工程，它是原有基础的延续，也是当下正在从事、未来需要长期接续的事业。这一事业已有数千人参与，特别是有若干人在其中发挥了关键性作用；当下和未来将有更多的人参与。历史将会记录下他们的功绩，他们的名字将与我们的事业同辉！

　　2016 年 6 月，教育部公布了对人文社会科学重点研究基地的评审结果，我院排名全国第一，并再获优秀。这既是对过往的高度肯定，也是对进一步发展的有力鞭策。为此，本院再次明确自己的目标，这就是建设全球顶级农村调查机构、顶级农村资料数据机构，并在此基础上，形成自己的学术领域和学术风格，而达到这一目标，需要一代又一代人攻坚克难，不懈努力！

徐　勇

2015 年 7 月 15 日初序、2016 年 7 月 15 日补记

口述类序

口述是当事人的语言表达。口述调查是通过当事人的语言表达而获得调查依据的一种调查方法,在当下愈来愈成为社会科学研究的重要手段。

人类社会是一个变化的历史过程。人类不断前行,需要从走过的路寻求启示,于是需要记录历史。历史不仅是客观发展的事实,在一定意义上也是人们记录甚至塑造出来的事实。人类为了顺利前行,必须全面、准确、真实地记录历史,从中汲取经验与教训。对历史的选择性塑造可以使人获得某种短期效益,但最终会受到历史的惩罚。因为历史与自然一样,都有规律可循。只有全面、准确、真实地记录或者还原历史,人们才能够科学把握历史规律。

中国是一个历史悠久的大国,历史感特别强。在中国,历史具有宗教般的神圣感。正因如此,长期以来,中国特别重视对历史的记录。传统中国设有专门的史官职位,民间社会也有记录历史的特殊方法。今天,对历史的记录愈来愈全面,有人将国史、地方志和族谱视为记载历史的三大支柱,但这些还远远不够。口述史因此应运而生。

过往对历史的记录有两个特点:一是以上层人物为主,二是以文字记录为主。人们经常讲,历史是人民创造的,但历史何以记录芸芸众生的创造活动?在历史中保留和传承下来的仍然是少数大人物。即使是芸芸众生也热衷于大人物的活动,从而放弃了历史本身。造成这一现象的重要原因之一,是记录历史的方法主要是文字。在相当长的时间里,文字还只是少数人的专利,只有读书人才能记录历史。读书人读什么书,怎样记录历史则受到人为的约束。因此,由读书人记录下来的历史总有一定限度。许多历史事实因此可能被舍弃、遮蔽,甚至塑造。

口述的出现是对历史记录的一场革命性变革。随着社会进步,对历史的记录不再是被垄断,而是发展为一门科学。对历史的记录也不再为大人物主导,那些过去根本不可能进入历史的小人物也可以因为口述而进入历史。特别是口述可以反映历史的丰富性、复杂性、生动性和隐秘性,大大丰富了以文字记录的历史,从而有利于促进全面、准确、客观、真实地记录历史。

中国是一个农业文明古国,无数的农民是农业文明的创造者。但长期以来,农民作为一个群体并没有进入历史记录之中。即使是在口述被广泛运用于社会科学研究的当今时代,也很少以农民为口述对象。这不能不说是一个历史的巨大遗憾!更重要的是,随着工业化和城镇化,传统农民正在迅速消逝,成为"最后的农民"。尽管这是一个历史的进步,但历史进步中人的生命和活动则是需要给予充分记录的。如果没有对这些"最后的农民"的历史记载,也许这将成为历史无法挽回的巨大遗憾。

作为一个农村研究机构,除了与其他机构一样,要匆匆往前赶,完成各种任务以外,我们在农村实地调查中也深深感受到抢救农民历史的紧迫性。历史责任感驱使我们记录农民的历史,口述则为我们提供了最为合适的方法。因为对于农民来说,有关他们的文字记录太少了。

农民是以土地为生的人。土地对于农民不仅是一种生产资料,而是一种在长期历史中形成的深厚的感情,甚至崇拜。如许多乡村田野都供奉土地神。因此我们所做的农民口述首先围绕农民与土地的关系而展开。

在世界现代化进程中,中国有着独特性。一则中国是在一个传统农业文明保持相对完整的状态下一步跨入现代化门槛的,二则中国跨入现代化门槛之后的变迁特别迅速。这使得农民与土地的关系发生着深刻而急剧的变革。这种变革的深度、烈度、广度、弯度都是世界上少有的,对农民的生活及国家政治的影响也是世界少有的。

如果从现代化进程看,中国的农民与土地的关系变迁经历了四个阶段:土地改革、土地集体化、土地承包、土地流转。

土地改革是迈向现代化大门的起点。现代化不是凭空产生的,它是传统社会向现代社会转变的过程。农民是传统社会的主要因子。就中国而言,农民的命运对于现代化具有特殊意义。一则中国农民在进入现代化之前,没有如英国一样发生内部演变过程;二则中国传统农民人数太多,直到 20 世纪 80 年代还占全国人口总数的 80% 以上。这一状况使得农民与土地的关系在中国政治关系中具有基础性地位。中国现代政党一诞生,就将解决农民与土地的关系问题作为基础性议题。在中国,土地问题不仅仅是产权问题,而且是政权问题,土地问题承载着大量的政治、文化和社会因子。因此,到 20 世纪中叶,土地产权改革一直伴随政权的变革,并带来了全面、深入的社会变革。这一变革是历史性的,它将变革引向中国的基础性部分。而这一部分在历史的王朝变更中是从来没有被触及的,因此它改变了整个中国的政治基础,也改变了无数人的命运。如今,经历过土地改革的当事人正在迅速走向人生的终点,他们的口述可以让我们对这样一场历史大变革有更多的认识和理解。

对于中国而言,20 世纪中叶是狂风骤雨的年代。土地改革完成不久,中国就开展了农业集体化。集体化对于中国农民而言,特别新奇。因为数千年以来,中国农民都是以一家一户的方式进行农业生产经营的。而在推动集体化的主政者看来,正是这种一家一户的生产方式造成了农民的贫穷。土地改革让农民有了土地,但一家一户的生产方式有可能再次造成农民的贫穷,于是以国家的力量推动农业集体化,农民的土地、生产,直到生命活动都以农村集体的方式加以组织。集体因此成为中国农民生产和生活的基础,其影响一直延续到当下,"大集体"成为当事人难以遗忘的历史记忆。

在土地集体化进程中形成的人民公社,其兴也勃,其废也忽。20 世纪 80 年代初,人民公社体制得以废除,以家庭为单位的土地承包经营制得以兴起,并被确立为农村基本制度。土地承包实行以家庭为单位的经营,在形式上与传统的家庭经营相似,以致有人一度认为是"辛辛苦苦三十年,一夜回到解放前"。但历史不会倒退,也难以简单回归。土地承包毕竟是在土地集体所有基础上的一种新的经营方式,并因为这种承包关系使得土地具有了所有、承包、经营、收益等多重性。这种多重性的产权关系是世界上少有的,它既促进了农业发展和农民保护,也会给农民与土地的关系带来许多复杂性。当事人的叙说也许与土地关系一样有不少复杂元素。

土地给农民带来生存和希望,也可能造成对农民的束缚。不断增长的人口使土地负载过重更是农民贫困的基本原因。农民与土地关系的调整和变革,有可能解决农民一时的生存问题,但难以从根本上避免重回贫困的陷阱,而走出土地或许会获得一片新的空间。20 世纪 80 年代,世世代代视土地为生命的农民开始离开土地,寻求新的产业和发展空间。土地流转因此得以启动。流转必须建立在产权明晰的基础上。进入 20 世纪,由国家主导进行土地确权,第一次全面深度介入农村产权领域并担负着保护产权的功能,其深刻意义也许还要许多年才能显现,但它对农民的生活和意识的改变则是无疑的。

农民与土地的关系是农村基础性关系,但并非全部。中国农村已经并正在发生深刻的变化。这一变化不仅体现在不同领域,不同人群在其中也有不同的状况。我们还将从不同领域和以不同人群作为特定的口述对象,更全面、充分、广泛地记录大历史中农民小人物的生活与命运。比如,我们稍后启动的农村妇女口述史调查,就是围绕"关系·惯行视角中的农村妇女"主题,记录农村妇女与家庭、家族、宗族、村庄、市场、国家、政党等的互动、互构关系以及农村妇女自身的发展变迁历程。

当下,口述史调查愈来愈多,我们的口述调查除了特定对象以外,还有以下特点。一是专业性。尽管我们的口述对象主要是农民,但我们的目的是用于学术研究。因此特别注意客观性,以口述事实为依据,避免主观倾向性。二是可分析性。我们的口述调查不是一般的描述事实,更不是讲故事,而是能够从事实中获得发现,其事实具有可分析和二次、多次开发的价值。因此我们设计了结构化的基本调查提纲。三是规模性。学术性开发需要一定的样本数量,我们的口述调查注意规模和比例。考虑中国地域大,不平衡性强,我们的调查尽可能照顾到全国各个区域,如农民与土地的关系口述调查力求全国农村每个县级单位都能够有所反映。

我们的口述调查从土地改革开始。为此,我们特别请本院初创人张厚安教授做了口述,并作为口述类第 1 卷导语。一则在于张先生作为土地改革工作队队员,亲身参与了土地改革,有丰富的实践经验。二则在于张先生长期从事政治学和农村研究,具有专业功力和眼光,他的真知灼见具有启发意义。

历史的生命在于真实。但历史的真实与真实的历史总是有距离的。与其他方法一样,口述也有限度。口述对象同样会产生对事实的选择、加工,甚至塑造。小人物与大人物一样,都希望在青史上留下好名。我们在进行口述调查过程中,力求客观、准确、真实、具体,只是所希望的与所能达到的还是会产生距离。但无论如何,农民口述可以为农村农民史保留一份珍贵的记忆,也是我们正在进行的大规模中国农村调查的重要组成部分!

徐 勇

2016 年 1 月 8 日

编写说明

  作为教育部人文社会科学重点研究基地，华中师范大学中国农村研究院历来重视农村调查与研究，《中国农村调查·口述类》是该基地新版"中国农村调查"项目的重要成果，在付梓出版之际，特做以下说明：

  第一，口述调查依托基地"百村观察"项目，从全国 31 个省(市、自治区)的三百多个定点观察村庄和众多非定点观察村庄中，通过随机抽样的方式，选取最合适的对象。同时，考虑到中国地域大、不平衡性强的特点，根据抽样原则，对口述样本相对缺少的省份、县市进行了补充调查，口述样本覆盖全国各个区域。

  第二，口述调查对象都是亲身经历过特定历史变迁、身体健康、头脑清晰、记忆力较好的老人，这些人都能完整地口述相关事件。但是由于受访者基本上是八十岁左右的老人，受个人经历、记忆偏差等的影响，受访者对同一历史事件的讲述会出现不一致的地方。为客观、真实地展现受访者的叙述，材料中除对个别明显有误的内容进行更正或注释外，一般都保持原样。读者在阅读时需要注意。

  第三，口述调查时全部进行了录音，调查结束后由调查员将录音一字一句地转换为原始文本，包括受访者口述时的语气、神情等，均在原始文本中做了记录。之后在原始文本基础上，按照历史事件的发展过程进行分阶段整理。本书即是分阶段整理、分地区编排形成的。材料中出现的地名、人名、单位等均为实名，文字整理基本上采用了受访者的原话，保留了大量的地方性话语，有些方言口语化明显、且难以理解的做了相应注释。

  第四，本书中的文字材料、照片、证件资料等，均获得了受访者的书面或口头授权。凡是从档案馆等机构获得的资料，均注明了来源。

  第五，对于受访者讲述到的容易引起争议以及有待进一步核实的内容，在不影响材料完整度和客观性的前提下，编辑组进行了部分删减，其他内容则基本保持原貌。

  第六，由于访谈对象提供内容的局限性，并非所有访谈的栏目都是齐全的，编辑组未强求统一。

  第七，由于是口述几十年前的历史，同一个村的老人对同一件事往往说法不一，对这类问题一般都会按多数人的说法统一，但少量的不一致无法处理，但对整体阅读没有什么影响。

  第八，书稿中的受访者一般都有单人照片，但也有少量的照片是受访者与调研员及他人的合影，考虑到绝大多数照片都没必要说明，照片也就没有一一介绍了。

《中国农村调查》编辑组

2018 年 3 月

目　录

BXL20180204YXL　　杨秀莲 ……………………………………………… 1

BXL20180210SXY　　尚秀英 ……………………………………………… 18

DD20170124LAR　　李爱荣 ……………………………………………… 39

DD20170205LWL　　李文兰 ……………………………………………… 57

DZ20170117WSM　　王淑梅 ……………………………………………… 75

DZ20170122LYL　　刘玉莲 ……………………………………………… 89

FGY20170725SYM　　适易眉 ……………………………………………… 99

FGY20170726LXZ　　刘秀枝 ……………………………………………… 109

GYN20180203TZY　　滕作英 ……………………………………………… 120

GYN20180208MXL　　马秀玲 ……………………………………………… 129

HXX20170114DDY　　杜典英 ……………………………………………… 139

HXX20170127LZF　　李祖芬 ……………………………………………… 150

JYY20170116XQK　　肖乾坤 ……………………………………………… 160

JYY20170117ZYK　　赵玉康 ……………………………………………… 174

JYY20170118DSF　　代树芳 ……………………………………………… 189

JXD20170105YWS　　杨王氏 ……………………………………………… 206

JXD20170109ZZL　　张忠兰 ……………………………………………… 217

JYP20180120WQC　　王秋草 ……………………………………………… 229

LKY20170226TQZ　　唐清珍 ……………………………………………… 250

LY20170205CM　　陈　梅 ……………………………………………… 266

LZY20180117YCX　　易才秀 ……………………………………………… 283

LZY20180119YGY　　易桂英 ……………………………………………… 295

QW20170217LXZ　　刘秀珍 ……………………………………………… 307

QW20170217WXZ　　文秀珍 ……………………………………………… 317

STY20170819ZGX　　周桂仙 ……………………………………………… 326

STY20170822QYB　　祁引宝 ……………………………………………… 338

WL20170125LLN　　李玲女 ……………………………………………… 351

WSP20170107KSL　　寇绍兰 ……………………………………………… 361

WYY20170102QJY　　屈俊英 ……………………………………………… 374

WYY20170122ZYY　　赵有英 ……………………………………………… 384

XQ20170207SFR　　司法荣 ……………………………………………… 398

XY20170114WHQ　　吴会清 ……………………………………………… 410

XY20170205ZTY　　张天英 ……………………………………………… 427

YWD20170116ZGR　　张国荣 ……………………………………………… 448

1

YWD20170117LFX　李福秀 ………………………………………………… 461

YL20170116SXY　隋秀英 ………………………………………………… 473

YL20170128LCF　李彩凤 ………………………………………………… 488

YX20170109XXF　向仙凤 ………………………………………………… 502

YX20170113WCH　王春花 ………………………………………………… 513

口述调查小记 …………………………………………………………… 523

授权说明 ………………………………………………………………… 568

后记 ……………………………………………………………………… 569

BXL20180204YXL 杨秀莲

调研点:甘肃省定西市通渭县李家店乡郭坪村

调研员:白孝龙

首次采访时间:2018 年 2 月 4 日

出生年份:1932 年

是否有干部经历:否

是否生育:是

受访者结婚的时间节点、生育子女的具体情况:1949 年结婚;1950 年生第一个孩子,共生了七个孩子,即六个儿子、一个女儿,其中第二个儿子十八岁病死。

现家庭人口:5

家庭主要经济来源:务农

受访者基本情况及个人经历:老人叫杨秀莲,生于 1932 年,甘肃通渭人。现在身体健康,生活温饱问题早已解决。老人小时候家里很穷,土改时是贫农。老人还有一个姐姐、一个兄弟,她和兄弟姐妹的关系都很好。老人总共生了七个孩子,一个女儿、六个儿子,一个儿子十八岁的时候病死了。老人的丈夫家土改时被划为贫农,当时家境贫穷。现在老人生活在三儿子家中,家中还有孙子、孙媳妇,老伴早已去世。老人在农村生活,一生以务农为主,老人家的耕地以山地为主,以种地为收入来源,但由于当地气候干旱,农业收入并不高,以前的日子比较艰苦。现在老人家不仅是低保户,而且还享受政府的养老金待遇,老人得到了党和政府的极大关怀,日子过得也好了。

一、娘家人·关系

（一）基本情况

我叫杨秀莲，小名耕香，1932年生。我的名字是母亲起的，我兄弟的名字是父亲起的。我家里很穷，家里有一位姐姐、一位兄弟。因为家里没有土地，土改时被划为贫农。我是十八岁出嫁，丈夫家里还有一位姐姐。由于丈夫家里没有土地，土改时丈夫家里被划为贫农。我总共有七个孩子，其中男孩六个、女孩一个，生第一胎时我二十岁。我的一生也有许多坎坷，有许多艰难的时候，但我很知足，现在的日子好多了。共产党的政策很好，曹[①]妇女现在过得很幸福。

（二）女儿与父母关系

1.出嫁前女儿与父母关系

(1)家长与当家

家长很重要，当家也重要。娘家是父亲当家，管钱、管钥匙。要说女性当家，这个有，但不多。当然多数家庭都是父亲与母亲一起当家。一般父亲管人情交往，母亲管生活。要是年老了，那就让儿子当家了。现在我家主要是三儿子当家，老伴去世了，我一个人在三儿子家。

(2)受教育情况

读书那都是大户人家的事，经商的、当官的，都有条件。我家那时很穷，在娘家就没念过书。我的兄弟读书，那只是认认字，也没有继续读，所以在读书上还是欠缺的。再说我是个女人，在旧社会地位就不高。当然1949年以前村里有女孩读书，地主的子弟不管男女，都在一起读书。1949年以后读书的就多了，一般的人都有条件读书了，还是得感谢党，让穷苦人翻了身。

(3)家庭待遇及分工

男孩女孩在家庭待遇上还是有区别的。毕竟是男尊女卑的社会，男孩子在家的地位高这是可以接受的，比如吃饭、添衣，都是优先的。大多数家庭都是这样的。但我在娘家的时候父母都一样对待皋[②]。

(4)对外交往

女孩过年的时候可以给村里人拜年，给自己的爷爷奶奶、叔叔婶婶、村里的年老者拜年，有时可以挣点压岁钱。我的父亲母亲都会去给长辈们去拜年。如果家里来客人，一般都是父亲陪客，母亲就是做饭的，是不能上桌的。要是到别人家吃饭，也都是父亲去，母亲是不去的。当然如果父亲外出不在家或者父亲去世的话，母亲可以去，儿子也可以去，但女儿代表家庭去的事情是没有的。如果家里没有吃的，女儿当然是可以外出讨饭，我记得曾经饿得不行了，和弟弟一起偷过别人的庄稼，那时家里穷没办法。

(5)女孩禁忌

女孩是不能随随便便的，不能随意出门。女孩要讲规矩，注意自己的形象。当然就算小时候玩耍，也不能和男孩一起玩，一般是和自己的伙伴在一起玩。家里有客人，女孩是不能和客人坐在一起的。要说洗衣服、晾衣服，平时的话可以放在一起，但如果是女孩的生理周期的话，衣服必须分开洗、晾。一般情况下，上衣是晾在前面的，裤子是晾在后面的。还有女孩在祭祀敬神的地方是不能出现的。

---

① 曹:方言,意思是我们,民间说历史上曹操管辖过甘肃通渭。

② 皋:我们的意思。

（6）家庭分工情况

干活是有区别的。一般是男人干重活,女人干轻活。在娘家我的兄弟做家务,就是干一些粗活。而我就是洗衣服、做饭。当然村里的大户人家是不干活的,因为人家地位高,都是雇佣的穷人给人家打工。大户人家收取利润。要说纺纱织布呢,这个我不会,但做鞋做衣服,我还是会的,这些都是在娘家的时候母亲教的。我一年给每个家庭成员做一双鞋,一件衣服就多得很了。要说我从哪个时候开始自己不做鞋、做衣服,给孩子买着穿,就到改革开放了吧。那时我的其他孩子都大了,我的六儿子还小,我就给六儿子买鞋、衣服穿。

（7）家庭教育

那时观念落后,家庭条件也不好,在孩子的家庭教育上还是不够重视的。具体来说,男孩女孩都是父亲母亲一起来教育的。当然父亲一般是教育孩子要有责任心,而母亲就是教育孩子要细心,要懂得生活。女孩平时在家里仪表要干净,说话要礼貌。孩子活着要有志气,也就是"穷活志气富活德",其实这就是很简单的家庭教育。让孩子懂得怎么做人。

2.女儿的定亲、婚嫁

（1）定亲经历

我是1949年定亲,也是1949年结婚的,那时是父母托的媒人给我找的对象。媒人说媒,那当然是会针线、茶饭、乖巧温顺、不多言语、懂规矩的女孩有优势,也容易找到一个好男人。阿家①很重要的,阿家人品好,姑娘当然愿意嫁过去。我结婚的时候没有看生辰八字,但婚约是有的。我收到的彩礼并不多,就是几件衣服。彩礼也是有等级的,大户人家彩礼是很多的,不像曹穷人。定亲双方的家长是要见面商量的,一般是父亲出席。那时还是包办婚姻,定亲父母没有征求我的意见,自己不满意那也没办法,只能听从父母的安排。定亲之后也是不能毁约的。定亲后两家是走动的,一般是过年吧。准女婿一般拿鸡蛋、馍馍,娘家当然是要回礼的,也就是一些杂粮馍馍吧。定亲后男女双方不可以见面,准女婿上门,我是要回避的。要是见面,那就到结婚的那一天了。

（2）出嫁经过

说到结婚当然是好事。现在回想起很美好,我十八岁那年出嫁,时代不同了。我们那时结婚,婚约是要写的,结婚时要通知长辈做见证。我出嫁那天,父母兄弟姐妹,还有关系好的女孩都来送亲、送嫁。但和我属相不对的人是不能见面的。父母那天是很难过,可女大出嫁,这是没有办法的。我出嫁的时候,娘家简单地招待了长辈和村子里的人。

我结婚时阿家很穷。阿家这边就丈夫和丈夫的姐姐。阿公是农民,丈夫也是农民。阿家这边定亲很简单,宴请一下长辈、媒人,还有自己的亲戚。在定亲的前几天要向长辈报告。我结婚时阿家派我的未婚丈夫和几位亲戚来迎亲,那时拉一头毛驴,到阿家后就拜堂成亲。主婚的是父母,司仪是男的,曹叫总理,女人就负责饭菜。拜堂时属相不对的人是不能在场的。婚宴座次一般是年老者坐在上席,娘家人也是上席。结婚后第二天,要问候阿家阿公②、爷爷奶奶。曹这儿结婚后可以去拜祖坟,也可以不去。

（3）嫁妆

1949年以前人们的嫁妆是很简单的,我的嫁妆就是鞋和衣服。大户人家就有钱,嫁妆就

---

① 阿家:指婆婆。

② 阿公:指公公。

是家具,穷小家庭就是衣服和鞋。我的嫁妆置办费用是父母出的,嫁妆多少与阿家的彩礼也没有绝对的关系。村里人大多是穷小家庭,嫁妆就是衣服和鞋。出嫁前我干活所得收入都是要交给父母的,我没有私房钱。要是先分家女儿后出嫁,父母要为女儿置办嫁妆,嫁妆钱留在父母的一份里边。至于嫁妆的多少,就看家庭条件的好坏和家长的态度了。

(4)童养媳

我对童养媳的了解不是很多。大概就是女孩年纪很小的时候就结婚,大概就是十岁到十四岁之间。童养媳是很苦的,女孩嫁过去之后就伺候阿家一家老小。一般的家庭是不愿意让自己的女儿做童养媳的,这都是封建家长的束缚。

(5)换亲

换亲在农村很普遍,一般是出于儿子娶不上媳妇的考虑。这样的事在1949年前后都是有的。现在也很常见,各有所需。换亲有的是媒人说合,约定日期就结婚。有的是双方父母谈,做个顺情媒。

(6)上门亲

上门亲①这是很常见的,有些事不由人,家里没有男孩就只能这样了。上门女婿是要写合约的,一般需要长者来见证。上门女婿不孝顺的话,就由本家的长者教训。上门女婿生的孩子,第一个男孩跟女方的姓,第二个就跟男方的姓。上门女婿是不能分家的,一般是比较精明能干的一个当家。要说地位,上门女婿肯定低。

(7)改嫁

皋那个时代改嫁的并不多。因为曹那时是个封建社会,婚姻一切要听父母的。改嫁的彩礼给妇女的娘家,当然也是有嫁妆的,一般是姑娘以前的嫁妆,娘家不再特别准备嫁妆。结婚仪式和普通结婚一样。改嫁的妇女被村里人笑话,这个是分情况的。如果是自己的丈夫年轻就得病死亡或者因为事故死亡,或者在丈夫家确实受到不公正的待遇的话,或者没有生孩子的话,妇女是可以改嫁的。如果是出于上面的原因改嫁的,村里人是不耻笑的。

3.出嫁女儿与父母关系

(1)风俗禁忌

出嫁的女儿回娘家时能在娘家吃午饭,能和姑爷在娘家同宿。出嫁的姑娘能回娘家拜墓,一般是拜自己父母的墓,但如果遇上生理期,是不能进到墓地里面去的,只能到外围。出嫁后的姑娘在春节、清明节、端午节、中秋节、重阳节就回家。一般都是自己回家,有时也是和孩子一起回娘家,一般带点馍馍。

(2)与娘家困难互助

出嫁的姑娘一般是不会管娘家的事。娘家有困难的话,我能帮助,毕竟是娘家人。一般就是出点钱、力、物。这也要看娘家遇到的是什么困难,如果是生病等大困难的话,女儿就要全力帮助了。

(3)离婚

离婚在那个年代是很少的。都是父母包办婚姻。出嫁的女儿提出离婚肯定需要娘家父母同意。如果父母不同意那就难办,一般是不能在娘家长期住的。离婚的出嫁女死后一般是不葬在娘家的祖山的,葬在生了儿子的那一家的祖山里。

---

① 上门亲:方言,意思是招赘、入赘,即上门女婿。

(4)娘家与婆家的关系

我的娘家和阿家不是一个村的,但距离不远。娘家和婆家的关系都很好。双方家长性格都很好,要是哪一方有困难的话,都是可以商量解决的。婚姻亲戚、血缘宗族、邻居我感觉都很亲。他们人很好,相处也是很愉快的。

(5)财产继承

我出嫁后分不了娘家的财产。要是父母没有儿子,只有女儿,女儿是可以分财产的。曹这儿是落后地区,一般家庭父母的财产也没多少,就只有些钱、物品吧。如果女儿不能继承父母的财产,就由同姓侄子继承。上门女婿继承的财产比较少。

(6)婚后尽孝

百善孝为先,孝敬父母是儿女们的义务。1949 年以前,姑娘管父母养老的并不多。一年中重要时节会回家看望父母,给点钱、粮食。要是在闲月时候,也会接老人到姑娘家住的。1949 年以后,女儿在这方面做得就更多了,尤其是到改革开放后,女儿和儿子在孝敬父母方面就一样了。父母去世的话,出嫁的姑娘穿的孝服和儿子有点不一样,儿子的孝服相对长一些。

(三)出嫁的姑娘与兄弟姐妹的关系

我有一位姐姐、一位兄弟。在娘家的时候,皐的关系很好,都是手足。我出嫁后,皐的关系也是很好的,皐之间有什么困难,也是相互帮助,一年中也是相互走动。带些礼物,有时带些点心,点点心意。一般娘家有什么大事的话,兄弟姐妹几个一起讨论一起解决。要是我在阿家有困难的话,兄弟也会前去帮忙解决。我的儿女结婚肯定要请我的兄弟,儿女的舅舅很重要。我和姐姐的关系也是很深,有什么困难皐一起度过。

二、婆家人·关系

(一)媳妇与公婆

1.分家前媳妇与公婆关系

(1)婆家家长与当家

婆家当然阿公是家长,也是阿公当家。阿家没分家之前阿公是家长。阿公当家管钥匙,家里的大事都由阿公决定,一切人情交往,家庭会议,家庭大事都由阿公管理。阿家就做一些饭菜,洗洗衣服,干些轻活。其他的事女人是不操心的。

(2)劳动分工

我嫁到阿家这边后,受了不少苦,一天到晚就是干活。要是嫁到好点的家庭,就会少受点苦。我下地干点轻活,一般就是做饭、洗衣服,阿公和丈夫就干些重活,像这些和我娘家的劳动分工是一样的。

(3)婆媳关系好坏

总的来说我和阿家的关系可以,刚到阿家当然是阿家管我。有时如果我做错事的话,阿家会打骂我,但这都是为了家庭好,因为一些活我不会干,给我长点记性。我去串门,或参加村里的一些活动,这个是要获得阿家同意的。回娘家,也是要征求阿家的意见的。

(4)婆媳规矩与状况

要做一个阿家满意的媳妇是很难的。1949 年以前,做媳妇的更难活,要好好地伺候阿家。这个不管穷人家还是大户人家，规矩都是一样的。一般就是给阿家端茶倒水、洗衣做饭。贤妻良母是要顺从的。阿家让我好好伺候丈夫，有半点不满意，我就遭殃了，想起来就害怕。一般来说丈夫不会上锅灶做饭的，也不会洗衣服。1949年以前，阿家故意欺负媳妇的事很常见。丈夫是不敢求情的。一般媳妇是不敢顶撞丈夫的，要是顶撞，会被打死。像这样的事，当然要人调解解决，就是年老的长辈。1949年以后这些事情就少了，因为新中国倡导自由平等，构建和谐的家庭关系。

（5）外事交涉

过去是男尊女卑的社会，一切事都是男人做主。对外交往都是男人出面。我们家都是由阿公或丈夫出面。阿公和丈夫叔伯们商量事情，女人是不能插嘴的，要是女人管这些事会被人们笑话为"妇人之见"了。

（6）家庭矛盾

家庭矛盾是家家都有，生活都是有风有浪。丈夫和阿家有矛盾的话，媳妇一般不调解，因为媳妇地位低。如果媳妇和婆家的兄弟或兄弟的媳妇有矛盾的话，阿公和阿家是可以调解的，一般就是说说好话。

（7）过节习俗

过节在两边都是可以的，一般清明节、端午节、中秋节、春节这些节日都需要回娘家。一般是先在阿家过，然后就到娘家去过。出嫁的新娘大年初一回娘家拜年。

（8）财产权

那时家里穷，父母也没多少财产。1949年以前媳妇在阿家是没有财产权的。什么嫁资地①是没有的。媳妇带来的压箱钱，可以自己管理、支配。嫁妆也是媳妇自己的财产。女方如果被休或者离婚，嫁妆可以自由带走。媳妇在阿家纺纱织布当然是供全家使用，要是有结余，可以作为自己的收入。媳妇要用钱可以向阿公要，但分家后就只能靠自己了。结婚后我也有一些私房钱，但不多，很少。1949年之后媳妇的财产权有了很大变化，支配权也有变化，媳妇在家中的地位比较重要，这方面也有了一定的自主权。

2.分家后媳妇与公婆关系

（1）分家

我家就丈夫一个男孩，所以没有再分家，而是直接继承了丈夫父亲的家业。也就是阿家和阿公都在我家。但我见过分家，一般家庭分家是很艰苦的，几个人就分几双筷子，几个碗。然后媳妇的嫁妆拿上，就分家了。

（2）离婚

皋那时离婚几乎是不可能的，封建家长束缚压迫着。都是父母包办婚姻，不管是娘家还是阿家，都不愿让儿女离婚。哪怕就是日子过得不好，也要继续过。如果媳妇在阿家上受到了很大的委屈，最多就是娘家派人到阿家上去说。要是实在过不到一起，也有离婚的，但是很少。1949年以前丈夫休妻，也没有什么仪式，最多也就写个条约。1949年以后家长在儿女婚姻的问题上就没有那么大的权力了，都倡导自由婚姻。但也不能任意离婚，要有正当的理由，要合法。

（3）改嫁

改嫁一般是丈夫去世，妇女比较年轻的情况下的不得已的行为。改嫁一定要阿公阿家同

---

① 嫁资地：意为陪嫁的土地。

意,要是不同意,就看妇女的决心了。改嫁时妇女可以带走自己的财产,大多数都是自己的嫁妆。儿女的抚养责任,一般是男孩要留下,女孩带走。要是自己的孩子年龄已经大了,妇女不会改嫁的原因是为了照顾孩子。

(4)财产继承

财产的继承问题,有子的寡妇和其他兄弟平等继承,没子的寡妇就不一定了,如果在遗嘱中特别交代,完全按遗嘱办。如果生了儿子,地位就重要了,都是自己家的人,怎么能不管呢。

(5)外出经营管束

1949年以前就没有妇女外出经营、帮工的事,那时是封建社会,对妇女管束是很严的。妇女想外出经营,一定要阿公阿家同意,要是自己偷着跑出去是要受惩罚的。阿家和丈夫的权力哪个大一点,这就很难说了,不同的家庭情况也不一定。

(6)赡养与尽孝

阿公和阿家年老时当然由儿女尽孝,赡养的方式和费用是一样的。如果儿子去世,儿媳妇照常照顾老人。阿公和阿家办寿宴时,我要做好锅灶上的饭,丈夫就是招待亲戚。

(7)公婆祭奠

我阿公和阿家去世时,我穿的孝服比丈夫的短。其他仪式都一样,要是下葬我也是可以参加的。阿公和阿家的墓地是男左女右。这儿过世的人是不立碑的。媳妇去祭拜坟墓,可以去也可不去。清明节媳妇一般是不去给阿公阿家扫墓的。一般都是丈夫和儿子去,女儿都是不去的。

(二)妇与夫

1.家庭生活中的夫妇关系

(1)夫妇关系

我和丈夫就是结婚那天见面的,见面后我感觉丈夫整体上也不错。皋结婚后就是相互称呼小名。要是孩子长大了,就称呼孩他爹、孩他娘。

(2)当家

由于丈夫家就一个儿子,所以曹就没有分家,而是和阿公阿家生活在一起。当然阿公在世的时候,阿公是家长。阿公去世后,丈夫就是家长。丈夫拿钥匙、管钱、管理家务。如果我当家,村里人会说闲话。如果丈夫不成器的话就教育一下,一般是不会轻易不让当家长的。平常的农业生产这些都是由丈夫管理,我是不插手的。家里建房、添置田产都是由丈夫决定的。妻子花钱,需要丈夫同意。我有一点私房钱,都是为了孩子将来用。我的嫁妆由我管理,丈夫要是用,先要给我说。

(3)家庭分工

我当然干农活,农民的职业就是干活。我干一些比较轻的活,洗洗衣服、做一下饭。娘家和阿家对皋有支持。家外的关系是丈夫的事。丈夫外出务工肯定和我商量,我外出务工也需要丈夫同意,都是为了家庭好,哪有不同意的。特别是改革开放以来,丈夫外出务工,留在农村的妇女生活过得很艰苦,家里一切大小事都由妇女来做。但这也是没办法,都为养活家庭,为了子女的生活。

(4)家庭地位

家庭成员地位次序有一定讲究。一般就是丈夫第一,妻子第二,儿女第三。不过在我家都是一样的。当然饭不够吃，一般是让孩子先吃。治病都一样，亲人是骨肉。

（5）丈夫权力

1949年之前丈夫对妻子管理很严的。女人要伺候丈夫，端茶倒水、洗衣做饭。丈夫和别人说话，女人不能插嘴，丈夫管理着妻子的一切。要是丈夫不成才的话，妻子是不敢管的。厨房的事情妻子管理，刷马桶也是妻子一个人的活。家里的衣服、女人的衣服都是女人自己洗。我生病、坐月子时丈夫也是不洗的，等这些事都过后，女人再去洗这些衣服。一般，我的衣服和丈夫、阿公的衣服不会晾在一起的。1949年以后这些事改变很大，妇女的地位就高了。

（6）娶妾与妻妾关系

娶妾是大户人家的事，一般的穷小家庭养不起。1949年以前丈夫娶妾不需要妻子的同意。如果妻子没有生儿子的话，是不能够反对的。娶妾也会讲究门当户对，毕竟大户人家的要求高。像娶妾这样的事我听说得也不多，具体什么样也不清楚。家里人把正妻称为大婆，把妾称为小婆。

（7）典妻与当妻

这样的事我还是没有听说过。听意思好像是买卖人，这是违法的行为，具体我确实不清楚。

（8）过继

过继在农村是常见的事。一般那是妻子没有生男孩，过继一般找同姓兄弟的儿子，要和妻子商量，不能贸然行事。在这方面妻子还是有发言权的。

（9）家庭虐待与夫妻关系状况

1949年以前丈夫打骂其妻子的事情很常见，一般妻子不敢反抗，丈夫可以当着孩子的面打骂妻子。当然丈夫不能无理取闹，如果丈夫执意打骂妻子，事情后果会比较严重。阿家和娘家人会出面解决这件事的。都是为了过日子，差不多就行了。1949年以后这样的事就少了，因为政府不准许家庭暴力，强调和谐相处。政府制定了婚姻法。

（10）副业收入

妻子平时的副业收入是很多的。在曹地方，如纺花织布、编草编、做鞋、做衣服。赚钱主要是丈夫的事，男人家毕竟有力气，所以这方面主要靠男人。

（11）日常消费与决策话语权

男人当家，肯定是男人有权力，家里购买生活用品、人情消费，都是需要和丈夫商量，最后是丈夫决定。1949年以前妻子在家庭事务方面是没有权力的，不能随意到市场去买东西，也不能将家里的东西私自卖出，不过丈夫是可以的。1949年以后这种情况就少了，男女平等。

（12）离婚

1949年以前女人自己提出离婚基本是不可能的。但丈夫提出离婚是可以的，通知一下家长，家长同意后，可以离婚。离婚时，妻子只能带走自己的嫁妆，其他的东西都是男人的。1949年以前肯定是男人提出的离婚多，男人的社会地位高。

2.家庭对外交往关系

（1）人情往来

家里的人情往来一般都是丈夫出面，平时邻里的送情、请客、送东西、给压岁钱等人情来往都是丈夫出面，男人的地位高。家里有客人，我不能和客人在一起吃饭，我只负责做饭就行了。如果到别人家去吃饭，我一般也是不能去的，当然如果丈夫不在家，我是可以去的。

（2）家庭责任与义务

男人不成才，可怜了女人。要是男人一天花天酒地、赌博、乱花钱，欠了账的话，妻子就算不知道，也有义务替丈夫还债，俗话说"跑了和尚跑不了庙"。1949年以前如果女人向别人借债，一般是不会有人愿意借的，她的丈夫一般也不会承认的。1949年以后这种情况就少了。

（3）婚外情

1949年以前如果有这样的事就会成为大笑话。要是男人有婚外情，阿公处罚一下就行了，甚至还会包庇。如果女人这样的话，会被阿家打死的。1949年以后这样的事处理就人性化了。

（4）人际交往和出行

我有很多的朋友，都是小时候一起玩耍的时候认识的。我要是到朋友家去玩，先告诉丈夫。由于家里忙，一般玩的机会不多。1949年之前我基本上是不出门的，要是出去也要先和丈夫打招呼。1949年以后我出门的机会就多了。

（三）母亲与子女的关系

1.生育子女

（1）生育习俗

我一共有7个孩子，大孩子是1950年出生的。曹这儿生孩子不管男孩、女孩都会举办热闹的满月仪式。为庆祝孩子的出生，一般会摆一些宴席，邀请本家的亲戚、娘家人。

（2）生育观念

阿公和阿家对男孩、女孩的态度肯定不一样，都喜欢男孩，认为男孩越多越好，人丁兴旺。男孩女孩的庆生都是一样的，都过满月。1949年以前如果媳妇只生女孩不生男孩，阿公家肯定会让儿子休妻重娶或纳妾过继。

（3）子女教育

我的儿女们上过学的很少，那时家里主要是穷，没有钱供孩子上学。我的六儿子上学一直到了高中，其他的孩子都读了小学三年级就再没有读书。那时就是思想观念落后，其实没有钱可以借的。现在孩子都没有念成书，日子过得很凄惨。

（4）性别优待

一般家庭肯定是男孩子地位高。但我和丈夫都一样对待，不管是男孩还是女孩，都是自己的亲生骨肉。也许我的阿公阿家偏爱男孩子。

（5）家庭教育

对孩子的家庭教育是没有明确分工的，不是说父亲就一定教育男孩，母亲就一定教育女孩，都一样教育。只不过父亲会教育孩子要有责任心，母亲教育孩子做事要细心。

（6）对子女财产权力

儿女婚前所赚的钱归父母管，分家前所赚的钱自己管，儿女分家后父母要将其所赚的钱还给儿女。到曹的女儿的时候就很普遍了，改革开放了，儿女都出去打工，自己赚钱，曹也就管不了那么多了

（7）对子女婚姻权力

到曹儿女结婚时都是自由恋爱了。定亲时要合八字。我女儿的聘礼是自行车、家具。陪嫁，就是家具吧。我儿子给女方的聘礼也是自行车，还有手表。媳妇的陪嫁都由媳妇自己支配，媳妇的陪嫁当然好多了。儿子结婚前需要盖新房子，盖房所需的钱父母是要出一部分的。

2.母亲与婚嫁后子女关系

(1)婆媳关系

我儿子是1978年结婚,和我当年相比,阿家、媳妇的关系好了许多,媳妇有了更多的自由。曹之间矛盾少了许多,大多都是媳妇说了算。

(2)分家

儿子和我1976年分家。分家主要是考虑孩子年龄都大了,为了孩子能更好地生活。因为我生的儿子多,要是都生活在一起也不太现实。分家时财产一般是按儿子来分。媳妇的嫁资钱都归媳妇自己。要是分家之前哪个儿子添置了家产就分给那个儿子。分家时如果有女儿没有出嫁,有女儿的一份财产,由父母保管留做后来的嫁妆。

(3)女儿婚嫁

我女儿十八岁定亲,那时都是自由恋爱,村里的女孩十四岁左右都可以定亲。定亲时父母肯定要征求女儿的意见,定亲时女儿与对方见面。定亲后两家走动,女儿可以和对象来往。聘礼是自行车、缝纫机。父母会准备家具、衣服作陪嫁。嫁妆一般都是父母准备。1949年之后曹这儿女儿出嫁形式开放多了,彩礼、嫁妆都有了很大进步。特别是改革开放以来,像自行车、手表、缝纫机,还有钱都是特别流行的嫁妆和彩礼。现在农村结婚的彩礼就是十万元左右吧。现在年轻人选对象的标准当然是要有稳定的工作。

(4)上门亲

上门亲什么时候都有。1949年以后家里只有女孩,没有男孩,为了延续家业,就要招上门女婿。生的孩子如果是男孩,第一个孩子跟女方的姓,第二个孩子跟男方的姓。谁有能力谁当家,上门女婿离婚不能带走财产。家里有祖传的手艺,有的传,有的不传。上门女婿不孝顺会被长辈教训。

(5)援助儿女

我和姑娘家来往比较多。姑娘家有困难我当然会出钱出物帮助。我帮忙带孙子,花费由我和儿女一起出。这些事都会帮的,那是我的骨肉。外孙我也会带的。

(6)赡养关系

我现在和三儿子在一起住,我现在确实老了,都由儿女一起抚养。现在养老都不是什么大问题,政府有养老院。要是没子女的老人就进养老院。我一年也去女儿家住住、转转,有个好心情。

三、妇女与宗族、宗教、神灵

(一)妇女与宗族

我是孩子的时候,像祖祠、祖堂是有的。但后来这些东西就没有了。以前把祖宗放在一起供奉,后来就各自管各自的。但像家祠这些还是有的,像开家庭会议,这些妇女是可以参加的。男人们、叔侄们谈论事情,这些妇女是不参与的。

(二)妇女与宗教、神灵、巫术

1.神灵祭祀

神灵还是要信的。曹这儿信的是土生土长的道教神灵。如曹在《西游记》中看到的太上老君。现在求雨的活动比较少了。具体的仪式一般是在庙里进行,我也不清楚到底是怎么回事。因为旧社会在祭祀神灵的地方是不要女性靠近的。但灶王爷、土地公这些祭拜还是有的。每年的腊月二十三人们把灶王爷送上天去向玉帝报告人间收成,为老百姓来年讨食物。土地公多年祭祀一次,为的是保四季清平、幸福安康。男人与女人祭拜的神灵是不一样的,女人祭拜的是菩萨,男人祭拜的是神仙。

2.女巫

女巫在农村很常见的。当然还有男巫。农村男巫多吧。这些人就管人的生死祸福,也就是巫师做法。在农村,男巫、女巫人们都信。要是妇女请一些巫医到家里来,丈夫会理睬的,因为都是为了治病。

3.求平安

农村人们求平安的方式很多。最多的就是信神。当然这些事都是男人做的,不关女儿什么事,女人是不能出现的。

4.预测神灵

人们都到这儿的庙里去,每月的农历初一、十五都会到庙里去问卦占卜。这是曹地方的特色,当然都是由男人来做。

5.性别祭祀

村里的庆典或祭祀,妇女一般是不能在场的。曹当地的做法是每一年把神抬到村里敬拜,唱戏。举行敬神仪式的时候,女性一定要回避。还有几年一次的村里祭拜,妇女都是不能在场的。

6.女性神灵

村里一般没有共同祭拜的女性神灵。但一个乡镇有菩萨庙,女性信奉,都很虔诚。

7.家神

家里供奉神的情况并不多,以前有供奉观世音菩萨的,保平安。现在这种情况没有了。

8.鬼节

曹这儿没有什么鬼节。要说到七月半,在曹这儿没有上坟的习俗。但是每年农历的十月初一有上坟的风俗,为逝去的先人送寒衣。

9.宗教信仰

曹这儿并没有严格意义上的宗教信仰。但是人们普遍信仰本地土生土长的道教,就曹的"鹿鹿山""太白庙"这些都是比较大的道教场所。都是为了求平安,求得心灵的宽恕。当然关于信仰,曹地方就是信奉庙里的神仙,在民间就有许多神话传说。

四、妇女与村庄、市场

(一)妇女与村庄

1.妇女与村庄公共活动

(1)村庄活动参与

虽说妇女地位低,出人头地的场面没有女性。但干活的地方却一样都少不了。妇女为村庄的建设都出了不少力。村里的婚丧事,祭祀活动,都由妇女做饭。不要小看了做饭,由于人多,所以这是个大的事情。出嫁前我参加过村庄活动,就是在村里看戏、皮影戏、听小曲,很有趣。出嫁后的妇女可以去看戏,座次很有讲究,妇女和男性肯定是分开坐的。

（2）开会

1949 年之前开会一般是不让妇女参加的。但在 1949 年以后,村庄会议妇女是可以参加的。共产党组织妇女参加会议,会上当然妇女可以发言。

（3）性别摊派

1949 年之前的村庄公共事务建设的资金与劳役摊派,女性要参与的。那时对妇女的压迫比较深。

（4）村庄绅士

保长、甲长这些人我听过,但没有见过。听人说这些人都是很富足的人,家庭条件好的人。像我出嫁这么小的事,是不需要通知这些人的。像保长、甲长这些,都是出席一些大户人家的活动。如果嫁入地跨村或跨甲,一般丈夫要去办理登记手续,变更户籍。

2.妇女与村庄社会关系

（1）社会交往

我在娘家有女伴,俗话说"一个篱笆三个桩",皋在一起聊天玩耍。有时也出门玩。我当然会陪伴女伴出嫁,也没啥特别的仪式,为了喜庆,要穿红色衣服。

（2）务工与报酬

1949 年以前大户人家会雇用妇女当保姆,还有些报酬,一般就是给点粮食。村庄安排女性参加劳动,报酬是没有的,都是义务做。那时要是谁家有事,都是互相帮忙。没有什么报酬。穷苦群众为了生存迫不得已给地主干活,地主的剥削很厉害,哪有劳动报酬。1949 年以后这样的事情就有所改变。一般的帮工是人情交往。但长期的务工都是有报酬的。社会主义国家讲"按劳分配,多劳多得"。

（3）交往习俗。

人活着要学会交往。我新婚后就去拜望亲戚。出嫁到阿家后当然有朋友,皋在一起很开心。妇女之间交往也很好。要是亲戚、村里人有什么需要帮忙的,只要人家开口,我都会去帮忙,像红白喜事就去帮忙做饭。

（4）妇女聚集与活动

妇女在一起玩的事很常见,大家有时间就在一起。在洗衣服的地方经常聊聊天,晚上在一起乘凉。关系好的妇女会自然形成一个朋友圈。妇女可以到外村去聊天,当然要先通知阿家。现在都是互联网时代,妇女都在一起聊天,玩玩微信。现在的妇女比皋以前自由多了。

（5）女红传承

纺织、做衣、做鞋的技术,都是在娘家的时候母亲教的。如果到了阿家这些东西还不会的话,阿家会教训。

（6）矛盾调解

"林子大了什么鸟都有",妇女吵架是很常见的。要是妇女之间吵架,丈夫是可以调解的。要是妇女和男性吵架,这就得村里的一些有威望的长辈出面调解。

（二）妇女与市场

1.市场参与

1949 年以前妇女的市场参与基本是没有的,也没有女性商贩,都是男性做生意。赶集都是男人,哪有妇女。女性一般不能参加市场中的活动,像喝茶、听戏、聊天。1949 年以后妇女也就变得比较活跃了。

2.市场交易

买卖东西这些事都是男人来做的。就算是女性的纺织品都是丈夫拿到市场上去卖。1949年以后到改革开放以前，妇女也就是拿票去买东西。一般家庭票是不够用的。改革开放以后我就开始用洋布了。割资本主义尾巴的时候，我会去供销社买一些盐、油。

五、农村妇女与国家

(一)认识国家、政党与政府

1.国家认知

"国家"这个词我听人说过。要说对国家的理解，我也说不清，毕竟自己没有读过书。1949年之前国民政府宣传过男女平等。那时妇女不向国家交税。1949年以后共产党的政策好得很，办起了人民教育。有口号"人民教育为人民"，老百姓才开始懂得教育，学习国家的政策。再后来也开展了"农村社会主义教育运动"，做得确实很好。

2.政党认知

政党我不是太清楚。要说国民党和共产党，这个我还是知道的，大多也都是听人说的。1949年以前我听过国民党、孙中山、蒋介石、国民党党员，曹老百姓就要听从这些人的话。那时也听说过共产党，但听说得少。那时听得多的都是关于国民党的知识。1949以后共产党的知识就接触得多了，我家有共产党员，是我的六儿子。整体来说还是共产党好，让老百姓、穷人过上更好的生活。

3.政府认知

"政府"，我知道一点，有时到乡政府去办理一些农业手续。总之，共产党领导下的政府就是好，我非常知足。共产党为老百姓着想，这个曹很满足。国民政府时期，我裹过脚，是父母让裹脚的，这些都是压迫妇女的一些不良习俗。1949年后我也参加过识字班和夜校，那时的日子很美好，我感觉是一生中最值得留恋的时候。1949年之前我没有接触过女干部，我认为女性当干部是不太现实的，那时女性地位很低。共产党时期的计划生育政策，有好也有不好的地方。政府在文明风气这方面做得很好，废除封建礼教，倡导文明开化，这些方面为老百姓做了许多好事。

(二)对1949年以后妇女地位变化的认知

1.妇女组织

妇联最早是人民公社的时候我听说的。妇联就是妇女的联合会，维护妇女权益。我参加过公社组织的妇联。参加后懂得了许多党的好政策，明白了如何维护妇女的合法权益。

2.妇女地位变化

"男女平等""妇女能顶半边天"，这些话我是人民公社的时候听说的，那时搞大生产，男女都平等，都为社会主义建设贡献力量。

3.婚姻变化

1949年以后儿女的婚姻有了很大变化，自由了许多，父母也管得少了。如果父母不同意，儿女是完全可以反对父母的决定的。20世纪五六十年代父母管理控制得比较严格，七八十年代就比较开放了，到九十年代以后，婚姻就完全自主了。

4.政府与家庭地位、家庭关系

1949年以后政府号召家庭平等,不准丈夫打老婆。这些都做得很好,确实做到了,我很高兴。阿家和媳妇的关系相处得很好。妇女在家里的地位都得到了很大的提高。政府和村里的干部对男人打女人的事比较关注,如果谁这样做,就要进行上课教育。

5.宗族地位

1949年以后妇女的地位当然提升了。妇女可以入族谱,可以参加宗族的祭祀活动。

6.政府与习俗

1949年以后一些社会不好的习俗都废除了,这方面政府做得很好。上祖坟、拜祖宗、住娘家、上门亲这些都变得开放了。

7.政府与教育

教育这方面做得很好,一代比一代好。我孙子接受的义务教育都是免费的,政府在这方面投入了大量资金,确实不容易。"百年大计,教育为本",这方面,确实要感谢党和政府。

8.妇女政治地位

妇女的政治地位和以前相比大大提高了。现在基层干部中有很多女干部,女党员和女代表也很多。妇联工作搞得很好,全县和全乡定期会召开妇女代表大会。现在国家对妇女很重视。

(三)妇女与土改

1.土地动员与参与斗地主、分田

土改时我家是贫下农。土改工作队到过我家,当时就宣传党的好政策,人们都很高兴。皋当时斗过地主,分地主家的东西。我家分到了地主家的几件衣服。当时就是打倒地主,为人民除害。当然地主的下场是很惨的。妇女也积极参与斗地主,土改分地决策妇女也有权参与。分给女性的土地出嫁时不能够带走。

2.妇女组织

曹村有土改工作队,里面有女队员。村里也有妇联,妇联主任人品很好,工作能力很强。村里定期召开妇联会议,我当时发言又激动又紧张,但我很高兴,因为我说出了自己的真实想法。

3.对妇女翻身解放的认识

妇女翻身解放有很多方面,分得了土地,家庭变得和谐,社会地位得到提高。这还得感谢党对妇女的重视。这是以前都不敢想的事情,但现在做到了,共产党真伟大。

4.女干部

我没有当过女干部,因为我能力不够。当干部的人都是人品好,有能力,能吃苦的人,哪有随便当的。不过曹对女干部比较尊重,因为都是大家民主投票选出来的。女干部给曹讲国家的政策,我很高兴听。

(四)互助组、初级社、高级社时的妇女

1.互助组时期

我参加互助组时是年轻人。互助组里人很多,都是老百姓,当时人们互相帮助干活,也解决了一些难事,人多力量大。组里和社里的干部当然是说好话,动员妇女。组里的人们很团结,我当然愿意和互助组一起下地干活。

2.合作社时期

合作社时期大家一起干活。家里的土地和农具,确实都入社了,合伙干活,就是大家一起干。妇女也下地干活。原来地主的太太不干活,现在都得下地干活。但这些人都不太会干活,不过活还是要干的。社会主义国家多劳多得,按劳分配。

3.合作化时期女干部

合作化时的女干部很有能力,我没有干过。但是女干部人很好,特别关注妇女,为妇女解决困难,宣传党的好政策,和老百姓一起干活。这些女干部没有一点架子,很贴近群众,是人民的公仆。

4.性别分工

合作社时期男女干活都很卖力,基本都干的一样活。那时大家一起劳动,干活的时候男女都在一起。按劳分配,劳动得多报酬就多。妇女三期的时候也是很难关照到的,照常干活。如果是生了孩子,那就休息半个月。那时对妇女身体的照顾,确实做得不到位。

5.集体劳动

我开始参加集体劳动时有4个孩子,我把孩子就放到家里。当然生产队里的劳动重要,不劳动就不能生存。与人民公社比,妇女的劳动相对轻一些。我一年大概出工200天。

6.集体分配

合作社时期男女都在上工。一般不生病的话都在干活。妇女都一直在干,如果确实年龄大了就干一些轻活。不下地的妇女口粮就从年轻人的粮食中分,当然这是在同一家人中。像有病的人,这些可以通过社员大会进行决定,可以把集体的粮食分一点。

7.公共事务参与

那时共产党的会比较多,必须要求妇女参加,妇女也要发言。公社时期妇女的发言有很大作用,说得有理的话,大家会采纳好的意见,并在以后的工作中改进。土地都没有放在一起,干活的时候就是组长来叫一下,说今天给谁干活,就去给谁干。互助组的时候妇女就基本上都去干活了,人家家里的妇女要是来给你干活,你们家给他们干活的时候也得去啊,基本上能干活的都会去干活。成立初级社的时候,我去开完会以后就去做妇女的思想工作,因为入社不是所有的人都愿意。那时候妇女已经翻身了,家里的事情也有权知道。到了高级社的时候,那妇女就真的顶半边天了。

(五)妇女与人民公社、"四清""文化大革命"

1.妇女与劳动、分配

(1)妇女与劳动

那时的劳动分配就是"按劳分配,多劳多得"。妇女也是这样,劳动得多,分配的也就越多。人民公社时期我就是三十岁左右。当时当然动员妇女出工下地干活。那时大家约定早上一起去上工。后来就有了喇叭,早上的约定时间喇叭响了就去上工。那时大家唱的是《东方红》,"东方红,太阳升,中国出了个毛泽东"。还有很多歌。当然也有口号,"鼓足干劲,力争上游,多快好省建设社会主义"。

(2)单干与集体化的选择

当时妇女在集体干体力活时大多数都很认真,太累的话就休息一下,当然是在队长,干部不在的时候稍作休息。我认为还是分田到户、个体劳动比较好。

(3)分配与生活情况

生产队里的粮、油、薪、柴这些分配都看工分的多少分发,自留地是按照人口多少来分的。我家是缺粮户。要是好好挣工分,妇女挣的工分完全可以养活住自己。

2.集体化时期劳动的性别关照

(1)"四期"照顾

妇女身体方面的特殊照顾是很少的,妇女几乎是一直干活。人民公社时期就有半个月的产假。大跃进、三面红旗时像一些妇科疾病很少有,就是有妇女出于害羞也是不会轻易说的。还有一个事实情况,那时国家穷,一般人是没有钱去治病的,也没有医院和药。要说是治病,就是干部有条件去治病。

(2)托儿所

托儿所听说过,但是没有好好的实行。我的孩子没有上过生产队里的托儿所,如果家家的孩子都上托儿所,那也没有那么多人照顾。可能还是干部的孩子上过托儿所。

3.生活体验与情感

(1)大食堂

人民公社时期的大食堂我记忆很深。食堂做饭的都是女的,饭是分配吃。有时很丰富,有时就很简单。吃食堂饭时,自家的铁锅、铁铲保留在家。妇女不会操心做饭的事,但是饭的质量很难说,为啥食堂办不去下去了,这个是国家的政策,具体我也不知道原因。

(2)"三年困难时期"

"三年困难时期"人们生活太艰苦了,天灾人祸。这些事政府有责任,人都饿死了,有人吃人的事。当然男人饿死的多,因为男人能吃饭。要是实在饿得受不住,就去偷点吃的,一般是那帮人去。我听人说这次灾难与地方的政府和领导人有一定联系。出现了谎报粮食产量的情况。但这个问题也及时解决了,县上的领导也做了深刻的分析。

(3)文娱活动与生活体验

人民公社时期是很热闹的,人们在一起劳动。那时经常开会,宣传党的好政策。我参加过识字班、夜校、演节目,那时确实很开心。大家上工时一起说说笑笑,一天就结束了。

(4)妇女间矛盾

妇女在一起上工矛盾是避免不了的。有骂人的,都是为了一些小事。一般就是上工的人调解一下。实在不行的话,就找干部解决问题。

(5)情绪宣泄

像这些大多都是为了一些小事。这样的妇女确实有,就在大街小巷里不停地骂。其实这样做是不对的,很难解决问题。

4.对女干部、妇女组织的印象

(1)铁姑娘

铁姑娘就是女劳动模范吧。那时政府奖励粮食、农具来鼓励女劳动模范,还会开会表彰。

(2)妇女干部

我印象比较深的女干部就是那时的妇联主任,那个人特别好。有能力,能吃苦,贴近群众,皋都特别喜欢。

（3）妇联印象

妇联平时都给妇女开会，宣传党的好政策，组织妇女上工，为妇女解决矛盾。当时在妇联的领导下，有关妇女的问题就很好地解决了。

5.“四清”与“文化大革命”

“四清”也是记得的，就是整顿农村市场，提高干部、群众觉悟。这一段时间我记得有很多口号，如“无产阶级文化大革命万岁”“毛主席万岁”“社会主义越红越好”。那时整天就是闹革命、开会、批斗。我就知道是为了捍卫毛主席和新中国。但这一段时间人民的生活过得并不好，后来也听说过“四人帮”“反革命分子”。当然还是邓小平厉害，拨乱反正。

（六）农村妇女与改革开放

1.土地承包与分配

承包分配土地的决策过程中妇女参加了。承包单干好一点吧，这样做的最大好处是劳动力差的人生活有了保障。当然妇女也平等地分到了土地，土地证上一般是丈夫的姓名。离婚或者出嫁的妇女可以保有自己分到的土地。

2.选举

村委会的选举我参加过，我自己填选票选了妇女干部。不管哪个时候，妇女都发挥着重要的作用。当然要选妇女干部，更好为妇女、为人民服务。

3.计划生育认知

计划生育政策的施行，总体来说是好的。是为了减少人口，实现富裕。但计划生育政策在前期的实行阶段存在一些问题。就是基层执行不好的问题突出，这个要认真对待。当然对于农民来说，农民也存在一些思想问题，总想着多生，不计后果。让我现在选择，我还是会多生。

4.精准扶贫

精准扶贫政策很好，对老人也是特别关爱。政府为老人建起了养老院。发给了养老金。还有产业扶贫，让老年人就地就业挣钱。老年妇女生活困难比较小，老年妇女的手工工艺不错，像剪纸，这些通过互联网卖出去，赚取一些收入。习近平主席很好，一切为了老百姓，曹老人感到真幸福。

5.社会参与

现在农村发展得很好，老年人的社会参与也很广泛。现在家家都是互联网，自来水。村庄的路都硬化整修了，都有了自己的文化广场、养老院。老人们现在的日子过得确实不错。我当然会用手机，和孙儿联系时就用。

六、生命体验与感受

人一辈子不容易，喜怒哀乐样样都有。有幸福的时候，也有悲伤的时候。八十多年来也见证了许多事情，以前过多的是悲伤吧。现在日子好多了，党和国家对农村的扶持也特别大。电视上说“乡村振兴”战略为了农民的生活，政府注重“三农”，都特别好。习近平主席带领大家脱贫攻坚，取得了一个又一个的成功，为实现小康而奋斗。现在农村发展得确实好，可惜我老了。好日子来之不容易，自己要多珍惜，争取多活几年，享受来之不容易的好生活！

BXL20180210SXY 尚秀英

调研点：甘肃省定西市通渭县李家店乡郭坪村
调研员：白孝龙
首次采访时间：2018 年 2 月 10 日
出生年份：1938 年
是否有干部经历：否
是否生育：是

受访者结婚的时间节点、生育子女的具体情况：1962 年结婚；1964 年生第一个孩子，共生六个孩子，前五个是女儿，最后一个是儿子。

现家庭人口：6

家庭主要经济来源：务农

受访者所在村庄基本情况：郭坪村位于李家店乡西南部 3.54 千米处，共辖 5 个村民小组，村庄有 265 户 1209 人；耕地面积 4782 亩，人均占有耕地 4 亩，其中陡坡地 2391 亩，约占耕地的一半，年平均气温 6.6 度，年降水量 380 毫米左右。村内沟壑纵横，梁峁起伏，水土流失严重，生态环境恶劣。此外，此地基础设施落后，产业结构单一，收入产出效益差，集体经济薄弱。村民农业收入低，艰苦的自然条件和落后的基础设施是制约全村发展的主要因素。本地以旱田为主，种植小麦、土豆非常著名。此村以张姓为主，此外有李、白、党等姓氏。土地改革运动时大部分土地属于地主。

受访者基本情况及个人经历：老人叫尚秀英，生于 1938 年，出生于甘肃通渭。老人娘家的家庭条件较好，土改时被划为上中农。老人有一位姐姐和一位兄弟。老人二十四岁出嫁，婚后育有六个孩子，其中前五个孩子为女孩，最后一个孩子为男孩。老人干活积极，多次被评为劳动模范。老人现在和老伴生活在一起，儿子在外面打工，常年不在家中。老人一生以务农为主，因为黄土高原地区水土条件恶劣，收入较低，老人现在是低保户，也是建档立卡的贫困户，生活有了保障，并有了大的改善，现在老人年龄也大了，但赶上了好时代，日子过得很好。老人很满意现在的生活。

一、娘家人·关系

(一)基本情况

我叫尚秀英,1938 年生。我的姐姐和兄弟的名字都是父亲起的。我家里条件还算可以,家里有两位姐姐,一位兄弟。家里有些土地,土改时家里被划为上中农。我二十四岁出嫁,丈夫兄弟一共五个,丈夫排行第四,丈夫没有姐妹。土改时丈夫家里被划为中农。我一生有六个孩子,生了六胎。其中男孩一个,女孩五个,生第一胎时我二十五岁。转眼八十年时间经历了很多事,我为这个家也付出了很多,收获很大。现在日子好过了,我也很满足,赶上了个好时代。

(二)女儿与父母关系

1.出嫁前女儿与父母关系

(1)家长与当家

我在娘家的时候父亲就是家长。我父亲是一位很善良的人。我家以前有点儿地,雇人的时候和工人关系很好。父亲也是当家的"一把手",内外一切事都由父亲管,如管钱、管钥匙,打理人情来往。要说当家并不是一个简单事。家长家家有,好当家的也不多。女性一般是不当家的。要说母亲,就管些吃饭洗衣的事。

(2)受教育情况

我很遗憾自己没有读过书,主要是没有读书的意识。那时我接受的教育,大多来自父母和长辈的言行教养,做人的基本道理这些我还是懂的。那时在娘家,我家的条件还是可以的。可我和两个姐姐都没读书,一直在家干活。弟弟读过书,但弟弟读到高中就打工去了。我要说的是 1949 年之前读书的人总是很少,都是一些地主、富家子弟。改革开放后人们也就重视教育了,在农村读书的人真正多了起来。对孩子的教育都抓得很紧。

(3)家庭待遇及分工

在曹①农村,重男轻女的现象多多少少还是有的,尤其是女儿多男孩少的家庭,对男孩的额外关注是有的。但我在娘家时,父母对我们都是一样看待的,有饭同吃,有衣同穿。说个实话,儿女都是父母养的,都是父母的骨肉,大多数家庭还是一样看待孩子的。

(4)对外交往

女孩在我生活的那个年代,参加对外交往还是比较少的。不过在小孩的时候,交往还是较自由的,但长大了就不那么自由了。当然不管女儿,还是女人,过年的时候都要给亲戚、亲房拜年。但作为一个好母亲,就只管做饭洗衣、伺候人。家里有客人,母亲把饭做好就行了,母亲不能和客人坐在一起。要是到别人家去,一般女人是不去的,女孩就更不能去了。可能是环境的影响,女孩要是在外面见了人都会害羞的。

(5)女孩禁忌

对女孩的约束还是很多的,女孩比男孩还要注意自己。女孩要知书达理,懂得做人,用现在的话说,不能太生动活泼了,也不要小家子吧。大人说话的时候,女孩是不能够插话的。女孩不能一个人随便去外面玩,不能和同村的男孩一起玩耍,要是同族的男孩,小时候是可以在一起玩的。女孩生理期的衣服,要和父亲、兄弟的分开洗,分开晾。女孩不能出现在村庄敬

---

① 曹:方言,意为我们,咱们。甘肃通渭以前是曹操管辖的地方,因此当地人自称"曹"。

神的地方。这个按当地的风俗,就是害怕女孩有生理期,冲撞神灵。

(6)家庭分工情况

从男女的身体特点就明白,干活是有分工的。父亲干重一些的活,母亲就干一些轻活。像曹农村就是父亲干地里的农活,母亲也就干打谷场上的轻活,给家里做做饭。我和姐姐也帮着干一些轻活,弟弟那时在读书。一般家庭和穷人家的孩子干活都很早,我九岁时就开始做饭了。在娘家的时候,母亲和女儿都是要会手工活的,为家里做鞋、做衣服。我是比较聪明的,会很多手工活,像绣花、做鞋、做衣服,都是我自己学的。在打谷场上,我就看着她们怎样做,我就学习手工活,慢慢地,我也会做手工活了。我还有一些本事,就是我会纺线,那是我十八岁时在纺织厂学的,有时做多了就有结余了,也就赚点收入。到21世纪人们手工做的东西就少了,人们开始买鞋、衣服。

(7) 家庭教育

说到教育,我虽然没有念过书,但生长在这片土地上,祖祖辈辈,咱通渭人①的传统我还是记得,"通渭人精神",这是我忘不了的。"一等人忠臣孝子,两件事读书耕田","书画之乡,耕读传家"。不管是我的父母教育我,还是我教育自己的孩子,这些可能是书本上学不到的,但这是优良的传统文化,是曹通渭人的立身的本,所以要热爱国家、孝敬父母、认真读书、踏实种地、擅长写诗、爱好书画。这六方面有一样做到了,就是真正的通渭人。所以这也是家庭教育的最高标准。当然具体一点,就是男孩要有责任,女孩要温柔体贴,注重自己的形象。当然像会针线,乖巧温顺的女孩说媒的话就很有优势了。

2.女儿的定亲、婚嫁

(1)定亲经历

我是1962年定亲的,也是1962年结的婚。我结婚定亲都是同一年,前后不过十天。那时父母找的媒人是邻庄的一个人,他叫董归一,是董家河人。定亲的时候双方的家长都要见面,在一起商量,那时基本还是家长做主。定亲的时候丈夫来我家了,但我没敢看,我躲在门后面。这些都是父母安排,大多是满意的。那时的定亲还是很简单的,丈夫家里那时很穷,我的彩礼也很简单,就是四匹布和一百元。当时彩礼的价值也是有高有低的,主要看家庭情况。大户人家的彩礼有钱、有粮食、有布、有衣服,这些都有,但穷人家庭彩礼就很简单。

(2)出嫁经过

我结婚的时候二十四岁了,在农村,我也算年龄大的了,那时大多数就是十八岁左右就结婚了。我结婚的时候和丈夫先办了结婚证,是公社主任韩俊堂办的,然后就结婚。结婚是要爷爷、伯伯同意的,当时招待了一些近房亲戚,引亲的②和添箱的人,还有一些关系比较好的人。送嫁的人就是兄弟姐妹亲房亲戚,还有小时候一起玩过的姐妹。曹这儿有个风俗,就是父母不送嫁。当然像属相不对的人是不能参加婚宴的。

我出嫁时二十四岁,那时丈夫已经分家了,自己一个人在土庄中住着。我丈夫是做生意的,那个年代就是找个事干,也没有多大收入,家里还是还很穷,情况就一般。丈夫兄弟五个,他是家里的老四。我结婚的时候很简单,阿家③家里送完彩礼后不多久就会结婚,肯定要告知

---

① 通渭人:通渭为文化艺术之乡,文化气息浓厚。

② 引亲的:指结婚的男方家属和朋友。

③ 阿家:方言,指婆婆。

同家族的长辈来吃喜宴和证婚。那时我记得也没啥"总理",但主婚的人是有的,就是喊拜天地的人,我也就拜天地成亲。那时结婚,男人就招待一下亲房亲戚,给客人散烟、沏茶,女人就要做好锅灶上的饭。婚礼的座次是很重要的,一般是男左女右。新娘结婚之后去上坟的习俗在那时是没有的,一般都是丈夫去的。

(3)嫁妆

那时的嫁妆都一般般。我家那时虽然有点地,可是日子还是过得一般,所以嫁妆也没多少。那时父母给的嫁妆也是有区别的,大户人家的嫁妆就是多,有家具、粮食、布、衣服、鞋。像一般的穷家小户就是布和鞋。嫁妆的多少也没一个确定的标准,就看家庭的实际概况了。我的嫁妆就是一些布。结婚前我也有一些收入,但这些都交给了父母,但我也有一些私房钱。我是家里的小女儿,两个姐姐都出嫁了。所以我的嫁资,都是父母替我保管着。

(4)童养媳

我听说童养媳就是姑娘年龄很小就给人家去当媳妇。一般也就是十多岁的女孩吧。童养媳结婚的过程和成年人结婚是一样的。这个主要是父母做主,年纪轻轻就把自己的女儿嫁出去伺候人。不过这种情况在1949年之后没有了。因为新中国的婚姻法规定,你结婚必须是成年男女。

(5)换亲

换亲是非常多的,这个不管在1949年之前还是在1949年之后都有的。不过这种情况现在基本没有了。那时主要考虑儿子娶不上媳妇,古人说"不孝有三,无后为大"。娶媳妇就是要生孩子,一个人如果没有自己的后代,在人面前是抬不起头的。当然换亲也是需要找媒人的。我认为这是一个好事,都能解决各自的问题。

(6)招赘

身不由己,要是一个家庭只生了女孩,没有男孩,就只得招上门亲①了。这个主要是考虑后代的问题,也是心疼女儿,害怕女儿嫁出去受委屈。当然也出于防老的考虑。上门亲要有合约的,确认一下关系。如果生的孩子是男孩,第一个跟女方姓,第二个跟男方姓,要是女孩也就不那么严格了。上门女婿分家的说法在这儿是没有的。当家的就看谁更有操持家的本领,能者居上。既然男方在女方家中,自然女方的地位就高一些。

要是上门亲离婚,是没有财产的。还有家传手艺一般也很少传,有句话叫"传内不传外",究竟是外人。上门亲女婿的地位是比较低的。但现在这个情况有改变,有许多"倒插门"是自愿的,这种就是女方就一个女儿,条件也好,有许多男性就自愿嫁过去了,但男方这个地位确实低。

3.出嫁女儿与父母关系

(1)风俗禁忌

出嫁的女儿回娘家就是回自己的家,这是天经地义的事。在娘家吃饭住宿都是可以的,要是姑爷去就一起住。一般孩子长大之后,姑爷就不去了,一般是孩子和姑娘一起回娘家。出嫁的姑娘能扫墓,但必须是自己父母的,这也是当地的风俗。女儿一般在上坟时也是从属地位,也就是去个人就行了,其他的都由姑娘的兄弟管。

(2)与娘家困难互助

出嫁的姑娘和娘家的关系还是很密切的,这是从血缘亲戚来说的,但娘家的内部家事,

---

① 上门亲:方言指招赘、入赘。

出嫁女是不能干涉的。娘家物质上有困难的话,我一定会帮助,但差不多就行了,帮太多了会被阿家骂的,这也是很正常。要是阿家有困难娘家也会帮助的,要钱出钱,要物出物。要是能帮的话,双方都会努力的。

(3)夫妻矛盾调解

夫妻矛盾是很多的。1949年以前,我那时还小,具体的事也是听人说。夫妻之间的矛盾是常有的事,俗话说"家家有本难念的经",这个不管是哪个时候都是有的。女儿感觉在丈夫家受到委屈了是可以自己回娘家,就在娘家住,也可以出门。父母欢迎女儿回娘家是要分情况的,如果女儿不对的话,娘家是不欢迎的。如果是女儿丈夫的错的话,娘家欢迎姑娘回家。要说化解,一般过几天丈夫就会去岳丈家请妻子,双方的家长沟通商量一下就行了。

(4)离婚

1949年之前离婚的夫妻基本没有,那时曹农村受封建压迫太深了,儿女的婚姻都是由父母定的,哪有离婚一说。父母包办婚姻是不会讲究自由,只有顺从。1949年之后离婚的事就比较多了,当时是人民当家作主的新中国,讲民主自由,要是两口子实在过不到一起可以离婚,但要走相应的法律程序。其实政府并不提倡离婚,因为离婚太多的话会引起很多社会问题,如老人没人赡养、孩子没人抚养。在这儿离婚的出嫁女死后,按照风俗肯定不能葬在娘家的坟里,这是大忌,这个风俗不能违反。她离婚后还要再嫁,就葬到再结婚的家里的坟里。

(5)娘家与阿家的关系

我的娘家和阿家关系都很好,两家也就是个二十里路吧。两家也走动着,要是有啥困难,双方都会帮忙解决。作为一个好媳妇是很难的,要懂得人情世故,要和所有身边的人相处好关系,不能有问题就逃避推脱,很多时候要想想自己的问题。

(6)财产继承

我回想起那时还是很高兴的,因为我的父母对子女都很好,财产继承也是人人有份,我也分到了父母的财产。当然没有儿子的话,女儿完全可以继承父母的财产,都是自己的儿女,其实谁都一样。上门女婿也是可以分父母的财产的,这都是为女儿好。总归都是为了能更好地过日子。

(7)婚后尽孝

孝敬父母这是一个人最起码的道德,做儿女的一定要懂得孝顺父母,曹通渭是很讲究"孝"道的,生活在这片土地上的人祖祖辈辈都是这样。不管在1949年以前还是以后,孝敬父母都是必须的。那时人们太穷了,对于父母还是需要管的。看自己的实际情况,给父母送点食物、粮食。尤其是在改革开放以后,儿女在这方面做得很好,节假日回娘家陪陪父母、带父母去旅游、和父母一起做医疗保健,这些都是很多的,感觉现在的年轻人很不错。

(三)出嫁的姑娘与兄弟姐妹的关系

我和兄弟姐妹关系很好,我有两位姐姐和一位弟弟。有一件事记得很清楚,就是弟弟穿旧的衣服不给其他的两位姐姐,却偏偏给我,我还是很高兴的。我的弟弟是孩子他舅舅,这个地位是很重要的,尤其在孩子的婚嫁方面,舅舅也是必须在场的人。所以从多方面来说,我和弟弟的关系是很好。像我的两位姐姐人也是很好,皋①的联系是很多,就从女人的方面来说,互相有了更多的理解。在两个姐姐面前我感觉很自然,有啥困难,皋也相互帮助。要是娘家有

---

① 皋:方言,意为我们,这里指老人和两位姐姐。下同。

大困难的话,皋也会相互商量,相互帮助。

二、婆家人·关系

(一)媳妇与公婆

1.分家前媳妇与公婆关系

(1)阿家家长与当家

我嫁过去的时候已经分家了。当然我家的家长就是丈夫,那时阿家和阿公基本就不管我和丈夫的事了。丈夫管着家里的一切事务,管钱、管东西。要是一些人情交往,都是由丈夫出面,这个我是不参与的。我就是管管家务事,洗衣、做饭的。

(2)劳动分工

分工肯定有,我嫁到丈夫家时他们早已分家了,我和丈夫还是比较辛苦的。曹是农民,当然就是干活。丈夫那时在做生意,但家里的活是要干的,他就多干一些重活,而我就是干一些轻活,像打谷场上的活,还有就是洗衣、做饭,这些都是农村妇女应该干的事。

(3)婆媳关系好坏

那时我和阿家的关系很好,阿家快要去世的时候,我总伺候着阿家。有这样的一件事,就是阿家生了五个儿子,但没有生女儿,所以阿家把我当作她的亲女儿对待,这个我也是承认的。但做一个好媳妇,也要懂事勤快,如果啥都不会做会受到阿家的教训。一般大多数阿家比较好,也有少数之间不和,都是为了更好地过家。

(4)婆媳规矩与状况

做媳妇的还是有很多规矩,这个要注意的事可多了。1949年之前,我听人说媳妇很不自由,在阿家面前,媳妇要特别注意自己。媳妇要伺候好丈夫,正常的端茶、倒水、洗衣、做饭,这些都要懂。还有就是媳妇要会针线活,这些手工活都是最基本的手艺,必须要会。当然大户人家的女儿要求就高了,像读书写字、琴棋书画这些都要懂一些。在那时,阿家打骂媳妇是常有的事,没伺候好丈夫也会被阿家打骂,媳妇一般不敢反抗,当然丈夫也不敢求情,封建社会对妇女的压迫是很深。1949年之后这样的事就少了,要过分了,政府会调解解决,像我做媳妇的时候这种事情就少多了,那时公社会调解家庭矛盾。这个时候的阿家和媳妇关系就好多了,因为新中国讲平等自由,讲和谐家庭。

(5)对外交往

对外交往都是男人说了算,外面的事女人就不要管了。我丈夫和阿家、阿公分家得早,所以我家基本就是丈夫管事,要是丈夫和其他人商量事的话,我也不能插嘴。这样的事现在都很常见,曹农村总认为女人应该操持家务,不要出门。

(6)家庭矛盾

有句话叫"家家有本难念的经",家庭里的不和谐事情是很多。要说媳妇调解矛盾,1949年之前一般是没有,媳妇的地位很低,让媳妇出面调解也是不现实的。1949年之后媳妇的地位就提高了,家里有啥事都好说,但阿家和阿公的地位也很高,这不管在何时都有作用。

(7)过节习俗

在中华民族的传统节日,一般都是在阿家过节。从某一个角度来说,出嫁姑娘就是别人家的人了,但大多数情况下过节我是两边都顾着。其实在我的印象中,我感觉春节、端午节、中秋节都要回娘家,这几个节日我很思念父母。有时孩子他舅会来接我回娘家,一般阿家都是同意。过年时,刚出嫁的姑娘回娘家要趁早,这也是曹的习俗,我一般和丈夫就是大年初一回娘家拜年。其实刚出嫁的姑娘在娘家地位还是比较高的,但越上年纪,这情义好像就越淡了。

(8)财产权

1949年以前媳妇在阿家家有财产就是笑话了,这个事我还真没想过,我觉得这是不可能的事。那时家里的财产都由阿家、阿公管着,或者就是丈夫管着,不让女人参与。但妇女也有财产,就是自己的嫁妆,这些永远都是自己的财产。我年轻的时候还是有点手艺,我在娘家的时候在纺线厂干过,所以我会纺线。平时卖线要是有结余的话,那就归我了,但如果家里有大的支出的话,这还得丈夫管。曹农村妇女的财产权有大的变化是改革开放后,那时人们都走出大山去外面打工,这样妇女就有钱了,自己的财产也就多了。

正常的财产继承就是给自己的儿女们,一般家庭哪来的财产一说,都很穷,这个具体都是按照阿公阿家的遗嘱来办。寡妇也是小有区分的,有子寡妇和没子寡妇就是不一样。有子寡妇,可能分到一些财产,但没子寡妇,就难说了。

2.分家后媳妇与公婆关系

(1)分家

当我嫁过来的时候,丈夫就一个人,已经分家了。丈夫兄弟一共五个,他排行第四。他家分家比较早,阿家和阿公在老五家里。分家的原因就是家太大了,不得不分了,还有就是阿家和媳妇过不到一起去。其实在1949年之前,我的阿公一直没在家,因为那时国民党抓兵,阿公为了逃避,就逃到了另外的一个县,1949年之后阿公才回到了家。

(2)赡养与尽孝

儿女难报答父母养育恩。父母把曹拉扯大不容易,曹成人了,但父母却老了。所以做儿女的,当然是要好好报答父母,各管各自的父母。要是丈夫去世,如果自己的儿女都长大了,媳妇依旧要孝敬公婆。有句话说,女儿嫁进人家的门,以后就是人家的人了,很直接地说,妻子和丈夫永远都是在一起的。大多数家庭这方面做得很好,一家的气氛和谐团结让人羡慕。我也说到曹通渭的“孝”文化,做子女的一定要孝敬父母。曹这儿一般就是老人到80岁时就开始办寿了,办寿时要招待人,媳妇就管做饭了。曹这儿有这样的一个说法,就是一家子的红白喜事办得怎样,要看这家子的饭做得怎样。

(3)公婆祭奠

就曹的风俗,阿公阿家去世时,媳妇和丈夫的比较明显的区别就是穿的孝服不一样,丈夫的要长一些,媳妇的比丈夫的短,具体的丧葬现场媳妇一般是不去的。女儿的地位和媳妇就大不同了,女儿和丈夫就一样,但丧葬的这些场合是没有妇女的。祭祀活动中,像敬神祭天,妇女也不出现。结婚后去祖坟拜墓,这个习俗以前没有,现在的年轻人有这些规矩。还有清明节媳妇扫阿公阿家的墓,这个风俗曹根本没有。

(二)妇与夫

1.家庭生活中的夫妇关系

(1)夫妇关系

婚前,我和丈夫是不会常见面的,起初丈夫定亲来我家的时候,我躲在屋子里没敢出来。

我俩第一次见面就是结婚的时候，俗话说就是生米煮成熟饭的时候。那时一切还是父母做主，都听父母的吧，差不多就行了。夫妻间称呼的话，随便叫一下就行了。

（2）当家

当家的当然是丈夫，就我家来说的话，我嫁来的时候，丈夫已经分了家，所以当家的就是丈夫。在皋那时当家的都是男性，要么是阿公，要么是儿子。其实这个情况一直是这样，一个女人当家这真会被人家笑话，女人在人们的眼中就有洗衣做饭的本事。曹农民就是务农，像农事上的安排都是丈夫一人来管的，还有人情交往都是丈夫的事。但一个好的家庭有个好媳妇是非常关键的，媳妇勤劳、懂事、会干活、擅长打理生活，这样整个家庭就轻松多了。在当家这方面，丈夫和我也是会受到阿公、阿家的教训的，我和丈夫做事还是有很多地方不足的，像农活不会干、不会持家过日子，这些都会被长辈指正。

（3）家庭地位

家庭分工也是比较明确。我管家内，至于丈夫，家内家外都兼顾，毕竟人家大。在曹这儿也有丈夫在别人面前称内人，就是妻子管家内。具体的生活事务，如洗衣做饭、纺织针线、喂养家禽等一些较轻的农活，这些都是我的。丈夫年轻的时候在做生意，当然俗话说"民以食为天"，所以这农活照样是干着的。丈夫是男人，干的活就比较重了。我的一生中经历了很多事情，改革开放后，尤其是到了21世纪，男人都到外面打工，农村就剩下妇女和老人，妇女就像男人一样啥活都干，太辛苦了。就是现在，曹这儿都是这样的，男人常年在外面打工也是为了挣钱养家，这就有了农民工一说。

那时家里几乎没有副业收入，都是农民。我就会纺线，一般还有点收入，这些收入就是我自己的。丈夫那个时候是做生意的，就算是点副业吧。丈夫当时就挑着担卖碗，收入也不是很好，但比我强多了，那时丈夫还懂得点算术，我文盲一个，也赚不了多少钱。

家庭地位很讲究。曹这儿的民俗文化在这方面是比较重视。地位也是教养的问题，也是礼节的问题。这个地位基本上就两种，一种是按封建社会的人格地位来说，丈夫和男孩排第一位，妻子和女儿排第二位。一种是按家庭辈分来说，丈夫第一位，妻子第二位，孩子第三位。这个其实就是一种规矩吧，但现实生活中家里都是一样的，同吃同穿。

（4）丈夫权力

1949年之前丈夫对妻子的权力可大着了，管这管那。像正常的家务事，都是最基本的活儿，如洗衣做饭、打扫卫生、伺候丈夫。这些事要是做得不好，丈夫会责骂。还有就是出行，这也管得很严，在曹农村人的眼中，媳妇就是闭门不出待在家里的，不能在有人的地方露面。反正丈夫对妻子管得还挺多，像生活细节、人身自由、人情世故。1949年以后这种事情就少了，政府倡导人人平等。尤其在妇女的人身自由方面，与以前相比妇女可以到远方去，妇女的地位变高了。这也是时代的进步。

说对家庭的责任那丈夫肯定大，毕竟丈夫是家里的顶梁柱。要是丈夫不成才也没办法。像赌博、喝酒、欠债，要是丈夫没有能力偿还的话，妻子就要偿还，有句话叫："逃得了初一，逃不过十五。"欠债还钱这是规矩。1949年以前没有妻子向别人借债的事情，一个女人家也没人重视，关键是借的钱没有保障。曹农村要说女人能借债这方面，就是21世纪之后吧。

日常消费和当家都是丈夫的事。如果家里要花钱的话都是丈夫说了算。家里的一些开支，妻子和丈夫都要商量。1949年以前妻子有权力把家里的东西卖出去，或者自己到市场上去，这些事都有点不太可能。1949年以后妇女在家庭的地位就高了，也有了一定的自主消费的权力了,当然可以到市场上去买卖东西。

（5）过继

这个事情现在都有。有句话叫"可惜天公不作美",这不美就是自己没生儿子。所以为了有后代就得过继。过继一般要和妻子商量的,一般是血缘关系的同姓子弟。

（6）家庭虐待与夫妻关系状况

1949年以前丈夫打骂妻子的事情很多。那时是男权社会,一切都是男人说了算,丈夫说啥就是啥。旧社会妇女过得很惨,要是媳妇反抗的话会被村里人说闲话。好媳妇是不好做,要百般顺从丈夫。1949年以后这种事基本没有了,都是民主法治社会,要是家庭确实有矛盾,政府可以协调解决,不准随便动手打人。

（7）离婚

1949年以前女人想离婚,我认为这就是个想法,那时都是父母的"包办婚姻",一切家长说了算,孩子在婚姻方面就是个商品吧。1949年以后可以离婚,但要有正当的理由。政府并不提倡自由离婚,因为这对整个社会还是有很大负面影响的。离婚就要看情况了。有一种就是妇女主动提出离婚,有一种就是阿家或娘家家长提出离婚。像前一种这是不太现实的,那时都是父母包办婚姻,所以离婚是很难的。要是第二种,这个事情是很多的。像媳妇没有生儿子就很有可能被阿家赶出家门。媳妇不生孩子这是了不得的事。当然也有娘家家长提出离婚的情况,就是男方有婚外情,娘家觉得太委屈女儿了,1949年以前这两种情况就是构成离婚的所谓正当理由。

（8）改嫁

我那个年代改嫁的人已经很多了。我结婚时就是人民公社时期,那时人们思想已经解放了许多,要是真过不到一起,可以离婚或改嫁。但要走法律程序,就是要办离婚证。不能自己想干啥就干啥。嫁妆当然是男方还给娘家。彩礼就是妇女一婚的彩礼,改嫁的话都带走。村里人说闲话的事也要全面看待,有的妇女无理取闹,这种就应该有人说闲话。但如果是寡妇的话,也是为了生存组建新家庭。这样就没有说的闲话了。

改嫁的事情在以前也很常见。如果丈夫因病去世的话,妇女提出改嫁,阿家、阿公大多数情况下会同意。要说财产就比较少了,最多也就是女人以前的嫁妆吧。孩子是个很重要的问题。男孩子是要留下的,女孩留不留无所谓。这个主要是考虑到给男方留后的问题,留下儿子,让老人拉扯,这就是人们的私心吧。改嫁女带孩子也是比较困难的,这个事不管在哪个时期都是这样的。

（9）娶妾与妻妾关系

1949年之前娶妾的有,但不多。那时都是一些富人有条件这样。像穷家小户基本没有,那时人连饭都吃不饱,哪来的财力物力娶妾。丈夫娶妾一般还要征求妻子的意见。但有一种情况,就是如果妻子没有生儿子的话会被阿家冷落,这种情况下妻子就不能反对丈夫娶妾了。要说妻和妾的关系,这个就是看哪一个的能力大吧,也不固定。一般妻子和妾,家里人的称呼是不一样的,把妻子叫作大婆,把妾叫作小婆。像这样的事情在1949年以后,就不存在了。因为新中国讲的是"一夫一妻"制,在法律上是不准许这样做的。

（10）典妻与当妻

典妻和当妻是个啥,我不是很清楚,听说得也少。听这名是不正当的买卖,也是不合法的吧。民国政府时期也有法令,不可能有公开的人口买卖。

2.家庭对外交往关系

(1)人情往来

人情往来都是由丈夫出面。这些事女人不要操心,也就是不要管闲事。像平时家里请客吃饭,一些人情世故都由丈夫管。要是家里来客人了也是丈夫接待,女人把饭做好就行了,女人不能陪客人。要说去别人家吃饭,女人一般也不能去。

(2)婚外情

婚外情也是有的事情。但在对男人和女人的处理上区别对待,一般是保护男性,因为女人地位低。像这个处理方式,在曹农村一直是这样。1949年之前要是丈夫有婚外情的话,会受到同族长辈的责骂;要是妻子有婚外情,这事情就麻烦了,一般会被阿家打死,也有的女性就自杀了,因为女性的贞洁是很重要的。其实也有比较文明的方式,那就是"乡贤文化"的影响,就是村庄的有文化有威望的人调解一下。1949年之后,这样的事情就少了,毕竟是民主自由的社会,"家有家规,国有国法",要是不合法的话会追究法律责任。毛主席领导的人民政府推行《婚姻法》,人们在这方面还是比较注意的。

(3)人际交往和出行

"一个篱笆三个桩",人际交往比较重要。我有很多朋友,当然大多数是女性朋友,尤其在小时候,大家经常在一起玩,我感觉朋友的情谊比较重要,但长大后朋友间联系就少了,都在顾自己的事。就是小的时候不能随意出远门。成为媳妇时,在这方面就更没有自由了。要是我要出去的话就要给丈夫或者阿家说,看人家同意吗。这样的情况在1949年之前很常见,1949年之后就比较少了,妇女也自由多了。

1949年以前没有妇女外出经营、帮工的事。那个时候对妇女的压迫很深,妇女都不出门,哪有外出经营、帮工这样的说法。曹那时不像现在这样自由。那时阿家对媳妇管得很严格,不许媳妇随意出门,要是不听话,阿家会打骂媳妇。其实对媳妇的管束丈夫也起着重要作用,丈夫也会管妻子的出行。妻子要出行的话,先告诉阿家或者丈夫,看行不行。

(三)母亲与子女的关系

1.生育子女

(1)生育风俗

我一共有六个孩子,大孩子是1964年出生的。前五个孩子都是女孩子,最后一个是男孩,我是很紧张的,要是生不了男孩那就完了。要说曹这儿的婚育风俗,也没多大讲究,就是满月,这不管男孩还是女孩都是这样。就是在第一个孩子出生时就会招待一些人,像亲房亲戚。当然,娘家人很重要,这个也是重要角色,一起庆祝,一起高兴。

(2)生育观念

重男轻女这是常有的事,曹农村,家里想要男孩也有原因,第一就是为了传宗接代,没有男孩的话,香火就要断了。还有一个很重要的原因,就是农村缺劳动力,男孩能干活,女孩子是没有多大力气的。所以阿公阿家对男孩女孩的态度就有很大不同。要是媳妇不生育的话就比较麻烦了。这个事我的体会是比较深的,因为丈夫把他的第一个妻子就给休了,就是因为她不生育,我是第二房。其实我还想说的是,那时太落后了,医疗技术不先进,像生育之类的妇科疾病是没有办法治疗的。这个事情是很严重的,改革开放后人们在这方面的意识就强多了。

27

（3）学校教育

我一共有六个孩子，就三女儿没有上学，其他的孩子都上过学，就因为这事到现在，三女儿对我还是有意见的。我的儿子读到了高中，但没考上大学，我还是很遗憾的。有个小故事，就是我的儿子，也就是我的第六个孩子，上高中的时候，还有很多女生到我家帮我做饭，但儿子没有考上大学，这些女孩最后都走了，我的儿子差点都娶不上媳妇了。在孩子教育方面我认为很重要，因为知识改变命运。

（4）性别优待

这个多多少少还是有的。其实就从做父母的角度来说都是一样的。这个话怎么说呢，其实像家里女儿多、儿子少的话，儿子的地位相对就高了。但家里儿子多也都一般了。就像我家，父母对我们都一样看待，我和姐姐弟弟都有平等的地位。

（5）家庭教育

在孩子的家庭教育中，做父母的分工不多，但都是言传身教，这就是我说过的乡俗文化，"通渭精神"就是最理想的家庭教育目标。这个我前面说过了。当然在具体的教育方面，也是有一点分工的，就是父亲更多的是偏向责任心教育，而母亲更多就是教育孩子生活要细心。家教是很重要的，就是要学会做人。

（6）对子女财产权力

我的儿女那时在财产方面有了很大权力。改革开放的时候子女都长大了，大多都出去自己挣钱，所以和我们当年相比，儿女在婚前的财产已经很多了。挣的钱大多数都是自己的，父母管得就少了。当然像儿女们在结婚前用在家里的钱，父母一般不会还，也就当报报父母的养育之恩吧。

（7）对子女婚姻权力

我的儿女结婚的时候，大多是改革开放了，那时儿女结婚也是要说媒的，我和丈夫管得也就少了，就是年轻人所说的自由恋爱。但结婚这件事还是要认真考虑，做家长的还是要管管。像定亲时要合八字，看看人品呢。时代开放多了，像我儿子的媳妇就是娶的外面的女孩，我和丈夫哪管得着。像女儿出嫁也是这样，当时像彩礼，嫁妆都比以前好多了。

2.母亲与婚嫁后子女关系

（1）婆媳关系

我儿子是 2005 年结的婚，都到 21 世纪了，走进新时代。儿子找的是外面的姑娘，是宁夏的姑娘，人很好，我特别喜欢。儿媳妇很懂事，在家的时候经常帮我做饭，我很喜欢。当然我和媳妇的关系很好，也没多大矛盾。

（2）分家

说到分家，我只有一个儿子，就没有分家，我和丈夫一直和儿子住在一起。儿子结婚的时候，已经是 21 世纪了，那个时候曹农村兴起了打工潮，村里的年轻人，都外出打工了，就只留下老人和小孩在农村。儿子在外面打工，把楼房买在了外面，所以一年就过年回回家，平时就一直在外面，我和老头子很孤单，但没办法。还有就是孙子，在农村上学，我和老伴也不懂得教。这些"空巢老人"和"留守儿童"的日子是很辛酸。

（3）儿女婚嫁

我一共有五个女儿，差不多都是十八岁定亲的。那时定亲和结婚时间基本连在一起，大多都在一年之内。说到结婚，法律是有规定的，女孩一般是不能小于二十岁的。我女儿比较多,前几个女儿出嫁的时候还比较穷,到小女儿的时候,出嫁变化就非常大了。在嫁妆方面,就是洗衣机、电视、高档家具。我也活了八十岁了,见得也多了。土改、合作化时期这个嫁妆就是一些布、衣服。彩礼也就是布、衣服和钱。改革开放后嫁妆就是高档电器和家具。彩礼,就是几万元钱和贵重首饰。到现在这就了不得了,我的孙子还小,但外孙子、外孙女有的成家了,这个嫁妆就是钱和金银,聘礼就太贵了,十万元、轿车和房子。现在找不上对象的小伙子很多,主要是现在的年轻人比较喜欢有工作的对象,男女都一样。现在打工的这些小伙子找个对象太难了,时代变化得我们已经跟不上脚步了。

(4)援助儿女

说到这儿我还是很高兴的,现在真的是儿孙满堂。我的儿子比较小,所以孙子还很小,而孙子在外面生长,我照顾得就少了。但外孙子、外孙女,我有时间的话还是会去照顾,在这方面就不说钱的事了。要是自己有能力的话,花费都是自己出。

(5)赡养关系

说个实话我是农民,上年纪了就得靠儿女养活。不过现在好多了,老人有养老金,还有养老院。我说了平时家里,就我和老伴两个人,儿子在外面奔波,养家糊口。儿子过年的时候就来一下。正常在家里,几个女儿在本地,有时间就来看我。儿女都挺好的。我和老伴也上年纪了,儿子每年给我和老伴检查身体,治疗花了很多钱。其实儿子外面生意做得也不好。现在的政策好,共产党好,就算老了也不害怕。

三、妇女与宗族、宗教、神灵

(一)妇女与宗族

1949年以前村里有宗祠、祖堂、祖祠,但新中国成立之后就没有了。人们都拆了,就是私有化了,各自管各自的祖先。那时我还小,这些就是小时候的回忆。具体的事我也不记得了。宗族里的事女性是不参加的,当然也有宗族会议,所有人都是要参加的。

(二)妇女与宗教、神灵、巫术

1.神灵祭祀

在曹农村,祭拜神灵是很自然的一件事,就像曹吃饭穿衣一样。乡土民俗很重要,深深地影响着人们的衣食住行。像曹这儿庙里的神仙,祭祀规格很高。最高是太牢①,其次是少牢②。灶王爷在每年腊月二十三,也就是在小年到来之时把他送到天上去。土地爷每家都有一个,贡品有盘馍、水果、五谷粮食。山神爷就是村庄里都供奉的神,就是说守护一方的小神,人们集体供奉。当然这些都是男人祭拜的,女人是不会管,祭祀场合没有女性,女性信奉的是菩萨这些。总的来说,曹这儿对神灵的依赖比较深。

2.女巫

女巫非常多,大多是中老年妇女。当然男巫也有。巫师的作用就是驱赶病魔,保持身体的健康。其实当时农村穷,没有良好的医疗条件,也没有药,人们有病就请来这些人治疗一下。要说效果怎样,其实被巫婆用棍打死的婴儿不在少数。这个就是人们的思想观念落后。

---

① 太牢:牛头和猪头
② 少牢:羊头和猪头。

3.求平安

这些活动还是很多的。要是家里有事就请做法的人到家里来烧香念经。在庙里就拜神问仙,交香火钱,求平安。还有就是祭拜祖坟,也有请人到坟上念经。这些事都由男人来做。

4.预测神灵

婚姻、生育、出行、预测的神灵。这些事在曹这儿很有讲究,有些事我也说不清楚。这些事就是每月的农历初一和十五到庙里去问卦。像这儿每一个乡就有一个很大的庙宇,建筑的样子是故宫的模样。每个村庄几乎有一个山神庙。

5.性别祭祀

女性在祭祀场合不能出现。除了女性信奉的菩萨这些,祭祀场合坚决不要女性。其他的祭祀都是男性。就是在村庄里唱戏敬神,女性连接神和送神都是不能参加的。

6.女性神灵

村里很少有共同祭拜的女性神灵。菩萨是专门的庙里的神。

7.家神

现在供奉家神的人很少,几乎没有。但也有信奉的人。曹这儿的家神,有小佛爷和菩萨。其实这些都是为了克服心里的恐慌,求得心灵的宽恕。

8.鬼节

色鬼节没听说过。七月半曹这儿不是鬼节,而是丰收的季节。曹有一句话,叫"七月十二,辣椒茄儿"。

9.宗教信仰

曹这儿的宗教信仰就是土生土长的道教。就我的记忆中这很早,民国时候就有。人们是一种信任的态度,虽然没有严格的管理制度。一年有大型的庙会,像曹这儿的"太白庙",每年的农历六月六就会举办庙会,那场面很大。

四、妇女与村庄、市场

(一)妇女与村庄

1.妇女与村庄公共活动

(1)村庄活动参与

妇女和村庄的公共活动有很大关系。虽然妇女地位低,但妇女在一些方面作用很大,像一些红白喜事,妇女负责做饭,做饭是很麻烦的事。像村庄里看戏,这些妇女可以参加。当然像村里公共性的祭祀活动,这个妇女一定不能参加。我在出嫁前经常在村庄里看戏,这个戏每年都有,就是我出嫁后依旧这样。看戏要男女分开坐。妇女都在侧面坐着。还有就是在红白喜事上帮村里人做饭,就这些事。

(2)开会

1949年之前会开得很多,可是不让妇女参加的。那时是国民党时候,曹妇女就听男人们说说。1949年以后有很多村庄会议,那时共产党宣传好政策,让妇女们学习提高认识,当然在会上妇女可以发言。妇女要懂政策,懂民主自由。

(3)性别摊派

女性作为村庄的一员,1949年之前的村庄公共事务建设的资金与劳役摊派是女性的义务,肯定有摊派。

(4)村庄绅士、保长、甲长印象与接触

我出嫁这些小事不需要通知保长、甲长。其实我有一个小故事,就是丈夫十岁的时候被保长抓去当兵,最后逃了回来。如果结婚跨村的话,要登记户籍,办理手续。

2.妇女与村庄社会关系

(1)社会交往

人不能一个人活着,不然就没意思了。娘家的时候和我一起玩的女伴还很多,相互之间关系很好。陪嫁是有的事,就是添箱。哭嫁也是有的事,毕竟一起玩着长大。当然基本没有男性朋友。

(2)务工与报酬

1949年之前有务工的事,在曹村庄里就是做一些有关公共建设的事务,就像修路,修梯田。像这样的事肯定要告知家人或者丈夫,一般都会同意的。那时都是旧社会,对人的压迫很大,都是听从保长、甲长的安排。像这些活儿没有报酬。还有就是地主这些,他们地多,就让贫民租种,然后给点粮食就行了。1949年之后如果像村庄里的公共事务工程建设,这都是有报酬的活。但像一些小事没有报酬。那时人人平等,到后来就是人民公社了,大家都在一起干。

(3)交往习俗

我感觉那时的人比较热闹,心肠也好,相互交往,没有其他的用意。我结婚后一段时间要看望邻居。阿家也有很多好朋友,不过都是女性朋友。亲房亲戚之间都要合伙。村里的红白喜事能帮上的都尽力帮。其实这个事情,原因是自己家也有用到村庄里人的时候,如果不趁早打好基础,用到就没人帮忙了。

(4)妇女聚集与活动

那时很多妇女在一起聊天,大家干完了地里的农活,平时在一起放松一下都可以。有时在洗衣服的地方,有时在大树底下聊天。相互了解得多了也会形成一个朋友圈,按约定和时间到一起玩。我那时已经是公社时候了,大家在一起谈论政策,聊聊天,讲一下故事。男人们也会在一起聊天,在店铺门口。那时男人聊天的地方女人不能去,如果见了都会躲避。现在妇女们日常生活丰富多了。像到村里的文化广场去健身、聊微信、刷朋友圈,确实很多,这我也是听现在的年轻人说。

(5)女红传承

用文化人的词叫曹通渭的"坊间古今",这些东西很多,也很有意思,像纺织、做衣、做鞋、刺绣,这些都是妇女们必须会的手工活,也是现实的需要,为了生存。我在这方面还是比较聪明,我的所有手工活都是自己学的。还有就是做草编,用麦子的秸秆做,然后卖钱。

(6)矛盾调解

要说矛盾哪里都有,解决矛盾的方式很重要,就是把矛盾很好地解决掉。那时妇女吵架村里人调解一下就行了,当然也有妇联,公社的干部调解。现在就是村民委员会进行调解。政府很重视家庭和谐。

(二)妇女与市场

1.市场参与

我出嫁前没有去过市场,那时也没有女性商贩,因为那时社会很乱,就是男人做生意也会被兵匪打劫,别说女性了。但那时唱戏,在村庄里会形成一个小市场,因为唱戏拉动的人群和消费很多,像这些地方我是还可以去。1949年以后妇女相对自由了,但要说大的变化一般般。这个主要是在改革开放后有了大的变化,妇女随意可以到市场上去,女性商贩也特别多。

2.市场交易

曹要说这个问题,我认为改革开放很重要。就我正是中年的时候,也就是人民公社时期,人们都是凭票,要卖东西,也没啥市场,国家统销统购。改革开放到今天,农村市场确实发生了很大变化,各种各样的商品,也有自家的农产品,妇女的手工品,在市场上都可以见到。像农村的物品和物品交换一直都有,现在也很多。

五、农村妇女与国家

(一)认识国家、政党与政府

1.国家认知

我听人说过国家这个词语。我那时没有上过学,像这些都是听人说的。那时女性一般不读书。1949年之前都是一些地主的子弟读书,穷人家没有条件念书。那时我听人说国民政府和地主、当官的关系很好,对老百姓态度一般。那时我很小,就是个十岁左右。我感觉当时很乱,国家是民不聊生。当时国民党征兵,我是记得的,很害怕。要说打日本人,曹在西北我真不知道。那个时候还有令人很害怕的就是土匪,当时的土匪很凶残。不知何时有了新中国,有了共产党。在毛主席的带领下,曹老百姓的日子好过了许多。穷人就有条件上学了,曹就读书了,那时有识字班。男女平等就真正实现了。

2.政党认知

共产党和国民党我都听说过。我说还是共产党好,打土豪,分田地,一心为了老百姓。我活到今天也八十个年头了,再没有比共产党好的了。曹这儿,我听说共产党很早。就是我的父母年轻的时候,说毛主席的红军到过通渭,在榜罗镇召开了著名的"榜罗会议"。我也是听人说当时共产党的处境非常艰难。还有就是我十岁左右,新中国要成立的时候,曹这儿的土匪很厉害,就是"马家军",对曹妇女的伤害也很大。彭德怀元帅到过曹通渭,在华家岭乡和国民党军队、土匪展开了激烈的战斗。有这样一个故事,我听人说解放军在华家岭驻扎的时候,晚上在农户的外面住着,当时老百姓偷着到解放军的食堂去偷吃食物,打开袋子一看里面装的都是沙石,曹老百姓很感动,解放军一天就在用沙子做汤,共产党确实苦。1949年以前像国民党、孙中山、蒋介石、国民党员,这些都听人说过,但对人民的生活实在不太好。我家到现在没有共产党员,共产党员是先进分子,不是任何人都可以当的。

3.政府认知

让我说政府,我只能说共产党领导的新中国好,为人民着想,曹老百姓支持毛主席,支持共产党。其实就国民党的话,听人说国民党的高层比较好,但到地方上就太腐败了。国民政府对老百姓的压迫太深了。1949年以后毛主席建立了社会主义新中国,人民就翻身做了主。要说这个国民政府,也有可以团结的一部分,"打倒国民党反动派",就是说不反动的国民党可以团结。当时共产党办过识字班,夜校,我也参加过。当时也有一些女性干部,素质是很高的,为人民服务。谈到计划生育,这个当然好,让人们少生优生,让人民富,但在基层的执行中有粗暴执法的现象。说到政府,曹再说现在吧,"精准脱贫"做得很好,就像习主席说的,要让人民有获得感。现在日子确实很好。

(二)对1949年以后妇女地位变化的认知

1.妇女组织

妇女组织是有的。在公社时期吧,有妇联组织,都是一些觉悟比较高的女性当干部,妇联组织的会我也参加过,也发过言,从那时真正感觉到了民主自由。了解了党的好政策。

2.妇女地位变化

共产党讲的男女平等不只是说说,确实做得很好,在政策落实方面都很好。就实际来说,妇女的贡献也很大,在红军革命的时候,妇女做鞋,做棉被,对革命的支持很大。所以妇女的地位不能忽视,要重视。

3.婚姻变化

对于婚姻,我想说的是"自由"。这个变化还是很大。1949年以后,那时都是父母"包办婚姻",儿女在这方面都得听从父母的安排,儿女就没有自由。这就是"没自由"。20世纪末这个时间段,结婚还不是太自由,有些还是父母做主。这就是"半自由"。但到了21世纪,这个儿女的婚姻就真正自由了,现在人们的思想解放了许多。这就是"自由"。

4.政府与家庭地位、家庭关系

家庭这方面共产党做得很好。我很满意,现在阿家和媳妇的关系很好。丈夫和媳妇的关系很好,政府在这方面也出台了一些政策,如建设"和谐家庭,幸福家园",这些都起到了很大的作用。曹古人有句老话,"家和万事兴",这很真实。尤其是对妇女的保护。现在这个政策更好了,我在电视上看到了,国家出台了反家庭暴力的法律。现在家庭有矛盾的话,村委会会调解解决的。习主席说,"传承良好家风",家风确实很重要。说到这儿,我想说曹通渭人的家风,还是"通渭精神",就是"一等人:忠臣孝子;两件事:读书耕田"。政府做得也很好,打造全国书画之乡,传承文化。

5.宗族地位

1949年以后妇女在宗族中的地位当然有了很大的变化。其实我感觉在曹农村各方面发生大的变化的时间点是改革开放前后。像宗族方面的事人们的思想总体还是比较封建的,但随着时代的发展,妇女地位还是上升了。像可以给祖宗上坟,拜祖坟,这些以前肯定没有。

6.政府与习俗

政府对农村习俗的影响非常大。尤其是对一些农村的不良风俗下了大力气整治,像农村的封建迷信活动,不正、庸俗风气都进行了治理,在这方面我认为政府还是做得不错,曹农村有些习俗确实需要革除,就像以前人们生病了不去看医生,而是找巫婆用棍子打,这样死去的人很多。像这些都政府需要管。当然政府在文化建设方面也有很多好政策,给老百姓讲社会主义文化。

7.政府与教育

新中国在教育方面做得非常好。像这些曹老百姓能切切实实感受到,我也说句实话,就我经历过的时代,教育没有比共产党办得更好的时期。新中国建立后就办识字班、夜校。改革开放后政府在教育方面做了很大的投入,我儿子就是高中生,差点考上了大学。现在就更好了,我听说在曹这儿小学生有"营养早餐",有牛奶,鸡蛋,小米粥,都由国家免费提供。我虽然没文化,但也听说了很多,温家宝总理说"要让小学生的早餐都有牛奶喝",所以国家做得真的好。还有很多都说不完。

8.妇女政治地位

说到"政治",我听得不太懂,简单地说就是妇女和干部打交道吧。这个在新中国建立后妇女和干部的关系处得比较好,干部都听取妇女合理的意见。后来的妇联经常开会,为妇女服务。现在各级各层的干部中都有女性代表,就曹的村委会都有妇女委员代表。县级人大代表中都有妇女农民代表。

(三)妇女与土改

1.参与土改

土改时我家是中农。当时我十岁左右,娘家家里有不多的一些土地。我记得当时父母的处境是很惨的,因为我家也算半个地主吧。所以那时"斗地主,分田地",我家也是被批斗的对象。记得当时家里的粮食都被拿去了,父母都快饿死了,就用树皮熬汤喝。土改决策时妇女也会参与。当时分地以家庭为单位,但土地的所有权属于国家,使用权属于曹农民,所以离婚不能带走土地。

2.妇女组织和女干部与土改

土改时我年龄还比较小,那些事儿我也是听说的。妇女组织当然有,土改工作队里也有女队员给妇女做工作。说实在的,当时的政策很好的,对大多数人还是很好的。村里的妇联为妇女解决问题。就具体的工作,男女还是有区别的,这个不管是从文化程度、劳动力能力、自身利益来说都有区别。

3.对妇女翻身解放的认识

妇女翻身解放和共产党领导的新中国不可分离。我的看法就是感谢共产党。农村的妇女在以前是很苦的,我经历了旧社会对妇女的压迫。妇女要坚定地跟党走,没有党就没有妇女的解放。妇女分了土地,男女平等,地位也高了。曹的国家也有七十年的历史了,就是今天对妇女也很重视。像曹这儿每年政府都评选"文明家庭""陇原巧手""最美媳妇",这些都是新时代对妇女的重视。

4.女干部

女干部不那么好当,要有能力,就是现在还是这样。现在的村委会的妇联主任素质都很高,都是经过村民严格民主选举产生。那时大家很尊重女干部。说到这儿,现在的女干部令我很满意。我家是低保户,也是建档立卡贫困户,我家也有帮扶队,帮扶队长是定西市统计局的张澜科长,她是一位女干部,人很好,到我家里来看我,宣传党的好政策我很满意。现在的女干部素质越来越高了。

(四)互助组、初级社、高级社时的妇女

1.互助组时期

这个主要在 1953 年前后参加互助组,就是签订合约。当时"坚持自愿互利,自愿结合"的政策,互相帮助。具体曹互助组的做法就是组内干活都进行评工,这个主要的标准是按照你能干多少、干活的效果怎么样让大家进行民主评分。这个做法大家还是很高兴的,妇女和男人一样都进行劳动,参加互助。不过这个在开始的时候帮助的时间比较短,但到后来就是常年帮助。

2.合作社时期

合作社在曹通渭的时间段就是 1953 年到 1956 年年底吧。这些都是听人说,具体我真记不清楚了。当时坚持"积极发展,稳步前进"的方针,就是要承认这个东西的正确性,但要慢慢发展。当时曹的大部分东西都上交了,除一些少量自留的牲畜、自留的土地外,其他的土地都归了集体所有。当时一社就是15~25户,对土地入社统一经营。这个时候不管是农民还是以前的大户人家的妇女都要干活。其实合作社也有区别,前期的叫作初级农业生产合作社,后来就是高级农业生产合作社,这个就是慢慢发展。在转社的时候就是按照农户自愿"只许办好,不许办坏"的原则,就是土地、人力、物力、财力都高度集中的模式。

3.合作化时期的女干部

合作化时期的女干部能力很强,当时的农村干部和社队干部都很朴实地和老百姓在一起,和老百姓一起商量办事,为妇女解决困难。对干部管理很严格,对违反政策不认真工作的干部,人民有权罢免。当时的干部纪律很严格,像公社、生产队、小队,定期都要召开社员代表会讨论问题,民主选举评议干部。

4.性别分工

合作社时期男女分工干活,就实际来说男女在劳动上有区别,当然要区别对待。就像男性一般就是干一些很重的农活,女性当然要干农活,但侧重打谷场上的一些细活。妇女在三期的时候肯定会受到照顾的,像生了孩子,或者身体确实不舒服,由公社大会商量可以适当地休息一下。尤其是生了孩子,这个休息时间是比较长的。

5.集体劳动

参加集体劳动时,我有两个孩子。说到这个夜工,主要是为了打败反动势力,加紧建设的办法,曹通渭,自然条件是很恶劣的,粮食产量是很低的。上工的时候孩子没法管,就放在家里,当时的小孩很多,就只能这样了。那时,大家都在一起劳动。

6.集体分配

合作社时期的集体分配,干部讲了,坚持"按劳分配,多劳多得"的原则。具体说就是按照社员的劳动工分多少进行分配。有些社员所做劳动工分少的话要出钱买粮。像有患重病的、年老的、丧失劳动能力的、不能参加劳动的、生活有困难的群众,社员进行评议之后要照顾,分给他们足够的口粮。还有像五保户、伤残军人等要有更多的照顾。

7.公共事务参与

其实妇女对公共事务的参与比较早,曹通渭在1950年左右就开展了"减租减息"运动,这个主要的目的是打击地主、土豪恶霸,维护老百姓的利益。在这个时候就出现了最早的妇女组织,团结一切力量,反对封建剥削。还有镇压反动派,禁毒的过程中有妻子告发丈夫的事情。在这些活动中广大贫困妇女从封建中解放了出来,那时在各个区、乡就建立了妇女委员会,在各个村庄就建立了妇女小组。人民公社时期,妇女的地位也很重要,像社员代表会或者社员大会都有妇女代表,进行民主选举干部,对不好好干事的干部,社员有权免除,再重新进行选举。

(五)妇女与人民公社、"四清""文化大革命"

1.妇女与劳动、分配

(1)妇女与劳动

人民公社时期妇女在劳动方面和男人一样,都是集体劳动,然后评工分。工分多分配的粮食就越多。当时的分配还是"按劳分配,多劳多得"。在这方面男女都是好平等。当时人民公社劳动很热闹,人们搭建梯田,修水坝。当时上工时背毛主席语录,这个我到现在都记得很清楚。就是"我们应当相信群众,相信党这两条根本原理,如果不相信这两条原理,那就啥事也干不成","政策是党的生命,各位同志务必服从。万万不可粗心大意"。当时就喊着这些口号就去上工。还有公社食堂都是妇女做饭。

(2)单干与集体化的选择

说个实话集体化时候党的政策很好,大多数人都认真干活,因为干的活多了,工分多了,自然分的粮食就多了。不好好干活的那只是少数。我还是认为单干好,也就是分田到户。人们的生产积极性提高了,不像以前吃大锅饭,人们的吃饭就有了保障。单干、分田到户很好,因为地属于自己,学生放学了,回家的工人,老人这些都到了自家的田地里使劲干活。

(3)工分与同工同酬

男女同工同酬的事不太现实,一般都是男人干的活多。大多数妇女当时一天挣三个工分,妇女一天最多也就是五个工分吧。生产队给妇女评工分很公平,劳动得多就工分多。我一天也就是 5 个工分,一年 200 天左右,一年 1000 个工分。

(4)分配与生活情况

像粮、油、薪柴这些的分配都是以小队来分派,首先交够国家的,然后留够本队的,蔬菜、油料、粮食,这些都归小队,按劳分配,多劳多得,男女都一样。自留地都是按人口来分,不过分得还是很少。人们的生活总体上是好过多了,勤快一点,日子还是可以的。

2.集体化时期劳动的性别关照

(1)"四期"照顾

妇女"四期"要进行照顾。党和政府对老百姓是很关照的。如果妇女确实在这方面有问题的话可以向大队干部或者妇女小组报告这个情况,社员通过大会讨论决定,一般都会批准。至于口粮,由生产队进行统一派发。但有一个实际情况,人民公社、大跃进、三面红旗时期,出现过女性的妇科疾病,但当时医疗条件很差,医院很少,药物也很少,这些方面的病治疗的效果不是很好。

(2)托儿所

托儿所听干部说过,当时就是在 1958 年前后,在曹全县办了一些托儿所,养老院,公共食堂,幼儿园。托儿所的孩子太多了,照顾不到。后来在 1960 年左右就解散了。

3.生活体验与情感

(1)大食堂

大食堂我记得很深。当时妇女在食堂做饭,口粮是按照人口分派。分到农户家里社员自己管,自己用。如果社员自愿在食堂吃饭,吃多少就交多少,剩余的粮食都归自己。当时就用粮票兑换。

(2)"三年困难时期"

那时太困难了,饿死的人太多了,当时出现了一些"人有多大胆,地有多大产","不怕做不到,就怕想不到","天大旱,人大干","无雨大增产,大旱大丰收"的口号。曹县上的领导席道龙向上面多报了粮食,人们手中没了粮食。后来听说中央重视了这件事,也很快解决了。当时县里的领导说"剥树皮是冒尖人的破坏"。当时人们就剥树皮,吃秸秆来充饥。这个时期太艰难了。

(3)文娱活动与生活体验

公社时期就是唱唱歌,记得皋唱的《大生产》,大家很高兴地去上工。那时的人很快乐。过年的时候社里组织耍社火,当时党很重视老百姓的娱乐生活。感觉生活好多了,要感觉毛主席,感谢新中国。

妇女间的矛盾都是一些鸡毛蒜皮的事。为了生活耍小家子气,干活的人调解一下或者干部解决一下。

骂街是有的事情,这也可以理解,那时候妇女不顺心的事还多着呢,要顾家,也要干活,这样的事也很常见。这样做我感觉就是个人的心里舒服,问题解决不了多少。

(4)集体自杀

妇女集体自杀的事在1949年以前很多,那时妇女的生活压力太大了,有家庭的事,也有来自社会的事,都是封建社会对妇女的约束导致大量的农村妇女集体自杀。这个事情到了1949年以后就少了,主要是人们的生活条件好了,人们的思想解了。农村的妇女走出去,自己有能力生活了。

4.对女干部、妇女组织的印象

(1)铁姑娘

像这些还是很多。其实我在公社时候很热爱劳动,特别能吃苦,经常得到社里的表扬。我的回忆中,在全县战胜饥饿困难的时候,中央和国家调动了很多力量,当时就宣传了医疗队员的先进事情。我参加了宣讲会,影响很深,医疗队队员刘春华为抢救社员献出了自己的生命。这些都是曹通渭人不能忘记的事。

(2)妇女干部

妇女干部我的生产队里就有,人还是很好的。妇女干部为人民服务,能力高,人品好,给皋宣传政策,和皋在一起干活。

(3)妇联印象

曹县上的妇联发展过程我也是听说,首先在1949年的"减租减息"运动中成立了妇女委员会。然后就改为通渭县民主妇女联合会。在1958年就改为通渭县妇女联合会。

5."四清"与"文化大革命"

"四清"这我记得,是1963年到1966年这一段时间。一共三年,分了两个阶段,听人说曹县上是明星才书记领导,主要是整治农村干部的作风,反对浪费,稳定农村的市场。这个做得很正确,当时的肉、鸡蛋价格比较合理。"文化大革命"在曹县上开始于1966年,我印象中当时很乱,红卫兵到处抓人,就连曹的明书记也被红卫兵抓去,当时在我身边有很多人被抓了。当时的口号,"无限信仰毛主席,无限崇拜毛主席"。后来我听说这个搞得并不好。

(六)农村妇女与改革开放

1.土地承包与分配

劳动妇女参加了承包分配土地的决策,曹县上是1980年左右。当时感觉很好,因为土地属于自己家,这个干起来也放心了。因为以前管老百姓太死了,现在要活一点。这个分配,包产到户是各户按人口或者劳动力的多少分配土地,给国家和集体分出一点后,剩下的都是自己的。就是"完成国家的,交足集体的,剩下都是自己的"。当然土地属于国家,不能买卖。土地证上的名字是丈夫。

2.选举

1992年县上进行了第一次村民委员会的选举,当时曹是李家店乡郭坪村,全体村民都参加了选举,农民亲自选自己的当家人,老百姓很高兴。我选了妇女干部,代表女性自我管理。

3.计划生育认知

计划生育政策政策,当时生产队的干部就说社员结婚要晚一点,两个人的岁数加起来不低于四十八岁,但是像父母双方有残疾,可以提前结婚。当时政府鼓励生育一个孩子,对多生孩子的要罚款。但我还是想多生,孩子多了好。当时的干部在这件事上的作风不太好,尤其对基层的老百姓的方法上有点粗暴。

4.精准扶贫

精准扶贫政策很好,国家对曹贫困地区照顾得很好。现在的干部素质很高,亲自到我家来,讲解国家的政策。对老人的照顾很周到,村里有养老院,发养老金,养老现在很方便。干部对妇女进行定期的培训,教妇女手工活,有刺绣,草编等,把这些东西都通过网络卖出去。还有产业,养殖,农村的妇女在家里也能挣钱,人民的手里有钱了,日子好了,感谢党和政府。今年村委会又组织老百姓种植金银花,产量很不错。

5.社会参与

曹就说说现在,这个社会参与很多。现在不管老年人还是年轻人,孩子在这方面都很活跃。像村里有啥活动都去表演,这些要是在以前都不敢想。像曹农村现在有广场,过年的时候老人们都跳广场舞。平时老人们都参加一些活动,和干部在一起聊聊天。唱戏的时候老人们都去看戏,现在交通都很方便,老人们都可以乘车去庙上。以前用电视看新闻,现在手机很方便,我和孙子们联系很方便。

六、生命体验与感受

人活着就要懂得满足。我也经历了很多的事,感觉人就是有幸福的时候,也有不高兴的时候。我一生中最高兴的事是自己的小儿子成家了,还有一个很善良的媳妇很孝顺,我也知足了。也有不高兴的事,就是我的一个三岁儿子错吃了药,然后就被毒死了,我现在想起来很遗憾。曹农村的妇女艰苦的日子总算过来了。曹穷是穷,但党中央和国家没有忘记,对曹帮助很大,"精准脱贫",确实很好,我很满足。我家是贫困户,干部给我讲习主席的话,"全面建成小康社会,一个不能少;共同富裕路上,一个不能掉队",我听后很感动。总归就是让老百姓过上好日子。我也是相信的,曹一起鼓劲干!

DD20170124LAR 李爱荣

调研点:河南省宝丰县周庄镇周庄村

调研员:丁顶

首次采访时间:2017 年 1 月 24 日

出生年份:1935 年

是否有干部经历:否

是否生育:是

受访者结婚的时间节点、生育子女的具体情况:1954 年十月结婚,十年后生下第一个孩子。老人目前有四个孩子,第二个至今未婚。

现家庭人口:3

家庭主要经济来源:务工

受访者所在村庄基本情况:河南宝丰县周庄镇周庄村位于周庄镇中心地带,毗邻329 省道,西邻 36 国道,位于县城东部 2 千米处,交通便利,全村现有面积 4 平方千米,全村共2236 人,拥有耕地里 2200 多亩。

该地处于温带季风气候区,平原地带,典型的农耕区,是小麦和玉米的集中种植区,也是诸多粮食作物的种植试验区,如棉花、油菜、烟叶、花生等,该村在周庄镇所有村庄中的经济水平相对较高。

该村早年的时候,村中周姓的人口占村庄总人数的一大半,村庄名字和村庄中人口姓氏占比存在着一定的联系。不过随着村庄规模的扩大,虽然周姓人氏仍然占据着不小的比重,但是也出现了不少李、王、刘等姓氏的人口。全村至少存在十姓。大部分姓氏是在土改前夕迁移至该村的。

土改的时候,该村土地还是相对较多,拥有几个相对较大的地主,把握着全村将近七成的土地。当时人口数量相对较少,因而人地矛盾并不突出。土改当时村中平均一人获得四亩地。

集体化时期,之前由于乡政府处于该地,所以该村受政治影响较大。当时成立初级社的时候,虽然是一村一社或是三社,但是农业生产水平较周边的几个村镇存在一定的优势。高级社的时候该村规模进一步扩大,扩展到附近七八个村落。在人民公社的时候,以该村为中心,形成了周庄人民公社,并且该村就是所属人民公社相关机构的主要集中地区,对该村的政治经济发展产生了不小的影响。时至今日,该村的村庄建设和人民生活水平仍处在较高水平。

受访者基本情况及个人经历:老人于 1935 年出生,祖籍河南省宝丰县,现居住在宝丰县周庄村,娘家是廖岭村。现在和丈夫还有自己的第二个孩子居住在一起。老伴今年是八十多岁,老二今年将近四十岁。现在家里还有三亩多的土地,每年靠孩子收种。夫妻二人的身体相当硬朗,处于耄耋之年的老人看起来精神饱满。老人平时爱出门走动,因为身体好,有时候可以走到离家很远的地方,家中的老二将近四十岁,但是至今还没有娶媳妇,这件事儿在老人心中一直是个心结。于是从不信教的老人开始奔波于寺庙之间，不停地给孩子烧香许愿，希望在自己有生之年可以看到孩子娶妻生子，这也是老人现在心中最大的愿望和寄托。

　　老人未出嫁前居住在宝丰县廖岭村，现在是一名普通的农村老妇人，在二十一岁的时候嫁到周庄村，嫁过来的时候是1956年10月，当时已经是合作化时期了。嫁过来之前，老人已经有劳动能力。嫁过来后的第二年刚过完年，丈夫就报名参军了，去了当时自己认为并不是很近的地方——西安。丈夫这一去就是七年。其间，老人只身一人坐火车去了西安，在那待了两个月。这七年的其余时间都是在家中种地，自己一个人要扛起生活的担子，下地干活，种地、收粮、纺花、织布、做衣，老人无所不能。丈夫回来后，终于在结婚后的第十个年头，老人有了第一个孩子。之后就和丈夫过起了普通的农村人的生活，一直到今天。

一、娘家人·关系

(一)基本情况

我叫李爱荣,1935年生。我的小名叫李贤,这个小名当时是父母给我起的。现在这个名字是我在小的时候上识字班时,先生感觉我原来的名字叫着不好听,于是就给我起了现在的名字李爱荣。现在除了走娘家外,基本上都没人喊我的小名了。

我家当时有两个妹子、一个兄弟,还有父母和爷爷。家里孩子们的名字都是父母起的。我兄弟小的时候父母给他起的名叫李金安,后来人家给他算卦后说他命里缺东西,然后就把名字改成李秉炎了。

我小的时候家里有七八亩地,划成分的时候划的是贫农。我二十一岁出嫁了,来到了这边,来的时候就是在1956年左右的时候,丈夫家那时候有三四亩地,不过我来的时候土地好像就成集体的了。我是过年的时候嫁过来的,过完年二月份的时候丈夫就当兵去了。丈夫家里当时划成分也划的是贫农。他家这边是一个姐、两个哥,他是最小的。丈夫当兵回来后,三十一岁的时候才有小孩了,中间隔了有十年,上有两个闺女,下有两个儿子。

(二)女儿与父母关系

1.出嫁前女儿与父母关系

(1)家长与当家

一般父亲在的时候就是父亲当着家,但是我父亲走得早,家里是我爷爷当家的,当时家里喂的有牛,钱也是爷爷保管着。以前不管是家里还是家外都是男的当家。不过有的女的要是才点大、本事大的话也能当家,但是这种情况很少。

(2)受教育情况

那时候我就上过速成识字班,当时就是上午干活,下午就去识字班,我那时候都十五六岁了,具体上了多少时间我都记不清楚了。那时候好多人都去上了,家里就把我送去读了。兄弟当时在谢塘上过正式的学校,其他妹子也多少读了些书。因为我在家里是老大,还得帮家里干活,所以说不能去上学,也因此,我读的书也没有他们读得多,我兄弟当时是高中毕业,后来就在镇上的中学教学,现在已经退休了,也是六七十岁了。

1949年前那时候女孩上学的比较少,基本上都是男孩上的。1949年后就不一样了,男孩女孩都可以上学了,不过还是男孩上的多,有的时候家里没有那么多的钱的话就会先让男孩去上,当时都是这样,想着男孩上点学长大后得养全家人,因为穷人家养不起那么多孩子上学。1949年前这些地主富农家才会让女孩上学,人家有钱,家里的小孩都能上学。

(3)家庭待遇及分工

我在娘家的时候,家里对男孩比女孩要更好些,就说这上学吧,家里钱要是不多的话,就先让男孩上,那时候都说小子金贵。当时的老年人都是对小子亲,对闺女不亲。家里有啥东西,老娘老是先给男孩吃,当时我都觉得很不公平。

那时候吃饭没有桌子,都是饭做好以后,自己盛一碗,然后各自找个地方坐那一吃就可以了,所以当时就没有什么座次,各吃各的就可以了。家里要是有好点的衣裳了,也都是先给男孩穿,男孩长大的话毕竟是一个劳动力,得照顾全家,肯定要吃好的穿好的,有时候男孩们穿过的衣服,再洗洗补补让女孩穿。当时也有压岁钱,男孩女孩都有,钱也是一样多。那时候不管是男孩还是女孩,都是头一个好,因为头一个孩子出生时,别人会送米面和礼物上门。

(4)对外交往

过年的时候女孩不能去给人拜年,有父母一起陪着才能去。男孩要是小着的话也得有父母陪着,要是男孩长大结婚了,那就可以自己去串了。我一般都是去我舅家还有我外婆家,舅和外婆比较亲么,这种情况一般是跟着母亲一起去的,父亲很少去。男孩的话一般去他们关系比较亲的一方。那时候穷,没有桌子,家里要是来客的话,就找一个东西当桌子,大家围在一块吃就可以了。人家要是邀请去家里吃宴席的话,如果这一家和母亲比较亲的话,那就母亲去。

当时有的家里很穷也会逃荒,那一家人都出去逃荒,一个人的话一般不去逃荒。即使可以的话也只能是父母出去,孩子们不能单独出去逃荒。我丈夫小的时候就跟着父母和姐出去逃过荒。

(5)女孩禁忌

当时女孩一个人一般都不出门,不能自己上街和串亲戚,家里人也不放心,出门的话一般都得有父母陪着。而且,那时候女孩基本都不出门,自己随便出门的话村里人还说闲话,如果偷偷跑出去了,回来后家里人还会吼你打你。那时候女孩不能和男孩在一起玩,只能是女孩和女孩在一起,男孩和男孩在一起。家里洗衣服的时候都是在一块洗的,晾的时候也是在一块晾的,不用分开。

(6)家庭分工情况

在娘家的时候也有分工。家里老早就没有父亲了,母亲什么活都干,不干的话家里就没吃的,像是锄地薅草这些活都是母亲来做,有活的时候,她就下地干活儿,没活的时候,她就在家纺花织布。兄弟的话,七岁就开始上学,上到十九岁的时候高中毕业,高中毕业后就去教学了。我当时十几岁的时候也就和母亲一块开始下地干活了,我当时也是啥活儿都干,地里锄地薅草我都干过,也纺过花织过布。纺花织布大概是在十几岁的时候就会了,做鞋做衣裳我都会,前几年的时候我还自己做了一条单子。这个活儿都是十几岁的时候母亲教我的。当时就是把自家种的棉花,纺纺弹弹,做成布给家人做鞋做衣服穿。当时的嫁妆都是自己家里做的,当时纺花织布都纺一天,有时候纺到半夜。

(7)教育区别

父亲对男孩和女孩的教育区别不大,当时不管是男孩还是女孩,还是父亲教得多。以前女的都很少有上学的,所以还是得由父亲来负责着。女孩子在家有些规矩还是要遵守的,比如穿着上,那时候人们会说,男的不露脐,女的不露皮,小妮儿们一般都裹得比较严实。另外在家的话也不能乱讲话,大家说话的时候不能插嘴。不过这都不是非常的严,父母交代一下,没有专门定的有啥规矩。媒人说媒的时候就是说女孩的好处,比如说听话懂规矩,会针线活,对老人孝顺等,都是些好话。那时候像是比较保守懂规矩的,还有就是孝顺能干以及不和老人吵嘴的女孩,庄上谁家提起来的话那都是说好。

2.女儿的定亲、婚嫁

(1)定亲经历

我当时是十六岁的时候定的亲,我是1935年出生的,定亲的时候大概就是1951年的时候,那时候也是媒人介绍的。当时媒人介绍的时候就是介绍家里的情况,有多少地,家里人咋样,还有就是男的好不好,也会介绍一下婆婆的情况,婆婆要是在村上对人很好的话,女孩就更愿意嫁到那边。

媒人就是两家好,就是说媒人和我家这边的关系比较好,和男方那边的关系也比较好。媒人是外庄的,不是本庄的,他们都是主动给我们两家搭桥牵线的。因为是两家好,所以他给我们说的时候还是比较可信的,对方人应该都不错,人要是不好的话人家是不会给我们说的。媒人说过媒之后双方家长就见见双方的孩子,要是感觉满意的话,那就坐在一块儿商量结婚,得送哪些聘礼,这都是要商量商量的,见面的时候一般都是父亲去见的,父亲在家是当家的。商量完了之后,这桩婚事就定了下来,也不用给媒人啥报酬,就是结婚的时候请人家来吃吃饭,过年的时候拿点东西过去看看人家就可以了。定亲的时候也没有啥仪式,双方家长见过对方感觉满意的话就同意了,然后就送来点聘礼,找个会看的人打个八字就可以了。父母定亲的时候我也是知道的,但是父母是不征求自己的意见的,因为那时候都是父母包办婚姻的,不管你同意不同意,只要父母同意就可以定亲了。那时候父母说啥就是啥,我只管听他们的话就可以了,不敢反抗。

定亲后一方去世的话,婚约是不会自动解除的,像有些人定亲后就去当兵了,有时候一去当兵可能就回不来了,那时候女的就在家等几年,然后如果还是见不到人的话,那家长就会向对方提出来取消婚约,然后再嫁就可以了,彩礼的话还给人家退回去。定亲之后就不能毁约了。

定亲后逢年过节的时候双方家长就可以带点东西到对方家里看看。结婚前,准女婿也可以上门去拜见一下准岳父岳母,就是看看,拉拉关系,也没有啥仪式。不过双方是谁也不能见谁的,我那时候在结婚那天才见到丈夫长得啥样,之前是谁也不见谁的。准女婿要是上门来的话,我还是得在屋子里待着,不能出来见他。当时彩礼的话就给我买点布,给我做了些鞋和衣裳,别的也没有送啥,那时候都很穷。

(2)出嫁时间

我是二十一岁的时候嫁过来的,嫁过来的时候也没有写婚书,我当时就是坐着牛车过来的;当时家里都穷得很,娘家那边在我上车前就放放炮,街坊邻居都过来给我封个礼。出嫁的时候,我的舅舅和伯父过来给我送嫁了,给自己送嫁的都是自己的亲人,外人是不能送的。父母给我送上车就可以,也没有给我说啥,我当时心情也不高兴。出嫁的时候也摆过桌,具体摆多少我不知道,当时就是请的家里的亲戚、自家的人,还有就是庄上的邻居。至于保长和警务员,他们当时不停地抓兵向老百姓要钱,都是坏人,我们都是不会请他们的。

(3)出嫁嫁妆

当时很多家里很穷,父母送的嫁妆就是几件衣裳,几双鞋和袜子,别的东西也送不起。人家大户的可能还会送点钱、家具。有的有钱人家在闺女结婚的时候,如果男方那边地不多的话,还会送给闺女几亩地呢。送过去之后这地就归男方那边所有了,娘家这边就不能再要回去。婚事都是父母一手操办的,费用当然也是家里承担的。不过那时候都不花钱,因为嫁妆都是衣服、被子和鞋,别的没有啥,衣裳和鞋都是自己家做的,不用花钱。各家基本上都是这些东西,就是数量上有多有少罢了,那也没有啥统一的标准。当时都是给自己家做东西,纺花织布做的衣服鞋子都给全家人穿,我自己没有赚到啥,都是给一家人干,那时候也就没有什么钱,都挣不来钱,也没有私房钱。

(4)嫁后探望

当时我听说有人结婚后三天,也就是第四天的时候娘家那边会派人来把姑娘接回去。回去的时候女婿也会跟着去,回去的时候得带点礼物给娘家那边的人。不过我当时不记得有这种情况。当时因为家里穷,生日都不咋过,就和平常一样做一碗面条吃就可以了。

婚后回娘家也不分节气,啥时候都可以回娘家,我像过年的时候,或者是八月十五的时候,都可以回。当时我这里没有啥死规矩,过节的时候非得和谁一起过,那时候没有这种情况,除了过年都不过啥节。

(5)童养媳

那时候的童养媳妇也不用经过什么仪式,也不用给钱啥的,当时有一家没爹没娘,然后就把她送到婆家养,养大后就做人家的媳妇,当时童养媳妇在那一家天天得干活,还吃不饱饭,也是受了不少罪。童养媳一般都不再和娘家那边有啥联系了,双方之间基本上不咋走动了。

(6)换亲

当时也有换亲的情况,一般都是那些没有结婚的人家换亲,比如说,有一家家里都是男孩,到了年纪却娶不到媳妇,有一家子家里只有女孩,女孩却嫁不出去。这时候两家就可以换亲,比如说全是儿子的家庭出一个男孩过去女方家中当女婿,然后女方那一家再把结婚这个女孩的姐妹嫁给男方那一边的兄弟们,这就是换亲。换亲的时间不同,一般是这个换完后,另外再换的话就要过一段时间了,换亲一般也是有媒人来说的。这都是旧社会的事儿了,新社会之后就很少再有这种情况了。当时我在庄上没有听说过有改嫁的情况。

3.出嫁女儿与父母关系

我出嫁后第四天的时候回娘家,第四天的时候娘家那边会来人叫,直接回去就可以了,也不用带啥东西。然后就在娘家住一段时间再回来,当时都是父母腾出来的地方让我住。年饭一般是在婆家和丈夫一块吃,很少在娘家吃,不过过完年在初几的时候可以回娘家瞅瞅,那时候可以在娘家吃饭。

出嫁后,到每年二月份或是十月份的时候,我们都可以回家上坟,不过不能出二月或者是十月,必须在这两个月之内上,上坟一般都是给自己比较亲的长辈们。去上坟的时候拿点油馍、烧点纸、放个炮就可以了,别的也没有什么讲究。

娘家要是有啥事,我要是知道的话也会给他们帮忙,娘家那边有人穿不起衣裳了,就给他们做两件拿过去。那时候也有经常帮的时候,帮多的话婆家也不会有啥意见。闺女和娘是亲人,和丈夫这边也是亲人,我要是在丈夫这边遇到困难了,婆家这边要是能解决的话就自己解决,不能解决的话,闺女给娘家那边一说,娘家那边也会给点帮助。

有时候我也会和丈夫闹矛盾,但是我没有回过娘家,因为虽然有啥矛盾,丈夫从来不骂人,我也没有受过啥气,他也没有打过我,我自从来到这里他一巴掌也没有打过我,有时候有啥矛盾了,他也不说啥,哭丧着脸哭丧几天就好了。当时也有闹矛盾的人回娘家,回娘家的话就和娘住一块儿,一般不出门。那是自己闺女,回娘家的话,那当娘的也没有啥说的,不会不让回。等过几天丈夫的气消了以后接回去就可以了。

旧社会的时候,没有女的提出离婚的,都是男的不要女的了,就是把女的给休了。就是娘家人不愿意也没办法,人家就是不要她了,只能让她回娘家,不然的话让她去哪里呢?那时候我是没有听说过有女的提出离婚的。不像现在,女的可以和男的离婚,离婚的时候娘家也听闺女的,闺女想回去住就可以回去住。我娘家和婆家不是一个村的,我娘家是前营村的,婆家就是周庄村的。

我出嫁之后娘家和我就没有太大关系了,娘家的财产都留给儿子们,出嫁之后娘家就不会再把财产留给我了。如果说有些家里只有闺女没有儿子,那就会过继一个儿子,这个儿子负责给他们养老送终,然后家里的财产的话就以后就留给他了。或者就是娘家招个女婿,以后把财产留给女婿,也有这种情况,不过我们家没有这种情况,家里财产都留给儿子了。

1949年以前,当时姑娘要是有能力赡养的话就赡养,比如说给他们点钱,给父母点粮食,帮父母买个药,干点儿活,这都可以么。但是如果说自己没有这个能力的话,那就让兄弟或是哥们去管。

如果父母去世了,家里闺女儿子都得披麻戴孝,但是办葬礼这事儿都是由儿子主持,女的一般都不主持,拜父母的时候,闺女也得站在儿子的后面。办葬礼的时候,费用一般都是儿子们出的,但是我作为闺女,家里有的话也会拿出点儿帮帮他们的。每年到农历二月或者是十月了,都可以回娘家上坟,也不用通知兄嫂,上坟的时候带点油馍,烧点纸,磕几个头就可以了。

(三)出嫁的姑娘与兄弟姐妹的关系

出嫁后,我和妹子、兄弟们的关系都还挺好的,我兄弟那时候还老是给我钱,不管是什么时候去,都是很亲。我嫁过来之后就成这边的人了,娘家那边要是有啥事儿的话,父母和兄弟们都可以商量解决,不用找我商量,他们决定好以后给我说一声就可以了。兄弟姐妹不管是谁结婚,我家里要是有能力的话就多送点,要是没能力的话就少送点,不管是多是少,都是亲人,兄弟妹子们也都不会说啥。像我家盖的房子,那时候兄弟和妹子们都给我拿点儿钱,等到我家以后有钱的话,再还给人家就行了。有时候回娘家,母亲会给我腾出来一点儿地方,一般都是住在娘家,不会住在兄弟家。兄弟家也是一家人,住在他们家不方便。当时娘家家里就我兄弟一个是男孩,家里都全指望他照顾这个家,所以说兄弟在家还是顶梁柱。

嫁过来后我与婆婆没有发生过矛盾,也没有请过娘家的人,即使有的话丈夫这边就能解决。婆家他们这边要是闹矛盾的话,那就是靠他们自家人调节,我不会调解。我娘家的妹子和兄弟对老的也很好,不会不赡养他们。

我家的儿子闺女要是结婚的话,我和丈夫同意就可以了,不用兄弟同意,就是结婚的时候给他们说一声,他们过来送个礼,帮个忙就可以了。孩子要是不听我的话,娘家人要是见到了也会说说孩子。那时候娘家的孩子不论男女,我孩子结婚的时候,她们都可以过来送礼,都是自家的亲人,哪有那么多规矩,可以让谁来或者是不让谁来,谁都可以来。

我回娘家的时间不固定,过完年在正月十五之前都可以回娘家,没有说非得是哪一天,想啥时候回就可以啥时候回去看看,回去的时候肯定多少得带点礼物。要是过年回去的话,那就是看看父母,还有去兄弟那看看就可以了,别的家也不用去。父母要是不在了的话,那回去得就不经常了,不会像以前父母还在的时候经常回去,一般就是一年回去看个一两回就可以了,自己去或是带着孩子去都可以。我出嫁后和兄弟姐妹之间的关系都不错,不过一般情况下去妹子家的时候要多一些,这也没有固定的说法,有时候一年回去个三四回,这是去妹子家,去兄弟家的话也就是一年一两回就可以了。走娘家的时候一般是先回娘家,顺便看一下兄弟,然后再去别的地方。

二、婆家人·关系

(一)媳妇与公婆

1.婆家婚娶习俗

我结婚的时候婆家这边也是穷得很,当时他家有公婆,丈夫的大哥已经分出去了,二哥还在家,我丈夫是老三,当时在村里也都是农民。定亲的时候婆家这边也摆摆桌,请自家的人吃吃饭。媒人和庄上的人都不用请了。

我结婚时就是坐个车就过来了,我家那时候连天地都没有拜,婆家这边丈夫的兄弟们过去把我领回来就可以了,到这儿后放个炮。那时候婆家这边看不起我那边,我想起来也生气。婚后的习俗就是结婚后第三天做面条吃,就是在第三天的时候在丈夫这边做个面条吃就行了,当时也不用给公婆请安,也不用给他们端茶送水。家里的祖坟当时也没有拜。

2.分家前媳妇与公婆关系

婆家这边就是丈夫他爹当家,如果说公公年龄大了,那就是婆婆当家,婆婆年龄大了,儿子结完婚后那就是儿子们自己当家了。家里钥匙是公公管,婆婆平时在家就是管家务事,比如做饭,洗衣,缝补这些都是婆婆干的,公公的话就出去干活。家里要是有啥大事儿了,一般都是公公做决定的。我家要是有啥事的话,和丈夫说一声就可以了,也不用请示婆婆。当时也没有开过家庭会,家里有啥事儿都是公婆决定的。我在家的话就做个饭,地里有活儿的话也下地干活,有空的话也搞搞纺织。我是十月份来的,过完年后丈夫就去当兵了,一去就是七年,中间就没有见过几回面。

不管是谁,我和他们的关系都比较好,婆婆要是说啥,我听话就可以了,也不会多说啥,平时要是出门的话,也不用给她说,回娘家的话也不用经过他们的同意。那时候我整天干活,很少在家,不用给婆婆端茶送水,不用给他们做饭、盛饭,也不用看婆婆的脸色。只有他们年龄大,在床上起不来那四五年,我是天天在他们身边,端屎端尿,伺候他们。丈夫当时也还年轻,不用伺候。像平时做饭、洗衣裳、缝补这些活都是我干,丈夫不干。

平时婆婆也不会训斥我,只有一次因为他们兄弟分家说过我一回。旧社会的时候也有婆婆打媳妇的情况,那时候媳妇挨打了都不敢还手,还手的话人家还会把媳妇撵出来呢。1949年后这种情况稍微好点了,但是婆婆打媳妇的情况还是存在的。家里有啥事儿了,还是公公或者是丈夫出面,他和几个儿子搁一块儿一商量就可以了,女的是说不上话的。丈夫要是和公婆闹矛盾的话,我要是能管的话也会说上几句。

1949年以前,媳妇在婆家没有财产权,财产都是公婆管着,自家的话是丈夫管着。不过我从娘家带过来的嫁妆还是我自己的,我平时保管着。那时候家里没有钱,我也很少花钱,如果说不花钱不行了,就和丈夫说一声,丈夫有的话就会给我的,我那时候没有私房钱。我来到丈夫这边后,在家里纺的花织的布,一般都是我和丈夫用了,有时候做得多的话,也会给婆婆或者公公做个衣裳或者鞋。家里穿的东西都是用自家织的布做的,不会拿出去卖。

3.分家后媳妇与公婆关系

(1)分家

我结婚后过一年就分出来了,那时候分家一般都是结婚后就得分了。因为结婚后儿子们都有自己的家了,不分不行了。但是分家的话得有房子,那时候没钱盖房子,所以我们结婚后还是和公婆住在一块,然后再慢慢盖房子,盖好之后我就和丈夫搬出来了,这就算是分家了。不过那时候兄弟多了也不是啥好事,因为公婆对这个儿子好的话,其他的儿子就不愿意了,所以也会因为这样他们家里兄弟之间生气吵架,吵架的话有时候也会分家,分家后自己过了,也就不咋吵了。

当时分家的时候也没有啥财产,就是给丈夫兄弟几个一人划一处宅子,盖一处房子,后来丈夫他哥们都分出去后,公婆就跟着我了。我丈夫孝顺,爹娘就由我家照顾着,一直到他们老。我家当时也是分到三间房子,别的也没有分到啥。

(2)婆媳关系

旧社会的时候,家长也能提出来让孩子离婚,那时候一般都是男的把女的给休了。这事儿发生在有钱户,有时候婆婆嫌弃媳妇的话,就会让儿子给她休了,然后再娶。也有一种情况是媳妇嫁过去之后没有本事儿,啥活都不会干,人家留着她弄啥,只能把她给休了。不过这种情况虽然存在,但是很少。有些儿子很听父母的话,父母让休就休。有些儿子不愿意,这时候父母也没有办法。人家要是还把你休了的话,不管你娘家同不同意,那都没有用,该休照样休。休妻的时候写个休书就可以了,也不用啥证人。

1949年以后,孩子们结婚的话还是得听父母的,不过比着1949年以前要稍微好点了,也开始征求一下孩子们的意见了。那时候丈夫要是去世的话,妇女们一般不能立刻改嫁,得过个一两年,等到丈夫去世一段时间后,如果有条件的话,公婆也会同意她改嫁。像是有些妇女要是孝顺的话,就是丈夫死了,她们也不会改嫁。改嫁的时候,家里的财产是拿不走的,要是有孩子的话,是男孩子的话公婆不会让带走,要是女孩的话,可能在改嫁的时候还可以带走。

当时妇女不能出去帮工,我当时很苦,丈夫家兄弟三个,兄弟在分家后都出去了,丈夫是老三,分家的时候没有怎么分,公婆都是跟我一起住。他俩年龄大的时候,丈夫的两个哥和嫂子都没有管,当时公婆都不能下床走路了,当时是我给他们端屎端尿照顾他们。那时候公婆生日因为没钱也不办寿,生日的时候割块豆腐吃个面条就可以了。公婆去世的时候,我和丈夫都得披麻戴孝,在婆婆或者是公公的遗像前磕磕头,这是都得磕的,是对老人的尊敬。家里的所有亲戚都去给老人送终。公婆的坟埋的时候都是挨着的,一般是男的在上面,女的在下面,坟中间打通牵根绳,意思就是让他们在地下还能见面。

(3)交往

那时候妇女没有出去搞营生的,都是在家纺花织布,旧社会的时候就没有妇女们帮工这种情况,都是在家做活儿。不过那时候村上有钱人家会给穷人一些花,穷人们帮人家纺花织布,然后可以拿点酬劳。公婆老的话,儿子们在家的话都赡养他们,另外媳妇们在家的话也会赡养老的。公婆去世时得举行个跪拜仪式,得给去世的老人磕头,表达对老人的尊敬。下葬的时候主要是丈夫负责,女的都站在边上。公婆的坟都挨着,公公的坟在左边,婆婆的坟在右边,拜的时候都是一起拜的,祭品也都一样,当时没有立碑。该上坟的时候我也会去上坟。

(二)妇与夫

1.家庭生活中的夫妇关系

(1)夫妇关系

我在结婚当天才见到丈夫的,之前双方是不允许见面的。结婚都是父母决定的,就是不满意也不行,嫁都嫁过来了,必须得满意。那时候都不能直接喊对方的名字,结婚后见面的话就直接说话,谁也不喊谁。要是家里有孩子的话,我就喊他孩他爹,他喊我孩他娘。

分家后丈夫说得算,家里的钥匙、钱还有其他的东西也都是丈夫管着。如果说丈夫不成器的话,一般都会让媳妇当着家管着钱。家里农业生产也是丈夫说得算,比如说地里要种啥东西,该咋种,这都是由丈夫决定的,一般都不和我商量。要盖房子的时候都是丈夫决定的,然后找人盖,我家的房子就是当时结婚分家后盖的,自家的孩子要是该结婚了,丈夫也会招呼着把孩子结婚用的婚房给盖好。家里的事儿丈夫决定着,外面的事一般也由丈夫做主。比如说婆家这边有啥事儿了,那丈夫就和婆家人商量解决,和村里干部的关系也是由丈夫来处理,出去借啥东西一般也是由丈夫来。丈夫需要出去务工的话,他自己决定,决定后会给我说一声,我就是不同意他去也不中。我刚结完婚,丈夫就出去当兵去了,一去就是六七年,这都是他当时自己要去的,我也拦不住他。

分家后我也得干活,那时候都是靠挣工分吃饭了,我白天天天去下地干活挣分,还有在家照顾着孩子就可以了。不过那时候家里要是能生个男孩,要比生个女孩高兴。有些人家要是生不来男孩,那就在别的地方给自己的闺女招过来一个男孩,这种情况的话丈夫一般都征求过妻子的意见。家里要是吃不饱的话,一般会让孩子们先吃,穿的衣裳也是把好的让给孩子们穿。

1949年以前,丈夫仅此就是当着家,也没有啥权力,仅此就是管着家里的钱,平时啥事都是由丈夫决定而已,丈夫年纪轻轻的,我也不用伺候他,不用给他端茶送水。不过像家务事一般都是我来干的,比如说做饭、洗衣裳、带孩子,一般都是我来做的。洗衣服的时候家里人的衣服都是在一块洗的,也是在一起晾的。不过要是公公婆婆的衣服话,洗的时候就单独给他们洗,晾的时候公公婆婆的衣裳在一块晾。

1949年以前,丈夫不同意的话,妻子不能去市场,当时集市离家都很远,旧社会也老不安全,妻子一般都不出门,更别说一个人去市场了,当时都是男的去的。有的人家可能做小买卖的话,那还可以去。不过1949年以后就稍微好点了,女的有时候给丈夫说一声,也能出远门了。

(2)娶妾与卖妻

当时也有娶妾卖妻的情况,那都是人家地主老财们,人家有钱,想娶的话就娶了,也不用征求妻子的同意,娶妾的时候也送彩礼,有时候比送给妻子的时候都多,娶妾的时候也会举办个仪式,仪式的话和妻子的没有啥区别。之后就是在一块生活的么,妻子叫妾妹子,妾管妻子叫大姐。那时候娶了也就娶了,不用给正妻跪拜,正妻也不会监督妾干活。吃饭的时候大家都在一块吃。不过这都是我听说的,我也没有亲眼见过这种情况,当时庄上也没有。

旧社会也有卖妻的情况,那时候家里没有粮食吃的时候就会有这种情况。比如说逃荒的时候,要是逃到一个地方了,如果人家有粮食吃,那有时候就会把自己的妻子留到人家,然后换点粮食回来。当时你要是不这样弄的话,两个人说不定都得饿死。

1949年以前还有丈夫打妻子的情况,当时男的力气大,打女的话女的也不敢反抗。有时候家里有啥矛盾了,丈夫就会打妻子,不管孩子在不在身边。不过如果妻子娘家的人比较有本事的话,男的也不敢打妻子。要是打的话,娘家的那边的人也不愿意。1949年以后也有丈夫打妻子的情况,不过稍微好点了,主要还是1949年以后提倡男女平等了,丈夫不能随便打妻子了。那时候村上人说起来谁家媳妇好了,都会说能干、心地好、对公婆孝顺。

我当时在家纺花织的布都用来给家里人做衣服做鞋了,就没有卖过,也没有啥收入。家里要是没有啥生活用品了,丈夫去买点儿就行了。不过当时家里也没有钱,仅此就是盐吃完了得买点儿盐,煤油用完了得买点儿油,别的也没有啥支出。

2.家庭对外交往关系

家里对外的人情关系都是丈夫做主的,比如说家里孩子要结婚,一般都是丈夫负责给亲戚们说的,有时候庄上谁家娶媳妇了,邀请我家去,那也一般都是丈夫代表我家去就可以了。

家里要是来客了,以前吃饭就没有桌子,吃饭的时候都是各自盛一碗,然后各自找个地方要么是坐着,要么是蹲着一吃就可以了。不过后来有桌子了,吃饭的时候都是围着一张桌子吃。如果说是去别人家吃饭,那一般都是丈夫去,丈夫要是不在家的话,妻子就过去。有时候家里需要借钱的时候,如果妻子要是向自家娘家的兄弟姐妹借的话,那肯定能借来。不过要是向庄上附近的亲朋好友借的话,一般还是得丈夫出面,人家才放心借,因为丈夫是当家的。

我在娘家的时候都是和邻居家的女孩子在一块玩的。嫁过来之后,门前也有不少年纪差不多的媳妇,平时也都坐一块儿玩。反正是1949年以前基本上都不出门,一直是在家待着呢。1949年后出过远门,当时是丈夫去西安一个飞机场那边当兵去了,有一年我去了西安看丈夫,在西安待了两个月。

(三)母亲与子女的关系

1.生育子女

(1)生育习俗

我嫁过来十年后才有小孩了,我是二十一岁的时候嫁过来了,到三十一岁的时候才有小孩的。之后上头有两个闺女,下面有两个儿子。当时生孩子的时候,我家那时候很穷,生孩子的时候啥也没有办。就是家里生小孩的时候,娘家那边的亲戚们或是庄上的人来挎个提篓,里面放点面,面上放点鸡蛋,给我带点鸡蛋过来,别的啥都没有了。生下来的孩子等到过完百天之后就可以抱出来了。

(2)生育观念

那时候不管是谁家,都想要媳妇生个男孩,男孩长大能成一个劳力,未来也能照顾住全家。所以说当时很多人家家里一般都会有好几个男孩子。孩子们过生日的时候,不管是男孩还是女孩,就是做一碗稠面条吃就可以了。有些人家要是没有男孩的话就过继一个。

(3)子女教育

大闺女是高中毕业,剩下的三个儿子都是初中毕业,就像我大儿子,当时考上高中了,但是不想再上了,所以上到初中后就没有再上了。当时送孩子读书的时候没有啥次序,谁到了该上学的年龄,就让他去读书,没有说谁先谁后,都是自己的孩子,还分啥先后。不过家里对男孩要好些,比如说家里要是粮食不多了,让男孩多吃一点儿,衣裳的话让男孩穿得稍微好点儿。

(4)对子女权力(财产、婚姻)

孩子结婚前都没有钱,即使有的话也是丈夫管着,到他们结婚的时候用。我的孩子们结婚的时候是媒人说的,媒人说成的时候找个人合下八字就可以定亲了。他们定亲的时候都是丈夫和我安排的,我俩肯定得先同意,他们结婚的时候要比我那时候稍微好点,彩礼好点,另外就是办了像样点的婚礼,结婚前双方可以见见面,但我那时候结婚前可是谁也见不到谁。我女儿结婚的时候是这种情况,结婚的时候和人家对方一块上街,去哪买买东西,人家那边出钱,那时候我记得买的有衣裳、被子这些东西。儿子结婚的时候差不多也是这种情况,我记得儿子给女方的聘礼就是衣裳、被子、一个柜子、桌子,别的不记得还有什么了。儿子结婚的时候得给他盖个房子,盖房子的钱就是儿子自己拿出来点儿钱,然后家里再给他们添点儿。闺女的话都嫁出去了,她们就不用帮啥忙了。

2.母亲与婚嫁后子女关系

我大儿子是三十五岁才结婚了,三十七岁的时候有孩子,当时年龄就不小了。二儿子今年也三四十岁了,现在还没有娶媳妇。结婚后媳妇拿点东西过来看看我就可以了,结婚的时候也不用给咱俩端茶送水,我和媳妇之间关系也挺好的,没有啥矛盾,因为平时也想着等我老的时候得指望人家照顾呢,那不得对人家好点。儿媳妇在家的话比我那时候自由多了,儿子还年轻着,也不用伺候。

我记得儿媳妇是那年十月份过来的,结完婚就是和我在一块儿住,人家可能感觉在一块儿住着不方便,过完年之后人家想分家,然后我们就开始给他们盖房子,给他们盖好房子之后,他们就分出去了。分出去的时候还给他们买了一套家具。分家的时候不用证人,也不用立啥字据,只要是我俩同意就可以了,分家的时候家里人坐那里一商量就可以了。

分家产的时候不好分,有时候自己感觉分得还挺公平的,但是孩子不这样想,他们感觉还是分得不公平。所以说作为老的也是挺难的,儿子们分家的时候是最容易生气的时候,不像闺女,都嫁出去了,人家啥东西都不要。

我闺女二十岁的时候定的亲,当时也是媒人说的,她们定亲的时候也是我俩决定的。当时媒人说之后,闺女对对方感到满意的话,那很快就会定亲;要是对对方不满意的话,那就不再联系媒人了,就表明闺女不同意对方。当时媒人说的时候闺女和男方都是见过面的,见过面之后看双方愿意不愿意。定亲后男方也会经常带点东西过来看看我,像过年的时候、八月十五的时候,带的话就是带个果盒就可以了。女儿的话也可以和男方来往一段时间,看看中不中。我闺女出嫁的时候,我啥嫁妆也没有给她。

当时像有些人家家里只有女孩,那这一家就会在外边招个上门女婿,人家就会把上门女婿当成自家孩子看待,以后家里的财产都留给他了,有啥手艺的话也会传给他,因为得靠上门女婿养家呢,老的时候也得靠上门女婿养活他们。不过要是上门女婿离婚的话,那财产就不是他的了。

闺女结婚后经常回来看我,或者是回来帮我干活儿。他们要是遇到啥困难的话,我能帮的话也会帮帮她。像我和老伴,现在都八十多岁了,但是身体也还好,还是自己做着吃,平时的话孩子有啥好东西了,也会给我俩拿过来点儿。现在我是和我二儿子在一块住的。村上老的一般都是由自己的孩子管。

现在很少有儿子不养父母的情况,一般只会有极个别的,因为这个儿子不养的话还有另外一个,儿子要是不养的话还有闺女。有个别老的要是实在没人养的话,有的就直接病死了,还有的是让送到敬老院去了,有政府去照顾着。

要是家里只有闺女,老人身体还好的话,那闺女就过两天去看看老人,要是老人身体不好的话,那闺女就把老人拉到她家里照顾着。我感觉还是闺女们孝顺,不过家里也不能没有儿子。最好的还是家里有一两个儿子,还有一两个闺女,这种是最好的。

我没有在闺女家里住过。一般都是闺女们过来看我,我家里老是有事儿,事儿比较多,所以不经常去闺女那,一年去也是一两回,一般就是上午去,下午就回来。我是不愿意在闺女们或是儿子家住,人家都有自己的家,你住那里不方便,我还是习惯住自己家。

三、妇女与宗族、神灵、巫术

(一)祈雨

当时我们这也有祈雨的情况,我小的时候就有祈雨的,都是去庄外去祈雨的,不是在庄上,是这种情况都有人带头,带头的人一般都懂这一行,祈雨的时候男的女的都可以去。具体有啥仪式我都记不太清楚了。

(二)叫魂

那时候有的小孩子生病老是不好,人家会看相的人一看就说是孩子掉魂了,得把魂请回来。这时候就会找庄上会请魂的人过来,在屋门口,喝几口水,往小孩身上和地上一吐,然后嘴上叫着:"回来吧,回来吧。"做完后过一天小孩就好了。做这些活的人都是女的,男的不会这样做。

(三)灶王爷

灶王爷的话我们那边都祭,就是现在过年也祭。就是每年腊月二十三还有过年的时候,把老灶爷的像贴在灶火的墙上,晚饭前给老灶爷供上香,烧点纸,磕几个头,等到饭熟的时候先盛上一碗,让老灶爷先吃,过个几分钟后人才可以吃。这种情况的话家里人都可以拜。

(四)土地公

过年的时候,在门前有土地公的像,贴在门口或者是院子里,然后上个香,烧点纸,拜拜,祈求来年保平安,保丰收。

(五)求子

当时我小的时候,庄上有一个叫二要他爷的,那时候家里只有五个闺女,没有小子。那时候他家里就供个观音,观音前面放个香炉,每次做饭前就在香炉里抓把面儿,庄上要是有来讨饭吃的话,就把香炉里的面儿给要饭的人,算是积德,为的就是求子,后来在四十五岁的时候终于生了个男孩。

(六)神灵

那时候我们这里也没有啥神婆,村里也没有搞过大型的祭祀庆典,我家里也没有供奉啥家神。仅此回去上个坟,上坟的时候一般都是十月份,都是闺女们去上坟。还有就是二月半,这一月是孩子们去上坟的时候。

(七)宗教

有时候会去附近的寺庙里去上上香,求个平安,求个儿子,但是我不信教。我去烧香主要是为我儿子,希望他赶紧娶到媳妇,我儿子今年快四十岁了,到现在也没有娶到媳妇,我这不是也没有啥好办法,只能是有空的话会去寺里给他拜拜。

四、妇女与村庄、市场

(一)妇女与村庄

1.妇女与村庄公共活动

1949年以前人都穷,庄上没什么公共活动。1949年以后,我听过庄上唱戏的,那时候虽然我还没有结婚,但是也能去看,庄上的男女老少都可以看,没有啥规矩。1949年以前我也没有参加过村庄会议,那时候庄上也就没有召开过,1949年以前庄上是保长管着。一个保长管两三个庄,他们经常下来抓兵,那时候很多人去亲戚家躲着抓逃兵,因为抓兵抓走的那些很多都回不来了,死在外边了。还有就是保长和带着枪的警卫员下村来,又是收这税,又是收那税,想方设法向老百姓收钱。出嫁前我只是听大人说过保长还有一些和保长有关的事,但是不知道保长是谁。保长当时坏得很,结婚的时候也不用请他们,平时的话大家一般都不搭理他们。不过1949年以后都有村庄会议了,刚开始的时候是土改,土改的话开的就是全村会议,当时人家工作组经常开会,有时候吃了饭全村男女老少都去参加,又是分地,又是斗地主,又是诉苦的,当时妇女们就可以发言了。

2.妇女与村庄社会关系

我在娘家的时候,有玩伴,那都是平时经常在一块玩儿的。大家一起做游戏、说说话,一般都是在家门前玩儿,反正是不会出庄。她们结婚的时候,要是关系非常好的话,我会去帮忙,但是一般很少随礼,因为那时候太穷了,封不起礼,就是去的话也是过去帮忙的,比如说给她化化妆、打扮打扮。

1949年以前,我已经和母亲一起下地干活了,不过这活儿都是自家地里的活儿,没有干过庄上安排的活儿,那时候我记得庄上没有给村上的人安排啥活儿。我结婚后,不用去拜访邻居,当时庄上也有像我一样的年轻媳妇,平时没事的话坐在一块说说话。当时都有妇女组织了,叫妇联,当时庄上的妇女都参加了,有一个妇女主任,管着庄上妇女们的事儿,平时也会组织到一块开会,讲讲党的政策。

村里要是有红白喜事了一般不会找我帮忙,不过有时候要是和自己家关系比较好的人家里有事儿的话,那他们就不用过来给我说,我听说后就自己就去帮忙了。去人家那里忙了就去帮着干,不过这都是结过婚的妇女去的,没有结婚的一般不用去帮忙。

平时坐在一块儿说话,都是聊家里家外的事儿,有时候也聊庄上最近发生的事,要是赶上运动了,那就聊和运动有关的事儿。一般都是在门前或者是大树底下。男人的话一般也是在这些地方聊,他们聊得更多的是关于运动上的事儿。夏天的时候人们吃完饭就出来乘凉,男的女的都坐在一块儿聊天,这都是1949年以之后的事儿了,1949年以前没有出现过这种情况。不过那时候都是在自己庄上,不去外庄聊天,外庄的人都不认识。现在的话聊天的时候,大家一般就是吃了饭就出来了,特别是在夏天的时候,天很热,很多情况下中午都会出来坐在树底下说话。当时庄上妇女之间吵架,丈夫一般不帮腔,有时候吵累了就不吵了,有时候邻居们都会在边上劝劝。

(二)妇女与市场

1949年以前的时候没有去过,有啥事都是父亲去的。1949年以后虽然妇女也允许出门了,但是我当时还是没有去过集市,结婚前都没有去过。1949年以后妇女才慢慢可以参加。当时有的妇女有本事的话,也会在集上做生意。不过去集上买东西的话不能赊账。当时纺织用的棉花都是自家地里种的,织出来的布都给家里人做衣服、鞋子、被子用了,没有卖过。平时的用的针线也是丈夫在集上买回来的。买的话主要就是些生活用品,像是盐、针线、煤油,有些人家要是养的有鸡子,可以把鸡蛋拿到集市上卖,家里有种菜的,也可以拿去卖。到20世纪90年代的时候出来一个洋织机,不过我没用过。后来,我就开始慢慢买着穿了,不再做衣服了。

五、农村妇女与国家

(一)认识国家、政党与政府

1.国家认知

我也知道国家,那都是长到六七岁懂事之后,我是1935年出生的,懂事的时候正是和日本鬼子打仗的时候,当时就是听大家说的国家在打仗。后来还和国民党打过仗,1949年以后日子才安定下来,那时候感觉国家才能保护人民。

1949年以前政府没有宣传过男女平等,就是共产党过来之后才开始宣传的。比如说当时的放脚,允许妇女走上街头。另外,国家没有专门建小学,当时女孩上学的情况也很少。我出生得比较晚,那时候政府就不让裹脚了,不过我不知道政府强制剪头发。

我当时见过银元、铜钱、别的也没有见过啥。钱肯定都是国家发行的。1949年以前需要缴税,当时有保长,保长三天两头就带着警卫员下来收钱,不是收这税,就是收那税,天天要钱。

2.政党认知

保长就是国民党的人。和日本鬼子打仗的时候也是共产党和国民党,不过我认识的人中没有共产党。当时也听说过孙中山和蒋介石,这些事都是听大人说的,1949年以后,因为共产党来了,不停地做宣传,我才对共产党有更多的了解了。不过现在国家的主席是谁我不知道。我的家人中没有共产党员。

1949年以前我没有参加过保长开的会,那时候他们就不开,就知道带着警卫员下来向老百姓要钱,要东西,抓兵。不过我是没有和国民党的干部们接触过。

3.政治参与

1949年以后,就是土改的时候,选村里的干部的时候。当时全村的人基本上都参加了。那时候如果是一个共产党员可是老光荣啊。

4.干部接触与印象

1949年以后,共产党的干部还是和老百姓走得比较近的,特别是土改的时候,村里天天都有工作队,当时在工作队的主持下,村里还选了干部,还有妇女主任。就是在那时候才和共产党的干部有接触的。我也还是比较鼓励自家孩子当干部的,能为人服务。

5.对女干部、妇女组织的印象

1949年以后,妇女们就可以出门了,土改的时候,驻村的工作队带领着村里选了村上的干部,也选出来了一个妇女主任,管着村里的妇女们,不过当时当干部的主要还是男的,很多方面女的不如男的。

6.政治感受与政治评价

当时搞的计划生育政策也中,要不是计划生育的话国家现在得有多少人,人多的话不就更穷了,哪有那么多粮食。不过虽然那时候计划生育比较严,也有人偷生,怀孕时候住在亲戚家。人家要是知道的话就上你家去把你带走罚你，要是没人的话就把你家里之前的东西给搬走。另外女的也能出去干活了，也能挣分吃饭养家了，这都比在家里待着要好，像裹脚，都把脚裹得小得很，走路都走不稳，干活都干不成，那可不中。还有一些迷信，这都得给破除了。

（二）对 1949 年以后妇女地位变化的认知

当时土改的时候就成立的有妇联，当时就是专门管着庄上的妇女们，妇女主任都是庄上有本事的人当着，工作组下来以后，就组织成立了妇联，平时主要就是做妇女们的思想工作，给妇女们宣传党和国家的政策。集体挣分劳动的时候，有些女的干活儿干得很厉害，有时候比男的干得都多。

当时孩子结婚还是由媒人说，父母决定的，女的还是很少能说话。但是到后来虽然很长时间都是父母决定，但慢慢的父母开始征求孩子们的意见了，有时候孩子要是不同意的话，那父母也不能强行决定。像现在都是自己谈的，小孩们自己感觉中的话，都能在一块，父母不当家了。

1949 年以后政府号召家庭成员之间要平等，情况虽说有改善，但是没有完全改变，还是存在丈夫打老婆、孩子们不赡养老人的情况，就是现在也有这种情况。如果有打媳妇情况，这都是人家家事儿，干部们一般不管，要是闹得比较大的话，干部还是会站出来说两句。

不过妇女的地位还是提高了，妇女们可以出门了，可以出去聊天了，也可以下地干活了，没人再说啥了。伺候丈夫这些东西就从来没有过，都年轻着，还能干，谁也不伺候谁，妇女在家洗衣做饭是避免不了的，家里当家的还是丈夫。就是到现在了，很多人家里当家的还是丈夫。

我小的时候都没有上过学，一方面是穷，上不起，另外就是那时候小妮儿们都不上。但是我闺女们当时都上学了，大闺女当时高中毕业，这都是 1949 年以后政府提倡的。现在有些女的都可以当国家干部了，这也是一件好事。

（三）互助组、初级社、高级社时的妇女

土改后时间不久就有工作组来了，说是要成立互助组，在一块干活方便，互助组就成立了。互助组就是在一块儿互相帮助的，平时干活儿还是各干各的，忙的时候可以互相帮助一下，有的是三五家互助，有的组有七八家。合作社是集体干活儿的，靠挣分吃饭，挣到的人越多，分到的粮食就越多。当时下来的有工作组，人家天天开会宣传动员。当时庄上大家都参加了，你不参加的话也不中。不过像是入组或是入社的时候我都没有发过言，都是父母或者是丈夫当着家，他们说入就入了。干活的时候都是男女混起来了，在一块儿干也没有啥不好意思，男女都平等了。我当时是没有当过干部。不过，我也听说过有女的当干部的情况。

互助组在一块儿干活儿的时候，那也没有啥分工，都是在一块干活儿的，不用分工。合作社的时候有组长了，有时候组长会给组里人派活儿，比如说割麦的时候男的负责割麦，女的负责在后面拾麦。我是很小的时候都开始干活儿了，所以身体也能受得了。一般情况下，男女干的活儿都差不多。不过人家男的记分要高，人家干一天能记十分，女的只能记七八分。

我开始集体劳动的时候，还没有孩子，我是 1955 年嫁过来的，到了 1965 年才有了第一个孩子。合作化的时候饭还是自己做着吃，白天干活儿，三顿饭的时候还能歇一会。但是人民公社的时候，开始吃大锅饭了，不允许自己家做饭了，所以当时一吃完饭就得下地干活，有时候到晚上吃过饭，还去干，干到天黑，啥都瞅不见了。有些人甚至挑着灯在地里干活。

那时候也不说年龄了，有些人虽然年龄大了，但是身体还很好，照样还可以干活儿；有些人虽然年龄稍微大点,身体就不好了,所以老早就不用干活儿了。土改斗地主、诉苦的时候妇女就可以发言了,后来互助组、合作社的时候也是可以发言的,要是发言提的意见比较好的话,人家也会听的。

(四)妇女与人民公社、"四清""文化大革命"

1.妇女与劳动、分配

人民公社的话大概是 1958 年的时候开始了,那时候我就是二十四五岁,当时都是队长领着一群人去上工,干活儿的时候队长也领的有口号,不过现在我都记不清了,反正就是一些顺口溜。

当时男工和女工也是有区别的,锄地、薅草这些活儿,男女都干,但是犁子耙地这些活儿女的都干不了,都是男的干的。生产队里女劳动力多,很多男劳动力都被抽出去修水渠、修水库了。家里活儿都是让妇女们慢慢做呢。当时队里也有队长、会计、记工员等干部,不过都是男的当。另外,集体干活儿的时候干同样的活儿,人家男的挣到的工分要比女的多。干同样的活儿,人家男的干一天,就是五晌,可以记到十分,女的话只能记七八分。人家男劳动力毕竟还是能干。工分当时都是大家在一块儿评的,我当时也没有感觉有啥不公平的地方。

后来政府号召大炼钢铁、深翻土地。那时候庄上都成炼钢铁的了,我也参加过,当时都是比着炼呢,看谁炼得多。集体干活儿的时候人就多了,虽然干活儿快了,但是干得粗糙,所以还是要在自家土地里干才干得比较好。像邓小平上来后又搞了一次分地,那多好。分粮食的时候是先按人头分,每个人分到的粮食一样多,然后再按工分分,谁挣到的工分多分到的粮食就多。油的话不经常分,得看社里的情况了,社里到年底要是留的有油的话,那就会给社员分,不过那时候每家分到的油都很少很少。具体一年挣多少分,分多少东西,都是丈夫招呼着呢,丈夫知道,我不太清楚。我家那时候劳动力少,挣到的分也少,家里老是缺粮户。

2.集体化时期劳动的性别关照

人民公社时候对生理期的妇女也没有啥照顾,如果说比较严重的话可以请两天假,不严重的话还是照常干活儿。要是怀孕的话也是这样,不过虽然有些人怀孕了,但是干活儿的时候还是照样干。不过她们要是请假的话,就没有工分了。那时候也没有建过专门的托儿所,家里的小孩能上学的去上学,不够年龄的话就待在家里,由老人带着他们。

3.生活体验与情感

人民公社吃饭都去大食堂吃的,在食堂做饭的人都是人家社里在庄上找的,有男的也有女的。吃饭的时候有票,拿多少票人家就给你打多少饭。不过你要是在食堂里有认识的人的话,那他给你打饭的时候会盛下面的稠的。妇女们和小孩们打到的饭要比给劳动力们的少。吃的话就是红薯、稀米汤、黑面馍,菜都很少吃。当时家里不允许自己做饭了,都得去食堂吃,虽然在食堂老是吃不饱,但是不去食堂吃的话那就只能饿着了。虽然说不做饭了,但是当时吃了饭歇都不歇就得下地干活儿。

后来赶上自然灾害了,打不来粮食。食堂也没有粮食做饭,那做的饭都是稀汤。那时候人饿得不得了,地里的野菜都让挖得一干二净,那时候去上工,有时候队里种的玉米刚出籽,饿得很的时候就偷偷地剥开玉米生啃。那都是偷偷的,不能让人发现,要是被发现举报的话,就会被社里批斗。不过那时候我这里没有饿死过人,邻县饿死的人很多。当时公社也老是开会,会上的话就是讲党和国家的政策,鼓励大家干活,像宣传炼钢、深翻地的时候都开过会,当时会场大家的热情都还挺高的。干活儿的时候都是队长领着干,各干各的,也没有人说啥话,就是歇的时候大家在一块说说话,队长领着干活儿,不会发生啥矛盾,当时我也没有听说过自杀的,就是到现在,我们庄也没有出现过自杀的情况。

4.对女干部、妇女组织的印象

当时也有妇女干得很厉害,那时候就是社里表扬一下,别的也没有啥奖励。也不记得庄上有那个妇女当过干部,仅此有个妇女主任,管着庄上的妇女们,宣传国家关于妇女的政策。

5."四清"与"文化大革命"

"文化大革命"的时候,很多干部都受到批斗了,我这农村没有受到啥影响,村里之前的地主,虽然说有受到批斗了,但是斗得不是很严重,相反那些干部还有一些老师被批斗的不少,那时候不管啥理由,他们说斗就斗,有些人受不了了就跳井跳河了。不过我庄没有,我也是听说。集上很多人的生意都做不成了,学校也开不成了。有些老书都被烧了,还有一些庙、佛像都被砸了和拆了,我的银镯子也被收走了。

(五)农村妇女与改革开放

邓小平上来后,又搞了一次分地,当时全村人都参加了,积极性都可高了,因为地又可以自己种了。自己种地的话积极性高了,打的粮食也多了,吃的也好了,有时候打的粮食吃不完,还能卖点钱。分地的时候都是按人头分的,每个人分到的一样多,不过土地证上写的还是丈夫的名字,因为丈夫是户主。后来第一次选村委会的时候村上够条件的人都参加,当时是自己投票选。当时还搞了一个计划生育政策,弄得很严,要不是当时的计划生育的话,现在都不知道国家有多少人。现在的孩子们都愿意多生了,要是家里有一个儿子一个闺女的话,那就好了。现在我这些老人干不成活儿,吃完饭就是出来聊天,四处转转。家里有电视,不过我不经常看,国家政策啥的我也不清楚。现在很多人都上网,但是我不知道那是啥东西,手机我也不用,平时都是孩子们过来看我,就没有在电话上联系过。

六、生命体验与感受

我这辈子可是不容易了,小的时候学没上过学,经常干活,结婚的时候也得听父母的,结婚才见到丈夫长啥样,那时候家里实在是太穷了,我结婚的时候没办婚礼,因为办不起,我嫁过来的时候还是在半路上坐人家的牛车过来的。过来的时候丈夫家里穷得很,还不如我家。这刚结婚不久,丈夫就去当兵去了,一当就是六七年,后来丈夫回来了,我在结婚后第十个年头才生我第一个孩子,生孩子的时候我都三十岁了。后来赶上人民公社,那一段时间老是吃不饱,日子过得很苦。后来改革开放后才稍微好点了,我这一辈子是没有享受过一天的福,一直都是过着穷人的生活。现在我也发愁,我二儿子今年快四十了,到现在还没有娶到媳妇,我经常往附近的庙里跑,希望我孩子能赶紧娶到媳妇,我俩也就没有啥操心的了。

DD20170205LWL 李文兰

调研点：河南省宝丰县周庄镇四里营村

调研员：丁顶

首次采访时间：2017 年 2 月 5 日

出生年份：1928 年

是否有干部经历：否

是否生育：是

受访者结婚的时间节点、生育子女的具体情况：1948 年结婚；1948 年生育第一个孩子，现有 7 个儿子、1 个女儿，全都结婚。

现家庭人口：2

家庭主要经济来源：务工

受访者基本情况及个人经历：老人于 1928 年出生，祖籍河南省宝丰县，居住在周庄镇四里营村。现在家中只有老人和老伴两个人居住，老人名下还有三亩多的地，但是都让孩子们种了，孩子们收到粮食后给老人一些够吃就可以了。虽然老人年龄大了，但是身体很健康。老人膝下有八个孩子，七个儿子一个闺女，也是属于人口大家，不过孩子们结婚后都分了出去，好在孩子们孝顺，隔三差五给老人买点儿好东西，送点儿零花钱。另外还可以领每月国家补助的养老金。生活状态良好。由于不用从事农业活动了，所以老人基本上每天都是和村子上的老人在一起聊天，打牌。在老人看来，自己年轻时候的日子太苦，现在正是应该享受的时候。

老人并非出生在四里营村，小的时候跟随父母迁过两次家，在三个村子住过，从小因为穷和生活不稳定所以没有读过书。结婚后嫁到了四里营村后，不再迁移，一直在这里居住至今。老人在嫁过来一年后，土改的时候分到了一些地，之后家中添了八个孩子。合作化的时候，由于老人家里孩子多，劳动力少，所以总是挣不到足够的工分，属于当时典型的缺粮户。不过 1949 年以后相当长的一段时间内，丈夫在村子上当村干部，得到村里人的一致好评。改革开放后重新分地，家庭生活状况逐渐改善，老人对当前的生活状态感到十分满意。

一、娘家人·关系

(一)基本情况

我的官名叫李文兰,1928年出生。我的名字是出去干活儿的时候人家给我起的,李文兰算是官名,我的小名叫简。那时候和好多人出去干活儿,人家就给我起了一个李文兰的官名,听起来也好听。小名是我出生的时候爹娘给我起的。当时我家里有两个兄弟、一个妹子,我是家里的老大,等于就是姊妹四个,家里孩子的名字当时都是父母起的。起名字的时候我们这里也没有什么特别需要注意的,男孩的话会按照辈分起,我们女孩没有这样的要求,父母感觉名字咋好就咋起,一切都是父母决定的,我也不清楚他们为啥会给我起这样的名字。

那时候家里二亩地,还有一亩的菜园。土改的时候我家里划的是贫农,当时我家里有四个孩子,都是由父母亲生亲养,我家是没有出现过抱养的情况,不过我父母老早不在人世了。我十八岁的时候就出嫁了,当时过来的时候,丈夫家里就二亩半的地,还是让人家种着,他家比我家还穷,当时丈夫家划的也是贫农。丈夫家当时就他自己是个男孩,还有一个姐姐和三个妹妹,都是父母亲生的,那时候虽然穷,但是让人抱养过。我现在是有七个小子、一个闺女,孩子们娶得娶、嫁的嫁,现在就剩我俩老的在一起过,不过平时吃喝的东西都是孩子们给我拿过来的,我俩做不成活儿了。我当时十八岁的时候出嫁了,生大孩子的时候我二十岁了,大孩子今年六十九岁了。

(二)女儿与父母关系

1.出嫁前女儿与父母关系

(1)家长与当家

父亲家是兄弟三个,我在家当小妮的时候,他们就分家各自住了,家里不管有啥事都是父亲说得算,像平时的钱啥的都是父亲管着。当时家里二亩地不够吃,父亲就出去卖菜,卖菜过后就买粮食吃,母亲也是贫农,那时候就是在家里纺花织布。我当时还是在旧社会,那时候都是男的当家,像小妮们嫁人之前是见不到对方人的。不过像有些家里男的要是去世的话,这样的话女的可以自己当家。家里有事业的话,她们在家继续熬生活,家里要是没有事业的话她们就会改嫁了。但是要是家里有父母兄弟的话,这种情况她们是当不了家的。父亲要是不争气的话,母亲可以在家当家。老大孩子要是长大了一般都可以当家了。但前提是孩子得有才点,孩子要是没有才点的话,还是父母当家。像我嫁过来的时候,因为家里就丈夫一个男孩,那时候我过来了,丈夫就在外面推车子干活儿,因为丈夫得养活一家人的生活。家里父亲要是去世的话母亲就要当家了。

(2)受教育情况

我没有读过书,一个字也不识,那时候只顾在家里纺花织布,就是给我一本书,我也没时间去看。不过那时候男孩子们都读书了。妹子们也都没上学读过书,不过当时兄弟们还是多少读了点儿书。那时候重男轻女,小妮们得在家织布,另外就是当时也穷,家里哪有那么多的钱让孩子们都上学,所以小妮们就读不了了。

(3)家庭待遇及分工

那时候都是对男孩子好,都看不起这妇女们。那时候妇女们嫁到婆子家,如果要是没有点儿才的话,人家是很看不起你的,老是嘲笑你。以往就是重男轻女,男孩们毕竟长大后能干活照顾着一个家。那时候平时吃饭就是等饭做好了,就各盛各的,然后就找一个地方去吃,都没有说坐一个桌上吃这种情况。那时候没有菜,没有馍,就是点儿稀饭,都是自己找个地方喝。当时农村就是说,如果说在一块桌子上吃饭的话,那也是想坐哪个位置就坐哪个位置,没有说还得论资排辈的情况。父母得坐上头这种情况都是那些有钱的大家庭,我农村这都没有这些规矩。另外就是吃的上面都是一样吃,没有说谁吃得好,穿的上面也是一样穿,不存在谁比谁穿得好的问题。还有就是我小的时候就没有压岁钱这一说,家里都穷得不像样,往哪来的钱。

(4)对外交往

旧社会的时候女孩子们那时候都不出门,过年了父母领着男孩出去串门拜访亲戚。这家磕了去那家,那家磕了再去别的地方,一磕就是一个庄,都是自己一姓的。磕头的时候一般都是父亲领着去,但是要是新媳妇的话,那就是母亲领着去磕头。家里要是有客的话,那跟平时一样,就是各自一盛,找个地方去吃就行了,那时候都没有说在一个桌上吃饭。另外就是那时候都没有吃宴席这种情况。那时候家里要是没有饭吃的话,家里人可以出去跑点小生意。也有很多要饭吃的,家里男孩女孩都可以出去要饭,我这老的带着小的一家人都去西山讨饭,西山山多一些,人家那里都存粮食。我丈夫的两个妹子往西山讨饭,最后都被卖到那里回不来了,因为卖给人家的话,人家会给点粮食。等于就是给人家做童养媳妇了,然后换点粮食吃。

(5)女孩禁忌

以前的话女孩们都不出门,就是嫁给别人,新媳妇们也不能出门,不管是多大,都不能出去,都是在家纺花织布。要想出门的话,还得有父母带着才行,那时候社会老乱,父母还是不放心让一个人出去。年龄还小的时候,女孩还也可以在外面玩儿,不过也只能和同性玩儿。

(6)家庭分工情况

当时家里也没有啥分工,有活儿的时候大家都一起做。父亲当时就是种点地,平时就去地里锄地、薅草。家里有一亩菜园,平时菜长成的话,父亲就把菜带到集上换点钱,那时候家里地少,粮食老是不够吃,父亲回来的时候就会用卖菜的钱买点粮食。母亲和我的话平时地里有活儿的话也会去干,不过一般都是在家里纺花织布,庄上都是这种情况,也没有人说啥。男孩那时候能上学的话就上学,也不用干啥家务,家务都是母亲和我做的,男孩们稍微大点儿不读书的都是开始和老人一样,干活儿挣钱开始养家呢。

我小的时候七八岁的时候就开始纺花织布了,小的时候又没有上学,所以很小的时候母亲就教我这些活儿了。那时候我家里还没有花,就是父亲会种菜卖菜有点收入,去集上给人家换点花回来纺。当时家里人穿的衣裳都是我和母亲纺花织布后做出来的。当时我也没有啥事,就是一天都待在家里纺花,晚上吃完饭后继续纺,一直纺到睡觉。不过后来到了集体化的时候,就不再纺花织布了,因为那时候都得出去干活儿,所以没有时间纺这些东西了,再后来都开始流行这布票了,就是去集市上买点儿布回来,然后做衣服给家人穿。等到再晚点的时候,大概就是联产承包分地后,家里多少有点儿钱了,才逐渐开始买衣服给家里人穿。

(7)教育区别

男孩和女孩的教育一般都是父亲抓着,但是当时父亲还是比较看重男孩们的教育,那时候家里都很穷,所以有点儿钱了,还是会先让男孩去上学,女孩在家做家务,不会说让所有的孩子们都上学,不过要是人家有钱户的话,可能会让孩子们都去读书。女孩平时没有啥大事儿的话不能出门,只能待在家里纺花织布。结婚大事儿都得听父母的话,结婚前是不能见对方的。别的话也没有啥规定,没有说有专门针对女孩的规矩。那时候结婚都是通过人说的媒。说媒的时候人家会说你在家比较听话,会纺花织布,手巧,反正说的都是你的好处,人家不会说你的坏处。一般情况下,家里啥家务活儿都会做,对父母也比较孝顺的小妮们都能得到村里人的夸奖。

2.女儿的定亲、婚嫁

(1)定亲经历

我是1928年生的,二十岁结的婚,1946年定的亲。当时说媒的时候人家就是说我好,会纺花织布又孝顺,人家父母一见我感觉不错就同意下来这门婚事了。还有就是人家媒人也说男方人也好,另外干活儿也干得好,父母一同意就算是定下来了。当时我庄有一个闺女嫁到丈夫这个庄了,然后人家知道我也该嫁人了,然后人家就给我和丈夫说媒搭线了。都是自己庄上嫁出去的人说的,也比较靠谱,后来我父母去丈夫那边看过之后也比较满意,人家那边对我也没有啥意见,婚事就这样定下来了。因为是自己庄的人说的,当时也不用给他们啥报酬,仅此就是结婚吃饭的时候让人家来吃个饭就可以了。定亲的时候也没有啥仪式,也不用写婚约,就是找先生打个八字就可以了。虽然说打过八字,但是也没有合过,反正稀里糊涂地就过来了。

那时候丈夫这边穷得很,他十六岁的时候都出去给人家推车去了,当时他们家的经济状况还不如我家的。所以当时他家给我的彩礼就是两个凳子,两身衣服,一床被子。人家有钱的人家的闺女出门嫁妆都多,一般都是送家具啥的,我这穷人们都送不起这样贵重的礼。定完亲后,人家就会把这些彩礼给我拿过来了,也不用举办啥仪式。

定亲的时候得见人家的家长,但只是见家长,不见对象。见家长的时候就是媒人带着去见的。见面的时候就是谈谈啥时候结婚,需要送哪些彩礼,这个婚到时候该咋结,反正谈论的都是跟结婚有关的问题。那时候结婚都是父母说了算,父母说这门婚事中的话就可以了,不用征求你的意见,我在嫁过去之前根本就不知道对方长得啥样,都不让见面的。因为这还有好多人在结婚前是见的女方家长是一个人,但是结婚当天发现是另外一个人的情况。我当时是没有见过对象,我就是不满意也不行,当时不敢不听父母的话。

如果一方去世,比如说有些人干一些危险的活儿,像是很多定完亲后都出去当兵了,有些人当兵后就再也没有他们的消息了,这很可能就是死在外面了,这种情况下,女方会等两年,如果还是等不到的话,就可以改嫁了。对方要是正常去世的话,那过几年就可以改嫁了,不过之前也得给人家上上坟,彩礼的话一般还会退回来。然后就和前一家没有关系了,再结婚的话人家也不用听他们的意见了。

定亲后一般就是过年的时候准女婿会拿点东西过来看看,别的时节的话也不会有啥走动。他们来就来了,不用什么仪式,也不用回啥礼,那时候都是穷得很,还回啥礼。就是定完亲了,在结婚之前也是不能见面的,我那时候在结婚的时候才见到丈夫,之前都双方谁也没有见过谁。准女婿过年的时候要是来我家的话,我只能待在房间了,是不能出去的。这都是旧社会的时候,1949年以后这种情况就慢慢开始减少了。

(2)出嫁时间

我是二十岁出嫁的,1948年左右。结婚的时候也不用写婚书,出嫁的时候也没有什么规矩,就是上车之前脚不能挨着地,当时我记得丈夫那边是弄个牛车把我拉走的。走的时候父母,兄弟姐妹,还有就是舅们,都在送我。我走的时候父母也是挺不舍得的,可以说是既高兴又担心。出嫁的时候我家里也没有摆酒席,那时候家里穷,人家地主老财才摆得起。

（3）出嫁嫁妆

我的嫁妆是父母给我准备的,那就是几件衣裳和被子,也都是自家做的,没有花什么钱的。村里小妮们结婚的嫁妆一般都是几件衣裳和被子,当时这些东西大部分人家还是拿得起的。嫁妆这东西也没有标准,谁家要是稍微有点儿钱的话就多送点儿,没钱的话就少拿点儿,这都不是啥问题。就是我妹子结婚的时候也是这种情况,就是几件衣裳和被子,小妹还有一两件家具,她们结婚的时候家里条件就稍微好点了。送这些东西都是想让自己的闺女嫁过去生活会好点儿。送给人家之后,东西就是男方的了,不能再向人家要了。我在家纺的纱、织的布都给家里人做衣服用了,都没有啥收入,走的时候家里的东西啥都不带走,那时候我也没有私房钱,家里穷得都没啥钱。

(4)嫁后探望

出嫁后娘家也会来人探望,一般是第三天会回门,回门的时候女婿也会跟着去,去的时候手里多少拿点东西表示一下心意就可以,也不需要啥礼节。第一年过生日的时候就在丈夫家过过就可以了,娘家都不用派人去了。

(5)童养媳

那时候也有童养媳,我丈夫家的两个妹子和他一起去逃荒,逃到西山,人家那里是山地,家里储存的都有粮食,逃到那里后两个妹子就留在那里做童养媳了,他回来的时候人家就给他一些粮食,等于就是换了一些粮食回来。主要当时还是穷,家里没有那多的粮食让一家人都吃上,所以只能把闺女们送到别处当童养媳,换点粮食吃,这样的话自家和闺女们都不用挨饿了,当时不也是没有办法。一旦过去做童养媳,就很少再和娘家联系了。

(6)换亲

换亲的一般都是这种情况,就是说一家人家都是闺女,另一家人家都是男孩,这时候这家就会把一个闺女嫁过去,然后换人家另一家的一个男孩。这一般都是男方那边有人娶不到媳妇,女方这边又缺男的,所以才会出现换亲。换亲这一般都是由媒人来介绍的,并且主要是发生在 1949 年以前的时候,那之后就不会再出现这种情况了。

(7)改嫁

当时也有改嫁的,改嫁的时候就比第一次结婚的时候简单了,改嫁当时人家说起来还是不太光彩,一般都没有彩礼、嫁妆这些东西了。

3.出嫁女儿与父母关系

结婚后也得回娘家,没有啥固定的时间,也没有啥规定,女儿要是回娘家的话一般都不在娘家吃年饭,都是过完年才过去的。平时赶上清明了,也可以回家上坟,上坟的话只要是亲人都可以上,没有说不允许给谁上坟的说法。一般都是自己回去的,后来有孩子了,也会背着孩子回娘家,礼物的话带不带都可以。嫁出去之后,娘家这边的事儿就不用我再管了,娘家那边自然有人管。不过娘家要是有什么困难,我要是有能力的话还是会帮忙的。比如说娘家没有粮食吃了,我还是会送过去点儿;娘家那边要是有人出嫁了,我也过去送点儿嫁妆帮个忙。我这婆家当时也比较好,人家也不会说啥。我要是在这边有啥事儿,丈夫这边就会帮我给解决了,不用再让家里帮忙。即使用的话我给娘家那边一说就可以了。婆家人要是遇到啥困难了,那娘家多多少少也会帮着点儿,主要还是靠婆家这边的人自己搞定。

要是和丈夫闹矛盾了,自己可以回娘家,要是回娘家的话就是和父母住一起,也能出门,不过父母一般是不愿意看到女儿因为生气才回娘家。等到在娘家住了一段时间后,丈夫一般就会过来认错,然后把媳妇再接回去。不过我没有遇见过很长时间不来认错的情况。当时我和我老伴在一块儿关系都很好,我俩也没有发生过矛盾,更没有吵过架。那时候我老伴也是当村长的,人家有啥事还得找他来评理呢,他平时要是不论理的话哪会中,所以说我俩还是没有发生过矛盾。

当时也有离婚的情况,不过很少,比如说有些人结婚后过了一段时间,过不下去了,那就会离婚,但是当时更多的是男的把女的给休了。要是离婚的话,家里的地还有财产都是归男方所有了,女方的话是啥也得不到的。女的要是提出来离婚,一般得经过父母同意。父母要是不同意的话那就离不了,只能先回娘家和父母一起住着。

我家是迁移户,之前不是这里的,结婚的时候嫁过来了,然后才一直留下来了,我都在这待了好几十年了。我出嫁后就不再是娘家那边的人了,父母的财产的话都留给娘家那边的孩子了。如果家里都是闺女,家里一般都有过继儿,他们把财产都留给过继儿了,然后这个过继儿就负责赡养老人。如果说没有过继儿的话,那就得闺女们管他们了,财产的话就闺女们平分就可以了,闺女们是谁都不会争的。

我在我家是老大,我出嫁的时候父母还年轻着呢,不用怎么赡养父母。要是父母年龄大了,那时候由孩子媳妇负责赡养,我们当闺女的肯定不能时刻陪在他们身边,就是会经常回去看看,别的是基本上都不管了。

如果父母不在了,需要办葬礼,家里要是有男孩的话那就是男孩们管,闺女们不用管。一般女的都不主持葬礼,虽然说都得需要披麻戴孝,但是拜的顺序不太一样,儿子们一般会先拜,然后闺女们拜。别的也没有啥,办葬礼的时候主要是男孩子们拿,不过作为闺女也是会多少拿点儿的。

清明节到的时候也会去上坟,闺女们都会过去,带上纸、带点儿别的东西去上坟,在坟前烧烧纸,磕几个头就可以了,也不用通知别的人。过两年了,孩子们会给父母添添坟。

(三)出嫁的姑娘与兄弟姐妹的关系

我出嫁后,和兄弟们的关系还是很好的,平时也经常会带点儿东西去串串门。一般回去的时候都会多少带点儿东西,当时带的礼物都比较轻,就是一盒东西。人家那边有啥事商量就不会请我回去了,人家自己就能商量决定了。就是兄弟们要分家了,也没有我的啥事了,总之就是娘家那边有啥事就跟我就没有啥关系了,人家那边也成立的有家庭,人家可以自己决定处理了。不管是兄弟结婚还是闺女出嫁,都得回去封礼。但是封礼上没有啥区别,我们要是有的话就给拿过去几双袜子、手巾,不过那时候的礼很轻。要是家里生活不好的话,不管是啥东西,随便给拿点过去就妥了。回娘家的话父母都给你腾出来床。当时有我大孩子的时候,一回去都会去一个多月,一年能回去个一两次。以后生了三个孩子之后就不再回娘家了,天天都在婆家,因为孩子多了,也大了,带不动了。一般回娘家的话还是经常会去姊妹家,方便,不太经常去兄弟家。都是自家的亲人,不管去谁家都不会担心别人说啥。我和老伴还有婆家的关系很好,没有发生过矛盾。不过娘家人那边有时候会发生,如果他们之间产生矛盾的话,会有人出面调解的,当时像我这种一旦嫁出来之后,就很少再管娘家那边的事儿了,另外就是人家就是有啥事一般也不会给我说了。

闺女们嫁出去之后就不再管家里的事儿了,一般情况下兄弟和兄弟媳妇就会赡养老的,我还没有遇到过兄弟和兄弟媳妇不赡养父母的情况呢,如果真有的话,那肯定会说他们,但是他们要是不听的话那也没有办法。要是在婆家出现啥事儿了,娘家那边会过来人,比如说我家孩子大了,该结婚了,结婚的时候娘家那边就会有人来招呼着。我的孩子们要是结婚的话只要我俩同意就可以了,不用娘舅同意。他们仅此就是等到孩子结婚的时候过来封封礼,帮帮忙就行了,座次上也没有啥规矩。孩子们要是和我闹矛盾我和老伴就能够处理好,不用娘家人来调解,这都是小事儿。分家的时候我老俩还有婆家这边的人招呼着就可以了。娘家要是没有兄弟的话,姨母也能代表娘家过来。

要是回娘家的话,一般都是过完年的时候,像初五初六的时候,不过这都是不固定的,只要是过完年后的半月内都可以。其他不管是什么时候都可以回家,回家的时候带点礼就可以了。回来的话看看父母,另外就是把娘家这边的亲戚都串过来一遍。一般情况下,父母去世后就很少再回去拜年了,如果还拜的话,一般都带着孩子去了。我当时和兄弟妹子关系都挺好的,我年轻的时候就是带着孩子就去她们那里串门去了,也不分是什么节日,只要想去随时就可以去了,但是后来年龄大了以后,都是他们来看我,我就多年没有再去看过他们了。

二、婆家人·关系

(一)媳妇与公婆

1.婆家婚娶习俗

我过来的时候,娘家这边也很穷,当时丈夫在村里当干部。当时他家里就丈夫一个男孩,一个姐和两个妹子。公公是老实人,就是农民,在家里种地的,丈夫也是农民,不过当时丈夫当着村里的干部,他是村长。定亲和结婚时候都没有举办过啥仪式,当时我就是坐着那种用席子搭的牛车拉过来了。

当时我到丈夫这边以后,下车的时候婆家门口放一个织布用的绳子,两个搀扶的人搀着我跨过这条绳子,跨过之后后面就有人推我几把,我弯几下腰,这就算是拜完天地了,那时候没有拜高堂。那时候婆家这边都找人,做桌的、送客的、带钥匙的、扶轿的这些人都要让人家吃饭,当时都是请的有厨子,然后就在自家生火做桌,根据人的多少来决定要做多少桌,做好后端到屋子里人家吃就可以了。

过门后第三天吃面条,压点儿面条,做点儿臊子,封过礼的人还有近门的人,都来我这里吃面条。然后大家给新媳妇拿点儿钱。我入门的时候没有给婆婆端过茶、送过水。

2.分家前媳妇与公婆关系

要是说整个大家庭的话,那就是公公当家,要是说就我一家人的话,那就是丈夫当家。丈夫家里就他一个男孩,所以也没有分家。如果说公公要是不在了的话,那就是婆子当家。这都是旧社会时候的事儿了,家里钥匙还是由公公保管,家内家外大小事,公公都管,像做饭、针线活这些家务事就是婆婆管着。不过丈夫结婚后,自己成家了,很多事丈夫自己就可以当家了,公公婆婆也就开始不咋管了。当时家里也没有开过会,有啥事儿的话公公和婆婆商量商量决定就可以了。

我嫁过来后,纺花织布、做饭、磨面,下地干活。丈夫的话当时是村长,管着村里的很多事,经常就是开会,一开就是到半夜,有时候在村里开,有时候去县上开会,一去就是十天半月,很少待在家里。我和婆婆平时关系也挺好的。婆婆对我就像对自己的亲闺女一样。有时候我会说,婆婆对我比我娘对我还好呢。婆婆当时六十五岁就走了,走得早,只给我看过两个孩子。平时婆婆也让我出去串门,我要是回娘家的话只用给婆婆说一声就可以了。当时都是有钱人家里规矩多,家里没有钱的人家娶一个媳妇都很难,一旦娶来之后他们家里都没有那么多的规矩。

当时我和丈夫也还年轻,丈夫是天天开会,不经常在家,我都没有伺候过他。比如说平时吃饭的时候,做点儿面条,我和孩子们喝完了,就把剩下的留在锅里,丈夫回来后坐在门口用不了多长时间就把饭给吃完了,吃完后丢下碗就又去开会了。

我家当时没有婆婆虐待媳妇的情况,旧社会的时候虐待媳妇的也不多,穷人家里能娶到一个媳妇是很难的,婆婆们对媳妇们都可好,哪还会有虐待。家里有钱,老财的话可能会有,具体的话我也没见过,不清楚到底是咋虐待的。不过1949年以后不管是啥情况,都好很多了。家里的外交事务,整个大家来说的话就是公公出面,我这个家的话就是丈夫出面。那时候女的不能参加,都是男的在一起商量的。

那时候能管钱的女的不多,主要是那时候大家都没有钱,即使有钱的话家里还有公婆丈夫,钱都是人家管着。媳妇的话只管干活就是了。家里的地也是丈夫家的,家里不管是啥东西,都是丈夫的名字。有些人家结婚的时候有嫁资地,娘家生活舒坦,媳妇长得丑,娘家会把一些地让闺女嫁的时候带到男方这里。这就是等于把地直接给男方家里了。不过这也是我听说的,我们这里是没有嫁资地这种情况。那时候媳妇都没有压箱钱,不过自己的嫁妆还是自己管着,如果被休的话也可以带走。我嫁过来后经常在家纺花织布做的衣裳,全家人都穿了,当时没有啥结余,就是有的话还得去换花呢,不会上交。那时候我手里就没有见过钱。

3.分家后媳妇与公婆关系

(1)分家

婆子家就丈夫一个男孩,所以说没有分过家,我一直是和公公婆婆一块住。他们闺女们嫁出去之后,家里的财产就不会分给她们了,所以说当时公婆的财产就都留给丈夫了。有的人家家里孩子多,父母还健在的时候就分家了,这种情况一般是孩子结婚了,不分家不行了。

(2)休妻与再婚

旧社会婆家可以把媳妇给休了,现在说就是离婚。人家写个休书就让她回娘家了。有些女的嫁过去之后,家务事啥都不会做,非常不中用,人家男方那边就不要她了。娘家那边就是不愿意也不行,不过毕竟还是自己的孩子,就是再丢人,也得让闺女回来。丈夫要是不想休也不行,那时候孩子也得听父母的,父母让休的话,孩子也不敢说啥。休妻因为很丢人,就不会举行啥仪式,也没有见证人,更不需要政府同意。

如果是丈夫去世了,那能改嫁,要是丈夫去世后,媳妇都不能再养活公婆了,公婆也没有办法养活她了,那就只能改嫁,改嫁后公婆还有别的孩子可以养活他们。人家只要想改嫁,是没有人能拦着人家的。不过一旦改嫁的话,家里就没有她的财产了,她走的时候什么财产都不能带走。孩子的话大部分家里不会让她带走,婆家就等着孩子长大后把家产留给孩子。不过,丈夫要是去世之后,媳妇愿意在家带孩子继续守寡的话,那去世的丈夫的家产就由她来继承。要是没有孩子的话就不能再继承了。不过如果公婆立的有明确的分割财产的字据,那谁都没有啥说的,谁该分多少就分多少。

（3）交往

那时候妇女没有出去搞营生的，都是在家纺花织布。旧社会的时候没有妇女们帮工这种情况，都是在家做活儿。不过那时候村上有钱人家会给穷人一些花，穷人们帮人家纺花织布，然后可以拿点酬劳。公婆老的话孩子们在家的话都赡养他们，另外媳妇们在家的话也会赡养老的。公婆去世时得举行个跪拜仪式，得给去世的老人磕头，表达对老人的尊敬。下葬的时候主要是丈夫负责，女的都站在边上。公婆的坟都挨着，并且公公的坟在左边，婆婆的坟在右边，拜的时候都是一起拜的，祭品也都一样，当时没有立碑。该上坟的时候我也会去上坟。

（二）妇与夫

1.家庭生活中的夫妇关系

（1）夫妇关系

当时都是结婚的时候才见到对方的面了，结婚前谁也见不到谁。所以我见面的时候也没有啥满意或者是不满意的，因为我自己是当不了家的，都是父母说得算，我就是不满意也得满意。那时候都不能直接称呼对方的姓名，平时打招呼啥都不用喊。要是有小孩了，可以称呼他为孩儿他爹或者是孩子的老子，小孩们都喊他为伯。平时地里的活是丈夫安排，当时就是丈夫当着家，那时候很多事，丈夫该决定的自己就决定了，他一般都不和我商量。

那时候基本上都不花钱，我想穿的衣裳是自己纺花织布做出来的，吃的是地里打的粮食，基本上不要花钱。不过真是要花钱，自己没钱的时候得和丈夫说一声，当时还是丈夫管着钱的，他要是有的话给我，没有的话就不给。除了纺花织布，我当时也要下地干活。

1949年以后丈夫在村里当过时间不短的村长，和村里人的关系都非常好，要是不能和村民们团结好的话，在村长这个位置上很难干好。外边有啥事儿了，都是靠丈夫，外面谁家结婚了，丈夫也出面，不过我也是会去的。不过我丈夫当过村长，不会去偷拿集体的粮食，我也没有出现过撒泼耍横的情况，我不会干这种丢人的事。丈夫要是出去的话，会和我说，不过人家就是和我说一说，人家如果要是想去，我不愿意也不行，当时都是他做主的。不过我是没有出去过，如果说要出去的话，也是要和丈夫说一声的。

平时家里饭不够吃的时候，还是让孩子先吃，家里有吃穿了也尽量先照顾孩子们，大人们就先凑合着。家里人谁有病的话就给谁看，孩子们要是生病了，那都是要看医生的，家里有钱的话就出钱，没有钱的话就想办法弄钱。

1949年以前，女人们就是在家做家务和做饭，男的回来了也不用伺候他们，因为双方都年轻能干，谁也不用伺候谁。丈夫要是有钱户的话可能会在外花钱，但是钱就是他自己管着，妻子想管也管不住。丈夫一般让女的做啥活儿，女的都是会去干的，但是也不是完全是这样的。厨房里的活儿一般都是女的干的，男的很多都不会干。孩子的话一般是女的带，忙的时候公婆也会帮着带。还有洗衣服都是女的干的，如果要是有啥事我洗不了了，那婆婆就会帮着洗洗，丈夫有时候也洗。洗好的衣服都一起晾着就行了。1949年以后就稍微好点了。

（2）娶妾与卖妻

当时有钱户也有娶妾的，不管妻子同意不同意，人家只要想娶就可以娶的。不过这都是老财们，人家有钱，可以娶大婆、二婆、三婆。要是普通的穷人，连个老婆还很难娶下呢，往哪去娶二婆，当时有很多打光棍呢。那时候地主老财有很多地，能多娶，人家娶的一般都是门当户对的，也是比较有钱的。不过娶妾的时候的规格要比娶大老婆时候的规格低了些。娶妾的时候大老婆也不敢说啥,因为那时候有钱的话可以娶几个老婆。老财们都是房子多,平时都是生活在一个院子里的,那时候小的都称大的为大姐或是二姐。当时有的是几个老婆相处得很好,有的相处得不好,不过这都是我听说的,我们这里没有出现过这样的情况。

卖妻这事我只是听过,但是没有见过,我小的时候,我有一个哥,他的媳妇很早就死了,然后就又娶了一个。当时有个男的很厉害,口袋里都装着枪,然后有一天他对他媳妇说,让媳妇和他一块儿出一下门,然后就把他媳妇带到了河滩,然后就把她卖给在那等着的我哥,媳妇不愿意走,但是他掏出枪逼迫她走,后来这个媳妇就跟了我哥,因为人家那个人有才点,在外面又娶了一个,然后就把家里这个给卖了。是这种情况的,就是这个女的娘家人不中用,没有太大的能力,所以人家把她卖了,她娘家也没有办法。

家里要是没有男孩的话,有些人家男孩多的话就可以过继给她一个。男孩是负责给老人养老,老人去世后财产留给过继儿。

当时也有打老婆的情况,不过很少,这种一般都是女的嘴恶,男的脾气也差,发生矛盾的话就可能打女的。这种情况下女的也多少会还手,但是还是打不过男的,那时候女的要是脾气好的话都不会挨打。当时也有娘家人过来替闺女出气的,但是很少,一般都是打过也就了事了。不过1949年以后就这种情况就少多了,因为男女要平等了些,越往后去,有些男的甚至怕老婆。谁家的媳妇好了,庄上的人就会说人家谁家的媳妇孝顺能干,这种事我也是听说的。

1949年以前没有女的提出离婚的,那时候只有男的提出来要休女的,没有说女的主动提出和男的离婚。男的要是想休妻子的话,都不用家长同意,也不管女的愿意不愿意,休之后女方就不能再分割财产了。1949年以后还是很少有离婚的情况,即使有的话也是男的要多一些。因为男的是个劳力,就是离婚的话也能种地吃饭,女的一般干活都不咋的,离婚后她们不能生活,不过比起1949年以前已经好很多了。

2.家庭对外交往关系

那时候也有人情往来,不过那时候的礼都很轻。旧社会的时候女的不当家,比如说亲戚邻居结婚封礼这都是男的出面,1949年以后好多了,不管是男的还是女的都可以去。家里来客的话都是在一桌上吃饭,不过那时候客人少。如果是别人家的话,那一般是丈夫出面,不过1949年以后男女都可以了。1949年以前要是向亲戚朋友借钱的话,还是得靠丈夫出面,否则的话很难借出来,1949年以后男女平等了,不管谁去借,只要人家有,一般都会给,这种情况都明显改善了。当时我在娘家那边也有朋友,主要就是门前邻居家的姑娘,就是结婚后也是这种情况,不过要去串门的话得和丈夫说一声,一般都同意,真不同意的话就不去。那时候我都没有出过远门,一直在家。就是1949年以后也是一直待在家里,仅此就是回娘家看看,其他时候就没有离开过村子。

(三)母亲与子女的关系

1.生育子女

(1)生育习俗

我有七个孩子,一个闺女。我那时候来丈夫这边一年后,这里解放了,第二年的时候生大孩子了,这样算来就是1949年的时候生了大孩子,大孩子今年都六十八周岁了。那时候家里穷,虽然大家都高兴,但是不会办什么仪式,因为办不起。只有娘家那边的人会过来给我送米面。就是送米面的话也只是在前两个孩子出生的时候送。当时就是送鸡蛋,还有人会送来点儿衣裳。小孩们要是不过百天是抱不出来的，百天后就可以抱出来让人看了，也敢见风了。孩子要是过生日的话，就是中午割点豆腐，做点稠面条吃吃就可以了，那时候都啥也不办。

（2）生育观念

当时生的第一个孩子的话不管是男孩还是女孩，大人家都喜欢，不过往后的话可能要更喜欢男孩了，因为男孩长大后是个劳力，得靠他们养老养活这个家庭的。不过讲实话，当时我也是感觉生小子要好。

（3）子女教育

我家的八个孩子都上学了，不过他们有的人识字多，有的识字少，这都是1949年以后了，我家的小孩们不管是男孩还是女孩，到了上学的年龄，都让他们去上学了。当时还是丈夫管着呢，丈夫当过村长，知道读书的重要性，所以家里的孩子都让他们读书了。当时孩子们上学这事儿都是丈夫决定的，孩子们大部分时间都由丈夫管着，我没上过学，也不能帮上他们什么忙。

（4）对子女权力（财产、婚姻）

家里的钱那就是丈夫管着。等到孩子们长大了以后，就得结婚了。结完婚后孩子们过一段时间就得分家了，分家的时候还得用这些钱给他们盖一处房子。当时的钱很珍贵，主要就是为了结婚这种人生大事准备的。等到他们该到结婚的时候了，他们就能自己支配钱了。孩子们结婚的时候都有媒人，都不是自己谈的。当时定亲的时候又是取帖，又是打八字。当时有专门打八字的人。我闺女结婚的时候，当时男方啥东西都没有给，我家就向那边要了几百块钱，给闺女买点家具、衣裳，当时就是这些东西。儿子结婚的时候我家也给人家拿过去几百块钱，给人家买点家具、柜子、椅子、桌子了。当时这些费用就是我和丈夫准备。当时孩子结婚前我家去借了钱，帮孩子把房子盖盖，以后家里有钱的话再还给人家。当时盖房子的费用是孩子拿点儿，我俩的话多少也给会帮助一下他们。

2.母亲与婚嫁后子女关系

我孩子都结婚晚，都是二三十岁结婚的，我大儿子到二十八岁了才结婚。那个时候二十八岁结婚年龄都很大了。当时我和媳妇们关系都很好，平时都没有生过气。当时孩子们多，他们结婚后我们就准备分家。大儿子结婚当年，我们就给他修了一处宅子，他们一家就挪出去住了。其余的六个孩子大概都是在二十六七岁的年纪结婚了。他们结婚的时候家里没有那么多的钱，都是结完婚后还是和我住一块，然后就是慢慢准备钱盖房子，盖好一个那就分出去一个，直到最后全部分出去。那时候只要一结婚，不用谁提，都知道该分家。除了房子外，那时候家里也没有什么财产，就是有点粮食，我丈夫对他们说，一人一袋，他们扛着就走了。结婚后媳妇会来看我，没有啥仪式，她们也不用给我端茶送水。平时儿媳妇们还是要给家里做饭，做完饭后也出去下地干活，现在她们就不再纺花织布了。

我最小的老八是一个女孩。她出门子的时候是二十二岁了，当时也是有媒人说的。那时候还没有自由恋爱的情况，村里的姑娘一般也是二十岁左右定的亲。定亲的时候父母肯定得同意，也会征求孩子的意见，但是闺女一般都会同意，因为当时说媒的是自家的邻居，也都挺放心的。定亲的时候双方也是会见面瞅瞅对方，不像我那个时候，结婚前谁也见不到谁。逢年过节的话都过去看看，女儿和对象也可以来往，中间也没有啥礼节，就是过年的时候去看看对方就可以了，去的时候多少带点礼物。当时我记得聘礼就是两对大椅子、一个柜子、一张床，几身衣裳，别的也没有啥了。我们家里也给她弄了几百块钱，拿去买家具什么的。我家闺女结婚后经常回来看我,隔一段时间就来我这里把我家里的东西收拾收拾,有些厚衣裳给我背回去洗了再背回来。她嫁过去之后也没有遇到啥困难,人家那边对她可好了。如果说她遇到啥困难,我是她的娘,我肯定会帮助她。我平时也经常会去看看她,不过一去就是半天或是一天,从来没有在她家住过,因为孩子结婚了,有自己的家庭了,我去也不好。

1949年以后女儿谈婚论嫁就变化了,首先就是1949年以前都是媒妁之言,定亲后结婚前双方是谁也见不到谁的,父母包办了一切。1949年以后虽然说还是媒妁之言,还是父母当家,但是女孩们都有发言权,得征求闺女的意见,闺女们在定亲的时候以及结婚前都是可以见到对方的,还有就是送的聘礼还有嫁妆要稍微好点了,种类也更加丰富了。改革开放后,人们开始自由恋爱了,这个男女之间更加的平等了。

我们这里是有上门女婿的,上门女婿就是某一家没有儿子,只有闺女,就在外面招了个上门女婿。上门女婿会继承妻子家的所有东西,包括房子和地,而他得负责赡养老人。要是半途离婚了,那他什么东西都得不到。

像我和老伴,虽然说是我俩单独住着,但我俩还能自己做饭吃,孩子们虽然说都分出去了,但还是在一个庄上,他们会经常过来看我,给我拿点儿东西,也没有说每个孩子必须得承担多少责任,他们都是我的孩子,谁家有钱了或是有东西了,就给我拿过来点儿,家里有钱的就多拿点儿,没钱的就少拿点儿,这都无所谓。

现在村上还没有出现过不养自家父母的情况,有的父母身体要是还好的,那就自己住,平时孩子们经常过来看,我就是这种,这种是最好的。还有就是跟着一个孩子住,另外就是孩子们轮着管,轮着管的情况是最糟糕的,老人得经常跑,孩子之间还容易生气。但是村子上还没有出现过不赡养老人的情况。要是有些人只有闺女,这种情况下都是让老人自己住,闺女的话三天两头一回来看看父母。不过不能自理的时候那就接回去照顾他们。

三、妇女与宗教、神灵、巫术

1.祈雨

祈雨在我这里看来就是瞎掰呢,没有人相信,也没有人祈雨,该下的时候天自然就下了。不过旧社会的时候有这种情况,就是用柳条编成帽子,柳条上绑着白布条,到河边去祈雨,那时候就是庄上谁信这一套的人去祈雨的,敲锣打鼓的,烧高香,都是男人去祈雨的。1949年以后就没有这种情况了,这都是迷信。

2.灶王爷

当时说的是老灶爷,老灶奶奶。这种一般过年的时候祭一回,祭的时候点上香,烧点纸,磕俩头,端上饺子就可以了。不管是男的还是女的都可以祭,也没有什么规矩。就是现在过年的时候农村家里都要祭的。

3.土地公

我小的时候都有,像大门口的地方都有土地爷,不是看门的,那时候过年的时候敬敬,比如说扁食做好的话就放在他们面前让他们"吃",等到他们"吃"过后,我们才能吃。这些活儿那时候都是由女的来敬。

4.求子

那时候也有庙,有些人家都放着观音的像,天天烧香供着,有些人家生不来孩子的话就天天拜观音求子。有些人是经常去庄上附近的小庙里,隔三差五地去上上香拜拜,给自家求个孩子,这些都是女的去做的,男的很少有人去。就是现在也有不少的人去烧香呢。那都是迷信,我家反正是啥也不信。

5.求平安

求平安这种情况一般都是女的求的,那都是自己在自家的屋子里放个观音或者别的神像,天天拜拜就可以了。没有啥仪式,家里人谁拜都可以,不过男的一般不拜。

我们这里庄上也都没有搞过祭祀活动,说要是信这些东西的话自己去就可以了。我家里除了过年时拜个老灶爷和老灶奶奶外,别的啥都不拜。以前家里没有平坟的时候,我们也去上过坟。上坟的时候很多时候是男的去,当然女的也是可以去的。到每年的二月二或者是十月里就可以去上,我娘家的坟被大水冲走了,这边的坟又被平了,所以现在就没有坟了。我是啥教都不信,那都是迷信。

四、妇女与村庄、市场

(一)妇女与村庄

1.妇女与村庄公共活动

出嫁前村里有唱过戏的,不过女孩们不能单独去看,要是有父母陪着话还可以看一眼。庄上有啥事儿都是男的在一起商量的。不过出嫁后一年都解放了,1949年以后经常开会,那时候男的女的都去开,坐到一块商量,女的也可以发言了。1949年以后我这里那时候有土改,上面下来的有工作队,他们经常开全村大会,都是他们主持的,那时候全庄不管是男的还是女的都参加了,谁要是有啥问题都可以发言向人家反映。旧社会的时候没有这些,那时候庄上就没有开过村庄会议。

1949年以前有劳役,那就不是摊派了,就是直接要。那时候保长总下来抓兵,谁家有强壮点劳力那保长就下来抓去当兵,有些人抓走后就回不来了。还有时候他们下来向老百姓要钱要粮食,那时候保长可不是东西。那时候女孩们都不出门,对村里啥事都不清楚,只知道那保长老是敲着锣,带着警务员下来向老百姓要钱,我也不咋认识保长。当保长是管全庄的事务的,结婚这事他不管,结婚的时候也不用给他们说。

2.妇女与村庄社会关系

我在娘家做女孩的时候,那都是和门前的女孩一块玩,当时都是成群的玩儿,人很多。像是丢铜钱儿、丢坑儿这些玩法,我都玩过,三五个人关系好,玩儿的时候出门玩儿。女玩伴就是在一块儿玩的,她们结婚的时候我不用去。

1949年以前女的都是在家纺花织布,不能出门。1949年以后分完地,家里都有地了,那就是白天下地干活,晚上就在家纺花织布,后来成集体后,就是靠挣分吃饭了,也得下地干活儿挣工分,晚上的话就没有时间再去纺花织布了。

新婚后也不用拜访邻居,到婆家后,有和我差不多情况的小媳妇儿们,都可以坐一块儿说话。1949年以后除了村里成立的有妇女联合会外,就没有其他的啥了。庄上的亲戚家盖房子,他们要是人手不够的话,不光是有点亲戚的这种会去帮忙,就是门前门后关系好的邻居都会去搭把手。村里有红白事的话,要是关系比较好的话那他们不用说我都过去了,去那多少帮点儿忙,比如说做个饭,收拾东西这都可以。1949年以后男女都平等了,男女都可以去了,也没有什么固定的分工,有啥活儿都可以干。

出来说话时随便找个地方就可以坐下来聊,比如说夏天的时候找个凉快的地方就可以说话,一般都是聊家长里短或者是庄上发生的一些事儿。男人们也是这样。我说这都是1949年以后的事儿,1949年以前是不可以的,女的都不出门。关系好的人里面总会有一个比较能说,人又好的,她说弄啥大家一般都会应和她。不过一般都是在自己村里聊,你去外村的话都不认识聊啥嘞。这都是不管男女,都是在一块儿聊的。

现在的妇女家里要是没有啥事儿的话,大家吃了饭就出来了,聊的东西无非还是家长里短,庄上发生的事儿,还有自己身上遇到过的事儿。一般都是去一个大家经常去的地方聊,这些地方人经常比较多。村里妇女们要是吵架的话一般都是她们门前门后的邻居出来劝架吗,丈夫也可以出来调解,但是不多。不管是谁和谁吵架,一般都是邻居们劝劝就不吵了。

(二)妇女与市场

1949年前后物物交换的人不多,都是借的,比如说谁家有客人来了,家里的粮食不够吃,那就去邻居家借点儿,等到家里有了再还给人家,很少有人去拿这个东西和人家的那个东西交换。不过那时还是有赶集的情况。那时候女的都不赶集,女的都不出门,男的去赶集,那时候赶一趟集得好几里地的,因为庄上是没有市集的。赶集一般都是去买点盐等生活用品,还有就是换点花回来织布用。集上的话也有女商贩,不过很少,能上集的一般都是有本事的女的。上集的话谁都不认识,买东西不能赊账。家里的棉花都是去集市上换的或是买的。把棉花买回来后自己纺花织布。针线都是在集上买的,家里纺的花织的布都用来给家里人做衣裳了,要是布用不完的话拿市场上再换些棉花。

1949年以后到改革开放前,妇女普遍都能上街了,比如说家里的盐没了,可以上集买;家里的煤油没有了,也可以上集买,后来国家生活资料非常紧张,什么都限量供应,靠国家发的票,像是粮票、布票、肉票,凭票购买。那时候虽然有票,但是家里的票很少,还得省着用。改革开放后有洋织布机了,之前都是用手工,不过我家里没有,我是一直都没有用过那个东西,后来大家就很少再织布了,都开始买着穿了。

五、农村妇女与国家

(一)认识国家、政党与政府

1.国家认知

我小的时候,从自己懂事就听说过国家了。我那时候没有读过书,也都是听大人们说的,日本鬼子就是在侵略咱们国家。刚开始的时候就是感觉日本老是打我们,老百姓过得不好。国民党又和共产党争个不停,后来就发现国民党老是欺负老百姓,共产党很好,再后来慢慢就感觉国家不仅仅不能受人压迫,还得能把老百姓给保护好。

旧社会政府没有宣传过男女平等,旧社会的时候女的不能算是人,就是1949年以后到了新社会后国家才开始提倡这男女平等了。1949年以前国家没有专门建小学,都是私塾,当时小妮们都不上学,有也是老财家的小妮上,她们多少识点儿字。1949年以后就都有学校了,家里有条件的话,小妮儿们也可以去上学了。

1949年以前那时候有现洋,有铜圆、银圆,有十克的,也有二十克的,当时这都是由国家发行的。不同的政党执政就会发行不同的钱。1949年以后国家统一了,那钱都没有再变了。

1949 年以前的时候经常向国家交税,当时有保长,保长经常坑人,老是下来向大家要这钱要那钱。那时候都不分男女,都是一家一家地收的。有时候还会被保长抽走干劳力活。

2.政党认知

国民党也还行,他们也不打人,但不会搭理你,就是有些保长和甲长经常坑老百姓,经常向老百姓要各种名目的钱,把老百姓要得很穷。我当时认识的人中没有加入国民党的。孙中山和蒋介石我都知道,当时都是听老人说的。现在的国家主席姓习,是习近平,人家主席当得好。这都是平时看新闻还有就是街上和人聊天的时候知道的。

1949 年以前也知道共产党,当时共产党领着和国民党打仗,还有和日本鬼子打,那时候都说没有共产党就没有新中国。不过 1949 年以前我认识的人中没有党员。后来我嫁到这里后,过一段时间我老伴当村长,后来接着就入党了。1949 年以后,当时村里经常宣传共产党和它的政策,然后大家对共产党了解得更多了。

我老伴就是党员,那是土改的时候,我家里穷,就划成贫农了,然后老伴表现好,能力也强,就被选成村长了,后来就慢慢加入共产党了。当时入党的时候那也是老光荣啊,当时能入党的人可不多,不是平时表现好、群众认可的话可入不了。我是没有入党。共产党啥时候都和老百姓走得都比较近,土改的时候还成立了妇女联合会,妇女都能当村里的干部了,这也就是共产党的时候,之前是没有的。1949 年以前我没有参加过保长召开的会议,那时候保长就不开会,他们下来的时候都有警务员跟着,直接就往农户家里去要东西。

我小的时候也裹过脚,不过骨头没有裹折,后来 1949 年以后政府就要求放脚了。当时去城里放脚,放一次八块钱。不让裹脚是好事,大家都支持。

3.政治参与

那时候参加过村里的选举,当时就是选村里的干部,那都是 1949 年以后了,全村人都参加了,那时候还是举手表决吧。投票的话就到了改革开放后了。

4.干部接触与印象

那时候仅此就是听过共产党,没有接触过他们的干部。国民党的话就接触过村里的保长,别的国民党干部也没有接触过,那时候保长不是东西,经常欺负百姓。1949 年以后共产党来了,人家共产党的干部们就没有欺压百姓,对百姓都挺好的。

5.女干部

农村那时候没有听说过女的可以当干部,都是男的当的。1949 年以后女的就可以当干部了,像当时土改的时候,村里成立的都有妇女联合会,那都是女的领导着。主要还是后来女的地位提高了,人家能干的女性当然要能当干部。我也想让儿子们当干部,不过儿子或是儿媳们要是没有那本事的话,也是当不成干部的。

6.政治感受与政治评价

计划生育这个政策还是可以的,要不是实行这个政策的话,国家的人更多,粮食说不定都不够吃了。1949 年以后妇女们可以出门了,也可以下地干活了,甚至可以当干部了,这都是好事,男女之间更加的平等了。比之前老是在家待着纺花织布要强得多。政府提倡除旧立新,以前的坏风俗还是得废除的,像是搞啥祭神啥的,那都是迷信,国家肯定得把它们给废除了,要是光靠那些不好的旧风俗怎么能往前发展呢?

（二）对 1949 以后妇女地位变化的认知

大概是在土改的时候，庄上成立了妇联，都是由庄上的妇女们组成的，这是由工作队和村里的干部在村里搞的，就是为了更好地管理村庄的妇女们，向妇女们宣传党和国家的政策。我当时也参加过。新中国成立以后就提倡男女平等了，虽然说结婚还是父母做主，但是闺女们有了很大自由，比如说结婚前可以见对方，父母会征求闺女们的意见等。男的打老婆的现象也少了，女的除了在家做饭看孩子做家务外，也不用咋伺候丈夫。有时候家里有啥事儿了，丈夫也会和妻子商量，闺女们的话也可以和男孩一样上学了，有些女的还可以当国家干部了，这都是女的地位提高的表现。

（三）互助组、初级社、高级社时的妇女

土改以后，自种自吃了几年后，国家号召成立互助组，当时上面下来的有工作队，就是住在村上，他们经常开会，给大家宣传成立互助组的好处，还有就是党和国家的政策。我家当时还加入互助组了，互助组就是在一块儿干活，忙的时候大家互相帮助一下，不过土地还是自己的。当时不管是男的还是女的都可以下地干活儿，像锄地、薅草，这些活儿妇女们都可以干。后来就转社了，转社的话是都得转，不转的话人家工作队就不停地做工作，直到同意转社为止，家里的土地和牛具都成集体的了，干活也是集体干了，靠挣分吃饭了。当时有妇联，人家工作组就是不停地给你开会做思想工作，鼓励大家入组或是入社。

我老头是村长，我家不管是入组还是入社都是带头的。不过刚开始的时候有些妇女想不通，不想入社，后来经过工作队做思想工作，都陆续入社了。像我以前都是在家里纺花织布呢，后来土改了可以下地干活了，到合作化时候靠挣分吃饭了，家里人只要能干活儿都下地干去了。我从来都没有当过干部，不过当时社里也有女干部。所有社里一般都有妇女主任，当时就是专门管村里的妇女们的，平时召集妇女们开个会，宣传一下党和国家的政策，是这种一般都是人在妇女中间比较好，办事能力也强，大家都愿意听人家的话。不过那时候很少有女社长，社长都是男的。当时共产党的会多，土改的时候妇女们就能发言了，土改时候斗地主、诉苦妇女都能发言，合作化开会的时候也是能发言的。

互助组的时候也没有什么分工，土地还是自家的，一般都是自家种自家的地，就是忙的时候一个组里的人互相帮助就可以了。合作社的时候多少有点儿分工了，那时候都是集体劳动了，有时候社里会派活儿，让这些人干这些活儿，那些人干那些活儿，比如说收麦的时候，男的负责割麦，女的话就在后面负责拾麦。土改后分到地后，我都开始在自家地里劳动了，活儿做着做着就会了，那时候还年轻，才二十多岁，身体也都好着，所以干活儿身体也没有什么不适。刚开始集体干活儿的时候，也是不太适应，不过干得多了，也就慢慢习惯了。刚开始的时候男的说脏话，妇女们就装作没听见，慢慢大家熟悉了就说他几句。

（四）妇女与人民公社、"四清""文化大革命"

1.妇女与劳动、分配

人民公社的时候，我都三十岁了，刚生下我的四儿子。当时公社不允许自家做饭吃了，都是吃大锅饭，家里不管是男的还是女的，只要能干活儿，都下地去干活儿，干活儿的时候也会喊着口号，我记得当初大年初几就得下地干活儿，人家说："大年初一开门红，大家下地挖点儿土。"

那时候队里女的比较多，因为当时不是这里挖水渠就是那里挖水渠，大部分男劳动力都出去修工程去了，家里地里的活儿一般都是女的干。不过得到农忙的时候他们也会回来几天把地里的活儿干完后再走。锄地、薅草这些活儿就由女的来干；像是犁地耙地、养猪烧窑这些活儿都是由男劳动力们干的，女劳动力都干不成。

大炼钢铁的时候，我背着我大儿子和被子去张八桥镇炼铁，当时我背着孩子走一段路，然后把孩子放下，回过头再去背被子，被子背了没有多远，然后把被子放下来，再去背孩子。就这样去炼钢铁的。当时我是啥活儿都干了，也受了很多苦。大集体的时候都快把人饿死了，那时候没有粮食吃，食堂上做的饭都跟水一样，大家都吃不饱。

那时候也不记得有啥自留地了，不过干活的话肯定是在自家地里干活儿干得认真，集体干活儿的时候大家都是磨洋工，都不用劲，有些人干一会儿就喊着去解手，一去就是半天。

工分的话都是队里评的。当时庄上三个组，干完活儿后就在一起评，虽然说男女是干同样的活儿，但是人家男劳力记分多，人家干一天最高能记十分，妇女们的话只能记八分，当时最低都是五分。分粮食的时候男女都是一样分的，都是按工分分，挣到的分多的话分到的粮食就多，分少的话分到的粮食就少。油的话就不一样了，这个不是每年都分的，社里要是今年丰收了，那到年底可能会分点儿油，这也是按工分分的，分多的话稍微多点儿。像我家有八个孩子，孩子们当时都还小，都上着学，也干不成活儿，就没有工分。家里就丈夫一个人出去干，一年老是挣不到多少分，我家总是缺粮户。

2.集体化时期劳动的性别关照

集体派活儿时也会考虑妇女的身体情况，那时候大家干活儿也很厉害，有时候妇女们怀孕了，挺着大肚子也去地里干活儿，这都是允许的。如果真的是干不成了，就和队长说一声就可以不用来了，那时候也不用请假，啥时候身体生完孩子身体恢复正常了，接着干就可以了，不过像这种情况的话就不再记工分了。我记得有一次社里派我去别的地方干活儿，那时候我还怀着孩子呢，走到一半的时候感觉肚子不中了，然后社里就让我回来生孩子了。我开始参加集体劳动的时候有四个孩子，当时白天得去社里干活儿，干活儿的时候就把孩子留在家里，让婆婆带着孩子，晚上的话我回到家，吃完饭就开始坐在那里纺花织布，一边纺一边照顾着孩子，有时候经常纺到半夜。

人民公社时候对生理期的妇女也有照顾。大炼钢铁的时候，那时候我还怀着老五，当时去马跑泉镇炼钢铁，人家给我检查身体，说我干活儿的话孩子可能会掉，然后人家就让我回来了，没有再让我参加炼钢铁。然后我就回来了，回来后就去河里淘沙。这活儿就要轻点，当时庄上的簸箕都被收走了，就是弄到河里淘沙用，人家把从河里挖到的沙倒到你簸箕里，然后我就在河水里淘，淘完后簸箕底部就有一层黑色的东西，人家说那是铁。那时候政府没有建专门的托儿所，都是老婆儿们在家带孩子，队里会给她们记点儿分。

3.大食堂

大食堂的事儿我记得，那时候大食堂做饭的就是从庄上找的人，有男的也有女的，有人负责做饭，有人负责盛饭，当时做饭用的都是很大的锅，打饭时就是用几两票打一碗，你给人家多少票，人家就给你舀几勺饭。如果是在食堂有熟人，人家会在盛饭的时候就给你舀底下的稠饭；要是食堂没有熟人的话，人家盛饭的时候就给你舀上面的一层稀水。家里的锅都让收走了，不能自己做饭了，那时除了吃饭就是下地干活儿，吃完后大家就去地里干活儿去了，不像现在吃完饭后还可以歇一会。

后来有一段时间非常困难,那时候大家都吃不饱饭。社里打不来粮食,做的饭很稀,那时候是什么都吃,像萝卜叶、茄子、倭瓜,我们都用来填肚子。我兄弟当时给人家干活儿的时候,饿得实在撑不住了,就偷吃了点儿人家的糠,喝点凉水。

当时大食堂不是很好。我们这里当时大食堂的时候也没有搞啥活动,吃都吃不饱。说实话,当时这种工作形式也挺好的,上工的时候有人敲锣通知,敲完锣后大家都一块儿去上工,有时候还有说有笑的。但是这也没什么用,因为吃不饱。上工的时候都由队长领着,不会发生啥矛盾。即便这样我们这里也没有发生过自杀的情况。

4.对女干部、妇女组织的印象

那时候庄上有个女的,干活干得很厉害,光着膀子拉车拉石头,不过后来累死了。当时我也不记得谁当过妇女干部。

5."文化大革命"

那时候可不只是斗地主,好多干部都犯错误挨斗了,"文化大革命"的时候我还在家,那时候底下感觉都没有人管了,有时候谁说错一句话就得挨斗,当时城里很好的老师都挨斗了。我记得有一个姓范的老师,晚上就说了一句月亮出来晚了,就因为这一句话都挨斗了,后来都死了。那时候老师们跳井自杀的人都不少。有些老书、老庙烧的烧拆的拆。我当时戴了一副银镯子,人家在晚上开会的时候就给我收了,我要是不交的话人家是不散会。

(五)农村妇女与改革开放

改革开放后,我们又有了土地,日子也慢慢过好了。当时分地都是按人头分的,每个人分到的地都一样多,不过土地证上还是写的户主的名字。后来在村里搞了村民选举,当时就是在南地参加的,每个人都有选举权。

当时计划生育政策执行得很严,当时可能是人太多了,国家提倡只生一个好,谁家要是超生的话国家还会罚。

现在我们俩老了,干不成活儿了,吃完饭就出去,和老头老婆们就坐在一起聊天。现在家里有电视,我们平时也老是看,有时候也会看看新闻。我也知道网络,现在庄上有的人家有上网了,不过我是不知道啥是上网。手机的话我也没有,大部分老人都没有,都不会用。

六、生命体验与感受

这辈子确实苦,我小时候家里也没有让上过学,平时也不咋出门,整天在家里纺花织布,感觉女的以前都算不上人,啥都弄不成。我家又是迁移户,小的时候来来回回住过三个地方,就是嫁到这里之后才算落到这里了。1949年以后,土改,那时候是终于自己有土地种了,后来就有互助组和初级社、高级社,这时候还挺好的,但是等到人民公社的时候就不行了,当时大炼钢铁,家里的铁东西都弄去炼铁去了,我还跑到马跑泉。后来有一段时间食堂都没有啥吃的,人都饿得不像样子,那时候应该是最苦的时候吧。再后来邓小平上来后,土地又分给各家各户之后,家里粮食才慢慢打得多了,也才慢慢可以吃饱了,生活也慢慢变好点儿了。要说最幸福的时候就是现在吧,吃了一辈子的苦,现在快九十岁了,生活也可好,平时有吃的有喝的,国家每个月还给我发钱。平时我也看看电视,和庄上的老人聊聊天,孩子们在我身边,都很孝顺,我现在感觉还是很好很知足的。

DZ20170117WSM 王淑梅

调研点：河南省南阳市镇平县玉都街道碾坊庄村
调研员：杜真
首次采访时间：2017 年 1 月 17 日
出生年份：1935 年
是否有干部经历：无
是否生育：是
受访者结婚的时间节点、生育子女的具体情况：1959 年结婚；1959 年生第一个孩子，共生四个孩子，全部是儿子，现已全部成家。
现家庭人口：2
家庭主要经济来源：事业单位退休金和政府补贴
受访者所在村庄基本情况：碾坊庄村位于县城北侧，南临建设大道，北靠宁西铁路、东西1.5 千米、南北 1 千米。全村分布 13 个自然庄，14 个村民小组，总人口 3986 人，耕地面积1365 亩，党员 72 名。在农业产业发展上，根据辖区汉回民族集聚的村情，从农村产业结构调整入手，把发展畜牧养殖和近郊型庭院经济作为支柱产业，在回民自然庄大力发展波尔山羊等畜牧养殖，在其他组发展苗木花卉、葡萄梨果、蔬菜种植等近郊型庭院经济，全村山羊养殖、苗圃园林、蔬菜种植等农副业项目有了新的突破。在工业发展上，采取"走出去、请进来"的办法，利用土地资源优势吸引外资，"借鸡下蛋"，成功引进"富润花园""万豪紫金苑"两个大型商品房建设项目，这两个项目的实施既解决了群众居无定所和重复建设问题，又提高了群众生活质量，同时也积极配合了县城建设步伐。在第三产业发展上，鉴于可耕土地日渐减少、失地群众日渐增多的现状，积极引导农民依托县城、服务城市的地缘优势，投身餐饮服务、加工修理、商业批发等第二、三产业中，鼓励农户自谋生路。
受访者基本情况及个人经历：老人生于 1935 年。小时候没有名字，是上学的时候老师帮她起的，也没有什么特殊含义。老人有三个哥哥，她是家中最小的，其中老二在十七八岁的那年去世了。兄弟们的名字是按辈分起的，那个时候排的是"发"字辈，那个时候女孩一般都没有名字，排行老几就叫几女。土改期间被划分为贫农，分得了地主的一亩地，家中比较可怜。1959 年嫁过来碾坊庄村，当年 9 月便添下大儿子，共生了四个儿子，没有女儿。老人和老伴儿住在一起，家庭和睦，受访期间，多个儿子儿媳前来探望并请老人到家居住。生活来源是每个月的退休金和补贴，有时候子女也会给赡养费，目前已经没有土地可以耕种，子女都在事业单位工作。老人前半生受苦较多，曾因丈夫入伍而随军，辗转东北、西藏、四川等地，丈夫退伍后被安置在事业单位工作，随后便一直居住在这里。

一、娘家人·关系

（一）基本情况

我叫王淑梅，1935年出生。小时候没有名字，是上学的时候老师帮我起的，也没有什么特殊含义。我有三个哥哥，我是最小的，其中老二在十七八岁的那年去世了。兄弟们起名字是按辈分起的，那个时候排的是"发"字辈，那个时候女孩一般都没有名字，排行老几就叫"几女"。土改期间被划分为贫农，分得了地主的一亩地。1959年我嫁过来碾坊庄村，当年9月便生下大儿子，共生了四个儿子，没有女儿。我前半生受苦较多，曾因丈夫入伍而随军，辗转东北、西藏、四川等地，丈夫退伍后安置工作在事业单位后我们便一直居住在镇平县碾坊庄村。我觉得现在的生活是最好的时候。

（二）女儿与父母关系

1.出嫁前女儿与父母关系

(1)家长与当家

我在娘家的时候是我父亲当家，那个时候一般都是男的当家，所以在我们家，当家的也是我父亲。那个时候没有钱，也不存在谁管钱，但是家里的大小事务还是父亲做主。那时候，因为镇平的丝织行业发展得比较好，织绸子比较发达，所以我爹就开了个丝行，做生意顾家。至于女的当家的情况，当时还是很少的，一般都是男的当家，那个时候的观念就是男的主要是跑外交，女的就在家织个绸子。我长大了之后就是在织布了，织了布，织了绸子之后卖钱。如果说屋里面男的不争气的话，那都生活不下去了，就不是他当家，有的这样的人，他连女的都说不来，日子根本就过不下去。如果说男的去世的话，女的就可以当家，如果这个女的的孩子长大成人，并且成家了，那一般就是儿子当家。家里面全部是女孩的情况比较少，一家最多会养两个女孩，如果多了的话，就要把她扔掉。穷人家一般都是商量着过日子，不存在固定的内当家和外当家之分。我记得我们家就是不分的，男的女的都一样，男的在外边挣个钱，回来就给女的管了。

(2)受教育情况

我那个时候一直上到了小学毕业。那个时候的小学分初小和高小，初小在自己庄上，上高小就要到别的地方去了。我小的时候也就上个初小吧，那个时候女孩上学的一般不多，就那种大地主他们家的女孩能上学，一般穷人家的孩子都不上学。我们家虽然不是地主，但是支持我上学，一个原因是我父亲想让我上完学之后给他当会计，再一个原因是，我爹那个时候思想解放，他搞过地下工作，所以早就知道解放，男女要平等，就让我去上学。我们那个庄没有几个女孩上学的，一个大庄不超过十个女孩，我的那些邻居都没有上过学，但是一般像地主那样家庭好，条件好一点的，男孩女孩都去上学，我的兄弟们他们也都上过学，我二哥还上到高小毕业了。

(3)家庭待遇及分工

旧社会的时候，男孩和女孩在家里面的待遇不一样，如果来客人的话，女孩是不可以上桌的，就端个碗在屋里面吃就好了。以前那个时候女人的地位是很低的，像我妈是裹的小脚，到我这儿没有了，因为孙中山那个时候倡导了，就要解放这些女孩子；后来就把辫子给剪了，刚开始的时候好多也没剪，后来都剪了。平常添衣服的话，一般都是过年的时候，平时没有添过,过去都是做两条棉裤,等到过年的时候换一换,做的时候不论男孩女孩,都是一样的,那个时候在我们家男孩女孩的压岁钱是一样的,因为我们家思想解放得比较好。

(4)对外交往

过去拜年的时候可比现在讲究得多,应该先紧着一个家族的拜,拜完之后再去邻居家,然后才是一起关系好的,过去这个家族意识比较强烈,几十家一户的,全部都必须要去的。现在呢就变得简单了,想去就去,不想去就不去,还是过去讲究些。拜年的时候,男孩和女孩都去,家里要留人,留的就是父亲和母亲,但是他们也是先给这一个家族的拜完之后,他们就留在家里了。过去拜年的时候还要磕头,磕头才会给压岁钱,一般给压岁钱的都是一个家族的,本家以外的人不会给。过去家里都可怜,像这些大姑娘他们有好多都不给,因为他们家里也很可怜,没有钱,就不给了,我们也都不争。爸爸妈妈会给压岁钱,但是非常少,哪跟现在一样,爸妈都给好多的。其实过去家里穷的话,都没有桌子去别人家吃饭的话,就只到那里盛一碗饭,端着吃就可以了,不存在上不上桌的问题。那时候别人家我也没有怎么去过,就去过我外婆家。如果家里要是非常穷的话,没有饭吃就会要饭,一般是女的出去,因为男的讲面子,不好意思出去。

(5)女孩禁忌

那个时候孙中山就倡导那个解放运动,这些女孩其实都可以出去玩的。你像我们的一代五六个女孩,有的让在家做针线活,有的在家做饭,就我没人管,成天在外面跑着玩。我爸妈不管我,有时候我去找人家玩儿,人家妈妈就说我们不出去玩儿呀,我们要在家学针线活儿,人家都不跟我玩,那个真是太封建了,就封锁女性,只能在家做针线活儿干家务,不像现在男女平等,什么都一样了。如果哪个女孩的爸爸妈妈不同意出来玩儿,却偷偷跑出来玩儿的话,等到她回家的时候,妈妈会说她两句,太调皮的话可能会打她几下。那个时候思想还比较封建,男孩和男孩在一起玩儿,女孩和女孩在一起玩儿,男孩和女孩一般不在一起玩儿。如果自己一个家族的话,就无所谓了,就在一起玩儿,玩儿到十几岁之后,各做各的事情,就不玩儿了。那时候我们这边男的女的衣服洗了是晾在一起的,就四川那边的男的女的可能衣服说不让放在一起,要分开晾,我们这里都是一样的,全部洗在一起,晾也是在一起的。

2.女儿的定亲、婚嫁

(1)定亲经历

村里的女孩一般十七八岁就定亲了,定亲通常是通过媒人介绍的。媒人介绍的时候,也没有说谁家的姑娘到底好在哪里,因为那也没个标准,都是介绍人说的。我是二十四岁结的婚,也是媒人介绍的。当初把我往这家说的时候,我爹不同意,因为他们这家很穷,但是是我嫂子的娘家叔叔给我介绍的。这个叔叔又是他们这家的舅舅,所以如果那个时候我不同意的话,就把他给得罪了,于是我就嫁过来了。

定完亲之后呢,我们没有写婚书,一切仪式都没有,从简。定了之后不愿意的情况,一般都是童养媳比较多,1949年以前是童养媳,之后不愿意了就离婚,童养媳那个时候很可怜了,说到的那个人家不把她当人,又使唤又骂的,所以1949年之后,人家就想解除这个关系。

定完亲之后,双方是不可以见面的,但只是旧社会的时候,不结婚的时候不能见面,新社会之后都见面,见面之后不愿意就退掉。跟我关系很好的一个女孩,她当时定了娃娃亲,说给了一个当兵的人家,那个时候不愿意,她非要送人家,人家也没有给她解除婚约,最后算是同意了。后来人家当了三年兵之后回来,她又过来看人家,人家跟她合张影就走了,男的悄悄去军队,给这个女的回信说,不愿意这门婚事,让她另找,算是正式解除了娃娃亲。

我们是定了亲之后,通书信通了一年,在信上联系感情,然后一年多以后才见面的,我都忘了具体是哪一年了,他那个时候在郑州炮校学习,回来之后才结的婚,以前那个时候倡导晚婚,部队上要求男的二十三岁以前不能结婚,不批准,那个时候他一年只有一个月的假期,结完婚之后就又回部队了。我们那个时候没有特意定亲,只是见个面,那天来看他的时候都是晚上了。结婚前是可以见面的,我跟我嫂子说,悄悄地去看一下,可是他们又通风报信,把家里给布置了一下,我回去之后很生气。

(2)出嫁经过

我出嫁的那天,什么也没有,茶也没烧,啥也没弄,我直接从厂里请了假,回来直接到这边,他那个时候也在部队上请了两天假回来特地结婚,然后我的娘家人也没有人来送。因为他们都不知道,媒人也不知道去哪里了。我现在想想都觉得好笑,因为结婚的时候是应该叫一下双方的家长的,结果都没有。我那时候的嫁妆就是一个柜子、一个桌子和一个箱子,这个桌子现在还在用。那个时候如果家里很穷的话,把自己的女儿嫁出去,婆家就会给一点儿钱。结婚当晚我们没有地方住,还住在别人家的床上,没有彩礼,啥都没有,我们俩结婚总共就花了两块八毛钱,两块钱是他们家给我买衣服的钱,八毛钱是身体检查的钱。那个时候一般比较穷的人家,他们结婚的时候都用人家钱了,和我玩儿得好的一个女孩,她结婚的时候,爸爸妈妈就在她身上用钱①了,没有给她陪任何嫁妆,但是也用了钱,我们家比较开放,我爹说,不管你说到哪里都不要钱。

我们那个时候比较简单,没有举行定亲的仪式,也没有举行任何结婚的仪式,只是说媒的时候成了之后,给了我两块钱,让我买了一套衣服,结婚之后也没有什么固定的习俗需要遵守,没有去给公婆磕头请安,敬茶什么的,结婚之后就去拜了祖坟,我们这里那个家族比较小,而且是从城中迁过来农村的,所以没有祠堂,那个家族观念也不是特别隆重,所以不需要向族长报告,结婚之后也不需要去祠堂里拜祖宗。

(3)换亲

那个时候有换亲的情况,就是两家你的姑娘说给他们家儿子,他们的姑娘说给你们家儿子,这样的一般是家里条件比较差,比较可怜,说不来媳妇的那种,只能两家商量商量、换一换,当时不仅有两家换,还有三家换的,比如说咱们庄上的那个长荣,他们就是两家换亲换来的。换完之后,结婚了之后就各是各的,不在一起,通常也是有媒人介绍的。1949年以前没有招上门女婿的,现在有。其实现在也不都叫上门女婿了,家里一个闺女的,尤其是这一代独生子女特别多,姑娘说个女婿,想在哪边住都可以,想在婆家住就在婆家住,也可以在娘家住,像我孙女她常年都是住在她爸爸这边,在婆家住的情况比较少。当时改嫁的情况很少,一般是男的死了,这个女的就成了一个寡妇,过不下去了,就改嫁了,改嫁的很少有彩礼。那时还有童养媳,童养媳定亲的时候是买一对镯子、买身衣服,跟成人结婚的时候是一样的。

---

① 用钱:卖女儿的意思。

3.出嫁女儿与父母关系

(1)回娘家

那时候姑娘刚嫁出去的话,第三天兄弟会叫她回门,这时要带上女婿一起回来,同时要带上回门礼,这跟现在都是一样的,只是那个时候礼小,就是割很窄的一条肉,有米的拿点米,没有的话拿肉就行了,现在都是大礼了。我们家那个时候娘家没有吃过他一块儿礼,正好我们结婚是腊月二十六,等到回门,正好是过年的时候,回去也没拿什么东西,我记得好像是拿来一包果子。

姑娘出嫁了之后,回娘家也没有什么固定的风俗习惯,想回就可以回,那个时候远了就坐车回去,不远了就走着过去。婆家比较穷的话,都是住在娘家的,我妈那个时候说她嫁到我们家的时候比较穷,就一直在娘家住,后来添了孩子才回到我们家,等到过年的时候,把年货都拉到婆家这边来。一般不能在娘家过年,但是有些节令必须得回,比如割麦之前的五月节,八月十五的时候,过年的时候,年前的时候。回娘家的话是要送礼的,如果娘家的妈妈一直在的话,就要一直送到老,去的时候要拿上礼条,但是女婿和孩子跟不跟就不一定了,如果孩子长大了的话,就是孩子负责回娘家,这个女的也都不回了。

(2)与娘家互助

那个时候要是娘家有困难的话,女的也会帮助,婆家不会管这件事情,只要不花她的钱,她都不会不愿意,如果婆婆家有困难的话,娘家要是有能力也会帮,反正都是一家人。那个时候我公公想着老二媳妇她们家比较可怜,就把红薯干、红薯面等各种东西都往她娘家拿,她娘家还过来要的,反正这边吃不完吧。我娘家是没向他们要一点点东西。

如果娘家确实比较穷,那么这个姑娘的婆家条件相对较好的话,这个女的就会从婆家这边拿东西给娘家的父母,主要看她自己的条件,条件好的话就养。如果娘家父母去世了,一般姑娘就不管,是她的兄弟们管,也要看这个娘家的条件好不好,如果条件很差的话,那就不得不管一管了。娘家父母去世的时候,姑娘们一般不能够主持葬礼,而由他们的兄弟们主持。行孝的时候,那个女孩一般坐在棺材旁边不出去,来客人的话就负责接待一下,而她的兄弟就在外面给来磕头的客人行礼。清明节的时候,姑娘要回娘家,给娘家父母上坟。上坟的时候要带一点火纸还有馒头,有的时候闺女们也要给娘家的父母添坟,不只是他的兄弟们需要修坟。如果娘家父母去世,财产需要分配的话,出嫁的姑娘是不能参与分配的。1949年以前,出嫁的女儿提出离婚不需要娘家人同意,只要看婆家,如果她的丈夫要提出休她的话,人家就会把她给休了。1949年以后,这种情况也没有改变。出嫁的女儿死后应该葬在婆家的祖坟里。

(三)出嫁的姑娘与兄弟姐妹的关系

我有三个哥哥,其中二哥在我很小的时候就去世了,现在其他的哥哥也都不在了。他们在的时候我们都来往的,不只是过年的时候,平时有什么困难也会互相帮助,毕竟是一个妈生的,都是一家人。如果我回娘家的话,他们会把我当主人,这姑娘回娘家就是回自己的家,这是很平常的事情,我的兄弟们他们一直都没有分家,住在一起,他们结婚的时候,要看我有钱没钱,如果我有钱的话,就会多给他们一点儿,没钱的话就少给一点儿。

分家的时候,一般出嫁的姑娘都不会再来参与他们的决定,我娘还在的时候,我回娘家,我就回她家,她不在了之后,就是去我兄弟家,其实他们现在也还没有分家,我一辈子没有受过什么委屈，因为我嫁过来之后，我的丈夫把我看得比较重要，我的公公也把我看得比较重，所以也没有受什么委屈，不需要娘家人给我说话。假如我的儿子和闺女结婚的话，不需要他们舅舅的同意，跟他们没有关系，同意和不同意没有多大的不同，也没有参考他们意见的。虽然现在他们不在世了，但是我们和他们的子孙逢年过节的时候都会带上东西互相瞧，一般都是初二的时候，现在我年纪大了，都不自己去了，都是孩子们去。

二、婆家人·关系

(一)媳妇与公婆

1.分家前媳妇与公婆关系

婆婆她不当家，都是我老公公说了算。啥都不管，她比较笨，啥都不会做，做个稀饭可以，改善伙食就不会做了。我和婆婆关系挺好的，像过去的话，有的人家是婆婆就是管这个媳妇的，管一年之后就给你点棉花，就算把你给分出去了，那都是在我们前边了，我们这一辈还比较好一些，就已经是1949年以后了，比较自由。那种大户人家的话可能有一些特殊的规矩，还要在家给婆婆倒茶请安什么的，但是一般人家也请丫鬟，好些活儿都不用媳妇去做。现在其实也是一样的，大城市里面有些人家，人家也是请的人，现在叫保姆，其实实际上是一样的，也是佣人。1949年以前也有婆婆对媳妇特别不好的，就是因为干活的多少开始吵嘴，但是那个时候婆婆说儿媳妇，儿媳妇就不敢犟嘴的，有那种婆婆要是说得狠的话，这个儿媳妇就离婚了，不跟她儿子在一起过了。那时候没有婆婆跟媳妇对着干的，哪跟现在一样，这个媳妇把婆婆批评得不像样，现在骂婆婆、打婆婆的也很多，现在还有很多那种儿子多的，还有最后没有一个人管他的父母，儿子越是多，越是不管，没有一个人管他们。

一般都是媳妇跟公公婆婆有矛盾的，好的丈夫就会在中间调解，那个时候比较多的就是，这个男的跟他的父母站在一起，现在比较多的男的就是跟这个媳妇站在一起。也要看这个男人，他会不会办事，他如果会办事的话就会两下说两下瞒，然后在中间调解的话，这个婆媳关系就能处理得非常好，如果不会处理的话，那只是越闹越严重。一般妯娌们她们的矛盾比较多，就是经常骂呀、吵呀，有矛盾就谁也不搭理谁，这种情况就是不分家的时候出现得比较多，住在一起，这个矛盾就出来了。这个情况一般是各管各的吧，公公婆婆也不太管，说哪个也不好说，就是说你偏了歪了，偏心谁了。以前那个时候呢，如果有几个儿子的话，这几个妯娌在一起的话就是会轮流做饭，你做三天，她做三天，轮着做。然后哪天想要改善伙食的话，就关系好的话，妯娌们就会上去帮帮他们，现在一般没有这种情况，因为分家都比较早，不住在一起的话，矛盾就不太多。

1949年以前媳妇嫁过来在婆家是没有产权的，嫁过来时陪地的很少，一般都是陪一些物件，条件好的话多陪点，条件不好的话就少陪点。带过来的嫁妆属于这个女孩，这是这个女孩的私有财产。过来婆家这边之后我就没有再织布了，我那个时候在家也少，整天在外面跑，有空的话就去地里面干点儿活啊，其他的时间都在家里面啊，做衣服啊，纳鞋底呀。那个时候我也没有私房钱，有了大儿子之后就不上班了，也没啥收入，就靠我丈夫大伯一个月的收入，到部队以后呢，是一个月七十多块钱，然后他把钱寄回来，给我寄一部分，然后给家里面寄一部分，给我寄就是给我和儿子花，给家里寄就是给父母了。

2.分家后媳妇与公婆关系

(1)公婆关系

分家之后我和公婆的关系也没有什么变化,我的婆婆还是像原来一样对我,不过因为我不常在家里了,所以他们跟我的接触比较少了。

(2)分家

分家是我去了西藏之后才分的,我在家的时候说分家,但是那个时候没有房子,什么都没有,分了没有地方住。结果我走了之后,他们闹分家,就把家给分了,分家之后也没钱盖房子,还是我在东北,人家给的五十块钱补贴,我用它买了草,然后把房子给盖起来了,分家的时候一般是平分的,但是我们家那个时候比较穷,其实也没有什么可分的,分单上一般就写儿子的名字。如果在分家前,丈夫添置了农具或者家具的时候,分家的时候还归他所有,因为是人家买的,谁买的谁带走。

(3)交往

嫁过来之后,我就在社里面织绸子了,像天庭的老婆,还有万夫的老婆,也就是玉莲,她们那个时候总是来找我,她们两个的活儿做得不太好,所以总是来家里找我,我有的时候跟她们一起织绸子,有的时候织完绸子就一起上街去,一直到现在,玉莲还经常来我家玩,她喜欢给我买东西。

(二)妇与夫

1.家庭生活中的夫妇关系

(1)夫妇关系

结婚之前,有一天我悄悄地来他们家里看,还特地叮嘱,不要告诉他们,结果媒人通风报信,还特意布置了,买了新床单铺上,我回去的时候很生气,一路上都没有理这个媒人。我丈夫家比较穷,我当时不是很满意,但是因为怕得罪两家共同的那个亲戚,所以就嫁过来了。

结婚之后,我一般就叫他的名字,分了家之后,就是我丈夫当家了。不过他那个时候还在部队当兵,家里的事情一般都是我管,等他回来之后,家里的事情才是他管。如果需要借钱的话,一般是丈夫出面。家里的农业生产的话,那个时候我们的户口已经迁到西藏去了,所以在家里这边是没有地的,建房子也是当初我丈夫决定的,我们那个时候不在家,就把钱寄给了我公公,让他把房子给盖了。再后来我们退伍回来之后就是公家给盖的房子,那就是按等级给分了,等级高的话给分三间,等级低的话就给分两间,我们家是分了三间房子,那个时候盖房子的话也不需要登记,因为是没有房权证的。我们家那个时候比较民主,如果家里需要花钱买东西的话,不需要经过我丈夫的同意,钱就放在那里,谁想用就用,该买啥就买啥,我的嫁妆如果他想用的话,也可以随便用,不需要商量。

1949年以前有卖老婆的,一般是那种抽大烟的,他把房子卖了,地卖了,最终没有东西可以卖了,就把老婆给卖了,有时候把闺女也给卖了,这种情况下,娘家人一般都会来问罪。不过如果这个人是这样不成器的话,这个姑娘早就自己走了,不愿意跟他过了。以前的人情世故,一般都是男的出面,那跟现在是一样的,如果要出去借钱的话,也是男的去。如果在外面借了很多钱,欠下债,这个妻子会生气,但是也没有办法,还要帮他一起偿还债务,毕竟是一家人,不过过去滥赌的人非常少。

(2)娶妾与离婚、婚外情

娶小妾的情况一般都是那种大户人家。那种没钱的人,连一个老婆都说不来,当时没有老婆的单身汉可多了。当时再娶小妾的话,不用争取大老婆的意见,因为她同意也得同意,不同意也得同意。一般男的把小的娶回来之后就不喜欢这个大的了,像杜少康他们家,那个时候也是两个老婆,后来解放了之后,大老婆就上学去了,不跟他,改嫁了。娶小妾不用必须讲究门当户对,有的是看这个姑娘长得好,有的讲究门当户对。要是看这个姑娘长得好看,地主家喜欢上这个姑娘,就会强迫人家过来,这些姑娘一般都是穷人家的姑娘。大老婆和小老婆之间一般以姐妹相称,家里的其他人就喊他们大媳妇、儿媳妇,娶完小妾之后,她生的儿子还是归她自己管,谁生的谁养,别的人是不会管的。过去的婆婆一般都不管的,不跟现在一样,生个孩子全部都塞给奶奶。

离婚的话一般都是丈夫提出的,丈夫说不要的话就把她给休了,不需要公公婆婆的同意。解放以前的话,女的是没有权利提出来离婚的,因为那个时候地位比较低,只能男的把她休掉。在 1949 年之后,女性解放了,就有很多不愿意再跟她原来的丈夫了,比如说我以前有一个玩儿得很好的,她是童养媳,后来解放了她就改嫁了。后来人家还当了石佛寺的区长,我觉得这跟她童养媳那个身份是有很大关系的。但是总的来说,男的提出离婚还是比女的要多,那个时候婚外情一般比较少,有的是那种出去做生意,然后在外面混了女人这种情况的话,一般都是接小婆,村里人也不会说什么,因为是人家的家务事。

如果丈夫去世,妇女改嫁的话,一般不能带走别的东西,要把所有东西都留在这里,尤其是孩子的话,儿子肯定带不走,有的会把闺女给带走。

2.家庭对外交往关系

当时对外交往不是很多,自己家里的事情都顾不开,怎么管得了那么多,也不往哪里跑,不交个什么朋友,都是围着炉子转,围着娃娃转,顶多亲戚家里红白喜事去一下就回来了,有事儿都商量嘛。

(三)母亲与子女的关系

1.生育子女

(1)生育习俗

我一共生了四个孩子,全部都是儿子,没有女儿。虽然我也想有个女儿,但是实际上看来,我还是比较有福气的,因为我的四个儿媳妇都比较好,对待我也都像是亲妈一样,换个角度说,相当于我又多了四个女儿,我的儿子还有儿媳妇他们对我都非常的好,我始终都十分满意。生我大儿的时候是 1959 年的事情了,当时生孩子都是要在家里生的,那时候有产婆,快要生了就会派人去请产婆过来,给孩子接生,我当时生的时候都是集体的时候了,应该是送鸡蛋的,但是那个时候经济困难生活比较差,1959 年的时候正好赶上大跃进,没吃没喝的,鸡也不让喂,就没有办法送鸡蛋了,那个时候就把你家里的所有东西都收上去了,全部都在食堂里面吃饭了,集体也不喂鸡的,我忘记那个时候他们是怎么弄的,然后给我攒了一百多个鸡蛋拿过来。

(2)生育观念

我没有女儿,如果我有女儿的话,也应该就是一律平等地看待。我们前边那家,他们家一个儿子一个女儿,女儿是大的,儿子是小的,她家男人每次买东西的时候就只买一个,然后给他儿子吃,剩下的才让女孩吃,我经常说他,我说,你能料到以后是谁养你吗?说不定你女儿比较有孝心。但是他老婆呢,还比较公正,就非要把这个东西一分两半,一人一半给他们吃,我觉得这样比较好。

(3)子女教育

我一共生了四个孩子,四个全部是儿子,没有女儿。1959年的时候,我生了第一个大儿子,后来差不多都是每隔四年或者五年再生一个,我那个时候都让他们上学了,有的上到初中,有的上到大学。三儿子还比较小的时候,我们去了西藏,就把他也带过去了,一起去的还有我婆家的妹妹,后来三儿子在西藏那里实在适应不了,饿得又瘦又小的,我就把他送回来,在家里上学了。

(4)对子女权力(财产、婚姻)

分家之前我儿子他们赚的钱就放在自己那里,谁用谁拿就好了,我没有替他们保管的。儿子们的婚事都是介绍的,没有自谈的,自谈的我都不愿意的,老四谈的那个姑娘也还行,是上医科大学的,但是个子矮,而且又长得黑,他们都谈了好几年了,但是我觉得我不愿意,我嫌她长得黑,她要是稍微高一点儿的话,那黑也就算了吧,还看得过去,可是她又黑又矮。后来别人就介绍一个,在财政局上班,我说就这个就可以了吧,样子一般没关系,不论样子,这个工作看起来好一些,别人还给说了一些什么水利局的什么局的,我就从里边挑了一个单位比较好的,最后选的是财政局的,但是实际上她的工资特别低。

2.母亲与婚嫁后子女关系

我和我儿媳妇们的关系处得挺好的,我特别满意,别人也说我很幸福,就是我的几个儿媳都非常通情达理,儿子们分家的时候,是我提出来的分家,因为他们都大了,不分不行,分家的时候,就把房子全部都定了价,一人一套,前边的那个房子给了三儿子,西边的给了大儿子。分家是各家的私事,所以不需要请教族长,我们族长也没有给分家钱,如果儿子和儿媳置办了家具农具,那么就他们自己谁买的谁带走。建国以前招上门女婿的比较少,1949年以后也不太多,现在倒是挺多,其实也不算上门女婿,因为现在这一代独生子女比较多,结婚了之后,住在娘家也可以,住在婆家也可以,比较自由,也比较平等。

三、妇女与宗族、宗教、神灵

(一)妇女与宗族

我们家是小家族,而且是从城里搬到乡下来的,所以没有形成很大的家族,也没有宗族祠堂这种东西,更没有什么大型的宗族活动,但是如果像本家一家人的活动的话,女的也都是可以参加的。以前家里穷的时候有的人家生的孩子多,或者是说不想要女孩的话,生出来就直接把她弄死,或者是扔掉,煤场东边的那家就是,那年他们生了个女孩就直接把她扔了。

(二)妇女与宗教、神灵、巫术

我不信宗教,我也不知道庄上有没有人信,反正我不信,好像有连是信主的吧,反正那也是一种信仰,死了之后要上天堂,我不信这些,我相信科学,那些封建迷信的,我也不信。

四、妇女与村庄、市场

（一）妇女与村庄

1.妇女与村庄公共活动

没有出嫁前，娘家村里的保长我认识，但是旧社会的时候没解放，之前保长是给国民党办事的，1949年以后也有，但都是共产党员了。我们家有的时候会参加庄上的一些活动，就是互助组的会议，生产队的时候都平等了，开会的时候就让妇女也来参加，但是如果实在有事情的话，就可以不去参加。开会的时候就主要说搞生产的事情，说怎么干活儿这些事情。嫁过来这边之后，村里管事的就是李金广了，生产队的队长来了这边之后也经常开会，我也都去参加过，因为那个时候开始我就在社里面织绸子了。村庄上修公共建设的时候，比如说打井、搞水利工程，都是直接叫的打井队，也不会分摊给男的，也不会分摊给女的，就只有1958年的时候，把这些男的女的都叫过去，砍树、扛树回来，大炼钢铁。我结婚的时候，没有去请这些村里的保长，1949年之后也没有，这是个人的私事，应该不需要通知他们。

2.妇女与村庄社会关系

1949年以后，妇女都解放了，人家说男女平等嘛，互助组的时候妇女们也要去地里干活。当时的女性不仅要在地里干活，还要回家，加班加点地做针线活家务活，但是我不去，我在家织绸子。我会纺纱织布，做衣服做鞋子，不过这些都不是我妈妈教我的，是我自己摸索出来的。如果村里办红白喜事的话，大家都是会去的。去的一般有亲戚，也有邻居，能帮的就帮帮忙，能做的就做一做，等到你家里有事情的时候人家也都积极来帮你。村里面我一般跟玩儿得好的两个人在一起，她们总是喜欢来找我，然后把这些针线活都拿过来，我们坐在一起聊天，一边聊天，一边做，等到什么时候去上街，就喊上一块逛街。当时我们村没有专门的妇女组织，或者是集体活动，所以我也没有参加过。

（二）妇女与市场

出嫁前我也会去上街，只不过去得少，因为那时候没有什么钱，上街也买不了什么东西。我十五六岁的时候还去石亚子街上卖柿子，我们院里有三四棵这么粗的柿子树，熟好了我就去卖，去卖给那些学生，卖了的钱再买盐回来。当时做衣服用的布都是买的，只听说过有织布的，但是没看见过。鞋子都是自己做的，没得多余的钱去买。当时什么时候上街都是自由的，不需要和家里人商量，我想去就去了。

五、农村妇女与国家

（一）认识国家、政党与政府

1.国家认知

我在十几岁的时候在共青团开会，就听说过国家这个名词，那个时候都已经解放了，我认为的国家就是土地改革，然后实行互助组这些。现在，我觉得国家就是带人们奔小康的。习近平讲话的时候经常就是这样说，现在就要重点搞农村，以后城市和农村要平等。我小学的时候也是在庄上的小学里面上的，都是正规的学校，在孙中山以后就是正规的，过去都是私塾，我哥他们那个时候上的就是私塾，上学的时候没有教过关于国家的知识，就只是背课文，学语文和数学。现在了解国家的方法多了，通过看电视，看新闻，都可以关心一下国家大事。

2.政党认知

我认识的人里面有一个是国民党,他在武汉当兵,那时候人家说他是干大事的,女性的国民党我没有见过。那时候我十来岁,一般都不问关于共产党的这些事情,问了人家也不说,那个时候地下党是保密的,我爹就干过地下党。

3.夜校

我读了几年夜校,小队组织的,忘记是什么时候了,也忘记自己名字怎么写了。那个时候男的女的都读夜校,黄胜梅她们几个也去考试了,但是也考不到,只有我通过了考试。其实那个时候我也读不进去书啊,屋里事情太多了,思想压力太严重了,但是他们硬是要我们去,不去不行嘛。

4.政治参与

我丈夫也是共产党员,他是当兵的时候就入的党。我的四个儿子,他们也都是党员,是工作的时候入的党。

5.干部接触与印象

吃食堂的时候,大队和小队里面都有干部进驻,那时候走群众路线嘛。那个时候的驻队干部主要也是来乡下混的,他们不是来参加劳动的,都比较浮躁,在这里待一个十天半个月的就走了,走了之后再换人。如果驻队的干部是女的话和妇女就走得近一些,那时候有一个女干部就和我在一个床上住着,我也不知道人家白天干什么,反正晚上就来我这里睡觉。

6.女干部

1949年以前没有女的当干部的,1949年以后就讲男女平等,女性也可以当干部了呐。吃食堂的时候我们这就有一个驻队的干部是女的,她晚上就和我在一个床上住着,我也不知道人家白天干什么,反正晚上就来我这里睡觉。

7.政治感受与政治评价

我觉得废除包办,自由恋爱好,但是现在自由恋爱的比离婚的还多呢,也不知道是怎么回事,现在的人都不把婚姻当回事,风气不好,比如说有钱了就出去再混一个人,混着混着就把前面的这个离婚了。我觉得中央就该提倡这个家风建设,包括很多,比如家庭暴力,这不是都上法律了吗?打媳妇这些以后都入法了,打了之后同样判你的刑,这在过去是没有的。

我觉得计划生育非常的好,当初实行计划生育是因为国家人多,我觉得现在开放计划生育就不好,开放了可以要两个,但是农村经济条件稍微好一点儿的,他要一个又一个,有的就要三四个,还有一些经济条件不好的他也要。农村这个不好管,因为农村他没有参加集体生活,城里边的他都有单位,要参加集体生活,他要是不实行这个政策的话,给你开除了就好了,农村的无组织无纪律就不好管理。

我觉得1949年以后把这个旧的风俗全部都去掉,开始换新的是对的,旧社会的时候有什么好的,也没个啥好的需要保留,女的缠脚,还得去地里面干活儿。

(二)对1949年以后妇女地位变化的认知

我在农村的时候没有听过有妇女会,到公家的时候才有的。1949年以后,儿女的婚姻有的还是父母做决定,父母不同意的话那就不同意。1949年以后,政府在提高女性的地位上发生了改变,但是丈夫打老婆的现象还是有,比如说我丈夫在单位的时候,就遇到很多这种打老婆的,有一个人,他用针把他老婆的下体给缝起来,他需要的时候把它拆开,这个女孩一直忍着,他不让这个女的出去,也不让她回娘家。后来有一天,这个女孩逃出来了,回到娘家后就告他,这才把她解放。现在还有一些男的,他的思想还是想封锁女性,不让自己的老婆跟别的男的讲话,那你说人家出去工作,工作的地方有男的,难道不能跟人家讲话吗?

现在的夫妻关系的话跟以前相比变化了很多,比如说女的对丈夫这方面就变得比较多,比如现在就不是女的伺候男的了,过日子就是互相照顾,互相关心,这就很对了。比如说两个人都去上班,谁回家比较早就谁做饭,不过女的洗衣服做家务还是要多一些,男的一般对这些家务事好像不太擅长,这种变化跟政府有很大关系,国家采取的这个政策还是很好的。婆媳关系也发生了很多改变,从去年开始,家庭暴力上法律了,有很多女性不离婚都是为了孩子考虑。过去也有这种婆婆对儿媳妇不好的,就是嫌弃儿媳妇不干这不干那,现在就比较少了,全部都反过来了,一般是婆婆伺候儿媳妇。我觉得应该是要平等的,人家伺候你,等到老了的时候,儿媳妇不去养活人家,那就很不对了。1949年以后,丈夫跟家里的客人讲话的话,女人也应该非常热情的招待,如果男的打女的,你要去告政府就会管,民不告官不究,你要去告的话,人家公家就会管这个事情。

(三)妇女与土改

1.妇女与土改

土改的时候,我们家被划成贫农成分。土改的时候都是开会宣布事情,没有驻家的工作队,我们那个时候也有斗过地主,不过一般是那些出去招惹女性的地主,这个女性解放了,就会有冤的喊冤,有仇的报仇,把地主绑在台子前面,斗他,说他。除了他招惹的那些女性,还有一些人也会去骂他,那些人是平时去他地里捡麦子,那些麦子都是地主丢掉不要的,他不要的东西别人去捡,他也会打人家嘛,像当时被他打、被他骂的人也会去喊打倒谁谁,穷人家们恨这些地主恨得不行。男的女的表现都很积极,但是一般和地主没有交集的那种女性都不怎么说话。土改的时候没有发土地证。

2.妇女组织和女干部与土改

土改的时候也动员妇女们都去参加,一般被地主招惹的那些女性会去喊打倒谁谁,和地主没有交集的那种女性都不怎么说话。土改的时候没有妇女会,土改了以后就开始解放妇女,让妇女们参加工作。我们这里有一个女的,她是童养媳,后来解放妇女之后,她就离婚了,在石佛寺当一个区长,我觉得她能够当区长跟她这个童养媳的特殊身份有很大关系。土改的时候我们村上是没有妇女会的,没有组织专门的妇女活动,都是男的和女的一起干活儿。

(四)互助组、初级社、高级社时的妇女

集体化的时候有男组长、女组长,动员的时候,人家就说让男的和女的一起参加吧,如果女的忙的话,男的在家待着就去干活儿,男的要是不在家,女的就去下地干活儿。我那个时候不怎么去地里干活儿的,我们那个时候组织了一个织绸子的社,是一个单独的组,算是手工业,我们就在一起,织绸子也算是个副业了。合作社的时候,家里的地和生产工具都入社了,国家怎么号召,就听人家的,下地干活儿的时候去就行了。那个时候开会让你接受这个事情,不接受也得接受。后来县里面有过来招工的,技术做得好的,就被招去到县里的厂里面去做工,我们三个人就被选过去了。合作社分粮食的时候是按人头分的,干多少分就给你分多少粮食,家里有小孩什么的,还给你一点照顾。我那个时候出不了满勤,一个月顶多干二十天,每天就是七八分,有的时候五六分,去干活儿的时候,孩子就给奶奶看,那个时候还只有大军一个孩子。那个时候对于弱势的群体有照顾，但是不多，家里有小孩和老人的活工分儿的时候会稍微有一点儿照顾，但是对于妇女没有什么照顾，孕妇也要去干活儿，女的经期的话也要去干活儿，那个时候人们身体也都结实，没有说因为干活儿落下病根的妇女。

（五）妇女与人民公社、"四清""文化大革命"

1.妇女与劳动、分配

集体的时候在社里干活，一般来说出不了满勤，干个二十天都已经算不错的，干一阵也要歇一歇。到了新的时候就没分了，岁数大的妇女也要下地干活儿，锄草薅草干啥活儿的都有，我那个时候一般就在棉花地里割个草，剥个花，也不算轻松。有的时候棉花地里会固定两到三个人干，一般都是固定女的，负责锄棉花地里的草，摘花也要负责，这算是比较轻松的活儿。队里的活儿各有分工，一般就男的做男的活儿，女的干女的活儿，有技术的干技术活，没技术的就下地干活儿，男的力气大些，就多做一些活儿。其实我们队里没几个劳动力，当时的主要干部都是男的，没有女的。只有后来大炼钢铁的时候修河坝，男女老少都参加，我们这一批女孩子都去了，都要砍树，把大大小小的树全部放倒，一点一点拿过去，成天在那里炼钢铁。我有时候就在想，那个时候怎么会实行那种政策呢？真是不好的政策。

2.集体化时期劳动的性别关照

公社的时候，妇女一般都去干活儿，不过不管多大岁数都要去，六七十岁的人，还下地干活的。不干活儿的老人，一般就是家里边有人干活儿，挣的有工分，或者是依靠最后生产队里面的补贴照顾，会给一部分粮食给家里劳动力少甚至是没有劳动力的老人。女性怀孕，或者经期也要去干活儿，像我生孩子的时候，上午还在地里干活儿，下午就生了，经期的时候一般也不请假。那个时候是这样的，每个月规定有多少天必须去干的，干完这么多天之后，其他的时间你就自己安排，我们队上的女性必须要干满20天的工作日，其余的就没人管了，想多做的话可以，人家也会按照你出的工给你划分，不想干，想歇着也是可以的，这个随你自己安排。那个时候看病就是在县医院看，县医院原来还在老的地方，就是现在的中医院那里。那时候县医院人还比较少，只有五六十个医生、护士。我们队里面有专门看小孩的地方，下地干活儿的时候就找老人们去看小孩，队里给工分，具体给多少，我也不知道，后来没几天就散了，人们都说也不是家里边不能看，干脆就自己看算了。

3.生活体验与情感

在集体食堂吃饭的时候，有专门的人给做饭，有男的也有女的，那个时候队长媳妇也在食堂做饭，她晚上还开小灶的，虽然有别的人做饭，但是他们东西拿不走，可是队长媳妇回家之后还烙馍什么的，人家不是掌握着粮食的，就可以随便支配，反正这都是靠自觉，旁人也看不见。

4.对女干部、妇女组织的印象

那个时候，铁姑娘队都是别的地方，人家组织一群妇女一起干活儿，那叫铁姑娘队，当时少得很，咱们这里是没有的。女干部我就记得我们庄上的那个童养媳，1949年之后主动离婚，到石佛寺干区长，具体的事情我也不太清楚，我觉得还是她童养媳的身份比较特殊，所以她才能干上这个区长。

5."四清"与"文化大革命"

我觉得"文化大革命"当时不是很合理，干部有缺点，有问题的，你批评批评就可以了，一下子把这些人搞的,把老师们都骂的不像样子。那个时候说老师就是臭知识分子,把他们打成右派,学生们连学都上不了。那个时候斗过地主,咱们县里的王西坤,刚开始的时候是别人斗他,后来他自己拿着锣在街上满大街的跑,说我叫王西坤,怎么怎么样,有什么罪。他也不是疯了,他说,反正别人要斗我,不如我自己斗吧,然后就拿着锣满处跑,真是搞笑。他那个时候是我们这里的县长。中央我也不记得是哪个干部了,把自己关到监狱,他身上那个袄里面的棉花都给吃了,最后剖腹的时候,发现他吃的那些东西都在肚子里,我觉得那个时候最不合理了。集体干活儿的时候不影响回娘家走亲戚,该回就回,要是什么时候回家了,就跟人家请个假说一声,人家就说你走吧,就可以了。割资本主义尾巴的时候,家里的所有东西都给收了,什么都给收了,我们家没啥东西,有的人家他们的陈书都被收了。那个时候小乡和小乡都串联,省和省都串联,有很多红卫兵。"文化大革命"的时候婚礼和葬礼,这些通通都不让你有了,旧的习惯都不提倡了。

(六)农村妇女与改革开放

土地承包的时候,我不太知道,那个时候我不在家,在西藏,等我回来之后,人家都是各种各的了。我觉得计划生育政策刚开始的时候好一些,就应该刚开始的时候就弄成两个,一直都是两个,坚决都是两个,那都好了,三个的都不少。如果让我重新选择的话,我会选择少生,只生两个,一个也行,一个男孩一个女孩是最好的。现在老人们不管男的女的还坐在一起聊天,啥都说。我了解国家政策的话,就是通过看电视,电视上整天都说这些。我老了,不知道啥是网络,也用不了。

六、生命体验与感受

现在的生活就是小康生活了,跟以前没吃没穿的,不知道强多少倍了,都强百倍。现在的年轻人,他没有经历过过去的苦,就不知道现在有多幸福,现在平时穿的衣服都比过年的衣服还好呢。我们那个时候过苦日子,如果是买了一个比较好一点儿的衣服,那就是就过年几天穿一下,然后就放起来了,等到下回过年再穿,下来能过好几个年呢。我觉得现在就是最幸福的时候,说过去干啥,过去连房子都没有住的,我和婆婆还睡在一个床上。

DZ20170122LYL 刘玉莲

调研点：河南省南阳市镇平县玉都街道碾坊庄村

调研员：杜真

首次采访时间：2017 年 1 月 22 日

出生年份：1937 年

是否有干部经历：无

是否生育：是

受访者结婚的时间节点、生育子女的具体情况：1956 年结婚；1962 年生第一个孩子，共生五个孩子，前三个是儿子，后两个是女儿。

现家庭人口：2

家庭主要经济来源：个体工商户

受访者基本情况及个人经历：老人生于 1937 年。小时候没有上过学，名字都是自己起的，谐音连贯的连，希望事事顺利。曾有一个哥哥，但在老人出生前就死了。父亲去世之后半年老人才出生，所以从小她就和妈妈相依为命，一起下地干活。夫家有七八亩的旱田，土改期间被划分为下中农，家里有两个弟兄，家境贫寒。十九岁嫁去夫家，在合作社里织过绸子，后被县丝织厂选去从事工业生产。1962 年生的大儿子，生了三个儿子，两个姑娘，现在老人和老伴住在一起，但是因为两人性格不合所以很少交流，但是不影响家庭和睦，她的生活来源是每个月的补贴和儿子女儿给的赡养费，已经没有土地可以耕种，子女常年在外地经商。老人一生受苦良多，现在是老人最幸福的时候。

一、娘家人·关系

(一)基本情况

我叫刘玉莲,生于1937年,今年八十岁。我小时候没有上过学,名字都是自己起的,谐音连贯的连,希望事事顺利。我有一个哥哥,不知道叫什么名字,他七八岁的时候就死掉了。他以前有病,后来摔跟头了,摔了一个很大的伤口,然后破伤风死掉了。他死了之后就把他扔在地里,没有坟墓,也没有任何仪式。父亲去世之后半年我才出生,所以我没有见过我父亲,之后就是我和妈妈相依为命。我娘家家里有六七亩地,土改时划分为富裕中农,从小就和母亲一起下地干活。我丈夫家里有七八亩的旱田,土改期间被划分为下中农,家里有两个弟兄,家境贫寒。我十九岁嫁去夫家,1962年生的大儿子,生了三个儿子,两个姑娘,我一生受的苦多,现在是我最幸福的时候。

(二)女儿与父母关系

1.出嫁前女儿与父母关系

(1)家长与当家

那时候一般都是男性当家,也有女性是家长的情况,有的是因为女的比较有能力,有的是因为家庭特殊,比如说我们家。我父亲去得早,所以那个时候就是我妈妈当家,平时主要都是下地干活儿,那个时候就我跟妈妈一起去下地干活儿,我们两个就做个伴。那个时候的妇女她们都不怎么下地干活儿的,但是没有办法,我们家是这个情况,我就只能陪着我妈。我叔他们家帮我们犁地,出来之后我和我妈就去地里面薅个草。我叔叔他们想着我们娘俩也不容易,就帮我们把这个地都犁一犁、种一种,其他的人家就不管了。还有女的当家的情况,就是家里面的男的赌博或者是不成器的话,就不能继续当家长,他要把这钱都给弄没,没法过日子,只能女的当家。

(2)受教育情况

那时候有一种说法,姑娘上学没有用。我没有上学,很小就去地里干活儿了,因为家里就我妈妈一个人干活儿,我们两个娘俩可以做个伴。我有一个堂妹,她也没有上过学,那个时候的姑娘上学也少,一般就是不是下地干活儿,就是在家里做针线活儿。一方面家里面比较穷,第二方面,那个时候女孩上学确实也比较少,所以也没人说让她上学。

(3)家庭待遇及分工

旧社会的时候男孩和女孩在家里面的待遇不一样,土改的时候还没有分这些东西,我叔叔他们家的男孩们都还上过几天学,我是连学校门都没进过。虽然我那个时候跟他们打交道不多,但是知道他们四个孩子,男孩女孩干什么都是在一起的,吃什么也是一样的。

我会纺花①,不会织布,就把棉花纺一纺,然后搓成捻子,有的纺成线的话,可以拿去卖点儿钱。这些都是我妈妈教我的,我妈会织布,但是我不会织,一般就是我们两个一起纺花,纺完之后,我妈就把它织成布拿到染坊里面去染上颜色,回来之后裁裁剪剪,做成衣服,一般自己穿。要想卖的话就多织一点儿,不过卖的布一般都是白色的,染过的只是自己做衣服用。

(4)对外交往

那个时候女孩子还是要守一些规矩,因为封建思想的影响还是比较大,女孩子下地干活

---

① 纺花:纺棉花。

的都比较少,一般都在家做针线活儿。男孩女孩一般不在一起玩。我也不想跟他们在一起玩,因为咱们家比较穷,人家都有爹有妈的,所以我从一开始就不太跟人家玩,觉得自己不胜别人。别人也其实看得起我,但是我也不太跟他们在一起玩,我始终认为自己是比较可怜的,我爹七月的时候死,十一月份我娘才添的我,就没有见过我爹,麦季的时候种上麦了,我妈锄地我拾草,让我妈一个人做也看着很艰难,我也干不了别的活儿,就帮她拾个草,帮她干一干比较轻的活儿。

(5)女孩禁忌

那个时候有个老思想,女孩子就是应该在家老老实实的,做个针线活儿啥的,不能在外面乱跑。一般人家的女孩子要守的规矩比较少,但是不可以和家周围的男孩子玩。

2.女儿的定亲、婚嫁

(1)定亲

我十九岁结的婚,说的大媒,头一年说第二年就接过来了,大概是1956年时候。我结婚的时候才花了七十块钱,人家就给我撕了一身衣服。那个时候不兴彩礼,啥都没有,就是人家说的"桃仁、杏仁、净人"。定亲的时候没有什么仪式,就是见见,那时候我有意见,我妈哭着嚷着说:"你爸去得早,这家离娘家近,我想你了还能去看看你,你要是说个远的,那我怎么办呢?"我那个时候也听话,无可奈何也只能愿意了。一般定完亲之后,两个人也不见面,就中间定亲的时候见一回,后来就结婚了。现在好一些,都提前了解了解,一切情况都掌握一下,那个时候没有的。假如两个定了亲,还没有结婚一方就去世了,不管男的女的,人家都要重新找,不能年轻轻地就守个寡。

(2)结婚经历

我家没有男人,结婚的时候也没有征求叔叔他们的意见,是怕问他们的话,那万一打岔,又让我妈为难,然后就没有问他们,只要我妈决定了就可以了。只是最后结婚前一天的时候告诉他们,问他们续不续往,人家说续就续,不续就不续。结婚那天没有什么仪式,也没有给公公婆婆敬茶,就是简单地拜个天地,走一个过程就行了。也没有发请帖,过去一般都是亲戚来,别的也没啥人,我们结婚的时候只接了一两桌客人,一桌娘家和一桌婆家的亲戚和邻居。1949年以前,这个女孩结婚,一般家里面都给四大件,箱子、抽屉桌、柜子,还有正间摆的桌子。比较有钱的呢,就配一个全套的嫁妆,还有席梦思床。如果这个姑娘嫁过来没有给陪嫁妆的,婆家就嫌弃。我的嫁妆比较少,只有一个抽屉桌,还有一个箱子,还是我妈当年嫁人的时候外婆陪给她的,我结婚的时候重新上了漆,带过来这边。嫁过去之后三天回门,一般是亲兄弟来喊,我没有兄弟,所以是我叔叔家的兄弟来叫我回家,那时候这边比较穷,就只拿一个果子包当作回门礼。

(3)童养媳

旧社会的时候有童养媳,童养媳一般是他们家比较穷,这边稍微有一点家底,就把她从七八岁的时候接手过来,养活到十七八的时候就圆房,就等于说是让别人帮你养闺女,养大了之后就是人家的媳妇。那要是人家对她好了,让她睡到床上,不好那就睡在地上,还得给人家干这干那的,七八岁就要涮锅烧火做饭,不然人家就会打她。旧社会的时候没有啥换妻的,都是以后的事了。

3.出嫁女儿与父母关系

虽然我嫁出去了,但是娘家的事情我也会管,因为我妈只有我一个女儿,我不管谁管。后来妈妈收了一个过继儿,那之后人家管得比较多,后来过继儿也死了,我妈就跟我一起住。我的娘家和婆家隔得近,什么时候想回去了就回去了,没什么格外的讲究。夫妻之间有矛盾都自己解决,从来不告诉我妈妈,因为怕惹她生气,惹她生气,还不如我自己在这边跟他们吵吵闹闹。我和我丈夫一直都不是很合心意,主要是性格上的问题,他比较认死理,而我则活气一些,所以我们两个不怎么说话,一直到现在也还没在一起吃饭。那时候我在社里面织绸子打围,以前四张机子打四盘,要给人家织机的,我遇到不合心意的情况不会回娘家告状,因为一是我打围比较忙,二是并没有人可以给我撑腰,我只有自己劝自己也就忍忍算了。那个时候离婚的情况也很少,不好离呢,没过个十趟八趟的是离不了的。

(三)出嫁的姑娘与兄弟姐妹的关系

我有一个哥哥,他七八岁的时候就死掉了,他以前有病,后来摔跟头了,摔了一个很大的伤口,然后破伤风死掉了,所以把他扔掉了。我妈只有我一个女儿,后来妈妈收了一个过继儿,那之后人家管得比较多,后来过继儿也死了,我妈就跟我一起住了十几年。现在和过继的那个嫂子家还有来往,他们家有四个孩子,现在逢年过节的时候都会带上东西互相瞧瞧,一般都是初二的时候,现在我年纪大了,都不自己去了,都是孩子们去。

二、婆家人·关系

(一)媳妇与公婆

1.分家前媳妇与公婆关系

婆婆她不当家,都是我老公公说了算。那个时候没有家庭会议,就是人家家底大了,人多了,有一个能够把持住的就在一起商量商量,我们小家族没有这么多规矩。要买房子的话,就是人家老者们上心操心,人家把江山打下来,他就坐了。

以前大户人家婆婆和媳妇之间规矩比较多,尤其是1949年以前的时候,婆婆当家,一早上要给婆婆做好这个面疙瘩,端到床上吃吃,人家吃吃起来之后媳妇再给其他的人做饭,还要舀洗脸水放到床边。但是一般人家还好,看你遇到什么样的婆婆了,像我们家我和婆婆相处得就很好,不需要特别的礼节,也没有特别的讲究。我们两个不吵嘴,她也不批评我,不骂我,因为我们两个情况比较相似,她娘家也是只有她和她妈。

但是我和老公公关系不太好。他那个时候要整我,不让我跑,但是我非要跑。我老公公和东庄在一起,跟人家换个牛,犁犁地种上再收一收。刚开始的时候,老公公不让我出去跑,我在社里面跑过来跑过去搞个宣传啊,做个什么事情他不让我去。

丈夫要是跟这个公公婆婆有矛盾的话,媳妇不可以出面帮他们调解,一般都是因为这个儿媳妇才有的矛盾。儿媳妇她是个外姓人,不怨儿媳妇也得找她的事儿,吓得你话都不敢出的。1949年以前这个儿媳妇在婆家还是有一定的财产权,假如说这家的是她公公当家的话,要将人家分出去的话,也必须按人头给人家分一份。儿媳妇一般都会陪一点儿嫁妆,要是不陪嫁妆的话,婆家就看不起,陪点儿嫁妆也是自己用,不陪的话就不用,衣服都没地方放,只能放在床上的。如果被休,她的嫁妆也不一定能带走,得看这家人好坏。

2.分家后媳妇与公婆关系

(1)公婆关系

婆婆她不当家,都是我老公公说了算,分家后很多事情其实还和分家之前一样只是分开住,分开吃。婆婆和二兄在西屋住,人家干啥我都不太清楚了。分家的时候就把房子分了,也没有写分单,我公公和我们家在一起,婆婆和二兄两个人在一起,二兄是个傻子,所以我婆婆单独过去照顾他。

(2)分家

1949年以前,要是这个爹妈都还健在的情况下一般不分家,如果说要是这个婆婆嫌弃的话就分,不分的话还是一直住一起。那个时候分家不容易,要大动干戈,兄弟几个分不公了也是要吵。我没经历过这些,因为我们那个时候的分家,和他们娘俩说一说,然后搬上东西就住到西屋去了,那其实也不叫个分家,只是分开住。那时候是二兄提出的要分家,因为他说我们家孩子多,他吃东西都吃不到嘴里,所以说人家要求分出去,还是家里太穷。

(3)交往

嫁过来之后我就在社里面织绸子了,因为这边也是穷得叮当响,我要出去挣钱呢。那时候织一匹绸子出来能有四块钱,我每天都去社里跑来跑去的,挣钱养活我妈,我妈那个时候有病,我不养活她谁养活呢。所以我也不太跟别人一起玩儿,就那个时候跟王淑梅一起被县里丝织厂选去,一起走了,去丝织厂也干了一段时间。

(二)妇与夫

1.家庭生活中的夫妇关系

(1)夫妇关系

我们俩定亲的时候见过一面,见完之后,我有意见。但是因为我妈要求,我最后也同意了。我的丈夫对我倒是很满意,我们平时称呼的话都不怎么喊,有的时候还有个名字,我喊他万福,他喊我玉莲,我们两个不怎么说话的,饭也不在一起吃。家里总要有一个当家的,当家的就是我老公公,没分家的时候,所有人在一起,分家了之后,公公跟着我们一家在一起,还是人家当家。家里平常的农活都是季节活儿,春秋之后,庄稼熟了,就赶紧拿上锄头去收,弄完之后把地给犁一犁,该种就种,这个活儿都是人家男人安排的,他要是想出去干活儿或者是干什么的,就他自己去,不用商量,他想去就去,我丈夫他那个时候在食品厂杀猪。那个时候我们家里是缺粮户,家里只有公公和我两个人干活,五个人只有两个人做,怎么能不缺粮的,所以有的时候不够吃,但是不管稀,不管稠,都让喝饱,有了就吃稠点,没了就吃稀点,多放点菜,一家人都让吃饱。家里钱不够的话就先紧着孩子上学,那时候学费也少,那时供给着都比较难,我的孩子们他们也上了学,都上个初中,有的上了高中。

(2)娶妾与离婚、婚外情

那个时候离婚的情况很少,不好离,那没个十趟八趟的是离不了的。至于娶小妾的情况我也不太清楚,一般都是那种大户人家的姑娘,大户人家的人才会娶小妾,平常人家都穷得叮当响,哪有钱娶的。

2.家庭对外交往关系

那个时候我也没有什么朋友,家里都穷得弄不成,我整天就在社里面,织绸子挣钱,因为我要养活我妈。

(三)母亲与子女的关系

1.生育子女

(1)生育习俗

我一共生了五个孩子,三个儿子,两个女儿,大儿子出生是1962年的时候,以后大概每隔两年会生一个,生儿子和生了女孩的时候,是一样的,都会办宴席,一般都叫亲戚过来,自己一家来的话,都要拿一点儿鸡蛋过来。

(2)生育观念

公公婆婆还有丈夫,对生的儿子还是生女孩的态度差不多是一样。在我们家是这样,我对待我的儿子和女儿也是一样的,该上学就上学,就是家里面很穷,贴补不够花的时候,也要紧着孩子们的学费先给交了,上学的时候还借了钱呢,我们家对待儿子和女儿什么都是一样的,压岁钱过年也给的是一样多。

(3)子女教育

我们家对待儿子和女儿什么都是一样的。家里钱不够的话就先借来给孩子上学,那时候学费也少,就那供给,这都比较难,他们都上了学,上个初中,有的上了高中。我的孩子也都很听话也很懂事,当时家庭条件不好他们都懂事的早。

(4)对子女权力(财产、婚姻)

结婚前儿女也没什么钱,有钱都是我管着的,这么大一家人,这么多儿子姑娘要吃饭、要娶媳妇、要嫁人啊,哪里不用钱啊,娶媳妇要钱,嫁妆也要钱,我们家里的钱都是给他们娶媳妇和置办嫁妆了。那个时候他们还没得这个能力自己谈一个朋友,那都是请媒人说的。这么多儿子养活都不容易啊,还给他们都娶了媳妇,我时常自己偷笑,怎么把这些媳妇骗过来的。

2.母亲与婚嫁后子女关系

他们结婚之前也没有什么钱,基本上全都是我在管,他们也都是说媒结的婚,没有自由恋爱的,也是说的大媒,头一年说,第二年就嫁过来了,没有自己谈恋爱。成了,结婚的时候,家里也没有钱,没有盖房子,我这个房子还是老大后来做生意挣钱的时候给盖的,那时候穷啊。

三、妇女与村庄、市场

(一)妇女与村庄

1.妇女与村庄公共活动

我出嫁前,在娘家,一般都是跟我妈妈一起下地干活儿,那个时候只有我妈一个人,所以我得帮她干活儿,庄上的那些集体的村庄活动,开会啊什么的,我都没有参加过,也不认识村里的保长是谁。嫁过来这边以后就是互助组了,公社的时候这里面经常会开会,讲搞生产怎么干农活儿,也组了一个小组在织绸子,我那个时候也不会织绸子,只会打围。那个社里面有四张机器,有四个人在做,我负责打围,其他的人负责把它们织出来。社里面那个时候,我记得修水利时候男女老少都去干活儿了,一下干到晚上十二点钟,男的也去,女的也去,那个时候想想啊真的是。我们结婚的时候,也没有通知保长这些当官的来参加,跟人家也不熟,没这个份。那个时候我是从尧庄那边嫁过来的,这个户口变动的话也在村里面进行了登记。1949年以后,女的地位就提高了,那时候倡导男女平等嘛,女的也都下地干活儿。

2.妇女与村庄社会关系

做姑娘的时候我基本上没有和别人在一起玩过，因为我家里的情况比较特殊，比较可怜，我就只能在家里帮着我妈下地干活儿，或者是在家里纺花，没有和同年龄的人玩。出嫁后，我和妯娌关系还好，她们一般有红白喜事都还是找我去主事儿，找我送亲啊，帮忙啊。有的建房子还请我去拉红绳，拉红绳的人必须是有儿有女的人，意为以后子孙繁衍。送亲也是需要成双成对的人，有儿有女的人，寓意别人家婚姻长久，多子多孙。外出走的地方少，多半都是亲戚有红白喜事才会去一下，平日里不怎么到处走，家里一堆娃娃一堆事儿走不开。

(二)妇女与市场

我在娘家的时候没有去赶过集，都是我妈去赶集，我去了也没有用，因为不知道该买啥，就没有去过。嫁过来这边之后也不怎么去，都是去干活儿啊，有的时候去街上买个菜，去的时候一般有的时候自己去，有的时候会喊上村里的女的一起。集市上有女的卖东西，那种开杂货铺的都是女的，买东西的话，女的不能去欠钱，哪有女人去赊账的，都是男的，人家有份了去赊个账，没份的还不赊呢。

从互助组以后，这个女的只有干活儿有她的权利，其他的都没有。我纺纱的棉花，都是自己种的，纺完之后卖的话就是一块多几毛钱一斤，卖的钱最后要交到社里。做鞋做衣服用的针线，就是那个时候有货郎担到每个庄上来，挑的这些东西，有的十天八天来一回，有的这个走了那个就来了，就在他们那里买。我不会绣花，做的衣服和鞋子都是自己穿，没有拿出去卖的，也都是晚上干活，干到半夜，得空的时候就做一下，不得空的时候还做不上。第二年，我妈纺了些羊毛，我把它拿到河里洗洗，然后拿到街上卖了，卖了点钱，然后再买羊毛回来，继续纺再卖。我做鞋的原料就是拿棉布头做的，都是做衣服剩下来的，不像现在一样买这买那，那个时候没有的。那时候买东西都是有人家发的证，我忘记是哪一年买布还要用布票，一个人一丈二，就双手伸开这么多，大人得一个多的布证才能做一套衣服，小孩差不多就够了，基本上不够用，那时候的被子都是破了又补，补了又破。1970年以后，家里面开始用洋布做衣服，就不自己做了，鞋子也是从那个时候开始，开始用灯芯绒的布做鞋子。

四、农村妇女与国家

(一)认识国家、政党与政府

1.国家认知

我以前听说过国家这个名词，但是我不记得具体是什么时候了，只记得以前那个时候是毛泽东、朱德、周恩来、孙中山、蒋介石，这些也没听人家说过，不太关心这些，一直都不知道。现在的国家主席是习近平，这个我都知道，我有的时候会看新闻，但是不识字，就看不太懂，也算了解了解国家的政策。现在的国家政策实行得多好呀，我要是会写字的话，我都要写篇文章来说说，习近平的政策有多好。

2.政党认知

1949年以前，我知道共产党，那时候共产党要招这个便衣队，我小叔就参加了。就是两下拉锯的时候，国民党人多，共产党人少，各地国民党就到各地来抓那个八路，我叔就在红薯窖里面躲了好几天。我那个时候比较小，这些事情都是听我奶奶说的，说你小叔参加共产党了，人家来找他。两下拉锯的时候，国民党也有，共产党也有，反正他们穿的衣服不一样。那个时候我还小,不知道什么,确实感觉很害怕,有一次我跟我外婆去地里,然后看到一个老日,我不知道他是谁,就听见他叫我哈巴狗,然后外婆说赶快走,这个是老日。

刚解放的时候开的会可多了,整天都开会,现在开会少了,那个时候开会,一般就是教育人,好好干活儿,不让你想一些歪门邪道,教育让人学好,不让学坏,我那个时候参加过。共产党组织的投票是选干部的时候,有的时候是举手投票,选他的标准就是看他能不能拿下来这个活儿,我只是个团员,没有入党,因为我那个时候在社里当团员,后来人家要选入党的,我已经去了丝织厂,主要是咱不识字,要不我估计也参加了共产党。我觉得入党是一件很光荣的事情,共产党就是深入基层,了解情况,一切好的坏的,你看他讲的方针,政策,都是好的。但是有的这些坏的人,或者说一些农民,他看不透这个事情,他反对,但是你一旦反对的话,共产党就要整你,不当家不行了。开会的时候,共产党都让妇女们可以参加,这看起来就很不错了。

3.夜校

我没有读过夜校,当时我记得人家让组织上夜校的,但是我不怎么识字,考试都考不过,咱也不是搞这个的料,我记得王淑梅那个时候就已经去了,我没有去。

4.干部接触与印象

1949年之前我没有接触过什么干部,都在家里干农活儿,不怎么出去。1949年以后也没有。

5.女干部

1949年以前没得女的当干部的,刚解放完的时候,是有女的做干部的,我过来的时候,张淑兰她就是这个女干部,人家会讲话,政策理解得也透彻。

6.政治感受与政治评价

我觉得妇女走出家里去干活比较好,这个是政府提倡的这些事情,但是后来改革开放以后,政府说废除这些结婚办婚礼的风俗习惯,我觉得政府不应该管,这个是各家各户的私事。我觉得计划生育好,如果孩子少的话负担就轻,刚开始的时候,在农村实行,人们说接受不了,后来看看孩子少了,确实是少一些磨难。现在农村都有一些,人家要两个还有些要一个,也不看看现在养一个孩子要花多少钱。

(二)对1949年以后妇女地位变化的认知

那个时候我听人家说过,男女平等,妇女能顶半边天,提倡妇女们像男人们一样,男女平等嘛。1949年以后听人家说过妇联,但是我没有参加过。那时候,妇联都是要有文化的那种人,没有文化不行的。1949年以后也提倡家里面关系要平等,我觉得现在家庭关系都变好了,但是我看这两年有的媳妇儿,她要是糊涂不讲理的话,那也没办法,这些变化我都觉得不就是政策,不就是人家上面的政策贯彻下来才改变。如果男的要是打女的,你去找村干部的话,人家就去管;如果你不去找的话,人家不知道怎么管。我的孙子孙女们也都上学了,这个跟我那个时候不一样,我是一没有爹,二是家里穷,现在好得多了,经济条件也改善了,政府也提倡上学了。

(三)妇女与土改

1.妇女与土改

1949年以前,土改的时候,我还在娘家,我们家划的成分是富裕中农,婆家这边的话是下中农。那个时候也给我们分了地,土改分地决策的时候,妇女们都不参加,都是男子们决策,有土改工作队也到家里来了,不过那个时候咱不接触,都是我老公公接触的。那个时候有动员让妇女们参加土地改革,那时候分地的政策,男女都是一样的,不可能说给男的分得多,女的分得少,都是人。那时候也有斗地主,不过妇女们参加得一般不多,都是男子们参加,咱们庄上就两家地主,杜元宏还有张家两家,不多。

2.妇女组织和女干部与土改

那个时候也没有组织妇女们参加什么组织,至于妇女会啥的都是后来的事了,能参加的也都是一些有文化的妇女,像我们这种不识字的参加不了。那个时候我知道张淑兰她是个干部,别的我都不知道啦。

(四)互助组、初级社、高级社时的妇女

互助组的时候就是谁和谁关系好,就在一起组成一个组,也是刚开始的时候不太习惯,你要动员开会。动员的时候,男的女的都动员了,家里有几个劳力得去下地干活,像我们那个时候就是去纺花、织绸子。互助组时候,土地和农具全部都交到组里面了,合作社的时候也都是算集体的,交上去也没有什么觉得舍不得。

互助组里面干活儿是有分工的,比如说这一块地,男劳动力和女劳力都去干活儿,女的去割红薯秧,男的去刨红薯,要是割麦的话都割麦,锄地的话都下地锄地,一般男的做得多一点,女的做个帮工,做得相对少一点,因为没有那么多力气。

干活儿的话是有记分的,都定成劳动日去干活儿,早上是一分,一天下来就是七分八分,妇女们这一个劳动日就是八分,男子们就是十分。比如说一个月三十天给你定十天,你就必须得干这十天,干不够的话就要罚你扣分,没有分就没有办法分粮食。分粮食的时候都是一样,全部都按工分分,你有多少分就分多少,粮食工分多分得就多,工分少、人多的话就是缺粮户,我们家那个时候是缺粮户,家里人多,但是只有两个劳动力,剩下的就有的在上学,有的在家不能干活儿,所以粮食经常就是不够吃的。女的要是经期或者是怀孕的话也得干活儿,不干就没有分了,那个时候是这个情况,就一个月规定十个劳动日嘛,这个时间你自己算好就行了,怀孕也得干,其实那个时候人们的身体都很结实,也没有说出什么问题的。那个时候没有上夜工,只有到后来打井的时候,夜里干活一直干到12点,一夜都不停的。

(五)妇女与人民公社、"四清""文化大革命"

1.妇女与劳动、分配

人民公社的时候,我都二十多岁了,那个时候有组织唱歌,成立了文工团,我也参加了,就是搞宣传,劳动的时候有口号,不过时间太长了,我记不清楚了。

我们那个时候的地都是旱田,生产队里面男的女的都是挣工分的,人家定的有劳动日,你不干也不行。生产队除了下地干活儿,还搞了副业,就是织绸子,一般下工之后,回家里还要做做家务活儿。互助组的时候也养了牲畜,这种一般都是男的做,我记得那个时候的生产干部主要都是男的,只有一个是妇女队长。集体干活的时候有大炼钢铁,不过我都不记得了,因为我已经去了丝织厂织绸子。集体干活的时候,要完成劳动日的任务,一般没人偷懒。我觉得集体的时候比较好,就是敲钟,钟一敲,全部都去干活儿了。你看在一起干活儿的时候,地都弄到一起,后来粮食也增产不少呢,如果让我选的话,我还是觉得集体会好一些。我那时候一个月十个劳动日的话,一天满分是八分,有的时候早上不去就是七分,也不一定,反正一个月就是七八十分吧,有的时候有事,没去就没那么多了。分自留地的时候,也是按人头儿分的，一人分多少，我都不记得了，反正男的女的是一样多。

2.集体化时期劳动的性别关照

那个时候如果女的怀孕的话，到六七个月的时候就可以请假了。回家待产生孩子，生完孩子之后就要回来干活儿。那个时候有专门看小孩的地方，我记得是集体大炼钢铁的时候，让这个老人们看这些个小孩，也只是修水库的那一年，那个时候我没在家看小孩的话，也会给人家划工分，后来没几天就散了。

3.生活体验与情感

"三年困难时期"的时候，我在厂里，那个时候家里哪有粮食，都是在集体社里吃。那三年正好赶上自然灾害，饿死了很多人，我也听说了，但是虽然这个粮食不够吃，那也都是集体在一起的，没有人敢抱怨，如果实在饿得受不了的话，有人去地里偷红薯，男的女的都有，如果被抓住的话就打他，那个时候都没吃的呀，吃不饱。那个时候队长媳妇在火上做饭，如果跟她关系好的话，可能给你盛稠一点，如果关系不好的话，就给你盛稀一点。

4.对女干部、妇女组织的印象

"铁姑娘"我也没有听说过。生产队那个时候的妇女干部，我也就听说过张淑兰，人家会说话，对政策了解得也比较透彻。那时候，农村也没有妇联，是后来才有的，也是有文化的人参加的，没有文化的不参加。

5."四清"与"文化大革命"

"四清"的时候还有"文化大革命"的时候都要斗地主，整那些干部，那个时候我在厂里，什么都没有参加。

(六)农村妇女与改革开放

土地承包的时候，就是说分地，都是后来的事情了，也就是往下分地嘛，都是按人头分的，男女都一样，小孩也一样，发的土地证上就写的有名字，比如说我们家有七个人，每个人的名字都写上去，不能少，你看他分地的时候不是按人头儿分的，你少报了，不就少分了。离婚之后，如果这个女的不走的话，那她就能分到这个地，她离婚要是走了之后就分不到了。村委会的选举以前参加过，现在都是这人背地里面搞的，我就没有参加过了。如果现在让我重新选择的话，我就少要一点孩子，一个儿子，一个女儿的话比较好，负担也比较轻。精准扶贫我也没听说过，不过习近平的政策我都觉得好，虽然我不识字，但是我觉得习近平他的政策都好，我总是看新闻，有的时候看不懂，不识字，但是看看政策挺好的，了解了解。我不知道网络，我也不会给儿女们打电话，他们给我打了我就会接，也不会用手机。

五、生命体验与感受

我这一辈子最艰难的时候就是孩子小的时候，又得喂孩子又得挣工分，去扒柴火，去掐菜叶，小的时候孩子多负担重，最幸福的时候就是现在。我觉得女的一辈子最重要的，就是到婆家去给人家生个孩子，就算扎根在那里。以前那个时候你给人家添个儿子人家才喜欢你，添个女儿有的时候人家还不想要呢，那个时候重男轻女嘛，就是传宗接代。现在也一样，还是有重男轻女的思想，不过总体上思想解放了很多，还是稍微轻了一点儿没有以前那么看重了。

FGY20170725SYM 适易眉

调研点:安徽省宣城市溪口镇华阳社区

调研员:费高阳

首次采访时间:2017 年 7 月 25 日

出生年份:1935 年

是否有干部经历:土地改革运动期间曾担任妇联主任、幼儿园园长。

是否生育:是

受访者结婚的时间节点、生育子女的具体情况:1954 年结婚;1956 年生第一个孩子,共生一个孩子,是儿子,所生子第 11 天后死亡,后抱养一个儿子。

现家庭人口:1

家庭主要经济来源:养老补贴金、子女赡养

受访者基本情况及个人经历:老人生于 1935 年,家庭条件较好,是抱养所得,家中唯一的孩子。十九岁和老伴定亲,十九岁结婚,老伴属于招亲(入赘)。老人生有一个儿子,出生第十一天死亡,之后没有再生育,后在生产队抱养了一个儿子,现已成家立业。夫妻关系较好,老伴在五六十岁时去世后,老人自己单独生活,主要靠子女赡养、养老金和独生子女补贴为生,村上也有亲戚,生活基本完全自理。

老人身体状况好,至今仍然开着自己的裁缝店,做一些简单的缝缝补补及简单的家务,不做农活儿。土地改革运动期间担任妇联主任以及当地幼儿园园长,负责管理妇女生产劳动。三十多岁的时候带了十几个徒弟,从小父母宠爱没做太多家务,不做农活儿,后来徒弟做家务。觉得自己现在四世同堂的家庭,她自己是抱养所得,她的儿子也是抱养所得,但依然家庭和睦,她很是满意。

一、娘家人·关系

（一）基本情况

我叫适易眉，小名是春娣，1935年出生。我的小名字是我妈妈所起，后来长大读书的时候，爸爸重新给我起一个大名，又因为我这一代辈分轮到易字辈，所以我就叫易眉。我小时候是被爸爸妈妈抱养，不是亲生，爸爸妈妈也没有孩子，因此我没有哥哥姐姐，家里就我一个孩子。我家里条件还算好，有田有地有山，土地改革运动的时候被划为富裕中农。由于家里只有我一个孩子，爸爸妈妈便把我当成儿子来养，因此小时候爸爸妈妈就送我去华阳分队小学读书，但是因为我从小被爸爸妈妈宠爱，加上天性爱玩、家里又没有多少经济负担，上学期间我还经常逃学，所以三个月之后我就没有再去学校，还是后来土地改革运动时期我在生产队夜校里面重新读过一段时间书，学习识字写字。办集体时期，我担任过幼儿园园长，负责管理几百个孩子，还在连队里面担任过妇女队长，管理一百个自然村的女性，我负责给别人评工分。三十二岁那年我开始跟随丁师傅学习缝纫技术，三十三岁我开始在村子上面开一家裁缝店，之后陆续招收二三十个女徒弟，三十七八岁的时候我丈夫开一家杂货店。

我十九岁的时候定亲，同一年就结婚。我的婚事是由父母一手操办，我的丈夫属于招亲性质，我的表姐姐也是招亲结婚。因为我的丈夫家里男孩太多，不包括我丈夫还有两个男孩，并且他们都到结婚年龄，此外家里还有四个女孩，再加上我丈夫家庭条件又不是太好，土地改革运动时期被划分为贫农，所以我的丈夫最后招亲过来入赘到我们家里。我二十一岁的时候生了第一胎，是个男孩，起名字和我姓，结果在我生下来第十一天孩子就夭折，后来尽管我一直想要再生孩子，却总是无法怀孕，直到1958年期间村里闹饥荒，我在生产队发现一个六岁的孩子，便把抱养回来，也是一个男孩，本来决定孩子和我姓，但是我丈夫不同意，于是最后孩子是和我丈夫姓，叫舒载方，因此我家里也只有这一个孩子，后来这个儿子结婚后，我有了两个孙子，大孙子叫舒任强，和我丈夫姓，第二个孙子和我姓，也就是两个孙子，一个跟他姓一个跟我姓。而我和我父母这两代家庭里面，我是被抱养的独生女，我儿子也是被抱养的独生子，此外我的丈夫是招亲入赘过来的。

（二）女儿与父母关系

1.出嫁前女儿与父母关系

（1）家长与当家

我家里条件比较好，爸爸管大事，妈妈管家里的事情，两夫妻一起当家，我妈妈会善于交际，所以有时候我爸爸还听我妈妈的话，我妈妈有时候也负责农业生产上面的事情，比如明年种多少茶叶、水稻等，总之我妈妈在家里地位不比爸爸低多少。那个时候女人当家少，除非家里男人去世，比如当时后面村子里面有个女人的丈夫死了，她才当家，所以说女人当家是没有办法才为之的事情。一般情况下，等长辈们五六十岁、年纪增长以后，他们便失去当家的权力，转为家里年轻的男子当家，女性听男性的话。

（2）受教育情况

因为家里只有我一个孩子，并且家境尚好，有条件读书，所以小时候我爸爸妈妈就让我去读书，但我只读过三个月。我在华阳分队小学上学，班上都是男孩女孩坐在一起，不分开教学，但是我天性贪玩、不喜欢读书，上学期间经常逃学，因此三个月以后，我就没有再读书。直到后来土地改革运动时期，我才重新接受教育，在生产队中的夜校上晚课，学习识字写字，不然我开裁缝店连别人的名字都不会写。土地改革运动以前很少有女孩去读书，班上基本上都是男孩，读书的女孩基本上都是地主家孩子，穷人家女孩子没有钱读书。过去总觉得男孩读书才有用，女孩读书没有用，土地改革运动过后，旧社会重男轻女的思想也还是存在。

（3）家庭待遇及分工

由于家里只有我一个孩子，父母十分宠爱我，我妈妈也不让我做家务活儿，我就在家里吃饭玩耍，基本没有规矩，吃饭我也都是在桌子上面吃，家里有好东西也都给我，他们都是把我当成男孩子来养。我也经常出去玩，村子里面哪里都能去玩，父母对我没有约束。爸爸妈妈都是务农为生，爸爸负责务农，从来不洗衣服，家务活儿也基本没有做什么，妈妈宠爱我，也不让我做家务，所以妈妈一个人在家负责洗衣服、做饭、洗碗、喂猪等家务活儿，农业繁忙的时候还会和爸爸一起下地干活儿，所以我妈妈在家里做很多事情。

（4）学习手艺

在家当姑娘的时候，我的妈妈基本没有让我做过家务活，我就只在家里面做做鞋子。年轻的时候我在生产队里做事情，后来还在连队里当过一个干部。当时为了宣传生产，村里组织过腰鼓队，一个队伍十二个人，六个男人六个女人，我也经常去打腰鼓，还去唱过黄梅戏。之后开始实行责任田制度，我和其他人编成一个互助组，我就开始学裁缝，当年我三十二岁，从师于丁师傅，第二年学会后自己开了一家裁缝店，开始做生意赚钱。后来我陆续收取三十多个徒弟，由于当姑娘的时候家务活儿我都没做过，好在后来有这些徒弟在，家里的家务活儿，比如做饭洗碗洗衣服，也都是徒弟帮我做，我不用操心，所以说我的命很好。

（5）情感体验

我妈妈对我很好，我这辈子都没吃过苦，从小我妈妈不让我做事，我爸爸也是把我当男孩子养，祭祀的事情也都让我一起参与，希望我可以继承家里传统，因为爸爸说家里就我一个孩子，所以男孩也是我，女孩也是我。出去玩，爸爸妈妈到哪里，也都会把我带着，记得有一次出远门，爸爸也不让我走路，他用稻箩把我背在背后，他背累后让我下来自己走走，我要赖不走，他就只好又把我背着，十分宠爱我。我虽然是抱养，但是爸爸妈妈从来没有对我很差，总是宠着我。

2. 女儿的定亲、婚嫁

（1）定亲

我十九岁那年，当时是土地改革运动以后，我的一个姊妹和我妈妈去我丈夫家所在的村子，那个村子离我们家只有两里路的距离，他们在我丈夫家里面吃了一顿饭，回来后过了一段时间，我爸爸妈妈和我姑妈就去定亲，吃完饭定亲过后他们才告诉我这件事情，所以我是包办婚姻。当时我不同意不行，因为我爸爸妈妈说，他们已经在别人家里吃过饭，不能反悔。

定亲之后没过多久我未婚夫就来到我们家里，在此之前我没有见过我的丈夫。我的丈夫家里孩子太多，加上他共三男四女，因此他们家里商量就让我丈夫招亲结婚，我丈夫也乐意来我家里，因为我家里条件比他家好，不过两家人也都是长辈之间走动走动，我没有怎么去过我丈夫家里。

（2）结婚

结婚之前我们领取结婚证，那时不打结婚证就结婚，是无政府主义的违法行为。结婚证上面不用家长签字，就是夫妻两个人签字，上面也是夫妻两个人的名字，领结婚证的地方在周王镇,那里的工作人员就问双方是否同意,如果同意就各自签各自的名字。这就算领取结婚证。

结婚当天我家里面办了十几桌子酒,我的公公把我的丈夫带过来,其他什么也都没带,没有彩礼。那个时候结婚都随随便便,没有现在这么讲究,就算再有钱的人家,也就是办十几桌子酒,吃吃饭,基本没有彩礼。结婚那天就相当于我丈夫是媳妇,是他到我家里来,但是他平日里和他的家里人也还是会走动。结婚之前去周王镇领取结婚证,结婚那天也没有很大讲究,在我家里办十几桌子酒,亲戚朋友都一起吃饭,没有跨火盆、没有坐轿子、没有彩礼,我们就这样结婚,然后就一起过日子。我公公婆婆家那边也是一样,都是农民,只不过他们家相比于我们家穷些,土地改革运动时期被划分为贫中农。我也基本没有服侍过我的公公婆婆,因为绝大多数时间我都是在自己家里面生活,和他们那边也只是逢年过节会去走动一下。由于我丈夫是招亲,住在我们家,他爸爸也来看过他,逢年过节也都会到我们家里来,我们家离他原来的家也不远,他想回家就可以回家。我的丈夫很愿意到我们家里来,因为我们家里条件好,有饭吃,各方面都比他原来那个家好,他自然是愿意来。我和我丈夫关系还好,我认为夫妻之间没有那么好,从来不吵架是不可能,就算是牙齿和舌头也有打架的时候。

我生过但后来夭折的那个小孩和我姓,但是抱的小孩是跟我丈夫姓。一开始孩子叫适载方,我丈夫不同意,后来就改成叫舒载方。到后来我抱的儿子自己娶媳妇,给我生了两个孙子,现在大孙子在向阳当老师,他叫舒任强,和我丈夫姓,第二个孙子就和我姓。所以两个孙子,一个跟他姓一个跟我姓。

(3)童养媳

那个时候村子里面我没听讲过有换亲,童养媳有,刘秀枝就是,童养媳太可怜,婆婆打她们,对她们不好。

童养媳是村子里别人家发生的事情,土地改革运动之前村子里面有几个童养媳,土地改革运动以后这些童养媳都纷纷解除婚约获得自由,我知道的村子里刘秀枝就是童养媳,有一次冬天里面,我看见她只穿一双破鞋子,打着赤脚,没有袜子,脚冻得肿起来、和冬瓜一样大,她的衣服也不能把身体包裹起来,很短的布,戴着一个破帽子,身体直打哆嗦,在雪地里面找菜,十分可怜。我还听别人说刘秀枝的童养媳婆婆曾经用烧红的火钳去烫她的下半身,其实刘秀枝做童养媳去的沈家,在她来之前就有过一个童养媳,那个童养媳家在张家湾村里面,比我大一岁,属猪,我们叫她冬梅,后来她慢慢被沈家人折磨死了,死了以后沈家人才又娶了刘秀枝。其他人家里的童养媳也都很凄惨,相比于我的生活,她们过得真是十分心寒。

3.出嫁女儿与父母关系

因为我是招亲,结婚后还是在自己家里住,我们都还在一个桌子上面吃饭,一起生活,钱也是放在一起用,因此和过去没太大区别,爸爸妈妈还是那样对我,我和我丈夫结婚后也和我爸爸妈妈住在一个屋子里面,没有单独再给我们做一个房子,还是在一个锅里面吃饭,基本没有变化,反而是我妈妈,对我丈夫特别好。

(三)出嫁的姑娘与兄弟姐妹的关系

我没有兄弟姐妹,家里就我一个孩子,我丈夫他们家那边的人我也不怎么熟悉。我丈夫他们家只有他一个人是招亲,但是他们兄弟也都没有歧视他或者说闲话,他们应该是商量之后决定好的。

二、婚后家人·关系

(一)女婿与岳父母

1.分家前女婿与岳父母的关系

因为家里本来人就不多,加上家庭和睦,我们家一直都没有分家,住在一个屋子里面,就是房间不同,吃饭也在一起吃,做农活儿也在一起做,我的丈夫对我的爸爸妈妈都还好,我的爸爸妈妈对他也没有特别多的要求,就是要求不能在外面乱混、要做事等。尊敬长辈在我们村子里面都是普遍、必须的。

2.分家后女婿与岳父母关系

我们一直没有分家,我的家里和我丈夫的家里,都是男人当家,那是后来我爸爸妈妈他们五六十岁时,才轮到我和我丈夫两个人当家,不过我也是听我丈夫的,因为在我们那个时候,虽然我丈夫是招亲过来,但是他毕竟是个男人,男人就是比女人地位高一些,不管是我们家还是他自己原来的家,还是村子上别的人家里,基本上都是男人当家,女人要听男人话。我的丈夫在我们家里也基本没有什么特殊的规矩,吃饭上桌子吃,但是我不用怎么服侍他。我在家就做一些鞋子,家务事主要是我妈妈在做,我爸爸妈妈十分宠爱我。后来我爸爸年纪大了患病,我也经常照料我父亲,我丈夫也和我一起照顾他,给我爸爸洗澡穿衣服,这些事情都是我丈夫负责的,我丈夫也很孝顺,我爸爸妈妈也都挺喜欢他。

我们家之所以没有分家,是因为我们家里人少,没有矛盾,不像别人家里有好几个儿子,每个男孩长大后都要娶媳妇,然后家里人越来越多,吵架也是难免,到最后两个老夫妻年纪大,没办法管他们的孩子和媳妇小孩,就只好分家。但是我们从来没有,家里就我们四个人,我后来抱养了一个孩子,家里总共才五个人,因此没有必要分家。我们在一起做事情在一起吃饭,家里不困难,生活其乐融融。

(二)妇与夫

1.家庭生活中的夫妇关系

(1)夫妇关系

我结婚之前和我丈夫见过一次面,当时觉得还好,反正后来爸爸妈妈在他们家吃完饭回来后就和我说我定过亲,反对也没有用,所以就结了婚。结婚之后一起生活,我也从来不服侍我丈夫,像给他打水洗脸、洗衣服等,这些事情我都没有做过。总之,我觉得后来在一起过日子还算好,没有那么好的情况,夫妻两个人不吵架是不可能的,我始终认为就算是牙齿和舌头也都有打架的时候,所以我觉得吵架是不可避免,并不能说吵架夫妻之间感情就不好。但是村子里面也有非常和睦的,夫妻两个人不知道好成什么样子,他们就是从来不吵架,结婚一二十年都没有看他们两个红过脸,那是我们村子上我觉得感情最好的两个人。我在家里听我丈夫的,他毕竟是个男人,但是有时候他也听我的,我们两个人都当家,我们关系还挺好。

(2)娶妾与离婚

招亲的是不存在纳妾这一说,毕竟你是住到我们女方家里来。我的丈夫没有讨小老婆,这种情况只有我们上一代人才会有。我的丈夫也没有打过我,但是别人家里发生过,一般都是吵架的时候发生的。我和丈夫不经常吵架,所以一辈子就这样过,没有闹过离婚。

2.家庭对外交往关系

我在家里从来都是在桌子上吃饭,我也有很多女性朋友,她们是我当姑娘的时候的好朋友,我们没有什么事情需要做就可以一起上街玩,去的远的数周王和向阳。小的时候爸爸妈妈还带我去看过地主家举办的灯会,那是旧社会的事情,1949年以后就没有灯会。正月里面还看过寺庙里面的龙灯船、莲花灯、荷花灯等,还有大菩萨,还有人唱歌跳舞,那时候小,爸爸把我架在脖子上。

(三)母亲与子女的关系

1.生育子女

我二十一岁那年,生了第一个孩子,是一个男孩,但是生下来第十一天就夭折,夭折后没有办酒,我丈夫也没有责怪我,我爸爸妈妈也没办法,后来一直想生孩子,但是生不出来,没有怀孕,后来就不生了,没有期望,这件事就这样过去,我很难受。现在这个儿子,是当时刮共产风,也就是吃食堂、结大队子的时候,闹饥荒捡到的,当时他六岁,那个时候我还没学裁缝,还不到三十二岁,现在我儿子六十三岁,属蛇。

我的孩子的婚事是我托媒人介绍的,媳妇可漂亮,但现在她已经去世,是患高血压病去世的,她家就在上面那个村子里面,虽然是由我介绍,可是我儿子也喜欢她,两个人也属于自由恋爱,结婚的时候都是两情相悦、互相同意。结婚之前,我和我丈夫,还有我爸爸,我们一家人在紧挨着家里、外面的地基上面又做一间屋子,给我儿子结婚住,我儿子当年是十八九岁的样子,我儿媳妇当年是二十岁的样子,具体我不太清楚。

村子上有非常想要儿子、非要生儿子的家庭,我的大姐姐总共生了两个儿子七个姑娘,她就是想要儿子,所以才生这么多。生这么多小孩,肯定不能都去上学,家里没有那么多钱,养活就不容易,所以就给小男孩先读书。过去的时候就是这样,女孩很难有机会去读书。

2.母亲与婚嫁后子女关系

我们没有分家,儿子结婚后,家里本来三个人,现在四个人,虽然他们单独有个屋子,但是都还是在一块儿吃饭。直到后来我儿媳妇生了孙子,我们就一起带小孩,钱都放在一起花,当家的人管我们这个家里的所有的钱,那个时候我妈妈还在世,我们都一起带孩子。

虽然我的那个儿子也是抱养的,但是孩子对他爸爸很好,当年我丈夫生病,他帮他洗澡、擦身子、脱衣服,这些都是我儿子做的,他很孝顺。

现如今我的子孙们都养我,由于我自己做裁缝可以挣到钱,加上独生子女的补贴、养老保险的补贴、政府的补贴,我一个人生活费基本上已经充足。

三、妇女与宗族、宗教、神灵

(一)妇女与宗族

家谱那时候"破四旧"已经上交,本来是我的大侄儿子保管,后来上交就没有了。一般情况下,姑娘嫁人到别人家里去就不能入家谱(娘家家谱),但是娶的媳妇可以入家谱,像我招亲的这种情况,按照规矩来说我在家谱上面,我丈夫也在家谱上面,但是在我结婚之前家谱就已经没有了,因此我和我丈夫的名字都没有在家谱里面。

上家谱也没有仪式,就是那个管家谱的人往上面把名字写清楚,生了孩子,如果是女孩一般都不写,像我爸爸妈妈就我一个小孩,又是招亲,所以就不一样。我结婚的时候就已经没有家谱,谱头子好像有人保管,但是名字也不全,到后来已经没人管这件事。

宗族活动就是每年逢年过节的时候我的儿子孙子们都要回来,有的时候我以前带的学裁缝的徒弟过年期间也会回来,我们就在一起吃饭,一大家子人有十几个,十分热闹。

（二）妇女与宗教、神灵、巫术

1.清明扫墓、祭拜祖先

因为家里就我一个孩子,我爸爸妈妈就把我当儿子来养,每年清明节的时候去扫墓,我爸爸也总是把我带着,和我说,以后我们家里的这些事情就都靠你,你要记得每年都要做,就算后来家里其他人不去上坟,我也要一个人去上,我记得我爸爸和我说过的话。

我们家过年去上香都是我去敬香、叫祖魂、交祖钱之类,但是如果我家儿子在家,就是我儿子弄,儿子、孙子来管这件事,我过年就负责搞一桌子饭菜。没有人说因为我是女人所以就不能弄,因为我爸爸没有儿子,没有办法,我们家的祖坟还在另外一个村子上,我爸爸去世了都是叫我去上祖坟的,要是我有兄弟,我也不会弄,等于说还是先男人弄,家里实在没有男人就是女人上。不过也没人说过我上祖坟有什么不对。

2.宗教信仰

我信奉佛教,我儿子十七岁那年我开始信奉佛教,到现在家里都供奉着一尊菩萨。当年那个时候华阳大队上面来了(也就是现在后面白云洞庙里面的)和尚,但是一开始没有多少人信佛教,村子里面的人都不相信,我就想应该多找一些人信奉,这样和尚他们才能站得住脚、才不会走。而且出于经济目的,那个时候我们华阳村家家户户都种植香菇,要是庙堂里面的香火兴旺,就会带来香客,买香菇的人来了也可以去庙里面坐一坐,这样互惠互利,人就会越来越多,我们生意就越来越好,整个村子就变得兴旺。所以我就使劲地组织人,召集一些人去做宣传,让大家团结起来,然后我们就在外面收钱,我当时召集二三十个人去收钱,把我们华阳村分成好几个片让他们去收钱。我记得有一次我还在外面收钱,我的小林子跑过来喊我回去,说我孙子在溪口医院里面出生了,我就让大家继续收钱,我去看望我孙子去了,这个孙子今年十七岁。当年这么努力收钱,就是为了给我们华阳村后面修一个寺庙,吃了很多苦,但是也因此让我身体这么好。

3.七月半

七月半的时候烧纸,后来都是我丈夫和我儿子他们去,因为家里有男人就不需要我去,我不想去就不需要去,我儿媳妇也不需要去,因为有她丈夫在,不是说不能去,就是不需要去、没必要、没这个习惯。

4.女性规矩

正月初一女人不允许出去串门,但是男人可以。女人当小孩的时候不能乱说话,见到长辈要说好听的、吉利的话。我们这一代人都不裹脚,我的脚很大,裹脚是我妈妈她们那一代人的事情。

5.灶王爷、土地爷

灶王爷每年都是我请,不过这两年没有请,别人家里也是女人搞。土地庙就是我组织的修起来的,就在后面村子那里。

四、妇女与村庄、市场

(一)妇女与村庄

1.妇女与村庄公共活动

小时候，我爸爸过年正月里把我背着去看灯会，那是没解放之前，解放以后就没有，因为这些灯会都是村子上面有钱人组织的，1949年以后他们就被打倒，因此也就没人组织。我年轻的时候村子上没有女人管大事，不给女人管，1949年以前那些人当官我不认识，1949年以后的官我认识，他们做事也还行。二十多岁的时候，白天打腰鼓、扭秧歌。

如果请工人帮忙做事情的话，一般都是请男工，不怎么请女工。除了采茶叶我们请女工，因为女工采茶叶采得快些，种香菇男工女工都有，因为实在忙不过来。那时我们没有姊妹会，只是信奉佛教的人都会在初一、十五去烧香，男女都有。

2.妇女与村庄社会关系

年轻的时候我还去听过戏唱过戏，那时候当姑娘没出嫁在家里，爸爸妈妈又不怎么管我，所以我想上街去玩就玩，有时候也到我好朋友家里去玩，她们也来我家里玩，她们结婚的时候我就送点儿礼，不怎么贵重，也不哭嫁。

村子上死了人我就去做戴孝要的帽子、衣服，因为我开裁缝店。除了做裁缝，一般别人家里做红白喜事，不用专门去请的，我们一些老人都会去帮忙的，主动去。

(二)妇女与市场

三十七八岁的时候我丈夫开了一家杂货店，因为他之前在供销社里面上过班，有过经验。上街我们不叫赶集我们就是叫上街，上街只要有钱，就都能买，没有讲究。1949年以前街上有杂货店、金货店、肉店、布料店、豆腐店等，1949年以后就是去供销社里面买东西，但还是有钱才行。

五、农村妇女与国家

(一)认识国家、政党与政府

1949年以前的样子我不太记得，1949年以后就一直宣传男女平等。还没解放前那个时候，新四军在我们这一带打游击，每次都是晚上来，我和我妈妈两个人住在后面屋子里面，听到外面狗叫，那时候没解放，我们当时心想：是新四军来了，那时候喊新四军，我很害怕，因为我有个大伯伯是以前的村保，怕新四军把我大伯伯逮起来，但是我爸爸说：不要怕，新四军是好人。共产党党员也是好人，我现在还领取养老金等补贴。我家里都是农民，我儿子和我们都不是共产党。当时没人非要我们剪辫子，我就是那时读过三个月的夜校，不然做裁缝我连别人的名字都写不下来。

然而国民党，他们到街上来，看见好的就拿走，是坏人，特别狠，男女都有，但是我们村子上没国民党。村子里面那些男人在议论的时候，我就询问他们，得知蒋介石是国民党。因为我也不懂政治，上三个月学的时候老师只教我们认字，不讲共产党、国民党这些事情。

至于投票选举，那个时候也有，用笔写，愿意选谁你就打个框，不愿意就打个叉，一般就是上面派一个干部来说晚上选干部，我们就都来。现在日子很好，我又有养老保险，又有独生子女补贴，基本上都不用我子女发愁，我过年前一下子取了两千多块钱，买肉买鸡灌香肠，就是过年小孩回来做好的给他们吃,我自己又不是不舍得花钱,我死后我的钱还是我孩子的。

（二）对1949年以后妇女地位变化的认知

最大的感受就是妇女地位得到提高,旧社会女人很可怜,尤其是那些童养媳,大冬天打赤脚,脚肿得和冬瓜一样,后来她们都解除婚约。但是上学还是要差一点儿,主要是因为穷。也有人宣传自由恋爱,我儿子他们这一代开始都是自由恋爱。我和我丈夫是土地改革运动之后结婚,我就直接喊他名字,也不用伺候他,不用给他打水洗脸,家里的事情也都是我们两个人晚上商量。那个时候男女平权,我们地位一样。

（三）妇女与土地改革运动

土地改革运动的时候,我们家是中农,我那个当过村保的大伯伯也是中农,我们家里条件还算好,不太愁吃穿。土地改革运动的时候我没有斗地主,斗地主的时候我还小,我就七八岁的样子,别人家里斗地主,我们小孩就去凑热闹,不知道那是干什么。我们家里不是地主,也没有分田地给别人。那个时候我还是姑娘,还没结婚,那些干部就把我们这些年轻的搞去打腰子鼓、唱歌,就是唱黄梅戏,跳秧歌舞。

有妇联,但是我没有当村干部,女人都下地干活儿,以前也都是,一直都是这样。合作社在街上,我们买东西都去那里。

（四）互助组、初级社、高级社时的妇女

搞集体就是吃食堂,那个时候,之前白天也做事、晚上也做事,晚上人还做得厉害些,因为想要起带头作用,后来大家互相打拼,饿死许多人,再后来搞责任田就没有死人。那个时候我们家里也没吃的,就到外面挖野菜吃,后来我丈夫当了村里面的保管员,在外头会搞到点儿东西回来吃,那就要好点儿。我是在搞责任田之后学的裁缝。

（五）妇女与人民公社、"四清""文化大革命"

1.妇女与劳动、分配

那个时候我们吃了两三年的大食堂,当时男女都一起下地干活儿,没有什么不同。

2.集体化时期劳动的性别关照

生小孩可以请假,那一个月她们不做事,我算工分的时候也给她们算上,他们就在家里坐月子,家里有丈夫、老人帮忙,我们生产队的不过去帮忙,就只是不扣她们的工分。

3.生活体验与情感

那个时候,我没很多感觉,就是感觉整个村子大家都乱七八糟、不知道在做什么。

4.对女干部、妇女组织的印象

我在连队里面当过一段时间妇女队长,华阳村属于一个自然村,一个连队管六个生产队,我就是管这六个生产队的妇女队长,我就是分配她们做事,明天干什么,后天干什么。

5."四清"与"文化大革命"

破"四旧"的时候家谱都被收走烧了。"文化大革命"的时候我只在家做裁缝,其他的事情我都没有关心,别人去抄家我也没去过,也没人来抄我们的家,总之那个时候大家就是乱搞一气、天天吹牛。

（六）农村妇女与改革开放

后来小岗村开始试行土地责任制,改革开放后正式实行包产到户,我们村子里就依据每家的人口数分配土地,由于我们家每代都只有一个孩子,人口数不多,因此我们家的田地相比于 1949 年的时候变少了。

六、生命体验与感受

我这一辈子很幸福，一辈子没有受到罪。从小的时候爸爸妈妈都宠爱我，我妈妈不让我做家务，我在家只做做鞋子，后来做裁缝又有徒弟帮我洗衣服，我真的很幸福。而我的爸爸不管去哪里玩都把我带上，祭祀等事情也都让我参与并且教育我，从小在家里我真的十分幸福，地位和男孩一样高。我做裁缝做了后半辈子，现在也还带着给别人补补拉链，年轻的时候招的全都是女徒弟，当初之所以决定就在家里开裁缝店，是因为这样一方面能照顾到家里，另一方面能挣点儿钱，所以我觉得做裁缝好。

尽管我是抱养的，我的儿子也是抱养的，但是现在我有孙子和重孙子，一个家庭热热闹闹，人丁兴旺。我丈夫孝顺我父母，我的孩子也很孝顺，我唯一遗憾的就是我的儿媳妇早早就去世，我真的十分喜欢她。我认为一个大家庭要想和睦团结，做长辈的就不能把钱卡着、不能抠门，这些孩子在外面工作很辛苦，买房子现在还要还房贷，所以逢年过节回到家里来我就要做好吃的款待他们，让他们感受到家庭的温暖，反正我去世以后我的钱也都是归他们所有，所以我从来不吝啬对孩子的钱。这辈子不容易，好在年轻的时候没有经历太多磨难，相比于村子里面其他人，尤其是那些童养媳，我真的很知足了。如今生活在家里，又有独生子女补贴，又有养老补贴，我的孩子在外面教书、打工，孙子、重孙子也都很孝顺我，我对现在的生活很满意。

FGY20170726LXZ 刘秀枝

调研点:安徽省宣城市溪口镇华阳社区
调研员:费高阳
首次采访时间:2017 年 7 月 26 日
出生年份:1934 年
是否有干部经历:1958 年,曾担任妇女队队长。
是否生育:是
受访者结婚的时间节点、生育子女的具体情况:1946 年老人被迫成为童养媳,在此期间没有生育,土地改革运动后老人解除童养媳身份;1953 年老人结婚,一共生八个孩子,死亡四个,存活两男两女。
现家庭人口:2
家庭主要经济来源:务工、养老金、贫困户补贴
受访者所在村庄基本情况:溪口镇华阳社区位于两山之间的河谷地带,房屋多依河傍山,位置选择多与通向外界的南北走向的乡村公路和河流平行,共有 6 个自然村,行政村总面积 16.8 平方千米,可耕地面积 1850 亩。村子距离县城 55 千米,距离乡镇政府所在地 5 千米,位于 004 县道西 50 米,没有高速公路、国道线穿过。

因土壤特性,茶叶是这里的特色农产品,但因销售渠道不好受限。2017 年全村外出打工者为 850 人,约占全村总人口数(2485 人)的 34%。村子里五十九岁以上老年人口有 400 人,学龄前儿童有 20 人,因而除去春节期间,整个村子大多为妇女、老人和小孩。

2017 年全村经济总收入 3000 万元,农业总收入 700 万元,非农产业收入 2300 万元,全村人均纯收入 7500 元,整体经济条件一般,不属于贫困村。

村民绝大多数都为汉族,最常见的姓氏为王、李、柳,没有较大的家族。农业生产方面,大多为水稻、蔬菜、茶叶的种植,前些年很多村民都种香菇,但现在因环境问题没有种植。

受访者基本情况及个人经历:老人生于 1934 年,四岁时因自己父母生的孩子太多导致家庭经济负担过重,老人的爸爸在和他的哥哥吵架之后一气之下把她扔到河里打算溺死,幸亏被早起挑水的人发现及时救起而没有丧命。然而最后还是家庭原因,她十二岁被送到别人家当童养媳,直到十八岁才依靠土地改革运动解除婚约,重新组建自己的家庭。老人之后生了八个孩子,但因为家中贫穷和疾病,最终只有四个孩子存活下来——两个女儿两个儿子。老伴在六十多岁的时候因病去世,小儿子不愿意结婚,其他三个子女均结婚,但家庭经济条件不太好。

老人十八岁之前遭受太多的苦难,在童养媳家遭受婆婆的种种虐待,因而恨自己的父母,解除婚约后三年没有和他们往来。老人从小就因为家庭贫穷,做很多体力活,如在家负责洗衣做饭烧水打柴喂猪等等,年长后就开始下地干农活,到结婚后才开始自学女红,辛苦养育孩子。

老人曾在 1958 年担任过妇女队长,但是从来没有欺负过别人,年轻力壮的时候就是靠

种田种地种茶叶为生。她现在和没有成家的小儿子一起居住,靠补贴和小儿子的打工收入为生。

老人一生饱受磨难,家庭一直很贫穷,现在仍是贫困户,好在身体较为硬朗,依旧自己做饭做一些家务,对现在的生活很满意。

一、娘家人·关系

(一)基本情况

我叫刘秀枝,小时候曾用过刘芳年这个名字,但因为这个名字的方言谐音为荒年,家人觉得不吉利,就将我改名为刘秀枝。我 1934 年出生,我的名字是爸爸起的,没有依据辈分,我的弟弟名字叫刘祖清,妹妹叫刘祖枝,他们是依据辈分起的。我的母亲共有三个孩子,我是长女。我小时候家里很穷,没有多少田地,基本都是山场。土地改革运动时家里所属成分为贫中农,儿时家里成员有未结婚的叔叔和我的父母、弟妹、奶奶,一共七口人。

因为家里人数较多,再加上家境贫寒,便不够父母养这么多孩子。于是十二岁时我被送到村子里沈家当了童养媳,我也因此改姓为沈,沈家人补偿我父母一亩二分田,但其实他们家里也并不是多么富裕,除了长辈,家里只有一个男孩。十八岁那年我借着土地改革运动的政策解除婚约,恢复自己的姓氏,十九岁我嫁到自由恋爱的男方家里,也就是我现在的丈夫,当年结婚的时候我的丈夫家里没有几分田,都是山场,土地改革运动时也是贫中农。我的丈夫家里有兄弟五个,丈夫是老三,婚后第一胎是结婚第一年、十九岁时生的一个男孩,但没有活下来。我前后陆续共生产八个孩子,夭折四个,分别为三男一女,其中三个孩子在我坐月子期间就夭折了,只有一个男孩活到十二岁因病去世,最终活下来两男两女。

(二)女儿与父母关系

1.出嫁前女儿与父母关系

我那个时候年纪小,十二岁就送给别人家里当童养媳,家里的有些事情不是特别清楚。我记得家里是爸爸当家,并且我们家族都是男性当家,村子里有女性当家,但是非常少,有也是因为家里男性去世。爸爸重男轻女,因为我是第一个孩子,三岁那年,爸爸和叔叔发生口角,叔叔嫌我家里孩子多、吃饭的人太多,和我爸爸吵架发牢骚,最后我爸爸一气之下将我丢到大河里,幸亏早起挑水的人发现后把我救起,我才活下来。我的奶奶知道这件事后十分生气,以至于一天没有回家躲到山上去哭。

我的爸爸妈妈没有让我读书,我的弟弟妹妹都读到四五年级。我还是到了十四岁的时候,因为当时有反对童养媳政策的宣传,而我也十分希望离开童养媳的家。因此,婆婆为了不让我解除婚约、讨好我就送我去读书,我才得以上过两年学。我们村里的孩子都是在华阳分地小学上学,晚上上课,白天做农活,男孩和女孩在一个教室上课,班上大部分都是男孩,能上学的女孩也主要是地主家的孩子。爸爸妈妈对弟弟妹妹都比我好,弟弟是男孩,自然不必说,妹妹因为年龄小,也比我待遇好些,但我们都是一样不能上桌子吃饭,来人更不用说,因为家长觉得我们吵。家里的三个孩子当中,父母对我最差。因此才把我送去当童养媳。家里面我只觉得奶奶对我好些,我记得十二岁以前冬天我总是和她一起睡觉,但因为自己被送走的缘故,十八岁那年我解除婚约后三年没有认我的父母。

那个时候家里都穷,弟弟也是穿大人的旧衣服,我们女孩子也是穿旧衣服,晒衣服就是长辈的晒在前面,小孩子的晒在后面。我们女性都在家里做事,不怎么出去玩,我小时候也没和别的男孩在一起玩过,每天就在家洗衣服、打猪菜、砍柴、烧水、做饭,大一些我也下过田,扯秧栽秧我都做过,没有休息的时候。我的弟弟在家也做事,也帮帮忙。过年我们没有压岁钱,大家都没有,家里条件差,过年有饭吃就已经很好。女性都不能出去拜年,而男性可以出去吃饭,女性更不能代表男性出去吃饭,但是如果到了实在没有饭吃的时候,大家就都一起出去讨饭。我在童养媳婆婆家过的日子就更加的凄惨,平时都是吃剩菜剩饭,冬天没有被子盖,我就在灶门口歪着睡,两个冬天都是如此,就算我生病婆婆也不会让我去看医生,就等我自己病好,还是依旧的需要做家务事。婆婆总是打我,更不用提让我出去玩,我都不能回家,就算我告诉爸爸妈妈也没有用,因为父母一走婆婆就又开始打我。

村子里面有钱的人家就把地租给别人,他们就不用做农活。家里事情没有很大的分工,父母都是操劳一辈子,白天天不亮就起床,天黑了才结束一天的劳作。我的妈妈也十分辛劳,家务事也要做,地里的农活也要和我爸爸一起做,我们做孩子的长大一点能帮忙洗衣服的就开始帮忙,慢慢承担起家务活。由于家里太穷,白天大家都一起出去做农活。所以,小时候我也没有学习做衣服做鞋子,也没有人教我,做鞋子还是我十九岁左右的时候自己学的,当时我就看着别人做,晚上回去自己摸索,一晚上没睡觉,最终做出来了。

总的来说,我的童年没有愉快的时候,一直都在做家务和农活。村子里别人告诉我我父母把我扔到河里的事情,以及我在童养媳家六年间遭受的非人的虐待,让我感受不到自己家庭的温暖和童年的快乐,一想到我就难以平复我的心情。

2.女儿的定亲、婚嫁

因为我妈妈和我后来当童养媳的那家婆婆玩得较好,我十二岁那年有一天,她们一起洗澡在一起聊天,我妈妈得知那个婆婆生了两个孩子都夭折了,正好又考虑到自己家里孩子多、条件差。于是她们两个就商量着把我给他们家压寿,这就算口头上定过亲了。压寿就是希望我可以让她的儿子健康长大,其实就是童养媳的另一种说法。而我的父母也都认为让我到别人家里去改个姓就不会饿死,于是十二岁的时候家里人就把我送到他们家去,一去就是六年,而父母从未和我商量过这件事。

结婚的时候,他们家赠予我一亩二分田,还给我新添置两套衣服,我家里给我做了两双鞋子,婆婆家雇了一个花轿,几个媒婆伴着轿子,这是我结婚那天的仪式。于是十二岁那年,我被送到童养媳婆婆家。而我之前从来没见过童养媳婆婆家的儿子,互相也没看生辰八字,因为是童养媳,所以也不存在婚书。虽然婆婆家离我家不远,都在一个村子里面,但是婆婆不让我回家,就算逢年过节回家最多也只待两三天,我的爸爸妈妈总是教育我不要做糊涂事情,在那里要听话,但是婆婆总是让我做事,做得不好不听话就打我,我在他们家从来没有上过桌子吃饭,而她唯一的儿子可以。

虽然我十四岁那年也有政策指明不能搞童养媳,但是一直到后来土地改革运动才真正有了宣传和实效。十四岁那年我曾经跑回家去表示希望可以在自己家里生活,但是我父母不同意,童养媳家里也不同意。我当时年纪小,如果不回童养媳家里,我的父母就打我,我也没有其他的地方去,只好又回去。回去后婆婆对我有些转变,给我做新衣服,让我读了两年学。但是我实在不喜欢婆婆的儿子,不想和他过一辈子,正好十八岁那年开始土地改革运动,我就依据政策去解除婚约,找到法官主持正义,最后我终于从婆婆家出来,接着我到生产队暂住了不到一年的时间。

由于之前发展生产的时候,我们白天会去打腰鼓,我在打腰鼓的时候认识了后来的、就是现在的丈夫。于是我十九岁的时候和他结婚,那年十月份的时候我到他们家去,他的父母也十分喜欢我,所以10月14日我们就做喜事,之前没有定亲,也没有看生辰八字,但是有到大队去领取结婚证,领证的时候工作人员就问双方同不同意,如果同意就各自签字,这就算是合法夫妻了。村子里面离婚的有，因为男方去世毁约的也有，离婚和毁约都只要双方同意就行，没有其他规矩。那个时候因为恨我的父母，所以不愿意搭理他们，结婚之前我的父母也没和我丈夫的父母见面，也没有参加我的婚礼，直到婚后回门我才第一次回了家和父母恢复正常关系。我丈夫他们家也不怎么富裕，结婚的时候没有彩礼没有嫁妆，但他家还是给我做了两套衣服、办了十几桌子酒，就这样我的日子终于开始有所好转。

3. 出嫁女儿与父母关系

当童养媳期间我不能经常回家，回家最多也就待两天，不然回去之后婆婆就要打骂。我们女性是不去扫墓的，祭祀之类的事情都是男人来做。本来我解除婚约父母很反对，十四岁那年就没有解除成功，十八岁是因为土地改革运动的政策、村里有人为我主持正义，我才得以解除。从童养媳家里出来后，我当初的一亩二分田还是算我所有。

后来土地改革运动后，因为我那个时候不承认我父母，所以结婚的时候父母也没和丈夫的父母见面，结婚第三天按规矩来说是要回门，我本来不打算回去，结果做喜事的媒人把我拉着劝我，我们就回去了，当时父母也很高兴，做饭给我们吃，我妈妈就对我丈夫说要好好对我、不要打我，我们吃完饭以后就离开了，结婚后一年，我才认我的父母。后来我妈还给我做了两双鞋子，也给我丈夫做了两双鞋子，弟弟也经常来我家玩，妹妹也来过。因为现在的婆婆对我很好，我和丈夫是自由恋爱、自愿在一起，所以不怎么吵架，我结婚后也就没怎么回过家住，和父母他们也只是逢年过节走动一下，大年初二就回去拜年，年夜饭是在婆婆家吃，因为大家都穷，也就买点芝麻糖之类的小东西，回去吃餐饭，没有多少讲究，平时也都是各忙各的，后来我也几乎没有参与过父母家里的事情。1958年闹饥荒的时候，我的爷爷和爸爸都因为没有饭吃而去世了，到我的妹妹出嫁的时候我的妈妈也已经去世，那是1958年过后。再加上家里孩子都已经结婚出嫁，我和弟弟妹妹之间也很少联系，也很少参与他们家里的事情。

(三)出嫁的姑娘与兄弟姐妹的关系

由于我是十二岁那年就被送走的，所以与弟弟妹妹的感情不是特别深，我总觉得父母偏心，狠心只把我送走。弟弟是男孩，爸爸很疼爱他，而妹妹因为比我小，家里待她也相对好些，对我的差别一直让我心里很难受。

我当童养媳时，弟弟妹妹基本上没有来看过我，因为家里事情多，他们也在上学，而且那时大家都小，也不能经常串门。十八岁后我重新结婚，我弟弟妹妹也都来玩过几次。多年后我妈妈去世，弟弟去当兵，弟弟妹妹也都陆续结婚。因为妈妈去世，加上大家都穷，妹妹结婚的时候没有办酒，我也没有去参加，弟弟什么时候结的婚我也记不清。妈妈去世后，我们也没有名义上的分家，因为本身家里就没有什么财产，山被生产队收走很多，我们没有得到多少田地和山林。后来大家都各自过着各自的生活，渐渐的我们都没有再联系过。

二、婆家人·关系

(一)媳妇与公婆

1. 婆家婚娶习俗

我的第一个童养媳婆婆家里也不是多么富裕，土地改革运动是中农，平时都在忙着田里地里的事情，没有族长，我们一家一户过日子。当时结婚的时候，婆婆家雇了一个轿子，请几个媒婆,我们没有交换生辰八字,没有彩礼,也没有给我父母钱,也没有给我钱,只是送了我一亩二分田地,没有办喜酒,简简单单地我就到他们家去了。我们女性从来不祭祀,我也不管他们家的事情,也没有什么大事情可以管,他们也不会和我说家里的大事情。

第二家是我自由恋爱之后结婚的,男性是搞生产的时候一起打腰鼓认识的,自己谈的感情自然好很多。当时我丈夫把我带到他们家去住了快两个星期,他爸爸妈妈都很喜欢我,我们就到大队上去领结婚证,作为合法的凭证,但是没有交换生辰八字,也没有彩礼,他们家摆了十几桌子酒,给我做了两套衣服,我们就在他们家里结婚,正式开始一起生活。

2.分家前媳妇与公婆关系

第一家童养媳的婆婆对我十分凶狠,每天早上我要早起,把水烧好、弄好给婆婆和公公喝,冬天的时候早上我还要把他们的鞋子烘暖和,不能是湿的,然后开始做早饭,喂猪,洗衣服洗碗,但是我就是不洗婆婆的儿子的衣服,她怎么打我我也不洗,我就是不喜欢她的儿子,不想和他过一辈子。反正婆婆总是让我做事,家里的田地里的。吃饭我不能上桌子,把饭给他们盛好了我就在灶门口吃饭,经常他们吃新鲜的菜,我吃剩菜剩饭。寒冬腊月的时候我也只穿一双破鞋,记得有一次婆婆让我去雪地里挖菜回来做饭,我找不到,因为菜都已经被冻坏,我不敢回去,就在门口瑟瑟发抖,害怕婆婆打我,因为她会用烧得通红的火钳烫我、用竹棍子打我、用手掐我、用嘴巴骂我,这些我这辈子都不会忘记。而第二个婆婆对我就好很多,从来不打骂我,但是依旧要做事情,因为那个时候服侍长辈是规矩,端茶倒水那是自然,哪一家都是这样。家里条件不好,大人都得下地干活,不分男女。在这家我可以和他们一起在桌子上面吃饭,如果没有饭吃了是长辈先吃。但女性依旧不能祭祀,清明也不能扫墓。

两个婆家都是男人掌大权,婆婆就是管家里面的事情,比如做饭、洗衣服,还包括管教我。我不经常伺候那家童养媳的儿子,主要就是伺候婆婆公公,大户人家里女性也要服侍长辈,这是天经地义的事情。男人从来不洗衣服,没有这个风气,衣服都是我们女性洗。头一年我没有认我父母,一年都没有回去,后来慢慢好些,有时候和丈夫吵架后回娘家,我的爸爸妈妈就是谁错就批评谁几句,我丈夫来了我娘家我爸妈骂他几句,然后劝劝我,我也就回去了,在娘家最多也就住过两晚上。我们没有私房钱,婆婆公公在的时候,大事都不会轮到我上前,钱也都是长辈给我,让我去买什么我就买什么,做事也都是家里的事情,对外我一概没有权力负责。

3.分家后媳妇与公婆关系

我们一直没有分家,就是一起生活,在一起过日子做事,有饭就大家一起吃。分家的一般是由于家庭妯娌不和睦,经常吵架才分家。我后来的公公婆婆也去世早,之前童养媳的家里人我后来再也没有看到过他们。我生孩子那段日子白天家里都没人,我丈夫就在外面做事,我头一天晚上生了孩子到第二天早上都没吃到一口饭,因为家里已经没有米,还是村子上另一个女性捡猪屎的时候路过我家,问我对门的人我有没有生,才知道我昨天晚上就生了,然后那个女性就回家带来一勺子猪油,配上一点面条,我才算吃上饭。那时候生活条件太苦,没有饭吃能活下来就不容易,根本比不上现在。

（二）妇与夫

1.家庭生活中的夫妇关系

（1）夫妇关系

我和我丈夫关系还好，在家我喊他名字，他在田地里做事，我主要在家里做，但是做完我也出去做事，和男人一起做，挖茶叶地、种地、锄地、除草等等，做事和男人都一样，不过家庭和睦，不吵架，加上婆婆公公不打骂我，虽然依旧贫苦事情多，但是生活还算好。婆婆公公健在的时候，家里的大事都是他们决定，饭也是给他们先吃。我的丈夫对我没有多少约束，就是让我不要在外面太放浪，其他都没什么。我头四胎生了三个儿子一个女儿，丈夫没有要求我一定要生儿子。那时候村子里穷，有儿子当然好，但是实在没有也不会特别伤心。

（2）娶妾与离婚、婚外情

我和丈夫感情好，当初在一起打腰鼓的时候认识，然后谈恋爱，两个人两情相悦，很少吵架，再加上家里穷，所以没有纳妾。那个时候整个村子都穷，没听过纳妾，纳妾应该是我们上一代的人的事，1949年后不允许了。

2.家庭对外交往关系

对外的事情都是长辈决定，我们是不需要负责、也不用关心，我们只要把应该做的事情做好就行，长辈让我们做什么我们就做什么。不过那个时候也没有多少事情要处理，就是过年过节拜访一下亲戚，不过大家都很穷，也没有多少讲究，对外也没有什么大事情。后来我的公公岁数渐大，就变成我丈夫当家了，我就听他的，家里事情主要是丈夫负责。

（三）母亲与子女的关系

1.生育子女

我十九岁的时候生了第一个男孩，但是他在我坐月子的时候就不幸夭折。后来我又陆续生了七个，最后夭折四个，是三个男孩一个女孩，除了一个儿子是到他十二岁的时候感染破伤风夭折的，其他孩子都是在我坐月子期间不幸夭折，我当时特别伤心。不管是生儿子还是生女儿，在我们家都没有什么区别，我的丈夫没有要求我一定要生儿子。村子里面家里有钱的人家生了孩子会办酒，我们那时候很穷，因此都没有办酒，但是我给我的孩子们过生日，不管是家里的男孩子还是女孩子，都可以过生日。那个时候不像现在过生日这么铺张浪费，没有生日蛋糕之类的洋产品，我们就是外婆家那边人过来一下，送一点鸡蛋之类的礼物过来，给孩子打两个鸡蛋吃一下，就算是庆祝生日了。我的儿子女儿都上过学，上到四五年级，没上到初中。我对待儿子女儿都一样，因为都是我孩子，没有区别。

我有一个儿子到现在都没有结婚，一直和我生活在一起。今年（2017）冬天下大雪，我在外面走路的时候一不小心摔了一跤，骨头伤到了，当时就起不来，我这个儿子就立马打电话给我孙女儿，我孙女婿连夜开车子把我送到宣城的医院里面去看医生，出院回来后一直都是我儿子在照顾我。想当年我这个儿子年轻的时候，我到处帮他相亲介绍对象，他说你看中的老婆你自己要我不要，他还说他自己已经看破红尘，不想结婚，所以到现在他都是光棍。现在家里就我和他两个人，我有养老金还有贫困户的补贴，我这个儿子平时在溪口或者村子上面打打工挣点钱，我们日子过得也挺好。

我其他的女儿儿子都是自由恋爱的，两个女儿都是二十岁左右结婚的，两个人嫁妆都是一样。另一个儿子也是自己谈恋爱娶的媳妇，后来儿媳妇到我们家来，我就把她当小媳妇一样教育她,让她服侍我。当时儿子娶媳妇还是送过一点彩礼的,不过都不多,不像现在动辄几千几万元,我们也就是表示一下,家里穷,结婚没有很多的讲究。

2.母亲与婚嫁后子女关系

嫁出去的女儿泼出去的水,我的两个姑娘结婚之后就几乎不管我们家里的事情,平日里在自己家里生活,就只是逢年过节回家一下。儿子结婚之后,家里还是长辈最大,其次是我们,最后就是我儿子他们这一辈,做主的事情长辈决定,女性做不了主、没有权力。后来长辈去世就变成我的丈夫当家做主,总之就是女性不如男性地位高,我丈夫慢慢老去、儿子快三十岁的时候就变成儿子当家做主。媳妇一开始还是像以前一样伺候我们,给我们端茶倒水做家务事,后来土地改革运动以后就不允许这样,然后后来村里媳妇比婆婆还厉害的都有。以前女性不允许上桌子吃饭,土地改革运动以后都可以上桌子吃饭,除去女性,儿媳妇和小孩也都可以。后来媳妇生孩子,我就帮忙带孙子。

三、妇女与宗族、宗教、神灵

(一)妇女与宗族

家里以前有家谱,后来"破四旧"被烧,之后也没有再修补过。家谱上面没有我的名字,我们这里女儿嫁出去后,都是葬在婆婆家的祖坟山,改嫁也是葬到最后的婆婆家祖坟山上,除非女儿死的时候没有结婚或者离婚后还没再次结婚,那就葬到娘家。庙堂也有,当时还挺多,不过后来没有人用,也就荒废了。那时家族有活动,我们女性就去帮忙做饭、打扫卫生,开会我们也能去,但是年轻的时候我们女性没有发言权,也不能主动做事情,那个时候我也不参与这些事情,直到土地改革运动以后,有政策鼓励我们上前做事、鼓励我们说话,我才开始慢慢接触这些东西。

我们家族虽说对于生男生女没有很大的区别,但是潜意识里面还是觉得生儿子是自己的,生女儿长大结婚之后还是嫁给别人家去。因此,还是觉得生儿子比生女儿好些。小时候我被我的爸爸扔到河里的事情是村子里面的人告诉我,我才知道的,旧社会的时候,我们没有族长,所以家族并没有对我父亲的行为进行评论或者批评,但是村子里面大家都是知道的,我长大后也还有人和我说这件事,当时还有人骂我爸爸是猪脑袋,但也只是背后议论议论。

(二)妇女与宗教、神灵、巫术

我信佛教,不是基督教。逢年过节我都敬菩萨、烧香,现在我家里面还供奉着一尊菩萨,信仰佛教的原因主要就是为了求全家平安,但是我老伴他也不相信佛教也不相信基督教,他什么教都没有信。

土地改革运动以前,清明我们女性不能去扫墓,土地老儿、财神都是男人去敬奉、烧香,我们女性不负责,后来他们年轻人去弄,我年纪大也没参与。我们村子上,就是当时白云洞来了许多和尚,再到后来就出现基督教,其他的事情我没有再了解。

四、妇女与村庄、市场

(一)妇女与村庄

1.妇女与村庄公共活动

以前女人不用上街,都是在家做家务,家里需要什么或者计划什么,这些事情都是长辈决定的，轮不到我们女人出来负责，如果家里缺什么东西，男人就负责把东西买好。那个时候不比现在，街上也没多少商品，就是一些小卖部，卖一些油盐，但还是需要有钱才行，家里穷照样什么都不能买。旧社会女性就是很可怜，不能上街，只能一天到晚没日没夜地做事情，后来土地改革运动过后，风气才慢慢改变。当时为了促进生产，我参加腰鼓队，和年轻男女一起打腰子鼓，我就是那个时候认识我丈夫的，这算是我参加过的比较大的公共活动了。

2.妇女与村庄社会关系

我年轻的时候也有好朋友，都是女性，我们一起玩。那个时候不像现在有这么多娱乐活动，我们就在一起做鞋子、聊聊家常，但是也不是经常在一起玩，因为家里的家务活就已经很多了，做不过来。

村子里别人家做红白喜事叫过我，让我去帮忙洗菜做饭洗碗等。在我结婚之前和结婚以后我都去帮过忙，村子里没有说结婚后女人不能去参加。女性在夏天的晚上可以出来乘凉，土地改革运动后风气改变，我们女性还可以去别的村子上面玩一玩。

(二)妇女与市场

家里基本上都是自给自足，蔬菜都是在自家的菜园子里面种植、成熟后自己吃，粮食自己在自家的田地里面种点儿，实在不够就去街上买，棉花也是自家田地里种的，基本上不去买。以前我的婆婆和妈妈就在家里面把从田地里收回来的棉花脱壳后拿小机子纺，然后自己进行加工，弹过后再用织布机织，织成了过后给我们家里人做衣服。但是无论是棉花还是做出来的衣服都不会去卖，因为村子里面家家户户都是这样，不需要卖给别人家。就算村里发粮票子、油票子以后，我们也不会去卖粮票子和油票子。如果实在需要上街买菜，这些事情也都是由屋里当家人负责，男性去买菜，女性不给上街。直到后来政策改变才好些，慢慢女性也都可以上街进行商品交易了。

五、农村妇女与国家

(一)认识国家、政党与政府

我只知道国民党党员做坏事，共产党党员做好事，其他都不太清楚，我没读几年书，知道的事情不多。印象中国民党的党员都很凶恶，他们做坏事，其他没有多少印象。我只知道孙中山是好人，蒋介石是坏人，这是我听学校老师提到的。我小时候有熟悉的女性朋友加入共产党，因为她学习好、思想好、起带头作用，负责任、管大事，她加入之后一直帮助别人做事情。但是我不是共产党，我丈夫也不是共产党，我的几个孩子也都不是共产党，我们家里没有人当共产党，主要原因就是我们受教育水平都不高。

我没有裹脚，当初我奶奶想让我裹，但是我爸爸妈妈都不让我裹，我爸爸说：现在这个年代，就是靠做事情吃饭，你把脚裹起来，怎么做事情？所以不让我裹脚。我妈妈裹过一段时间，后来把带子松掉没有裹。对头发没有要求。其实不管男孩还是女孩，读书都允许，但是当时我家里没钱读不起，所以我没有读书。

(二)对1949年以后妇女地位变化的认知

土地改革运动后，女性的地位得到提高，能当家做主，能发表自己的意见，扫墓祭祀也都可以参与，能上桌子吃饭，结婚离婚也都自由。

（三）妇女与土地改革运动

当时我们是贫中农，土地改革运动队的人到我们家里来动员生产，我们家里全是山，没有什么田，所以土地改革运动的时候分到一些田。

我们女性不去斗地主，都是男人们去把地主打倒。土地改革运动的时候我当过两年妇女队长，因为我是积极分子，做事带头，但是我也就是安排别人去做事，没有欺负别人。那个时候怀孕也还是一样要去不同，没有变化。晚上我们不做事，白天小孩就是爷爷奶奶管教。划分土地的时候算人头也算我们女性，土地改革运动后日子稍微好些。

（四）互助组、初级社、高级社时的妇女

大炼钢铁的时候我们家的铁器也都上交，吃大锅饭的时候经常有人偷懒，但是也就只能骂骂他，不能不给他饭吃。后来1958年闹饥荒，我们就出去偷菜吃，有就吃点，没有就饿着，当时村里也有因为没有东西吃全家都饿死的情况。偷东西吃，男人也偷女人也偷，这是没有办法的事情。

（五）妇女与人民公社、"四清""文化大革命"

1.妇女与劳动、分配

那时男性女性一起下地干活，男性和女性一样做事，没有什么区别。

2.集体化时期劳动的性别关照

怀孕没有特殊的关照，还是需要做事情。我记得我生孩子的前一天都还在做事情，不做事就没有工分，没有工分就没有饭吃，小孩小，还是只能自己在家带着，那个时候太穷，没有好的条件。

3.生活体验与情感

白天出去做事，小孩子放在家里面爷爷奶奶带着，吃食堂的时候家里锅碗瓢盆只要是铁的都被上交。后来1958年闹饥荒，有的人家里全部饿死，实在没有东西吃，我们就去地里挖东西吃，男性女性都有。我们那个时候还打腰子鼓，主要就是宣传大炼钢铁、吃大锅饭之类的事情。当时我爸爸偷吃食堂的食物被逮到，接着就被打，说他不该偷吃、不做事，但是那时候没有饭吃，就更谈不上有力气做事。

4.对女干部、妇女组织的印象

当干部的女性一般都是表现积极、起带头作用的，然后到了选举的时候我们就进行投票，以此决定选谁当女干部。我曾经担任过妇女队队长，这也是因为我在入团之后表现积极，担任妇女队队长后我负责分配其他人的工作，别的事情我没有做很多。

5."四清"与"文化大革命"

"文化大革命"就是整治那些思想不好的人，开批斗会，对于犯下错误的人我就踹，没有错我不踹，我不乱踹别人，我也不冤枉别人，我踹的都正确。那些坏人都十分凶狠，我也不在那些人家里，像那种到别人家里面去搜刮粮食的事情我没有做过，因为我知道大家都挺可怜，每次搜查的时候我看到别人家里有粮食我就说没有。也有人到我家里来搜家，把我家里瓶瓶罐罐都拿走，不让我藏食物，把粮食都搜刮走，拿到食堂里面去。

（六）农村妇女与改革开放

后来分责任田就有所好转了，从那以后日子就开始变好。那时候依据家里人数来分田地，分发的土地证上面也有我的名字。后来开始实施计划生育，但是我们都已经生了。

六、生命体验与感受

　　我这辈子记得最清楚的就是小时候爸爸把我扔到河里的事情,后来我又变成童养媳,在那家人家里,婆婆欺负我、打我骂我、让我做家务做农活、吃剩菜剩饭等,这些事情我一辈子都无法忘记。我小时候生活实在是太苦了,后来再嫁的人家还是穷,还是现在生活条件好,我实在太幸福了,政府不仅给我贫困户的补贴,我还有养老金的补贴,现在我就天天在家里养老,看看电视,和我儿子在一起,我觉得非常好。

GYN20180203TZY 滕作英

调研点:甘肃省白银市白银区强湾乡强湾村
调研员:顾亚宁
首次采访时间:2018 年 2 月 3 日
出生年份:1933 年
是否有干部经历:1953 至 1965,任妇联主任、生产队长。
是否生育:是
受访者结婚的时间节点、生育子女的具体情况:1951 年结婚;1952 年生第一个孩子,共生六孩子,除第一个是儿子外,其他均为女儿,第一个女儿早夭。
现家庭人口:6
家庭主要经济来源:务农
受访者基本情况及个人经历:老人生于 1933 年,原籍甘肃省兰州市榆中县青城镇东滩村火烧沟人。家中有一个哥哥一个弟弟,而今均已过世。五岁便与现在的婆家订了娃娃亲,十三岁来到强湾乡强湾村,十八岁出嫁,共育有六个孩子,分别是一儿五女,大女儿早夭,其余均已成家立业。老人的婆家当时共有三个儿子,大儿子因病早早过世,而十天后其妻也不幸过世,只留下八个月大的儿子,滕作英老人嫁给了家中二子,随后与婆婆一起抚养这个孩子。

虽然生活困苦,但老人出嫁后在婆家十分吃苦耐劳,不仅用心侍奉公婆,而且还将大伯遗留下的子嗣与自己的儿女一视同仁,得到了邻里乡亲的一致好评,后来还被乡亲们共同推举为妇女主任。在 1957 年时经共事老党员的介绍加入中国共产党,在长达一年的入党考察期间表现优良,于 1958 年正式成为一名光荣的中国共产党党员。滕作英老人随后也在村中长期担任干部职位,多次随干部队伍前往白银、兰州及定西等市进行学习并参加有关会议,直到后期因为年岁渐长身体不好而卸任,现今仍坚持参加乡里、村里的召开的党员大会。

一、娘家人·关系

(一)基本情况

我名叫滕作英,1933 年生。小时候家中贫穷并未上过学,名字是父亲所起,有一个哥哥一个弟弟,都是"作"字辈,也都不曾上过学。当时我家里没有地,土改时划分为贫下农。夫家有少量地,但具体数目已然不明,土改时期被划为中农,家里有三个儿子,婆婆是二婚,一婚时还生下了两个女儿。五岁定下娃娃亲,十三岁因家中条件太差而来到婆家,十八岁出嫁,1952 年生下大儿子,共生了六个孩子,大女儿早夭,还有四个女儿,现今皆尚在人世,我现在和儿子还有儿媳妇住在一起。

(二)女儿与父母关系

1.出嫁前女儿与父母关系

(1)家长与当家

那个时候穷,家里啥都没有,也没得什么可以当家的。当家的一般都是男性,不过家里的事儿爹也可以当家,妈也可以当家,一般都商量着来。

(2)受教育情况

从来都没有上过学念过书,哥哥和弟弟也没有念过书,因为家里实在太穷了,大家也都穷,只有当地家里非常富裕人家的孩子才有条件识字读书。

(3)家庭待遇及分工

在我家里一家人都是一样的,没什么区别,都是一样的待遇。我家中只有我一个姑娘,做的活并不多。当时家里洗衣做饭都是女人,男人一般外出下地干活。

(4)对外交往

男女都可以出门,没有什么格外的讲究,吃酒席、看戏这些都没有什么忌讳,因为当时世道乱怕小孩子出去让人拐走,所以尽量减少小孩外出玩。

(5)女孩禁忌

当地未出嫁的女孩在清明、中元等祭祀祖先的节日不可以跟着父兄去墓地为祖先上坟。

2.女儿的定亲、婚嫁

我五岁就说亲了,说的是娃娃亲,我婆婆是我三姑,我妈是她嫂子,当时我还很小,就给我戴了一个花肚兜,看了生辰八字,许给了婆家里的二儿子。那时候的政策就是包办婚姻,大人们说了算的。我家里穷,啥都没有,日子过不下去就早早把我送到婆家来,十三岁过来当童养媳。来婆家第二年公公就过世了,婆婆的大儿子也死得早,大儿子死了十天大媳妇也死了,就留下八个月大的娃娃。在四五岁把亲定下来之后,我和丈夫就再没怎么见过面,毕竟两家隔得远。后来我家里穷日子过不下去,就早早地到婆家里来。十三岁过来当的童养媳,小叔子还比我小三四岁,过来之后啥活儿都干。我十八岁出嫁,那时候也不领结婚证,主要就是拜堂,娘家来三四个人给我送嫁,拜堂的时候还摆酒席,请的关系好的乡亲们,讲究个"八大碗",要炒几个好菜给大家吃,好好热闹了一下。那时候给礼钱就给两毛钱,五毛钱都是最多的。我结婚之后因为和娘家离得远,就一个月之后才回门,之间还拜访了一下周围的邻居,人家讨个喜头给一截红布,然后中午吃一顿饭,就算好。

3.出嫁女儿与父母关系

出嫁后的姑娘就是婆家的人，娘家的事情我就不会管，也轮不到我管，我哥哥和我弟弟就管娘家里的事儿。不过也有的女的特别厉害，出嫁以后还管娘家里的事情，不过这种情况特别少。我娘家在滕家梁火烧沟，离婆家一百里山路，要骑驴走都要走一天。所以后来回去的也不多，就一年回去一次，我哥哥来接我才能回去，我自己是不能回去的。我婆婆是我三姑，亲一点。所以我在娘家最长的时候住一个月也没说我。两家都是亲戚，有困难都互相帮忙，都穷，我回去的时候要是有东西就带一点，没有也可以，不是特别讲究。

（三）出嫁的姑娘与兄弟姐妹的关系

我有一个哥哥一个弟弟，我们家就我一个姑娘，都惯一点，我爹妈对我都好，哥哥弟弟也都人好，他们负责给我爹妈养老。我嫁出来以后想要回娘家看看就是让我哥哥骑驴来接我，一百里路骑驴也要一天。我到我哥哥家里去的时候也不用特意拿什么东西，要是有就带点吃的，没有也就不带了，我们关系都挺好的。不过我们都隔得远，后来爹妈过世后就见得少，谁家里有啥红白喜事就再聚一下，平时也不怎么走动。

二、婆家人·关系

（一）媳妇与公婆

1.分家前媳妇与公婆关系

我在婆家的第二年公公就过世，婆婆的大儿子也死得早，大儿子死十天大媳妇也没了，就留下八个月大的娃娃，婆婆就一直和我们一家一起过，后来我当妇女主任婆婆也支持我，我出去开会的时候就帮我带娃娃。再后来小叔子娶亲，给大伯家的儿子都娶了媳妇，就分家了。婆婆还是厉害，那时候那么难也过下来了。

媳妇与公婆之间没有什么格外的讲究，没有严格的尊卑，不需要格外对公婆照顾行礼或者请示，和现在没有什么区别，就是做好饭端到婆婆跟前让人家吃饭就行。

2.分家后媳妇与公婆关系

(1)公婆关系

公公死得早没什么可说的，婆婆是我三姑，来之后骂的时候也骂，打的时候也打，但也没有苛待我，吃的啥都一起吃，吃一样的东西，其实也好，婆婆也不容易。

(2)分家

大伯年纪轻轻就死了，留下八个月大的娃娃，婆婆就一直带这个孙子，后来小叔子娶亲，给大伯家的儿子都娶媳妇，就分家了。那时候家里也穷，啥都没有，说是分家其实就是分出去锅碗，自己单家吃饭，家里人聚到一起一商量也就分了，没什么事情。

(3)交往

嫁过来之后除到亲戚家玩也没到哪里去玩，自己家里事情都多也没时间出去，再就是亲戚家有个红白喜事去吃酒就去下。

（二）妇与夫

1.家庭生活中的夫妇关系

(1)夫妇关系

我和掌柜的关系还可以，他也过世好几年，我们两家本来就是亲戚，亲上加亲结的婚，他是我表哥,现在好像没有这种亲上加亲的。那时候就种地养娃娃过日子,他人也好,后来我工作也支持,都挺好的。

(2)娶妾与离婚、婚外情

娶小老婆只听说过,一般是大户人家有钱才娶小老婆,要不然就是媳妇生不出来娶个小老婆,这个也不需要大老婆同意,就是娶的时候过程简单一点。离婚的也有,我小叔子就离了,那时候他年轻,人坏,非要离婚,婆婆没办法就让离,前弟媳后来嫁到麦地沟,生了好几个娃娃,去年才过世。婚外情也有,不过都少,那时候日子都过不下去。

2.家庭对外交往关系

我们家也没什么对外交往,日子都过不下去,自己家里都忙不开,怎么管那么多,也不往哪里跑,没交个什么朋友,都是围着灶台转围着娃娃转,顶多亲戚里红白喜事去一下就回来,别的再没了。

(三)母亲与子女的关系

1.生育子女

(1)生育习俗

我婆婆厉害,就是会养娃娃还能到处跑着帮别人生娃娃,她是接生婆,那时候娃娃都生得多,我生了六个娃娃,一个儿子五个姑娘,那时候妇女生娃娃都用的灰,说是灰干净,不容易生细菌,就把娃娃生在炕上或者地上。那时候生男生女也没啥特别的讲究,都穷得不行,就亲戚来瞧一眼带点花布,不过什么满月,娃娃过生日的时候就下点面条。现在条件好,生娃娃都到医院里去。

(2)生育观念

我就觉得儿子姑娘都挺好的,我的娃娃们都听话,儿子特别乖,现在就和儿子儿媳妇一起住。生男生女婆婆也都没说啥,过日子最重要。

(3)子女教育

我头一个就生的儿子。大姑娘夭折了,小姑娘本来特别聪明,结果三岁的时候发高烧惊厥,把娃娃烧坏,人民医院都住一个月的院还是不行,后来就不太好,只念过两年书。但她现在也挺好的,女婿也还行,一共养了两个姑娘,就住在我家前面那边,大的孙女都去新疆打工,小的孙女还在读高中,其余的娃娃都上学念书,但是念的时间都不长,儿子念到五年级,人家自己就不念了,那个时候条件不好,吃不上饭,和他一起的一帮娃娃都没念。我的三姑娘念的书多一点,人家念到中学。早时候的学管用,那时候的小学几年书抵现在的中学,我小姑娘就念过两年书,知道还多,到哪里去别人都骗不走,还挺好的。

(4)对子女权力(财产、婚姻)

结婚前儿女也没什么钱,有钱都是我管着的,这么大一家人,儿子姑娘要吃饭要娶媳妇要嫁人,哪里不用钱。我的儿媳妇是我哥哥家的姑娘,就是我的侄女,也是亲上加亲定下来的,就没花太多钱,姑娘们都是自己找下的对象,人家觉得可以就结婚自由恋爱,不像我们还是包办婚姻,那时候要领结婚证。后来儿子长大我也就不管事,有啥事都是儿子和儿媳妇操心,姑娘有时候还回来把我看一下。

2.母亲与婚嫁后子女关系

我就一个儿子,所以儿子结婚也没分家,就到现在还和儿子儿媳妇一起住。后来我们家里好一点,还盖了五间房子,就把姑娘们分出去成家。儿子长大我也就不管事了,有啥事都是儿子和儿媳妇操心,我都听人家的。儿媳妇是我侄女,我哥哥的姑娘,和我也亲,也没吵过架,大家就一起过日子。

几个姑娘对我都挺好的,有时间还回来看我一下,提点吃的和新衣服。不过人家要是看我来也就看一下,我也没有到姑娘家里去住过,我们这边不讲究这个,都是儿子养老的。

三、妇女与宗教、神灵、巫术

1.灶王爷的祭拜

灶王爷的祭拜一般都是妇女做的。腊月二十三,豆腐打好之后,把锅灶刷洗干净,以前还有那种祭灶王爷的架子,还要在灶门口烧香、磕头,把灶上的一切准备好之后去香火上敬神,点灯、烧香、烧纸。

2.腊月三十祭祖先

腊月三十祭先人就是事先准备好冥币和祭祀用的一点白酒、熟食、炒熟的鸡蛋、苹果,吃年夜饭之前给先人们烧冥币摆祭品,祈祷祖先们在未来一年保佑全家人身体健康、万事如意。

3.拜门神

"初一不出门,初二拜家神,初三初四拜丈人。"1949年以前,大年初二要拜门神,家里的每个门的门前都要烧纸祭祀。妇女初一初二不能回娘家,一般是初三才回娘家,凡是女的初三或者初四之前都不能出门,男的可以出门。

四、妇女与村庄、市场

(一)妇女与村庄

1.妇女与村庄公共活动

我出嫁前的时候很小,没出过门,嫁过来之后大家信任我推选我当妇女主任,那个时候就一直开会,1957年的时候经别人介绍入了党,当时入党对家庭成分查得很严,考察时间也长。1958年我正式入党,后来合作社的时候生产队长我也当过,就开的会特别多,主要就是起个带头人的作用,还好多次和干部队伍到白银、兰州、定西那边开会学习,白银就是在工人俱乐部开会,我还抱得娃娃。兰州开会那次,半个屋子皋兰县委半个屋子省委,就是我没念过书不识字,听了什么东西记不住,也不会写,只能听。现在村上开党员大会我也去着,不过再没当过啥干部了,年纪大了。

2.妇女与村庄社会关系

做姑娘的时候都小,没怎么出过门不认识别人,后来嫁人就一直帮着在婆家干活,也没和人聊天玩过,自己家事情就多。不过和周围邻居关系还是好,有个红白喜事啥的都互相帮一下,都互相帮忙。

(二)妇女与市场

我出嫁前年纪小,没咋出过门,嫁了人以后我们这一片都穷,没听说有集市、市场啥的,家里的衣服鞋都是我自己做的,娘家里教一点,然后自己也琢磨着学。棉花都是自己种的,还有轧棉花的机器。布就是当时有购布证,购布证能换一点布,好像是四尺,都不记得。自己都不够,哪有多余的去卖。然后什么时候出门一般都是自由的,不需要商量,我妈也没怎么管,就是事情多出不去,日子苦得很。

五、农村妇女与国家

(一)认识国家、政党与政府

1.国家认知

我十五六岁的时候就知道"国家",我十六岁就解放了,1953 年还没入社。那时候从河边打过来,我们这里还有驻的团、连这些,他们土匪不敢使坏,我那年十六。之前在娘家的时候我妈给我裹脚,裹起来特别疼,感觉脚趾头都要裹折。后来到这边婆家,我婆婆就给我去掉,这才后来再没有裹。我婆婆就是裹脚,她的脚特别小,就是三寸金莲。

2.政党认知

那时候从河边打过来,我们这里还有驻的团、连,驻扎的就是国民党的人,我 1949 年以前就知道国民党,国民党那个时候抓壮丁的,那个时候日子过得穷。后来 1949 年以后大家都说,就也知道共产党,知道毛主席好,毛主席是我们农民的大恩人。孙中山、蒋介石这些都听过,都是那时候大人们都说我就听下的。

3.夜校

我没有上过夜校,也没有上过扫盲班,但是我们这里有识字班,那时候就有人去上那个识字班,我本来可以去,但当时一家子只能去一个,我婆婆就和我商量想让我弟媳去,后来我弟媳去了,但后来也还是离婚了。她嫁到麦地沟去,也生过好几个娃娃,去年过世的。

4.政治参与

嫁过来之后,大家信任我,推选我当妇女主任,那个时候就一直开会,1957 年的时候别人介绍我入的党,当时入党对成分查得可严,考察时间也长,1958 年正式入党成了党员,后来合作社的时候生产队长我也当过,就开的会特别多,主要就是起个带头人的作用。

5.干部接触与印象

国民党的干部长官都没有接触过,后来入党成党员就和周围的干事接触得多一点,还好多次和干部队伍到白银、兰州、定西那边开会学习,白银就是在工人俱乐部开会。兰州开会那次,半个屋子皋兰县委半个屋子省委,就是我没念过书不识字,听什么东西记不住,也不会写,只能听。共产党还是挺好的,都挺照顾我们农民的,毛主席、邓小平都办好多实事,社会发展得越来越好,我们这一辈人遭的罪多,人生活得像一本戏。

6.女干部

1949 年以前没有女的当干部的,再大的能力也没有。1949 年以后就讲男女平等,"男女平等""妇女能顶半边天"这些我都听过,说男女是一样的,每个村上都有个妇联主任,也有当妇女队长的,我就都当。不过干部还是男的多,毕竟好多时候妇女还是提不住,能力不够。我没念过什么书,那个时候就硬着头皮上,好多事情也都才学,慢慢锻炼出来的。

合作社的时候要记工分,我就拿个小本本,一天上完工他们晚上就到我这里来记工分,有的时候也有吵架的,我也调解过,那个时候也胆子大没怕过人,他们大家还是信任我的,就干的时间也长。女干部不好当,那时候大家日子都过得难,自然灾害的时候饭都吃不上。

7.政治感受与政治评价

计划生育我也知道,大概是合作社之后搞得,反正我是没有赶上那个时候,我的儿女们赶上，我的小姑娘生两个姑娘就去结扎，搞计划生育是因为人口多，不搞计划生育就养不活。不过现在也发展得好，现在都想着多生下一个拉扯大太费事，都想着算着养下一个姑娘就幸福，事情少。主要是现在养娃娃的成本高了，就都不生了，都不生，养下一个儿子都不生，不像我们那个时候，家家户户娃娃都生得多。

后来邓小平的时候还改革开放，而且还开始包产到户。包产到户好，把地分给农民，大家干起活儿来都有劲。人民公社时候地都是公家的，每家自留地只有一点点，肯定干起自家的自留地的时候更精细，有的男的人家比较滑头，干起活来就干着一点点，还让记全工，一点都不好，女的干的活都比他干得多。不过总的来说还是毛主席和邓小平改变了一代人的命运，"山不转水转"，我们那时候日子苦，现在也就转着甜下了，挺好的。

（二）对1949年以后妇女地位变化的认知

我们那个时候是真的穷，日子要过不下去了，政策就是包办婚姻，大人们说了算，不像现在是自由恋爱，稀里糊涂地就结婚开始生娃娃。后来以土改分地，日子才好过一点，结果又赶上1959年、1960年自然灾害。因为没粮食吃，那时候多少人饿死，要不然就是出去要饭就再没回来过。合作社的时候我就听下的"男女平等""妇女能顶半边天"，想着男女平等。我也没念过什么书，后来被大家推荐着当妇女主任，都是一点点摸索一点点学习起来的。现在妇女解放了，男女平等，妇女地位当然提高。以前哪有妇女搞工作的，现在妇女可以搞工作的多，妇女可以干的事情也多，自由恋爱，结婚离婚也自由，还是新时代好。

（三）妇女与土改

1.妇女与土改

我娘家里一点地都没有，土改的时候划成分就是贫下农，家里啥都没有，娃娃都养不大，就养下我和我哥哥还有兄弟三个人，我妈身体还不好，我爹还识一点字，给我们起下的名字，我叫滕作英，我哥叫滕作禄，我兄弟叫滕作真。后来年纪小小的就到婆家这边当童养媳，婆婆骂的时候也骂，打的时候也打。不过这边的条件还是好一点，还有一点地，土改的时候划成分就划成中农。

土改的时候工作组到我们家里都来了，做动员工作。我婆婆那时候当家，公公已经过世，婆婆就把我们一家人聚在一起商量，最后决定加入这个活动。当时男的女的都参加，都是按人头分地的，会发一个土地证，给妇女也同样分地的，就是土地证上没有妇女的名字。不过如果家里的男的要是死掉，就改成妇女的名字。

我就是贫下中农的姑娘，给的地主娃子家，我哥哥当时都不同意，就是因为对他的孩子有影响，说是孩子姑姑是地主家的，影响不好的。我家老头子那个时候就说要是晚两年划成分他就可以高考，结果是地主家的娃娃就没有考成。后来有个铁姑娘队，要的就是干活厉害的妇女，我干活也厉害，结果就因为是地主家的媳妇人家不要我，日子过得艰难得很。

2.妇女组织和女干部与土改

当时就各种开会，开的会特别多，参加的人也特别多，男的女的都有，大家都聚在一起，村干部全体参加，妇女主任肯定也得在。不过开会的时候女干部一般都不怎么发言，因为毕竟女的胆子小。

土改对我们这些穷的都还好，差田的会给你分田，真心实意想要帮穷人富起来，毛主席是个有本事的人。

（四）互助组、初级社、高级社时的妇女

初级社我没印象，互助组、高级社还知道一点，一个互助组有好几十人，当时就把各家的铁锅铁铲都收集交公，粮食也交公，然后大家一起吃大锅饭，说是大锅饭也不是想吃多少就吃多少，哪能想吃多少就吃多少，都是按人头分配的，大人就分的饭多一点，小孩少一点；男人多一点，妇女少一点。大锅饭时候做饭的都是妇女，这个分工是固定的，男的干的活就重一点累一点，但所有人无论男的女的都是要下地干活的，也有的男的滑头，干活就不好好干，干的活比女的还少，还要记全工。

男女工分就有一点差别，差别也不大，男的全工是十分，女的是八分，还有零工和包工之分，男的就是八分，女的就是六分。那个时候一个月差不多平均下来，一个人就能上个二十三四天工，因为你总有几天有个事情，出不了满工，要是再有个头疼脑热的也不能出工，那就没有工分。妇女那个时候遇上生孩子，也就差不多都休个五六十天，特别照顾再就没有了，生孩子不上工也没有工分。也有的时间短就上工的，我那时候养我的娃娃，四十天就上工，就是去做轻一点的活儿，其他妇女还帮着一点，都好着。

其实当时不公平的事情还是不少，吵架的打架的都有，我那时候也调解过，不过事情一般都不算太大，最后都能调解成功。

（五）妇女与人民公社、"四清""文化大革命"

1.妇女与劳动、分配

那时候做的活儿都多，男的女的都是要下地干活的，我婆婆还是小脚，就扶着慢慢地走，还是照样干的。除此之外男女分工大部分都是差不多的，能干的活儿就都干，男女工分就有一点差别，差别也不大。妇女的工分也就够自己吃饭，最多再带一个娃娃，再养其他人就养不起。

小孩儿干的活肯定还要轻一点，也简单，就记个五分工，不过都很少。有年纪大的老人，只要还能走动就都干活能，老太太也一样的，干到七十几岁的都多，到底不干活就没有工分，那时候的工分就和现在的钱是一样的。我也是前几年开始才没有下地，到今年就纯粹啥都没再干过，吃饭也是媳妇端到跟前吃的。那时候吃大锅饭，做饭忙灶台的都是妇女，采棉花这些的也都是妇女，喂粪也干，三四个女的推上一个架子车就去喂粪，那时候就是架子车，也苦。不过像村上招人修水库就全部都是男的，还有些技术工的活儿也都是男的，女的不能干。

那时候女的都当男的使，要干活还要看娃娃，娃娃还多，我那时候还好婆婆也支持，有时候出去开会婆婆就给我看娃娃，到定西开会开过一个月，也是我婆婆看的，还有到水川学习时间也长，都是我婆婆帮衬着。其他人家的娃娃也都是自己带的，没有什么托儿所。

2.集体化时期劳动的性别关照

妇女那个时候遇上生孩子，也就差不多都休个五六十天，特别照顾再就没有了，生孩子不上工也没有工分。也有的时间短就上工的，我那时候养我的娃娃，四十天就上工，去也干不了啥重活，就是去做轻一点的活儿，其他妇女还帮着一点，对我还挺好的，都好。

娃娃太小有时候也没办法，还是要拉扯娃娃，我那时候到白银那个工人俱乐部开会，就得抱娃娃去的，不带不行，就白天开会，晚上哄娃娃，现在一回想，也不知道是咋熬过来的。

3.生活体验与情感

合作社的时候生产队长我也当过，主要就是起个带头人的作用。我记得那时候，就是1949年以前是没有女的当干部的，再大的能力也没有。1949年以后就讲男女平等，当时每个村上都有个妇联主任，也有妇女队长的，不过干部还是男的多。我没念过什么书，那个时候好多事情也都才学，慢慢锻炼出来的。我们那个时候政策就是包办婚姻，大人们说了算，就稀里糊涂结婚开始生娃娃。后来土改分了地，日子才好过了一点，结果又赶上1959年、1960年自然灾害，那时节多少人饿死了。

后来合作社的时候要记工分，我就拿个小本本，一天上完工他们晚上就到我这里来记工分，有的时候也有吵架的，我也调解过。再后来邓小平改革开放，开始包产到户，把地分给农民，大家干起活儿来都有劲了。那时候过年的时候还有唱社火的，女的不上台，还男的装的旦角，看的人特别多，在晚上大家都吃完饭不干活就去看戏，不过平时是没有这些的，就一年到头有几场热闹。

4.对女干部、妇女组织的印象

合作社的时候生产队长我也当过，就开的会特别多，主要就是起个带头人的作用，还好多次和干部队伍到白银、兰州、定西那边开会学习，白银就是在工人俱乐部开会，我还得抱娃娃。兰州开会那次，半个屋子皋兰县委半个屋子省委，就是我没念过书不识字，听什么东西记不住，也不会写，只能听。现在村上开党员大会我也去着，不过再没当过啥干部了，年纪大了。

我记得那时候，就是1949年以前是没有女的当干部的，再大的能力也没有。1949年以后就讲男女平等，"男女平等""妇女能顶半边天"这些我都听过，合作社的时候都知道，说男女是一样的。当时每个村上都有个妇联主任，也有妇女队长的，我就都当过。不过干部还是男的多，毕竟好多时候妇女还是记不住，能力不够。我没念过什么书，那个时候就硬着头皮上，好多事情也都才学，慢慢锻炼出来的，也就稀里糊涂干下来了。

5."四清"与"文化大革命"

"四清""文化大革命"的时候我好像都没啥印象，我们家里影响不是特别大，也没啥东西被砸被烧啥的，就记得那时候批斗地主，斗得还挺厉害，不过我也都没怎么参加过。

(六)农村妇女与改革开放

后来邓小平的时候还改革开放，而且还开始包产到户，包产到户好，把地分给农民，大家干起活儿来都有劲。人民公社时候地都是公家的，每家自留地只有一点点，肯定干起自家的自留地的时候更精细。不过总的来说还是毛主席和邓小平改变一代人的命运，"山不转水转"，我们那时候日子苦，现在也就转着甜，挺好的。

六、生命体验与感受

我们这一代人的一辈子那就是一本戏，都是血，啥苦都吃，现在想想都不知道是咋熬下来的。不过后来我妈也好，也挺支持我工作的，临了死的时候还拉着我的手，说我人好。我就没念下过什么书，一辈子不识字，记不住东西只能靠听的。这些年社会也发展，发展得越来越好，现在的娃娃赶上好时候，我家里电视电脑都有，还有好几个重孙子。毛主席和邓小平都是有本事的人，都是真心实意想让农民富起来的，说是"山不转水转"，以前够苦，现在也转到甜的时候了，挺好的。

GYN20180208MXL 马秀玲

调研点：甘肃省白银市白银区强湾乡强湾村

调研员：顾亚宁

首次采访时间：2018 年 2 月 8 日

出生年份：1931 年

是否有干部经历：否

是否生育：是

受访者结婚的时间节点、生育子女的具体情况：1949 年结婚；1949 年生第一个孩子，共生十个孩子，五个女儿五个儿子，大女儿早夭，四儿子过继。

现家庭人口：5

家庭主要经济来源：务农、务工

受访者所在村庄基本情况：强湾村位于两山之间的河谷地带，是众多小山包中间难得的一块平坦之地，山清水秀，房屋多伴山而建，通向外界的南北走向的乡村公路与小河流平行而建，芜宣高速公路、芜太二级公路、六咸路、殷三路在该村交汇。历史上先后属皋兰县、兰州市、白银市管辖，现属白银市白银区管辖范围，乡政府驻于此。这里气候较为干燥，雨水较少，四季分明，居民为单一汉民族。小村庄大多为强姓人家聚居于此，多种植水稻、玉米、油菜等，基本上都养家禽以供自需，人均纯收入达到 3200 元。部分居民以外出打工为主要经济来源，人地矛盾缓和。

受访者基本情况及个人经历：老人生于 1931 年，原籍甘肃省白银市白银区城郊。家中有一个哥哥四个弟弟，十七岁经媒人介绍嫁来强湾村，老人的婆家强家当时共有三个儿子，两个女儿。丈夫身有残疾，老人心里不满意老伴儿，因而夫妻关系不甚融洽。共育有十个孩子，分别是五子五女，大女儿早夭，四儿子过继给了无儿女的弟弟，其余均已成家立业。老伴儿过世后老人由儿子们轮流赡养，目前老人和第三个儿子一家生活在一起。

老人一生心血倾注于自己的一群孩子和土地上，受当时"多子多福"观念影响，生育较多。因此生活重心着落于儿女，全心全意尽心尽力在清贫的生活中养大每一个娃娃，与外界打交道较少，除了拉扯孩子就是种地，生活没有其他经济来源，老人极为勤俭贤惠，针线茶饭都很拿手。马秀玲老人早年吃苦较多，因而现今身体不算太好，耳朵较背，记忆损失严重，与人沟通交流有一定障碍，幸而三儿子与三儿媳照顾得当，无其他疾病在身。

一、娘家人·关系

（一）基本情况

我名叫马秀玲，1931年生。小时候因家中贫穷并未上过学，名字是父亲所起，有一个哥哥四个弟弟，起名皆无较大讲究，除哥哥外也都不曾上过学。家里有一点点地，土改时划分为贫下农。夫家有少量地，但具体数目已然不明，土改时期同样被划为贫下农，家里有三个儿子，两个女儿。十八岁时正好是1949年，社会动荡影响广泛。因此匆匆出嫁，所嫁并不如意。我在1949年年底生下大女儿，但后来不幸早夭。我一共生了十个孩子，五子五女，四儿子过继给一个无儿女的弟弟，现今皆尚在人世，我现在和三儿子还有三儿媳住在一起，不用再干活，觉得现在的生活真的好起来了。

（二）女儿与父母关系

1.出嫁前女儿与父母关系

(1)家长与当家

那个时候穷，家里什么都没有也没得什么可以当家的，当家的一般都是男性，就是我爹说了算，不过家里的其他事儿父母都可以当家，一般都商量着来。

(2)受教育情况

我从来都没有上过学、念过书，哥哥还念过书，念到哪里就不知道了，几个兄弟也都没有念过书，因为家里实在太穷，大家也都穷，只有当地家里富裕人家的孩子才有条件识字读书。

(3)家庭待遇及分工

在家里一家人都是一样的，没什么区别，都是一样的待遇。我爹妈只养我一个姑娘，一个哥哥四个兄弟，我爹我妈对我都特别好。那时候家里洗衣做饭都是我妈和我，我是姑娘，也没有下地干活儿过，男的也不做洗衣做饭这些活，我爹我哥这些都不进厨房。

(4)对外交往

男女都可以出门，没有什么格外的讲究，吃酒席、看戏这些都没有什么忌讳，就是那时候世道乱，怕娃娃出去让人拐走，就让出门得少，还是在家安全些，尤其是长得好的娃娃，更不让出门，就害怕被抓走。

(5)女孩禁忌

洗衣做饭这些活都是女的做，男的不做这些。上坟这些也一般不带女的去，只有男的。

2.女儿的定亲、婚嫁

我出嫁的那一年正是1949年，1949年那一年世道乱，大家都害怕，我爹妈也害怕就不敢留我，匆匆忙忙找媒人说媒，想给我说一门亲事。那时候包办婚姻，不像现在自由恋爱，结婚前我和丈夫两个都互相不认识，面都没见过，生辰八字啥也没看，急急忙忙把我嫁过来了。

我娘家在郊区，离婆家有八十里路。我嫁过来一看才发现是个瘸子，也都没办法就这么过下去。那时候兵荒马乱也没有什么定亲嫁娶仪式，酒席也没有摆，也不用领结婚证，就这样结婚了。

我出嫁那一年正是1949年，世道乱，到处都是打仗的，要不然就是当兵的到处跑，大家都害怕，家里有娃娃的都不让出门，长得好的更不让出门。我爹妈不敢留我，急急忙忙就托几个媒人给我找婆家，彩礼也没有，嫁妆也没有，酒席之类的都没办，八字都没顾上看就急急忙忙把我嫁过来了,就嫁过来拜了个堂。

结完婚第二天就要给公公婆婆敬个茶,改口叫爹妈,有亲戚也要拜一下,像我有两个小姑子,刚开始顾不上回门,娘家也远,后来我哥哥接我回门。

3.出嫁女儿与父母关系

我们这里的讲究就是出嫁后的姑娘就是婆家的人,回到娘家都是客,娘家的事情我肯定就不会管,也轮不到我管,我哥哥和我兄弟就管娘家里的事儿。不过也有的女的特别厉害,出嫁以后还管娘家里的事情,不过这种情况特别少。我娘家在白银市,离这儿婆家少说八十里山路,非常远。所以后来也没咋回去过,就一年都回不上一次。而且我哥哥、我兄弟来接我才能回去,我自己是不能回去的。我爹妈只养我一个姑娘,一个哥哥四个兄弟,我爹我妈对我都特别好,在家也没下地干活过,就是家里穷,那时候没办法,就急急忙忙把我嫁出来。这边婆家也穷,都没啥东西,我回去娘家的时候,要是有吃的东西就带一点,没有了也就不带,有时候还从娘家帮衬婆家,不是特别讲究。

(三)出嫁的姑娘与兄弟姐妹的关系

我哥哥弟弟负责给我爹妈养老。我嫁出来以后,想要回娘家看看,就是让我哥哥来接我。我到我哥哥家和兄弟家里去的时候也没啥讲究,不用特意拿什么东西,要是有了就带点吃的,没有了也就不带,我们关系都挺好的。不过几家子都隔得远,后来爹妈过世后就见得少了,谁家里有啥红白喜事了就再聚一下,平时也不怎么走动。爹妈过世的时候奔丧,那我和哥哥、兄弟都是一样的,哥哥、弟弟都没让我掏钱,他们就平摊。

二、婆家人·关系

(一)媳妇与公婆

1.分家前媳妇与公婆关系

分家前我和我公公婆婆关系都还好,婆家媳妇和姑娘都是一样的,我吃的和两个小姑子都没啥区别。那时候公公婆婆当家,有事就公公婆婆商量着决定。不过大事还是公公做主,一般也是男的做主。

媳妇和公婆之间没有什么格外的讲究,没有严格的尊卑,不需要格外对公婆照顾行礼或者请示,就是做好了饭需要端到婆婆面前。

2.分家后媳妇与公婆关系

(1)公婆关系

公公婆婆也是父母之命、媒妁之言结亲,平平淡淡相处了一辈子,还是有感情的,平时生活很少发生争吵,家庭关系也比较融洽。

(2)分家

那时候家里什么都没有,说是分家其实就是分出去小锅小碗,自己单家做饭吃,家里人聚到一起一商量也就分了,没什么事情,不过主要做主的还是公公。我们家的情况是家里小姑子找婆家嫁出去,我们就分家了,不过还有的人家过不到一起就早早分家了,这种情况也有,就是少。

(3)交往

我嫁过来之后,除了到亲戚家里就再没到哪里去过,主要是也没有时间,就是亲戚家有个红白喜事去吃酒就去下。我们家老头子是个瘸子,他腿不方便又出不去,有事就我一直在外面跑。

(二)妇与夫

1.家庭生活中的夫妇关系

(1)夫妇关系

我和我丈夫关系不太好。娘家之前不知道给我说的丈夫是个瘸子,嫁过来才发现的,没办法就这么将就着过了。老头子都死了十多年了。

(2)娶妾与离婚、婚外情

娶小老婆只听说过,除非是大户人家有钱才娶小老婆,要不然就是媳妇生不出来了娶个小老婆,这个也不需要大老婆同意,男的就娶了,就是娶得时候过程简单一点,彩礼多少也要有点的,我都是听说的。离婚的也有,当家的死了改嫁的也有,不过这得是年轻的时候,没有娃娃就走了,要是有娃娃就一般不这样。改嫁的要是公公婆婆同意就走,公公婆婆不同意的自己也有跑的。

2.家庭对外交往关系

也没啥对外交往,日子都过不下去,自己家里都忙不开,怎么管得那么多,也不往哪里跑,没交个什么朋友,就有一个在那边住着,那是我爸那边的亲戚,就熟一点,再其他时候都是围着灶台转围着娃娃转,顶多亲戚家里红白喜事去一下就回来,别的再没了。我们家老头子是个瘸子,他腿不方便又出不去,有事就我一直在外面跑,我还跑得多些。要是家里来客人,关系近些的我就陪着吃顿饭,关系远的我就不陪了。

(三)母亲与子女的关系

1.生育子女

(1)生育习俗

那时候娃娃都生得多,家家户户娃娃都多。我嫁过来第一年年底,就是1949年那年生下的大姑娘,结果早早就死掉了,我婆婆带上出去转亲戚到东滩去,然后几个大娃娃抓狗抓蛇啥的把娃娃的胆吓破了,小小的就没了。后来生了老二,就是儿子,现在我的大儿子,还活着。一共生了五个儿子四个姑娘,四儿子过继给我一个弟弟,人家一个娃娃都没有,就过继出去,前两天还来看我,我现在就和我的三儿子还有儿媳妇住在一起。

那时候妇女生娃娃都用的灰,说是灰干净,不容易生细菌,就把娃娃生在炕上或者地上。那时候生男生女也没啥特别的讲究,我就觉得姑娘儿子都好,关键是都穷得不行,娃娃都养得稀里糊涂的,生下来就亲戚来瞧一眼带点花布,不过什么满月,娃娃过生日的时候就下点面条。

(2)生育观念

我就觉得姑娘儿子都挺好的,我的娃娃们都听话,姑娘儿子都乖,现在就和三儿子、儿媳妇一起住。当时生男生女婆婆也都没说啥,公公婆婆觉得生下娃娃都好,毕竟过日子最重要。

(3)子女教育

我嫁过来第一年年底(就是1949年那年)生下的大姑娘,结果早早就糟掉了,我婆婆带上出去转亲戚,到东滩去,然后几个大娃娃抓狗抓蛇啥的,把娃娃的胆吓破了,小小的就没了。后来生了老二,就是儿子,现在我的大儿子,还活着呐。一共生了五个儿子四个姑娘,四儿子过继给我一个弟弟，人家一个娃娃都没有，就过继出去了。我的娃娃都念了书，多多少少都念了些，就是可惜念的时间都不长，都没念出来，现在重孙子重孙女还在念书，念的时间长。我一辈子没念过书，就说让我的娃娃们都要念下书。

(4)对子女权力(财产、婚姻)

结婚前儿女也没什么钱，有钱都是我管着的，这么大一家人，这么多儿子姑娘要吃饭要娶媳妇要嫁人啊，哪里不用钱啊，娶媳妇要钱啊、嫁妆也要钱啊，他们都是也找介绍人说的亲，但是说是人家好就去，他们觉得不好也就不去，他们自己也瞅着呢。我自己就是包办婚姻，我的娃娃们还是比较自由的，还是自由恋爱的，我们做爹妈的也不一定是强逼着他们就结婚。

我们这边有个讲究，就是十六七岁的时候结婚的多，但是我的姑娘儿子都有主意，他们都是二十岁过了才结的婚，姑娘儿子结婚的时候家里都穷，姑娘结亲送不起聘礼啥的，就送着(请)几个人送个嫁，再没了；儿子结婚的时候家里也没盖个新房，家里还是啥都没有的。

2.母亲与婚嫁后子女关系

我有五个儿子，就四儿子过继出去了，改了我弟弟的姓，姓马，其他儿子们都结婚也就分家了，那时候家里啥都没有，说是分家其实就是分出去小锅小碗，自己单家做饭吃，家里人聚到一起一商量也就分了。我的儿子们就养我给我饭吃，轮着养，到现在是轮到三儿子家。所以就和三儿子三儿媳妇一起住，还帮他们看一下娃娃，现在身边就有两个孙子。这是儿子，姑娘们嫁出去就都算分出去。儿子大了我也就不管事，有啥事都是儿子和儿媳妇操心，我都听人家的，也没吵过架啥的，大家一起过日子。

几个姑娘对我都挺好的，有时间了还回来把我看一下，提点吃的、衣服啥的。不过人家要是看我来也就看一下，我也没有到姑娘家里去住过，我们这边不讲究这个。

三、妇女与宗族、宗教、神灵

(一)妇女与宗族

我们家没有族谱，听说有的人家有家谱，当时的讲究是妇女不上家谱，就是儿子上，儿子上完就是孙子，孙子上完就是重孙子，媳妇很少，可以说几乎都不上，都是男的，清明上坟祭祖这些也都是男的去，现在女的才能跟着去。

(二)妇女与宗教、神灵、巫术

1.灶王爷的祭拜

灶王爷的祭拜一般都是妇女做的。腊月二十三，豆腐打好之后，把锅灶刷洗干净，以前还有那种祭灶王爷的架子，还要在灶门口烧香、磕头，把灶上的一切准备好之后去香火上敬神，点灯、烧香、烧纸。

2.腊月三十祭祖先

腊月三十祭先人就是事先准备好票子①和祭祀用的一点白酒、熟食、炒熟的鸡蛋、苹果，吃年夜饭之前给先人们烧冥币摆祭品，祈祷祖先们在未来一年保佑全家人身体健康万事如意。

---

① 票子:冥币的意思

3.拜门神

"初一不出门,初二拜家神,初三初四拜丈人。"1949年之前,初二要拜门神,家里的每个门的门前都要烧纸祭祀。妇女初一初二不能回娘家,一般是初三才回娘家,凡是女的初三或者初四之前都不能出门,男的可以出门。

4.宗教

我没信过什么教,我们家里人也没有信过,村里有个别老人信过佛教,我们这边有个庙,有些老太太会去上个香,但是都特别少。

四、妇女与村庄、市场

(一)妇女与村庄

1.妇女与村庄公共活动

我出嫁前的时候很小,没咋出过门,而且我娘家在郊区,非常远,周边就我们几户人家,等到大一点的时候,我出嫁那一年正是1949年那一年,到处都是打仗的,要不然就是当兵的到处跑,大家都害怕,家里有娃娃的都不让出门,长得好的更不让出门,然后嫁过来几年也就都没咋出过门。

早的时候苦得很,日子都过不下去,婆家里境况还不如娘家,我娘家里还要补贴,自己家里都忙不开,就没参加啥公共活动,没交个什么朋友。有一个熟一点的朋友在我家前边住,还是我爸那边的亲戚,再其他时候都是围着灶台转围着娃娃转,顶多亲戚里红白喜事去一下就回来了。我们家老头子是个瘸子,他腿不方便又出不去,有事就我一直在外面跑,我还跑得多些。要是家里来了客人,关系近些的我就陪着吃顿饭,关系远的我就不陪了。

2.妇女与村庄社会关系

做姑娘的时候都小,没怎么出过门不认识别人,后来嫁了人就一直帮着在婆家干活,还要洗衣做饭带娃娃,也没咋和人聊天玩过。不过和周围邻居关系还是好,有个红白喜事都互相帮忙。那时候嫁过来还要拜一下邻居,邻居就是给两毛钱,或者一缕红布,早上去吃一顿面,中午吃一顿炒菜,送亲过来的人也要吃一顿,这就是人家的讲究。

(二)妇女与市场

嫁人以后我们这一片都穷,也没听说有集市、市场,家里的衣服鞋都是我自己做的,娘家里教一点,然后自己也琢磨着学。棉花都是自己种的,还有轧棉花的机器,有去籽的机器就去籽,有弹花的机子就弹花。当时有购布证,购布证能换一点布,好像是四尺,自己都不够,也不会拿去卖。然后什么时候出门一般都是自由的,不需要商量。大家都是种地,没听说谁还出去打工的。

五、农村妇女与国家

(一)认识国家、政党与政府

1.国家认知

国家这个词,就是中国,就是个国家,那都到了新社会娃娃们大了,我看电视才知道的。

2.政党认知

我1949年以前就知道国民党,国民党那个时候大家说得多,就知道都没啥印象。那个时候日子过得穷,1949年以后大家都说,新世纪看电视听下的共产党,知道毛主席好,毛主席是我们农民的大恩人。孙中山、蒋介石这些都听过,都是那时候大人们都说我就听下。现在的国家领导人是谁就说不上,听下也记不住,我都八十几快九十岁了。

3.夜校

我没有上过夜校,也没有上过扫盲班,但是我们这里有识字班,也有扫盲班,有没有夜校就不知道了,那时候就有人去上那个识字班,但我没去过。

4.政治参与

我不是党员,也没啥对外交往,日子都过不下去,自己家里都忙不开,怎么管得了那么多,没参加过村上投票啥的,一个大字都不认识。我哥好像是党员,以前当下兵的,不知道是不是红军,人家就是个党员。还有我们家老二在新疆当下的兵,不知道人家是不是党员,我们家再别的好像就没了。

5.干部接触与印象

国民党的干部长官都没有接触过,"共产党"都是后来看电视听下的,土改的时候可能有共产党的干部上过门,但是我都没啥印象。我没念过书不识字,听了什么东西记不住,也不会写,只能听了。共产党还是挺好的,都挺照顾我们农民的,土改的时候我们也分了地,包产到户往后就日子越过越好,社会发展得也越来越好。

6.女干部

1949年以前肯定没有女的当干部的,再大的能力也没有。1949年以后我知道我们村上有个妇联主任,妇联主任就是女的,滕作英还当过妇女队长、妇联主任,人家能力强。我再没听说过谁当,不知道现在有没有妇联主任,干部肯定还是男的多,毕竟好多时候妇女还是提不住,胆子小。

7.政治感受与政治评价

还是共产党手底下我们日子慢慢好过,大家都对共产党印象好。后来计划生育,反正我是没有赶上那个时候,我的娃娃们里姑娘赶上,儿子们好像那个时候都生完了,要是我能赶得上那我肯定也就生一个,生一堆娃娃拉扯起来特别难,尤其是自然灾害的时候吃不上饭,那还是一个娃娃好拉扯。不过现在也发展得好,现在都想着多生下一个拉扯大太费事,都想着算着养下一个姑娘就幸福,事情少,主要是现在养娃娃的成本高,就都不生,养下一个儿子都不生,不像我们那个时候,家家户户娃娃都生得多。

后来邓小平的时候还改革开放,而且还开始包产到户,包产到户好。把地分给农民,大家干起活儿来都有劲。人民公社时候地都是公家的,每家自留地都就只有一点点,肯定干起自家的自留地的时候更精细。

(二)对1949年以后妇女地位变化的认知

我们那个时候日子要过不下去,政策就是包办婚姻,大人们说了算,不像现在是自由恋爱,就稀里糊涂的结婚开始生娃娃。后来土改分地,日子才好过一点,结果又赶上1959年、1960年自然灾害,没粮食吃,那时节多少人饿死,要不然就是出去要饭就再没回来过。后来我也听下的"男女平等""妇女能顶半边天",想着男女平等好,男女平等特别好,早的时候姑娘们、婆娘们都不让和男的说话,现在不一样,现在妇女解放,男女平等,妇女地位肯定提高,以前哪有妇女搞工作的,现在妇女可以搞工作的多,妇女可以干的事情也多。现在自由恋爱,我的娃娃们都是自己找人结婚的,结婚离婚也自由。

（三）妇女与土改

1.妇女与土改

我娘家里就有一点地,土改的时候划成分就是贫下农,家里其实也啥都没有,娃娃都养不大,养下我还有我一个哥哥和四个兄弟,后来在1949年的时候嫁到这边来。这边也穷,地也一点点,具体多少我都不知道,有时候还要从娘家补贴一点婆家,婆家土改的时候划成分也划的贫下中农,那时候多少次都觉得日子过不下去,我都偷偷抹眼泪,我家里老头子还是个瘸子,这个家里我是又当男的又当女的,吃的苦特别多。

土改的时候工作组也到我们家里都来了,就做动员工作,那时候还没分家,公公婆婆那时候当家,公公婆婆就把我们一家人聚在一起商量,最后决定参加。当时男的女的都参加,都是按人头分地的,会发一个土地证,给妇女也同样分地的,就是土地证上没有妇女的名字。不过如果家里的男的要是死掉了,就改成妇女的名字。要是妇女改嫁、二婚的话,这个地是带不走的。

2.妇女组织和女干部与土改

我不怎么出门也就印象不深刻,妇女组织有,不过我没有加入。记得当时每个村上都有一个妇女主任,我们村就是滕作英,她的工作能力很强,大家也都信任她,土改的时候她还当了互助组的组长,不过她当时没有到我们家里来,是其他的干部。土改的时候家里的户主会发一个土地证,上面写的就是户主的名字。妇女是没有土地证的,除非户主死了,土地证就让妇女保管了。

（四）互助组、初级社、高级社时的妇女

我记得合作社的时候有互助组,互助组人多,现在都没人,就剩下我们几个老婆子。早时候参加互助组的人多,一个互助组有好几十人,当时就把各家的铁锅铁铲都收集交公,粮食也交公,然后大家一起吃大锅饭,说是大锅饭也不是想吃多少就吃多少,哪能想吃多少就吃多少,都是按人头分配的,大人就分的饭多一点,小孩少一点;男人多一点,妇女少一点。大锅饭时候做饭的都是妇女,这个分工是固定的,男的干的活就重一点累一点,但所有人无论男的女的都是要下地干活的。

男女工分就有一点差别,差别也不大,男的全工是十分,女的是八分,还有零工和包工之分,男的就是八分,女的就是六分,那个时候一个月差不多平均下来,一个人就能上个二十三四天工,因为你总有几天有个事情啊,出不了满工,要是再有个头疼脑热的也出不了工,那就没有工分。算下来一年就是两百多工,妇女那个时候遇上生孩子,也就差不多都休个五六十天,特别照顾再就没有,生孩子不上工也没有工分。也有的时间短就上工的,四十天就上工,就是去做轻一点的活儿,这个你凭你的本事上工。

说实在话,当时不公平的事情还是有,还不少,别说吵架的,打架的都有,没办法,人就是在是非中过活的。

（五）妇女与人民公社、"四清""文化大革命"

1.妇女与劳动、分配

那时候做的活儿都多,男的女的都是要下地干活的,除此之外男女分工大部分都是差不多的,能干的活儿就都干了,男女工分就有一点差别,差别也不大,男的全工是十分,女的是八分,还有零工和包工之分,男的就是八分,女的就是六分。妇女的工分也就够自己吃饭,最多再带一个娃娃,再养其他人就养不起了。

女的不容易,那时候女的都当男的使,要干活还要看娃娃,娃娃还多,谁家的娃娃都是自己带的,不像有什么托儿所啥的。

2.集体化时期劳动的性别关照

妇女那个时候遇上生孩子,也就差不多都休个五六十天,特别照顾再就没有了,生孩子不上工也没有工分,也有的时间短就上工的,四十天就上工,就是去做轻一点的活儿,这个你凭你的本事上工,能上多少是多少。

3.生活体验与情感

我爹妈只养我一个姑娘,一个哥哥四个兄弟,我爹我妈对我都特别好,就是家里穷,日子过不下去,那时候家里洗衣做饭都是我妈和我,我是姑娘,也没有下地干活儿过。后来我十八那一年正是1949年,到处都是打仗的,要不然就是当兵的到处跑,大家都害怕,家里有娃娃的都不让出门,长得好的更不让出门,我爹妈又不敢留我,急急忙忙就托几个媒人给我找婆家,有一个媒人我爹妈认识,熟一点,后来她们就给我介绍的这一家,啥都没办,八字都没顾上看就急急忙忙把我嫁过来,嫁过来才发现是个瘸子。娘家之前又不知道是个瘸子,就这么将就着过。包办婚姻把我害苦了,要不是包办婚姻我肯定能嫁个好人家,起码嫁一个身体好的,也不至于嫁瘸子。嫁过来之后还又当男的又当女的,生病了也看不起赤脚医生,多少次觉得日子过不下去。我们早时候的人真的啥苦都吃了,不像现在的人这么幸福,日子也好过,新时代好。

4.对女干部、妇女组织的印象

那都没印象,我不怎么出门,也不关心这些,村里有啥都是听人说的。

5.“四清”与“文化大革命”

“四清”“文化大革命”的时候我好像都没啥印象,我们家里影响不是特别大,也没啥东西被砸被烧啥的,就记得那时候批斗地主,斗得还挺厉害,不过我也不怎么出门,都没怎么参加过。

(六)农村妇女与改革开放

后来邓小平的时候还改革开放呐,而且还开始包产到户了,包产到户好啊。把地分给农民,大家干起活儿来都有劲了。人民公社时候地都是公家的,每家自留地都就只有一点点,肯定干起自家的自留地的时候更精细。

我是没有赶上计划生育那个时候,我的娃娃们里姑娘赶上了,儿子们好像那个时候都生完了,要是我能赶得上,那我肯定也就生一个了,生一堆娃娃拉扯起来特别难啊,尤其是自然灾害的时候吃不上饭,那还是一个娃娃好拉扯。不过现在也发展得好了,现在都想着多生下一个拉扯大太费事,都想着算着养下一个姑娘就幸福了,事情少。主要是现在养娃娃的成本高了,就都不生,养下一个儿子都不生,不像我们那个时候,家家户户娃娃都生得多。

六、生命体验与感受

以前多少次觉得日子过不下去,避到没人的地方偷偷抹眼泪。我们早时候的人真的啥苦都吃了,不像现在的人这么幸福,日子也好过,新时代好。我家里现在电视也有,平时还能看一会儿,电话也有,就和儿子孙子们打电话联系,以前哪敢想,还是越来越好。我都八十七岁了,眼睛还可以,就是耳朵不太行,现在也啥活都没做,我的儿子姑娘们也孝顺,最难过的时候就是三年自然灾害的时候,现在就是最好的时候。

HXX20170114DDY 杜典英

调研点:贵州省清镇市卫城镇红枫湖镇中山村

调研员:黄希鑫

首次采访时间:2017 年 1 月 14 日

出生年份:1935 年

是否有干部经历:否

是否生育:是

受访者结婚的时间节点、生育子女的具体情况:1956 年结婚;1957 年生第一个孩子,共生五个孩子,四个儿子、一个女儿,前两个是儿子,女儿是第三个,后两个也是儿子。

现家庭人口:1

家庭主要经济来源:务农

受访者所在村庄基本情况:清镇市位于黔中腹地,地处苗岭山脉北坡,乌江干流鸭池河东岸。东与白云区、乌当区毗邻,南与安顺市平坝区接壤,西为东风湖,与织金县相连,北为鸭池河、猫跳河,与黔西县、修文县隔岸相望。

清镇市境地势南高北低,大部分海拔在 1180~1450 米之间,最高峰宝塔山海拔 1762 米,最低点在猫跳河口,海拔 766 米。地貌上属以山地、丘陵为主的丘陵盆地。南部为浅丘洼地、缓丘坡地;中部为丘陵盆地,地势较开阔;北部为岩溶丘陵山地,河谷地带切割甚深。市境主要河流为猫跳河、暗流河,由南向北注入乌江。

受访者基本情况及个人经历:老人于 1935 年出生,除了腿不太好,其余身体健康。老人因为是中农的女儿,小时候读过几年书,但由于父母过世较早,二十岁结婚后,就开始管理家中一切。老人共生了五个孩子,四个儿子,一个女儿。现居住在贵州省清镇市红枫湖镇中山村,和二儿子生活在一起,其余子女周末都会回家看望、陪伴她。老人平时主要是闲聊,偶尔种点菜打发时间。

一、娘家人·关系

(一)基本情况

我叫杜典英,1935年生。名字是国民党新师的人给起的,我上学时是杜志云先生给我起的名字。1949年我十四岁了,就让我去跳秧歌,然后去比赛,之后每天都让我们开会,那时候会很多,紧接着逐步地就土地改革,打倒地主、富农,救贫下中农。我家在土改时划的成分是上中农,家里没有进土地,也没有给出去。我家没有兄弟,我妈妈就生了我一个女儿,家里主要是务农。我家里是三口人,具体几亩地我也不清楚,每年收成主要是杂粮一半、谷子一半,总共收三四回粮食。我是二十岁结婚的,二十一岁生第一个孩子,总共有五个子女,一个女儿、四个儿子,大的两个,小的两个,女儿是第三个,现在大部分时候都是在清镇挨着我儿子一起生活。

(二)女儿与父母关系

1.出嫁前女儿与父母关系

(1)家长与当家

我家里主要是爹当家长,家里的事情都是他管。当时我们村里没有女性当家的,我们那个地方女子不能当家,只有男子当家,男子过世后,女子才能当家。家里的母亲当家,等着家里的儿子成年了,再拿给儿子当家,儿子当家不分大小,有的十五六岁就结婚了,有的二十几岁才结婚,确定不下来。一般十七八岁结婚是正常的,结婚后就是这个男子当家。

(2)受教育情况

小时候,我读过几年书,也就是读了几本书,后来不中用,没读出来。我们村当时是国民党特立新师,后来就有学校了,大家普遍都去读书。1949年以后,国民党走了,村里的大人就送我们去读书,他们希望自己的儿子女儿能认识几个字,以后能认识钱,不会被别人欺骗。1949年以后上面普遍要求读书,学校里不分男女,大家都要读书。

(3)家庭待遇及分工

以前在家里吃饭时,女孩子是不能上桌吃饭。让我们戴耳环,穿尖尖鞋,走路时要和妈妈一起,不准嘻嘻哈哈的,那时候村里的风气很严格。之前一直要包小脚,1949年以后才放脚,然后把耳环摘了。还有一个风俗是,比如某家新生了一个女儿,就要把她的脚放在火盆上暖一暖。

那时候分男女的思想还是很严重的,女孩比较受气。平时吃饭时,座位也有讲究,不许女孩上桌,只让男孩上桌。以前还是喜爱儿子,不喜爱姑娘,重男轻女的思想比较严重,都是以儿子为贵。当时家里的家务活、农活主要是这样分工的,小伙子大概有十五六岁的时候,就砍柴、割草、看牛;女孩子就要织布、缝衣、缝鞋、缝花帕子,做针织活路。我十二岁就开始管家,然后就开始做饭,十三四岁就缝线。我家里因为只有我一个女儿,所以父母在对男孩女孩的教育上不存在不平等对待,大部分人家在对待男孩女孩的教育上还是平等的,不过每家都有每家的规矩,即使是小伙子、当爹、当妈的人都要讲规矩的,不能在外面乱来。

(4)对外交往

从前过年出去给亲戚拜年,女孩子可以去,但要家里的母亲带着一起去。女孩子是不可以一个人走亲戚的,走哪里都要和妈妈一起,妈妈不去就不许去。如果家里来客人,家里的母亲是不上桌吃饭的,就在旁边给客人添饭、添菜,家里只有爹上桌。当时村里有的家庭不会持家,没有粮食吃,就让女儿出去讨饭吃,有的生活很困难,为了生活家里的女儿都饿死了。

(5)女孩禁忌

女孩平时只能在寨子里玩一玩,不可以随意出门玩或者在家附近玩,看灯、看戏都不让女孩去。在村里在山坡上看牛、看羊时女孩可以和男孩一起玩,小时候不懂事是可以的,大了就不许了,男孩女孩要分开,就是小伙子和小伙子玩,女孩同女孩玩。家里洗衣服,不管是爹的、娘的、男的、女的,大家的都放在脚盆里一起洗,女孩子的衣服是可以同兄弟、爸爸、妈妈的晾一起的。

2.女儿的定亲、婚嫁

我结婚是在1949年以后,差不多是土地改革那段时间。当时是有媒人来家里说媒,媒人来说媒一般就是说下对方家庭的基本情况,比如某家有个姑娘,别人也知道这家有个姑娘,人家就来找父母说媒,然后姑娘大了男方家就拿礼物来,看姑娘家愿意不,愿意就拿轿子抬过去了,这之前双方都是没见过面的。

定亲的时候,父母是不会征求我们的意见的,问都不问,看也不让你看。有的人家的姑娘,听说有人来说亲,房门没关好的,姑娘就会偷偷从门缝那里看一看,但是男方都是看不到女方的。这是国民党时期,1949年以后就不计较这些了。那时候谈婚姻,有亲上加亲的,也有没有亲戚关系的,但1949年以后上面宣传亲上加亲这样的亲不能结,不过有的人家也是照样结。

接媳妇的时候,亲朋好友来吃酒,都是送粮食的居多,苞谷、米这些的,钱还是少有的,有的朋友挑粮食过来,有的挑五六升,有的挑八升,如果不是关系很亲的,就只拿一两升粮食。以前定亲后悔约的这种情况还是少有的,国民党那时候少有,1949年以后就多了。比如有的大户人家,儿子说了个年纪比较大的媳妇,之后男方家就反悔了,觉得不合适,年龄没达到,两家就没成了。

我出嫁那天,来送嫁的主要是亲戚,在一个寨子中的,有和我家关系亲切些的,也有关系疏远些的,当时亲的哥哥、弟弟、叔叔都能送嫁,他们跟着姑娘去她婆婆家,然后当天回来。出嫁的时候,我记得我爹给我说,你出去要听话些,一家人要发财;我妈就让我要听别人家的话,给我家争光;亲戚些就说以后要记得还父母的恩情。

办酒的时候,如果和村长的关系比较亲近,吃酒他就会来,如果比较疏远他就不来。那时候村里的干部主要就是村长、自卫团、儿童团这些的。国民党时期,家里女儿出嫁,父母家一般会杀猪,婆婆家也会挑来猪脚,还有猪肚子,这些都拿到娘家过礼。娘家铺上用的东西,桌子、板凳、茶几这些婆家都要拿过去,都是有配送的。我出嫁前,在家里做的针线活,比如缝制的都是可以带到婆家去的,还有在家里用的箱子这些也可以。出嫁后,我们那边一般是四五天可以回门,像我的娘家没有哥哥弟弟,亲房比较小,我妈妈就请别人背个花篮背,拿壶酒放在背篮里背回家去,第二天把我接走,之后的一天,男方又把我接回来,大概就是这样子。之后的第二次就不用接走了,都是随便去、随便来。

1949年以前,我们村里也有“童养媳”这种情况。有的人家生小孩多了,家里条件困难,养不起;有的人家儿子多了,又娶不到媳妇,那两家人就可以说,把你家女儿送来我家和我家一起生活,小的时候是姑娘,大了圆房就是我家的媳妇了。我们那边这种情况叫“含媳”,通常这种女孩是很可怜的。她结婚时的规矩、仪式和我们正常结婚的是不一样的,结婚时就只是圆个房,没有什么仪式、过礼,什么都没有。女孩去别人家当了"童养媳"之后,也会和娘家人走动,都是随便去,随便来。1949年以前,村里"入赘""换亲"这些情况都有。

3.出嫁女儿与父母关系

出嫁的女儿在过年时,是不能回娘家吃年夜饭的,出嫁了就只能在婆婆家过年,要初三、初四和男方一起才能回娘家拜年。我嫁出去后,如果娘家这边有事,我都会管的,但是村里有的姑娘嫁出去,娘家这边的事她就不管了,觉得不该多这个嘴,村里会有干部来管理的。出嫁后,女的和丈夫闹矛盾会回娘家,以前有的男子很凶狠,把自己妻子的手、脚、脸都打伤了,女的娘家看到自己姑娘在男方家受的气,就会来找男方家,但从大局考虑,最后两家人都会调解,劝两个人和好。国民党那时候是不让离婚的,不像1949年以后。我当时也见过男的叫上女的去离婚的,但最后也没离成功,两人还是回老家好好地过日子了。

当时我的娘家和婆家虽然是在一个村,但两家离得远,中间隔了条河。我娘家和婆家的关系还是可以的。出嫁后,如果家里有哥哥、弟弟,出嫁的姑娘就不能去分父母的财产;如果家里没有哥哥、弟弟,比如我家,当家的支持,他说嫁出去的姑娘可以分父母的财产,那就可以分。1949年以前,女儿已经出嫁,如果父母没人管理,在国民党那时期,女儿女婿也不会带娘家的母亲来过一辈子,只是随便去看看,带点东西给母亲吃,我们那边现在也是这样,没有哪个出嫁的女儿把娘家的母亲天天带着。

父母过世,出嫁的女儿和家中的儿子在披麻戴孝方面没有什么区别,父母过世抬去安葬的时候,儿子这边就吹吹打打、牵羊、成孝这些的,那时候媳妇、姑娘、女婿、儿子是同样的披麻戴孝。上山的前一天晚上会给去世者念祭文,然后过世人的家人就戴上孝袖,第二天把过世的人抬到山上去埋,女婿、儿子先把棺材抬出门,然后帮忙的人一起抬,抬这个很有讲究,不能撞到任何一个地方,不然影响不好,必须正正当当地抬出来,这样大家就放心些,媳妇就在后面抬茶盆,女儿在前面撒纸钱,然后女儿会喊妈,来,上山;回来的时候说,妈,我们回家了,你去那边好好的。

(三)出嫁的姑娘与兄弟姐妹的关系

我出嫁后,娘家有什么大事还是会和我商量,如果在婆家遇到什么事情,我也会请娘家那边的人出面调解。村里嫁出去的姑娘如果在婆家生活得不好,姑娘受不了了,都会去找自己的娘家来评理,有时候也会请干部们来评理,之后干部又请姑娘的婆家来一起商量。我女儿出嫁、儿子娶媳妇,我都会找娘家的人一起商量,大家亲戚商量着送礼不要送重样,一个送一样。

二、婆家人·关系

(一)媳妇与公婆

1.婆家婚娶习俗

我结婚的时候婆家人口比较多,婆家有九口人,加上我就是十口人。婆家在土地改革中划分的成分也是中农,土地没有分出去,也没有给进来,他们家刚好是两挑半的土地。

男方这边定亲不需要家族的族长,媒人就是证人了,拿什么东西就是媒人帮忙拿,娘家那边媒人就是带信的。娘家的会在一起商量,要拿些什么东西。主管就是代理人,姑娘用轿子抬,我是1949年以后结婚的,所以就得轿子坐了,1949年以前有些人没有得轿子坐。接亲的轿子抬过来,放在家里的坝上,那里放着猪脑袋,然后插三支香在猪鼻子上,放在桌上,也算是结婚的一个仪式。

那猪脑袋就在家里的坝上放着,香就插在猪鼻孔里面,轿子放在那边,这边有个桌子,然后里里外外都是主管负责张罗,然后用火烧纸钱,同时磕头,嘴里念着话。当时男方不让出来,女方坐的轿子抬到门前去,放在门槛里面,然后男方就伸手过来牵女方,那时候还用盖头把女的脸遮住。之后男方在前面走,女方就在后面跟着走,然后就喝交杯酒,别人就说儿孙满堂,儿子、儿孙当皇帝,之后男方就开门出去了。村里的妇女就抱着孩子来看新人,如果是抱着儿子去看,就说她会先生儿子。最后新郎官也出来了,别的人都顾着去看新娘去了,她在床上坐着,她的婆婆、妈妈就一起进去,嘴上说:"你来了。"女的就跪在地上说:"妈,红白喜事,你熬更守夜,操心操夜,你图明月,我父母家庭贫寒,你放在心上。"然后就给她老人家磕个头,婆婆就说:"你赶紧起来,赶紧起来。"新婚铺床的时候,要拿十二沓草来铺在铺上面,这些都是很讲究的。

结婚的第二天,我需要给公公、婆婆端茶、磕头,拜见他们,家门的四个门都要去跪一下,两个新人先给爸妈跪,然后给其他长辈跪,把内亲、外戚的家人都跪了,那时候这些套路多得很。第二天早上新娘子要出来扫地,新郎官前一天晚上就把扫把放在房门口,新娘第二天早上起来就要烧洗脸水,烧完洗脸水就去扫地,扫完地才回来洗脸,洗完脸就站到屋里去,提前摆好了桌子,就把婆家的四门六亲、亲戚喊到屋里来坐着,新娘子陪他们吃饭,那时候很麻烦的。然后新娘踏出那个门,要说些话:"太阳出来照红岩,我站在中堂四处望,不知众亲老少我叫什么,一张桌子四个方,四个板凳阴阳相,老的请来上面坐,小的请来坐两方,你们上面下面请侧着,左边右边我们陪到。"然后她就去房间里,要饿着不吃饭。

2.分家前媳妇与公婆关系

当时我的婆家,公公在时就是公公当家长,家里的事都是他掌权。比如说我丈夫,二十多岁结婚都没能掌权,都是爹的事,因为他爹在世。我婆家这边必须是爸爸过世了儿子才能当家。婆婆平时一般没什么事,家里接新媳妇的时候,她能做什么就做什么,然后就教媳妇煮饭,之后就坐着和别人玩、聊天,一般都不做什么,该她做点什么才做点,主要是媳妇的事。那时候家里一般不会有什么大事可以开家庭会议讨论,村里如果有什么重要的事,我公公开会回来,就会给家里人说今天开会,会上说了什么需要大家都要商量的,主要就是传达会议精神。

我婆婆平时对我还是可以的,这主要是说我家,各说各的,别家的事我也不知道。我家三辈都很好,我奶奶不和我爷爷吵架,我妈和我爹不吵架,我和我儿子的爹也不吵架,和和睦睦一辈子。平时婆婆也没有给我定什么规矩,我不用每天给她请安、打洗脸水、洗脚水这些的;吃饭的时候也不需要把饭端到她手里,或者给她端茶这些的。婆婆也没有要求我平日里怎么伺候丈夫,如果丈夫和我之间有什么不高兴的,我婆婆都会讲我丈夫的,不管错不错都是讲丈夫,通过讲丈夫来将就我。

家里的大事一般是公公和我丈夫出面,都是他们自己管。平时过节我回娘家,都是随便去、随便来,家里有什么就拿什么回去,有什么婆婆还帮着,让我带回娘家去。去娘家,娘家有点什么,又给婆家拿来,都是这样的。在婆婆家的时候,主要是靠生产队吃饭,1949年之后高级社就没谈不上什么财产了。我出嫁时带过来的嫁妆,比如桌子、板凳就摆在家里大家一起吃饭,锯子、镰刀这些农具就全家用来种粮食。

3.分家后媳妇与公婆关系

（1）公婆关系

无论是分家前，还是分家后，我和公公、婆婆的关系都是可以的，我公公、婆婆是非常好的人。

（2）分家

我和丈夫结婚五年后，就和公公婆婆分家了，分家是婆婆提出来的，他们家当时人多，说我又是一个独女儿，担心在这边生活不习惯。婆婆说这边姊妹多，我一个人过着习惯些，况且那几年又很缺粮食。我们分家是这样的，公公、婆婆在那边住，丈夫和我在这边住，就是不在一起煮饭、吃饭，其实还是在这个家，住在这个房子。一个房子，中间是客厅，三间屋子，他们住那头，我们住这头。那时候村里的妇女，如果丈夫去世，妇女改嫁，有的需要征求公公婆婆的同意，有的公公婆婆不同意，妇女也会坚持改嫁的，这样有小孩的小孩就造孽了。1949年以前，村里丈夫过世的寡妇还是能分到一些财产的，她在这个家生活就有一份的，她公公、婆婆也不敢为难她，即使儿子去世，也还有孙子，即使没有孙子，只有孙女也还是可以分到一些财产的。

（3）交往

1949年以前，村里没有妇女出去打工，1949年以后就有了，不过妇女出去的都是少数，一般妇女就是在村里带小孩、干农活，平时周末去赶赶集，过年过节走走亲戚，活动范围很窄的。

（二）妇与夫

1.家庭生活中的夫妇关系

（1）夫妇关系

分家后就是男方是家长了，我家就是我儿子李月红的爹是家长了，家里的事情由他管理，他说了就算，但他有什么事情还是会和我商量。分家之后，我们没有私房钱，都是全家人一起用。家里的分工也是男方、女方同工同酬，能者多劳。刚解放，那时候男的出去打工的还是比较少，有的有手艺的木匠、裁缝有人请就去。去之前两夫妻都要商量的，商量好了才去，慢慢的这种情况才越来越多。1949年以后，家里饭不够吃的情况还是有的。我今年八十二岁，受过了很多苦日子，当时没饭吃，猪吃什么，我们就吃什么，那时候苦，费了很大的力气才坚持下来。我儿子，李月红的二哥，李月红都还没受过什么苦，他大哥、二哥、姐都受过苦，那时候一茶缸子米，去挖蕨根，光着脚，鞋子、袜子都没有穿，天晴下雨都去挖蕨根、草根来吃。1949年以前，村里的妻子不必伺候丈夫，如果丈夫有伤病就服侍他，帮他洗把脸，洗个脚、刷牙什么的，平时就是男女平等。

（2）娶妾与离婚、婚外情

1949年以前，村里男的娶妾这种情况多得很，有的男子有三四个媳妇，他娶妾不需要征求第一个妻子的同意，所以有的第一任妻子就被逼死了，跳水的、上吊死的都有。那时候是不平衡的，有的男人很花心，有的女人漂亮了，就想娶回家，娶妾不需要什么彩礼，也不需要办什么仪式，先是在外面躲着，之后就直接喊回家了。

1949年以后，农村的思想还是没那么快统一起来的，重男轻女的思想还是很严重，有的生一两个，还是喜欢儿子，不喜欢姑娘，有的生了七个女儿才得一个儿子，家里就是想要儿子。有的家庭如果妻子没生儿子,会从别家过继儿子,我们那里的李发碧老师,他家一直不生儿子,妹嫁出去就生了个女儿,生第二个就说是个儿子就带回去,生个女儿就放在这里了。1949 年以前丈夫打骂、虐待妻子的现象还是多,国民党时期,女人很受气的,一家人和睦的还是少。1949 年以后这种情况才有好转,女的地位提高了,说话有分量了,如果不合适就分开。我当时在家织布主要是织来自己用,其他地方是织布来卖。家里的钱一般都是我和丈夫两人商量,差什么就买什么,钱是用来维持整个家的,不是女人自己拿走的,丈夫去卖猪、卖牛,钱也是拿来一家人用的,需要什么就两人同心合力去买。1949 年以前,没有女的主动提出离婚,1949 年以后才多,都是这山看着那山高,有些女人出去也玩花心,是这样的。

2.家庭对外交往关系

1949 年以前,平时我不怎么出门,那时候一般就是陪阿姨去看戏,远处就不准姑娘家去,只能去近处,1949 年以后就自由了。

(三)母亲与子女的关系

1.生育子女

(1)生育习俗

当时我们村生儿生女报喜的风俗是这样的,女人生小孩男的就去通信,背篓里装瓶酒,或放把剪刀,然后用一沓红纸,剪红纸挂在背篓上,然后别人就问生了?生什么不问,直接看背篓里面,背篓里是个剪刀,就是女儿;如果是个儿子,就是一壶酒,然后也会邀请人来庆贺、办酒这些的,给村里面的人发红鸡蛋是 1949 年以后才有的。

(2)生育观念

有些人家的婆婆不计较姑娘还是儿子,有的婆婆如果第一个是姑娘,第二个又生姑娘那就不高兴了,不喜爱这个姑娘。有的婆婆说得好,这是由媳妇自己来,生儿生女是生命决定的,不是女方的事,是男方的事,男方就是种子,女方就是土。有的人懂事,有的人不懂事,儿女自然来,大人平安顺利就好了。国民党时期,有的人家重男轻女思想严重的,如果女方没有生小孩,丈夫会休妻或者重新纳妾再找来生。

(3)子女教育

我的子女都上学的,我家那里的学校离得近,都是在屋里吃饭,我的女儿过完年就六十三岁了,都有几个子孙了,她就读不到书,让她去考试她不考,就是他们三弟兄读。大哥读了,我们农村啊,读到高中还是很不容易的。我家里当时还是很重视教育的,即使没钱,借钱、省吃俭用也要让子女读书。平时家里对男孩子和女孩子都是一样的,不管是吃饭还是穿衣方面。我的思想就是平等看待。锅里面煮着东西,我们是一锅煮,我们农村粗粮细粮一起煮,自己要吃多少就打多少,我不偏心的。

(4)对子女权力(财产、婚姻)

我家定亲从来不算八字,我八十二岁了,从来没让谁给我算过八字,就是懵懵懂懂地过日子,子女开亲都是由我们自己弄。我的大儿子和我一个大队的人,他结婚的时候,那个房子就是新房子,老房子在我们新房子里的,所以就没有再给他盖新房。

2.母亲与婚嫁后子女关系

我儿子结婚,现在的婆媳关系和我当年的婆媳关系还是有变化的。现在家里传统的家务事主要还是媳妇做,她们能做什么就做什么,我也是这样,万一做不了也是不勉强的。我们村里,现在分家的习俗,和1949年左右分家的习俗还是变化得多,比如家庭的财产多少都不一样了。我家三个儿子都读书,然后就分家住了,分家是儿子提出来的,我自己也有一些人情世故,然后就分家了。我女儿是十三四岁定亲的,她的婚礼是我包办的。现在农村结婚的彩礼和以前是越来越不同了;那时候男方就是杀猪,我们亲戚就随礼,人家送的礼物轻重都有。现在是要给钱,男方要拿多少万去结,都是男方负责。我女儿家的儿子(孙子)这次接媳妇十二万,什么都是他们拿钱去买,家里面的电器什么的。现在农村的子女也不是全都会赡养老人,有的女儿比妈还凶,对爹妈不礼貌,当今社会认为儿女为贵,不懂当爹妈的痛苦,但这只是个别的,其余的还是好的。

三、妇女与宗族、宗教、神灵

(一)妇女与宗族

我家住的那地方很偏远,山里面,人在哪里家就在哪里了。我们那里不相信神,祭拜菩萨的人少得很,像这边说今天去给菩萨过生日,我就从来不去,我不相信这些。我杜姓家族还是大的,五家姓杜,还是很宽的。以前家族里会搞清明会,但这是过去,现在没有了,现在只是哪家办酒就去哪家吃饭。以前家族里有活动,妇女是可以参加的,出嫁或者生小孩时,家族里的人都会去的。我们杜家这个大家族有个最大的负责人,他是大家选出来的,主要是大家觉得他有这个能力,能管这个事。家族里外嫁出去的妇女在外面受到欺负,宗族里的人会去帮她说公道话。

(二)妇女与宗教、神灵、巫术

当时我家没有供奉神像,我也从来不相信这些。七月半的时候,有的人家会推点豆腐、做点饭、炒点肉抬到客厅里放在桌上放着,烧三支香,在门口烧点纸就行,其余的不用弄。清明那天就去挂纸,有些挂有些没挂,我们那边不太一样。清明的时候上坟,男女都可以去,这个不分的。我们农村里有"神婆",有的神婆不是很懂,就是来敲诈钱,但有的人还是相信,比如生病、看到蛇都会请神婆来家里。天干的时候,几个月不下雨,地都干死了,菜都干黄了,村里就会求雨、耍龙灯。一般求雨都是由男人主持,唱灯、唱戏都是男人,女的没有怎么参加,主要负责烧水、端茶、迎接。

四、妇女与村庄、市场

(一)妇女与村庄

1.妇女与村庄公共活动

在我出嫁前,村里没组织聚会、吃饭这些活动,只有说谁家同我家关系好些,比如我出嫁的时候,关系好的,就会请你来吃饭,关系是往来往去的。1949年以前,村里开会轮不到我们参加的,都是些狗腿子,伪保长、伪甲长,暗暗想办法去抓兵,没谁知道。1949年之后村里开会,才要求妇女参加,解放军同志家家户户都去请,之后就由干部宣传政策。1949年以前,我们村的保长、甲长是谁我知道。村里要求一起修路,如果家里没有男的,女的也需要顶替男的参加这些劳役。

2.妇女与村庄社会关系

我在娘家的时候,有自己的玩伴,大家一个村的都在一起玩,我出嫁的时候女伴会来参加,女伴出嫁时我也会去参加。1949年前后,村里必须要做活路的,男女都是一样的。村里的红白喜事我们也需要去帮忙，接媳妇、生孩子、死老人这些都要去，全家动员，能做什么就做什么。平时在村里大家摆龙门阵，有时候大家都不得空就不摆了，1949年以来就是开会。偶尔村里也会有妇女吵架，一般先请村干部来调解，如果不行就申请上面，主席啊、村长啊，一层一层地来，万丈高楼平地起。

（二）妇女与市场

我出嫁前、当家的时候都去集市上赶过场的，背粮食、豆子去卖，然后再买需要的来，出嫁前一般和母亲、阿姨一起去赶场，集市上也会有女的出来卖东西。赶场的时候钱不够就给别人先借着，回来再想办法还。我结婚以后，上面会发肉票，这样才能买肉，有粮票才能吃饭，但是这些票不够平时一家人的生活。1949年以前没有票，是1949年之后开大食堂，1958年才有粮票的，"物物交换"也有的。

五、农村妇女与国家

（一）认识国家、政党与政府

1.国家认知

1949年以前国家没有宣传过男女平等，1949年以后就讲平等，国民党时期是不谈平等的。国民党时期去上私塾的小孩也多，比如没有钱就用米当学费，五天要叫先生来家里吃一次饭。国民党时期也用过钱，之后用花钱、银子，有蒋介石的头像在上面。之后觉得太重就换为人民币，那时候2角、2分都有用的，2分钱都能买到火柴。1949年之前我们需要交税，那时候都说国民党的税、共产党的会。那时候税很多，各种税，1949年以后就经常叫开会，不上税了。

2.政党认知

那时候大家都被国民党整苦了，比如包小脚、男女不平等，大家都恨，1949年以来大家心里就舒服了。小时候我去学校读书，都是提孙中山先生领导我们。1949年之前我也听说过共产党，不过懵懵懂懂的，不怎么懂事。在学校里读书，没人敢讲国民党、共产党，即使听见都不敢讲。

3.夜校

当时让我们去上夜校，上夜校是这样的，那些老年人白天做活，晚上去上课。老师都是从有文化的人中选出来的，不是在外面请的。

4.政治参与

土地改革刚开始时，解放后我们就开始开共产党革命的会，但那时也不知道什么是解放。之后不管贫穷富贵都叫去开会，开完会谁是什么成分就分清楚了，那时候就开讨论会。开讨论会时让我们大家投票，选干部要投票，用苞谷秆来投票，最后数谁多点就是谁。

5.干部接触与印象

那时候我家没哪个参加共产党，好多年后才有共产党员、儿童团长、自卫团、入团、入党这些的。当时共产党员和农民还是走得近的，他们对农民的事情比较关心，如果不关心群众也不会支持他们呀。当时政府有号召群众剪短发，让我们妇女去跳秧歌，头发剪到耳朵这里披着，用卡子掐着。那时候政府号召不准包办婚姻，婚姻自由，自己婚姻自己做主，没有压迫。

6.女干部

1949年以后开始选举队长,男队长、女队长,妇女也可以当干部了。一个村之中有一个妇联,我就是接生员,经常开会的,那时候我也当干部的。当时选我当妇女队长、人民代表、接生员,都是三十多年前的事了,从我二十几岁当到四十七八岁的时候。

7.政治感受与政治评价

1949年以后,我们的生活是越过越好了,妇女的地位也提高了。

(二)对1949年以后妇女地位变化的认知

当时政府鼓励妇女走出家门,出来劳动,但是各有各的想法,有的就舍不得离开家,就在屋里做,有的在外面打点工,找点钱。1949年以后妇女在家里的地位提高了,这主要是靠政府的宣传。在家人面前,1949年以后,我都是直接叫丈夫的名字,丈夫也会让妻子出门做事了。1949年以后家里的小孩不用必须由女的带,姑娘就是妈带得多点,儿子就是爹教育得多点。当时村里如果有男的打女的情况,干部们都会管的,教育男的。

(三)妇女与土改

1.妇女与土改

土改时,工作队来我家的,我家因为是中农成分,所以不进不出。我就去学校跳秧歌,发土地证也是我爹妈去领,主要是当爹的管,一家屋子的掌家人。斗地主时,一般都是男的凶点,女的还是不忍心。

2.妇女组织和女干部与土改

当时土改时,村里有成立妇女会,要选干部,选妇女组长、排长这些的。

(四)互助组、初级社、高级社时的妇女

当时互助组里有女组长、女社长,还要选村长,有女的当的,一个女的,一个男的,男管男,女管女,大家是公平的,平等分工。男女干活都是一视同仁的,你能做什么就做什么,不会强迫你。当时我晚上就干家务事,白天跟着农业社的人去干活,回来就一起回来。孩子没人照顾,就背着去,一天一天地熬过来。

(五)妇女与人民公社、"四清""文化大革命"

1.妇女与劳动、分配

当时干农活,有的去早,有的去迟,你做农活认不认真、用不用力,有人在旁边看的,做活路踏踏实实的就是十分,还是按劳记分。妇女年纪大了,就少做点农活,但是老了也要去做,那时候是看工分吃饭。

2.集体化时期劳动的性别关照

之后集体化时期,小孩子有老人帮你看着,你就好好做农活。生孩子、经期都可以请假,但是请假就没有工分了。人民公社时期,集体在妇女怀孕期间还是会有些照顾,生小孩上面会补助二十个鸡蛋。生病实在难受,写申请上面就会允许的。

3.生活体验与情感

共产党开会时,妇女能发言,知道什么就说什么,提的建议只要是有用的,经过讨论,也会被采纳。人民公社的时候我已经出嫁了,家里事情多了,别的事情管不了了,就只开会,因为活路很多。

4.对女干部、妇女组织的印象

我们那时候没有妇女当过会计、保管员,主要还是男的办事情多点。有文化的女的还是能当干部,毕竟她有文化,就有这个能力。人民公社时期,妇联一般就下乡搞计划生育。

5."四清"与"文化大革命"

当时有"四清"和"文化大革命",但是我们村没斗过干部,是这样的,人民公社一个乡有一个书记,那时候就发配到我们那里做苦工。"破四旧"就是旧东西都被烧了、没收了,碑、土地证都被销毁了。这时候的婚礼、葬礼也都要简化。

(六)农村妇女与改革开放

改革开放之后,分配土地时,一家人如果有男子的,主要是男子去,女的主要在家里带小孩;没有男的,女的就要喊去听,她也要知道。女的也能分到土地,大人、小孩每个人都有。我也参加过村委会的选举。

六、生命体验与感受

现在农村精准扶贫政策对男女、老少都是平等的,我平时也会关注国家政策,主要是通过看电视,村干部、支部书记去领会精神,然后就给我们开会,总之现在是越来越民主了。

HXX20170127LZF 李祖芬

调研点:贵州省清镇市红枫湖镇中山村花山组
调研员:黄希鑫
首次采访时间:2017 年 1 月 27 日
出生年份:1936 年
是否有干部经历:否
是否生育:是
受访者结婚的时间节点、生育子女的具体情况:1956 年结婚;1959 年生第一个孩子,共生七个孩子,四个儿子,三个女儿,在生大女儿之前小产过一个孩子。
现家庭人口:2
家庭主要经济来源:子女赡养费
受访者基本情况及个人经历:老人于 1936 年出生,除了腿不好,身体不错。老人一直生活在红枫湖镇中山村花山组,现在和二儿子生活在一起,儿子女儿周末都会回家看望老人,平时主要是去邻居家闲聊、偶尔种点菜。老人一生主要在家中务农,因为母亲过世早,之后家里的事情主要是老人负责。出嫁后,家中大小事务都是老人打理,生活中的大事和丈夫一起商量。

一、娘家人·关系

(一)基本情况

我叫李祖芬,生于1936年。名字是村里面的学校给起的,原来要去读书、领东西就起了这个名字。我父母生了三个女儿,一个儿子,我哥哥的名字也是村里面起的,我们的名字都是按照辈分起的。我小的时候,家里大概有五六亩地,在土地改革期间,家里被划为地主成分。我总共有七个孩子,四个儿子,三个女儿。之前小产过一个孩子,过了两三年,二十三岁时才生了现在的大女儿。

(二)女儿与父母关系

1.出嫁前女儿与父母关系

(1)家长与当家

我出嫁前,娘家的家长是我父亲。父亲母亲过世后是我当家长。我母亲先过世,她过世的时候我才只有十七岁,之后父亲过世,然后家里就是我当家了。我出嫁了,家里也是我当家,我就嫁在我们村里,丈夫相当于是入赘进我家的,但是平时家里有什么事都是我们一起商量,相当于两个人一起当家。

(2)受教育情况

我小时候读过书,读到三年级,是父母让我去读书的,我其他兄弟姐妹也读的,他们还读到六年级,嫁到凉水井那个妹妹读到小学毕业,我哥读完高中就去参军,家里主要培养我哥,不太重视我,以前家里还是很重男轻女的。当时我想读书,但没人在家里做事情,所以只有不读了。家里男孩子去读书,我就没有得读书,在教育上,男女还是有别的。那时候学校里,男孩女孩是在一起读书的,这些都不讲究的。

(3)家庭待遇及分工

以前在家里,添饭是有规矩的,给人添饭过去要喊别人,然后要双手递过去,通常先从老的开始添饭,我家不讲这些的,全部都上桌吃饭,座位也是随意乱坐的。家里买衣服,都是男孩女孩一起买,那时候过年小孩子是没有压岁钱的。在家里,活路都是大家一起做,有什么活路就自己捡起做,谁做得了了就做。当时不管是大户家庭,还是一般家庭的母亲都会下地干活,能够做的就做,不能做就不做。当时农村的农活一般就是摘秧子、摘苞谷这些,割草啊,喂猪啊,哪样都做。

(4)对外交往

过年的时候,村里面都不用拜年的。平时如果去别人家吃饭,父亲如果没在家,母亲能单独带着我们去。那时候在村里,比如那些没饭吃的家庭,不会让自己的女儿出去讨饭吃,即使没饭吃,也是慢慢地在家里艰苦着。家里客人来的时候,人多,我们就不能和客人一起吃饭,人少的时候才能一起吃饭。

(5)女孩禁忌

我们当时不管多大的年纪都可以随意,没什么讲究,女孩子可以和男孩子一起玩。平时家里晾衣服,女孩子的衣服都是和兄弟、父亲的一起洗、一起晾。一般家里的小姑娘从十二岁就有工分,是大人的一半工分,十六岁工分就和大人一样。女孩子平时在外面做事回来,到家里就做吃的、做家务这些。我当时会绣花、做衣服,都是自己学的,没人教我,因为我母亲也不会做。我做这些女红都是自己做来大家穿，只要做得了。在娘家讲话时也要注意的，不像现在，有什么就讲出来了。

2.女儿的定亲、婚嫁

我是1949年之后才定的亲，1949年之后我也不大，才十三岁，过了一两年我母亲就过世了，父亲比母亲走得晚些。当时都先是媒人说亲，媒人来讲，然后才答应的。我丈夫当时就在我们这个村里给人家做帮工，在小中山这里，媒人来讲，我父亲就答应了。当时主要也是考虑家里面没有什么多的男人做活路，丈夫来帮我把家里支撑着。我公公在我丈夫几个月大的时候就过世了，所以之后我婆婆就改嫁到归落，我丈夫就没有和她一起，而是在别处帮人干活，之后到我家这边来。所以我婆婆没和我们生活在一起，但是平时会联系的，那时候她瘫痪了，重嫁的那家也没人管她，就是我女儿过去服侍、照顾她。她改嫁过去很多年都没有再生小的了，一直只有我丈夫一个孩子。之后我婆婆的身体不行了，我丈夫说把她接到家里来住一段时间，结果说过两天去接过来，今天就过世了。

过世了我丈夫也是挑着粮食去她后来改嫁的那家那边，现在我们和之后改嫁的那家也不怎么亲近，不怎么来往，只是我女儿有时会去走动下。我和丈夫定亲的时候只是算了下八字，还写过婚约。当时结婚收到的彩礼就是钱，没有衣服和粮食，就是几块钱，像现在这个保温瓶也送，送这个就来吃顿酒，钱不多的那时候。彩礼就说不准了，有的人家就多拿点，没有的人家就少拿点。现在是说万数钱，那时候千数钱就可以接个新人，怎么可能像现在要这么多钱。村里给彩礼也是各人根据自己的情况，手边有多给点，手边没有就少给点。我定亲的时候，双方家长需要见面的，之后我丈夫来我们村里这里一年多我们才办酒席的。父母给我定亲不需要征求我的意见，他们怎么说就怎么说，我不敢多说什么的。我对这门亲事也没有什么满意不满意的，当时自己家里没有人做农活，我丈夫来了也算好，不过之后和他爱打架。那时候我们村里没有女孩子敢反对婚姻的安排，父母说什么就是什么，不像现在这样开放。

当时村里定亲后也有悔约的，但是这种情况很少。悔约是要证人在场的，悔约书写不写我倒是不清楚，我是听别人说的，如果两家人说了媒，不答应，那需要媒人、证人过去的。这在当时毕竟是少数，我们寨子里没有过，是听别人说别处的。村里没有听说过"娃娃亲"。我和丈夫定亲后，两家人相互走动的。定亲后，男女双方就可以见面了。我结婚的时候没有写婚书，我们这边好像都不用写。

我结婚的那天娘家也没有什么特别的规矩或讲究，差不多就是当时在家里的这些规矩，那么大的年纪了，自己也知道这些规矩，什么能做，什么不能做。结婚当天就还像现在这样，办酒席办十桌、八桌，然后寨子里和自己家熟的，有关系的，走动的都来了，就还是和现在一个样。我当时也是办了十几桌。主要就是寨子里的人来吃酒，还有亲戚，就像现在这样，你走过别人家的，你家有事情人家就来。1949年以前，结婚的时候，父母一般会给的嫁妆就是铺盖啊，平时的生活用品嘛，样样都有，就像现在一样，电视机什么都有的，一般只有大户人家才有电视机，以前镇里面，就是我儿子家现在房子那里，我就住那里，以前我哥结婚就是结在那里，之后土地改革，人家把那些桌子、板凳全部收了，才搬到花山来的。以前我家是在清镇，花山这里的土地都是拿给别人种的。大户人家陪嫁的东西都好得很，那时候大桌子都是几张，然后小桌子都是好多，楼上的大桌子都是七八张。这些陪嫁过来的嫁妆最后都是归婆家这边嘛，置办嫁妆的费用也是由我家这边来承担的。一般人家的嫁妆就说不清楚了，有的人家买间床，有的人家一间衣柜也算，还有的人家就是拿两条板凳放着也算，这个主要还是看家庭情况来。

我结婚那时候，相当于家里就只有我丈夫和他妈妈，我公公过世得早，过世的时候我丈夫才几个月大。所以他就是家里的独儿子，其余家里就没有什么人了。婆家这边作为男方定亲需要提亲、换小帖、彩礼、换大帖这些仪式的，就是一般的结婚仪式，那时候村里大体都差不多的，没派什么人来迎亲，我丈夫家本来亲戚就少，之后他母亲又改嫁，他相当于也是入赘嘛，我就是嫁在自己的寨子里。当时婚礼上的主婚人也是家里的亲戚叫过来的，司仪是女的，司仪这个男女没什么讲究的。结婚时候拜堂还是有忌讳，拜堂时候，那间屋子随便的人是不准进来的，要福好、命好的才让你近亲。结婚第二天一般会有人去换枕头，婆家会打发东西给新媳妇，然后新媳妇就回来了。结婚后不需要去祖坟拜墓。

我结婚前主要就是干农活赚钱，就是摘辣椒，种点农作物卖赚钱这些的。赚的这个钱，还没结婚前是归我父亲，结婚后赚的就归我自己了。那时候我也没有私房钱这些的，我很傻的，拿东西出去卖多少都全部拿出来给全家。我结婚的时候，我父亲就是给我添置一床被子、一床被单。我结婚后，也不需要回门，因为我就是嫁在自己家里，相当于我丈夫是入赘来我家的。

以前村里有童养媳，就是女孩小的时候家里穷，养不起，就送去别人家一起生活，大了就在那家当媳妇。我们这里还是有一家这样的，大的时候她还是回自己以前这个家走动的。我们这边没有换亲的习俗。招赘这种情况倒是有，我丈夫就是这样的，只要两家人同意，女方家里没有男劳动力可以支撑，两家人同意就可以的，像现在我家这里和对门的那家都是这样的情况。村里当时也有二婚的妇女，二婚的有的也需要彩礼，有的也不需要什么彩礼，就是这样住着了，要办就办点酒席，不办就算了，办就会通知点亲戚些过来，有的人家一两年也没办。

3.出嫁女儿与父母关系

我们村里出嫁后的女儿回娘家没有什么特别的风俗、忌讳，有的当时嫁了就回来，有的也要满了一个月才能回来。出嫁后的女儿以前不让在娘家吃年夜饭，现在可以了。出嫁的女儿能回娘家拜墓、扫墓，这个没什么讲究的，一起去上坟就大家的都拜了，这个没人管。嫁出去的女儿什么时候回娘家都可以，过节回来就要买东西，平时来就随便买，像过年、过端午、中秋节这些就要多买点东西，平时来就随便买点就行，回来有时候是自己来，丈夫有空就一起来。

嫁出去的女儿一般都不会来管娘家的事情了，娘家的事情有自己的人管。娘家有困难，嫁出去的女儿有能力帮助就帮助，帮助不了就算了，帮助多了婆家还是会有意见的，我也没帮什么娘家，我就是在这里生活，然后嫁在这里。出嫁的女儿如果遇到困难，婆家人还是会和娘家人一起协商解决的，没有能力就算了，有困难的时候还是会帮助。如果女儿和丈夫闹矛盾，女儿会回娘家，1949年前后这个都差不多的，没有很多的忌讳，矛盾闹得小缓和了一点就继续回家去住，如果矛盾闹得大，缓和不了就离婚嘛。那时候离婚的还是不少的，但没有现在多，现在离婚的也多，再嫁的也多，那时候离婚之后就不轻易再嫁了。当时小两口如果闹矛盾，娘家会出面和自己的女婿调解，就是大家协调、沟通下，讲得好就继续生活，讲不好就离婚了，也没什么办法。如果出嫁的女儿提出离婚，娘家的父母也没什么办法，这还不是由她自己，看她个人呗，她说离就离，还是看他们夫妻双方，愿意就愿意，不愿意就算。

我的娘家和婆家没住在一个村，我家住在这里，婆婆家住在黄家龙滩，他们那里是平坝县,我们这里是清镇县,不在一起。我们这边女儿出嫁后,一般就不能分父母的财产了,就是出嫁的时候多少买点被子、被单给你。女儿不能分父母的财产的,父母的财产有他的儿子继承。如果父母只有女儿,没有儿子,过世的时候女儿能分财产,这样女儿就不出嫁了,就是女婿过来入赘。1949年以前,如果家里没有别人,就只有一个女孩子,那这个女孩子肯定要负责父母的,她需要承担父母年老时的赡养义务。如果家里有儿子,女儿就不用管了,不过还是要看,负担得了就负担,负担不了就大家一起照顾嘛,主要还是看个人的经济能力,如果他自己都过不下去,怎么来负担自己的爹妈?主要也是要自己过得好,还是和现在一样,主要看你的经济情况。当时负担主要还是看情况,如果父母生活得艰苦,没有吃的就送点粮食过去,做不到农活就过去给他做做,帮帮忙,别的也没什么了。

父母过世,在丧葬仪式上,出嫁的姑娘和儿子没有什么区别。有的人家女儿也可以主持葬礼的,儿子女儿都可以,没什么太多忌讳的,和现在差不多。父母过世,只要女儿条件好,有就承担,以前、现在都是这样。清明时节姑娘需要回娘家上坟,行礼和家里的儿子、孙子都是一样的。

(三)出嫁的姑娘与兄弟姐妹的关系

我出嫁后,和娘家兄弟的关系都是可以的,有空的时候大家就走动,没空的时候就各忙各的。走动的时候,就像我之前说的,逢年过节就多买点礼物,平时就随便买点。一般情况下,娘家有什么大事情还是会请姑娘回来参加讨论,帮忙做决定。我家没有分家,那时候家里只有我哥哥一个儿子,所以不用分家,分不分都是这么一回事。对于娘家的事情,只要有事情,给我说,我就参加。

我儿子女儿的婚嫁不需要经过娘家、娘舅的同意,这是我的事情,也会和他们商量,但肯定是我占主导权,我说怎么样就怎么样。至于孩子们结婚,舅公公买多买少,送多送少就随便他了。我回娘家拜年一般就是初二、初四,也不是非得这一天,没那么严格的规定。回娘家拜年,需要带什么也不是和现在一样,就是带点水果、点心这些的。出嫁后,是和自己的姊妹、兄弟都走动的,都是自己的亲人。

二、婆家人·关系

(一)媳妇与公婆

1.分家前家庭关系

我结婚时,我婆家那边没什么人,主要就是我婆婆,相当于她就是家里的家长。结婚后,家里面的事情全部是我负责的。我和婆婆的关系还是挺好的,平时在家里,婆婆也没对我提什么规矩,我一直都是规规矩矩、本本分分的,她也没什么说的。我婆婆之后就住在她再嫁的那家了,没和我们生活。所以也不怎么需要我伺候,毕竟是另外嫁的人家,我和丈夫也不好经常去,就是家里有多的粮食拿过去给她点,过年过节提点东西过去。她之后生病说不了话了,就是我大女儿过去服侍她,给她擦洗身体,做东西给她吃。

我婆婆再嫁后没和我们生活在一起,接触得也少,而且我丈夫也是大人了,明事理,一般不会和婆婆有什么矛盾。我丈夫是独生子,也就没有什么兄弟、妯娌相处得了,他妈妈之后嫁的那家的人我们走动得很少。

2.分家后媳妇与公婆关系

(1)公婆关系

平时在家里,婆婆不会有什么特别的要求我伺候丈夫,媳妇在家该做什么、不该做什么我自己心里都很清楚的,毕竟也是为人妻、为人母了。一般家里的家务事就是我做,丈夫就在外面干农活,回来有什么活也会捡着一起做的,没什么特别的区分。1949年以前,在我们这个村里还是没听说过婆婆虐待媳妇的,基本婆媳关系都不错,即使关系不好那也顶多是冷战,谈不上虐待。

(2)分家

我们家没有分家,因为家里也没什么,没有分家的必要。

(3)交往

当时家里与外交涉的事一般都是男子出面,我家主要是我丈夫和我一起商量事情。1949年以前,媳妇在婆家没什么财产权的,家里的钱都是大家一起用。那时候有什么私房钱,有一点都拿出来家里用了。1949年以前,离不离婚这主要还是看夫妻两个人,两个人实在过不下去要离婚,那家长也没办法。1949年以后,公婆家长在子女的婚姻离合上的权力应该是比1949年以前小了些,其实在离婚这件事上,还是主要看夫妻双方,如果丈夫去世了,妇女改嫁还是会和公婆商量下,不过应该还是个人意见占大多数,当时我婆婆改嫁时候我还没嫁到他们家,所以也不太清楚。

1949年以前很少有妇女外出打工这种情况,妇女一般就是在家里带孩子、做家务、搞农活,男的都很少出去,那时候外面也没什么事情做,主要就是搞农业。公婆年老主要就是由儿子赡养嘛,女儿家庭条件不错也会赡养,赡养方式都是一样的。丈夫去世媳妇肯定还是要赡养的,毕竟是她的公公婆婆嘛,她嫁过来就是这家的人了。我们这边一般很少办寿,除非是很年长的,然后家族很大的,但是我们寨子里都没有过。平常人家最多就是子女儿孙全家人在一起吃个饭,那一般这个晚饭就是我们媳妇做了。公公、婆婆去世时,大家的孝服都是穿一样的,没什么区别。

(二)妇与夫

1.家庭生活中的夫妇关系

(1)夫妇关系

结婚后,家庭的农业生产都是我和丈夫一起安排,两个人一起商量。如果家里要盖新房,也是两个人一起商量,一起决定。平时花钱,我自己有我就用,他有他就用。那时候我没有私房钱,我拿大米去卖,卖多少钱,心里都是有个数的。当时丈夫出去务工,都会和我一起商量的。我家家庭内的没有弄什么排序,大家都是一样的。家里的衣服都是我洗,我丈夫不会洗的,你把他的衣服一起洗了,晒干,他去收衣服都只收他自己的,不收你的。

(2)娶妾与离婚、婚外情

1949年以前,我们村里没有男的娶妾的情况。如果妻子没有生男孩,丈夫会去过继男孩,不过这都是要两个人一起商量的。1949年之前,村里丈夫打骂妻子的情况不多,村里也没有人会管这些事情,一般就是没有吃的,没有用的,或者没有生男孩子的就要被丈夫打、被骂。1949年以前,村里有女人自己主动提出离婚的,她离婚后,需要和丈夫家分割两个人的财产。

2.家庭对外交往关系

家里的人情来往主要都是我和丈夫一起出面，平时干什么事情都是我们两个人一起商量。平时家里来客人，人多就不一起同桌吃饭了，人少就一起吃。1949年以前，我基本都不出门，出去最远的地方就是清镇，是去玩耍。

(三)母亲与子女的关系

1.生育子女

(1)生育习俗

当时村里妇女生儿子女儿都会有报喜的习俗，生姑娘就是拿个下蛋鸡过去，生儿子就拿个公鸡去，然后人家就知道这家是生儿子还是生女儿了。家里生小孩子，也会请人来庆贺，庆贺的人手边宽裕就多拿点礼物，万一没有就少拿点，这个是说不清楚的。庆贺一般就会请关系好的邻居、亲戚这些的。小孩子满月不满月人家都可以看，不论这些的。我们这边小孩子满周岁不用庆祝生日，出生后也不需要去祖坟、祖庙祭拜。

(2)生育观念

公婆和丈夫对生男孩生女孩现在的态度和待遇一样了，以前还是论的，我和我丈夫之前经常打架，是第一个儿子出世后才不打架的。

(3)子女教育

我的儿女个个都上学读书的，都是到一定的年纪就去读书了，只有二女儿没有读多少年的书，现在她还是有点怪我。只要孩子能读书，家里有钱就让他们去读，读不到就算了，也不怎么舍得借钱。平时在家里，不会给儿子一些优待，大家都是一样的，做好饭就大家一起吃。这主要是我丈夫，当时他是村里的记分员，平时计分的时候都是拿最小的儿子一直背着，那时候大儿子、二儿子他都疼，不过最疼的是小儿子，成天到晚都拿他背着。

(4)对子女权力(财产、婚姻)

我孩子的婚事基本都是自由恋爱的，只有大女儿是请媒人说的。一般拿给女儿陪嫁的就是被子、家具这些，不过哪个孩子都是有家具的。我大女儿出嫁和我出嫁时还是有变化的，她出嫁男方什么都买，男的来接亲，还是跟着以前的形式走。

2.母亲与婚嫁后子女关系

1949年以后，如果农村的老人没有儿子女儿赡养，那有村里面帮忙的，上面会奉养他，死了会来安排他。

三、妇女与宗族、宗教、神灵

(一)妇女与宗族

我们这个村没有宗祠、祠堂这些的，也没有家族的祠堂、家族活动。我这个大家族的人平时还是走得亲的，但是我们这边宗族意识很弱，最多就是和亲戚这些走动下，宗族里面也没有专门管女人事务的女长老这些的。

(二)妇女与宗教、神灵、巫术

1.腊月三十敬神

当时家里供奉的家神主要就是家里的老人，老一辈的。月半在家里供就行，清明的时候大家一起去上坟。

2.求雨

当时村里会组织求雨、求丰收,一般是镇里组织的,我们也参加,就是大家一起求。神灵祭拜是不讲究谁可以拜,谁不可以拜的,谁不好都请,然后谁做都可以。

3.巫术

当时村里女神婆还是比男神婆多,但我家从来没有请到家里来过。

四、妇女与村庄、市场

(一)妇女与村庄

1.妇女与村庄公共活动

在出嫁前我们女孩能参加村庄活动,上面会叫我们去跳秧歌。当时村里聚会、吃饭、看戏都允许未出嫁的姑娘参加的,这些都没有限制年龄的,村里一喊,喜欢看的就去。1949年以前,村里有妇女参加过村庄会议,村里有什么公共事务主要是村干部决定。1949年以后,村里的会议主要是村干部召集开,需要妇女参加就参加,不需要就不参加,只要村里用得着,叫去参加,一般都不会有人不参加,喊到就去。1949年以前,村里公共事务建设的资金、劳役都需要妇女摊派,这些都是大家一起参加的,村里当时还有妇女主任。我出嫁前,村里的保长、甲长都是知道的,大家都认识,一个村里的。

2.妇女与村庄社会关系

出嫁前,我在娘家是有女玩伴的,大家平时在一起做农活,你给我做,我给你做,大家一起玩,就是三四个小女孩。1949年以前村里没安排女孩子做劳动,都是自己做自己的,1949年以后就安排了,一般就是摘秧子、种苞谷、摘苞谷这些农活。大集体记工分的时候,做得多的,一天有十五分,做不多的,就是十分、十二分。这个分数男的和女的都是一样的记,这个是公平对待的。1949年前后家里都有"换工"现象的,换工就是一个换一个,不分男女的。

新婚之后,不需要去拜访邻居,就是去自己亲戚家,和丈夫一起去。妇女之间平时也会组织一起玩。平时邻居、亲戚建新房,需要帮忙我们都会去的,挑东西、拌灰箱,能做什么就做什么。村里的红白喜事,近处这些我都会帮忙的,远处就不去帮忙了,都是别人来请的,反正大家都是亲戚、邻居,之后我家有事他们也会来帮忙,一般去就是切菜、炒菜、洗碗这些的,什么都做。平时玩得好的妇女经常会在一起聊天、洗衣服,大家就是合心就在一起,不管是干个人的事还是集体的事,在一起玩得来就在一起。平时我们一般就在本村聊天,出去玩不需要征求丈夫和婆婆的同意,就是出去玩,他们不会问什么的。

(二)妇女与市场

出嫁前,因为我家是地主,所以我一般都是去市场上买东西,我们家不赊账的,有钱就买,没钱就不买。以前去清镇是走路去的,一般家里需要什么,去集市上就买什么,买鞋子、布这些来家里做,市场上一般什么都有的。1949年以后,家里有布票、油票、肉票,一个人是多少布票都是有的,把布票丢了就没有穿的了,这些都是上面发的,由村里拿过来的,家里有几个人就发几张,不要钱的。1949年后,村里进行物物交换的情况还是少,一般市场我就是去买肥料、种子这些的,不一定多久去一次,一般一年三四次。

五、农村妇女与国家

(一)认识国家、政党与政府

1.国家认知

1949年之前,村里有宣传过男女平等这个概念,会把这个写在黑板上,我觉得还是有点效果的,表现好的人上面就会表扬。1949年之前就有学校的,学校什么时候都有的,男孩、女孩都可以去上,大家都是在一起读书,学校里,老师教什么我们就学什么,以前教得很简单,不像现在。1949年以前学费也便宜,交不到多少钱,以前钱值钱。1949年以前,我们用过好几种钱,有五分、一角、一块的,有的用硬币,之后又是纸张、铜圆,三四样。

2.政党认知

1949年以前我知道、听说过国民党,但是大家都不怎么提,也没怎么说,大家不怎么谈论这些的。以前书上都有讲孙中山和蒋介石的。1949年以前我知道共产党的,平时身边的党员就是我哥哥一个,他入党之后就去参军了。

3.夜校

我当时认识几个字,但是没有去过夜校,村里也没有请老师来给我们上课。

4.政治参与

当时村里开会男女都会去,群众会议嘛。当时最早参加共产党组织的投票,主要是选举大干部,村里的人全部都要去。选举的时候大家写选票,自己不会写别人帮你写,一般就是谁喊你投票就谁帮你代写。当时政府没有号召或强制我们剪短发。

5.干部接触与印象

1949年以前,我没有接触过国民党的长官、共产党的干部这些的。

1949年前后都有女性当干部的情况,一般都是当妇女主任,当队里的干部,主要就是叫别人做事、做活路,管管计划生育这些的。

6.政治感受与政治评价

1949年以来,最大的政治感受就是妇女的地位提高了。当时村里鼓励妇女走出家门,去参加社会劳动、社会活动。

(二)对1949年以后妇女地位变化的认知

1949年以后开始听说妇联,里面主要是妇女,有的是男子汉也在里面当干部,主要是妇女们搞计划生育。1949年以后听说过男女平等、妇女能顶半边天这句话。当时政府号召家庭要平等,不准丈夫打老婆、婆婆虐待媳妇。1949年以后,妇女的地位没有很明显的变化,不过还是多少有点提高的。我出门从来都不需要丈夫的允许,自己想出去玩就出去玩,要做什么就做。当时丈夫外面做农活,没时间做饭,家里的饭主要就是我做,孩子就是大家一起带。家里的大事都是大家一起商量,统一意见。

(三)妇女与土改

1.妇女与土改

土改时候,工作队来我家里了,他们来队里开会,让干部安排我们怎么生产就怎么生产。虽然我家被划为地主成分,但是我家没有被批斗,因为我家很善良、忠诚。土改后,家里的家具都被没收了,收去分给别人,土地是进高级社收过去划给别人,房子也被没收了。

2.妇女组织和女干部与土改

土改期间,村里有妇女组织,他们一般就负责没收谁家谁家的东西,干部就一起参加,组织起农会里的贫下中农一起抬过去分给大家、分果实,不过土改中的女队员还是很少。

(四)互助组、初级社、高级社时的妇女

当时大家都是一个村、一个队里的,大家开会、做农活都是一起的。开会都是干部动员去开的,在公房里面开会,他不喊我们怎么敢去开。合作社时期,家里的土地、农具都加入高级社了。

(五)妇女与人民公社、"四清""文化大革命"

1.妇女与劳动、分配

妇女都得下地干活,不需要动员,你自己要去做来吃饭,要工分嘛,干部一喊去哪里做农活我们就去哪里,那时候是凭工分吃饭。互助组里的干部是上面选出来的,主要就是选村里不错的人。当时让大家过去做就做,哪片需要几个人我们就去几个人,不管做什么大家都是分着一起做的。大家记工分都是一样的,主要看你的劳力。

2.集体化时期劳动的性别关照

村里的妇女去参加劳动时,孩子一般就放在村里的托儿所,有两三个老年妇女在公房里带。以前妇女不论什么年龄,只要你做得起就去做,我们这里那时候也没什么老年人,大家都是差不多的。

3.生活体验与情感

当时共产党开会,妇女也要去开,还有个别妇女会发言,只要发言正确都可以。人民公社的时候,我大概三四十岁吧。当时生产队里女劳动力比男劳动力多。大集体时,公社或队里面有组织集体活动。

4.对女干部、妇女组织的印象

当时对女干部、妇女组织也没有什么特别的印象,因为她们也没有解决什么实际的问题。

5."四清"与"文化大革命"

"四清"运动和"文化大革命"我记不清楚了。

(六)农村妇女与改革开放

改革开放后,土地承包、分配土地的决策过程有通知我们妇女去参加,让我们去开会。我家土地证上有我丈夫的名字,现在是我二儿子的名字,没我的名字。现在村委会的选举我都不怎么去了,主要是我二儿子去。

六、生命体验与感受

我这个性格和大家关系都挺好的,以前村里要热闹些,现在人都出去了,感觉还是以前有意思些。不过现在国家发展起来了,我们农民的生活也越来越好了,妇女的地位也得到提高,心里还是很高兴的。

JYY20170116XQK 肖乾坤

调研点：四川省宜宾市南溪区林丰乡茶丰村

调研员：姜越亚

首次采访时间：2017 年 1 月 16 日

出生年份：1925 年

是否有干部经历：否

是否生育：是

受访者结婚的时间节点、生育子女的具体情况：1934 年便作为童养媳到了婆家；1945 年生第一个孩子，共生五个孩子，四个儿子，一个女儿。

现家庭人口：4

家庭主要经济来源：务农

受访者所在村庄基本情况：茶丰村位于四川省宜宾市南溪区林丰乡，该村属亚热带季风气候，风景秀丽，气候宜人，紧邻花园村、白果村，人勤物丰，村民十分热情。农作物以水稻、油菜、玉米等为主，家禽以鸡、鸭、猪、牛等为主。该村共有 1063 亩耕地，321 户，人口共 1216 人，属于地广人稀的村子。

受访者基本情况及个人经历：老人生于 1925 年。名字是老人的伯伯起的，不清楚是否按照自家辈分起的，因为有一个弟弟的名字是改过的。老人是家里的老大，除老人外还有两个弟弟。老人不满七岁时父亲就去世了，母亲一个人带着三个儿女。后来老人的母亲改嫁了，所以有一个弟弟也就改了名字。家里面有多少地老人已经忘记了，记不清楚了，土改的时候老人家被划成了贫农，老人的丈夫家一共四个兄弟，没有女孩。老人未满九岁就去别人家当童养媳，因为家里面很穷，养不活这么多小孩，所以更不用说读书了。老人二十多岁的时候就生下了大女儿，一共生了五个儿女，四个儿子，一个女儿。

老人一生坎坷，七岁丧父，九岁去当童养媳，二十岁出嫁，嫁到婆家后便受婆婆压迫，集体化时期丧夫独自带小孩，后改嫁，改嫁后受婆婆压迫的现象也没有什么变化。后第二任丈夫死后老人一直和小儿子生活。

一、娘家人·关系

(一)基本情况

我叫肖乾坤,1925年生。我的名字是我伯伯起的,我是家里的老大,我还有两个弟弟,没有妹妹,我们的名字都是我伯伯起的,我不知道我伯伯是怎么给我们起的名字,不知道是不是按辈分起的。我不满七岁时父亲就去世了,我母亲就带着我们三姊妹,后来我妈改嫁了,所以有一个弟弟也就改了名字。家里面有多少地我已经忘记了,记不清楚。土改的时候我们家被划成了贫农。我九岁都还没满就去当童养媳了,因为家里面很穷,养不活这么多小孩,所以更不用说读书了。我二十多岁的时候就生下了大女儿,一共生了五胎,四个儿子,一个女儿。

(二)女儿与父母关系

1.出嫁前女儿与父母关系

(1)家长与当家

我在娘家的时候,家里面是我父亲当家,但是父亲在我七岁时就去世了,所以家里面很穷,我九岁都还没有满就被抱出来了,那个时候就是童养媳,所以没有读过书。我两个兄弟都没有读过书。因为那时候我妈一个人带着我们三个小孩儿,家里面根本没有钱,能活下来都不错了,更别说读书了。我们这个村里面其他小孩子有没有读书我已经忘了,记不清楚了。

以前还在娘家的时候,我们家对男孩儿和女孩儿都是很公平的。就拿添饭来说,孩子之间添饭是没有区别的,反正就是自己要吃就自己添,但是我们作为小辈自然是要给长辈添饭的,只不过我父亲死得比较早,所以也没有添。我们在家里吃饭的时候,假如有老人的话,就要让老人坐上方,没有老人就可以随便坐。但是我老了之后,我没有管这些,上面也能坐,其他地方也能坐,我没有讲究,至于小时候,我和弟弟们都是做侧边。以前家里很穷,用话讲叫作"天上不落,地上不生",哪里会有过年钱。

(2)家庭待遇及分工

那个时候,我打谷子、栽秧子都要做,弟弟那时都很小,让他们做他们也不会做。所以基本上都是我一个人在干活。除了干农活,我还要照顾他们,真的很累。由于九岁就当童养媳了,纺线、纺纱、做鞋子这些也没有人教过我,不会做这些。

(3)对外交往

我以前在家里的时候,我们家走亲戚、人际交往那些是没有男女之差的,比较公平。家里的人对女儿也没有什么规矩,以前我是可以一个人出门、一个人上街、一个人出去玩。以前小时候,在娘家的时候,就和几个年龄差不多的小孩子一起出去看牛、割草那些,但是不会有男性和我们一起,只能够和女的一起出去。那个时候和同村的小孩子出去玩也不会被说,不会管你。

2.女儿的定亲、婚嫁

(1)定亲

我是童养媳,九岁的时候就被抱到婆家来了,抱出来的时候也没有什么仪式,也不会有什么婚书来证明,就直接抱出来就可以了,甚至连生辰八字那些都没有合过,真的很简单地就来到婆家了。到婆家当童养媳,不会有彩礼,一分钱都没有,被抱出去的时候,我妈就直接把我交到婆婆那里,没有任何仪式,以前都没有吃的,很穷,穷到去挖芭蕉林来充饥。所以才会被抱出去当童养媳,当童养媳后,是没有好日子过的,整天就是干活。

(2)婚嫁仪式

当童养媳后,十八九岁时就要和我丈夫圆房了,圆房也没有什么仪式,拜天地那些都没有,反正就很简单,挑一个比较好的日子,作两个揖就行了,不会像现在这么复杂。关于其他的那种不是童养媳的,结婚有没有什么仪式我就不清楚了,我只知道我的情况。当童养媳过后,还是要回娘家,抱过来后我和娘家的关系还是挺好的,随时都会回去,经常走动。那时候很穷,结婚都不会摆席,当童养媳就更别谈了,连拿来装碗的食物都没有,怎么摆席嘛!

我在我婆家当童养媳的时候,生活很贫苦,经济条件很差,婆婆家一共三个儿女,两个女儿一个儿子,公公是农民,主要收入就来自于做农活。

我作为童养媳被抱过来的时候,是没有进行什么仪式的,就只作了一下揖,摆席那些想都不要想,因为确实是穷,主婚人之类的统统没有,连基本的八字都没有合一下。我第二婚的时候,也没有什么仪式,那个时候什么都不知道,就直接让他过来就是了,我就是看到他有劳力,才和他结婚的,那个时候结婚很简单,不像现在。

结婚过后要喊去拜祖坟,而且只有结婚那一次才拜,过后就不会再去了。

换亲、招赘这些现象我们这边是没有的,二婚有没有我就不清楚了,不知道有没有这些现象。

3.出嫁女儿与父母关系

(1)风俗禁忌、与娘家困难互助

我抱过来后,还是会回娘家,只不过回去的时候没有什么风俗。我和丈夫结婚后,过年的时候我们没有时兴回娘家吃年夜饭,都是在自己家。我嫁出来过后,是没有回去拜墓、上坟的。那个时候穷,火都烧不起。我结婚后就分家了,分了家以后就不会管娘家的事情了,那些应该由父母管。有时候娘家会有困难,但是我那时候情况也不好,所以想帮也无能为力。我们遇到困难时,我妈他们是会帮我的,我们家有困难需要娘家帮忙,一般是我出面去找我妈,但是我婆婆就不会找我妈帮忙。

(2)夫妻矛盾调解、离婚

有时候我和我丈夫会闹矛盾,但是也不会回娘家,因为都已经分了家了,回去也不太好,基本上都是我们自己解决,闹了矛盾过不了多久就和好了,不会找娘家人帮忙。我娘家的爸爸死得比较早。所以有很多事情都是靠我自己,不会征求谁的意见,完全凭自己做决断。

(3)娘家与婆家关系

我娘家是高店子的,所以和我婆家不在一个村,但是双方的关系还是比较好,没有吵过架,至于他们走动得多不多我就不知道了。我们家有什么活要做,娘家人和婆家人我们都不会请,都是靠我们自己,我以前招了一个劳力,那个劳力也是一个人,还有一个妈,我带着两个小孩子,养活不了,他和我是一个生产队的,就把他招过来了。

(4)财产继承、婚后尽孝

我嫁出来后,是不会和我兄弟一起分娘家的财产的,财产都属于我兄弟,而且女儿是不能分的,只能够由儿子继承,以前我母亲还在肖家,我爸死得早,她一个人带着我们三姊妹,生活很成问题。所以就把我抱出去了,然后她也改嫁了。她死的时候,葬礼是由我继父安排的,那个时候葬礼上也不会穿什么孝服,人入土的时候要行礼,但行礼时所站的位置那些是没有区别的,都是比较随意地就站了。由于娘家隔得很远,所以嫁出来过后我也不会回去吊唁,但是过节的时候会给过世的老人们烧纸,烧纸也没有什么讲究,就是喊一下就可以了:"老人你今天生日啊(或者今天过什么节气啊),我给你烧钱来,你快来领……"

(三)出嫁的姑娘与兄弟姐妹的关系

我嫁人过后,我和我娘家的兄弟还是有走动的,比如我过生日的时候我会叫他来,他生日我也会去,我们都互相走动着的。去兄弟家也要赶人情,假如你不赶也不会有什么,至少你的兄弟不会说你闲话,但是自己都会觉得不好。嫁人后,我回娘家就不再是主人了,而是客人的身份。回娘家,我的弟媳妇儿对我还是很好的,一般都会弄一些好吃的招待我。有时候娘家会有一些事情,有什么大事的时候,作为大姐的我还是会被叫回去共同商讨的。

我娘家就只有我一个女的,所以我只有兄弟,两个兄弟结婚的时候我是随了份子的,而且随得都是一样的,没有区别。我两个兄弟也是和我妈他们分了家的,所以我回娘家的时候就住在我妈家里,妈去世过后就住在兄弟那里,我去住我弟媳妇也不会不高兴,更不会说闲话,他们对我还是很好的。至于我那个改了姓的兄弟,假如我们家有什么事情,也会找他来一起商量,他说话我们还是会考虑。嫁到我丈夫那里去过后,有些事情还是要把娘家的兄弟请过来,比如过节的时候就要请娘家兄弟来,我和我丈夫还是很和睦的,一般不怎么吵架,更不会让我娘家的兄弟帮忙,一般都不会说。

我儿子那时结婚的时候是要问我娘家兄弟意见的,要经过他们的同意,还要把他们请到结婚现场来,但不会让他们坐上座,请他们来就相当于起一个见证的作用。我一般都要过了初一才会回娘家拜年,平时没事是不会回去的,有事情比如逢年过节、生丧诞辰才回去,我妈去世过后我还是要回娘家的。

我出嫁以后和我的兄弟走动还是比较近的,最远的地方我就是走到高店子,但是不是直接亲戚的,比如我兄弟媳妇的亲戚,这种我就不会走。

二、婆家人·关系

(一)媳妇与公婆

1.分家前媳妇与公婆关系

(1)婆家家长与当家、劳动分工与婆媳关系

以前还没有被抱出去的时候是我爸当家,我爸去世过后就是我妈当家了。我爷爷奶奶都死得比较早,所以我都没有看到过他们,我娘家兄弟分家过后也是他们自己当家了。我妈已经死了,没有什么好分的,在我们家是没有谁会牵头开家庭会议的,嫁到婆家来过后还是父亲当家,都是父亲当家。婆家的劳动也都是大家一起做,不会说谁主内谁主外。

(2)婆媳规矩与状况、外事交涉与家庭矛盾

我被抱到我婆家当童养媳时,我婆婆也没有明确给我立什么规矩,只不过要干活,更不能到处跑,赶集那些都不能去。我一年四季都在干活,弄柴、割草等,很多地方都没去过。那个时候,我要给婆婆他们烧洗脸水,但我不会给他们端洗脸水那些,那个时候我婆婆没有要求我该怎么照顾我丈夫,没有明确的规矩。但是我婆婆很霸道,看着很和气,实际上却是笑里藏刀,用我的话说就是"笑官打死人",看起来笑嘻嘻的,背后就经常戳别人的脊梁骨,以前我婆婆会指使我公公来打我,打了我我连话都不敢说一句,更别说反抗了,我的第二嫁也和第一

嫁相差不远,婆婆也是相当霸道,我就是那个命。

那个时候,假如我们家有什么对外的事情,基本上都是我婆婆出面,我是不会出面的,也不敢出面,有时候我老公和婆婆会吵架,会闹矛盾,但是我不会说话,随便他们怎么吵我都不敢说话,一直都老老实实的。

(3)过节习俗、财产权

我过时过节是要回娘家的,我也记不到有哪些节日是必须在娘家待着,有哪些节日必须在婆家待着了,都记不太清了。1949 年以前,我当童养媳的时候,家里面的那些财产和我是没有任何关系的,我没有财产权,任何财产权都没得。1949 年以后,虽然是解放后了,但是我觉得我作为媳妇的这种地位与 1949 年以前没有什么变化,同样也没有财产权。

2.分家后媳妇与公婆关系

(1)分家

以前不管父母是否已经去世,我们只要结婚了就可以分家,要分家的一个主要原因就是担心孩子多了,矛盾也就多了,容易吵架。所以要分出去,不能一直居住在一起,而且那个时候家里的经济条件也不乐观,分家也是没有办法的,分了过后就各过各了,即使是分了家,儿媳妇也会受到婆婆的欺负,还是会挨打,和现在完全不一样,以前的人真的很霸道,不会不敢打你,哪怕是分了家。

以前我公公和我婆婆都很凶、很霸道,分了家也要打。我们那个时候,分家是我婆婆提出来的,她直接就说分出去,她喊我们分,我们就不得不分,分了还要好一些,不会受那么多欺负。我们分家的时候也没有人来参加,更没有什么仪式,很平常地就分家了,拿两个碗、两盒米给你,分一间房、一间厨房就没有了,只有这些东西,其他的就只有靠自己挣。分家不可能是平分,但是分家之前自己买的东西分家的时候是可以拿走的,反正谁买的谁就可以拿走。

(2)离婚与改嫁

那个时候基本上没有离婚的时机,很少人说离婚的事,改嫁也很简单,假如是一个生产队的人,谈高兴了,喊他直接过来就是了,那个时候没有时兴离婚,基本上都是丈夫去世后改嫁,离婚的很少。丈夫去世后就可以再找一个,如果丈夫没有去世,即使是要死不死的都不能离婚,必须跟着他,直到他去世。离婚也不会写什么休书,直接离了就可以了。我改嫁的时候也不用给我婆婆讲,更不说什么要经得她的同意了,直接招一个就是了,她儿子都死了,我招劳力,她凭什么管我。公公和婆婆去世过后,也不会给你留任何财产,你想都不要想,即使是带着她的孙儿也不会得到她的任何财产。

(3)赡养

1949 年以前我们是没有活做的,根本没有机会出去经营、帮工那些,就只有在家里面务农、种田土。那个时候我公公婆婆也不由我赡养,她有儿子,所以不需要我管,她的女儿也不会养她,就只有她儿子养她。

以前没有钱,吃饭都成问题,更别说办寿了,根本拿不出东西来办寿。我婆婆去世的时候我还是去参加了的,但是我没有穿孝服,我丈夫比我婆婆还先死,即使是她活着的儿子也没有穿孝服,因为没有钱买。我公公和婆婆是没有合葬的,他们的墓地没有在一起,是分开埋的,除了结婚我可以去拜坟以外,其他时间就不能去了,我也不知道为什么不能去。清明节我也不会去给我公婆扫墓。

(二)妇与夫

1.家庭生活中的夫妇关系

(1)夫妇关系

因为我是童养媳，所以说我和他很早之前就见过面了，我们结婚之后我丈夫没有不满意，假如不满意他也不会想着和我结婚了，我们结婚之后也就直接喊他的名字，没有很特殊的称呼，他喊我也是喊名字。我们和公婆分家前是公公当家，分家过后是我当家，我丈夫是没有当家的，他不喜欢当家。我当家也没有听到有谁说过闲话，我丈夫也不会说闲话，婆婆也不会拿我当家这个事情来说我。

我们分家过后我在家是不会干农活的了，我丈夫会去种田之类的。我们家里是没有分得太过清楚的，没有说什么某个人负责哪些亲戚的走动，不分这些，就和村里面开会一样，谁有空谁就去。我丈夫还是挺重视我的，他出远门都会和我商量，我还是会同意他去，因为他是去挣钱，不是做其他事情。

我不清楚我们家里面谁会更重要一些，好像也没有刻意地去重视谁，那个时候家里面穷得饭都吃不饱，没有谁会谦让谁，有多少就吃多少。

1949年以前，丈夫对妻子是没有什么权力的，帮他打洗脚水、洗脸水那些都是空谈，用我的话说就是"他怕没烧那灶香"，这些都是他自己做。我以前在婆婆那里受了一些压迫，分家过后就没受过压迫了。厨房里的事情也不一定非要女的做，假如男的喜欢做他也会做。但是带孩子、倒尿桶、洗衣服这些就是女的做，男的基本上不会做这些，男的有空的时候会帮着做一下。1949年以前，家里面洗衣服，男性的衣服要晾在前面，女性的衣服要晾在后面，我的衣服和我丈夫的衣服都是分开晾的，洗的时候要分开洗。有时候我生病了，我丈夫还是会帮我做这些家务的。我没有听说过以前有娶妾这种事，也没有卖老婆这种事。

(2)过继

一个女人没有生出男孩子，我不知道他们家里面是不是可以再过继一个，因为我是生了男孩儿的。我们家里面的消费支出那些都是由当家的人决定的，也就是我决定的，但还是会和丈夫商量。以前当童养媳的时候，我没去赶过集，我也没听说过周围有离婚的人。

2.家庭对外交往关系

婆家有时候会来客人，作为童养媳的我是不能和他们同桌吃饭的，饭还是可以吃，只不过要舀在其他地方去吃，反正不能上桌。家里面走亲戚的时候，都是喊到我去我才能去，没喊我的话我是不能去的。

我嫁了两嫁，我不知道有没有妻子替丈夫还债的。过了这么多年了，我已经不记得1949年以前我借过钱没有了，我好像也没向谁借过钱，但是假如说要借钱，也只有我丈夫出门才借得到，我一个人是借不到钱的。

1949年以前我基本上都不怎么出门，所以更别说有朋友了。我当童养媳的时候走得最远的地方就是我们那坳口上，其他地方也没去过了。

(三)母亲与子女的关系

1.生育子女

(1)生育习俗

我以前生了六个儿女，老大是1949年以后生的，现在都六十多岁了。当时生儿生女报喜的风俗我不知道有什么不同,那个时候很背时,什么都没有,办不起酒席,也没有请人来吃饭,即便是孩子满周岁也没有请客。

我公公婆婆对生男孩儿和生女孩儿的态度是不一样的,我生女儿的时候,我生儿子的时候,婆婆说的话都不一样,很稀罕男孩儿。那个时候孩子生日连鸡蛋都没有,所以不会给他们庆生,男孩儿女孩儿的庆生方式也没有不同之处。

(2)教育

我的儿女都读过书,没有区别,不读书是不行的,哪怕是借钱也要让他们去读书。我们家对男孩、女孩都是一样的,没有谁会有优待,是一样的。家庭教育也没有特别的讲究,反正就是谁合适就谁教育。

(3)对子女的权力

儿女没结婚之前,他们自己赚的钱是归他们自己管的,我不会过问。那个时候也挣不了什么钱,所以儿女们应该是没有私房钱的。

我女儿是靠说媒结的婚,她是有介绍人的;我儿子是没有介绍人的,他是自由恋爱的。儿女们定亲的时候也没有讲究什么,连八字都没有合,他们结婚的时候我没有不同意,人家两个自己都愿意,我也没有必要去反对。他们结婚时的礼仪和我结婚时的礼仪是没有什么区别的,也是没有请客的。我女儿结婚的时候,她婆家那边是请了客的,至于给没给聘礼我就记不得了,不过我倒是给她置办了嫁妆的,具体是什么我就记不清楚了。

2.母亲与婚嫁后子女关系

(1)婆媳关系

我不清楚我大儿子是多少岁结的婚,大儿子都已经去世了;我这个儿子是三十四岁结的婚,大儿子结婚的时候我们都分了家了,都已经搬到这边来了。我们家没有婆媳矛盾,也不会像我那个时候婆婆会打媳妇,有时候我和我儿媳妇会闹矛盾,闹了也就闹了,没有谁来调解。我大儿子是1966年和我们分的家,分家的时候我这个儿子才七岁,他们分家和我们那时候分家也没有什么不同,也是一样东西都没有。我这个儿子分家过后就搬到这边来了,搬过来后在这边现修的房子,分家的时候也没有什么仪式,更没有请谁来做见证人,搬过来就是了。

我女儿是十九岁订的亲,那个时候我婆婆还在,我女儿的婚事我还做不到主,都是她说了算,我女儿也还是喜欢那个男的,因为那个男的是当过兵的,所以也没有什么不妥的。我女儿定亲的时候没和男方见过面,和我以前结亲的时候比也没有什么变化,婚嫁习俗也是差不多的。

(2)招赘、援助儿女

我不清楚那个时候什么情况下可以招赘,好像没有什么情况,招赘也没有见证人,也不写合约,招来的女婿生的小孩儿也是和男的姓,那个时候穷,根本没有什么财产,所以入赘的女婿也分不到什么东西。招的女婿进来是不会让他当家的,都是女儿手里头管着,女儿当家,都是女儿说了算,假如说入赘的女婿想要离婚,离婚过后他是不能带走财产的,房子那些也是分不到的。

我和我女儿走动得还是比较多,她对我很好,我一般都在家里,她在南溪,经常都会打电话来问候我,经常买东西给我送来,她遇到什么困难我还是会帮她的。

(3)赡养关系

我现在由我儿子赡养,他在家里排行老二,他们一共三兄弟,大儿子去世了,小儿子在南昌,现在就是跟这个二儿子住在一起,主要就是他在养我,我小儿子还是会给我兑钱来,虽然他是招到南昌的。我女儿不会给我兑钱用,一般都是买给我吃。有些人家里没生到有儿子,只有女儿,老了过后就由女儿养,还是跟女儿住在一起。我觉得生儿生女都好,没有什么区别,我经常都去我女儿家住,但是我住不惯她那里,她那儿有电梯,我按不来,一般去要个十天左右就回来了。所以我还更喜欢住在家里,要自由一些。

三、妇女与宗族、宗教、神灵

(一)妇女与宗族

1.妇女与宗族活动

我们村以前没有祠堂,也没有家祠,没有供奉死人的牌位,宗族里面没有族长。那个时候没有时兴清明会那些,没有钱来弄这些。

2.宗族对妇女管理与救济

那个时候,整个大家庭对你生儿或生女是不会有什么仪式的,家里面只有女孩儿没有男孩儿也不会受到歧视,但是婆婆会重男轻女,很喜欢男孩儿,不喜欢女孩儿。如果家里面没有男丁,只有女孩儿,父母去世过后,家里面的财产也是由女儿继承,不会传给侄子那些。

我们村那个时候也没有溺婴的现象。家里面会想尽一切办法让儿女去读书,哪怕是捡狗屎卖钱都要让儿女读书,但不会有家族里的人资助你,我那两个孩子,背荆挨砍地读到了八册,小的那个还读了初中。

我丈夫死得早,死后也没有家族救济我,所以后面我改嫁了。我们肖家的女嫁出来后,假如在婆家受到了欺负,我也不清楚娘家人会不会来帮助我。我丈夫的家族对女儿也没有什么具体的要求,但是对我和对他自己的女儿是有区别的,那个时候我是童养媳,所以是不会让我读书的,而他女儿就不一样。那个时候在婆家挨打,他们是不会通知你娘家的,打你你就只有活该。

(二)妇女与宗教、神灵、巫术

1.神灵祭祀、女巫

我不知道那个时候哪些神灵要由男性来祭拜,不知道讲究这些没有,记不清楚了,但拜神我们这里还是有的,比如灶王爷我们就要拜,灶王爷过生或者过年这些日子,我们要给他点灯、烧纸、烧香、作揖等,这些事情就是我们女的来做,拜灶王爷的时候我们的站位没有讲究男女,一般是我站在前面,除了灶王爷,我们还要拜土地公公,但是方式都和灶王爷差不多,都是女的来做,男的一般不愿参与。我不信什么女巫、男巫等。

2."求平安"、祭拜神灵、性别禁忌、家神、鬼节

祭拜神灵这些事基本上是由女的来做。七月半的时候我们还要烧纸,烧纸也是妇女的事情,男的一般不会管这些事情,假如家里面没有女的,还是只有男的管。我还是要信佛,不信是不行的,没有什么具体的原因,我丈夫是不管这些事情的,不怎么过问的,既不支持也不反对。拜神那些都是由妇女来主持,不关男人的事,信这些就是为了平安,这辈子病不来,平平安安的多好,不管男女老少,平安就过去了。

四、妇女与村庄、市场

(一)妇女与村庄

1.妇女与村庄公共活动

(1)村庄活动参与、开会

以前村里面开会、聚餐那些我是参加了的,没结婚的时候也要参加,允许没出嫁的女子参加。上了年纪过后,走不得了就不参加了,参加这些活动的时候,男女是坐在一起的,不会分开坐,都在同一张桌子上,有些男的要喝酒,我们就只顾吃饭,吃了饭我们走了就是,他喝不喝酒和我无关。

1949年以前我是没有参加过村庄会议的,什么保甲会这些我都不知道,没参加过,挖路之类的公共事务也没有参加。1949年以后村里面的会议是由村长召集,他会来喊你去开会,喊我我就去,没喊就不去。

(2)性别摊派、村庄绅士、保长、甲长印象与接触

1949年以前,修路这些公共事务的资金是由我们凑钱,女的也要凑,而且是平摊。没出嫁之前,我不知道谁是保长、谁是甲长,不认识他们,门也没出过,听别人说的机会都没有,所以听都没听说过谁是保长或甲长。村里面的事情我也不怎么关心,上心了也是白忙,没有用。

出嫁以后,我就知道我丈夫村里面的保长、甲长是谁了,村里面的事情我也很关心,我记不得我出嫁的时候是否告知过保长或甲长。

2.妇女与村庄社会关系

(1)社会交往、交往习俗

我已经记不得我在娘家的时候有没有女伴了,所以更不知道她们出嫁的时候我有没有陪伴她们,结婚之后是否要拜访我邻居我也不知道了。

(2)妇女聚集活动、女红传承、矛盾调解

到婆家之后,还是有和我玩得好的女的,我们还是会经常在家里聊天那些,我不清楚她们要得好的男的在哪里聚,我只知道女的一般在哪里聚。以前没有电视、空调那些,夏天的时候晚上要去乘凉,妇女是可以出去的,乘凉的时候会和其他人聊天,一般都是在本村,不会到别村去,我在村里没和其他妇女吵过架。。

(二)妇女与市场

出嫁之前我没怎么赶过集,次数不多,赶集也不会逗留很久,买好要买的东西就走了,一般都是我一个人就去了,没有同伴。我当童养媳的时候要去赶集不需要经过婆婆的同意,要买什么东西自己去就是了,市场里面有女性商贩。赶集是有的,但是不会去外乡赶集,都是在本乡,外乡太远了。我赶集不赊账,赊账也赊不到,因为那些人我都不认识,男的想赊账也要认识那个人才赊得到。

赶集就是单纯的赶集,不会去参加市场里的活动,喝茶、听戏这些都不会去,买了东西就走了。1949年以前,还是会去赶场的,挑柴去卖了买盐巴,去赶集早饭都没有吃的,一共要走三十公里路才能到那里。以前赶集和现在赶集是有区别的,那个时候没钱,赶场只买一点点东西,不像现在买很多东西,买东西也是要买自己需要的东西。

那个时候时兴布票那些,布票一般都不够用,而且有了布票没有钱也扯不到布,有时候

会不够用,不够用也就只有算了,根本不会有用不完的情况。那个时候有供销社,但是我去得都很少,两三个月才会去一次,因为没有什么好买的。

五、农村妇女与国家

(一)认识国家、政党与政府

1.国家认知

我记不得我是什么时候知道国家这个概念的,也不知道是通过什么途径了解国家这个概念的,反正觉得现在国家比以前好了。

我不知道 1949 年以前国家是否宣传过男女平等,也记不得 1949 年以前国家专门建过小学。以前小的时候还是用来些钱,反正还是纸币,但是和现在的不一样,除了纸币还有银元那些,这些纸币、银元都是国家发行的。

我不知道那个时候要不要缴税,年龄太小,什么都不知道。

2.政党认知

国民党、孙中山这些我都不知道,但是共产党我是知道的,共产党要比日本人好一些,我认识一些党员,但是其中好像没有女党员,只有男的没有女的。通过电视我听说了共产党或者革命这些词。以前我当过几天队长,当了几天就没当了,能力不够,当不下来,开会那些我是参加过的,但是具体讲了些什么我已经忘了。我家里没有党员,但是生产队里面有。也不知道共产党的干部哪些时候与我们老百姓走得最近。保甲长会议这些我都不知道。

3.政府认知

我以前是裹过脚的,我只有一岁多的时候,我妈就把我的脚裹起了,骨头都弄断了的。裹了过后走路都走不了,后面就没裹了,后来就没谁裹了。那个时候政府宣传过强制剪短发,但我是女的,我没有剪,没有经历过。我也没参加过识字班。

我觉得政府鼓励自由恋爱,废除包办婚姻还是很好的,这样生产队里面就会少一些闲话。1949 年以前我没有接触过干部,也不知道女性当干部,那个时候没怎么出门,很多事情都没听说。我觉得那个时候女的也可以当干部,只要她有能力,有能力就可以当。我也希望我的儿女当干部,当了干部他们才有事做,而且家里有人当了干部,家里才有希望。

我觉得计划生育还是好,生一个还是可以,但是我不知道国家为什么要实行计划生育,我不知道政府在实施计划生育过程中的困难。政府的政策有些好,有些也不好,这些政策反正是有好处也有坏处,政策好日子就好过一些,政策不好,日子就没有那么好过。我觉得妇女走到社会上去过后,有挣得到钱的,也有挣不到钱的。妇女不管是在家还是在外面都很辛苦。关于人情礼俗我不知道哪些该恢复,哪些该舍去。

(二)对 1949 年以后妇女地位变化的认知

1.妇女组织、妇女地位变化、家庭分工

1949 年以后我没有听说过妇联,我是听别人说的男女平等,但具体是什么时候听说的我就不知道了。1949 年以后,我有孩子了,儿女的婚姻也不是像现在的自由恋爱,都是父母来决定,而且不会像现在,那个时候即使不喜欢,被安排到那里了也没有办法。但是时代来了这种情况也就开始变化了,我的女儿反正是通过安排的,其他人家我就不知道了。我女儿还是我婆婆安排的,我话都不敢多说。

1949 年以后政府号召家庭要平等,不准丈夫打老婆、也不准婆婆打媳妇,但还是有例外。我不知道这种变化和政府有没有关系,我觉得还应该有政策规定媳妇不准虐待婆婆,婆婆受到媳妇的虐待可以向政府求助。我觉得妇女地位的提高和政府是有密切关系的,那个时候丈夫和别人说话时,假如说得不好女的是可以插嘴的,1949 年之后家里的事情也是男的做主,女的做不到主。政府也会管村里面男人打女人这种事情,不管是不行的。

2.妇女地位变化

现在和那个时候比,女性在接受教育上是有变化的,而且还是好的变化,我没读过书,我女儿读了初中,我孙女现在也在读初中,这些变化是好的,而且是和政府相关的,村里面有妇女干部,乡里也有妇女干部,县里也有妇女干部,这些干部都是可以代表政府说话的,妇女的地位毫无疑问是提高了的。

(三)妇女与土改

土改的时候我们家被划成了贫农,土改工作队来过我家,来访查,每个生产队都有他们的人。土改的时候开会、斗地主那些我都记不到了,也讲不出来什么,但是我没有参加过斗地主,开会都是有时候去,有时候不去,开会具体是什么情形我已经忘了,来没来动员我也不记得了。当时我没有分过地主家的东西,不是敢不敢的问题,看都没看到过地主的东西,更没有上台去诉苦。村里面其他妇女是怎么参加土改和斗地主我也不记得了,反正我是没去参加这些的。土地分给我过后我也做不了主,都是他们做主。

(四)互助组、初级社、高级社时的妇女

1.互助组时期、合作化时期

我知道合作社,互助组也知道,但是我不知道是怎么分的组,都是他们分的,反正要干活,干活才有工分,没干活就没有工分。互助组的时候都是一个生产队的人组到一起,然后就在一起干活,以前开会是干部来喊,反正干部喊你干活就干活,喊开会就去开会。互助组的时候还是要干活的,比如铲坎坎、铲灰、栽油菜那些,反正就是那些农活。

我不知道是谁决定入社的,反正我还是去了的。我还是愿意和他们一起下地干活,我觉得合作要好一些。我不知道合作社的时候家里的所有东西是否都交到社里去了的,入社过后妇女还是要干活,只不过干的是轻松一些的活,反正入社过后想干活就干,挺自由的。

2.合作化时期女干部、性别分工

我没当过合作社的干部,但生产队是有女组长、女社员的,我以前都当过女社长,每一个大队就有一个女干部,一个生产队也有一个妇女队长,她的工作就是负责去宣传措施、调查情况那些,反正就是起上传下达的作用。

那个时候男女还是有分工的,田里栽秧、打谷那些就有分工。那个时候怀孕、来月经那些都是要干活的,只有生孩子有一个月的假,其他情况是没有假可以请的,还是要干活。

3.集体劳动、集体分配、公共事务参与

我参加集体劳动的时候有两个孩子,那时候我跟这边还没有成亲,只有郑家那两个,那个时候喊你去干活你就去,孩子读书就读书,玩就玩,不用怎么照顾,那个时候只要干活都很累不会更轻松。一个月三十天,每天都要去干活,下雨都要去干活,不会耽误,一年能挣几千分的工分,那个时候只要你能做,哪怕你八九十岁,你都要干活,即使在家里也有家务等着你的。那个时候孩子不干活,我挣的口粮就我们三个分来吃。互助组的时候共产党的会很多,隔

— 170 —

一天就要开会,很频繁,妇女、男性都要去参加,妇女在会上也可以发言,说得合理就有用,不合理就没用。

（五）妇女与人民公社、"四清""文化大革命"

1.妇女与劳动、分配

人民公社的很多事情我都记不得了,那个时候都在劳动,妇女也要去劳动,公社和生产队会家家户户地喊你去干活,关于什么劳动口号那些我已经记不得了。妇女和男性在分工上也没有什么区别,男女都要去干活,栽秧子、打谷子这些没有区别。1949年以前没有土地,都是租来种,妇女就在家里面煮饭那些。后来就要出去干活了,男女都要去。那个时候男劳动力和女劳动力的数量都差不多,没有什么差别。那个时候男人就种田,栽秧子、打谷子、薅、犁、铲坎坎就这些,女娃儿就在屋头带娃儿、煮来吃、种地,喂猪、牛,就整这些。我们生产队的队长是男的,集体化以后还是只有那些人。

大跃进就喊去干活,你追我赶地追时间,差几分钟都不行,会扣工分,那个时候即使忙不过来也要忙,干活也不会说什么马虎,反正用心做就可以了。那个时候偷不偷懒就看个人了,但肯定还是有人偷懒的。我更愿意现在这种的耕种方式,现在更好。

那个时候男女同工同酬,男女都是一样地干活,得到的报酬也一样多。我当时劳动的工分是八分,后面才涨上去的,男的一天是十分的工分,工分不同,也不会觉得不公平,因为干的活是有差别的,是分了等级的,男的一般都是干犁田、耙田、抬石头等重活,所以并不会觉得不公平,评工分是按照自己的劳动来评的。

土改的时候分自留地,都是按人口来分的,一家三个人就三个人分,四个人就四个人分,男女都是一样的,没有区别。我们家当时是缺粮户,一天挣工分最多也就十分。

2.集体化时期劳动的性别关照

集体化的时候是没有什么假的,来月经都还是要出工,只有坐月子的时候不用出工。妇女因劳累而生病政府是不会管的,只有自己去医,公社里面也没有托儿所。

3.生活体验与情感

（1）大食堂

人民公社的时候是吃大食堂,吃的是吃大锅饭了,而且是全家人一起去,吃大锅饭的时候,饭量是供应不够的,一人只有一碗饭,只会给你这么多,不管你能不能吃饱,不是能够随便吃,有人会给你分饭,一个人反正就是一瓢儿的饭,食堂里煮饭的基本上都是女的,反正就是煮点油菜汤,一人打一点饭就没有了,而且小孩子会少打一些,食堂里也没有什么吃的,饭菜的种类都很单一。以前还要用票,大人是主要劳动力,一天只有五两饭,小孩子一天只有二两,菜基本上都是豇豆、黄瓜那些,没有什么花样。以前那个时候是没多少人愿意吃大锅饭的,十个人有九个人都不愿意,那个时候家里的铁锅、铁铲那些都要交上去,不会让你留在家里面。所以家里就没有办法做饭了,即使不用做饭,也没有觉得会减轻负担,而且觉得更艰辛,但是后面不知道为什么食堂就办不下去了。

（2）"三年困难时期"

后面就是"三年困难时期"了,饿死了好多人,很多人不知道为什么就饿死了。那个时候很多人都种菜,就拿锅炒着就吃了,但是我没有那样做,那时的日子真的很难过,比如山上的那种蚂蚁,把脑袋揪掉就那样吃了,我以前就是这样度过这种时期的,以前真的很饿,一天半斤粮食,吃都吃不饱,很艰辛,什么活都做不好。除了刚才说的,我以前也会种菜,从而度过这一时期。除此之外,还会去找野菜煮好,放一点盐巴凉拌,拿来拌饭吃。以前再饿也不敢去偷生产队的食物,也没有谁敢抱怨公社的存在,甚至连意见都不敢去提,现在回想起来真的觉得再也不想回到那个时候了,太痛苦了。

(3)妇女间矛盾、情绪宣泄、集体自杀

以前上工的时候,难免会发生矛盾,妇女与妇女之间多少都会吵架,甚至是打架,一般都是为了食物,因为饿,但是不会因为干活的多少而争吵。以前还有一些妇女会骂街,但是我没有过,因为有些人不懂道理,所以会吵架,而且即使解决了,空闲的时候也会啰唆这件事。以前生活那么艰辛,我也没有听说过有人自杀,死的都是犯了错,被杀了的。有一个人偷东西、抢东西,被人追到了崖上面,被逼无奈才从崖上面跳了下去,那些自杀的人都是脑袋不正常的人。

4.对女干部、妇女组织的印象

我们这里以前没有铁姑娘队,我以前当过队里面的妇女干部,不过都是很早以前的事情了,具体也没有什么特别的当法,就是别人选到你了你就去,没选到你就没有机会。那个时候管理也没有特别的讲究,就是召集开会、喊队员出工、喊人吃饭这些,我也不知道以前有没有人羡慕我,但我觉得应该没有,因为那时候还很小,才十八九岁。那个时候也有妇联了,结了婚的都是妇联的队员。

5."四清"与"文化大革命"

"四清"的时候,要把好人提出来,把坏人拿来斗,他们斗的时候也和我们无关,所以也没有什么人会去看,因为事不关己嘛。我知道"文化大革命",那个时候要斗地主,只不过是新一轮的斗地主了,那个时候自留地又被收了。"文化大革命"的时候也是可以买卖东西的,没有什么影响,那个时候要破"四旧",有些书要拿来烧掉。我没有书被烧过,因为我没有书,还有就是佛像、蒋介石的像都会被收。

那个时候婚礼、葬礼会被要求简化,但主要还是看个人的家庭情况,有钱就有陪嫁,没钱就直接去一个人就可以了,婆家会有人来接。

(六)农村妇女与改革开放

改革开放以后,就开始搞土地承包了,当时要分土地,分土地的时候还是有女性去参加,只不过基本上都是妇女干部,我们这种普通妇女是不行的,至于是愿意集体还是单干,当然是愿意承包单干。1978年之后,有很多变化,分土地都是按照人来分的,即使那种离婚或者出嫁的妇女也是可以分到土地的。

我以前都在干活,没怎么去参加村委会的选举。后来又开始实行计划生育了,我觉得这个还是挺好的,假如让我再重新选一次,我也不会再生那么多孩子了,生两个就够了。农村不像城市,村里面有什么老人会聊天嘛,特别少。我们家是有电视的,但是我不知道什么是网络,手机也没有用过,村里面男性老人和女性老人手机都很多,没有什么性别的区分。

六、生命体验与感受

我从小命就苦,父亲死得早,母亲改嫁,我不到九岁就当童养媳了,在婆家什么都要干,受尽了压迫,即使是结婚了也要受婆婆欺负。我嫁了两家,第一个丈夫去世后,我带着我的两个孩子真的很不容易，作为一个妇女我也没什么劳力，只能再嫁，第二嫁的婆婆还是很霸道。活到现在，九十多岁了，现在时代变了，儿子女儿也都孝顺，我也不想其他什么了，只想再活几年，享受一下这个好时代。

JYY20170117ZYK 赵玉康

调研点:四川省宜宾市南溪区林丰乡
调研员:姜越亚
首次采访时间:2017 年 1 月 17 日
出生年份:1921 年
是否有干部经历:否
是否生育:是

受访者结婚的时间节点、生育子女的具体情况:1934 年结婚;1946 年生第一个孩子,共生了七个孩子,五个儿子,两个姑娘,其中三个儿子是前夫的,一个儿子在饥荒中饿死了,有一个儿子在老人改嫁后不小心烧死了,现在还剩下三儿两女。

现家庭人口:4

家庭主要经济来源:务农

受访者所在村庄基本情况:金光村地处宜宾市南溪区林丰乡,地形以丘陵为主,海拔在 400~490 米之间,交通便利,湖光山色,风景秀丽,属亚热带季风气候。姓氏以赵氏黄氏为主。地广人稀,现在全村共有 340 户,1350 口人,耕地面积 2285 亩,林地面积 4100 亩,以种植水稻、油菜、花生和亚热带蔬菜为主。

受访者基本情况及个人经历:老人 1921 年出生,祖籍四川省南溪区林丰乡金光村。老人的父辈是地主,学名赵玉康,名字是母亲起的,并且是按辈分家族起的,哥哥、弟弟、妹妹的名字都是母亲按家族辈分起的。家中有两姊妹死了一个,两个哥哥两个弟弟。家里田地较多,但具体数据老人不记得了,土改时被划分为地主。1927 年在自己家族的祠堂读小学,1930 年和另一个地主家庭的男孩定亲,夫家也是地主,具体田地数量老人也不清楚。夫家有一个男孩,一个姑娘,家境较富裕。1934 年十三岁出嫁,嫁到婆家,成为别人的媳妇儿。1945 年去孔滩教书,成为教师。1946 年生下大儿子。1948 年土改时家庭成分划为地主,自己划为自由职业。1958 年之后退休,自此之后长期在农村务农。1961 年到 1963 年的饥荒中,婆家人全部饿死,后来改嫁到现在这家,共生了七个孩子,五个儿子,两个姑娘,其中三个儿子是前夫的,一个儿子在饥荒中饿死了,有一个儿子在改嫁后,不小心烧死了,现在在这里还有三个儿子两个女儿。老人现在居住在小儿子家,小儿子在外务工,老人一人居住,在家种一些庄稼和拾荒挣钱,生活费由小儿子支付和政府补助两部分构成。

一、娘家人·关系

(一)基本情况

我叫赵玉康,1921年生的。学名赵玉康,名字是母亲起的,并且是按家族辈分起的,但名字并没有什么意义。哥哥、弟弟、妹妹的名字都是母亲按家族辈分起的。家中有两姐妹死了一个,两个哥哥两个弟弟。家里田地较多,但具体数据我已经不记得了。我们家土改时被划分为地主,夫家也是地主,具体田地数量我也不清楚了。夫家有一个男孩,一个姑娘,家境较富裕。后来在1961年到1963年的饥荒中,婆家人全部饿死,我改嫁到现在这家。我十三岁出嫁,二十五岁时生下大儿子,共生了七个孩子,五个儿子,两个姑娘,其中三个儿子是前夫的,一个儿子在饥荒中饿死了,有一个儿子在我改嫁后不小心烧死了,现在在这里还有三个儿子两个女儿。

(二)女儿与父母关系

1.出嫁前女儿与父母关系

(1)家长与当家

在娘家由于祖父早逝,是祖母当家,祖母1949年以后去世后就分家了,分家后就是我母亲当家,我妈她是医协会的。

(2)受教育情况

由于家境较好,我是小学毕业,小学毕业以后,我又去读了"鸡婆学",即关于人之初、幼学、古文这些。那会儿读书的地方是由一姓的人即宗族办的祠堂,只要是这个家族的人就可以不交学费,男孩儿女孩儿一起上学。因为我是地主家庭,从小就读书。爸妈愿意让我读书,祖母不愿意,祖母认为女孩儿只读得来,写得起,挂得起,认得到自己的名字就行了。后来由于祖母的阻止就没读了。当时不敢反抗,虽然想读,但也只能默默接受这样的安排。我的兄弟们都是读了书,都是大学生,妹妹也读了初中,但因为糖尿病死了。1949年以后我就去读了个速成师范,学了些基本文化。学成之后就在孔滩教小学了。1949年时,政府把祠堂都拆了,学生们就陆续到村里面的小学读书了。

(3)家庭待遇及分工

在家里,父母对我们几姊妹的待遇基本没什么区别,制衣添衣没有什么区别,男女都是一样的,除了让男孩子多读一点书,男女的教育都很严格。虽说可以上桌一同吃饭但吃饭要坐规矩,不可以斜起坐,也不准这种吊起坐。只要不是干主要农活的都只能吃稀饭。吃肉的时候,拈一点给你就是一点(一块),一个月只吃一回肉。祖母吃那碗菜就是特别的,你不能伸筷子去夹。平时吃饭的时候座次也是有讲究的,有一个首席,首席就是老人长辈坐,兄弟坐在下方,姑娘只能坐侧面。过年的时候,由于那个年代不像现在这么富足,不管男女都是没有压岁钱的。

(4)对外交往

家里对外交往男女是有一定区别的。过年的时候,家中的男孩儿女孩儿都可以出门给村里面的人拜年。女孩儿同男孩儿一样可以出门,但是作为丫鬟的女孩儿就不能随便出门,人前不敢站,人后也不敢站。家里来客人了,除了我的妈妈不可以上桌吃饭外,家里人都可以上桌。因为我的妈妈儿多女多就不能上桌,伯娘那些都可以上桌,因为她没有儿子,一旦一个女人有了儿子就不能上桌了,儿子就是她的代表。去别人家吃饭的时候,通常妈妈是不能出席的,只有回妈妈后家的时候才可以出席,父亲不在家的时候,当要到别人家吃饭的时候,只有儿子能代表父亲,代表整个家庭。村里人对这种现象也是司空见惯,习以为常并不反对。

(5)女孩禁忌

女孩子不能到处乱跑,不能一个人出门赶集、走亲戚,只能在母亲的陪同下才能出门。只有初一十五才能出门看热闹,其他时候基本是禁止出门的,如果随便偷偷跑出去了被发现后,回来你就要挨打。女孩不能和同村不认识的男孩玩耍,仅仅是讲了话只要被发现了,回来就不能见祖母的面,十天之内不准坐。

俗话说女娃娃和男娃娃的衣服晾在一堆要倒霉。所以洗衣服的时候女孩的衣裳不准和着男娃娃的一起洗,裤子晾的地方和上衣晾的地方是分开的。晾衣裳的位置也是有区别的,裤子和上衣也是分开晾的。男孩和女孩的衣服也是分开晾的,屋檐下就晾男孩儿的衣裳,女孩的就晾在外面,男孩儿的衣服要晾在前方,女孩儿的就晾在后面。

(6)家庭分工

在娘家,父母负责做庄稼,我只负责绣花,妹妹和兄弟读书。母亲要下地干活,由于我家是地主,我基本没干过什么家务,都由我伯娘么妈和母亲做,我只负责绣花,绣花的工价钱归我自己所有,我拿来买袜子等。我也没下地干过活,只是要每天打扮自己,起床就要梳头洗脸,头发要梳光僧(精致)点,然后就拿何首乌来给它刷。绣花做鞋是我从七八岁就开始学的,是从我祖母和母亲那儿学来的。我一年要做很多套枕头套,三天就能做一双鞋子,这两样东西是不卖的,只拿来送人。

(7)家庭教育

我们家的教育很严,男孩儿就负责读书,女孩儿就待在家中负责绣花,还有一些仪容上面的事,要搽胭脂抹粉和把头发梳精致一些。

2.女儿的定亲、婚嫁

(1)定亲经历

我的婚姻是1949年以前的包办婚姻,八九岁就定亲了,是媒人介绍的,媒人是我们家的亲戚。定亲的时候只经父母同意,完全是父母做主,不准我们见面。只记得当时媒人说男方家庭好,人也好,同时也介绍了婆婆的情况,说婆婆善良,撒个(结果)就恰恰不善良,恰恰虐待我。定亲的时候只有一些简单的仪式,男方来的时候拿封糖,然后就开庚,就来要你的年庚八字,年庚八字要了,然后到结婚的时候就送期。定亲的时候,有十几套衣裳作为彩礼,没有钱,他来送彩礼的时候就请他吃一顿,拿封糖给他就是了。我当时对这门亲事并不满意,因为婆婆虐待我,不拿给我吃,就拿一个小瓢瓢儿,舀两瓢儿羹羹给你吃,豌豆儿、胡豆儿那些多得不得了,不准你吃。定亲之后是不可以悔婚的,如果悔婚的话就要对着枪点点打筋斗。定亲之后我们两家没有走动过,我是在结婚的时候才见丈夫的。

(2)出嫁经过

我十三岁结的婚,结婚的时候没写婚书,也没有结婚证之类的东西,没有什么证明,只要嫁过去就行了。当时结婚是坐的那种四轿,有很高的的弯竹竿子的那种,请了四个人来抬。结婚的那天要跨火盆、放火炮儿,还有哥哥兄弟要送但妹妹不能送,妹妹不能见姐夫的面。出嫁的时候娘家还是摆了席,但具体多少桌记不得了,只要是送了礼的就都来,但没有请族长、甲长、保长那些。嫁出去以后娘家没有人来看望,但是第二天娘家兄弟会来接我和丈夫回门,十天后、一个月后又会来接,回娘家的时候不带任何礼物,但兄弟来接我们的时候会带礼物来。一般在过年中秋、端阳这些节日娘家会送礼物来,男方会用一些衣料作为回礼。

婆家是一个小地主,有一儿一女,老公公年轻的时候就死了,只有婆婆,还有一个叔公公一个叔婆婆,结婚的那天才见丈夫的面。

定亲的时候男方没有什么仪式。结婚的时候只喊了四个人抬了个轿子,放了火炮儿,跨了火盆,然后就拜天地,拜天地是先拜祖宗后拜天地,拜天地的时候有人来牵着你拜,怀胎妇人要回避来月经的女人。那时摆了宴席,宴席的座次没有什么特别的区分,男女一起坐,只是女方娘家的人要坐好一点的位置,送亲的人也要坐好一点的位置。结婚之后没有去拜祖坟,也没有去祠堂祭祖。

出嫁后第一年过生,娘家不会派人来庆生,也不会告诉婆婆今天是我生日,自己的父母只是通过在逢时过节来接你回娘家来表达对你的关心,但是,即便回到娘家,也不准讲婆家的半点不是,如果说了婆家的不是,别人会认为这是一段冤孽。

(3)嫁妆

那时候的嫁妆很简单,就是床铺、柜子、铺笼罩被这些,我当时置办了四套,像那些一般的家庭就只是一铺一罩,两铺两罩就是最多的了。当时的嫁妆都是妈妈和我自己置办的,铺盖芯子是我妈妈准备的,套子是我自己绣的。那时在娘家绣的铺盖、枕头这些就是我自己的出嫁的时候可以带走。

(4)童养媳

1949年以前听说过童养媳,但对童养媳结婚有啥子仪式我不太清楚。

(5)换亲

没听说过。

(6)招赘

1949年以前我没有听说过招赘的,只有嫁出去的没听说过招进来的。

(7)改嫁

1949年以前有改嫁二婚的,但都是要那些丈夫死了的才能改嫁,其他的就不能改嫁。二婚是没有彩礼的,也没有新办的嫁妆,只有你之前第一次结婚的那些陪嫁,这也是在婆家唯一可以带走的东西。丈夫死了改嫁的村里是不会歧视这种婚姻的,同时我们当地没有冥婚的习俗。

3.出嫁女儿与父母关系

(1)风俗禁忌

嫁出去的女儿泼出去的水,每次回娘家的时候不能说男方的情况。每次回娘家的时候就跟母亲她们一起住。出嫁之后一般不回娘家,就算是吃年夜饭也得是娘家请你去你才能去。出嫁的姑娘是不能回娘家去拜墓、上坟的,我是祖母死了才开始回去上坟的,1949年以前是禁止的。

(2)与娘家困难互助

嫁出去的女儿就不管娘家的事了,就算是娘家有困难的时候也不可以帮助他们。我记得我去教书那会儿,我把我的工资拿点给妈,被发现了都被婆婆拿回去了的,还被骂了,从此以后就不敢寄给我妈了。但是我的婆家遇到困难的时候,娘家却要帮忙,都是我回去找我母亲帮忙,婆婆和丈夫都不会出面。

(3)夫妻矛盾调解

由于男尊女卑的社会现实,我和我的丈夫从来没有闹过矛盾,从来没有吵过架,我的丈夫对我也不错,像婆婆的女婿给她拿吃的,婆婆不拿给我吃,丈夫就偷偷拿给我吃。

(4)离婚

1949年以前女性是不可以提离婚的,就算是婆婆虐待你,你也不敢提离婚,如果想离婚祖母就会用枪打死你,只有丈夫死了才能改嫁。

(5)娘家与婆家关系

我的娘家与婆家不是同一个村的而且隔得很远,双方关系一般。

(6)财产继承

出嫁之后的女儿是不能分父母的财产,如果家里只有一个女儿,出嫁后我不清楚。

(7)婚后尽孝

1949年以前出嫁的女儿是不养自己的父母的,就算是他们生疮害病,嫁出去的女儿也是不给他们出医药费的,这些都是兄弟管,1949年以后这种情况也没发生变化。我父亲去世是土改最厉害的时候,最终受不了压力自己吃药死的,死的时候都没有办丧事就直接埋了,埋的时候我站在旁边。除了父亲和祖母死的时候我在场外,清明节、七月半那些我从未回去上过坟。

(三)出嫁的姑娘与兄弟姐妹的关系

出嫁之后我和娘家姑娘和兄弟的关系较好,走动也很多,像我在这姜家来嘛,我丈夫欠的三千块钱账,全是我妈拿给我的还的,我们才能兴这个家。跟妹妹走动也多,妹妹非常爱我,家里杀猪那些都要念姐姐怎么不会来,每次回娘家走亲戚的时候我们也要带礼物。回娘家的姑娘就是客人,娘家的哥嫂兄弟、弟媳儿,他们都非常尊敬我,对我很好。我的孩子结婚的时候,娘舅那些还是要来参加的,但娘家发生一些大事情他们不会请我回去商量就连祖母死了这样的事情他们也不会请我回去商量怎样办丧事。兄弟结婚的时候我丈夫死了,我就迁回娘家了,过上了完全都依靠母亲兄弟的日子。虽然出嫁了回家是客人,但娘家兄弟在我家说话有分量。但兄弟一般都是批评我得多,很少说婆家的不是。

关于赡养父母的事情,一般我是不过问的,如果兄弟不赡养我爸妈我也不会说什么,因为母亲已过半世了,我跟兄弟还要长时间相处,我不能够去骂他。

我通常是初八回娘家拜年,回家的时候要带些小礼物,回娘家只跟外公外婆这些实亲拜年,拜年的时候一家人都要回去,平时不怎么走动,只有逢时过节和红白喜事时才走动,走亲戚最远是走到我妈的那房亲戚,回娘家走娘家亲戚的顺序一般先是爷爷奶奶家,然后伯姨叔侄家,最后外公外婆家。

二、婆家人·关系

(一)媳妇与公婆

1.分家前媳妇与公婆关系

(1)婆家家长与当家

在婆家因为公公早逝,是婆婆当家,一切都是婆婆做主,婆家从没开过家庭会议都是婆婆说了算。

(2)劳动分工

在婆家没有明确的分工,我和丈夫什么都要做,既要做家务又要种地。我每天要洗衣、做饭、扫地,还要下地干活、插秧打谷。婆婆对我比对其他人更加严厉,像我来月经了都要强迫我去打谷子,她的女儿月经要来了,她都不准她去打谷子

(3)婆媳关系好坏和婆媳规矩与状况

我嫁过去之后每天都要伺候婆婆,要打洗脸水、端茶、打洗脚水,每天早上还要向婆婆请安,婆婆坐着你只可以站着,还要给婆婆添饭折被。刚刚嫁过去的时候婆婆要监督你做饭洗衣,怕你做不好。婆婆虐待我,我的嫁妆她不给我用,让我睡了三年的楼板,也不准我和我的丈夫同床,都是婆婆出门走亲戚我才和丈夫同房的。虽然我可以一起、上桌吃饭,但吃好点的菜你不准吃,只准她的儿女吃,不准我吃,家里面胡豆、豌豆多得不得了,但是不准我吃,只准我吃红苕稀饭。而且婆婆还经常骂我,骂得特别难听,但是我不敢反抗,反抗的话会被骂得更惨。在婆家基本没出过门,也没去赶过集,后来去教书的时候才出门。1949年后不久,婆婆和丈夫都死了。

(4)外事交涉

如果家里面发生什么事情都是婆婆出面对外交涉,平时婆婆讲话我是不能插嘴的。

(5)家庭矛盾

丈夫和婆婆没有矛盾,没有吵过架。

(6)过节习俗

端阳、中秋、过年是要回娘家的,初一十五必须在婆家过。出嫁的姑娘是初八回娘家拜年。

(7)财产权

1949年以前,媳妇儿在婆家是没有财产权的,1949年以后这也没什么变化。后来婆婆、丈夫、丈夫的姐姐都死了,财产我都带走了的,那会儿土地改革全都没收了的,没有什么财产了。婚后我没有私房钱,所有的钱都婆家用。

2.分家后媳妇与公婆关系

(1)分家

由于婆家只有丈夫一个儿子,还有婆婆和她女儿,所以一直没有分家。

(2)离婚与改嫁

只有丈夫死了才能离婚,其他情况下是不能离婚的,公婆、娘家的家长也仅仅同意丈夫死后女人才能改嫁。

(3)外出经营管束

1949年以前没听说过妇女在外经商的。

(4)赡养与尽孝

在婆家的时候我去教书去了,婆婆就是她儿子养,我只要把钱打回来给她就行了,我们那时一个月工资才十六块五。婆婆办寿过生都没办过,如果要办我也只是把钱拿回去就好。

(5)公婆祭奠

婆婆是在斗地主的时候被饿死的,没有办丧事,就直接锚(埋)了就是,公婆的坟是分开的,没有墓碑也没有名字。结婚的时候没有去拜过祖坟。

(二)妇与夫

1.家庭生活中的夫妇关系

(1)夫妇关系

我和我丈夫是在结婚那天才见的面,以前从没见过,我心里对这门亲事是不满意的,但是不敢说,丈夫对我挺满意的。结婚之后我们互相都称呼对方的名字。

(2)当家与家庭分工

我结婚后一直是婆婆当家,一直没分家,婆婆、丈夫都在 1949 年以后斗地主中死了,家庭没有内外分工,大家都要干活,只是我既要做家务又要栽秧打谷。

(3)家庭地位

在我的家庭中婆婆是第一重要的,第二就是自己的丈夫,第三是丈夫的姐姐,最后才是我自己,像家里饭不够吃首先是让他们吃饱,然后再拿一点给我吃。家里很少买东西,有事回娘家带点东西回来都是先跟婆婆拿去,如果家里要去讨饭一定是先让我去,反正我在婆家的地位是最低的,好的轮不到我,差的总是我。

(4)丈夫权利

1949 年以前都是男尊女卑,一般情况下丈夫说话女人不能插嘴,我家也是这样,但我丈夫对我挺好的,没有骂过我、打过我,也准我出门,只是有些事情男人是一定不会做的,像洗衣裳,而且男人的衣裳要和女人的衣裳分开洗,就算是我生病坐月子,他也不会帮忙洗衣裳,这些事情必须是女人做。

(5)娶妾与妻妾关系、典妻与当妻

1949 年以前男的是可以娶妾的,但我们家没有,一般只有那些富裕的家庭才能娶妾,还有就是妻子没生小孩的,尤其是没生男孩儿的。娶妾的一般都不会征求妻子的意见。娶了妾的男人对妻子和小老婆是区别对待的,更爱后头那个,在家里称呼小老婆就喊新,妻子就喊旧,比如二妈就喊新二妈。

我们这边没有听说过典妻当妻的事情,最多就是打骂妻子。

(6)家庭虐待与夫妻关系状况

1949 年以前那会儿丈夫打妻子的情况有,但是不多,那时丈夫可以随便打骂妻子,旁人什么也不会说,只是有些时候打得太厉害了,有人会去劝劝。丈夫打妻子的时候,妻子是不敢反抗的,如果反抗的话打得更惨,而且丈夫打妻子的时候是不会回避小孩儿的,妻子也不敢向娘家告状,婆婆更是不会管。我认为 1949 年以后丈夫打妻子的现象是有改变的,以前是丈夫想打就打,1949 年后就可以提离婚了。

1949 年以前公认的好妻子,就是像我妈妈那样会忍耐不说话的女人,像我爸爸爱打牌,专门输钱,但是我的妈就不管。我认为 1949 年以后没什么变化。

(7)副业收入、日常消费与决策话语权、离婚

那会儿我的那些收入,像去教书的钱都要交给婆婆,家里的日常开支都是婆婆说了算。1949 年以前没听说过女的主动提出离婚的,那会儿不愿意了直接走了就是,不存在所谓的离婚。因为那会儿还没实行婚姻法,1952 年实行婚姻法后就有女的主动提出离婚的,而且那时提出离婚的女的比男的多。离婚的时候,女的把自己的东西拿走,其他的东西都没有你的份,只能拿自己带来的嫁妆。

2.家庭对外交往关系

(1)人情来往、家庭责任与义务、婚外情

家里的人情来往一般都是婆婆出面,婆婆做主,家里来客人了,大家都可以上桌吃饭,只是好一点的菜我就不能夹来吃,平时也能跟着婆婆、丈夫去别家吃席,但如果婆婆、丈夫不在家我就不能去了。1949年以前就算男的在外面有婚外情妻子也不敢说什么,只能认命,只要他不打你不骂你就行了,因为男的势力更强,村里面其他人也不会说他不对。

(2)人际交往与出行

1949年以前,我平时基本不出门,只去赶过集,都是要你买点什么重要的东西的时候才准你上街,还有就是孩子生病到街上的医院去过,1949年以后去教书到孔滩,这也是我走得最远的地方了。在教书之前我没有朋友,后来教书的时候认识了很多朋友,男女都有,还有男的追求我,但我都拒绝了,因为我是结了婚的。尽管有很多朋友,但我们除了在学校经常交谈外,其他时候从没出去玩过。

(三)母亲与子女的关系

1.生育子女

(1)生育习俗

在第一个丈夫家生了三个儿子,这仨孩子烧死了一个,摔死一个,后来还有一个带到这个丈夫家,现在已经去世了,嫁到第二个丈夫家生了四个孩子,两个女儿,两个男娃娃,最大的那个孩子已经六十几了,那会儿生孩子给娘家报喜的话,如果生的儿子就捉只公鸡,生的女儿就捉只母鸡。

孩子满月了就可以抱出去给别人看来,还要办满月酒的,送了礼的都要来喝满月酒,孩子满了四十天娘家就来接我、孩子和丈夫一起回娘家。孩子满周岁也要庆祝请客,但是孩子不去祖墓祖坟那些地方去祭祖。后来到这边来生了女儿,但没有办满月酒,也没有庆生,因为那时实在是太穷了。

(2)生育观念

我儿子生得多,后来生个女儿大家都高兴得不得了,婆婆更喜欢儿子。但在我们村,在1949年以前如果女人只生了女没生儿的话,她老公就会休妻或者再娶一个。像我们街上有一个,她先在的罗家去生四个女,生四个女男方有意见,就把她休了,后头又去周家还是生女,差点被撵走了,后来生了男娃娃就高兴了。

(3)子女教育

我的几个孩子都是读过书的,没有男女的区分,到年龄就读书,我的娃娃读书的时候都是1949年以后了,读书都由生产队、政府决定,那会儿要是没有钱读书就写申请解决读书费,学费就免了,但书本费要自己出,学费一块八,就给免了。

(4)性别对待

在我们家对男孩女孩都一样没有区别对待,因为生了好多个男孩儿,妹妹出世受欢迎得很,我们家的孩子都是一起教育,没有教育分工。

(5)对子女权力(财产、婚姻)

我的孩子在结婚之前赚的钱都是交给我管的,后来分家的时候我就说:"家是你们管还是我管,你们管,人情客往我就不管了;我管,我就去管人情客往,你们就只要往来就是。"后

来他们就要求他们管。那时候穷,我的几个孩子都没有私房钱。他们几个结婚都是有媒人来说媒的,但不像我结婚时,他们在说媒的时候就见过面了,只要他们同意,我任何都不管,只管经济。结婚的时候都要合个八字。我记得我的媳妇儿的陪嫁是一铺一盖,都由她自己支配,和我当媳妇儿的时候完全不一样,我的全是婆婆管。因为当时家里穷,儿子结婚的时候也没盖新房。

2.母亲与婚嫁后子女关系

(1)婆媳关系

我的大儿子是二十二岁的时候结的婚,我和儿媳妇的关系很好,我从来没和我的儿媳妇闹过矛盾,她要给我洗澡、洗脚,对我很好,不像那时我的婆婆和我,我当婆婆后我对我儿媳都很好,像我儿子跟媳妇顶嘴,我就要说我儿子不是,不说我儿媳妇。

儿子结婚的时候也要拜公婆、端茶、做传统的家务,比如说洗衣裳、弄饭那些,但有时候我的儿子也会帮着做,我们家只要有个客来就是男的弄饭,不会让女的去做,碗都不会让女的洗。

(2)分家

计划生育的时候我和我的儿子分的家。那时我的二儿子是不得不分出去了的,当时计划生育,没办法,儿子交不起罚款只有迁出去,当时是我提出来分家的,那天儿子走了就是,东西那些都是后来我叫车子送过去的,他们只分到了媳妇儿陪嫁的东西,其他什么也没带,大儿子就分了一间瓦房,我们就是草房,当时女儿还没出嫁,女儿跟着我们,她的东西就给她留着的。

(3)女儿婚嫁、招赘

我的女儿是十六七岁的时候定的亲,村里的姑娘差不多都是这个年龄定亲。我家姑娘是媒人介绍的,但她是见了面耍了几年才结婚的。定亲之后两家就可以走动了,逢时过节准女婿都要来看我们,还会带上礼物。

结婚的时候,男方给了六百的礼金,我就用这六百块钱再加上自己的钱买成嫁妆送过去。当时我给我的女儿置办了四套铺笼罩被和床铺柜子等,她自己还办了些碗筷。那时就算婆家给的聘礼太少了,我们的嫁妆也是不会减少的。改革开放后,这些习俗礼节都发生了很大的变化,变得越来越好了,现在结婚的礼金都是讲万数,像我孙孙那些结婚虽然还是有媒人,但是陪嫁和聘礼明显多很多。

1949年以前没听说过上门女婿,1949年以后我家就有去当上门女婿的,我孙儿就招出去了的,招出去之后他生的孩子还是跟他姓,还是要分家的,他简直是两方享受,但是在他家中是他丈母娘当家。

(4)援助儿女

我姑娘家挺好的没得啥子困难,过得比我好,如果她有困难,我能帮的就一定会帮,我没得我就不帮她。因为孙孙、孙女出世的时候,我的年纪都比较大了,身体跟不上,所以就没帮忙带。

(5)赡养关系

我现在是由儿子姜强赡养,他给我的生活费,我自己养活自己,女儿就给我买些穿的,去年给我买件棉衣,今年我穿的都是她给我买的,她不会给我钱,最多给点车费。姜强现在在南京,我一个人住。像那种没有儿子只有女儿的家庭,女儿也是不赡养父母的,由政府管。我现在觉得儿女都一样儿女都好,现在女儿同样要照顾我的穿,儿子同样要照顾我的穿,儿媳妇也跟我买棉衣,儿子也跟我买。我女儿住在城里面,现在我一年去几次,以前每月都去,每次去最多歇两夜。我还是喜欢自己住,自己的家最好。

三、妇女与宗族、宗教、神灵

(一)妇女与宗族

1.妇女与宗族活动

我们村庄以前有祠堂,但那时候的祠堂没有什么特别的活动,只是要办个清明会,男的女的都可以参加,吃饭的时候男女也是可以坐在一起的。拜坟上香只有本家人本家姓的人才能去,像我丈夫就不能去,因为他不姓赵。出嫁的时候也不用去祠堂里面告诉他们自己出嫁了。

我们家是有家祠的,家祠里也没什么活动,大不了就是吃一顿饭,不祭祖。我们家有一本谱书,只要是这个家族的人都要写在上面什么时候生的、什么时候死的,出嫁在哪儿都要写在上面。我出嫁的时候,娘家要请各房的家族,要把整个赵家都请来。我记得当时家族中都是有族长的,但都是男的没有女的,那时都是排斥女人的,在整个家族中都只有男的说话,没有女人的地位,女人不能够去发表意见。

2.宗族对妇女管理与救济

1949年之前生男孩,宗族里没什么特别的仪式,生男生女都只要去把名字登记上就行了,在家族中你只有女没得儿的话,男的就会去找小老婆或者过继。如果家里面没有男丁,女儿也不能继承财产,都要过继一个来继承他的财产,或者抱养一个,抱养过继也没有什么特别的要求,只要不偷不抢就是,只是要写张抱约,也不用请什么见证人,就邻里见证,画个押,自己知道就行了。

宗族对婚姻对象没有特殊的规定,只要你不做丢脸的事家族都允许,一旦做了让家族蒙羞的事情,娘家你就回不去了。家族对女人的忠贞看得很重要,如果女的出轨一定会被教训的。

(二)妇女与宗教、神灵、巫术

观音菩萨是我唯一要祭拜的神,其他的神我都不信,灶王菩萨我都没敬过,七月半我都没烧过。每年观音菩萨生,我就到庙里去拜观音,观音是男女都可以信的神。拜观音的时候要买点纸钱,买点贡献拿去庙山,然后作揖磕头。观音就是女性神灵,我拜观音就是为了求平安。去庙里的时候没什么禁忌,但是女的来月经就不能进庙,每个去庙上的人都必须洗澡沐浴,不洗澡就不要上庙,因为就不干净。

四、妇女与村庄、市场

(一)妇女与村庄

1.妇女与村庄公共活动

(1)村庄活动参与

出嫁前每次祖母去拜观音,我就会给她背背篓儿,然后就到庙上去了,我还参加过村里的清明会,看戏那些我都参加过,就是在正月的时候不能去看唱腰花灯。村庄吃饭看戏等聚会的时候,男的跟女的是不分开坐的。这些活动在我结婚之后就没参加过了。

(2)开会

1949年前我没参加过村庄会议,村庄有会议的时候都是一个人去,每家一个代表,我家就是祖母去。虽然妇女可以参加会议,但是不准发言,甚至男的也不能发言,只有保甲长说话,群众只能听听。1949年以后村庄的会议都是生产队长召集的,那时就是大量的妇女参加了,如果妇女不去队上还会有人来动员你参加,在会上妇女也可以发言。

(3)性别摊派和村庄绅士、保长、甲长印象与接触

1949年以前村庄的公共事务的建设都是大家自己出钱均摊建设的,水井这些都是自己出钱自己挖,政府是不会管的。我记得在我没出嫁之前,我们村的保长叫李启良(人名),其他的我就没什么印象了,我也没关心过本村的事情,他们只关心抓壮丁。因为是1949年以前出的嫁没有户籍制度,也不用向保甲长打招呼直接嫁过去就行了。出嫁之后对丈夫村的事情就更不清楚了,只有听过他喊过徐保长。

2.妇女与村庄社会关系

在娘家我没有女伴,绣花那些女红都是祖母和母亲教我的。当时社会上也没有请女工来干农活的,都是男娃娃。结婚之后和邻里关系一般,因为我们家是地主,所以也没有出门去看那些邻居,也没有朋友。和亲戚的关系还挺好的,像姻亲那些要建新房我都会去帮忙煮饭,上梁的时候还会出点钱,村里面有红白喜事的时候也会请我去帮忙,去帮了忙的就不出钱了。一般都是别人来请你帮忙,很少有自己自愿帮忙的。帮忙的时候已婚妇女就帮他煮饭、做菜有时候还自己带点菜过去,没结婚的姑娘就帮人家添添饭、传下菜、盛下汤这些。

平时也会和玩得好的妇女一起聊天聚会,场地不限,随便在哪儿都行,晚上的时候大家都要出来乘凉,一般都只是在自家坝子里,妇女也可以出来,但是要穿戴整齐,坐相规矩。我们妇女聊天的时候,旁人也不会说什么,但是妇女只能在本村待着,不能到处跑,也不能和男的交谈。现在我们当年聊天的那群人年纪大了,都很少一起了。那时的村里很和谐,很少出现妇女吵架的,就算有也是极少数,吵的时候旁人也很少来劝架。

(二)妇女与市场

出嫁前很少上街,赶集都要和妈妈一起去,都是要买一些重要的绣花的材料。结婚之后也很少上街,要上街都是和丈夫姐姐一起,年纪稍长一点的女性可以到外乡去赶集,但是绝对不能住在外面的。

那会儿市场中卖东西的都是些杂货郎,没有女的,年纪大点的可以去。街上很少有赊账的,那时大家都穷,谁也承担不起这个风险。市场中的活动只有男的参加,女的是不能参加的。其实市场中卖的东西很少,很多东西都是自己弄得,像织布的棉花是自己种的,织布的纱是自己纺的,绣花的花样都是自己画。1949年以后尤其是改革开放后就不一样了,市场中什么都有,男的女的都可以卖东西来了,1949年以后我家就用上机器织的布了。以前我们家还有那会儿的粮票、布票,现在都不知道去哪儿了,当时的那些东西非常宝贵,大家都不够用。还有去供销社的时候,买的东西很少,很多东西也是自己弄,现在好了都是用钱了,把自己的东西卖了钱又去买别的东西。

五、农村妇女与国家

(一)认识国家、政党与政府

1.国家认知

大概十三四岁的时候，我接触到国家这个概念。读书那会儿学校会讲。国家好啊，现在国家还会给老年人发钱。以前国家的政府还有人丁税，但妇女似乎不交，也没有宣传男女平等、没有建小学，1949年以后就好了，政府建立小学，男女都可以上学了，这真的是很大的一种进步。1949年以前卖东西也是用政府发行的钱，在我的印象中我用过银元、辅币、黄金券，还有孙中山先生头像的纸币，最后就是毛泽东头像的纸币了。钱币的更替和日本人的侵华都让我感到国家的存在，没有国家就没有今天。

2.政党认知

很小的时候我就知道蒋介石。那会儿读书的时候学校都挂着孙中山、蒋介石的牌牌，就是那种撇起刀带的照片。1949年以前还没得共产党的，那会儿只说是打方面军。那会儿学校还介绍孙中山先生的平均地权、节制资本。现在看来改革还是没有毛主席的枪杆子来得快。1949年以前我就晓得了共产党了，那会儿喊红军。我还参加过共产党组织的投票。我现在的丈夫就是共产党员，他是1951年就入党了，那时候的贫农那些特别容易入党，他就是贫下中农，所以就入党了。在我看来党员中有优秀的、也有不优秀的，我没入过党，我那会儿是介绍我入党，由于家庭是地主，我只当过辅导员。共产党干过最好的事就是与群众打成一片，干部本来就应该联系群众。

3.政府认知

穿耳朵就是禁止邪言入耳，包脚就是禁止乱走乱说。但是我没裹过脚，那时孙中山先生不让裹脚。他还号召剪短发、强制剪短发。在街上看见长辫子的就剪了，当时大家都很支持。

石柴灯锅饭不熟，包办的婚姻没幸福。1952年的时候实行婚姻法，不过很早前政府就号召废除包办婚姻了。1949年以前是没有妇女当干部的，不像现在男女平等，都可以当干部，如果我的女儿有这方面的能力，我是希望她当干部的。我对计划生育印象深刻，就是因为计划生育我们才分的家，但是我认为这个政策还是好的，因为多儿多女，必定拖累就要大些。一些风俗习惯像放足、剪辫之类的就是政府该管的，一些风俗还是不恢复的好，现在这样最好。

(二)对1949年以后妇女地位变化的认知

1949年以后是听说过妇联的，那时在妇联工作的同志很多，我和妇联主任很熟，经常和她睡在一起。我很想加入妇联，但是我去教书去了，就没有参加妇联。

1949年以后就有男女平等的说法了，那时也婚姻自由了，废除了包办婚姻。现在的婆媳关系也发生了很大的变化，以前都是婆婆虐待媳妇儿，现在反而出现了媳妇儿虐待婆婆的现象。夫妻之间以前都是丈夫打老婆，现在就没有了，我还听说过老婆打丈夫的事件，这会儿尽是女权提高了。像我们村有个九十一岁了的老人，他媳妇儿就虐待他，不准人家进屋，生病了不去医院，不准他医。现在政府和村里面的干部只要有人报还是要管这些事情，可就是没人报，大家都不敢去报，报了更加受罪。

在教育上，现在的教育比以前好多了，特别是女孩的受教育情况得到了大幅提高。像我的女儿那时读书不行,但是还是读了初中,我的孙女是读了高中的。正是因为有政府的扶持才会有今天的进步。现在村里的干部有很多都是女性了,只要你有能力你就能代表政府说话,只要你有能力人民就会投票给你。

(三)妇女与土改

1.妇女与土改

土改的时候我家被划分为地主,我是被划为自由职业的。那会儿我家是祖母当家,祖父二十八岁就死了,我祖母就虐待我妈,祖母就被打为地主,我妈就成了贫下中农会的主席。但没过多久祖母就死了(年纪大了再加上被批斗)。爸爸也被划为地主。我因为在教书是吃供应粮的,所以也被划为了自由职业。斗地主的时候,家里的东西都被抢了,还把我的家人弄出来关在个仓里头。我丈夫那方情形也差不多,后来在大食堂的时候被活活饿死了。土改后我家的东西都被抢完了,人也走完了。虽然这样,我还是觉得土改挺好的,因为土改后人人都有田有土了。

2.妇女组织、女干部与土改

我记得那时村里有土改工作队,里面还有女队员,还成立了妇女会,那时妇女会有个主任,说我是地主要来捆我,当时我就反抗,我发了一个言,我说她是一个土匪头头的爱人,凭什么来当工作队,后来我就被放了,她的职务也没了。土改确实让妇女翻身,解放以后因为土改让妇女都有了土地,这下男女真的平等了。

我那时基本上都在学校待着,没当过女干部,那时的女干部好像也只有妇女队长,其他干部很少有女的。妇女当干部,宗族和家里都不管她,也管不了。那个时候公公婆婆的思想都进步了,还支持妇女当干部。当干部的妇女性格都很温和,妇女群众才去接近她,才会选她。

(四)互助组、初级社、高级社时的妇女

互助组、合作社我都参加了,互助组就是说,那个组有没干完的,这个组就可以去帮他,这个有没干完,那个组又来,互帮互助。合作社,你要参加了你才能买到东西,你不参加你就买不到东西,必须是贫下中农才能参加。

互助组一般是由一个生产队组成一组,那时你不参加互助组你就什么粮食也分不到。动员组的人来家里动员妇女时,就说男女平等,妇女也要参加,也要下地干活、栽秧打谷,即使是来月经了也要干活,只有怀孕可以干一些相对轻松的事情,坐月子可以不干活,但没有工分。我当时在学校教书,就没有去干活,但如果让我干我肯定愿意。

合作社的时候,家里面的土地、农具都入了社。入社的时候没有征求我的意见,直接就收起走了。我当时只知道田土入了股了,作起我分就是。那时妇女愿意下地干活就干,不愿意就不去,但不去的就没有工分。当时还有女社长,但不是每个社都有,看机遇,工作积极的就可以当,由群众选举。女干部一定要工作积极,无论做什么都要先带头,当先锋做模范。

互助组、合作社的时候,男女分工,土里就由妇女安排,田里就由男同志安排,只要干得好报酬都是一样的,粮食分配也是一样的,男女平等。我还记得那时干活还要竞赛,比快慢,大家的积极性都很高。那时和男的一起干活还是挺适应的,不怕苦也不怕累,因为那会儿年轻有的是气力。如果有男的说粗话、脏话我就当做没听见,走远一点就是了。

那个时候真的很累,我挣了工分基本上都是满工,不敢休息,多做一天是一天,休息一天就少一天的工分,没有工分就得饿肚子,村里只要能动的人都会去干活。而且那时共产党的会又特别多,男的女的都要参加,妇女也可以发言,妇女发的言有时也会被采取。尽管那个时候很累,但与后来的人民公社相比,还是互助组与合作社时期相对轻松自由。

(五)妇女与人民公社、"四清""文化大革命"

1.妇女与劳动、分配

(1)妇女与劳动

那个时候人人都要下地干活,你去做一天就有一天的工分,在这样的规则下不用动员,大家都会去做。妇女和男性在分工上没有什么区别,比如说你能够挑重担,只要你和男的一样你们的工分也就一样,如果不一样你工分就要低点。妇女和男性一样什么都要做,但是没有多少女的耙田,还是男的耙田的比较多。在我们的生产队里面,还是男的劳动力多一些。

集体化大炼钢铁的时候,我就是专门负责炼钢的。队上在学校挖一个窑子,最初运作的时候水到处流,后来请了技师来修才恢复正常。那时规定只准学校的老师来烧,学校的老师必须穿粗布棉衣去,不准穿好的布衣裳,而且关于运转情况每天都要去公社汇报两次,我们当时为了炼钢,四天四夜没有睡觉,站着都能睡着,幸好是炼出来了。

(2)单干与集体化的选择

最初集体劳动的时候,每人还有五丈七的自留地,那时大家的积极性还比较高,但自留地要干得更认真一些,干集体的时候还是有偷懒的,但比较少,那些个别偷懒的,在干重活的时候他就偷偷地溜走。如果再让我选择一次,我愿意像现在这样一人一块地比较好,因为集体发挥不了大家的积极性,单干的话想干就干,想休息就休息。

(3)工分与同工同酬、分配与生活情况

那时一天的最高工分我得过四十几分,后来有改变,就变成了十二工分一天,男女还算同工同酬,只要你做的和男的一样,你也可以挣这么多。当时我们家由于我是地主,东西都被没收了,所以是缺粮户,但如果妇女每天或者经常出工的话,还是能养活自己的。

2.集体化时期劳动的性别关照

怀孕、来月经可以干稍微轻松点的农活,但工分也会相应减少。可以请产假,但休假期间没有工分。那会儿人们生病就要到公社的医院看赤脚医生,费用还是挺高的。那会儿大家都是既要带孩子又要上工,村里没有托儿所那些机构。

3.生活体验与情感

(1)大食堂

那时人民公社成立大食堂,煮饭的人就是专门负责煮饭,男的女的都有,煮饭的就长得肥胖胖的,其他的人就每天去端盅盅饭,一个人一两五,有些二两,有些几个人分四两,妇女和小孩就要分得少些。我记得有一次我们一家人,五个人才分一条半红薯,不够吃就只有饿着,实在受不了了就去找野草吃,挖泥巴吃。谁愿意吃大锅饭哦,吃都吃不饱,但是没办法,不愿意,强都要强迫你去,把每家每户的锅碗瓢盆都收了,喊你必须去。不在家里吃,是轻松了,但是要饿肚子啊。

(2)"三年困难时期"

那个时候很多人饿都饿得像草藤藤一样,有的人没办法就去找野草,拿烤火的盆盆来煮,拿灯盏盏来烧荬荬草米米吃,捉起蝗虫拿火柴过一下就吃了。我们家是吃供应粮的,就娃儿吃,没得我一份粮食,我们四个老师就煮一锅稀饭,一个一碗,我就把我那碗拿米汤抽了,放点盐巴。有一年盐巴都没有,放点盐巴在这里面和好,我就吃米汤,饭就给孩子吃。那个时候大家都饿,但是政府不准你拿来吃,如果你去偷,比如割麦子,你要是箩兜留点麦子,都要罚你的款。

(3)文娱活动与生活体验

那时候的集体活动很少,基本上就是开会,我也不怀念那时的日子,实在是太苦了,吃都吃不饱。

(4)妇女间的矛盾、情绪宣泄与集体自杀

那会儿妇女上工的时候没什么矛盾,骂街的也很少,只有那些没有素质的人才会骂街。我记得当时有一个女的吃不饱,在打饭的地方把裤子一下就脱了,人们都跑开了,然后她就去抢饭。那些时候只有饿死的,很少听说有自杀的,还有就是那些吃了泥巴,拉不出来就死了。

4.对女干部、妇女组织的印象

没听过铁姑娘,但有妇女当干部的,我对那个女队长的印象不是很好,她仗着自己有权,恨哪家骂她就恨得要命,像我那家就是队长专门恨的,我才不羡慕什么女干部。那时的妇联一般就负责教唱歌跳舞这些活动,也没帮忙解决什么切实的问题。

5."四清"与"文化大革命"

那时候就是斗干部,干部你没做的事情,他都要冤枉你做了,说来你自己选择,是上楼还是下楼,如果你下楼,你就下不了楼了,简直是逼迫你承认。像我后来的丈夫姜少明就是干部,无故被斗,那会儿他被罚装犁头,一天装了四个犁头,他们就说他没装四个,非要再斗他,我们的婚姻生活受到了严重影响。干活必须分开,不准一起,一起的话就要干更重的活。破四旧那些我家没有东西被收,我对这些也没什么看法。

(六)农村妇女与改革开放

改革开放就实行土地承包了,在这个政策的决策过程中也有妇女参与,妇女也平等地分得土地,除了离了婚的,像我家的土地证上都有我自己的名字了。这个政策真的好,人们不仅都有了土地,而且还可以自由地支配自己的劳动和时间了。

村里组织的村委会的选举我都参加了的,还自己填了选票,我当时还选了一些妇女,在我看来只要是有能力的都可以选,像我这大队妇女主任她是会计,高中毕业的,她能够干我就选她。

实行计划生育这个政策还是有影响的,像原来只准生一个,有些去跳楼,都要再生一个。如果让我重选的话我就生两个,生多了费用太大,生一个太孤单了。

现在的精准扶贫对男女倒是没什么区别对待,但是只有谁跟干部两个相好谁评得上。现在社会开放了,男老人和女老人可以一起聊天。

家家都有电视,我都是通过电视来了解国家大事的。我也有手机,像跟我的家人我都是用手机联系的,网络没听说过。

六、生命体验与感受

我的一辈子磨难太多,经历了太多事情了,差点被划为地主,差点饿死,幸好活下来了。现在日子好了,儿女养我也孝顺,国家还帮助我,就希望自己多活几年哦。

JYY20170118DSF 代树芳

调研点:四川省宜宾市林丰乡白果村

调研员:姜越亚

首次采访时间:2017 年 1 月 18 日

出生年份:1937 年

是否有干部经历:否

是否生育:是

受访者结婚的时间节点、生育子女的具体情况:1958 年结婚;1961 年生第一个孩子,共生五个孩子,三男两女。

现家庭人口:4

家庭主要经济来源:务农

受访者所在村庄基本情况:白果村地处四川省宜宾市南溪区林丰乡,地形以丘陵为主,属亚热带季风气候,姓氏以赵氏、代氏为主。村内资源丰富,有白云土、铂金红石等。地广人稀,现在全村共有 300 户,1200 口人,耕地面积 2200 亩,林地面积 3900 亩,以种植水稻、油菜、花生和茶叶为主。

受访者基本情况及个人经历:老人 1937 年出生。学名代树芳,名字是父亲起的,不是按家族辈分起的。母亲共生了十一个孩子,最终只活了三个,还有一个兄弟一个妹。夫家是贫农,夫家有两个男孩,三个姑娘,公公婆婆在老人嫁过去之前就去世了。老人一共生了五胎,三男两女,还抱养了一个女儿,老人二十四岁生的第一胎。现在老人住在大儿子家帮大儿子看房子,一人居住在街上,不再种地了。老人的儿女、媳妇儿对老人很好,每月会寄生活费,还会给老人买衣裳。

老人的父亲在民国时期当过保长。1954 年在本村读小学,1958 年到县城的南一中读初中,1960 年在宜宾卫校学医,1961 年学校停课被迫回家务农,1965 年前后当选白果村七队妇女队队长。改革开放后在本村开了个小诊所谋生。

一、娘家人·关系

(一)基本情况

我叫代树芳,小名翠兰,1937年生。代树芳是我的学名,这个名字是我父亲起的,不是按家族辈分起的,名字也没有什么意义,仅仅因为大的几房姐妹的名字中都有一个"树"字就起了。我母亲生了十一个孩子,最终只活了三个,还有一个兄弟一个妹妹。兄弟的名字是父亲按家族辈分起的。1949年以前是在地主家租的土地来耕种,大概是一百挑①,土改时被划分为中农。夫家是贫农,夫家有两个男孩、三个姑娘,公公婆婆在我嫁过去之前就死了,他家没得土地,他从小就当放牛娃。我一共生了五胎,三男两女,还抱养了一个女儿,那时工作,没得人干家务。我姐姐就说把女儿抱给我,后来就把她户口迁过来,改名换姓成了我的女儿。我二十四岁生的第一胎。

(二)女儿与父母关系

1.出嫁前女儿与父母关系

(1)家长与当家

在娘家的时候是我父亲当家,没得内外当家之分,如果男的不成器,女的也可以当家。

(2)受教育情况

在娘家的时候,虽然读过书,但都是在1949年以后,我都十六七岁了才读的书,就在我们白果村小学。那时我父亲还不要我读书,他说女娃儿书读来没得意义,长大是人家的人,那时重男轻女,后来是学校老师来找我,就说我们白果村唯独我一个人没上学了,后来才去读的。开学就去读的三册,因为我在家里面我哥哥认字,我就跟着看,认识一些字,数学一百以内的加减法全部都会。去读三册的时候都教到十七课了,我记得最清楚,那学期我得到第一名。

1949年以前村里还是有读书的,但都是有钱人家的。像那个赵善群,她那一家,叔爷全是女孩、一个男孩,全部都读书了的。那时候男女还是一起读的书,但是也有分开的学校,像现在的南一中原来就是女子学校,看着那些可以一起去读书的人,大家只有羡慕的,没有说闲话的。

(3)家庭待遇

在娘家的时候重男轻女的现象还是有的,男孩的待遇要比女孩好些,但不是很严重。只是像吃东西这些是先要顾男孩儿,这也是事实,穿这些,以前都没有什么穿的,都是小的捡大的来穿。吃饭的时候大家都可以上桌,但是都是红苕多饭少,饭肯定是给兄弟,我们就吃红苕。吃饭的时候座次的讲究,我们只能够坐两边,上面是老人坐的,下面是兄弟。那会儿穷,根本都不过年,也没有过年钱。

(4)对外交往

家里对外交往的时候男女肯定是有区别的。我父亲那会儿是队保长,都把我们带起出去跟人家拜年,尤其是大户人家。这些大户人家还会发红包,在桌子上就开始发,那会儿弟弟才出世不久,所以他没去。家里来客人的时候都是大家一起吃,没什么区别。到别人家去的时候还是一样的。

---

① 一百挑:23亩的意思。

（5）女孩禁忌

在娘家的时候还是有一些禁忌：女孩子不准疯狂，不要叉里叉吧①的，不准说脏话，不能哈哈大笑，要笑不露齿，坐有坐相。1949年以前女孩不能随便出门，必须有人陪同，1949年以后就可以随便出门了。一般女孩子是不能和男娃娃一起耍的。1949年以后大家要搞文艺节目了才会一起耍。我家晾衣裳讲究也不是很大，只是洗衣裳的时候女孩子的衣裳要跟兄弟父亲的衣裳分开，裤子特别是内裤不能够和着洗。

（6）家庭分工情况

我爸妈基本上都没种地，都是我另外一个哥哥②，我父亲那会儿唱道士做道场那些，妈妈就负责干家务，没读书之前我就帮妈妈干家务，背柴、烧火、煮饭、扫地等，还要带妹妹，而那些大户人家就不用干这些，人家请佣人来干。我会做鞋子，这可是我的拿手戏，十几岁的时候跟妈妈学的，我做的鞋都是谁需要给谁，量了尺寸再做，从来没卖过。

（7）家庭教育

我们家教育都是一样的，都比较严格，坐要有坐相、站有站相等。一般媒人说媒的时候都要夸夸其谈，讲男方如何如何好，女方也好，人才又好，能干、有家教、懂规矩这些。

2.女儿的定亲、婚嫁

（1）定亲经历

我那会儿在学校读书，相当于自由恋爱，他叫蒋少清，我都读了七册了，他来才读三册，他一下跳班就跳来跟我一班，我还没搞懂，后来他放学了就争着给我背书，时间长了他就开始表态了，开始我妈一直不同意，直到初中他安③起个媒人来跟我大人谈，我爸妈最终还是同意了。我们本来就是一个生产队的，大家都了解，媒人也没说什么，就说他勤快、忠诚、踏实这些，这也是事实。他爸妈死得早，几个姐姐也结婚了，三个姐姐结婚的时候他爸妈就死了，就只剩他了。他安的那个媒人是他的亲戚，也是我们的亲戚，当时谢没谢媒我都不记得了。那时候他穷我也穷，定亲的时候也没得啥子仪式的，拿了一件衣裳都是短袖子衣裳，介绍人和父母就是我们定亲的见证。定亲之后我们两家经常走动，像一家人一样，他没带过什么东西，我们也没有什么特别的招待，和平时都是一样的。定亲之后我们几乎天天见面，我对这门亲事特别满意，他真的很好。那时在我们村定了亲如果男方死了还是可以退的，但其他情况下是不行的。

（2）出嫁经过

1958年的时候，我二十一岁，我们就是在这年结的婚。当时我还在读初二，因为他哥哥去世了，如果不结婚的话要三年后才能结了。所以在他哥哥的孝堂④头就结婚了，结婚的时候就直接去民政局领个结婚证就行了。我们两家挨得近，结婚那天他那边办了几桌，我娘家兄弟这些都去了的，座位没什么安排，因为他那儿地势又窄，两三桌人就好了。所以我们就请了那些最亲的亲戚。结婚的时候也没坐轿子，结婚的前一天晚上把澡洗好，第二天穿戴整齐，妈妈帮我把头发梳好，那有人来接，这方也请了自己一家人吃饭就好了。

我嫁过去的时候他家就只剩他一个人了，他原来最早是看牛娃儿，大一点了就在家里干

---

① 叉吧叉吧：没家教不文静。

② 老人表示：我二伯姨那房的，他父母亲死了，他就寄托在我这个家庭。

③ 安：请了。

④ 孝堂：灵堂。

农活,再大点就当个儿童团团长,二十岁后就当大队会计,定亲的时候什么也没弄,只有一个介绍人,那时他家实在是太穷了。我们是在孝堂里面结的婚,放了火炮儿但是都没跨火盆,然后就是拜高堂,没有父母的嘛就是跟他行个礼,最后拜天地,拜家神的时候要专门有人牵,牵着你拜,怀孕的人要避开。我结婚的主婚人就是我父亲,摆了几桌宴席,大家都是随便坐的。因为他是孤儿一个,祖坟什么的也没拜,他自己都不知道在哪儿。

结婚第二天回的门,我兄弟来接的我和我丈夫,多少带些烟酒回去。回去的时候也没有什么习俗礼节,我们家庭都比较开明。结婚没几天我就回学校去读书了,出嫁的第一个生日在学校过的,因为娘家挨着近,每次放假回家放下东西就到娘家去了。

(3)童养媳、换亲

1949年以前我大哥娶的就是童养媳,我大嫂家那会儿实在是太穷,没有办法,就抱来我家当童养媳了。我大哥不是我亲哥哥,是我二伯姨那房的,他父母死了,怕找不到老婆,就找了个童养媳。大嫂被抱过来之后和我们一起,我爸妈对她还是挺好的,但是说实话,干活她是要多做点,她要煮饭、烧火、扫地那些,反正家务事都要做。后来到了二十岁就是正式结婚。结婚的时候看个干净的日子,请自己一家人吃顿团圆饭,然后就宣布他两个正式结婚,一张床睡了也就是圆房。圆房也没什么仪式,把床铺铺得干干净净的,两个那晚上正式举行了婚礼就同房了。没结婚以前两个手都不能牵。我们这边没有换亲的习俗。

(4)招赘、改嫁

1949年以前有上门女婿,招赘的时候要经过同宗族、同房的长辈的同意,或者找他们商量。招赘的时候要写合约,这样招进来的女婿就像儿子一样对待,如果不孝顺就进行教育,他的孩子还是跟着他姓。有上门女婿的家庭一般是不分家的,但还是有分家的,一般妻子的地位是高于丈夫的,但还是有上门女婿当家的家庭。

1949年以前也有改嫁的妇女,改嫁一般都要经过婆家的同意,也有偷偷改嫁的,像我外甥就意外淹死了,他老婆就改嫁了,改嫁了她都没跟她婆婆讲,后来男方办喜酒她才知道。二婚的都是没有彩礼的,家中也没有,但可以把以前带到婆家的嫁妆带走。改嫁的妇女只要是男人死了的都不会有人说闲话,其他除外。我们这边没有冥婚。

3.出嫁女儿与父母关系

(1)风俗禁忌

嫁出去的姑娘回娘家有很多禁忌,俗话说嫁出去的姑娘泼出去的水,嫁出去的姑娘回娘家就是客人了,不能去拜墓上坟,如果家里没有男丁女的就可以去。也不能在娘家过年,必须在婆家过年。春节后、端午、中秋节,还有老父母亲生日就必须回娘家。回娘家一般情况下都是全家,还要带上礼物,父母生日就拿点钱,逢年过节就是糖酒烟等。

(2)娘家困难互助

嫁出去的女儿要管娘家的事情还是可以管的,娘家有困难是肯定要帮忙的,需要出力的就出力,需要出钱的就出钱,像栽秧打谷就要回去帮忙。我们家都是互相帮助的,举个例子,我们那儿近,这方打了谷子又给那方打,那方晒了谷子这方又有嫂嫂晒。我有困难的时候我爸妈也是会帮助我的,当我婆家有事的时候也会找娘家来商量。

(3)夫妻矛盾调解

以前也听说过夫妻俩闹矛盾女方回娘家的,娘家懂道理的都要劝她,就要喊她回去,不会留都她,有些不懂道理就惯她的女儿。一般情况下丈夫还是会来接回去。1949年以后这种事情少了,基本上都是赌气回去耍两天,散下气就回来了。

(4)离婚

1949年前又没有扯证,不存在离婚,直接走了就是相当于现在的离婚吧。这种事还是要经过娘家父母的同意,没经过娘家同意的少。离了婚回去的妇女要看情况,如果是男方的不对就偏向女方,如果是女方的不对他就要劝他女回去。1949年以后离婚的就多了,但还是要经过娘家的同意,离了婚的出嫁女死后,死在哪儿就埋在哪儿,不会葬在婆家。

(5)娘家与婆家关系、财产继承

我娘家跟婆家是同一个生产队的,双方关系非常好,经常走动,只是读书的时候没在家里,那段时间走动就少些。嫁出去的女儿泼出去的水,一般情况是不能继承父母的财产的,如果只有女儿他也会招一个来继承他的财产,不会给女儿继承。

(6)婚后尽孝

1949年以前只要家里有兄弟哥哥,姑娘就不承担赡养父母的义务,就算平时爸妈生疮害病她都可以不出钱,1949年以后没有发生太大的变化。父母去世的时候,在办丧事的那个仪式上除了一定是儿子端牌位、主持葬礼以外,戴孝布亲的儿女、媳妇都是长的,其他人的都是短的。1949年以前清明节的时候,出嫁的姑娘是不能去上坟的,1949年以后才可以。七月半烧纸的我倒是很少听说。

(三)出嫁的姑娘与兄弟姐妹的关系

出嫁之后我和娘家兄弟的关系很好,走动也很多,平时回去不带礼物,但逢时过节要带礼物。嫁出去的姑娘回到娘家都是客人,每次回家兄弟媳妇儿都好吃好喝地招待我,娘家有大事的时候也会找我回去商量讨论。我对兄弟和妹妹都是一样的,他们结婚的时候给的礼金也是一样的。但是家里有困难的时候,因为兄弟隔得近一般还是找兄弟帮忙。回娘家都是住在兄弟家,兄弟和我父母是住在一起的。我很少到妹妹家去住,因为太远了,只有妹妹生孩子的时候才去,平时都不去,不过每次去妹妹家,她都很热情,她家的人也不会说什么。去兄弟家我也从来不担心兄弟媳妇儿说啥子,我是长姐,只有我说她的,没有她说我的。

我兄弟对父母都很孝顺,所以我没有要把他们接过来的想法,而且我们村也没有这样的先例。在我们村接媳妇嫁女必须请娘舅来,我妹妹也要来,娘舅不在妹妹就可以代替我娘家人。

我一般是初二回家拜年,有时候有变化,没有确定,但不会是初一,初一只能在婆家过。回娘家还是要带一些烟酒糖,因为我爸妈喜欢吃。回娘家一般要给叔爷老辈子、娘家爸妈拜年。走亲戚的话就跟着兄弟走就是了,他怎么安排我们就怎么走。

二、婆家人·关系

(一)媳妇与公婆

1.分家前媳妇与公婆关系

(1)家庭分工

因为我嫁过去的时候他的姐姐全部都嫁了,哥哥也死了,就只有我们两个人。我后来又回去读书了,不存在谁当家,非要这样说的话就是他当家吧。刚嫁过去的时候他还有个大嫂,大嫂在家也会帮助一下他,后来没多久大嫂就改嫁了。他大嫂和我关系一般,但是她在的时候也没监督虐待我。我们家也没开过家庭会议,村里都没什么人开吧。

(2)婆媳关系

我是1949年以后结的婚,所以对1949年以前的事情也不太清楚,但听过也见过一些媳妇儿伺候婆婆的现象,像那会儿当媳妇儿的要跟婆婆请安、端茶、洗脸、折铺叠被,早上要端洗脸水,晚上还要端水来跟婆婆洗脚。就算这样婆婆打媳妇儿的现象还是经常发生,被打的媳妇儿不敢讲话,也不敢找人帮忙,就只能认命,连她的丈夫也不敢说什么。还有的婆婆虐待儿媳妇儿,不给儿媳妇儿吃饭,婆媳矛盾很大,一般都是婆婆欺负儿媳妇。那时媳妇儿伺候丈夫就是要三从四德,在家从父,出嫁从夫,家里的家务事男的都不用做,他只管做土做田。1949年以后这些都发生了变化,那些伺候婆婆的规矩都废除了,请安磕头这些规矩基本上就消除了。

(3)对外交往

家里面对外人情交往都是他出面,一般都是男的,我没管。在我们家我们两个基本上是平等的,就算他在和别人讲话我插句话也没什么,只要我说得有道理他还是会听。我们家就我们两个,他很会体谅人,我们没闹过矛盾。

在我家端阳、中秋、正月这些节日和我父母生日是必须回娘家的,只有初一是必须在自己家过的。七月半的时候,娘家那方只要有男的就不用回去,如果没有兄弟那些嫁出去的姑娘就要回娘家。

(4)财产权

1949年以前,媳妇儿嫁到婆家之后,她是没有财产权的,媳妇儿带过去的嫁妆也是婆家的,只要嫁过去了什么都是婆家的了,一切都要听婆家的。我结婚之后,哪有什么私房钱,生活费就是私房钱,生活费都是我爸妈给的。1949年以后嫁过来就是一家人了,男女平等了。

2.分家后媳妇与公婆关系

(1)分家

我们家没分家。

(2)离婚、改嫁、财产继承

1949年以前都是男的死了女的才能离婚,其他情况下都是不可以离的,男的死了离婚的一般都是她本人提出,娘家提得少。妇女改嫁一般还是要经过她婆家的同意的,也有例外的但是很少。改嫁的妇女除了可以把以前她的陪嫁带走外,其他什么东西也不能带走,娃儿尤其不能带走,特别是男孩儿。死了丈夫的寡妇,就算是有儿子的寡妇也不能继承公婆的财产,只能由她的儿子继承。

(3)外出经营管束、赡养与尽孝、公婆祭奠

1949年以前,我没有听说过有妇女外出经营和帮工的,都是男的在外面,女的是不能随便抛头露面的。那时公婆老的时候都是由儿子赡养,儿子去世了就由媳妇儿赡养。公婆办寿那些都是由丈夫主持,女的就负责煮饭干活,丈夫就负责收礼金、礼物。

因为我公公婆婆在我嫁过来之前就去世了,关于他们的葬礼我也不清楚,我只知道他们的墓地是分开的,隔得还很远,我们年年清明节都要去给他们上坟,哪个方便就先去哪儿,没有固定的顺序。但是我结婚的时候没有去祭拜过他们家的祖坟。

(二)妇与夫

1.家庭生活中的夫妇关系

(1)夫妇关系、当家、家庭分工

丈夫是我的小学同学,没结婚前就见过,我们结婚后,大家都是差不多的,没有什么当不当家的,大家都当家,反正一个主要忙家务,一个主要干外面的农活,像走亲戚这些,哪个身上有钱哪个就去,哪个有空哪个就去,没有固定的分类,反正一家人,你有你就拿,我有我就拿。他平时要出远门那些,都是要跟我商量的,我基本上都同意,他是生产队队长,出去办公务不可能不同意。

(2)家庭地位

只要是一个家庭里的都是重要的,但是像饭都不够吃的时候,肯定首先给孩子吃,儿子和女儿反正都是要吃饱的。在我们家孩子都是平等的,我的五个孩子,年年过年,一个人一双鞋子、一套衣裳,都是我自己亲手做的,大年三十晚上交给他们,初一穿着过年。

(3)丈夫权力

1949年以前丈夫对妻子的权力很大,女的要给丈夫打洗脸水、洗脚水、添饭,甚至打妻子的现象都是有的。但是当丈夫打妻子的时候,旁人还是会劝架的,怕打伤了,有的男人在外面欠账、找女人,那些家里的妻子都是管不住的,就连插句话都要被教训,基本上丈夫要你做什么就得做什么,脾气好点的你就可以不做,不然就要挨打。我说个实际例子,像我么妈,她丈夫把她吊到桌子上打,差点就打死了,但是周围都没有人管,就算是保长、甲长那些都是不会管的。还有一次她男人喝醉了回来,我们家团年么妈没来,他回来就打她,后头就打死了。那时候厨房里的事百分之八十、九十都是妇女做,男的是不会管家务事的,比较好的丈夫在女的生病了或坐月子,丈夫还是会帮她洗衣裳。1949年以前很多家庭在洗衣裳晾衣裳方面都是有讲究的,女的衣裳不能跟男的一起洗,也不能一起晾。

1949年以后这些现象改变了很多,妇女说话、做事那些都有自由权了,男的也不能随便打女的了,政府要管了,他不敢打了。做家务那些也没那么多讲究了,男女都做,现在都有丈夫怕妻子的情况了。1949年以前和1949年以后村里面公认的好妻子都差不多,就是做家务事好、对父母孝敬、不多言、不多语、和和气气的。

(4)娶妾

1949年以前娶小老婆的男人是绝对不会征求妻子的意见的,一般都是那些有钱的才娶得起妾,再加上对妻子的不满意,比如妻子没生儿子,这些是肯定要娶妾的。

(5)婚外情

1949年以前,如果男的在外面养小三,旁人都会说他作风不好,如果女方强一点还是可以干涉的,没有什么能力的就只能眼巴巴看着。1949年以后这种现象就少了,如果你找小老婆就是重婚,就犯法了。

(6)过继

以前要是妻子没有生男娃娃的话,丈夫是完全可以过继的,当然过继孩子是两个人的事肯定要互相商量讨论的。过继的孩子一般都是自己一家人的,像亲戚的孩子、自己一个姓的兄弟的孩子这些,很少有过继外面的。

(7)日常消费

既然嫁过去了就是一家人了,妻子纺纱、织布那些收入都是一起用,不存在交不交的。我们家一般的日常消费支出都是有我丈夫说了算。1949年以前妇女是可以自己到集市上去买盐等实用的东西,但一般都要先和丈夫商量。

(8)离婚

1949年以后这些情况并没有什么变化。1949年以前离婚的妇女很少,只有死了丈夫的才会改嫁,改嫁的时候什么也带不走,只能把自己之前带来的嫁妆带走。

2.家庭对外交往关系

(1)人情来往

家里面人情往来一般都是我丈夫出面。1949年以前要是家里面来客人了,就是客人一桌吃饭,我们自己煮起饭,就端到另外一桌吃。妻子还是可以帮丈夫还债的,男性女性都是可以在外面借到钱的,只要你能够还得起。

(2)人际交往

因为我一直在读书当然有朋友,我的朋友都是学校的同学这些,男女都有,我经常到这些朋友家去串门,去的时候还是要告诉丈夫的。没结婚之前,我还是经常出门,我们家在这些方面不是特别计较,只要有大人一起都是可以出门的,1949年以后更是自由了,我最远就是走到我们县城南溪了,那会儿在那儿读书。

(三)母亲与子女的关系

1.生育子女

(1)生育习俗

我一共生了五个孩子,二十四岁生的大儿子,那时家里穷,没有兴那些报喜的风俗,直接告诉娘家生了就行了,娘家还会来帮忙带孩子。孩子出世之后我们也没祭祖拜家神,我不讲究,因为我是文化人,我不喜欢那些迷信的东西。所以都没弄。我们是孩子满月办的满月酒,就请了生产队的人,大家也会带礼物,以前就是一把面,或者十个鸡蛋,或者拿钱,当然娘家人是必须来的。孩子一般过了七天就可以抱出去给大家看了,四十天后娘家就会来接我们回去玩,因为我们隔得很近,住一晚我就回来了,回来的时候老公还是要来接的。我们家的孩子满周岁啊、过生(生日)啊那些都没有庆祝。

(2)子女教育

我的儿女都是读了书的,都是到年龄就读了书,没有男女的区分,都是一样的爱。只要成绩可以,我们都让读。我们家的孩子都是我教育,没有分工,因为我是读过书的,孩子的爸爸读得要少些。

(3)对子女权力(财产、婚姻)

儿女在结婚之前挣的钱一般都是交给我管,但我是比较开明的,他们都可以有私房钱,有自由权。我的儿女都是自由恋爱,除了大儿子是有人来说了媒的,老二、老三、老四都是他们自由恋爱。我的大儿子去学裁缝,在那老师家里面很勤快,什么都肯做,他师娘就看到他勤快,就介绍她姐姐家的女儿给他,然后就结婚了。

当然,他们结婚的时候肯定需要我的同意,没得我的同意是不行的。他们办的婚礼和我们那会儿区别非常大,都是大办,有几十桌,嫁妆聘礼都多很多,都是车子来接,还要戴花等等,而且儿媳妇的陪嫁都是由她自己支配,我们都没管。

2.母亲与婚嫁后子女关系

(1)婆媳关系、分家

我和我媳妇儿的关系非常好,完全不存在婆媳矛盾。我们家没有分家,但是三个儿子都搬出去住了,2002年我搬出大儿子家,搬到这儿来,那时我三儿子在这儿住。他和她老婆离了婚,没人看房子,所以我就搬到这儿来了。反正在他们各自结婚后,就自己置办自己的东西了,相当于分家了。

(2)女儿婚嫁、招赘

我大女是二十一岁定的亲,他们都是自由恋爱,只要他们两人自己愿意我就同意。那时候我们村的女的一般都是十七八岁就定亲,结婚的话都是要满了二十。我老二嫁了个农民,那时虽然是自由恋爱还是要有介绍人的。我记得那时我在买药,我就故意试他,看他怎么样,我就去卖药材,他就跟了我一路,他说:"妈,我去给你挑嘛!"他就给我挑,后来接触一段时间,发现这孩子还行,勤快、踏实。我女儿出嫁的时候,我准备了三铺三盖给她当嫁妆,对方拿了多少彩礼我不记得了,但是不管那多少,我们的嫁妆都是不会少的。

1949年以前和1949年以后的婚礼习俗变化实在是太大了,我那会儿在孝堂结婚,现在他们都是风风光光地结婚,热闹得多,吃得也好,彩礼也要多一些,陪嫁都是抬起着走,结婚的彩礼基本上是上万块钱。现在年轻人选对象的标准只要两个合得来就行,这真的是一种进步,只要两个品性、性格,对人处事好就好。

招进来的上门女婿要离婚的话财产是不可以带走的,只能人走,家族的祖传手艺还是要传给上门女婿的,上门女婿跟女儿相比,一般还是女儿的地位要高一些。如果女婿不孝敬父母就要教育他,当然是不会随便离婚的,一家人和和睦睦才好。

(3)援助儿女

我和我姑娘家走动还是很多的,姑娘家有困难,我能帮的都尽量帮,该出钱的地方就出钱。孙子、孙女和外孙我都要带,而且是一样的对待,只是那些话费得孩子们自己出钱,我自身是没多少钱的。

(4)赡养关系

我是由我的儿子赡养,三个儿子都要养我,我住在大儿子家,其他几个儿子就出钱,女儿也同样的赡养我,也要给我钱,比如逢年过节还有我生日这些,他们就一人给五百,过年的话就一人拿一千块钱。村里面那些没有儿子只有女儿的老人就只能由他的女儿养了。在我看来儿女都一样,儿女都好,因为女儿嫁得远,我一年就只去几次,每次住两三夜。我最喜欢自己单住,住着自由,像我不吃辣椒,生活习惯那些和他们又不一样,还是自己单住好。

三、妇女与宗族、宗教、神灵

(一)妇女与宗族

1.妇女与宗族活动

1949年以前我们村庄没有什么宗族活动,只有过清明会扫墓祭祀。我们村那边好像有一个祠堂,祭祖祠堂的时候妇女是不可以参加的,只能男的去。清明会扫墓,女的都不能去,1949年以后妇女就可以去扫墓了。像宗族有什么聚餐活动时,妇女就负责干家务、打扫卫生那些,男的就什么也不用做,但吃饭的时候男女不用分开,大家都坐在一起。

我出嫁的时候没有去祠堂祭祖,就只是拜了下家神,请了我父亲几弟兄行了个三鞠躬。我们家没有家祠,但我们家过年的时候要祭拜祖婆。祖祖和祖婆的祭拜仪式是一样的没有什么区别。我们家族有一本谱书,不管生男孩儿还是女孩儿都要写在上面,特别是男孩儿的名字必须是按字辈起,女的就随意。

2.宗族对妇女管理与救济

在家族中生男生女都不会有人说闲话。那时村里没有弄死小孩儿的现象,但是有把小孩儿扔了或者送人情况。如果家里面父母去世之后没有男丁,女儿是可以继承财产的。

有的宗族有资助男丁读书的情况,也有资助女的读书的,但是很少。一般宗族还是会对寡妇进行救济,本宗族的女嫁出去受到了欺负,本宗族的主要人员还是要来帮忙的。只有本宗族的才能过继,其他宗族的是不可以的,过继过来的孩子就当自己的亲生孩子对待。对那些要招赘的家庭,宗族会提出自己的要求,要求入赘的女婿必须住到女方家,要听他老丈人、老丈母的话。当然生下来的孩子还是跟着男方姓。宗族在处罚犯错误的妇女的时候一般是不会通知娘家人的,直接进行教育。

(二)妇女与宗教、神灵、巫术

我不信神也没去拜过神,观音灶王爷这些我都不信,只有七月半我们家要烧纸,但是都是男的烧,女的就负责做吃的,准备刀头敬酒,烧完纸就作几个揖。

我儿媳妇她们信神,像过年这些她们还要点灯、烧纸。拜神男女都可以,除了怀孕的妇女和来月经的妇女不能参加这些拜神仪式外,其他都可以。因为我不信神,所以其他的我也就不清楚了。

四、妇女与村庄、市场

(一)妇女与村庄

1.妇女与村庄公共活动

(1)村庄活动参与

出嫁前我都很积极地参与村庄活动,过年过节都要去唱歌跳舞,我特别乐意参加这些活动,不管是1949年以前还是1949年以后都有这些活动,只要你有这个能力你就可以参加,只要你愿意你就可以加入。

(2)开会、性别摊派

1949年以前我没听说有什么会议,只知道1949年后大队干部、队长要召集开大队会议,男女都可参加,当然也是自愿参加。如果你不参加的话也没人来动员,全凭个人意愿。1949年以前我那会儿还小没参加过什么会议,都没听说过。1949年以后就读书去了,没有参加过哪些会议。

1949年以前村庄事务建设的资金像修路挖井等都是集体出钱大家平摊,男女都是一样的平摊,政府没有出过。

(3)对村庄绅士、保长、甲长的印象与接触

出嫁前,我父亲就是保长,我当然知道我们村谁是保长了,我丈夫和我是一个村的,出嫁的时候他们都知道,所以不用特意告诉谁。

那个时候我年纪小,懂得又不多,说话又没什么人听,关心这些事情也没用,所以就不关

心本村的事情。

2.妇女与村庄社会关系

（1）社会交往

在娘家当然有女伴从小一起玩，我们是一个大院子的，院子有五家人，每家都是四五个娃儿，挨得近，大家没事就一起跳绳、捉迷藏，晚上特别是有月亮的日子大家就一起玩。她们出嫁的时候我有去陪伴她们，那时不像现在有伴娘，就只是陪她说下话。

（2）务工与报酬、交往习俗

1949年前没听说过安排女性参加劳动的，1949年以后才有请女的去干活的现象。

我结婚之后没两天就去学校读书了，自己家都忙不过来就没去拜访邻居了。在婆家我没有朋友，跟嫂嫂关系也没有很好，不算是朋友。因为那时候很少在家里住，一直从南一中毕业，我又考起宜宾卫校，宜宾卫校停办后又到泸州去实习，基本没在家待过。但是只要在家的时候，像姻亲建房子那些还是要去帮忙做些家务事的，村里面的红白喜事只要我在家还是要去参加的。人家让帮忙的时候，我就去帮忙，帮着做家务事、摆酒席、摆筷子、洗碗等，没结婚的姑娘也是做这些事情，男的力气大就负责干重活，像搬桌子。只要是比较亲的亲戚一般都是要帮忙的，比较疏远的就不帮了。

（3）妇女聚集与活动

那些时候玩得好的妇女一般都是晚上聚在一起聊天，白天都要干活。晚上在谁家的坝子里聊些家务事、聊亲戚朋友等。那时候大家的关系都非常好，旁人看见我们聊天也不会讲什么，因为我们都是干完活才聊。一起聊天的妇女都是平等的，但是我说话要委婉一点，大家愿意听一点，基本上都是我把大家聚在一起的，当领导就说不上，只相当于一个带路的把话题带在一起。我们都只能跟本村的妇女聊天，外村的事情我们不管。如果我要出去到另一个妇女家去玩，肯定要跟丈夫打个招呼的。我们闲聊的时候男的也可以加入。现在以前聊天的那群人，死的死、走的走没剩多少了。那会儿的房子也塌了，现在只有上街的时候碰到在街上聊聊。

（4）女红传承、矛盾调解

我的那些针线活都是在娘家的时候我的妈妈教的，那会儿我也会向同伴学习相互交流经验。现在大家有钱了都自己买，像做鞋子那些，我的女儿媳妇儿都不愿意学了。

舌头和牙齿还会打架呢，村庄内妇女跟妇女吵架是很正常的现象，吵了就好了没有人来调解，也不需要人来调解，那时候大家都很单纯都不会记仇的。

（二）妇女与市场

出嫁之前小就跟着爸爸妈妈哥哥一起去赶集，大一点了就可以一个人去了，集市上男女商贩都有，热闹得很，妇女就上街买菜、买穿的衣裳等。妇女也可以到外乡的市场去赶集，如果回不来可以在自己亲戚家住，没有亲戚就必须回来住。那时在市场上比较熟悉的人就可以赊账，其他的就不会赊账给你。1949年以后赊账的现象还是有，基本没什么变化，像我接儿媳妇全是赊的账，结了婚以后再去还。

一般女性是不能像男的一样去看戏、喝茶的，不是买一些重要的东西还是男的去赶集，像我家织布的棉花都是自己种的，纺线的麻也是我自己齐的，纺好线之后就自己织被套、床罩，当时农村基本上都是自给自足，没有什么人去买东西，只有做衣裳、鞋子的针头线脑才是买的。绣花的花样也是从人家那儿看来的。

以前我家有布票、肉票，但是只有一年多的时候见过，后来就没有了，当时那些票证根本不够用。我大女结婚的时候，三尺五寸布票，我还给她办一铺一盖，就是布票不够用，我就把我的被芯——我陪嫁的绫罗锦缎拿给她当嫁妆了。解放以后我就开始用机器织的布了，我读书以后就没怎么做过鞋子了，二十多年前我就再也没做过鞋子了。

1949年以前村里面物物交换的还是有，像用鸡蛋来换粮食的，但是很少，那会儿大家还是都用钱，1949年以后这种现象就更少了，都是用钱买卖东西。在割资本主义尾巴的时候、有供销社的时候，都是当家的去供销社，我没去过，买了些什么我也记不得了。

五、农村妇女与国家

(一)认识国家、政党与政府

1.国家认知

1949年以前没听过国家，也不知道国家是什么，都是1949年以后才知道国家的存在的，读书的时候也要教关于国家的知识。那会儿还有人宣传，政府还要开会。我现在知道国家就是一个范围之内，一个国家很大。

1949年以前都没宣传过男女平等，都是1949年以后才有的，那会儿村里也没有专门的小学，都是私人办的、祠堂办的学校。那会儿重男轻女，一般很少有女的去读书，1949年以后村里才建立了公办的小学，大家才有书读。

我记得我最开始用的钱叫什么券，具体叫什么记不起来了，好像是黄金券，然后就是小钱——铜钱，中间有个洞，然后就是银元，后来就用纸币了，就是有孙中山先生像的纸币，最后就是人民币了。用过这么多种钱当然知道国家的存在了，那会儿日本人打中国最晓得了，那会儿我才十岁左右，日本人炸宜宾飞机场，后来我们在宜宾卫校读书的时候，就在那儿弄来一个菜坝种菜，所以现在宜宾飞机场叫菜坝。

1949年以前肯定是要给国家交税的，具体交多少我不清楚，但是男的女的都要交，那时还要抓壮丁、服劳役，我的哥哥就是抓壮丁的时候去的，我奶奶喊的我幺爹①去的，去当了好几年的壮丁，1949年以后才回来，可怜得很。

2.政党认知

1949年以前我父亲是保长，我当然知道国民党，但是我不认识国民党的人，除了知道孙中山、蒋介石，而且都是听大人说的。在我的印象中国民党不公平，对人民不公平。我生下来就接触国民党的干部，因为我爸爸就是保长，那时候当官的就是当官的，他们和老百姓相处不融洽，不像现在共产党的干部和群众都打成一片。

我们现在的国家主席是习近平，我看电视，电视里经常说到他。1949年以前我就听说过共产党了，但是那时候不认识共产党员，现在到处都是党员，我丈夫就是党员，当时他穷得很，吃苦吃够了，就推荐入党。我还有认识的女性党员，但是我和她们没什么往来。

1949年以后生产队的那些会议我很少参加，但是那时候开会也没说什么，就是宣传共产党如何好，跟国民党对比现在翻身了，人民翻身了。那个时候真的是随时都在开会，天天宣传共产党好、毛主席、人民翻身做主、自由平等。

---

① 幺爹：叔叔。

我参加过政府组织的选举、参加投票,我记得那时是选干部,妇女基本上都参加了的。那时选票有人帮写,因为很多人不认识字,但我的选票是我自己写的,我还记得我选的是那个廖顺其,他是当兵回来,人挺好的。

在我看来党员更加优秀,我一直想入党,但是入团我都入不到,因为我父亲当过保长,有政治黑点。开会的时候就是共产党和人民走得最近的时候,干农活的时候就是与妇女走得最近的时候。我认为共产党的干部为妇女做过最大的好事就是宣传男女平等,不歧视女人。

3. 政府认知

小时候我妈喊我裹脚,我裹了一次脚,但是没多久我自己扯下来扔了。1949 年以后不准裹脚了,所以我父母也没逼我。虽然我只裹了一次脚,但是那个感受我现在都忘不了,硬是把全部脚拇指掰断,实在是太痛了。那会儿政府也号召剪短发,在街上逮到一个拉着他的辫子就剪了,有些不愿意剪的政府还会给他做工作,如果他还要反抗就强行剪了。

我没参加过识字班和夜校,那时我还小年纪没达到规定的要求,但是我哥哥参加了的,我跟着他去玩过,是在庙子上上课,但具体是哪个老师我就不清楚了。

1949 年以前没听说过女性当干部的,我第一次接触女的当干部都是 1949 年以后的事情了。在我看来女的和男的一样,只要你有能力就能够当干部,可惜的是 1949 年以前重男轻女不让女的当。我希望也鼓励我的女儿、儿媳去当干部。我的女儿现在是仙林政府的书记。政府的一些政策是很好的,像号召废除包办婚姻,鼓励自由恋爱政策我是十分赞同的,包办的婚姻始终没有自由的婚姻幸福。还有计划生育政策也挺好的,那时中国人口多,为了减少人口实行计划生育是有必要的。不过那时有的人遵守计划生育政策,有人不遵守,超生。为了解决这个困难国家只有对超生的家庭罚款。政府要妇女走出家门,就是参加社会劳动这个政策。虽然让妇女又要工作又要照顾家庭,比以前更辛苦了,但是却更幸福,所以这个政策很好。政府提倡移风易俗、新事新办这些政策都是应该的,这些都是政府该管的事情。

(二)对 1949 年以后妇女地位变化的认知

1949 年以后成立了这个妇联协会。在妇联工作的同志都是有能力能够胜任的才当的。

我那时可是很积极地参加大队妇联组织的,那会儿我、赵淑群等都非常积极。妇联开会就讲讲国家大事、国家政策等,还有就是妇联要组织活动,组织唱歌跳舞的文艺活动。那时我还有幸当了妇女队长,在妇联中我的收获挺大的,一是自己心情愉悦,二是懂得了国家的政策。

1949 年以后男女平等,妇女能顶半边天这些话就有了,那时也废除了包办婚姻,都是自由恋爱、自由婚姻了。如果父母不同意儿女自由恋爱,儿女还可以找政府。

1949 年以后政府号召家庭要平等,不准丈夫打老婆,也不准婆婆虐待媳妇儿,之后婆媳关系就发生了很大的变化,媳妇儿当做女儿养,都是一家人了,大家说话也都能够包容了。这些变化跟政府有十分密切的关系,都是政府政策制定得好。

正是因为政府的努力,妇女的地位才有了提高,现在妇女可以直呼丈夫的名字,也可以在丈夫讲话的时候插话了,当丈夫训斥自己的时候也可以顶嘴反抗了;女人可以出门了,饭也可以是男人做了,家里面的事情都是大家一起商量讨论了。尤其是政府要管男人打女人的事情了,政府要对这种事情进行批评教育了,这极大地提高了妇女的地位。

1949 年以后妇女在宗族里的地位也发生了变化,特别是清明,上坟男女都可以了,以前就不行,只准男娃儿去。教育方面也发生了很大的变化,我的女儿都接受了教育,我那四女儿读了宜宾卫校,大的那个孙女也是宜宾卫校毕业,小孙女是师范学校毕业的,最小的这个初中毕业就没考起,就出去打工去了。比起1949年以前真的是进步了很多,以前女孩子想上学简直比登天还难。

(三)妇女与土改

1.妇女与土改

(1)土改动员与参与

我们家是中农,当时土改工作队还到过我家,就动员我们斗地主分土地,就开会宣传。那时是在保管室开的会,全生产队的人都要去,队长、大队干部就讲土改的政策,分田分土,如何分,群众就拥护。那时我知道土改中妇女分土地的政策——土地男女一样,男女平等。当时都愿意分土地,不愿意的就是傻子,傻子才不愿意。

(2)斗地主、分田地

我没参加过斗地主,但是我看见斗过,惨得很,让地主跪着,胸前吊块牌牌,还要戴尖尖帽,然后在台上自己喊他是地主,他怎么剥削、压迫人民罪状全喊出来,开始有些人就上台打,有些骂,还有些吐口水,各式各样都有,还有人上台去诉苦,说地主坏地主狠,最后斗完了就散了,有的地主想不通就自尽了。

分田是生产队统一分,我们家没分东西,就是分了田,土地证上男女的名字都有,除了离了婚的妇女没有土地,其他都有,我的名字也在上面。分到的土地都是归家里面管,分东西的时候大家都很高兴,除了地主。斗地主、分田地的时候贫农是最积极的,因为他穷,加上地主恶,所以他就最积极。

2.妇女组织和女干部与土改

当时妇女都组织了,土改工作队里面男女队员都有,女队员很温和。还成立了妇女会,妇女会的主任以前是个童养媳,后来结了婚以后,因为她受了苦,工作就相当积极,就被选为大队妇女干部。那是大家都可以自由发言,但是都是自愿参加这些组织,没有人来动员。现在回想起来土改中妇女真的翻身,1949以后男女自由、男女平等,分田分土都是一样的了。

我没当过村干部,只当了几年妇女队长,当时是被大家选来当的。当时比较拔尖的女干部基本上都是穷人,因为之前穷,翻身后工作就积极,说话能力又强,性格也比较泼辣,管得着人。

(四)互助组、初级社、高级社时的妇女

1.互助组时期

互助组就是互相帮助,你帮助我做,我帮助你做,以生产队为单位,把私人的田土合在一起,你帮我做,我帮你做。当时有干部开会来动员我们参加,具体当时我们那生产队分成了几组记不太清楚来了。当时入组是由家长决定的。在互助组的时候大家都要下地干活,妇女也不例外,不过大家都挺愿意在互助组里干活的。

2.合作社时期

合作社的时候我们家的东西没有入了高级社,我们入的初级社,不管是土地还是农具全部都要入社。那会儿什么都不太懂,只知道入社大家都高兴,反正人家说什么就是什么。那时候不管你是谁都要干活,不干活就没有饭吃。那个时候我记得最清楚的一件事,就是我在互助组晒谷子,又背着孩子挑粪,挑粪都要带着孩子,非常累,又不敢请假,请假就没有工分。

3.集体化时期的干部

当时互助组、合作社里面还是女组长、女社长,每个社都有,但不是必须有,还是要看能力和机遇。当干部的就是开会的时候就讲国家政策、生产队怎么分工这些。

4.劳动分工

合作社时期,妇女就负责干土里面的活,像挑粪,男的就主要负责干田里面的活,挑抬下力。妇女干一天的工分就是八分,男的干的活要重一些,干一天的工分就是十分。那时候真的苦,但是为了吃饭没有办法,再苦也得适应,也得熬过来。

那时候没有分饭,粮食都是一样的,没有什么区别,该大家一起干的还是一起干,自留地就自己一家人干。我还是挺愿意和大家一起干活的,如果有男的开玩笑之类的话,你对答就是,没有什么影响。

5.性别优待

集体化的时候对妇女还是有一定的照顾,比如你怀孕、哺乳、来月经是可以请假的,但是请假了就没有工分。所以一般大家不到不得已时是不会请假的。那会儿我们带着两个孩子,他开会、犁田背一个,我也背一个,累得很。虽然这样我还是觉得这个时候比人民公社的时候轻松一些。互助组的时候男性六十五岁,女性六十岁就不用干活了,农业社会分粮食给他们的。

6.公共事务参与

那个时候共产党的会特别多,随时都在开会,妇女也得参加,同时还要发言,妇女同男性一样说话也是有分量的。

(五)妇女与人民公社、"四清""文化大革命"

1.妇女与劳动、分配

(1)妇女与劳动

人民公社的时候就吃大锅饭,大家都吃食堂,男女一起上工。女的还是主要负责做土里的活,男的负责干田里的活,但是还是有女的下了田的。当时妇女能顶半边天,基本上也是干活的主力了,但是还是有些活必须要男的来做,像犁田、耙田等,只准女的铲田坎。我们生产队男劳动力较多,栽秧打谷这些重要的活儿都是男的做,割麦那些比较轻松一点的就是女的做。因为女的很多有特殊情况不能够下水,有些有病的也不能够下水,而且那些活都需要力气,有的女的受不了。技术性较强的活也主要是男的做,那些副业像养猪放牛就是女的来做。我们生产队的队长、会计、技工员都是男的多女的少。那时候活多,男的有时候又被调去修水库那些,我们就背着孩子放牛、割草、砍柴,很早就出班了,中午就放牛、割草,一点也不敢休息。

(2)妇女与生活

集体化的时候还是有偷懒的,但是少,那些偷懒的锄头就没挖得那么深,要么就装病,讲我这儿痛,那儿痛的。如果让我再选一次我一定选分田到户,个体劳动安逸些、自由些。

我们公社就是实行男女同工同酬,你做多少就得多少,男的干的活要重些,所以工分就高一些,但生产队分粮、分油和分柴这些男女是一样的,那时饭都吃不起,哪有什么分的。

记忆最深刻的就是吃大锅饭的时候了,一桌一桌地安排好,孩子就吃稀饭,稀饭全是汤根本没几粒米,自己就喝点米汤、吃点菜。我们的自留地是按人口分的,我家粮食刚刚够,既不余粮也不缺粮。那时我们生产队女的最高工分是八分,男的十分,如果妇女常年都出工,挣的工分一般都能养活自己。

2.集体化时期劳动的性别关照

人民公社时期妇女的生理周期还是有一定的特别的照顾的,是可以请假的,但是没有工分。所以为了吃饭一般都没人请假。排工的话还是会让特殊时期的妇女干轻松一点的活。

大跃进、三面红旗的时候,有很多妇女因三期照顾不到就得妇科病的,政府和集体都不会管,你自己掏钱去公社医院看病,我们这儿没听说过。

3.生活体验与情感

(1)大食堂

吃大食堂的时候,一般是跟当官的、有关系的才能在食堂煮饭,其他人就是一桌一桌的分配,基本上就是一家人一桌,一桌上就是一个一碗,不够吃就算了,只能饿着。那个时候主要是先顾着小孩吃饱,大人就是饿着。我们生产队,有三个专门照顾孩子去了,大人没吃,后来活活饿死了。食堂吃得糟糕得很,只有稀饭和素菜,就没怎么吃过肉,一个月可能有一回。没有人愿意吃大锅饭,但是没办法,家里的锅碗瓢盆都被收了,只能在食堂吃,也没有粮食来煮饭。后来群众反对说吃不饱、不自由,大食堂就散了。

(2)"三年困难时期"

那几年死了很多人,我家人口少就天天吃燕子蒿①,弄来煎着吃,煮着吃,放点盐就吃了。有的人就吃芭蕉头、泥巴籼米,实际就是白散泥,吃了排不出,有个人就死了,后来就没人吃了。我记得当时实在饿得受不了了,我就在麦子要黄的时候拿火来烧,点燃须须给它烧,烧了悄悄丢到嘴巴,幸好没被发现,逮到肯定要被罚款!当时怨政府的人很多,但是不敢当面说,心里头只有想,不能说,怕被罚。

(3)妇女间的矛盾

那时候只要政府叫参加什么活动我都参加了的。我们大队有个赵淑琴、赵善能,我们几个年龄差不多,爱好也一样,唱歌、跳舞那些活动都去参加。现在想想还挺怀念那个时候,大家一起上工劳动时的热闹。上工的时候多少有点矛盾,大家去劝说一下就没事了。也有那种泼妇骂街的现象,她不满,她就到处骂人,这种人大家都恨得不得了,不理她就好了。1949年以前没听说有妇女自杀的,只有在大食堂的时候被饿死的。

4.对女干部、妇女组织的印象

没听过铁姑娘队,我自己以前就是当妇女干部的,妇女干部都是要有能力才能胜任的,一般的妇女组织就是负责宣传、搞文艺节目那些。

5."四清"与"文化大革命"

那时候我没有去斗干部,但是看见他们斗过,和土改的时候斗地主差不多,戴着牌牌喊自己的罪状和过错,好像没有被斗死的,也没有自杀的,只是过得比较惨。那时候地主家的孩子和我们干的活是一样的没有什么区别,生活也没有太大的不同。在割资本主义尾巴的时候家里面的东西还是可以卖的,只是收了一些东西。破"四旧"的时候,我们家倒是没有东西被收,东西都好好的。

---

① 燕子蒿:一种野草。

(六)农村妇女与改革开放

实行土地承包责任制的时候是有妇女参加决策的,那个时候就好了,都是单干、私人干,要干好就干好,干来收入都是自己的,积极性也提高了。承包的时候,妇女是平等地分到了土地,土地证上是有我的名字的,确权之类的就不晓得了。我没离过婚,所以对离婚的土地分配就不太清楚。我参加过村委会的选举,还自己填了选票,我有一次还选了一个妇女,因为她能力强。

计划生育政策很好,优生优育,如果现在让我重新选的话生两三个就够了,一个太孤单了,没有伴,多了又养不起。

现在男女平等,男老人和女老人可以一起聊天了。我一般是通过看电视了解国家政策的,我知道有网络,但是我没有用过。我平时都是通过手机和我的孙子孙女联系的。

六、生命体验与感受

我的一辈子除了人民公社的时候苦了些,其他时候过得还是挺好的,年轻的时候读到了书,也有一份比较稳定的工作,还嫁了一个让我非常满意的丈夫,现在儿孙满堂,这辈子也算是值了。现在我就希望自己能够健康长寿,看着我的重孙女长大,一家人和和睦睦的。

JXD20170105YWS 杨王氏

调研点：山东省枣庄市峄城区古邵镇虎里埠村
调研员：季旭东
首次采访时间：2017 年 1 月 5 日
出生年份：1929 年
是否有干部经历：否
是否生育：是
受访者结婚的时间节点、生育子女的具体情况：1947 年结婚；1951 年生第一个孩子，共生七个孩子，五个儿子两个女儿。

现家庭人口：1
家庭主要经济来源：子女赡养
受访者所在村庄基本情况：虎里埠村距离古邵镇政府驻地 8 公里。村庄以平原地形为主，地形平坦开阔。本村以杨姓为主，李姓、刘姓、孙姓为主要姓氏。土改时期本村多为中农和贫农成分，地主、富农相对较少，人地矛盾相对缓和，居民生活相对较好。目前，村庄内发展工业，农民多从事运输、制造行业，生活较为富裕。

受访者基本情况及个人经历：杨王氏于 1929 年出生，小时候没有上过学，土改时期家庭被定为贫农成分。十八岁时嫁到虎里埠村，有五个儿子两个女儿。目前老人已经有八十八岁高龄，但是身体还是很健壮，耳不聋眼不花。老人自己单独居住，日常生活起居依然能够自给自足。五个儿子均在本庄居住，经常过来探望老人。老人的生活来源依靠政府补贴的养老金、高龄补贴和儿女给的零花钱。

一、娘家人·关系

(一)基本情况

我没有大名,娘家姓王,婆婆家这边姓杨,所以嫁过来之后就叫杨王氏,我的户口册上就写的这个名字。因为我小时候不上学,所以不会起大号的,况且我娘家一家人都不上学,也没有人有才能给我起名字。在我小的时候,女孩子都没有名字,嫁到娘家之后就叫什么什么氏。我是1929年出生的,土地改革的时候我娘家那边也穷,是个贫农户,娘家划的成分就是贫农。当年我们家里有十来亩地,家中的孩子有我,我姐姐,还有一个哥哥,我是家里兄弟姐妹中最小的一个。我是十七岁出嫁的,婆家这边是中农成分,土改的时候没有分到土地,家中有多少土地我不太清楚。婆家这边有一个弟弟,一个妹妹,加上丈夫,一共就是兄妹三个。我有五个儿子,两个闺女,最大的那个现在也有六十几岁了,大儿子是属兔的。

(二)女儿与父母关系

1.出嫁前女儿与父母关系

(1)家长与当家

我还没出嫁的时候,娘家那边是我爹掌事,有什么事还是俺爹出面,俺娘不管家里的大事小情都是俺爹做主,我们其他人也不问,听俺爹的安排就可以。

(2)受教育情况

我小的时候学校也是公家开的,那些上学的都在地主的屋里学,地主就请个私塾先生来教。我们那个时候没有上过学,兄弟姊妹都没有上过学。但是当时我们庄上上学的小女孩儿也不少,那时候的学校就是公家弄的,男女都在一个班里,支持女孩子上学的都是少数,没有多少支持的,大部分家庭都不让女孩上学。1949年以后上学的就多了,我就是1949年以后上了几天学,学习的学校也是公家开的。

(3)家庭待遇及分工

那个时候偏心很严重的,重男轻女,那个时候小女孩就不当个小孩儿,都不在乎小女孩。那会儿都没有上桌子吃饭那么一说,家里都没有一张桌子,俺家十年之中得有八年要外出要饭。那时候哪有钱啊,过年连顿饺子也吃不上,冬天连棉裤都穿不起,一个庄上得有一半去要饭的。一家人吃饭的时候肯定会先顾着男孩子,家里要是有小男孩儿,也有小女孩,做个衣裳的话先紧着小男孩,因为男孩子的名声高。

(4)对外交往

那个时候初一都要到庄上拜年,拜年都是男孩子去,女孩儿都不当小孩儿看,更不会安排女孩子去拜年。那会儿也没有什么客,家里穷也没有东西,哪还有客人来。过年饺子都吃不上,大年初一都有可能出去要饭去。红白喜事也没有办酒席的,家里有个结婚的喜事,婆家直接把人领走就行了。结婚也不会办酒席,连吃的都没有,拿什么办。那时候要饭也是个伤心事儿,上外头要饭就是父母领着去,一家人就都跟着走,担着挑子一直往南走去,甚至有时候都得走五六百里路。如果要饭要不来,有的人家的闺女才五六岁就送给人家换吃的了。

(5)女孩禁忌

那个时代是个封建社会,对女孩子管束可严了,小女孩儿和小男孩儿也不一块玩,小闺女们一块玩,小伙子们一块玩。那个时候对小女孩管得严,家长一般不让出门,那个时候家长的思想很封建的。

(6)家庭分工情况

那时候就是男人出去干活儿，人家有钱的给你工钱，给人家耪地，人家还管饭，俺就俺父亲跟着拾个庄稼吃。男劳力给人家种地，人家给点工钱，靠这点工钱一点点置些地种着。妇女都在家里干活，那个时候妇女都裹小脚，妇女没有出去的。俺们这些小孩，到十二三岁的时候就跟着下地拾庄稼，小女孩儿也得跟着去，平时还会帮着推磨。家里的男孩子就是割草喂牲口，也有去上学的，男孩子不干家务活，他们就天天在外头割草、挣钱，要是能耪地的就跟着耪地，不能耪地的，就在家割草。

我们这里小女孩不织布，我们这不兴这个东西。缝缝补补这些是跟着母亲学的。那时候衣裳都是自己做，鞋、衣裳都是自己弄的，那时候好多都没有鞋、没有衣裳，光着脚丫子的到处都是，那时候做衣服也是先紧着男劳力做。1949年以后还是自己做衣服，要是找人家裁缝做不得给钱嘛，找人家会剪的给帮忙剪剪，回来就自己做。到了这几年都是自己买衣服穿的，大约是从80年代开始的，70年代的时候能买一件衣服也是不容易的。

(7)父母对男孩、女孩的教育

教育上不管是男孩还是女孩都是父母共同来教，只是有时候母亲教女孩子多一些，毕竟有些话父亲不好说。那会儿对男孩、女孩子也没有什么规矩，小孩子都很听话，家长教育都听着，父母说什么就是什么，不会有犟嘴的。

2.女儿的定亲、婚嫁

我是十八岁嫁过来的，现在都八十八岁了，整整七十年的时间了，是1949年以前的那一年我嫁过来的。我丈夫这边他们是姊妹四个，弟兄三个，后来过继给别人一个，还有两个兄弟。

我定亲是1949年以前了，那会儿定亲都是媒人说媒，不像这会儿，那个时候没有自己谈恋爱的。媒人介绍婆家的情况，就介绍弟兄几个，有多少地，看看小孩人品怎么样，爹娘再看看小孩的长相就行了。只要男方能出力干活就行，不会挑人才，那个时候有二亩地就行，过日子主要是靠地吃饭。介绍女方，一般也不介绍个人的优点，那个时候只说家庭，说家里有多少地、人口怎么样，关于人才长相方面，只是由父母看看小孩就行，那时候结婚都是老的当家。婆家也没有提前见过我，那个时候不兴见女孩，又不兴谈恋爱，要是自由谈恋爱是天大的丑事，两人之间谁都捞不着看谁，就是我的父母要提前见一见小男孩，女孩不需要提前见面。当时是男方找的媒人，媒人就打听着给说媒，一家有女百家问。经过媒人介绍之后，父母也得来提前看看家庭。只要是合适，男方给买两身衣裳就行了，谁也不见面，比这会儿可简单多了。当时我父母觉得婆家这边家庭不错，丈夫这个人也不错，就把婚事定下来了。

那个时候也不用给媒人什么报酬，婆家这边也不给什么，那时候哪有什么东西可给的，只是结婚的时候请一请媒人就行了。媒人说媒，两边的情况都得说实话，实际情况怎么就怎么来，有就是有，没有就是没有。我父母也会提前打听对方家庭，要会过日子就行。定亲也不用写婚约，就是口头上约定，那个时候也兴看生辰八字，还得找人算算，看个好日子。如果算了之后两个人八字不合，那就不会愿意这门亲事，都得先算好之后，再确定双方定不定亲。定亲也没有什么彩礼，就买两件新衣裳就算了，钱、粮食都没有。有钱的人家没有彩礼，人家有钱就直接给钱，穷人家买两身衣裳就算了。

定亲的时候双方家长还是要见面的，得提前看看男孩的人品相貌怎么样，那时候不看女孩，都兴看男孩。我父母都来见面，做哥哥的不能来，就只有父母过来。也会一并看看男方家的生活怎么样、家庭怎么样,有多少地,有没有牲口。亲事都是父母给定下来的,不会问我的意见,那时候父母说什么就是什么,做儿女的哪里还敢犟嘴啊。

亲事提前两三年就定好了,那时候也没有退亲的,更不会像现在还有离婚的,那时候只要是做长辈的一眼看中了,觉得小孩不孬,那就可以了,只要能出力能挣碗饭吃养家糊口就行。我定亲之后,在没过门之前我当家的还不用去娘家送礼,过去都不兴送节礼。

我是十八岁嫁到婆家的,1949年以前的那一年来的。当时结婚也没有写婚书,什么都没有,只要人嫁过来就行了。结婚父母做主就行,不需要爷爷奶奶看,父母看看就完了。媒人介绍说男方家里有一牛一驴,我父母来到一看,确实是这样,那就行了。那时结婚也没有什么讲究,也没有什么仪式,什么事都没有,流程很简单。送嫁的还是有,要来一对男性送嫁,给我送嫁的是我房支近门的哥哥,妇女不能过来,那个时候妇女不兴送。临走的时候父母还得交代交代我,让我好好干活,不要惹公公婆婆生气,一家人团结,不能和丈夫闹矛盾。那个时候哪轮得上儿媳妇说话,婆婆说一就是一、说二就是二,做儿媳妇的不敢犟嘴,甚至当儿子的都不敢犟嘴。

出嫁的时候娘家也摆了婚宴的,俺家那时候还办了好几桌呢,请的都是我家近门的亲戚,庄上这些干部不请,都是自家亲戚。请村里其他人家,人家还得给钱,那时候哪有钱啊,所以办喜事都不掺和外人。都是自己的姐家、姑姑家、姨家这些亲戚。那个时候也兴嫁妆的,人家有钱的也有嫁妆,有钱的头两天就会往婆家送嫁妆,送两天都送不完呢,我一点都没有,连个箱子都没给。我们家穷,连吃饭都吃不上,哪还有嫁妆。到了婆家这边,人家也不嫌弃,但凡是娘家有东西怎么会不置办嫁妆呢。那个时候也兴回门,叫作"过三还四",也有"接七还八",就是结婚三天的时候来接新娘子回娘家,到结婚第四天再送回来,或者结婚第七天来接,到第八天送回来,回门的时候我当家的不去,只有我自己回娘家,到时候再让娘家人送回婆家。

我结婚那会儿婆婆家一共有五口人,除了公公婆婆,俺当家的,还有一个小叔子、一个小姑子。我们定亲的时候,婆婆这边也要办场,还要请媒人,还要请这些亲戚本家,村里的干部不请。迎亲的时候,一定得找一对女的前去迎亲。那时候穷,坐不上轿,我是坐马车来的。那时候只有有钱的人结婚才能坐上轿子。我结婚的时候咱们这也有跨火盆,里面烧着木炭,一步一步跨过去,然后就是拜天地、拜父母,那个时候简单,没有那么多仪式,下了车下了轿,跨了火盆儿,拜了天地拜了父母就完了,婚礼就算完成了。我们结婚的时候还有本家的长辈来主持,那时候办喜宴,男的女的都得分开坐,娘家人都在屋里,在堂屋。

童养媳我们这边没有,换亲的还是有的。换亲都是因为穷,因为自己的儿子娶不上媳妇。换亲的两家是自愿的,双方谁也不能反悔,要是反悔了会被村里戳脊梁骨。人家给你结亲了,你娶完了人家的女儿结果自己的女儿不跟人结亲,那也说不过去。换亲的时候,谁的孩子大谁先结。换亲也得找媒人,得找个媒人担保。换亲的情况到了1949年以后还有,就除了这两年没有了,我们村这附近十年前还有换亲的。招女婿的也有,不过很少,俺这个庄上一个没有招女婿的。改嫁的情况也很少,以前不兴改嫁,除非是被婆家休了。

3.出嫁女儿与父母关系

出嫁后回娘家也没有太多的忌讳,就除了过节不能回娘家,不能在娘家过节,平时能在娘家过夜,但是过节就不行了,无论是大节还是小节都不行。上坟我们这些妇女都不能去,无论是娘家还是婆家妇女都不能去上坟。回娘家的时候还要带东西,每次回去都要买,因为你已经嫁出去了,再回娘家你就是客了,所以得带着东西去娘家。回娘家的时候,也有两个人一起回去的，也有带着孩子回娘家的。虽然从娘家嫁出来了，娘家有什么困难也会帮助，能帮助的会尽量帮。如果婆家这边有什么困难，娘家也会照顾照顾，两家既然是亲家就得互相帮助。如果在婆家这边受气了，那么娘家人也会来帮忙出气。离婚的情况在以前也有，那时候都是婆婆当家，婆婆要是对儿媳妇不满意了，婆婆就能提。但是没有媳妇提出离婚的，那时候儿媳妇不当家，婆婆说打就打，说骂就骂。

我娘家和婆家离得不远，有六七里路，就在这东北角。平时娘家和婆家交往还是挺多的。嫁出去的姑娘就是泼出去的水，姑娘嫁出去了，娘家的财产就和自己没有什么关系了，娘家那边分东西都没有我的了。父母养老也主要是靠儿子，但是我们这些嫁出来的闺女也得照顾，闺女只能往娘家贴钱，不能从娘家拿钱。父母过世了，女儿穿的孝衣和儿子是不一样的，儿子穿一年，闺女穿半年，但是都是穿大孝。如果爹娘去世了，上坟只能由哥哥或弟弟去，女儿不能给父母上坟，只有家里没有兄弟的情况下，女儿才能给过世的父母亲上坟。

（三）出嫁的姑娘与兄弟姐妹的关系

我出嫁过后，还和哥哥经常走动，去哥哥家也还是要带东西的。娘家有什么大事需要商议的话不会找我，都是娘家人自己商议。兄弟结婚和姊妹结婚给的礼金这个都是一样的，没有差别。我在婆家有什么事，我哥哥会出面作为娘家人为我说理。娘家有什么事，我作为嫁出来的，有些时候也会出面。我的儿女结婚的时候，他们舅舅说话的分量并不大，话语权主要还是在爷爷奶奶这边。儿女结婚的时候，舅舅得坐上首，因为舅舅是家里最大的客人。1949年以前娘舅说话还是很有分量的，但是现在就不行了。我出嫁之后，和兄弟姊妹之间走动都不少，这个都是我们姊妹兄弟之间的感情，在于个人的相处。

二、婆家人·关系

（一）媳妇与公婆

1.分家前媳妇与公婆关系

我嫁过来之后，这边是婆婆当家，家里什么事都听婆婆的，家里要是有什么事都是婆婆一个人拿主意，也不和大家商量，那时候婆婆权威很大。我嫁过来以后，主要就是干活，耪地、在家烙煎饼，一些外面场的事，一般都得是男劳力出面才行。当时和婆婆关系哪有不好的，因为那时候都是婆婆当家，儿媳妇还能说什么。人家说一就是一说二就是二，儿媳妇哪敢犟嘴。那时候吃饭，公公婆婆也不用我伺候着，吃饭谁盛谁喝。有的家庭就不行，儿媳妇还得伺候老太太。我结婚的时候我婆婆才五十来岁，什么活都能干。天一亮我们就都出去干活了，到了晌午十二点，回来的时候婆婆都做好饭了。我嫁过来以后，婆婆没有给我半点委屈，我也能干活，什么活都能干。所以我的婆婆没有难为过我。村里也有婆婆对媳妇不好的，儿媳妇也不敢说什么，婆婆说什么她听着就是了，不敢说反对的话。

2.分家后媳妇与公婆关系

我嫁过来以后过了好几年才分家的，分家也有一年多的，这个时间说不准，要是婆婆和儿媳妇处得好，就在一块儿过，处得不好可不就分家了。1949年以前也分家，不管什么时候都要分家，因为家庭人口多了，哪能过一块去。当时我们分家是我提出来的，俺不想和公公婆婆在一块过了。分家当时都给我们分的粮食，再给你二亩地就完了，当时还给了我们一个小锅，还是个破烂的锅。

我们这1949年以前没有离婚的,就除了喝药上吊。从1949年以来吧,儿媳妇就不受气了。婆婆对儿媳妇不满意,婆婆能提出不要儿媳妇。我们这村东头就有一个,她儿子没在家,她做主把儿媳妇离了。只要婆家提出离婚,那就能离了。1949年以前妇女不能外出干工,那个时候也没有地方干工,劳力都没有地方干工,更别说妇女了。公公婆婆死了,儿媳妇穿的孝服和儿子女儿穿的都是一样的,就是不能上坟,就除了埋的当天,去圆坟能去一次,其他的时间就都不能去祖坟。

(二)妇与夫

1.家庭生活中的夫妇关系

(1)夫妇关系

我和我们当家的是结婚当天才见的面,见面之后满意不满意都没办法,那都是爹娘给看好的,你不看好也不行。结婚之后,相互间的称呼都是称呼对方的名字,那个时候也会直接说你我,后来我们有了小孩儿了就说孩他爹、孩他娘。分家之后主要就是我当家,我当家的他也不赶集,也不上店,就除了吃饭干活。家里管理家庭的方面他也不愿意管,不管干什么,都说让我去,家里有什么事情的话他都不问。当家的除了吃饭就是干活。所以家里的一切都是我拿主意。

分家过后,那自己家的地就是俺俩人一块干,打粮食什么的都是我来弄,我自己晾晒完再往家里搬。分家过日子之后,外面场这些事因为当家的他也不管,所以没办法都是我出面。1949年以前,丈夫在家的位置是要高一些,什么事情都要听丈夫的,但是我丈夫不管事儿,所以我管得多一些。那时候也不需要伺候丈夫,他自己能吃能干活,不需要我伺候。做饭都得妇女来做,有时候我丈夫也做,都是一样干活。有时候我看孩子,他就刷碗。1949年以前男的做饭的比较少,到了1949年以后就越来越多了。

(2)娶妾与离婚、婚外情

娶好几个媳妇的我们这里没有,我们这没有太有钱的,俺这个庄上一个都没有。1949年以前的旧社会,丈夫对媳妇打骂的情况是有的,媳妇就只有受着,她不受着也没有办法。1949年以前,受了委屈找谁说也不能说。到了1949年以后就行了,只有受气了就可以离婚。

那个时候好媳妇就是和公公婆婆一条心,能伺候好公公婆婆,她这个人忠厚老实,这样的就是好的儿媳妇。在1949年以前,离婚的事儿媳妇不能提,受气得厉害了就只有喝药上吊,因为娘家也不会让离婚,离婚是一件丑事。

2.家庭对外交往关系

人情来往出面,一般都是当家的出,这个妇女出面的少。后来条件好了,家里来客人妇女也能上桌,到了1949年以后就更加普遍了。不过这种情况也是要看人的,有的家庭就不允许妇女上桌。如果家里没钱了,需要出去借钱去,不一定非得男劳力去,女的去也行,女的去借也能借来。但是在1949年以前,妇女一般不出门,有什么事也不会让妇女去办。1949年以后就行了,那时候妇女也可以出远门了,讲究男女平等了。

(三)母亲与子女的关系

我有五个儿子、两个闺女,最大的那个现在也有六十几岁了,属兔的。刚生第一个小孩的时候,给娘家报喜有讲究,要送朱门①。生男孩和生女孩还不一样,生男孩儿家里人会更加喜

---

① 送朱门:当地人对于新生儿庆贺典礼的称呼。

211

欢。那时候送朱门,生男孩是几天生女孩是几天,这个没有差别,男孩儿女孩儿都是十二天。生了孩子办喜宴,男孩女孩都一样,都是关系比较近的亲戚过来,远的就不来了,姑姑家、姐姐家、姥姥家,这些亲戚都会来贺喜。那时候娘家来人的话都给挂面,再给买一些糖。小孩子一周岁的时候就不办喜宴了,那个时候生男孩生女孩给的礼也是一样的。

婆家这边对于生男孩生女孩的态度是不一样的,那个时候重男轻女,生男孩儿全家都喜欢,生女孩儿就不一样,那个时候婆家人认为男孩子越多越好。我下边的几个儿子都上过学,两个闺女没上学。当时家里面对于这几个儿子是照顾得多一些,所以几个弟弟妹妹就得让大闺女给照看,大闺女就没有机会上学了。

我大儿子结婚,到现在得有四十多了,结婚是在1973年前后。我儿女这一辈人结婚还是要找媒人说亲,只是不算八字了。儿子娶媳妇的时候还得父母做主,结婚的流程上和我们那时候差不多的。我闺女出嫁的时候,嫁妆有大橱子、小橱子、柜子、大椅子、小椅子。我儿子娶媳妇的时候没有聘礼,那时候哪弄钱给去,那时候传启①才给五千块钱,也没有给儿子盖新房子,都是在老瓦屋里结的婚。我作为婆婆和儿媳妇相处的时候,和我当时和婆婆相处时也没有什么变化,我和儿媳妇相处得都挺好的,儿媳妇也都能听我的话。到儿子结婚的时候还是我当家,分家也是我提出给他们分的,分开了人家自己吃住都方便。我这几个儿子成家一个,我就分家一个,儿子结婚后,过了有一年多的时间我就给他们分家了,分家的时候也没有什么讲究,就给他两布袋粮食,再分给他们一点土地。

我闺女当时结婚也是我们给看的,当父母的不给帮忙看看把关也不行。我女儿结婚的时候风俗上和我们当时差不多,那时候闺女定亲了之后,我们和亲家之间也没有走动,都是到了结亲之后才走动。闺女嫁出去以后,我们往来还是挺多的,闺女也经常回来。后来有孙子孙女都是我给看着,我在村里开了个饭店,这些小孩从小都跟着我吃,儿子们把孩子送到我这来,然后他们就去干活。我们养老的费用是儿女均摊,有什么事都是他们商量着来。在我们这个庄上如果有儿女不养老的,那就找干部教育。有的人他没有男孩,只有闺女,闺女出嫁了,这样的老人闺女也给钱养老,上级也会照顾一部分。在养老这个问题上,我觉得不管是儿子养老还是女子养老都好,儿子给钱,闺女给买东西。我现在去闺女家的时候少了,以前能活动的时候经常去,一年能去四五趟。

三、妇女与宗族、宗教、神灵

(一)妇女与宗族

我们这个庄上没有什么祠堂,一个姓之间有什么集体性的大事,这个我们做妇女也不能去参加,都是他们这些男劳力去商量。俺这个庄上也没有集体祭祖的事。一个家里添了男孩,那就除了送朱门,其他的也没有什么活动了。要是一个家里没有一个小男孩,那么本家之间也有看不起的。如果一个家庭只有闺女没有儿子,等到父母老了以后,父母留下的家庭财产就会由闺女来处理。庄上要是有谁家的当家人没了,本家之间对于这些孤儿寡母的也没有什么特殊照顾。

(二)妇女与宗教、神灵、巫术

我们这里不拜神,我家里也没有供奉什么神仙,我们这里没有信教的,我反正什么都不

---

① 传启:当地俗语,意思是定亲。

信,信那个没有一点用。每年的七月十五都要去上坟,上坟的时候都是家里的男劳力去,妇女不能沾边。以前我当家的在的时候都是他去,现在都是我的儿子孙子去上坟。

四、妇女与村庄、市场

(一)妇女与村庄

1.妇女与村庄公共活动

在娘家的时候,庄上要是有什么会,都是男劳力去参与,俺不参与。1949 年之后咱们庄上要是开个什么会,那妇女都能参加了。开大会的时候没有妇女发言,也就是人家妇联主任发言,咱们这些普通的妇女没有发言的。要是村里修路,或者需要扒沟扒河的,这种情况都是上级给各家各户派任务,任务是按照人口来的,有几口人就要摊多少任务,妇女也要算人头的。当时我们村里都谁是干部,谁是队长,我也不关心,只要安心干好自家的活就行了。

2.妇女与村庄社会关系

在娘家那个时候,有从小玩得比较好的,不过现在都没有了。出嫁的时候也有关系好的去送嫁,我当时也送过一回小时候的朋友出嫁。我在那个娘家那个庄辈分比较高,所以一般不会找我去送嫁。如果被请去送嫁的话,穿衣服得穿得鲜亮一些,几个一起送嫁的还都要穿一样的,不穿一样的不好看。1949 年以前,妇女基本上都要参加地里的劳动,不干活家里就吃不上饭,只要你能拿得动锄头、只要能出力的,都得去干活。庄上要是有这些红白喜事需要帮忙的话,只有近门的亲戚才会去,不是近门一般不会过去给帮忙的。需要帮忙的时候,主家都得过来请,只有请了之后我们才会拿着礼过去。村里妇女和妇女之间有矛盾,这个没有专门调解的,顶多是长辈的老太太出面圆圆场,俺们这个村的人都团结得很好,几乎没有吵架的。

(二)妇女与市场

我以前在娘家的时候,赶集是不允许的,没出嫁之前不能出门,要是赶集的时候见了婆家人会出丑的。到结婚之后那就行了,那就可以出门了。结婚之后要是出门买东西的话也得经过婆婆同意,都得听婆婆的,那个时候婆婆都是当家的。那个时候咱们用的棉花都是自己种,哪家都得种二亩棉花。做衣服用的这些布那得去集市上买,那个时候没有织布的,需要布都是买,咱们自己种的棉花也会拿到集市上去卖。平常做衣服用的这些针头线脑也得去买,市场上都有卖的。

后来就是用票了,布票、粮票、油票都有,买什么都得用票,都是上级发给咱的。当时咱们发的布票不够用的,那就只能凑合着穿,到了后来就不用票了。以前做衣服都是老粗布,到了1949 年以后就开始用洋布了,洋布都是机器织的。不做鞋也就是最近几年才开始的,现在都有卖的了,以前穿的鞋是我们自己手工做的。割资本主义尾巴我还记得,还有挖黑心[①]的时候,把家里的东西都弄出来了,需要什么东西都是从大队上领。

---

① 挖黑心:应该是挖私心。

五、农村妇女与国家

(一)认识国家、政党与政府

1.国家认知

国家、共产党听过的,但是不记得是什么时候听说的了。那都是到了 1949 年以后,1949 年以前我不知道共产党是干什么的。那时候还说八路军很吓人呢,比中央军还吓人呢,老百姓那时候都还吓得慌,不知道八路军到底是什么样的。到了后来才知道,八路军是好人,以前传的都是假的,八路军都是爱护老百姓的。1949 年以前听说过男女平等,当时也有宣传。1949 年以前咱们这没有专门建的学校,那都是个人开的私塾,到了 1949 年以后才有政府开的学校。

2.政党认知

那时候也听说过国民党的,国民党都厉害,蒋介石就是国民党。之前咱们这里用的钱都是那种大的票子,都是国民党用的,到了后来很多都不能用了。等到共产党一来的时候,国民党的钱就作废了,后来开始用共产党的票子了。我在 1949 年以前没有接触过共产党,都是听他们说的共产党的事,都说共产党好。到了 1949 年以后才慢慢开始接触的共产党,1949 年以后共产党打过来了,都对俺可好了。我们家里现在没有共产党员,但是我念着共产党的好。

到我长大之后就不兴裹脚了,都是自己不想裹了,我们这经常闹洪水,一发大水,小脚跑都不好跑。所以,慢慢地我们这代人就开始不裹脚了,裹脚没有一点好处,还受罪。

3.夜校

我没有上过夜校,穷人的孩子哪有上过学的,家里连饭都吃不上,哪还有钱让我们上学去。后来共产党来了之后办了学校,我也没机会去上学,那时候光在家干活了。

4.女干部

1949 年以后就有妇女当干部的了,那时候有妇联主任了。我觉得妇女去当干部还是很好的,但是我没有参加过妇联。后来到我女儿长大之后,我就让我的女儿积极进步,争取当个女干部,代表咱妇女说话。

(二)对 1949 年以后妇女地位变化的认知

到了 1949 年以后,儿女结婚还得父母做主,父母不做主还是不行。到 1949 年以后,妇女在家庭的地位那是提高了,妇女能干活了,和男劳力都一样。家里的事也有妇女当家的,也有两口人商量着来的。而且 1949 年以后小女孩都上学了,政府那时候也鼓励上学,俺家那时候没有人看孩子,所以两个闺女都没有上学。

(三)妇女与土改

土改的时候,我们家划的是贫农,没有土改工作队到我们家来,俺也没能摊上人家的土地。土改开会的时候,当家的可以去,我婆婆也可以去开会,但是不允许儿媳妇去开土改会。土改的时候还没有妇女会,积极分子中也没有妇女,那时候还不大敢,妇女还不太能露头,因为受到婆婆的管制,婆婆不想让儿媳妇去参加这些东西。

(四)互助组、初级社、高级社时的妇女

互助组我也知道,就是互相合伙干活。那时候想和谁一组就和谁一组,都是近邻,该干谁家的地就去谁的地里干活。那时候我都是在家里看晒场,当时很愿意在一个组里干活,大家

伙在一起嘻嘻哈哈的多开心，比两个人一块干活的时候开心多了，村里人也都愿意参加互助组。到了后来入社的时候，妇女都被要求下地干活，你不去干部就会罚你，队长也动员这些人去干，那个时候不干活就没法分到粮食。互助组的时候也是，都得下去干，不管你有没有力气反正都得去干活。那会儿还没有妇女当干部，就是只有队长，队长喊着干活。入社的时候男女干活有分工，扒沟的什么的都分，妇女也什么都干，那时候都不裹脚了，男女也平等了，妇女和男劳力都是一样干活。

同样都是干一天，妇女和男劳力给的分一样。同样是干一天的活，男劳力干一天是十二分，妇女要是也干一天也会给十二分，只要你干一样的活，那就给你一样的分。我们刚开始一块干活的时候，男女都在一块，那时候也习惯，嘻嘻哈哈都可好了，要是单独一个人干活哪有人说话解闷。

到了入社的时候，妇女生孩子不放假，只是让你歇几天再去干活。要是当时家里有小孩子，又要带孩子又要干活，孩子大部分都要奶奶看着，要不没法干活。那时候共产党开会的时候，妇女也参加，慢慢地发言得也多，时间一长了就好了，刚开始的时候发言还不太积极。

(五)妇女与人民公社、"四清""文化大革命"

1.妇女与劳动、分配

人民公社男的在一块，女的在一块，要不干活不方便。农具手、饲养员那些都是男的。咱们队上这些干部，会计都是男的，那个时候妇女识字得少，没有能当会计的。修水库的时候，男劳力、女劳力都去，干活都是一样的，家里剩的这些活都是留给家里上岁数的妇女干。大炼钢铁的时候，咱们这些妇女出去得可多了，我也跟着出去，那时候都是比着干，看谁干得多。

当时干活的时候男女是同工同酬，要是有干的活不一样的，那就少给一点。俺当家的耕地，一天十二分，我要是干一天，也是十二分。那都是挣命干活，到了年底分粮食的时候俺家就分得多。

2.集体化时期劳动的性别关照

集体化的时候，社里对妇女没有什么特殊的照顾，生产队也没有托儿所。所以，我们这些妇女有的一边看孩子一边干活，好点的把孩子让婆婆给看着，专心干活。

3.生活体验与情感

食堂吃饭的时候，分东西都是按人口分，后来食堂就弄不下去了，也不知道是什么原因。挨饿的时候我们家里都是吃树皮、吃野菜，几乎什么树叶子都吃过。俺这饿死得不多，古邵街饿死得多，有的村里饿死的人得有一半。

4.对女干部、妇女组织的印象

我们这里没有铁姑娘队，妇联也没有组织过什么活动。1949年时，没有妇女能当干部，咱们这些妇女都没有能力没有文化，当不了干部。到了后来才慢慢地有了妇女干部，不过还是占少数。

5."四清"与"文化大革命"

就是"破四旧"那会儿，我们家里什么也没有，也就没有可收的，"文化大革命"时候婚礼、葬礼都简化了，我们对于这个没有什么印象，因为和我们家关系不大，我们光想着干活吃饭了。

(六)农村妇女与改革开放

包产到户的时候妇女都参与了，发的土地证上只有当家的名字，那时候只写家里男劳力的名字。后来村委会的选举一般也都是男劳力当选,妇女都在家看孩子了,没有精力也没有能力当干部。

六、生命体验与感受

活了八十多年了,我吃的苦受的罪不能说了,从来没有现在过得那么好的日子。现在我们有吃有喝的,还能怎么样,想想我们过去经历的那些日子简直不是人过的。所以我就觉得自己命好,赶上现在的好时代了。我能过上今天的日子特别知足,所以现在更得好好珍惜。

JXD20170109ZZL 张忠兰

调研点：山东省枣庄市峄城区古邵镇土楼村
调研员：季旭东
首次采访时间：2017 年 1 月 9 日
出生年份：1935 年
是否有干部经历：否
是否生育：是

受访者结婚的时间节点、生育子女的具体情况：1952 年结婚；1953 年生育第一个孩子，共生三个孩子，前两个是儿子，最小的是女儿。

现家庭人口：1
家庭主要经济来源：子女赡养

受访者所在村庄基本情况：孝庄村南邻京福高速入口道路台韩线，平原地貌，属于原峄城区坊上乡辖区范围内，与坊上乡驻地相邻，附近村庄有倪庄、南垄、前土楼、洛庄。孝庄社区包括孝庄一村、孝庄二村、孝庄三村，属暖温带季风性气候区，四季分明，季风明显，雨热同季。因受黄海气候的影响，东风较多，但大陆海洋性气候不够典型。年日照平均为 2226.4 小时，以四五月份日照时数最多，月平均可达 216.5 小时。孝庄村在 1949 年初期曾是共产党办事处之一，土地富庶，人地矛盾较弱。村庄主要姓氏为张姓、李姓、马姓等。目前村庄大力开展蔬菜大棚种植、渔业及家畜饲养，村庄经济发展在古邵镇中居于前列。

前土楼村紧邻孝庄、南垄、洛庄、后土楼村，之前与后土楼村统称土楼村，二者一河之隔，后为区别分别称为前、后土楼村。村庄 51 户人家，共计 285 人，耕地面积 420 亩，承包地面积 460 亩，整个村庄只有三个外姓家族共计十几户，剩下的全部姓褚，且都为同一家族分支，均为南常褚姓家族迁居于此。前土楼村全部为平原地形，地势相对较低，过去连阴雨天气经常受到洪涝灾害，庄稼常年受淹，造成减产绝产，近年来兴修水利工程，修筑村庄南河大堤，大大减轻了洪涝灾害造成的经济损失。

受访者基本情况及个人经历：老人 1935 年出生于古邵镇孝庄村，祖籍山东省枣庄市。1952 年老人出嫁到前土楼村。1957 年成立人民公社时为公社食堂厨师，有两个儿子、一个女儿，大儿子务农，二儿子个体经商，女儿在当地镇政府工作，家中四世同堂，孙子有外出务工的，也有所在市区的公务员。老人的老伴在 2001 年就去世了，目前老人和大儿子一家在老家居住。老人患有腿部风湿疾病，刚成功做完膝盖手术，日常起居主要由大儿子一家照顾，二儿子和女儿也经常前去探望，为老人带一些生活用品和补品，并时常给老人些零花钱。老人与老伴都是农村户口，目前还有 3.6 亩地交由孙子耕种。老人的儿孙家都在老人的房屋周围，重孙、重孙女时不时去老人家玩耍，老人家里一直不断人。访谈期间，女儿和二儿子约好同时回家，一个大家庭几十口人，很是热闹。

一、娘家人·关系

(一)基本情况

我叫张忠兰,我这个名字是我在家上户口的时候,老爹给起的。小时候没有起大名,都是叫小名,我记得都好几岁了,上户口的时候才起的这个名字。我一天学也没上成,那时候女孩都不上学。我哥哥叫张忠泰,我们都是忠字辈的,起名字都是按辈分起,我妹妹也是。我是1935年10月出生的,那时候都没过生日的,谁是哪天出生的都不记得。我娘家之前有不少土地,那时候还没有和我哥分家,全家有四十多亩地。我家当时一大家子有五口人,我们姊妹三个,还有父母,我们这是五口。我哥家三口人,还有我老爷和奶奶,还有我堂哥和嫂子。这一大家十几口人一共有四十多亩。我家土改的时候成分是中农,没有摊别人的土地,也没有拿人家的。我就只有一个哥哥、三个妹妹,我在家里排行老二,那时候村子里几乎没有抱养的孩子。

我十八岁那年,6月份的时候嫁过来的,大概在1952年前后。我嫁过来的第二年,也就是1953年添的第一个孩子,那时候还没有成立农业合作社。之前我丈夫家里有一百多亩土地,是靠干木匠活积累起来的,划的成分是老中农,因他家是土楼村土地最多的一家。所以土改的时候分给村里人一部分。等我嫁过来之后,他们家还有四十多亩土地。这是土改的时候给留下的四十多亩地,以前家里的牲口也被人家分走了。没嫁过来之前我娘家是孝庄村的,就在婆家土楼村的南边。

(二)女儿与父母关系

1.出嫁前女儿与父母关系

(1)家长与当家

在娘家的时候,那时候没有谁管事,因为当时都穷得吃不上饭,反正家里这些事都是听父母的就是了。当时我嫁到婆家的时候,婆家的土地已经分给村里人了,到我嫁过去的时候家里还有四十多亩地。娘家管事的主要是父亲和母亲,家里的事都得听父母的,当时也没有明确说谁是主要来管家,反正那时候过日子也简单,家里有什么事,基本上听我父亲的比较多。一般情况下,妇女不能随意抛头露面,家里这些事都得男劳力来做主,特别是当时那些外面场的事都是我父亲做主。在那个时候,基本上是父亲管外边这些事,我母亲主要就是掌管家里的事务。

(2)受教育情况

我小时候没有上过学,小时候家里穷,没有能力供应上学,那个时候父母也不愿意让孩子去上学,因为家里穷得连饭都吃不上了,哪里还能上得起学,像我家里其他的姊妹兄弟,他们都没有上过学,我哥哥一早都跟着师傅出去学木匠活了,我们姊妹几个就搁家里干活,有时候家里饿得吃不上饭了,还会跟着爹娘去外面要饭去,哪还有时间能捞着上学,我自己也没有上学的想法,那个时候哪有多少能上得起学的,也就是村里那些有钱的户才会让孩子去上学。

(3)家庭待遇及分工

我小时候在家里面,父母对小男孩和小女孩没有什么不一样的对待。我哥比我们大,剩下的就是我这姊妹几个,家里人对待我们没有觉得有什么不一样。我哥很早就出去干活了,跟着师傅学木匠。那个时候家里条件差,做衣裳不会先紧着男孩儿做,家里有什么好的东西,也不会刻意先给小男孩儿，家里谁有需要就给谁。因为家庭条件比较差，往往一件衣裳得穿好多年。所以，家里轻易不会给我们添置新衣裳，衣服破了都是缝缝补补接着穿。

那个时候我们家吃饭时家里人所坐的座位有讲究，特别是家里来了客人的情况下，吃饭的座位更加不一样。家里的大人长辈都得坐在上首位，我们这些小孩子不上桌，家里的男孩子有时候能够上桌吃饭，但是小女孩一般不让上桌。到了过年的时候，家里人也不会给小孩子压岁钱，全家人饭都吃不上了，哪还有额外的压岁钱给孩子们。

（4）女孩的家外交往

小时候过年都会有拜年的活动，小女孩是不用去拜年的，都是家里的那些男孩子去亲戚朋友家里拜年。要是家里来客人的话，按照村里的习俗，我们小女孩都不上桌，我母亲有时候可以上桌陪客人吃饭，但是也得根据客人的情况，要是来的客人都是男性，那我母亲也就不会上桌，客人们吃饭的时候我都跟着我母亲去旁边吃。要是家里来的客人是我们自己家的亲戚，并且血缘关系比较近的，那么我母亲就能上桌。我们到别人家去吃饭也是一样，一般是我父亲代表家里出去，如果我父亲忙不过来的时候，我母亲可以代替父亲前去。

在我小的时候，小女孩可以随便出门玩，在小的时候没有那么多的讲究，男孩女孩都能在一起玩耍。一旦到了长大之后，十几岁的男孩女孩就不能在一块玩了。因为长大之后大家就都懂事了，知道男孩和女孩要避嫌，不能经常在一块玩，免得村里人说闲话。我以前在娘家的时候，家庭干活上也有分工。家里的重活主要是我父亲和我哥哥来做，他们是男劳力，重活自然都得是他们干。我母亲干不了重活，而我们姊妹几个那时候都还小，也没有能力帮忙干活。那时候我就搁家里帮着母亲照看我的妹妹们，别的也不会做什么。小的时候女孩子外出赶集也是允许的，但是我们去集市上也不买也不卖的，还要跑大老远。所以，小时候我们姊妹几个轻易也不去街上赶集。

（5）女孩禁忌

那时候小女孩儿在家里要守规矩，得听家里父母长辈的话，出门在外更得懂规矩，要注意自己的言行举止。这一点和现在是一样的，小孩子得听大人的话。当时我母亲不能下地干活，我母亲从小就裹个小脚，裹脚之后走路都走不远，更无法下地干活。所以，我家地里的活都要靠着我父亲还有我哥哥来做。到我长大一些了，我也能跟着去地里给帮忙干活，那个时候我也干不了重活，顶多是帮忙拾一拾庄稼，耪地都不能耪。

女孩子在那个时候基本上是自己在家做衣服做鞋子。家里人穿的服装鞋帽都得自己做，因为那个时候集市上卖衣服鞋子的很少，即使是有卖的我们家也买不起。所以无论是做衣裳还是纳鞋，都是我们在家自己缝制。小时候我们家里没有织布纺纱的工具，我娘家这边不时兴自己织布。做衣裳纳鞋需要的这些布料都是到集上去买，村里人很少有在自己家里织布纺线的。这些缝衣服做鞋子的技术都是我们小时候我母亲教的，小女孩长到十二三岁的时候，就会跟着自己的母亲学习做女红，这些是小女孩必须要掌握的技巧。

那时候家里教育女孩子一般也是由母亲负责，母亲会交代我们出门一定要端庄，同时会教我怎么干活，一旦家中的小女孩犯了错，也是自己的母亲进行批评教育。在那个时候女孩子一般不会犯什么错误的，小时候我们都胆小，很听父母的话，无论到了哪里跟别人都是和和气气的。

2.女儿的定亲、婚嫁

那时候定亲有一套流程，两边的家庭经过媒人介绍完之后，媒人都很熟悉双方的家庭，如果他家是过日子的人家,我家也是过日子的人家,媒人觉得也很合适,那么在媒人的介绍下双方家长就会把亲事定下来。我定亲那时候差不多有十六七岁,我是十八嫁过来的,也就是在定亲之后有大约不到一年的时间我们就结婚了。我婆家这边的家庭是什么情况媒人会跟我父母介绍清楚,我当时婆家是什么条件呢?以前婆家这边是中农户,家里世代都是干木匠的,一家人都是过日子的人家。我们定亲的时候都是两边父母当家,那个时候大事小事都得听父母的,我们的亲事都是父母决定,父母不用问我的意见。那时候定亲没有什么仪式,传启①的时候给我买两身衣裳就完了。定亲的时候还会看生辰八字,得提前找人算一算,看看两个人的八字合不合,有没有什么犯忌讳的。

结婚时候的彩礼也是双方父母共同商量决定的,那个时候结婚成家都是双方父母做主,双方家长看着觉得两边的小孩都不错,那就做个亲家,亲事就这么定下来了。结亲还是以父母的意见为主,父母看好了就行了,我也不会不同意,即使我不同意也没有什么办法。一旦定了亲之后双方就不会再反悔,因为一旦有一方反悔会是一件丑事,所以从来没有听说过定亲之后又反悔的。即使是我再不满意,那也是我父母帮我看好决定的,所以我也不能反悔。那个时候也有小女孩跟着别人跑出去私奔的,但这个都是极个别的情况,并不会经常出现。

结婚之前女婿是不会到女方家来的,因为那个时候又不兴提前送节礼,只有到了结婚之后才来。我们结婚当天没有什么仪式,就一家人连我送走就行了,婆家那边来人来接,接到庄上拜完天地就完了,没有什么特殊的仪式。小女孩儿结婚的时候没有什么规矩,那个时候结婚又不像现在。结婚的时候都有人送嫁,都是自己近门的婶子大娘。在临出门之前,父母还会给我交代嘱咐,到了婆家得好好过日子,要孝顺公婆长辈。从婆家回娘家的时候,可以带东西,也可以不带,这个没有硬性的规定。我当时出嫁的时候也得办酒席,我们姊妹几个出嫁时都办了,近门的亲戚都会上门来喝喜酒。当时我们家里办了具体多少桌我不知道,这个我也不过问。

我结婚的时候也有嫁妆,嫁妆主要是橱子柜子什么的,那时候嫁妆就是一些家具,也没有什么别的。我结婚的时候嫁妆也不多,因为家里也穷,都是我哥还有我父亲给我打造的家具,那个时候又没有什么家电,自行车也没有,衣裳就是当时传启的时候买了两件,其他的也没有了。我没听说过有嫁妆田这个说法,因为我们这也没有什么大地主,就除了洛庄有家大地主,但是也没有听说他那有什么嫁妆田。嫁到这边之后有跨火盆这些风俗,那时候结婚都时兴这些礼节,即使是到了现在有的地方还跨火盆。

结婚的时候必须要拜天地,这个习俗也是一直都有的,新娘子进门要跨火盆,跨火盆进入婆家门,之后拜天地,两个人才算正式结为夫妻。除了这些还需要敬茶,儿媳妇得给公公婆婆端茶、改口,要是有老爷爷老奶奶也得拜,这是对婆婆家长辈的尊重。除了这些我结婚的时候也没有什么别的仪式,那个时候结婚都很简单,一点不复杂。结婚当天也不用去祖坟上去祭拜,上坟那都是结婚头一天男方这边去上坟,结婚当天不用去,女性是没有去上坟的。

我们结婚的时候回门一般都是三天,结婚第三天回娘家门,回门时娘家会来人接,因为按照风俗,得娘家有人来请我我才能回去,不能自己主动回去。回门的时候就我自己回去的,那时候还不兴两口子一块回门。回门还要带东西,带的东西娘家留下一半,再给我留一半带回来。

---

① 传启:当地对定亲的称呼。

我们这边有换亲的,就是当时那些家里穷得娶不上媳妇,自己闺女跟人换,给自家儿子换个媳妇。换亲主要是穷人家里,当时这些穷的户都得通过换亲的方式,要不然穷人家的儿子怎么能找上媳妇。

3.出嫁女儿与父母关系

平时回娘家没有什么讲究,想回去就能回去。平时回娘家可以在娘家住,但是赶上节日就不能回娘家,有二月二、三月三、端午节、六月六、七月初七……这都是节日,这些节日都不能在娘家过,只要有节日的时候必须要回自己家。过年之后一般都是正月十六回娘家,正月十六就是回娘家的节,现在年幼的一般过完年初二初三就回娘家了。还有上了岁数老年人一般是正月初六被请回娘家,老年人的侄子、侄孙子都会上门去请他。回娘家的时候可以在娘家吃饭,也会在娘家过几天,一般到节日了才回去。我结婚之后都是一个人回娘家,那时候很少有两口子一起回娘家的。只是在有事儿的时候两口子才一起回娘家,两口子一起回娘家可以住在一起。只要有空闲屋子就可以。

出嫁的时候还要去上坟。如果是出嫁的女儿没有娘了,在出嫁之前就得去给她娘上坟。上坟一般是提前一天,如果是明天出嫁那么今天晚上就去给她娘上坟。如果只有母亲但是父亲不在了,这样女儿也得去上坟。爹娘都在的就不用上坟了,上坟也只能去爹娘的坟前,但是不能给其他祖宗长辈上坟,这样是犯忌讳的。女儿回娘家的时候要带什么东西没有什么讲究。过年过节买点东西去娘家,娘家会回赠粉条、粉皮、腐竹这些,回粉条的寓意是亲戚之间拉拉扯扯不间断。闺女出嫁之后就不能管娘家的事情,像我家里有嫂子有哥哥,家里有什么事哥哥嫂子也不会让我管。如果娘家有困难的时候闺女也可以帮忙,闺女家里有钱有物的都可以帮忙。如果是娘家有钱的,闺女家里穷有了困难,娘家也可以帮个忙。一般和婆婆住在一起的就很少会给娘家帮忙,如果是小两口自己过日子的娘家有困难就会帮忙,不会受到婆婆的管制。两口子如果闹了矛盾,做媳妇的和丈夫生气、抬杠,有时会回娘家过几天。一般丈夫会主动去接,如果事情不大,女儿在娘家过几天消了气也会主动回来,都是一家人闹矛盾,不需要有人调解,女儿回到娘家,娘家人教育几句就好了。

(三)出嫁的姑娘与兄弟姐妹的关系

在当时,还在的舅舅是最为重要的亲戚,甚至有时候舅舅的地位比自己父亲都重要,儿婚女嫁一般都需要通过舅舅的同意,由舅舅为外甥外甥女做主。我结婚之后和我哥哥嫂子关系一直很好,有什么事还得要我哥哥给帮忙拿主意。到了后来舅舅过问外甥家事情的情况就少了,结婚成家也都是自家父母定就可以了。在以前的时候,出嫁的女儿是正月十六回娘家,娘家的哥哥或者侄子来上门请,在娘家过段时间再由他们送回来。

二、婆家人·关系

(一)媳妇与公婆

1.分家前媳妇与公婆关系

我婆家这边都是公公婆婆当家,我公公当时大部分时间都在外边干木匠活。所以家里这些事听婆婆的多一些。那个时候做婆婆的都很厉害,凡事都得听婆婆的,家里面钱、钥匙也都是婆婆来管,基本上家庭内部的事都是她操持着。要是家里有大事还得听公公的,公公是一家之主。儿媳妇有什么事情都需要跟公公婆婆汇报,家里面有什么事不会开会商议,都是公公婆婆做主。

我来到婆家之后主要是在家里种地,不光跟着去地里干活,家里这些家务活也得干。当时这些家务活都是妇女来干,男劳力主要在外面挣钱。我当时和婆婆关系也行,婆婆不会打我也不骂我,我和婆婆之前算是处得不错的。

庄上也有不少婆婆跟儿媳妇处不到一块去的,儿媳妇受婆婆气的也有,即使到现在还有这些事。我家里就没有这些,公公婆婆对我都不孬,平时公公婆婆他们不怎么管我,我就是在家里干活。那时候许多家庭里,婆婆得让儿媳妇伺候着端茶送水、叠被收拾床铺这些都是很常见的。1949年以前婆婆对媳妇不好的多一些,有不少儿媳妇要受老婆婆气,还有的儿媳妇受不了就喝药上吊的。那个时候儿媳妇没有什么地位,都得听婆婆的。打骂媳妇的事情在1949年以前也是不少的,那时候媳妇哪敢反抗啊,实在受不了的有被逼得喝药上吊的。1949年以前,要是上街赶集上买东西得跟婆婆说一声,婆婆同意了你才能去,那个时候的婆婆可厉害了。1949年以后那就不同了,媳妇们愿意去哪就去哪,婆婆不会管。

1949年以后就好多了,没有那么多受气的,如果给儿媳妇气受,儿媳妇可以提出离婚,到了1949年以后开始有离婚的了,就没有那么多儿媳妇受气的了。那个时候婆家如果有对外交流的事情,还是得让公公出面的,一般没有让婆婆出面和外人打交道。到了结婚之后,我们自己家里面没有私房钱,那时候又没有什么收入,能吃上饭就不错了,哪里还能有私房钱。当时娘家给了一点压箱子钱,我们家又不像人家那些大地主,人家地主的闺女出嫁都要陪送多少东西,给很多钱。我只有一点压箱子钱,这些嫁妆我娘家陪送过来的,到了婆家也是我自己用。

2.分家后媳妇与公婆关系

(1)分家

我嫁过来之后刚开始没分家,过了有两年才分的家。分家没有什么讲究,一般也没有规定结婚多长时间再分家。有的媳妇刚嫁过来婆婆就给分家了,有的过好几年还没分家,这个都是说不准的。如果家里婆婆和媳妇相处得好,那么就先不分家;要是处得不好,那就会早早地分家。如果婆婆和儿媳妇过不到一块去,那就只有赶快分家,要不婆媳在一块会经常有矛盾,影响家庭的和睦。分家的原则在1949年以前和1949年以后都是一样的,还是要根据实际情况,看婆婆和儿媳妇相处得怎么样。

当时我家是婆婆提出的分家,因为我丈夫兄弟三个都结婚了,我们这三家就都分出来了。当时我也是想分家的,因为一旦分家之后,我们就不跟公公婆婆在一块吃一块住了,那就自由了很多。那时候分家,公公婆婆给了我们几亩地,我们一口人给了二亩多地,两人一共有大约五亩地,除了这几亩地,公公婆婆再给我们一点儿做饭的东西,其他的家里这些家具什么的也给了一部分,反正那时候我们家里都是干木匠的,这些家具没有了也能自己打。我丈夫一共兄弟三个,分家的时候是这三家平均分的,这个都是一样的,都是公平地对待。

(2)丧葬义务

1949年以前妇女出去干工的很少,那时候也没有地方可去,1949年以前又没有什么工厂。那个时候媳妇要想出去干工,也得经过公公婆婆的同意,得跟公公婆婆说一声。不过那时候妇女出去干工的很少很少。公公婆婆如果去世了,在白事上儿媳妇跟儿女一样的,都要披着重孝,不过妇女都不能去上坟,只能留在家里守孝。像我们家里公公婆婆合坟立碑的时候,上面光写儿子的名字,有孙子的也写上孙子的名字,儿媳妇女儿的名字都不写。我们这自古以来妇女都不能进陵地,现在也是,到现在也不允许妇女去给祖先上坟。

(二)妇与夫

1.家庭生活中的夫妇关系

(1)夫妇关系

那时候都是到了结婚当天夫妻俩才能见面,之前没见过。当时见了第一面之后,印象就那样,即使你不满意也没办法。那时候我们两个人都有名字,结婚之后也是互相叫名字,有时候也会喊孩他爹、孩他娘,那个时候夫妻之间没有什么固定的称呼。我和丈夫两个人过日子的时候,基本上都是我管钱,丈夫在外面干工,家里的活都是我干。两口子之间哪有谁当家,反正有什么事就商量着来。家里的事基本上是我管,有大事、对外交往的事还得让他去。家里的地大部分都是我种,有时候丈夫干活回来了也会帮忙一起干。家里种地赶上忙的时候,丈夫就会回来先把地耕种好再出去。分家之后,对外的事情还是他能出面的就让他出面,两个人过日子家庭地位没有什么第一第二的。

1949年以前,妻子需要伺候丈夫的,端茶送水、铺床叠被的这些事都得是做妻子的干。到了1949年之后就提倡男女平等了。孩子出生之后都是我自己带,也没人帮忙,只有坐月子时候婆婆会照顾,有时候忙不过来俺娘也会来给我帮忙。

(2)娶妾

1949年以前也没听说谁有娶二房的,除了人家大地主的家庭有二房。娶二房不讲究门当户对,只有大房才会讲究门当户对。那时候过继孩子比较普遍,自己家里没有小孩,就会从自己亲戚家过继一个过来。过继孩子得经过媳妇的同意,这个得两个人商量好了才行。

(3)休妻、离婚与改嫁

1949年以前,妇女提出要离婚的可能也有,但是我们这附近没有听说过。1949年以前离婚也得看男方的意思,他要是不同意也离不了。但是只要丈夫想离婚那就能离,那时候也不叫离婚,就是丈夫写封休书休了妻子。1949年以前也有离婚的,不过很少,那时候不敢提出离婚,因为都觉得离婚是一件丑事,传出去对自己的名声不好。所以一般没有离婚的情况。但是那时候有休妻的,男的只要对妻子不满意能写休书,或者婆婆看儿媳妇不满意,婆婆也能提出让儿子写休书。如果是婆婆看儿媳妇不满意,但是儿子看这个媳妇很满意,这样的情况下婆婆也不会过多干涉,只要两口子能过一块去就行。1949年以前都是写休书休妻,那个时候不时兴离婚,也没有专门管离婚的地方,要是两人过不下去,就得丈夫写休书。到我们结婚的时候就要去政府登记了,我结婚那个时候也刚刚开始兴登记,登记证上会写两人的名字。到了1949年以后,儿女结婚找对象这个事情上父母干涉得不像以前那么严重。虽然到了1949年以后没有以前那么厉害了,但是儿女结婚还是得听父母的,到后来都兴自谈的了,父母管的不多了。

我们这边如果当家的去世了,留下一个寡妇,如果她想改嫁的话,这个不需要经过婆婆同意,寡妇只要自己想就可以改嫁,她要是改嫁了,按道理家里的东西这个寡妇也得摊一半,不过一般没有拿的,因为带走东西会引起婆家各种状况。所以只要是改嫁很少会要婆家的东西。如果这个寡妇不改嫁,一直守在家里,家里的老人过世的时候,她也能像其他兄弟们一样分到父母的财产。她只要不改嫁那就跟正常的一样,家产中自然有她的一份,即使是这个寡妇没能生下小男孩儿也是一样可以分家产的。

2.家庭对外交往关系

家里这些人情来往都是丈夫出面,也有我出面的,丈夫去外面干工的时候,这些就得我去。家里要是生活困难了,需要借个钱,去自家亲戚家借钱的时候,也不一定非得家里的男的去借。1949年以前,媳妇一般不出远门,那时候也没有什么地方可去,亲戚们之间走动很少。我嫁过来之后也没有出过远门,到后来慢慢地都能出去了,能去走个亲戚。我嫁过来之后这边有朋友,都是一些平常在一块拉家常的姊妹邻居,妇女们平常又没有什么事,经常会凑在一起干活拉呱①。

(三)母亲与子女的关系

1.生育子女

我一共有两个儿子一个闺女,当时生儿子生闺女都要报喜,不管是男孩还是女孩都是一样报喜。以前我记得是生男孩是十二天送朱门②,生女孩是九天送朱门,现在都一样了,都是十二天送朱门。家里孩子出生,不管是小男孩儿还是小女孩儿都会办喜宴,那都是一家人的喜事。办喜宴都是亲戚来喝喜酒,姑姑家、姨家、姥姥家、舅舅家,主要就是这些亲戚,他们会买东西或者给钱。我当时生孩子的时候,送朱门是俺娘还有俺嫂子来的。送朱门一般都是妇女过去,男劳力不参加。生男孩儿和生女孩儿在举办典礼的仪式上都是一样的。

公公婆婆对于生男孩生女孩这个态度肯定不一样,归根到底还是更看重男孩子,所有的家庭都喜欢男孩。妇女生完孩子之后,娘家人会在孩子满月的时候来接到娘家住两天,回娘家住多长时间这个就说不准了。在旧社会,家里如果没个小男孩儿的,外人的看法还是不大一样的,如果没有生下男孩会觉得低人一等似的。

我这三个小孩都上学了,到了我的孩子长大之后,小女孩和小男孩一样都上学,上学的学费也能负担得起,那时候上学花不了多少钱。我的儿子女儿结婚的时候也是有媒人,那时候不学现在,能自己谈,那个时候还是媒人说媒,不过他们结婚的时候不怎么看生辰八字了。

2.母亲与婚嫁后子女关系

大儿子结婚是七几年我忘了,到了我当婆婆时候,做婆婆的就不问儿媳妇的事了。我当婆婆的时候对儿媳妇不管,都是自己过自己的,儿媳妇过得还更自由随便。结婚的仪式上和以前也差不多,没什么变化,嫁过来之后还是要磕头、端茶、给改口钱。我两个儿子都是结婚差不多两三年就分家了,分家都是我提出来的,让他们自己单过更方便。他们分家的时候都给分了房子、分地、分粮食,还分了家里锅碗瓢勺这些东西。

我闺女定亲也是媒人说的,是男方找的媒人。闺女定亲之后两家也没有什么来往。定亲的时候我们问过闺女的意见,那是她看中了的,她满意了我们才给定的。闺女结婚的时候我丈夫和儿子给打了一套家具,那时候也有家电了,还陪送了一个小电视。闺女一嫁出去,那就是外姓人了,跟这个家就没什么关系了,分家也没有她一份。虽然习俗是这样,但是我就不这么想,我觉得儿女都是一样的。

即使是到了1949年以后,我们这上门女婿也不多,也就是一个家庭没有儿子,都是闺女,才会招女婿,让女婿倒插门,这样生的小孩得跟姥姥家姓,一般是家里没有儿子的才会招女婿,要是家里有儿,都不会招上门女婿。

---

① 拉呱:当地土语,意思是聊家常、闲聊。

② 送朱门:当地对于庆贺新生儿出生典礼的一种称呼。

三、妇女与宗族、宗教、神灵

（一）妇女与宗族

我娘家婆家都没有祖堂、祖庙什么的，婆家姓褚，在南常老家修了一个姓褚的家庙，也编了家谱。续家谱的时候只有男的才能上家谱，女儿出嫁了就是外姓人了，家谱上就没有她们的名字。过年过节的时候，家族集体的祭祀活动不多，都是各家单独上坟祭祀祖先。上坟的时候只有男的才能去，妇女不能跟着去上坟，这个规矩是老祖宗流传下来的，到现在还是这样。

（二）妇女与宗教、神灵、巫术

我们这没有拜雨神的，都是靠天吃饭，老天爷下雨就能多收点，不下雨就只能旱着。过年的时候我会拜灶王爷，家家户户都会供奉灶王爷，在锅旁边的墙上贴上灶王爷的神像，初一、十五都要给灶王爷上香，保佑全家人平安。除了拜灶王爷，还会拜土地老爷，村后边就有个土地庙，过年过节的时候也会上土地庙给土地老爷上香。我还供奉了一个观音菩萨，初一、十五要给菩萨上香。除了这些我不信别的。

四、妇女与村庄、市场

（一）妇女与村庄

1.妇女与村庄公共活动

村里以前有集体性的活动，多数是看戏，以前有专门来下乡放电影的。1949年以前和1949年以后都有，1949年以前还有唱皮影戏的。我在娘家的时候就有，那时候主要就是皮影戏，还有一些唱戏的。看戏的时候很少坐着看，都是站着看，男的女的不一定分开坐。

到了1949年以后，村里开村民会的时候，妇女也会去，开村民会全村人都可以参加。到了1949年以后就没有什么保长了，但是在我出嫁之前娘家村里还有保长，那时候这些保长都是给国民党日本人干活的，专门负责收马草马料。这些保长就是帮着收钱，催着老百姓纳银子，交马草马料。村里人跟保长说不上话，平常老百姓家里有红白喜事也不会请他们。

2.妇女与村庄社会关系

我以前在娘家的时候，有玩得比较好的伴，都是从小一块玩到大的，有好几个人，我结婚的时候她们不送，那时候不兴让小姑娘送嫁，都是结了婚的妇女送嫁。村子里妇女之间也有组织，姊妹团、妇女会这些在我们村都有。妇女会就是这些妇女聚在一块，大家一起唱歌跳舞，有时候还一块去喊口号，妇女会只要愿意参加就都能参加。

村里妇女之间有了矛盾了都是村里的干部来调解，这些上了岁数的妇女也会出面评理。到我上了岁数之后，村里有老年人去世的，都会请我们几个老太太过去，帮忙给操办丧事，还给他们帮忙缝孝衣。

（二）妇女与市场

以前到集市上卖东西的妇女不多，以前妇女都不允许出门，哪能到市场上卖东西，都是家里的男劳力到市场去赶集。妇女也不经常到市场去赶集，顶多是去买什么东西，到那买了就抓紧回来了，不会在集市上逛太长时间。妇女如果要出去赶集，得提前跟婆婆说一声，让婆婆知道并且同意之后才能去赶集。到集上就买些生活用品，别的也不能乱买。以前很多是拿粮食换东西的，那时候换东西的话不一定非要家里男的出面，谁都能带着粮食去集上换东西。

五、农村妇女与国家

（一）认识国家、政党与政府

1949 年之前我也听说过男女平等这个事情，那时候都是那些游击队、地下党宣传的。旧社会也有单独建的学校，但是不知道是谁建的。旧社会的时候小女孩儿上学的很少，那时候多数人家的孩子都上不起学，除非有钱的户才会让小女孩去上学。到了学堂上，小女孩和小男孩都在一块儿学习，不会单独分开。

以前我在娘家的时候就听说过共产党，当时我还见过，1949 年的时候共产党来俺这敲门，我最早接触共产党就是在娘家那时候。也听说过国民党，国民党、中央军都很吓人，会到村里抢东西、要马草马料。早期共产党过来开会的时候咱们妇女能参加，人家共产党宣传男女平等。家里当时没有党员，现在有了，我的孙子孙女都是党员。到了 1949 年以后，村里干什么都要投票，投票的时候就是写选票，咱们又不认识字，就是在选票上打勾。

到我们出生的那个时候就不兴裹脚了，可能是政府也提倡，不让妇女裹脚了。我记得那时候当干部的妇女很少，妇女干部也不好当，但是我觉得妇女当干部是个好事，我就鼓励我的女儿当干部。现在妇女的地位比以前高多了，妇女也能走出家门了。

（二）对 1949 年以后妇女地位变化的认知

我没参加过妇女会，但是男女平等、妇女能顶半边天这些共产党宣传的口号我都知道，都是在共产党来了之后我才听说的。1949 年以后，儿女结婚还是父母做主，父母不做主还是不行。但是那时候兴见面了，双方先看看人才决定能不能结亲，如果父母不同意的话，儿女的婚事一般不能成。到了 1949 年以后，妇女的家庭地位有提高，也能出门干活了，结婚也自由了。像这些老辈上的规矩，妇女不能上坟、不能续家谱还是一直没变，到现在妇女还是不能去祖坟上坟祭拜。

（三）妇女与土改

我们家当时是中农，土地改革的时候也有工作队，那时候我还小，跟着我奶奶一块住。土地改革的时候妇女参与批斗地主的事情并不多，那时候也有个别的情况，但不是普遍现象。土地改革的时候要平均分土地，分土地的时候男女都是一样的，分地是按照人口来分的。分土地的时候也发土地证了，土地证上一家人名字都有。

（四）互助组、初级社、高级社时的妇女

我嫁过来之后才成立的互助组。互助组的时候，上级也会动员妇女加入互助组，那时候村里人都加入了互助组，大家伙都加入，互助组的时候各家各户互相帮助，我感觉很好。互助组的时候妇女不需要下地干活，只有男劳力下地，妇女只在家干家务活。后来入社的时候妇女也愿意入社，当时也是动员，俺婆婆这边东西多，入社的时候俺公公还不舍得。入社的时候不同意也不行，这是上级动员让入的。

互助组、初级社的时候没有妇女当干部的，那时候妇女识字的都少。初级社和高级社的社长也没有女的，社长都是男劳力，他得领着一起干活。在生产队干活的时候，男女会有分工，男劳力和妇女干活不一样，男劳力干重活，妇女分配的活轻一些。干活给的工分也不一样，男劳力一天十分，妇女一天八分。到了分粮食的时候，男女是一样的，都按照工分来分粮食。在生产队的时候我在队里干活，家里的小孩都让他奶奶看着。那个时候，生孩子没有产

假,要是家里添了小孩,生产队也允许她歇两天,只是不干活就没有工分了。

(五)妇女与人民公社、"四清""文化大革命"

1.妇女与劳动、分配

到了人民公社的时候,妇女什么都干,没有什么固定的活。像有些技术活妇女也有干的,重活都是男劳力干。生产队队长也是没有妇女,都是男劳力当队长。我们村这边修水库、扒沟扒河妇女都要去,扒沟扒河都是有任务的,一家摊多少。对待妇女没有什么区别,干什么活给你什么分。到了后来有自留地的时候,我们干活就把精力放在自留地上多一点,因为还是会觉得自留地是自己的,想多干点就能多收一些粮食。

2.集体化时期劳动的性别关照

人民公社的时候,妇女干活能请假,只有生孩子或者生病的时候才可以请假,其他的时候都要跟着社里一起干活。到了人民公社时候,社里有专门照顾小孩的托儿所,孩子都放在托儿所里,我们男女老少都去社里一起干活。

3.生活体验与情感

到了一块儿吃集体食堂的时候,妇女都愿意去吃食堂,因为不用在家单独做饭了,上级也号召吃食堂,你不去吃也不行。食堂里做饭的不一定都是妇女,也有一些男劳力在食堂帮忙,当时我就在食堂里做饭。在食堂吃饭领东西是按照人头来的,会规定好每个人领多少吃的。

到了挨饿的时候咱们这饿得很厉害,老百姓都吃树皮,各种野菜我们都吃过。挨饿的时候,社员没有抱怨过政府,抱怨也没有什么用,我们这些妇女也没有向队里提过任何意见。

对于我来说,在集体干活的时候有很深的印象,我觉得在集体有说有笑地干活比较好,大家在一起一边聊天一边干活,不知不觉就把活干完了。

4.对女干部、妇女组织的印象

我们这没有铁姑娘队,我也没有听说过铁姑娘队,村里只有妇女会,是让这些妇女在一起的组织。我记得不管是大队还是生产小队,没有妇女当干部的,妇女那时候都没有文化,不识字,当不了干部。到了后来才开始选妇联主任,慢慢地有妇女当干部了。

5."四清"与"文化大革命"

"四清"运动咱们这边可能弄过,我没有太多的印象。"四清"运动和"文化大革命"妇女参加的都不多,因为这是国家的运动,我们这些妇女也不懂,更没办法参加。破"四旧"的时候我们家里也没有什么东西被收走的,家里都穷,也没有读书识字的人。所有没有什么东西可收的。

(六)农村妇女与改革开放

到了后来包产到户的时候,上级又发了新的土地证,新发的土地证上写的是我的名字。我还参加过村委会的选举,到现在村委会选举我也会去参加,也投票选过村里的妇女主任。在我们这个村,村委会干部中妇女当选的不多,很少有妇女能够当干部的。现在国家对于咱们老年人的养老政策很好,男女都是一样对待。我现在也经常出门和老年人一起拉拉呱,现在腿不行,走不了远路,就在这附近。我也上了岁数,对国家的政策不是很了解,但是现在过的日子比以前可强多了。

六、生命体验与感受

我这辈子也没有什么印象深刻的事，印象最深的那还是挨饿的时候，挨饿的时候所有人吃不上饭，这些野草、野菜我都吃过，那时候家里有点吃的还得先紧着男劳力和孩子吃，男劳力吃饱了才能去干活，我省吃俭用的，现在想想都不知道怎么熬过来的，熬到今天，过上好日子了，现在种地不用交公粮了，上级对农民还有补贴，对我这样的老年人还有养老金，现在是我这辈子过得最高兴的时候了。

JYP20180120WQC 王秋草

调研点:甘肃省庆阳市宁县和盛镇阁老村

调研员:焦银平

首次采访时间:2018 年 1 月 20 日

出生年份:1936 年

是否有干部经历:无

是否生育:是

受访者结婚的时间节点、生育子女的具体情况:1959 结婚;1962 年生育第一个孩子,共有三个儿子,两个女儿。

现家庭人口:1

家庭主要经济来源:务农

受访者所在村庄基本情况:和盛镇阁老村地处宁县和盛镇镇政府东南部,曾经是全镇偏远、贫困村。位于马莲河以西,川台河谷与高原沟壑相接,海拔在 1000 米左右。属温带大陆性季风气候,四季分明、光照充足,农业人口居多,全村总耕地面积 2347 亩,有 1410 口人。阁老村以杨姓、王姓、焦姓、李姓为主,成片居住,其中焦姓、李姓人家是 20 世纪初迁居而来。土改时期人地矛盾一般,但是为了响应国家号召也平坟整地。过去多种植玉米、高粱等作物。虽然有较多不利经济发展的因素,但是村民普遍具有较高的思想觉悟,能够吃苦耐劳。近年来,村内建成了苹果树栽植点,充分利用耕地面积多的特点,在传统的小麦、玉米、油菜等农作物的种植及增收上有所进步。同时,部分农户也在逐步引进新的经济作物,正在奔往小康的道路上。

受访者基本情况及个人经历:老人名叫王秋草,汉族,出生日期为 1936 年 8 月 2 日。有一个比自己大十二岁的姐姐,还有一个比自己小四岁的弟弟。五岁之前,一直跟随父母在吴忠生活,1949 年之后回到老家。十八岁结婚,嫁到了阁老村的李家,总共生了三个儿子和两个女儿。曾经作为妇女代表经常参加会议,但是没有正式当过干部。娘家是做生意的,土改的时候被划为富农;夫家有 30 亩地、3 头牛、1 辆牛车,是贫农。大儿子是村里有名的医生,二儿子跟媳妇在镇上办了澡堂,三儿子在家务农或者外出打工。丈夫过世以后老人一人独居,逢年过节的时候跟二儿子待一块。儿孙平日里也会给老人买衣服、买菜等,比较孝顺。老人名下有 7 亩地,自己干不动了,都交给儿子种。老人可以领到养老金,平时儿子多少也会给点生活费。丈夫已经去世近 10 年,她依然热爱生活、勤俭持家,用心照料正在上高中的小孙子,并对他寄予厚望。

一、娘家人·关系

(一)基本情况

我的学名叫王秋草,汉族,小名叫月如,出生日期为 1936 年 8 月 2 日。我有一个比自己大十二岁的姐姐,还有一个比自己小四岁的弟弟,名字都是母亲起的;1949 年以前跟随父母在吴忠生活,1949 年以后返回老家甘肃宁县,十八岁结婚嫁到了阁老村的李家,二十二岁生下了大儿子,总共生了三个儿子和两个女儿。娘家是做生意的,土改的时候被划为富农;夫家有 3 亩地、3 头牛、1 辆牛车,是贫农。婆婆生了三个儿子和一个姑娘,早前家境贫寒,靠织布纺线赚钱买了 30 亩地,后来土改时期又分到了 20 亩地。孩子们都还算孝顺。因此,晚年生活也过得有滋有味。

(二)女儿与父母的关系

1.出嫁前女儿与父母的关系

(1)家长与当家

出嫁前,我几乎一直生活在吴忠,当时家里只有父母、姐姐和弟弟。记事起我姐姐就嫁人了,弟弟还特别小,出门的时候我一直背着弟弟。因为家庭结构相对简单,所以家里的大事都是父母商量着做决定的。一般内当家就是妈妈,外当家就是爸爸。如果说只要一个家长的话,那就是爸爸了。那时候经常抓壮丁,把成年男性都带去当兵,父亲也去过,还当了军医。父亲不在家的时候全凭母亲操持做主。当时很少有女性成为家长的,由于女性缠脚了,干活、出门都不算很方便。所以一般都是男性当家长。小时候经常帮妈妈干活、买菜,妈妈也是一个贤惠的人。那边很乱,出于安全考虑,家人不愿意孩子随便出去玩,尤其是女孩子。

(2)受教育情况

家庭条件好的人才有能力供孩子上学,大多数都是穷人,上不起学。1949 年以前一般都不许女孩读书,认为女孩读书之后就会变坏、不好管教。姐姐倒是上过学,还是高中毕业。我上学没几天新中国就成立了,回到老家再没有上学。现在想来还是上学好,那时候太小,什么也不懂,只听大人的话,他们就让我学着干活,我那时候也挺喜欢干活的。弟弟后来上学了,在银行工作,刚退休不久,现在日子过得挺好,孩子们也特别有出息。

(3)家庭待遇

我的父母做事都很公道,从来不会偏心谁。吃饭的时候也没有什么讲究,都很随意,算是比较民主。无论粮食多少、饭够不够吃,父母都会先让孩子吃饱,自己凑合着吃一点就好,当然,父亲也比较会照顾母亲。家里的人都是同时做添新衣服、鞋子,都是自己做的。过年给的压岁钱也一样多,都是平等对待。

(4)女孩的对外交往

"丑男人走州过县,俊媳妇围着锅头转",一般不许女孩随意出门,家里看管比较紧,男孩是走四方的,没有什么限制和要求。逢年过节的时候女孩、媳妇可以在大人、家长的陪同下一块看戏,1949 年以后慢慢地才可以赶集,赶集也需要有人陪同,不能在外留宿。平时只能和自家的兄弟姐妹或者村里的小伙伴在家门口玩耍,不能去别处。宴席只有已婚女性才可以参加,女性都不能拜年,家里来了客人还是可以见面的。我小时候挺淘气的,喜欢爬树,现在爬不动了。在吴忠的时候会帮妈妈买盐、买菜等,结婚以后一直待在家里纺线织布、做家务。

（5）女孩禁忌

男女的衣物要分开清洗，都是女性负责洗衣服。男孩子要么就读书，要么就学着承担责任，学会当家、养家。我以前一直背着弟弟出去玩，他身体不好，我们就惯着他。十几岁的时候就是大姑娘了，要大门不出二门不迈，哪里都不能去。

（6）家庭分工

女的一般就负责家务活、纺线织布，也会下地干农活。男的就负责种地、喂牲口、出门做生意。十三岁的时候我就给家人做鞋了；十五岁的时候，我妈就教我学着织布了，学会之后她老喜欢叫我干这活。做饭、做鞋、绣花这都是必须学会的。我和婆婆织出来的布都是公公带出去卖的。家里需要买的东西都是由公公负责添置的。

（7）家庭教育

我们家不管男孩女孩谁犯错了父母就教育谁，父亲也管女儿、母亲也管儿子，没有明显的界线。大多数的家庭都是爸爸管儿子，妈妈管女儿。一般女孩要穿得干净整齐，要懂规矩。七八岁的时候就要缠脚了，我比较幸运，那时候不许缠了。但是针线茶饭还是必须会的，纺线织布更不用说了，不然以后不好找婆家。那时候找媳妇都喜欢个子高、辫子长、性格乖巧的姑娘。

2.女儿的定亲、婚嫁

（1）定亲经历

我四姑父是专门给人说媒的，他给我介绍了两家人，之前都看过属相了觉得不错。第一家的人没有看中我，我太老实了，腼腆得很，最后就嫁给了后面的，丈夫比我大十二岁。家人主要就图李家地多、不愁饿肚子。娘家人先过来了解了一下婆家的情况，婆家的人又来我家了解了一下。完了之后四月初八婆家人就带着三匹布、两双缎子鞋、红色的缎子以及绿色的缎子来我家算是定亲了。直到结婚，我都没有见过丈夫是什么模样。娘家还要了四样老布，就是所谓的绸绸缎缎，将来也就用这布给姑娘做衣服什么的当作陪嫁。

（2）出嫁经过

那时候没有婚书，就在自家请亲戚邻里吃个饭，都是流水席，主食是手擀面，条件好的就杀几个鸡、买点猪肉。家里的兄弟一般会把出嫁的姑娘送到婆家，女的也可以送人，只是生病的、怀孕的都不能去。结婚第二天早上两口子就要去拜庄。"八对八，两家发①，九对九，两家有"，八天以后又要接回娘家，再过八天送回婆家，就是所谓的回门，但是女婿不能一块过来。那时候也不讲究过生日，家里穷啊，怎么过呢！

家里就靠婆婆纺线织布卖钱，公公和丈夫就种地、给地主家做工。那时候都没有定亲宴，儿子的婚事由父母定的，完了告诉同宗族的长辈就行了。有天有地才有我们人啊，我们也是父母养育大的，结婚以后就是婆家的人了，肯定要先拜天和地再拜公婆啊。迎亲的人和送人的人差不多，都是家族的长辈或同辈男性，只能有一个女性，总共八个人。我记得那时候结婚的第二天要拜庄，挨着给村里的每家都要磕头，那个特别难为情，羞得很。不用给公婆等人请安磕头什么的。主婚的人一般是家族当中有声望的人，或者是村里有头有脸的男性。对于女性有很多忌讳，怀孕的、属相不合的、孤寡的都不能露面，不然于己于人都不吉利。坐席的时候依然是长幼有序，有规矩的。不能祭拜祖坟，那时候已经没有祠堂了。

---

① 同"有"，富有。

(3)嫁妆

婆家给了两百元的彩礼,在当时算是稍高的。彩礼多少取决于穷还是富,一般都是两家和媒人商量着定的。那时候都穷得一干二净,陪嫁也不多,娘家还送了一床被子,算是不错的了。我记得是绿色的,上面有凤凰戏牡丹的花样。家里还陪了一头羊,几件衣服。一般情况下,彩礼越多,陪嫁越多,这样一来双方都比较体面。那时候都没有私房钱,而且出嫁前干活挣的钱都交给家长管。

(4)童养媳

虽然那时候童养媳比较少,不过碰巧我婆婆就是。她六岁的时候就来到了这边,一直在公公家长大的。跟其他人一样也有结婚仪式,娘家妈死得早,家里没人照顾也吃不饱,她哥哥就把她送到了公公家。结婚的时候还给了彩礼,哥哥也给了不多的陪嫁。她说这一辈子不容易,结婚以后她的婆婆经常刁难她。

(5)换亲

换亲的也不是很多,基本都在1949年以前。一般都是家里穷,为了省钱给儿子娶媳妇。换亲也都是家长托媒人介绍的,他们都是在同一天结婚的。

(6)招赘

没有儿子的家庭就会给最小的姑娘招女婿,"招的女婿,点的房,气不长",入赘过来的女婿都很听话,家里的事情都是家长做主,老人去世以后也是女的做主,男的地位不高。只有家里条件特别差的人才会让儿子入赘,还是为了有口饭吃啊。孩子也是跟妈妈姓。

招赘不需要家族的人过问,只要家里的老人决定就行了,没有男孩的家庭就会给女儿招女婿。生了孩子都是跟随母亲姓,女婿都很听话,毕竟人在屋檐下啊。女儿的地位高于女婿,家里的事情一般会由女儿决定,钱财也由女儿掌管。上门女婿一般不会提出离婚,不然一无所有。如果有家传的手艺要么传给女儿,要么就让其失传,不会传给上门女婿。

3.出嫁女儿与父母的关系

(1)风俗禁忌

自古以来女性不能拜年,也不可以上坟,不吉利,只有农历十月初一才可以给过世的父母烧点纸,但是不能去拜墓。生了孩子以后两口子才能带着孩子一块回娘家,也可以留宿同住,没有孩子以前不能同行。结婚第一年过年的时候,媳妇在腊月二十三之前必须回婆家;正月初七必须在婆家过,传说这一天人的魂会回来。因此,所有人都不能走亲戚或者串门。正月初八以后才可以回娘家,元宵节也必须在娘家过,就是"躲灯",否则来年不吉利。

(2)与娘家困难互助

"嫁出去的姑娘泼出去的水",出嫁的女儿对娘家来讲就是外人了,娘家的事情她也不能发表意见,更不能插手管。但是娘家遇到困难的时候姑娘是可以帮忙的,在条件允许的范围内。婆家有困难的话娘家也会帮忙,这很正常。姑娘在婆家受委屈也是很正常的事情,挨打受气也不是什么大事。如果打得比较严重,姑娘也敢于反抗,她才能回娘家求助。而且娘家人比较硬气的话才会出面,否则即使回到娘家也没什么用。

(3)夫妻矛盾调解

1949年以前很封建的,嫁出去的姑娘无论死活都是婆家的人,无论怎么样也不能轻易回娘家,不然娘家会不光彩。回来的话也是单独住,或者和母亲住,不能随便见异性。婆家来人接的话,两家劝说劝说就和好了。要是婆家一直不管,娘家也会急着上门找婆家协商解决,大多数都会和好。1949年以后情况也差不多,慢慢地人的思想也开放,离婚的情况就多了起来。

(4)离婚

1949年以前离婚的少,就算女方提出离婚,娘家人也不会同意,这是很不光彩的事情。离婚会落话柄,会被外人看不起,家里的兄弟也会没有脸面,抬不起头。回娘家,姑娘要么自己住,要么跟母亲住。1949年以后,慢慢地比较自由了,大家也都能理解。即使家里人觉得情面过不去,该离的还是照样离。大多数都是女方提出离婚的,男方一般也不会怎么样。出嫁的姑娘永远都是外人,不能葬在娘家,只要离婚的都会重新找婆家,不会一直待在娘家的。

(5)娘家与婆家关系

我的娘家和婆家不在同村,村里有个姑娘就嫁给了邻居,婆家娘家是对门,低头不见抬头见。他们关系倒是还过得去,相互帮忙是很正常的事情。最亲的还是父母啊,亲人也好呢;"远亲不如近邻",婚后有个不错的邻居也挺好的。

(6)财产继承

姑娘永远不能分到娘家的财产,就算没有儿子,出嫁的姑娘也不能分。没有儿子的话就会招女婿,招的女婿就继承全部财产。有的人生不出儿子就会抱养,将来给他们养老送终,财产就都归这个儿子了,亲生的女儿就不能分财产。

(7)婚后尽孝

1949年以前,按理来讲结婚以后就不用管了,没有什么义务,孝顺的、有心的总会送钱送粮食或者帮忙干活什么的,娘家人不会介意。看病的支出也不是非要承担,愿意承担更好,不承担也很正常,毕竟是外人啊,是婆家的人了。但是家里的儿子就必须孝敬父母,所有花销都应该平等承担。1949年以后也差不多,出嫁的女儿对于娘家没有太多的义务和责任,就像不能分到娘家的财产一样。近几年的情况比较好了,开明的家庭也会让姑娘分到家产。对于父母的开销、丧葬,无论男女,哪个孩子条件好哪个孩子就多承担一点。但是女儿不能主持操办娘家的事情,只能出钱,孝子永远为大。清明节女儿也不能上坟,娘家任何人的坟头都不能去。只有十月初一才可以烧纸祭拜,现在有的可以去坟头了。咱们这里没有七月半一说,只说十月初一。

(三)出嫁的姑娘与兄弟姐妹的关系

在娘家人眼中,出嫁的人一直都是外人,结婚以后我也经常看望姐姐弟弟呢,关系依然比较亲,带礼物是必须的,空着手去别人家怎么好意思呢。那时候很穷,也没有什么好带的。娘家的事情就跟我们姐妹没有关系了,没有资格插手。长女也不例外。我只给弟弟礼金了,姐姐结婚早。但是,他们家里有事的时候我家随礼都一样多。那时候都穷,也没有钱,谁家比较富裕就管谁借钱,不分男女。那时候因为要上工,挣工分,走亲戚的时间不多。所以,也不会担心嫂子或者姐姐的婆婆不高兴。回娘家就跟母亲住一块,母亲跟谁住回去就去谁家。我跟婆家也没有什么矛盾,自己都能解决,婆婆对我很不错。弟弟有事情的话我跟姐姐会给出建议,他们都很乖,也没有大的矛盾。他们都很孝顺、很懂事,也比较听话。

当时很少有媳妇被虐待致死的,婆家实在不满意的话就会给媳妇重新找婆家,彩礼归婆家,娘家没有发言权。那时候都会生很多孩子,家族人也不少。所以,总会有娘家的家长代表的。正月初八女婿在家长的陪同下给丈人拜年,这是死规矩,随便带点礼品就行了。拜年都是先去婆婆的娘家,再去媳妇的娘家。父母过世以后就是子女去给舅舅拜年。姐姐家离我家更近一点,翻沟去弟弟家的话也比较近,大概都是十三四里路,去的次数都差不多。

二、婆家人·关系

(一)媳妇与公婆

1.分家前媳妇与公婆关系

(1)婆家家长与当家

婆家是公公当家,儿子都结婚以后就分家了,分开之后就各顾各了,我家还是丈夫当家,女的不可能当家,不能出门也不能赚钱养家啊。儿子成年结婚后就可以自立门户了,也可以管家了,婆婆也没有机会当家。婆婆就管媳妇,操持家务,公公负责种地干粗活。钥匙钱财都归公公管。大事肯定是公公婆婆商量着办,最后做决定的还是公公。家庭内部也有小会议,偶尔商量一下什么事情,但是媳妇没有发言权,都是男人说了算。

(2)劳动分工

我跟婆婆就负责磨面做饭洗衣、纺线织布、做衣服鞋子等,偶尔也会割草;男的就负责种地、喂牲口、卖布,跟娘家差不多,女主内、男主外。

(3)婆媳关系好坏

婆婆以前受过她的婆婆的气,所以对我很好,跟女儿似的。媳妇永远都是归婆婆管,长辈们也都看得紧。回娘家必须请示公婆啊,平时也不能随意出门,必须有大人陪同。

(4)婆媳规矩与状况

1949年以前封建得很,媳妇要伺候公婆吃饭、听他们的话,但是不用请安。我家都在一块吃饭呢,我婆婆那时候就一直在灶间吃饭。男人从来不做饭洗衣,家务活都是女人的。丈夫不高兴的时候就会打骂呢,不过这也不是什么大不了的事情。我还算比较能干,公婆也不怎么批评我。1949年以前婆婆虐待媳妇很普遍,不能反抗啊,已经是人家的人了,全由婆家处置。媳妇要是表现不好就会被赶出去。媳妇冲撞公婆的情况很少,一直都处于弱势,也不会惊动家族的其他长辈,毕竟家丑不可外扬啊。1949年以后婆媳关系越来越好了。

(5)对外交往

家里需要对外交涉的事情都是公公做主出面,咱们管男人叫"外面人"就是这么个道理。男人说事女人不能插嘴,不然后果不堪设想。女人只需要做好家务就行了,这才是自己的本分。

(6)家庭矛盾

丈夫与公婆有矛盾的时候媳妇也不能出面,人家在教育自己的儿子,最多就是私下劝解丈夫宽宽心,不能直接找公婆说道,这是不合适的。

(7)过节习俗

元宵节必须在娘家过,其他节日都在婆家过。如果娘家人打算接姑娘回家,婆家一般都会允许的。所以姑娘也就跟着回去了。一般是正月初八才能去娘家拜年,而且姑娘只有生了小孩以后才可以去,在这之前都是女婿去。

(8)财产权

女性没有财产权,结婚的时候也不会带地过去,只有嫁妆。家里的地契只写丈夫或当家的名字。压箱钱是众所周知的,这个归媳妇管理,实质上还是交给丈夫贴补家用了,女人不能出门也用不到钱。媳妇的嫁妆都是归婆家的,1949年以后才能自己处理。在婆家纺线织布的收入都归家长管理,用以养家。那时候没有零花钱,也用不着。家里什么地方需要花钱都有当家的操心呢,更没有机会拥有私房钱了。1949年以后,媳妇的嫁妆都归媳妇支配。私房钱一直到改革开放以后才有的,因为大家可以出门逛街听戏了,私房钱可以派上用场了。

2.分家后媳妇与公婆关系

(1)分家

我结婚两年以后就分家了,一般结婚不久父母就会提出分家。结婚意味着男人就可以养家糊口了。1949年以前一般都是父母过世才分家,也有父母在世分家的,大多数的分家都是父母提出来的。结婚以后儿子就是大人了,不需要父母管教了,应该学会自力更生。有时候是兄弟们太多,他们自己合不来。媳妇不能提分家的事情,影响不好。分家只要公婆同意就行了,不用征求其他长辈的意见。分家很简单,没有什么仪式也没有证人,公婆跟儿子商量好口头约定就可以了。分家的时候很公平,那时候太穷了,也没有什么财产。如果儿子过世了,公婆就会将媳妇重新嫁出去或者赶走,不影响分家。媳妇的嫁妆都会分给媳妇,不会挪作他用。公公当时给我们就分了一个窑洞、一张桌子、一口锅,还有一个柜子,是我结婚的时候娘家的陪嫁,再没别的了。分家前谁买的东西依然会分给谁。

(2)财产继承

公婆的财产一般由儿子们平均分配,有孩子的寡妇也可以分到,没有孩子的就不一定了。如果公婆有遗嘱,都会按照遗嘱来办。

(3)外出经营管束

妇女不能出去帮工、经营。已婚妇女外出必须征求公婆的意见,未经允许偷偷跑出去就会挨打。如果公婆愿意媳妇出去而丈夫不同意也是可以不去的。

(4)赡养与尽孝

公婆由儿子赡养,如果有很多儿子,无论分家与否,都是共同赡养,费用平均摊派。女儿对于赡养老人没有责任。如果丈夫过世了,媳妇依然有责任照顾老人。公婆过寿的时候媳妇就在屋里做饭,丈夫负责招呼客人,依然是女主内、男主外,要一块磕头祝寿。

(5)公婆祭奠

公婆过世的时候,媳妇和丈夫的丧服是一样的,都是自己做的。下葬的时候姑娘、媳妇都要去。公公的墓地靠左,俗话说"男左女右"。以前都没有墓碑,因为坟墓是在自己地里可以认得出。现在都是公墓,才开始立碑字了,不会写媳妇的名字,只写儿孙的名字,媳妇毕竟是外姓人,历来如此啊。媳妇从来都不能去祭拜婆家的祖坟,结婚的时候不去,清明也不去,女人不能去坟地。

(二)夫与妇

1.家庭生活中的夫妇关系

(1)夫妇关系

我们直到结婚那天才见面的,那时候又没有照片。彼此不能称呼名讳,只能叫"娃他爸""娃他妈",满意不满意都要凑合着过日子啊,那时候婚姻大事不能由自己做主,我们彼此也还算满意,他没有我个高;不过人家当过兵,白得很。

(2)当家

分家后我丈夫管家,直到他瘫痪的时候我才当家的。女人不能当家,会被笑话的。公婆对我还不错,公公脾气不好,吃饭的时候喜欢摔碗发脾气。如果丈夫不成器,依然是当家的,不会改变,谁让人家是男的。农业生产、建房置地都由当家的做主,有时候会跟我商量,田产房产都是只写当家的名字。妻子花钱肯定需要丈夫同意啊,不然怎么花、花什么,我又没有私房钱。分家后我的嫁妆就是我们两个人共同的财产,他要动用也会征求我的意见。

(3)家庭分工(家内、家外)

分家后我依然主内、丈夫主外。纺线织布、带孩子,都是必须干的,他就帮别人干活赚钱,负担也没有什么变化,日子也还算过得去,也不需要婆家娘家接济。丈夫负责跟宗族的人打交道,我就跟村里的妇女打交道。姻亲关系是我们一块出面的,我当时对于女儿的婆家也没有考虑太多,都没有注意到女婿没有上学。那时候撒泼耍横的事情都是女人干,男的抹不开面子,我家没有这样的事情。外出务工都需要跟对方商量,毕竟是两个人在过日子。

(4)家庭地位

最尊贵的就是当家的丈夫,我第二、儿子第三、姑娘第四,男尊女卑。如果饭不够吃,我会先让丈夫吃饱,他会考虑孩子。经费开支都是一家人的,儿子上学以后就尽量考虑孩子的需要,那时候也没有什么钱。讨饭都是女的去,容易讨到。如果没钱看病,也是先考虑孩子啊,孩子总是第一位的。

(5)丈夫权力

丈夫就管着妻子,可以打可以骂,媳妇不能反抗。还要伺候丈夫吃饭穿衣;丈夫不允许出门媳妇就不能出门;做饭洗衣、照顾孩子都是媳妇的活,丈夫不会管;媳妇生病、不舒服的时候也要干活,男人不可能洗衣服,男女的衣物也分开晾晒的。1949年以后就有所改善了,男人也可以洗衣服了,基本上能体谅媳妇,丈夫赌钱、养小三的时候,媳妇也跟丈夫闹腾,至于结果怎么样,主要还是看人品。

(6)休妻与离婚

1949年以前离婚的几乎没有,分家后离婚也需要父母同意,媳妇不同意也可以直接休掉,1949年以后基本都是女性提出的,家财都是平均分配的。以前的思想很保守,总觉得离婚的女人有问题,现在想通了,过不下去的还不如趁早离婚呢。三儿子就不争气,经常打骂媳妇,(媳妇)她出门好几年了都没有回家,可怜了我这个孙子,只有我疼这个孩子了,两口子闹矛盾伤害的还是孩子。

1949年以前一般不会离婚,除非婆家或者娘家对对方特别不满意。如果媳妇不能生育或者一直没有男孩,婆家有可能就会提出离婚。但是有的人家就会选择娶妾而不是离婚。那时候都是包办婚姻,夫妻感情也不是很深,如果公婆提出离婚那么儿子也没有意见,但是儿子想离婚必须经过公婆的同意。如果媳妇并无过错,丈夫想要离婚,娘家一般也是不同意的。离婚后娘家是不能将姑娘硬性送回婆家的,毕竟是不光彩的事情,不敢声张。要是媳妇有了婚外情、不守妇道,也就只能休妻了。休妻也比较简单,不需要什么手续。1949年以后儿女的婚姻也还是受家长的影响,都会听从父母的意见。直到现在才慢慢地开始自由恋爱了,婚姻大事依然会尊重父母。

(7)改嫁

改嫁都要征求公婆的意见,需要他们允许,婆家不允许改嫁的话就不能改嫁。改嫁的时候不能带走夫家的财产,孩子也必须留在夫家。有的婆家在儿子死后会将媳妇看作女儿嫁出去,还能给点陪嫁。分家与否不会影响改嫁。二婚也有正常的结婚流程呢,有婚礼、有彩礼,彩礼就归婆家了,婆家也给嫁妆呢。我姐家的儿媳妇以前闹离婚呢,最后又复合了,她就没有重新办婚礼,跟没有离婚一样。

(8)娶妾与妻妾关系

1949年以前娶妾也会征求妻子的意见,但是妻子一般不能影响丈夫的决定。如果妻子不守妇道、不能生育就没有权力阻止。娶妾的仪式跟娶妻差不多,也有彩礼,一般都是穷人才愿意让女儿当妾,能娶妾的也都是有钱人。妾总管妻子叫姐姐,她们的关系一般都好不到哪去,因为丈夫总是宠爱小老婆。妾生的孩子还是由妾抚养,妻子没有权利抱养。媳妇都不能跟家人在一块吃饭。家里人直接称呼妾的名字,她不可能成为当家的。

(9)典妻与卖妻

没有典妻的,直接是卖妻的,咱们这里就有。婆家人、丈夫有权力卖妻,结婚的时候就等于花钱买了媳妇,娘家人没有权利过问;卖妻也是为了能够生活下去,不到万不得已也不会如此。

(10)过继

过继孩子也会和妻子商量,妻子不会不同意的,至于过继谁家的也是商量着来,最后还是男的做决定。

(11)家庭虐待与夫妻关系状况

打骂是常有的事情,妻子不敢反抗,不然人家会变本加厉,家暴是很普遍的,每家情况都一样。所以别人也不会有非议。有时候男人打妻子也不会介意孩子在场,打得厉害了妻子就会回娘家,婆家也会劝说,气消了又会回来,以前不会想着离婚。1949年以后就知道离婚了,受不了的就会离婚。打骂妻子的现象依然存在,略有改善。以前只有顺从听话、能干活的媳妇才是好媳妇,没有哪个媳妇敢顶撞丈夫,那是不守妇道的表现。

(12)副业收入

"娘家有不如自己有,自己有不如怀里揣的",纺线织布的钱也用来养家,我自己没有私房钱,都靠丈夫赚钱呢。他给地主家干活,就指望他这个顶梁柱呢,我只能在家里操持、拉扯孩子,不能出去务工。

(13)日常消费与决策话语权

购买日常消费品、人情消费都由丈夫决定,钱是不会经过我的手里的。丈夫可以私自买卖东西,妻子就不可以,也不可以去集市,我们家都是商量着来。1949年以后比较自由了,但是什么事情都是需要商量的,他依然掌管财政大权。

2.家庭对外交往关系

(1)人情往来

宴请客人都是丈夫决定的,也是丈夫去请的;邻里之间的人际往来我们都会出面,压岁钱由我发给孩子们。家里来了客人我们都是在一块吃饭的,我也会去吃宴席,丈夫不在家的话,我也可以代表我们家。

(2)家庭责任与义务

妻子是婆家的人,跟丈夫也是紧密相关的,无论知道与否都需要替丈夫还债。1949年以前如果丈夫在世,妻子是不能做主的,别人也不会借钱给她,丈夫也是不会认账的。1949年以后情况有所好转,但是像借钱这样的事情依然会是丈夫出面。

(3)婚外情

1949年以前男人有婚外情很普遍,会被人指指点点,妻子也不能拿丈夫怎么样,那种男人公婆都不一定管得了。女人几乎不会有婚外情,因为被管得严。如果有了,那婆家肯定会休妻的,娘家人会蒙羞。

(4)人际交往与出行

跟我关系好的都是自家姐弟,跟邻居相处得也算不错。那时候不能随意接触异性,串门也就是去同村的人家,一块聊聊天,不需要跟丈夫商量,跟别的外姓人也不熟。以前经常上工干活,也没有多余的时间逛,也不能出去逛,圈子其实很小。

(三)母亲与子女

1.生育子女

(1)生育风俗

我的大儿子是1958年出生的,那时候很可怜没有吃的,我坐月子的时候连苜蓿菜都没有,我爸给我买了几个干粮,特别小,就在墙上挂着呢,我一直不舍得吃,那十个干粮还没吃完就发霉了。婆家都很开心,因为生了儿子,将来就是要闯天下的人啊,也算是有后代了。我的三个儿子都没有庆贺,当时太穷了。现在生了孩子都很热闹,以前有的人家过生日的时候,还要给小孩的爷爷奶奶脸上抹黑呢。咱们不流行发红鸡蛋,过满月的时候就会请亲朋好友、村里人一块吃个饭。只有有钱人家才会给孩子过满月、过生日,我家没有过。婆家不会让小孩去外婆家,不吉利,两岁以后才可以出门,也不去拜祭祖坟。

(2)生育观念

以前的人都认为男孩越多越好,才是人丁兴旺啊,哪个媳妇生了男孩,哪个媳妇就可以扬眉吐气了。要是生了女儿就会被认为是“赔钱货”,毕竟最后是要嫁人的,是婆家的人。以前只有生了男孩才能庆贺,女孩不能庆贺。不能生育或者没有男孩的话,婆家一般会过继孩子,少数会休妻或者纳妾。

(3)学校教育

我的孩子都上学了,大儿子八岁开始上学的,高中毕业,他学习成绩最好,其他的都中途退学了,不爱学习。大儿子高中毕业就上了个卫校,上了三年学,又在水电站干了六年。二儿子就是干木活的,学做柜子、桌子,算是木匠,接着卖蜂窝煤,现在就开了个澡堂。女儿现在就是个卖保险的。三儿子不成器,打工呢。

(4)性别优待

我们对于每个孩子都是公平的,没有因为穷而不供他们上学,压岁钱、新衣服什么的都是一视同仁,不然没有威望,宁可苦自己也不能苦孩子。爷爷奶奶更关注孙子多点,比较疼爱孙子。

(5)家庭教育

我教育女儿多一点,但是怕她把衣服弄脏,一直不让她做饭,这点不好,刚嫁过去一直受婆婆的气;但是针线活比较好,干农活也不错。丈夫主要管教儿子,儿子小时候也比较懂事,男孩只要学个手艺就能糊口了。

(6)对子女财产权力

儿女婚前赚的钱都归他们自己呢,我们当父母的不会要他们的钱。他们出生以来,我们每年都会给他们压岁钱,归他们自己处置,父母不会插手;六七岁的时候他们就有私房钱了,他们会用来买本子、买吃的。

(7)对子女婚姻权力

孩子的婚姻都是托媒人说合的,合八字是少不了的,不然日子过不到头,不吉利。对象都是我们先看好的,再让他们双方见面的,必须经过我们的同意才能结婚。他们结婚的仪式比较简单了,不拜庄了,只有一天时间。一个女儿的彩礼是七百元,另一个是八百元,陪嫁就是几件衣服、被子,她们都嫁到了南家村呢。大媳妇的彩礼九百元,二媳妇的彩礼是八百元,还送了一担小麦,娘家给了一个柜子,再也没有陪什么。婆媳妇的钱都是我们老两口辛辛苦苦挣的,儿子也赚了不多的钱。媳妇的陪嫁都由媳妇支配,分家的时候都让她们带走了。女儿出嫁了就不用管了,帮工就行了。三儿子结婚的时候我们专门盖了婚房,大儿子和二儿子都是在以前的旧窑洞里面结婚的,没有新房。如果婆媳妇欠了债,债务一般由父母还。

2.母亲与婚嫁后子女关系

(1)婆媳关系

大儿子二十五岁结婚的,大媳妇喜欢做针线活,人倒是很勤快,就是不爱做饭,很早起来就绣花、做鞋。那时候婆媳关系就已经挺不错了,媳妇做错什么我也会提醒,不会打骂人家,因为婆婆对我就很好啊。结婚的当天儿子、媳妇要拜公婆、要给公婆敬茶。我跟媳妇没有吵过架,拌嘴还是有的,关系还算不错。做饭洗衣依然是女人的活,丈夫很少做,慢慢地,也就不讲究了。那时候媳妇已经不用伺候丈夫了,不久以后丈夫开始伺候媳妇了。

(2)分家

有了媳妇以后,两个媳妇都不愿意做饭了,十几口人呢,就靠我一个人做饭,我就提出了分家。大媳妇娘家送的被子、褥子都让她自己带走了,不能要人家娘家送的陪嫁啊。娘家还送了一丈布,我们本想用那布给孙子孙女做衣服,媳妇不高兴,分家的时候就又还给她了。我们分家依然是口头约定,没有请家族的其他人,也没有什么手续,只是把他们的户口迁出去了。财产都是儿子平等分,没有女儿的份。

(3)女儿婚嫁(定亲、嫁妆)

我女儿是二十岁结婚的,对象也是媒人介绍的。那时候,一般过了十八岁就可以找婆家了,还不能自由恋爱,就算有的人偷偷自由恋爱了,家里不同意也是不能结婚的。定亲是会征求孩子的意见的,定亲的时候他们就见面了,慢慢就开始交往了。只有春节后女婿才会过来拜年,其他节日没有硬性规定。两个女儿的彩礼分别是七百元、八百元,陪嫁也不多,还是衣服什么的,陪嫁一般会根据彩礼多少给,以前的陪嫁都很少。现在条件特别好,日子也都很不错,彩礼动不动就十几万甚至二十万,还要买房买车,娶个媳妇不容易。

(4)援助儿女

以前,我也经常帮媳妇、女儿带孩子,她们有事或者逛街的时候就会把孩子留给我,这是理所当然的事情,孙子上学前都是由我带大的。姑娘家的日子也过得挺宽裕,如果有需要我们还是会接济的。帮媳妇干活什么的都是不需要报酬。无论外孙还是孙子,我们都是平等看待的,从不偏心。

(5)赡养关系

老人身体健康的时候就都靠自己赚钱,自己赚钱自己花,也不想给孩子增加负担。"灰砌不了墙,女养不了娘",以前女儿没有给过我钱,只是看我的时候买点吃的、穿的。我老伴瘫痪以后我就负责照顾他，儿子女儿都会给我钱，也经常买东西。我现在一个人住，自己也还算精神，两个儿子最近经常在我家吃饭。有的孩子不管老人，就会将老人送去养老院，那里的日子也不好过。有的孩子常年在外，家里留下老人一个，一觉睡过去了都没有人知道，可怜得很，也死得轻松，不受苦。但是咱们这里没有父母打官司告孩子的情况。我觉得还是养儿防老比较靠谱，女儿总归是外人。每年我都在二儿子那过年，他跟媳妇都很孝顺。我在女儿家一年总共待一两个月，以前经常去，现在出门不方便了。我觉得儿子比女儿亲，不过一个人住着也挺好的，没事干我就砍柴、做针线，去年一直在帮外孙的孩子做鞋。

三、妇女与宗教、神灵、巫术

过年的时候会去庙上烧香求神庇佑，都是男人去，现在谁都可以去了。求雨求丰收都是以村为单位，由村里有德望的人组织，请人敲锣打鼓，还会插上有图腾的彩旗，请一位道士作法。现在咱们村很少有人求雨了，别的村还有这种情况呢，愿意去的村民都会去，也没有什么要求，去了就跟着排队。生病请神一般是由女人做，将一把筷子站立在盛满水的碗中，就是所谓的"送"。腊月二十三由男人去街上请灶王爷，把画像请回来就会贴在灶头，由女性做祭品供奉，直到元宵节才能送神回天庭。咱们这里不拜土地公公，也没有他的庙。求子观音都是由两口子一块拜的，男左女右，要多行善事、戒除不良嗜好，这样才容易实现心愿。

咱们这里的神婆婆比较多，没有见过神汉，有的神婆婆挺灵验的。有的事情我也说不好，这个好像也不完全是迷信，反正挺神奇的。请巫医看病也是常事，人家看得好啊，求平安也比较简单，都是女人去庙里求的，烧香磕头就行了，没有太多的讲究。事关婚姻、生育的神灵都由男女共同祭拜，一般会请阴阳先生看风水、测吉凶，禁忌的事宜都听从先生的。

1949年以前家里的祭祀活动不许妇女参加，女性身上有血气不干净，也不能抛头露面。1949年以后的公共性活动都是共同参与的。

过年的时候会祭拜灶王奶奶，平时也会拜送子娘娘。因为那时候普遍贫穷，给她们用的祭品大同小异，一升小麦、三个馒头，有时候会放点瓜果。现在的年轻人已经不请灶爷和灶奶了。其实，到我们这辈的时候，祭祀文化已经不是那么浓厚了，也就没有供奉的家神。咱们七月半不过鬼节，所以不上坟，只有十月初一才去，不过女性不能去坟头祭拜。

我们家里没有人信教，信或者不信由自己，这是自己的事情。如果结婚以后丈夫要信教，我也不介意，结婚的时候不会找信教的人。现在村里有信教的，男性很少。信教的人可能有什么好处，那些人整天拉拢我们加入。不过，我觉得她们过得也很畅快。

四、妇女与村庄、市场

(一)妇女与村庄

1.妇女与村庄公共活动

小时候经常跟家人一块看戏、吃宴席，一般的姑娘过了十岁就不让出门了，要整天待家里干活、等着嫁人。结婚以后也可以看戏、吃宴席，但是男女不能坐一块。从20世纪60年代开始逐渐有所改善了，新媳妇也可以跟村里人说话了，特别是男性。

1949年以前妇女不能参加村里的会议，都是由家里的男人代表的，我也没有参加过。结婚以后经常参加会议，都是政府动员的，他们给村里的人传达会议精神让我们学习，都是上层来的领导和队长组织的,不分男女老少,所有人都要去。那个时候总是讲女权提高了、妇女解放了。一般情况下我们都不发言,只是听人家讲。斗地主的时候有个诉苦会,受苦的人就可以发言了。

村里的事情都由男人决定。女人都是小脚,干活都不方便,又怎么可能管这些事情。1949年以前的女性就是围着锅头和孩子转,伺候好家里的公婆和丈夫就行了,这才是本分。我们家就算是绅士了吧,小时候不太懂这些,不怎么关心,也就是听大人说道。婆家这边的村子都很穷,方圆几里都没有几个富人,那时候也不讲究这些了。结婚的事情跟这些人都没有关系,有时候会专门请他们做客,但是不一定非要正式地告知。如果要请,就是当家的去请。登记、变更户籍也是由当家的去办。他们毕竟都是有头有脸的人,如果能请到他们,也会比较体面。

2.妇女与村庄社会关系

(1)社会交往

玩伴挺多的,老家的都是自己的兄弟姐妹,经常在家里玩,比如玩泥巴、爬树、跳绳,我那时候能跳好多呢,大人不让出门。在吴忠那边也有好多,男的女的都有,他们也是随父母外来的,那里的限制比较少,我们可以去街道玩。女伴出嫁的时候,我们随礼就行了,不需要干别的,不能陪她,也不陪着哭嫁。参加婚礼的时候,大家都穿比较喜庆的衣服,有红色的布料以后就穿红色的衣服,衣服都是自己做的。

(2)务工与报酬

1949年以前村里不会安排女性干活,社会上请女性干活的很少,有时候会请年龄大的妇女帮工,主要干家务活,干农活的情况很少。工资一般是按月给,都给粮食,比如一斗麦。外出干活肯定需要家人特别是丈夫同意,赚来的东西都要上交家里,不能私有。换工的情况好像没有,可能别处有。1949年以后,找女性干活的情况就越来越多,现在更普遍了。但是,妇道人家的工资依然会上交给丈夫或者家里。慢慢地,领到的工资不仅只有粮食,也有现钱。

(3)交往习俗

新婚第二天小两口要去拜村里的每户人家,给每户人家磕三个头。婚后我跟村里人的关系都不错,婆媳妯娌的关系也挺好的。我的人缘比较好,跟谁都合得来。咱们这里不搞什么组织,整天忙着干活,没有那个时间和精力,也没有那种传统。建房的时候村里人也会帮忙,对妇女也没有什么忌讳的。建房都是改革开放以后的事情了,以前一直住在窑洞里面。以前村里有红白喜事都会请女的帮忙,女的负责洗菜、做饭,男的负责搭帐篷、接客人,主要干体力活。那时候在自己家里办宴席比较热闹,现在都在饭馆包饭。一般都是请已婚的长辈去帮忙,未婚的不去。

(4)妇女聚集与活动

一般在家里聊天,大多数情况下都是干活的时候聊天,那时候一直都在队里干活呢,就跟现在的学生上学一样,一天两次或者三次,挺忙的。男的好像不怎么聊天,现在他们就蹲在场里聊天。女的聊天就说道自己家里的事情,男的就聊聊新闻、社会、国家。夏季晚上乘凉的时候都是自己家里人一块聊天,冬季也可以串门聊天,没有什么固定的地方,比较随性。有人的地方就有是非,女的在一块也说东家长李家短,容易引起是非。关系好的妇女在一块,自然会有一个中心人物,要么是因为人家男人有本事、要么就是因为她的性格好,会来事。男的聊天的时候女的不能参加,各自有各自的圈子。不会因为聊天专门去外面的地方,以前也是不允许的。现在也经常聊天呢,聊天的内容没有什么实质性变化,闲着没事的时候就会找人聊天解闷,地点比较自由,没有那么多的限制了。

(5)女红传承

纺线织布、绣花做鞋等这些活在娘家必须学会,不然不好找婆家。这些都不用教,自己摸索着也就会了。要是不会女红,会被婆家看不起,自己也过不去。

(6)矛盾调解

村里妇女吵架的时候,一般没有人敢阻拦,毕竟那种人都是不好惹的。不过有时候她们自己吵一会儿就散了。有时候,丈夫会出面调解,丈夫出面也不见得是什么好事。妇女和男人吵架的情况不多,一般情况下丈夫也会出面帮忙。

(二)妇女与市场

1.市场参与

出嫁前,我经常上街帮妈妈买东西,买菜之类的,不过出门必须征得家里人同意。结婚以后必须和婆家的人一块出门,不能擅自离家。女性商贩很少,大多数是男性。可以去外乡赶集,但是不能留宿。那时候不能赊账,讨债很难的。现在可以赊账,一般都是给熟人赊账。改革开放以前女性很少去街上买东西,家里是不允许的,后来慢慢好起来了。

2.市场交易

家里的棉花是公公买回来的,自己种的不多。我们自己纺纱织布,公公带出去卖,卖得的钱归公公管,因为他是当家的。针头线脑也是买回来的,花样是自己画的,做的衣服鞋子不会用来出卖,因为家家户户都会做,也没有钱买。1949年之后到改革开放之前也就能买盐、煤油吧,别的东西不多。家里可以领到粮票、布票、肉票,都不够用,大人经常把布节省出来给孩子做衣服,一年也做不了几件。用洋布的时间挺晚的,也就才二三十年。我一直还给小孩做鞋,自己可以不做鞋的时间也不早,差不多也才十几年的工夫。1949年以后用鸡蛋换粮食、针线比较多,都是偷偷换的,一般是妇女换,前提是家人同意。割资本主义尾巴时,大多数情况下也是公公去集市买东西,妇女很少去,也就能买到盐、油,东西的品种不多。

五、农村妇女与国家

(一)农村妇女认知国家、政党与政府

1.国家认知

小时候记事起就听老人经常讲,提到政府、国家。以前觉得国家就是一个区域,现在的国家就是一个大家庭,你好我好大家好。1949年以前好像没有提及男女平等,依然是封建社会的封建思想。1949年以后才讲平等的,开始提高女权了。1949年以前国家也办学校,上学的女孩子不多,我姐姐就上学了,高中毕业。不让女孩上学无非两个原因,要么是因为穷要么因为家人的思想还比较保守,认为女孩上学就会变坏。我只学了几天,还没有好好学习,比较贪玩,记得开始只是教我们识字,跟男孩一块念书。1949年以后也办学校呢,上学的孩子就比较多了,男孩普遍都能上学。家里条件不好的,就不供女孩上学。1949年以前使用了三种钱,都是国家发行的,政府换了钱也就换了。日本人入侵的时候国家很可怜,我们也很可怜,国家还是强大了好,现在的生活就不错了。咱们这里好像不需要交人丁税,我没有什么印象了。

2.政党认知

以前总是听父母说国民党,他们是共产党的对头,双方争天下呢,只知道国民党动不动就抢劫、杀人。我不认识国民党的人,也接触不到。国民党的领导就是蒋介石,最后逃到了台湾。现在,国家主席就是习近平,新闻、报纸上都能看到他的身影。1949年以前我也不认识共产党的人,我儿子现在是党员。1949年之前,有关国民党、共产党的事情我都是听大人聊天的时候说的。1949年以后政府经常开会宣传教育,了解得就多了,现在经常看新闻。1949年以前后就经常听老人讲共产党抗日的故事。最早参加选举投票就是选村干部,是投选票的,想选谁就把选票放在谁的木箱里面。我的大儿子是党员,他喜欢学习,是高中毕业,当过兵,我觉得挺好的,党员有前途。一般人都想入党呢,现在不好入了,竞争挺大的。我不识几个字,入不了党。所以很喜欢念书的孩子,念书的才有出息。我觉得1949年时干部跟群众很亲。我觉得干部跟妇女的关系一直都有种距离,不过总体上是越来越亲近的。对妇女最大的好事就是让我们更自由了,不缠脚了,也可以随意出门了,现在也可以参加工作,都挺好的。1949年以前女性不能参加会议,没有那么大的权利。1949年以前的长官很厉害,1949年以后的干部更平易近人,能为百姓做更多的事情。

3.政府认知

我没有裹脚,刚好赶上了好时机,那时候政府不让裹脚了,有专门管这事的领导呢,他们说女权提高了,有的人家不愿意配合会把姑娘藏起来,他们有工作组,就挨家挨户强制性地放脚了。这都由国家管呢,国家要求禁足就要缠起来,国家要求放开就放开。有段时间要求剪辫子,不让留长发和辫子,我有个爷爷就经历过,有专门的人负责呢,他们抬着一个机器,见到辫子就剪,吓得大多数人就自己先剪掉了。那时候我还太小,啥事也不懂,现在想来也不明白当时为什么要剪辫子,不过现在这样总还是比较干练。办夜校的时候我也没顾得上去学习,整天忙着照看孩子、做家务,好像也就是扫盲的活动,教大家识字。以前的包办婚姻总归不好,自由恋爱更好。我们那时候结婚直接就是碰运气,运气好的就嫁给一个不错的人,运气不好的就会一辈子受罪。

1949年以前没有接触干部,1949年以后可以接触到,比如队长、村支书。1949年以前没有女干部,以后就有了,比如妇联主任。大家都觉得女干部很厉害,不是一般人。以前没有想过女的可以像男人一样,更想不到女的也可以当干部。1949年以后女的当干部也挺好的,有能力的都可以当干部,可以不分男女。女儿、儿媳当干部与否我不要求,她们喜欢就好。我觉得计划生育这个政策挺好的,适合当时的情况。那时候地少人多,经常吃不饱,生的孩子越多负担越重。我当时想得很开,第一个去做了结扎。实施的时候确实遇到不少困难,重男轻女的思想使得每家都想要生男孩、多生男孩,追求多子多福。妇女走向社会、参加社会实践是社会进步的表现,妇女更自由了。现在的妇女又要顾家又要上班赚钱,辛苦归辛苦,但是生活还是比较幸福的,可以过更好的日子。以前的妇女大门不出二门不迈,虽然只是单纯地做家务、带孩子,但是不能独立。改革开放以前政府提倡移风易俗,多多少少总是有益处的,应该由政府来牵头。但是有的传统文化习俗还是应该保留下来,不应该全部打倒。

(二)对1949年以后妇女地位变化的认知

经常听说妇联如何如何,最早是什么时候听到的就记不清楚了。咱们这里有好几个妇联主任。以前过妇女节的时候就会开会,教育我们要节约,让每个人吃饱,还要让每个人学会节约,不能浪费。我不是党员,也就没有加入妇联。做妇联工作的人也都是有能力的人,能说会道。1949年以前就开始讲男女平等了,但是不是很普遍。1949年以后就落实得到位了。女权提高了,男女都要下地干活了,在生产队里的时候就特别辛苦。

80年代以前的婚姻都是父母做主的,一般只要父母同意就定亲了。从80年代开始就可以谈恋爱了,但是能不能结婚还是要征求父母的意见,现在家里人主要看孩子的态度,孩子愿意就可以。在政府的宣传教育下,媳妇的地位逐渐提高了,丈夫、婆婆虐待媳妇的情况逐渐好转,媳妇不用伺候丈夫洗脸、洗脚,依然会把饭端到桌上、收拾好衣物,媳妇出门不是必须经过婆家人的同意,这与社会的发展进步密切相关。不过,家里的大事还是丈夫说了算。现在是反过来了,有的儿子、媳妇很不孝顺,不照顾年迈的公婆,甚至打骂公婆,政府也应该有解决的方法,目前的养老体系依然不够完善,这是一个很严重的问题。两口子闹矛盾打架的时候,村干部也可以管,一般都是媳妇主动找干部诉苦,干部也是劝和不劝离,两口子气消了依然凑合着过日子。最近几年离婚的年轻夫妻特别多,谁也管不住离婚。1949年以后妇女可以住娘家、招婿,这跟政府有很大的关系,都是女权提高的表现,妇女的地位正在不断地提高,将来应该会受到更公平的待遇。

1949年以后的生活条件越来越好,孩子也都可以上学,我的姑娘都是初中毕业,孙子孙女有的在打工,有的在上大学,我希望他们都能好好学习,将来有出息。国家发展得更好,社会才能不断进步,老百姓的日子才能越来越好。妇女有能力的话也可以当干部,我也会投票给适合的人。各级政府单位都有妇女存在,当然是妇女地位提高的表现,1949年以前这种现象就很少见。

(三)妇女与土改

1.土改动员与参加

土改的时候我家被划分为中农成分,工作队没有专门来我家,也没有专门动员妇女参加。当时队里开大会了,说是要进行土改了,宣讲了相关的政策。

2.斗地主

咱们这里的地主不多,方圆只有两三个,他们当时也挺可怜的。那时候专门开会批斗地主,地主的家眷也会挨打受气。斗地主的大会我也参加过,但是没有发言,都是男人们诉苦、斗地主。

3.分田

当时给我家分了3亩地,还挺高兴的,土地证上只写当家的名字。地主家的东西都被工作组的人弄走了,一般人分不到,有的人还分到了粮食。妇女在土改中没有特别积极的,毕竟男人才是当家的,女人没有什么发言权,更别说能有什么作为了。分地的时候是按一家分的,不是按人口分。所以分到的地都是家里共同的财产,由当家的做主。离婚妇女的土地就留在婆家的名下了,不能带走。

4.妇女(地主、富农)遭遇

我娘家被划为富农,可怜得很,死了好几个人,他们挨了批斗、受了委屈就自杀了。土改以后的生活也没有大的变化,婚姻也没有受到影响。好事也是坏事,坏事也是好事,过去的事情已经过去了,人还是要向前看。

5.妇女组织

土改工作队当中没有女性,都是男性。妇女会的主任是个厉害的角色,是一个精明能干的人。村里的朋友也动员我了,可是我没有参加妇女会,当时只是忙着照顾孩子。

6.对妇女翻身解放的认识

土改的时候,好像没怎么刻意关注妇女翻身解放,他们都说要推翻剥削,让剥削过别人的人受到惩罚。分地的时候也没有单独给妇女分地,可能是因为咱们这里普遍比较落后,所以地主比较少。

7.女干部

土改的时候妇女的积极性一般,没有特别冒尖的,毕竟这里也没有多少地主,分不到多少财物。那时候的女性还比较被动,只是配合国家的政策罢了。土改的时候咱们这里已经不讲究宗族了,媳妇只受公婆和丈夫的约束。

(四)互助组、初级社、高级社时的妇女

1.互助组时期

互助组时期不分你我,大家一起干活。入组、入社都是由当家的决定的,农忙时候也会相互帮忙。合作社的时候就国家经常动员我们入股,两块钱就可以入股,我们家就入了。那时候男的女的一块干活,人们的思想已经比较开通了。那时候不用动员,大家都觉得这样合作干活挺方便的,利人利己。

2.合作社时期

合作社时期就把地合在一块了,家里所有人的土地都在当家的名下,家里的事情都是大人说了算,不会征求媳妇的意见。妇女对于入社没有什么意见,毕竟没有发言权,男人怎么说我们就怎么做。那个时候全村的人都入社了,大家的积极性都很高,国家有什么政策都会积极响应,入社的妇女也要下地干农活,都很自觉,也不需要干部采取强制性措施。那个时候没有不干活的女性,年轻的就跟着年长的学着干农活。

3.合作化时期女干部

我没有当过干部,丈夫当过。我觉得干部也不好当,要有才能,也需要机遇。那时候的女干部很少,几乎没有,都是男的当干部,他们能管住别人。

4.性别分工

合作社时期,女性负责种地、割草、割麦子等,男人负责喂牲口、种地什么的,体力活由男人来干。我的身体还算不错,年轻的时候挺能干的。大多数时候男女在一块干活,干同样的活,报酬也一样。一年结束以后,按照工分多少分粮食,与性别无关。大家一块干活的时候热闹一点,可以聊天解闷,也就不会觉得太辛苦。刚开始的时候男人跟女人不聊天,不太适应,慢慢地就习惯了。男人一般不会当着女人的面说脏话,有失分寸。如果他们说脏话了,妇女就会走开,不予理会。派工的人也会考虑到妇女的孕期,生孩子的时候可以休息一个月左右,其间没有工分。除此之外,任何时间都需要上工干活。

5.集体劳动

集体劳动的时候我已经有了两个孩子,接着又生了一个,农忙的时候婆婆就帮忙带孩子,主要还是靠我自己拉扯呢。白天,我们需要上工,走的时候就把孩子用绳子拴在炕上,回来才能给孩子喂奶、做饭。有孩子的妇女也会上夜工,那时候就是这样的条件,所有人都一样,也没有别的办法。比起人民公社,相对比较轻松一点。一年能上 10 个月的工,平均每月上工 25 天左右。

6.集体分配

合作社时期,一般情况下六十岁的妇女就可以不干活了,同时也就没有了口粮,只能靠干活的人多出工多挣点工分来养活,这样家里的负担就会比较重。

7.公共事务参与

那时候经常参加各种会,队里经常开大会。妇女几乎不能发言,也没有要说的,什么都不懂,觉悟还不是很高。改革开放以后妇女才逐渐有了话语权,说话也有了一定的分量。

(五)妇女与人民公社、"四清""文化大革命"

1.妇女与劳动、分配

(1)妇女与劳动

人民公社时期我应该三十几岁了,全村的人都要下地干活。记性不好了,口号一时想不起来了,那个时候整天唱歌、喊口号。大多数情况下男女在一块干活,喂牲口由男人负责,妇女没有固定的活。喂牲口一直都是男人干的活,其他的活是男女都可以干的。生产队的女劳动力相对多一点,有的男会外出糊口。田地里的基本农活都是妇女干,比如耕地、施肥、割麦子。农活当中好像没有技术含量高的,技术性的活都由男人干。副业例如养牛羊、烧窑都是男人负责,当时没有队办企业。队长、会记都是男人,记工员是上过学的年轻人,有女孩子。男人不在家的时候所有的活都由女人干,农忙的时候一直干到半夜,回家的时候会害怕,那时候很辛苦。大炼钢铁的时候专门抽调男人参加,我们整天忙着干活。

(2)单干与集体化的选择

大多数妇女干活挺踏实的,部分妇女也会偷懒,她们趁别人不注意的时候就躲在别的地方聊天。但是,那时候有监工的人呢,积极性普遍比较高。我觉得分田到户、个体劳动比较好,分田到户以后可以积攒更多粮食。

(3)工分与同工同酬

我们那时候就是同工同酬,妇女跟男人干同样的活得到同样的报酬或工分,只要是成年人,大家都是一样的标准。我每天最多能挣六个或者七个工分,一般情况下能挣四个工分,一年下来也就是一千多,家里就靠我们两口子干活呢,孩子太多了,他们挣不了多少,所以分到的粮食经常不够吃,尤其是1959年闹饥荒的时候。男女都差不多能挣一样多的工分,小孩每天最多只能挣三个工分。

(4)分配与生活情况

粮食、油等都是按照工分多少来分的,跟性别无关,成年人的标准是一样的,不会优待男性。所以闹饥荒的时候饿死的多数都是男性。咱们这里当时没有自留地。那个时期几乎没有余粮户,我家也是缺粮户。我挣的工分可以养活自己,主要是还要养活家人,孩子多。

2.集体化时期劳动的性别关照

(1)"四期"照顾

妇女只有四十天左右的产假,有不多的工分,除此之外没有别的特殊照顾,也没有专门的哺乳时间,身体不舒服的时候队里会派轻松点的活。虽说是可以请假的,但是不干活就没有吃的,根本不敢请假。大跃进那时候男人都被抽调了,所有活都是女人干,我们那时候也不太注重自己的身体,年轻的时候很有活力,喜欢干活,没有好好爱惜自己,妇女几乎都有妇科病。那时候很穷,条件不允许,就没有医治。

（2）托儿所

托儿所办了几天就散伙了，没有建专门的地方，谁愿意带孩子，大家就把孩子领到她家。带孩子的工分也不多，又是个麻烦事，过了几天就没有愿意干的。后来孩子都是靠自己看管的，出门上工的时候就用绳子把孩子拴在炕头，大多数人都是这么过来的。不上工的老人也会帮忙照顾小孩，有的就都在家里做饭、做家务。

3.生活体验与情感

（1）大食堂

当时，我就是负责做饭的，都是女人做饭。每个人的饭都是定量的，不是随意吃，大人一个标准、小孩一个标准。每个成年人都能领到两个馒头，大概就是一斤重，还有一碗稀饭，不像现在的稀饭，那时候直接就是清水。经常吃馒头、稀饭，馒头都是用玉米面做的。愿意不愿意都得吃啊，那时候自己家里没有锅，都上交了，也不许做饭，家里也没有粮食。实在饿得不行，晚上就偷偷去挖野菜吃。吃大灶饭并不轻松，因为多出来的时间都要上工干活，几乎没有空闲时间。后来不知道怎么的，慢慢地就解散了。

（2）"三年困难时期"

那时候饿死了好几个人，都是男人，有的出去要饭就饿死在半路上了。家里的粮食优先让女人吃。我们经常挖菜根、剥树皮，带回来煮着吃，吃了那些身体特别不舒服，有的人就会浮肿。那时候管得严，没有人敢去生产队偷粮食，不然会被戴上坏分子的帽子。大集体食堂和大集体生产在当时也有存在的合理性，那时候政府也有存粮呢，好像就是为了备战用，不能轻易动用，我们也是可以理解的，没有人提意见。没有毛主席也就没有我们的现在，社会总会进步的。

（3）文娱活动与生活体验

大集体时候办过夜校，我因为要照顾孩子只去了几次，也没有识多少字，那时候已经过了学习的年纪，记不住了。那时候的集体活动也不是特别多，过年前后会唱戏，我们天不亮就吃完饭走了十几里去看戏，正月十五的时候挺热闹的。集体上工的时候也挺热闹的，全大队的人都在一块修水利、干活，有说有笑。想来时间过得也挺快的，以前在一块干活的很多人都已经去世了。大家的关系都还可以，年轻的时候干活也很利索，人也很有干劲。现在的年轻人彼此不怎么来往，有点陌生。

（4）妇女间矛盾

几乎没有什么矛盾，有时候孩子相互玩闹大人会插手，难免发生点口角。一般情况下相互谩骂几句就了事了，事情过去了就又和好了。

（5）情绪宣泄（骂街）

咱们这里没有骂街的人，没有什么好骂的。整天都忙着干活呢，没有人愿意干惹人的事情。

（6）集体自杀

解放以前自杀的也有，跟婆家吵架以后有的媳妇就会跳井自杀，都是想不开。70年代没有集体性的自杀事件，只有一个妇女上吊了。改革开放以后很少有人自杀，有的妇女跟丈夫合不来就会离婚，不会自杀。生活条件越来越好了，大家的觉悟也提高了，没有人愿意自杀了。

4.对女干部、妇女组织的印象

(1)铁姑娘

铁姑娘倒是有,不过没有铁姑娘队,可能是人少的缘故。女劳动模范很多,我也当过,经常奖励一把锄头、铁锨什么的,奖品都是农具。有时候,队里会开会表扬,把模范树立为榜样,号召大家都向铁姑娘跟模范学习。

(2)妇女干部

咱们这里好像没有妇女当过干部,只有妇联主任。当干部的都是比较有本事的,做事雷厉风行。一般的人当不了干部,没有才能没有后台就上不去。那个时候队里的干部都是男人,只有男人才能领导得住。

(3)妇联印象

妇联有了很久了,能当妇联主任的人也是比较能干的人,她们经常召集我们开会,宣传政府的新政策、新要求,要求我们节约、杜绝浪费。除了开会平时没有别的活动。

5."四清"与"文化大革命"

当时经常开会批斗坏分子和地主,他们的家眷也会跟着遭罪。干部负责开会、批斗他们,妇女只能站在台下面看着,不能发言。地主的女性家眷也会受人打骂,她们也跟我们一块干活,工分待遇是一样的,别的妇女也不会欺负她们,觉得她们也挺可怜的。事情过去以后也就没有人太过介意了,地主家的姑娘的婚姻会受到一点影响。割资本主义尾巴的时候不能卖东西,鸡蛋也不能卖,对家里的生活也有影响。有时候会偷偷地进行买卖,包括妇女需要的小物件。

集体上工的时候会影响回娘家、走亲戚,请假太多就少挣许多工分,不能养活家人了,家里也不太愿意让女的出门。后来就烧掉了戏服、旧书,不许唱戏了。老人过世以后也不让正式地办丧事,一切从简。这样倒是挺省事的。

(六)农村妇女与改革开放

1.土地承包与分配

土地承包与分配的决策过程没有妇女参加,每家都只有一个代表。承包单干比起集体劳动更好一点,承包之后的第一年,我家就攒了不少粮食,够我们吃两三年了。分到地了,感觉生活也有奔头了,只要自己好好种地,总不会饿肚子了。每个成年人都能分到同样多的地,土地证上只有我丈夫的名字,家里所有人的土地都在当家的名下。

2.选举

我参加了三次左右的选举,都是选村干部。村上给每个成人都发了选民证,自己不用填写其他信息,开会的时候我们就把选民证投进候选人面前的箱子里。那时候,还没有女性能成为候选人,我们也就没有当干部的机会。

3.计划生育认知

20世纪80年代计划生育政策特别严厉,90年代就开始有所松动了,现在已经放开二胎了,好多人却不敢多生了,养孩子的代价很大。我觉得生一个孩子不太好,生两个或者三个孩子就可以了,而且一定要有一个男孩,养儿防老,姑娘毕竟是要嫁出去的,靠不住。

4.精准扶贫

精准扶贫的政策对男性老人和女性老人是一样的,没有区别。有的男性老人晚年还会找个伴,女性老人很少再嫁人。女性老人跟媳妇的关系不好处理,有时候会被儿子、媳妇嫌弃,甚至虐待。女性老人的病也比较杂,不容易治疗,近年来村里有好几个女性老人都因为突发病过世了。

5.社会参与

现在男性老人跟女性老人也会聊天,多数情况下还是男性跟男性在一块聊天、女性跟女性在一块聊天。前几年我还总看电视,我喜欢看新闻、秦腔。现在就喜欢做针线活,闲的时候就做鞋垫、做鞋。看新闻的时候可以了解国家的政策,有时候也看抗日的电视剧。手机现在很普及了,大人小孩都有呢,村里的老人都有老年机,不分男女。我们不会使用智能机,我的话费都是孩子们充的,我也不怎么操心。平时都是孩子们给我打电话,我只负责接听,我不会给别人打电话,也没有人教我。至于网络,我就不懂了,只听孩子们说通过网络干什么都可以,也挺神奇的。活得越久越能见到世面,日子越过越好了。

六、生命体验与感受

如果分阶段来讲的话,我觉得结婚以后比较舒坦,更开心。虽然小时候无忧无虑,什么也不管,但是那时候女性的地位还比较低,没有受到尊重。越到后面越好,社会发展得越来越好了,生活条件更好了,女人什么都可以干了,更自由了。孩子也都有各自的生活,不用我操心。现在,我就希望小孙子能好好学习,将来能够上大学、找份好工作。以前整天忙着干活,把人差点累死都吃不饱,现在吃得好穿得好。我经常告诉别人,我现在一个人过得还不错,很舒坦。跟儿子生活在一起还要照顾人家的感受,人多是非也多,人老了就该图个清闲。勤快的时候,我每天早上起来干点活,也是锻炼身体,吃完饭就可以睡觉、绣花。我就觉得这样很好,很知足,知足常乐嘛,国家的政策也挺好的,我也是有"工资"的人。我觉得以后的政策会越来越好,就像电视里面讲的那样,幸福的生活还在后面!

LKY20170226TQZ 唐清珍

调研点：河南省邓州市高集乡堰陂村
调研员：李克义
首次采访时间：2017 年 1 月 8 日
出生年份：1936 年
是否有干部经历：1961 年，妇联主任
是否生育：是
受访者结婚的时间节点、生育子女的具体情况：1956 年结婚；1957 年生第一个孩子，共生三个儿子、一个女儿。
现家庭人口：5
家庭主要经济来源：退休工资
受访者所在村庄基本情况：堰陂村位于高集镇地域范围内，高集镇位于豫西南边陲，河南省南阳市邓州市西 15 千米处，东西长 25 千米，南北宽 10 千米，总面积 105.4 平方千米，总耕地面积 11.8 万亩。

堰陂村目前是归高集镇管理，其位于邓州市邓彭公路南 1 千米处，处于平原地区，属典型的季风大陆半湿润气候，四季比较分明，其边上有杨营村、高岗村、李庄村、寨上村等，英才辈出，水美，天蓝水清，山清水秀。目前堰陂村的村民姓氏以吴姓为主。土地种植以大豆、玉米、小麦、棉花为主，但是由于其沙质土壤，也种植西瓜、甜瓜，还有大面积葡萄种植园。

堰陂村经济不断发展，马路边建起来一排排小洋房，各类文化宣传标语随处可见。但是近年来，随着大量农村务工人员外出，空巢老人较多，大量土地无人种植，村子空心化现象非常严重。

受访者基本情况及个人经历：老人生于 1936 年，老人在 1957 年二十一岁的时候，生下第一个儿子，后又添了两个儿子和一个小女儿。老人现在是和老伴儿单独住在一起，老两口身体健康，生活自理。老人老伴儿以前是国家的公职人员，每月老人老伴儿的退休金在开支生活费后还有结余，老人的三个儿子也经常给老人买营养品，老人的女儿经常给父母添置衣服，老人生活上也是不缺吃穿。天气好的时候，老人的老伴儿经常开着电动车带上老人在城里面兜风，子女孝顺，生活富足，老人对现在的生活也是很满足。

老人是一个非常勤劳能干的女强人，年轻时候在娘家就挑起了家里的担子，又是在家做饭洗衣，又是下地锄地干活。老人在 1961 年当上妇联主任，负责社里面的妇女工作，这一干就是十几年。在这十几年里面，老人一边要负责社里面的妇女工作，一边还要照看孩子，因为丈夫在城里政府上班，老人一个人要负责孩子们的教育和生活，在这样的生活情况下，老人将三个孩子都培养成博士生，这也成了老人最骄傲和最幸福的事情。老人现在退休在家，享受闲逸的老年生活。

一、娘家人·关系

(一)基本情况

我大名叫个唐清珍,1936年生人,这名字是后来给我起的,一开始我是没有名字的,以前我叫个二姑娘,也叫二女儿。旧社会的女子们都是叫小名,我是排在我们这一家的老二,我们也没有分家,我伯们顶门三个,我伯们上面我还有一个姐,人们都叫她大姑娘,我就成了二姑娘。过去都是按照堂兄弟的老大、老二、老三排下来的。我在十六七岁的时候,我父亲送我去民校,没有名字怎么上学呢,我就有了现在的名字。男孩子是稍有不同的,以前男孩子在家也有母亲起的小名,但是男孩子也有一个大名,上学用的大名,都是按照辈分起的名字。女孩子们也可以根据辈分起名字,我们就是清字辈分的,所以我叫唐清珍。我叔们的女儿叫个唐清焕,但是这个名字就是说希望换一换,下一胎成为一个男孩子,结果后来还真的是一个男孩子。

我们以前被划分的是中农的成分,我们的条件在村里面还是比较好的,有地有牛,我们也没有雇人,所以划分成了中农。我们家里面也没有分家,我父亲弟兄三个,我们家的兄弟姊妹都是在一起的,我有三个姊妹,还有六个兄弟,这都是我自己的亲堂兄弟姊妹。我们自己家没有抱养人家的,我们也没有给人家过。我是在二十岁的时候结的婚,1956年。我丈夫在划分成分的时候被划分成的是中农成分,我丈夫有弟兄三个。我自己添了三个儿子,我还有一个小闺女,我生我大儿子的时候是1957年的时候,当时我才二十一岁,我是二十岁结的婚,这第二年就添了我的大儿子。

(二)女儿与父母关系

1.出嫁前女儿与父母关系

(1)家长与当家

我结婚的时候,国家都已经解放了,我们家也在1949年以后分了家。在1949年以前的时候,我父亲有兄弟三个人,我大伯跟我三叔都被抓过壮丁,我父亲成了在家里面的当家者,1949年以后,我们这一个小家,我父亲理所应当地还是我们家的家长。我们家里面我父亲只管这外面的事情,家里面的家务事他也不管,都是我奶奶在家管着家里面的家务事。后来我奶奶不在了,我母亲就成了我们家的内当家。我们家里面也没有那么多烦琐的规矩,那都是人家有钱人家的规矩。但是我们家前面有一家曾姓的人家,那一家的奶奶比较傲气,一日三餐都要媳妇去请示做什么,但是当时人们都是吃得差不多,早起就是那个红薯稀饭,中午就是那个芝麻叶面条,本来她都知道这个饭是做什么的,可是这媳妇还得问问这老太太,要是不问,可就差板儿了①,这老太太就说这媳妇是要当家了,这叫作一天三顿去问安。

我父亲只管外面的事情,管着这屋里面的经济上的往来,其他的也不管。这我奶奶在的时候,就是我奶奶管家里面的家务活,洗衣做饭,整理家务,当时这做饭是我娘和我婶子还有大娘妯娌三个轮流做的。要是这当家的爷爷不在了,那这当家的权力就要落在这儿子的手里,奶奶是当不了家的,奶奶只能当内当家的,那时候的女人们,谁去上前面办事,说不会说的,还有好多妇女是缠脚的,也不能跑太远。要是这一家的长子不成器,那也要选贤,谁有能力谁就能当家。要是这一家里面小一辈的都未成年,那这母亲是要当慈禧太后呀,在家管着

---

① 差板儿:就是说要不好了的意思。

所有的事情。要是这一家里面全部都是女儿的话,找了上门女婿也能当家,没有找上门女婿的就还是这个母亲代当家。

(2)受教育情况

我在1949年以前的时候都没有上过学,我爹有点封建,他不让我去上学。我也就是在1949年以后的时候上过几天民校,这民校就是教人们识字认字,大家就是有时间了就去,不想去就算了。那个时候新中国都成立了上学也不分什么男女了。我就在那里面就上了一二年。1949年以前的时候,我们家里面我那些弟兄们和姊妹们全部都上学了,只有我没有上学,我就在家里面干家务活。

我母亲她也是缠过脚的小脚,很多家务活我就在家里面帮着她干着,这洗衣服做饭,还有我们地里面的活都需要做。当时我年纪也小,也成天都是糊糊涂涂的,看着人家都去读书,也没有意识到说这个上学这么重要。另外我们家里也离不开我,我干家里面的家务活也干得好,我父亲有时候也不在家里面,这屋里有时候要是离开了我,连饭都不好吃上,这我父亲不在家里面的时候,我还要去地里面干活,那也没有办法。我们村里面也有女孩子上学,但是也不多,好像当时社会上普遍都是男孩上学的多。在1949年以前的时候男女读书是分开的,1949年以后都不是了。我们家对男孩女孩的教育都是一样的,父母都教育,母亲主要说说这礼仪上面的规矩,父亲有时候也教育这做人上面的。

(3)家庭待遇及分工

在家里面吃饭的时候,要是有爷爷奶奶,肯定是先给爷爷奶奶先端上一碗饭,这是最起码的规矩,这个长辈面前,父母都要后吃的。当时吃饭都是一碗端,也不炒菜啥的,都是自己端了饭蹲在门口吃饭,平时也没有坐桌这个事情。除非是家里面来人了,这需要炒菜的,这个时候才讲究这个坐桌的事情,坐桌的时候,一是要论辈分,二是要论岁数,娃子们根本就不会让离桌子近,最多是奶奶辈分大,来人了能上桌,女人们是不让上桌的,都是男人们上桌。男孩子只有长大了才能上桌,小孩子不论性别都不让上桌。妇女孩子们都是自己端一碗饭,最多给就个辣子汁,都是端着饭随便找个地方蹲着吃了。盛饭的时候,也是先给这长辈的盛饭,长辈的盛完了,这接下来的可再盛。当时我们家重男轻女的现象也不是很严重。

当时都没有买衣服这一说,买布还有跑那么远,都是小脚老太太,能走多远呀!都是用那织的粗布染,再自己做成衣服。这衣服都是先给老大添,一般这穷家都是不怎么添衣服的。我们当时每年过年都是我妈给我们一人做一双新鞋子,这就算是最好了。有时候也偏向男娃的,但是不明显,我们家来说都是差不多的。过年的时候,男孩子和女孩子们都有压岁钱,数量上也是一样的,没有区别。我们家还算是比较开明的,我的两个姑姑虽然都缠脚了,但是都是那种不大不小的脚,都没有说缠成那种特别小的脚。

我们家里面地的数量虽然多,但是我们家不是那种雇的人多的大家,大家自己不用去地里面干活,我们可是不一样的。我父亲有时候在城里面还做一点小生意,我娘和我都要下地干活,我娘当时还都是小脚丫子,在地里面干活艰难得很,就这样的情况都还得去地里面干活,因为要是不干活就没有吃的。

不过,那个时候,家里面的男孩子可是不干活,先才不是不让女孩子上学,女孩子就在家里面做家务,男孩子人家就是上学,不上学的时候,人家也不干活,人家就在这营里面跑着玩儿。这纺花织布也是当时的女子们都要学的,我会纺花也会织布,我十几岁的时候,跟着我妈学习纺花,后来又跟着我姨学习织布,我不仅会这些,我还会绣花、做鞋、做衣服,这些都是我妈交给我的,女红一类的都掌握着。

纺花织布的东西,我们这家里面自己人也要穿,也要用,我织得多了,就拿到市场上去卖了,换一点钱,这钱还能再去买纺花用的棉花,还能换一些油盐酱醋的家庭小开销。这针尖上做的活也是艰难,我们营里面也有专门收购这些东西的,做多了就给这些人家,还有一个营里头的,他们自己家里面做不过来,他么也买我们做的,谁家经常做这些东西,人们是都知道的。我自己就拿去换了,有一次,我还拿东西换钱给自己买了一个布衫子,我自己还很开心哩。

我那个时候天天纺纱,得住空就纺纱,也不分昼夜,那个时候也没有钟表,就是听着鸡鸣。当时"宁叫人闲,不让机子闲",干的厉害得很。但是我们纺纱就是冬天纺两三个月,夏天都不纺了,当时就是五六天纺一匹布,最快两三天做一双鞋。等我年龄大了以后,进城市也更方便了,城里面啥布都有,把布撕回来,我妈自己给我们做衣服。那都是1949年以后了。

(4)对外交往

到了过年的时候,大家都一起出去拜年,男娃儿和女娃儿都是一样的,按照辈分轮流着拜。整个营里面都是一样,互相一起拜拜。拜年都是父母领着的,因为村里面有很多长辈,这长辈也是我父母的长辈,那也要去拜,另外,父母要是不领着,人家有的也还不知道这娃子们是谁家的。

要是我们家里面来人了,要炒一些菜,这个时候讲究坐桌的事情,坐桌的时候,一是要论辈分,二是要论岁数,小娃子们是根本就不会让他们离桌子近的,奶奶辈分大,来人了奶奶是要上桌的,女人们是不让上桌的,都是男人们上桌。男孩子只有长大了才能上桌,小孩子不论性别都不让上桌。妇女孩子们都是自己端一碗饭,端着饭随便找个地方蹲着吃了。要是这家里面来人了,家里面的男主人不在,这个时候妇女是不能上前陪客,都要让家中的男人去陪客。人家来我们家走动,我们也得去人家里面走动,这都是我父亲的事情,我父亲带着礼物都去了,这都没有我母亲的事情了,更没有我们这小孩子的事情了,要是我们家里面的男孩子长大了,有时候,这当家的也能代表去,走亲戚跟现在可是不一样的,妇女代表不了这一家子。

(5)女孩禁忌

1949年以前的社会,人们都讲究女孩子们不出三门四户,平时在家里面洗洗衣服,刷刷鞋,打扫扫卫生,也做做饭,还要做做这纺纱织布,绣花女红。在1949年以前,我岁数也小,能随意在家里面玩儿,只要不出去我们那个大门,在附近玩儿都没有事儿,也没有什么规矩,但是岁数大一点的到了十岁以上的,都不能随意出去玩儿了。等到我大一点的时候,社会都解放了,没有那一套子了,我能随意跑着玩儿,也不分什么男女了。家里面的兄弟姊妹们能在一起玩儿,我记得当时我们家的院子里面有一个石头桌子,我姑姑们还有我们的几个女孩子,还有我们家的男娃儿们,都在那个上面蹦着玩儿,跟自己家里面的人没有什么讲究的。要是这女孩子们跑出去玩儿,跟人家别的男孩子们玩儿,这营里面的人肯定就叫她们夜叉,谁那个样子呀。这好的女孩子就是在家里面守规矩,不是说到处跑着跟着"蚂蚱夜叉"一样,人家守规矩的、听话的女孩子就好说人家儿。

说起这洗衣服,当时人家有钱的大家儿,洗衣服可是讲究多,这男女的衣服是必须分开洗的。我们家没有人家那么多的规矩,但是也有一些最基本的讲究,我们的衣服洗的时候,这内裤和外衣是不会在一起洗的,内裤分开洗,外头的衣服都混在一起洗,也没有什么说单个的洗的，就跟现在一个样子。洗完的衣服肯定都要晾在外面，不然怎么干呀？晾衣服的时候，这女孩子家的里面贴身的衣服跟妇女的是单独晾在一起的，其他的外衣都晾在一起。

2.女儿的定亲、婚嫁

我是在 1949 年以后才定的亲，定亲了两年才结婚，定亲的时候我根本就不知道，这都还是父母们做主，我一点都不知道。我这婚事还是父母包办。我们家当时还算是开明一点的人家，我父母还跟媒人说让说亲的对方来家里面看看。这是我后来才知道的。后来我听那女子们传着说给我了一门亲事，我才知道原来我父母已经给我定了。我父母才不会征求我的意见，那时候岁数小，都不知道啥是说亲。我听我妈后来跟我说，当时就是看中他们家里面，他父亲是一个读书人，觉得这样的家庭涵养好，所以才同意了。当时还是我们门上的一个亲戚叫五爷的人介绍的。人家和另外男方的一个媒人这么一说，就成了。在那个时候，说媒是没有报酬的，跟现在可是不一样的。

定亲的时候，双方家长不见面。讲究"三媒六证"，有三个媒人，这男方的媒人和女方的媒人还有一个中间人，早上一起先去女方家里面，带上生辰八字去男方的家里去合一合，到男方家里面男方家里面也给置一桌子，吃吃喝喝这个事情算是定下来了，男女是不见面的。以前我们那里定亲讲究"红绿定"，红布衫，绿裤子，有的家庭条件好的还给个戒指和耳环，这些都是媒人从男方给拿回来的。基本上这些是基本的，有钱家里多给撕一套衣服，打上一套首饰。那时候都不兴拿钱，拿钱都是卖闺女里一样。那时候我们家是讲规矩的家庭，都不兴问自己的亲事，女子家，问这些都害羞死了。父母提前都会安置好一切，根本就不让这孩子们知道。都是包办婚姻，就算是不愿意也哭，也没有什么办法，就是这个命了。而且，就算定亲了，这男的也是不会去女的家的，1949 年以后有的男女还私下见面，有的也不见面。

定亲以后，不管是男方死了还是女方死了，这就算是自动结束了，定亲时候的东西也不用还回去，彩礼也不用再退了。就算是死彻底结束了。当时的时候就算是人走灯灭了，也没有什么牵扯了。生辰八字也要不回来，不要了。两家的关系也结束了，以后各自婚嫁，都没有关系，自由了。两家就算是没有关系了，不用参加这丧葬。没有结婚的女子死了以后也还是在娘家埋着，但是却只能埋在娘家的地脚起，不能入老坟。未婚的男性也是一样的，不能入祖坟。

定亲了以后，要是双方有一家不愿了，就再把生辰八字还给对方。当时都是男的不要女的，从来没有听说过女的不要男的的，一般这彩礼就算是轻描淡写，就是算了，也不提了，除非是彩礼非常贵重，给还回去。

我婆子家这边我公公是个教书的，在土改的时候，他们家里被划分为了中农的成分，家里面弟兄三个，家庭条件还可以。我公公当时是个有文化的人，人家还在教书，家里面我婆子种地什么的。他们都还是农村的，都是以种地为主。

在定亲的时候，我们家的媒人和男方的媒人还有一个中间人，带上我们家炸的一筐子油条，还有四色礼，早上一起先去女方家里面，讨一个女方的生辰八字，然后带上生辰八字去我们男方的家里去合一合。到我们家里面我们家里面也给置一桌子，吃吃喝喝这个事情算是定下来了。以前定亲讲究"红绿定"，红布衫，绿裤子，我们家还给个戒指和耳环，这些都是我们交给媒人送给人家女方，这就算是聘礼了。这订婚就是自己家里面就做主了，也不需要这啥族长什么的同意，就是这一小家的事情。

我们结婚的时候就是在 1949 年以后了，那个时候都得要结婚证。婚事只需要经过我父母的同意都行了，其他人也做不了主。结婚前提前两天要请客，人家客人来了以后要添箱送礼,要送礼金。等到结婚前一天的时候,家里面用筛子筛一下嫁妆,叫作筛下去福气,要把福气都留在娘家,不能带走。等到我结婚的时候,他们给我们拿一箱酒,还有四色礼,也不给钱,其他的什么也不给。男方都是用车把我拉过去的,我们娘家当时就给我了一床被子,还没有被套。去了以后就还是拜天地,就这就算是结束了。我记得在1949年以前的时候,我姨结婚的时候,就是这高头大马,早上起早这婆家带上四色礼,还带了很多的粮食。娘家给陪嫁都是大床、小床、家具、桌子凳子、脚踏板、被子、衣服,全套嫁妆啥都有。这也是根据家里面的家庭条件陪嫁的,家里面有钱的多陪一点,没钱的少陪一点。

等到结婚的时候,结婚当天,婆家要派一个人去迎亲,吹着唢呐,都是这一老门上的比较会说的去迎亲。我结婚的时候都是1949年以后了,都没有坐轿子这一说了,都是车拉的。到了男家以后就要拜天地。这第二天,人们都来吃面,还有很多习俗,人家来的人给了钱,新媳妇要跟新女婿一起给人家磕头拜谢。结婚后第二天新媳妇要去拜墓,这以后就没有要求说非要去了,但是这接新媳妇过来的第二天是必须要去祭拜祖坟的,所有的先人都要挨个磕头。结婚的时候,有两个主婚人,一个是男方的姐夫,一个是姑父。有的就是这一家当家的爷爷字辈分的人主婚,当时也没有什么司仪。结婚的时候,这二婚的、大着肚子的是都不能上前面去,有这样的讲究。结婚第二天,咱们这里没有给婆婆倒水的习惯,也不用给婆婆公公请安,这些都是别的地方的习俗。

我在娘家就平时纺纱织布做鞋有时候能带来一些收入,这些收入我自己也没有攒下来,都是用于家里面的补贴了。不管是分家还是不分家,这家里面女子结婚都是父母准备的,跟兄弟们是没有关系的,人家也不用出资。

结婚了以后,都是亲戚了,一辈子都割不断的亲戚。结婚后三天回门,也叫假三天,就是结婚后隔一天就回门。回门的那一天,家里面的兄弟去接,新女婿要跟女儿一起回去,回去了以后,当天还要家里面的姐夫们陪客,当天晚上新女婿回家去,这女儿在家里面住三天,过了三天以后,新媳妇的父亲带着新媳妇回婆家去,这婆家还要置上一桌子,大家吃吃就算完事儿了。等到九天以后,娘家的兄弟们再把新媳妇给接回去住三天,然后再回婆家,这整个婚姻的过程算是结束了。

童养媳都是年幼的时候给卖过来的,都是娘家过不下去了,或者是养不了了,就把家里面的女孩子送人,也给一点钱,也算是卖闺女了。我们老家那边就有一个童养媳,在大年三十的时候,这个童养媳也没有娘家呀,就让她站在一个粪堆子(就是鸡粪牲口粪堆)上面,扎一个花架子,然后来俩人挽上领回家,这就算是结婚了。卖了以后,就算是卖给人家了,也找不到娘家在哪里,就不走动了。这走动还是在1949年以后,有的就打听打听,能联系上就联系上,就算是一门亲戚了。

当时换亲,人们都说为转亲,因为有的家庭似乎不是很好说亲,要是近亲结婚的话,有血缘关系,好像是不太好。就也找一个这样的家庭,你的闺女儿给他,他的闺女儿给我,我的闺女儿给你,这样就叫作三转,都是因为家里面穷里很,没有办法,说不来人,才来换这个亲。这也是靠媒人介绍的,看着这样的情况合适就说一下,这样转一下就好了,管他瞎子瘸子只要不绝后就行了。这都是1949年以前的时候,1949年以后这样的情况就少了,我后来也就没有听说过了。

在1949年以前,有招上门女婿的,招上门女婿都是家里没有男孩子的,要提前经过家里面其他兄弟亲属的同意,因为这关乎分不分家里面的财产。但是招上门女婿还要写个文约,留下来个文书,证明这个事情。上门女婿还要给写一个保证书,要改名换姓,要是到这里不孝顺父母,人家还有把他撵走的。一般上门女婿都是跟女的一姓的,就是要顶这一家的香火。这上门女婿要是有材料了也能当家,没有材料也不好当家。要是不真心跟人家过日子,人家这一家都能撵他走,不会让他当家的。可是不管是不是上门女婿,这女人的家庭地位就低得很,不会因为这个上门女婿都地位高了。

3. 出嫁女儿与父母关系

我跟我丈夫不是在一个村的,我们两家以前也不认识,是我们门子上的五爷认识,才撮合在一起的。这结了婚的女子平时回家都可以,但是每年这个腊月里,从腊八开始,女子们就不能回娘家吃饭,人家说过了腊八"吃了娘家的米,一辈子还不清",就算是回娘家,也不在娘家吃饭,看看就回去。再一个,这出嫁的女子也不能跟丈夫在娘家住在一张床上,人家俗话说"家汉上床,家败人亡",就到现在,都不这个样子。反正是不允许的。还有个习俗,在头一年结婚,六月六的时候,娘家会送扇子,送帽子,雨伞等等的一些礼品,去婆家在那里吃吃喝喝,就可以把女儿带上回娘家住一段时间。娘家要是有什么家里事,这嫁出去的女子不能管,就算是管人家的事情人家也不一定听,也就管不成了,人家家里面也有主事情的人。不能管娘家的闲事儿,但是可以帮助娘家,要是这女子的经济条件好了,能大把大把往屋里拿;这要是家里面条件差,又在家不当家,就算是想帮助也没有一点用处呀!只能心里面想想。

要是这女子在婆家分家了,自己单另住了,经济上困难了,这爹妈有了也能给一点;要是这婆家里面没有分家,人家娘家也轻易不帮助。女子跟丈夫生气可以回家住,但还不敢说自己生气了,一说自己生气了,爹妈就不会让她住在家里面。有的女的生气了是男方的过错,这婆子懂礼貌了也会找人说说,找个中间人说和说和,然后丈夫要亲自过来认错,认了错把女方给接回去。要是不认错有的就不回家,时间长了,爹妈也发现了,也会找那些在对方那边熟悉的人劝劝对方派人来接。那时候的女的,要是不愿意跟她丈夫过了也就忍受着,在1949年以前的时候,只有男的不要女的,没有女的不跟男的过的。到了1949年以后,才开始有女的主动提出来离婚,不愿意过了,或者偷偷跟人家跑了。俗话说这"娘家不是住女子的地儿,房檐不是躲雨的地儿",这闺女就是泼出去的水,就不能因为丈夫家的事情成天回娘家。这住的时间长了,这娘家的哥哥嫂子也都不愿意,都是过一家人,成天住在娘家也不是那回事儿呀!

这娘家分家,出嫁的姑娘是要靠边站,在出嫁的时候,该给姑娘的都给了,其他的也不缺了,这娘家的什么都跟出嫁的闺女算是没关系了。像里面只有女孩子的,家里会招上门女婿,这上门女婿就成了这家的主人了,在分家的时候,跟儿子一样享受家里面的财产分割,这就靠这个人传宗接代了,女孩子嫁出去了,就是没有继承的这个权利。一般这家里面就只会招一个上门女婿,不会招两个的。

在1949年以前的时候,要是娘家妈和婆家妈同时生病了,那这女子就只能伺候婆子妈,不能伺候娘家妈,这就是区别。这娘家父母的养老还是要靠人家自己的儿子,闺女都去养活婆家人去了,娘家只能说是常回去看看,日子过得好了,帮助一下,过得不好了,就帮不了。1949年以后,这男女都平等了,都要养活父母们。要是出了门的姑娘,家里面父母不在了,肯定是要和女婿一起去吊唁,也能披麻戴孝,但是这费用不能平摊,闺女儿想出多少出多少,儿子们是没有资格要求这闺女们掏钱的。条件好了多送一点,条件不好了少送点,大多数情况下,都是儿子们兑钱,不让闺女们兑钱的。这1949年以后了,是闺女儿和儿子都兑钱的。

（三）出嫁的姑娘与兄弟姐妹的关系

结婚以后跟娘家的兄弟姐妹是一刀子割不断的亲情，我结婚以后还跟我的兄弟姐妹们来往着，每年过年的时候，都要初二走舅家，舅家是一个主要的亲戚。这姑娘对于娘家是客人一样，回去了要像客人一样招待，哥嫂老弟们都要好好招待。娘家里面最大的事情就是娘家父母的去世，娘家哥兄老弟的结婚，这些都是大事，姑娘都要回去参加，但不是决定的身份，而是一个要去参加的身份，要回家去送礼金。这对待家里的姐妹们和兄弟们是一样的，价值是没区别的，都是兄弟姐妹，弟兄都要送礼，姐妹要添箱。娘家有事情，回家送礼，相对于其他的亲戚，这回娘家是还要送大礼的。说到家里面长女次女的地位，家里面不管是长女还是次女都是女子家，没有什么区别的，都不能参与人家娘家的事情，娘家的半点东西都分不过来。

这结了婚的人一般都不会随随便便在外面逗留，父母在的时候，回去能住两天，父母不在的时候，也回去走动，但是就不会随便在家里面留宿，没有啥事情回去留宿干啥。要是去姐妹们那有时候还会住一天，这也是要看姊妹们那里宽展不宽展，要是这妹夫子和兄弟媳妇是个不讲理的，那也不愿意去。说到孝敬父母，当时不孝顺的人少得很，人们时刻就把这二十四孝放在前面，谁敢说不养活爹妈，当时社会可不敢这样。

这结了婚的女子要是在婆家无缘无故受委屈了，这娘家弟兄们可是要去出气去，这娘家嫂子、妯娌们都去说理。娘家可是要闹一闹。这也主要看着娘家有没有一个主事的人，娘家要是弟兄们很多，这婆家可是不敢随便欺负这媳妇，都要想着人家娘家很厉害。

在结婚以后，不管是自己打发姑娘还是娶媳妇，我娘家的舅家正是来的时候，不仅要来，还要坐在上位，这来了以后，孩子的姑父还要陪着舅家的客人，宴会结束以后，这还有专门的人要送客。这很讲究。娘家的外公外婆是在最上位，还有这舅舅家，这位子是娘家姐妹们不能代替的，除非是娘家的舅家的堂兄弟们，其他人是不能代替的。娘家来的人地位很高。一般过年回家都是年初二回娘家，回娘家也要带上礼品，拜年肯定是要带上礼物表达心意的，一般这初二是不上其他的家的，就是回娘家的，初三可是才到姑家拜年。现在是比以前灵活了很多。自己的子女还小的时候就不说了，等自己的子女大一点的时候，这子女都啊哟自己去给舅舅们拜年。就算是娘家的父母要是不在了，也不影响跟娘家的兄弟姐妹们的关系，该来往的还要来往，除非说是关系不好了，不愿意来往了，这才算是不来往了。在对待娘家人上，我是对我兄弟姊妹们从来就是一碗水端平，都在来往着，都是一样样的对待。

二、婆家人·关系

（一）媳妇与公婆

1.分家前媳妇与公婆关系

我嫁过来的时候，我婆子们还没有分家，我公公还在当着家，我婆婆在家里面照顾着家里面的事情。等我公公去世的时候，我们都算是分家了，也没有说让谁当家了，因为这社会都解放了，都是一小家一小家的。在没有分家的时候，我丈夫们家里面也没有那么多的规矩，家里面有什么家庭大事，比如说是盖房子这样的大事，都是我公公决定的，我们也不参与，我婆婆也说不上话，就是这家里面有什么事情了可以问问我婆婆，这个时候都解放以后了，这婆婆在家也就是个长辈，也不跟1949年以前的婆婆们一样。不管是1949年以前还是1949年以后，这家里面的事情都还是男人们出头得多，女人们还是不怎么掺和家里面的大事儿，外面有什么事情都是男的出面。我身为一个媳妇,家里面有矛盾了,有时候也可以私底下劝劝丈夫,当得好的媳妇儿也能起到一个调剂的作用,有时候最好的办法就是啥也不管,不吭气。

这婆家里面也是不养活闲人的地方,结婚后也不会说让我是在家里面闲着,地里面的活,还有家里面的家务,套磨什么的都要干。我结婚以后,都解放了,我们妯娌几个马马虎虎,反正是家里面有活都干,都有眼色一点,也没有个什么分工一类的。这些活我在娘家也干,到了婆家以后还得干。婆婆还是家里面的长辈,该管理的还是要管理的。我刚开始的时候,也比较年轻,这婆婆是家里面一个长辈,到了这边还是要尊重人家。1949 年前后的婆婆不一样,1949 年以前,好像婆子的权力比较大,管得多;1949 年以后,也管这家里面的家务事,但是没有以前那么严格了。1949 年以后,我想回娘家或者是出去,都是自由的,就交代一下,要回去娘家,这不是征求同意,也就是说一下去哪里。要是放到这 1949 年以前,那家里面有活的话,婆子是不会让回去的,就算是回去娘家也要说说自己为什么回去,要回去住几天。

1949 年以前,这富家大家的规矩多,这穷人家都吃不上饭了,哪里来那么多的规矩。在 1949 年以前,伺候婆婆可是讲究,盛饭都要先给婆婆盛、还要给婆婆请安,吃饭也要伺候婆婆。吃饭女的也不能上桌,都在厨房里面。1949 年以后没那么多旧社会的讲究了。都比较随意一点了。1949 年以后,这婆子可是跟以前不一样了,这媳妇们的地位上去了,婆子们也不敢随便说这媳妇,可以说这有的媳妇儿跟婆子一样,恶得很呀,翻身了。在娘家的陪嫁财产上,这不论在 1949 年前后,都是人家自己管理,自己的东西,这个是不上交的,自己支配。人家就算是娘家陪的家具物件也都是媳妇自己管,别人不能插手的。就算是离婚了,过不到一起了,这东西还能拉走。要是说这织布做鞋的这些的东西在满足自己的基础上,也要负责一家,这是公共的,不能自己支配。

2.分家后媳妇与公婆关系

(1)公婆关系

1949 年以后,这婆子可是跟以前不一样了,这媳妇们的地位上去了,婆子们也不敢随便说这媳妇,可以说这有的媳妇儿跟婆子一样,恶得很呀,翻身了。但是在 1949 年前后,要是这老婆子不想要这媳妇了,那也还要看着男人是怎么想的,这男的要是不愿意,婚也是离不了的。有的男的不窝囊了,跟母亲好好说说,婚不离了;有的男的窝囊得很,就只能夹在中间受气。以前都是男权社会,男的本身要是不想过了,想要离婚,那是谁也管不住,这婚都要离。不管是这女的有没有过错,也不管娘家啥态度,就写个休书就算是结束了。那时候也没有个什么证人,也没有什么政府管这个事情。等到了 1949 年以后,法律上保护妇女,妇女的地位高一点,不能随意对待妇女。1949 年以前的时候,妇女改嫁本来就难,有的婆子管得严的这种也不好再改嫁,有的自己改嫁了也就了了。

(2)分家

我们婆家是在 1961 年分的家。我们分家是因为我和我丈夫哥哥产生矛盾了,不愿意在一起生活了,我公公说,分吧,分吧!我们就分家了。我们这分家的时候,也没有什么证人什么的,就直接分家了。家里面我公婆还在,也都没有分什么东西和家产,我们自己就单独过了。1949 年以前的时候,没有分家的。1949 年以后分家得多,分家的理由多得很,有的是兄弟不和,有的是因为父母不在了,原因算是多得很。

(3)交往

在解放以前的时候,这妇女们都是小脚女人,就是自己想往外跑都跑不了多远,还往哪里跑,以前的女人们在家里面围着这个灶台转,家里面的事情都忙不完,还出去干啥,婆子就不会让出去的。要是那兴叉精们胡乱出去,也不讲妇道啥的,那可是男人要打死她呀。要这男女们过不成,多半都是因为夫妻的感情破裂了,要么是男的有了外遇,要么是女的有了外遇,吵架也过不成了,这就算是破裂了。

(二)妇与夫

1.家庭生活中的夫妇关系

(1)夫妇关系

我根本就不知道我要结婚了,那时候的女子家提起来婆家都是羞答答,都不说。我结婚是在 1949 年以后了,可是这才刚解放过来没有多长的时间,有的旧风俗习惯还没有改过来哩,我的婚姻也还是我父母们自己做主哩。我年纪也小,也不知道啥叫个好不好的,就是不满意想回家,都找不到这回家的路在哪里。我以前也没有见过我们家老头子,他说那个时候上学经过我们那个地方,偷偷远远地看到过我,我不知道这些。我们老头子也还是怪满意我的,我勤劳吃苦,有啥不满意的。我对他当时也没有什么感觉,结完婚都生活在一起了,才知道这人是个啥样子的,我们也没有啥子称呼,叫我二姑娘,我啥也不叫,就说哎,有时候也叫名字,少得很。

以前在分家的时候,我就在家里面干过,我们还是老掌柜的我老公公在当着家呢,后来我们分家了,我们才自己是一个小家,这时候家里面也没有什么大事情儿,也不说啥决定的。以前在家里面,丈夫就是这家里面的一片天,当女人家的就呀凡事都以丈夫为主要的,丈夫挣钱,维持着一家的生计,女人们在家里面干好家里的活都行了,也不用管这外面的事情,自有男人们商量哩。女人们都在家里头围着灶火,还要套磨,还要洗衣服,家里只要有的家务活,女人们都干,一天到晚也闲不下来,还要织布纺纱,给屋里人做鞋。1949 年以后,一直到现在,都还是男的们管着这社会上面的事情,还是男的们是当家人,但是男人们对待女人们也不敢随便打、随便骂了,人家女子们可是解放了,地位高了,人家不想过了,就也能离婚啥的,这男的心里面也要掂量着。这夫妻们哪有这天天吵架生气的,都还算是过得去的,也没有说成天都是在挨打、离婚什么的。

当时改嫁的也有,少得很,这些女人算是遭到恶心得很,都说这二婚的女人们不吉祥,不值钱,被这人们歧视,连个说亲的都没有,到哪里都抬不起来头。结婚跟头婚可是不一样的,基本上就没有什么彩礼。以前我也听说过冥婚的,要是这家的男女订婚了,要是男的死了,就把人家这女孩的生辰八字给烧了,也算是一定意义上的陪葬了。以前有说童男童女的说法,就是那死人的时候,也烧着纸糊的童男童女,就是这个意思。

(2)娶妾与离婚、婚外情

一个家里娶好几个那种的,可不是一般的家里,就是那大得很的大家,就像是我们这里的小地主,一般的人员都弄不了的,可不是屋里面雇工都要一大堆,反正我是也没有见过。主要是我们这个岁数都没有跟上,就是听说谁谁有几个老婆,晚一点的时候,这都垮台了。我叔那时候又娶了一个,也不是妾,都是我那婶子不在了,才又娶了一个,这个是填房的,不叫妾。要是 1949 年以后还敢娶俩老婆,那时候要是这样的人可是要气都不敢出,那人们不拽住他打死他。在外面胡混混的男人家也有,屋里面人要是不知道的,也不会做什么。要是屋里人知事,还知道了,那可是要打要闹,要生气哩。1949 年以前的时候,都是屋里实在是穷里过不下去了,才去把这妻子卖了的,卖了才能维持生活。1949年以后都是尊重女人们的意愿了。

2.家庭对外交往关系

到了过年发压腰钱都是我们当家儿里发,这样好似乎显得家是男的在管着,好像是更隆重一点。年下要是来有女客儿了,这女的要去陪着,男的们喝酒聊天,女的们也能坐着说话,这都是1949年以后的了。家里要是有个大事的,还是我丈夫商量,人家是男主人们。我也是个好强的人,我搁到家里也能主持住家里面的事情,我有主心骨,我们啥事情都是商量着来的。不管是不是1949年以前,男人女人们在外头欠的债,人家找来要都是找这一家,不给还怎么办,都还是要还的。1949年以前的时候,我都还没有结婚,成天都在我们屋里头,连我们镇上我都没有去过哩。

(三)母亲与子女的关系

1.生育子女

(1)生育习俗

我添了三个儿子,还有一个小闺女儿,我这个大娃儿是我结婚后第二年添下的。我生我大儿子的时候是1957年,当是我才二十一岁,我是二十岁结的婚,这第二年就添了我的大儿子。我们不管是生闺女生儿子都要待客儿,那也不分这男孩女孩,看着这条件好一点的家庭待的排场大一点,家庭条件差一点,待得稍微小一点,有钱过,没钱不过,都是在妇女生产完十二天,但是这里面还有一个区别就是,有那家里面生一堆女子,那也不能光待客,大的请请都行了,剩下这小的了都算是不说了。这生的儿子可是一定要待客,喜庆得很。请客儿都是请这四门八邻的亲朋好友,有的是这一老门上的,一个家族的人,这娃娃的外婆家里的人,有的是这邻居里,还有的是家里丈夫在外面结交的朋友们,,吃礼还礼,就是这个样子。

(2)生育观念

我先生了三个儿子,我婆家也没有什么看法,我自己觉得我这仨儿子都孝顺得很,我觉得我闺女儿也好得很。人们虽然说当时都宣传说生男生女都一样,可是这农村里面到今天都可还是重男轻女得厉害。在1949年以前,没有生儿子的可以过继,也能招上门女婿,也不是说非要让不要人家这个媳妇了。以前就是人家那家里大的,媳妇一直生闺女,没有生男孩儿,人家是要传宗接代的,都会再找一个,母以子贵呀,就算是个小婆,生了儿子也厉害。我自己对这些是没有什么特别的看法。

(3)子女教育

我这三个儿子和一个姑娘不敢说特别成功,但是也算是被我教育得没有失败。我这三个儿子在那个年代,我吃苦干活,全部都给他们送上学了,我是一样样地看待、一样样地付出呀。我丈夫们家也算是一直都是有读书人,对待这个教育也是看得更长远,我们觉得读书才有一门掌握在手里的东西,以后才能不受罪,跟我们一样,天天干着辛苦的活。平时都是我们自己教育我自己的孩子,老人们也不管,供他们读书的钱也是我们自己的小家庭辛苦挣、辛苦攒的,我孩子们都是我跟我老伴儿一手教育成人的。我闺女儿也是,这后来也是让她读书上学,靠她自己本事上班。教育问题上我是看得重要,也都是一视同仁,条件都给了,谁能上成就上,都靠自己。

(4)对子女权力(财产、婚姻)

我孩子们都是在外地上学,人家自己在上学的时候都解决了自己的个人问题,我们这当老的都不用操心人家的事情,我们的媳妇儿也是高才生,都是孩子在上大学,上研究生的时候自由恋爱谈的。我女儿是后来媒人介绍的,这时候都开放了,年轻人在一起聊聊看性格合适不合适,我们老俩儿都是那开明的人,婚姻的事情自由儿女自己做主。我们都讲求不铺张浪费,我的几个儿子结婚的时候,媳妇们都陪嫁的好得很,都放在人家自己家里面。我这接我这几个儿媳妇的时候,连房子都没有安置,因为孩子们自己有本事,人家啥都置下了,我就给办办婚礼的,下个聘礼,仪式什么的都简单得很,也没有花上多少钱。我闺女都是八几年结的婚,都改革开放了,那时候我给她买的自行车,还有家具什么的该齐全的都齐全了,人家男家条件也比较好什么也不需要,我们都是给买的生活用品。

2.母亲与婚嫁后子女关系

我那三个儿子都是在外地上学哩,结婚了家也安置在外地。我跟我老伴儿就在家里面,也没有跟着他们在外面。我媳妇儿跟儿子们也就逢年过节才回来,我的儿媳妇儿子们都是知识分子,也有文化得很,人家回来了都孝顺得很,给买这买那的,都还挺孝顺的,这么多年来没有跟他们闹过矛盾。我们家就是这样生活的,到现在也没有说分家,孩子们因为工作的原因都没有办法成天都待在家里面,分啥子家。儿子们成天都不在家,还是闺女儿离家近,经常会来看看我们,家里面有啥事情我闺女儿跟女婿都回来了。俺们这家里面都是儿子闺女儿一样样的对待。1949年以后,这上门女婿就算是到女方家里面赡养父母而已,家里面有一个男劳力还是强一点的。上门女婿一般都是自己家里的男孩子多,就算不住在父母附近也没有关系,离这女家近一点也方便照顾女子家里面的事情,生的孩子姓什么也都是靠两个人协商的结果,现在不是也有很多上门女婿生的孩子,一个跟着男方的姓氏,一个跟着女方的姓氏。

三、妇女与宗族、宗教、神灵

(一)妇女与宗族

过去家谱不会上女人的名字,结婚了到婆家那里也不上家谱。家谱是只有男的,没有女的,过去都是以男为主,男权社会。现在有的家谱上有媳妇儿,有的没有。

(二)妇女与宗教、神灵、巫术

1.腊月三十敬神

咱们这里有回民,也有汉民,回民跟咱们是不一样的,咱们汉民在腊月三十的晚上都要包饺子,要放贡品,饺子好了以后要先给神盛一碗,门也要大开着,这叫作迎神,人们都希望新的一年里面能得到神的庇佑。

2.宗教

咱们这里回民信伊斯兰教,这汉民有信基督教的,也有信佛教的。信教是一种信仰,也是个寄托。

四、妇女与村庄、市场

(一)妇女与村庄

1.妇女与村庄公共活动

1949年以前的时候,就没有开会,这根本就没有女人们出头之日,没有女人们的事儿,都是人家男的们参与。过去有甲长、保长，让去开会都去开会。保长甲长我都是听说过，我成天都在家里面干活，那社会上的事情我都不关心，都不知道。人家这些保长啥的都是管很多户，平时也没有见过，家里的跟人家也不是亲戚，有红白喜事的平头老百姓，跟人家也没有关系。

2.妇女与村庄社会关系

以前在我们娘家的时候，我们那有几个女子可是关系好得很，小时候成天都在一起玩儿，后来都出嫁了，都不咋联系了，婆子家都不是一个地方的，想着见一面也见不着。当姑娘的时候玩儿，后来结婚有的咱都是知道，也没有去家里送啥子的，跟现在的可是不一样得很。到了这婆家，都是跟一片儿的嫂子、婶婶打交道，洗衣服干啥的在一起，有时候也一起纳鞋底儿、干活，说说有啥做鞋的新花样啥的，也算不上什么朋友，就是成天经常在一起说说笑笑的。以前在村里面的时候，近门儿上的亲戚有事了肯定是也要去，不过人家一家儿都有帮忙的人，要说跟我说了要帮忙，我也去帮忙，不说了就算了。营里面女人们吵架的少得很，就算是有什么矛盾了，也是长辈们说两句都算了。

(二)妇女与市场

1949年以前，这女人们都不出三门四户，没有出头之日，啥也不干。1949年以后，都是各自凭借真本事呀，妇女们都能走出家门了，但是新中国成立那会儿，这农村人都在屋里种地，出去也不会干啥东西。那有知识的女子们也能出去当个教书先生。我在1949年以后都在这妇联会里面，不论是干啥子都要靠真本事。以前的时候，都是这卖货郎们去村里面卖东西，有啥在村里面买就行了，女子们最多买个梳头油，其他的没啥买的，后来方便了，这妇女们也一起去赶集，买家里需要的东西。我记得用票买东西都是搞集体的时候了，那时候，干啥都要用票，糖票、面票、布票，我们家孩子多，屋里要用得多，也都能用完，说实在的，公家发的也够用了。在1960年以后，那时候苏联是援助咱们的时候，工业也发展了，洋货来了，还便宜，这织的布也没有人要了，老粗布人们都不穿了，这都开始都用布了。

五、农村妇女与国家

(一)认识国家、政党与政府

1.国家认知

小的时候，都是女子家，啥都不懂得，知道啥国家，就是后来1949年以后上民校的时候才知道国家。以前可有国家建的学校，就是少得很，都在人家那大城市里面，1949年以前，人家国民党也建的有学校，虽然咱没有上过，还是听说过的。我见过银元，纸币带着孙中山像头，印着蒋介石头像的银元。纸币都是上万元，地票都是五万元。后来说这五万也不用了，突然开始变成了一元钱了。

2.政党认知

我可是知道国民党，以前国民党的部队还驻扎过村子里面，咱是个女子家，没有怎么见过，那时候岁数不大，也记不清楚了。人家都说要革命了，共产党来了，穷苦人们都要翻身了，还说要打土豪，分田地，这都是人家共产党说的。咱们邓县(现邓州市)那个时候还驻扎了共产党了，打邓县我都听村里面的人们说过哩，老百姓都觉得共产党好得很呀！

3.夜校

夜校的老师都是自动的,人家老师也是自愿的,老师都一直在讲课。学生要是去了都听,不听了也不管。以前的夜校可是多得很,都是为了扫盲用的。

4.政治参与

我是后来才当了这妇联的主任,我们管打架斗殴,邻里吵架,女人干活,还做做这政治工作,负责调解调解人们的矛盾,在这之前我也没有干过什么其他的。以后的开会都是男女都有了,大家都要参加。

5.干部接触与印象

我自己就是在妇联里面工作,接触过很多的干部,那时候的干部都刚正得很,人家办事儿都公正得很。

6.女干部

自从这 1949 年以后,毛主席说妇女也能跟男人们一样干活,还要为妇女们的地位努力,那时候就开始有很多能干的女同志负责一些工作,我看干得都不比这男人们差劲。

7.政治感受与政治评价

以前不知道啥叫个政治,1949 年以后,咱自己本身就在基层里面工作,成天开会,接受教育,时间长了,也有点知道啥是政治了。

(二)对 1949 年以后妇女地位变化的认知

1949 年以后,我就在妇联里面当妇联主任,妇女也能干得很呀,我们那个妇联队伍可是干的有成效得很,我们管打架斗殴,邻里吵架,女人干活,还做做这政治工作,负责调解调解人们的矛盾。1949 年以后,号召男女平等,妇女们的地位提高,政府里也管这妇女们的问题,有啥问题都能解决,妇女们受到欺负了,被丈夫打了,闹离婚了,都能给调解调解。这些都是 1949 年以前妇女们没有的。

(三)妇女与土改

1.妇女与土改

我们娘家划分的是中农,婆家也是中农,划分成分都是有标准的,我们划分的也是下中农,我们土地还怪多,但是没有雇劳力,就没有划分成富农。划分成分都是土改工作队比照划分等级给划分的。我们那里也有地主被斗里可是厉害得很呀,我没有去看,但是我听说了。斗地主开会,男里、女里都去看,群众大会人多得很,旧社会的时候,受过压迫的女里,像那地主们家里面的丫鬟,还有卖的童养媳都是哭诉的对象。

2.妇女组织和女干部与土改

土改的时候,那时成天都在开会呀,我那时候还在我们娘家里,每次说要去开会了,人家那干部们都来我们屋里说,让我娘跟我婶子都去,发表意见啥的。为了发动妇女,村里面有那思想开放、嘴又会说的妇女们去给那些不积极的妇女做工作。我那时候可是记得清楚得很,不管是大会小会都是要妇女们参加,说就算是屋里的饭不做了,也要去开会。

(四)互助组、初级社、高级社时的妇女

以前的时候,是先有这个互助组,后有初级社、高级社,最后出现大公社。互助组的时候,就是这三两家子组合在一起,地也差不多,人也差不多,我们就能成一个组,成一个组长。这一个村里面可以有好几个互助组。互助组以后,就成了初级社,就是三个组两个组就进去初级社了,初级社选了个社长,还有一群子人管着,等到初级社的规模越来越大,就成了高级社,那都是大得很了,成个大乡了,后来这就成了人民公社了,都吃大锅饭了。

妇女们那个时候可是干得恶里很,都去上地里面割麦、拔草、锄地,都是干得有劲儿得很。那时候都有很多女的当干部,不只是有女队长、女会计,还有女社长哩。男女平等了,啥都能干了。家里面有孩子的都在家里,老人在家里面照顾着孩子们,妇女们都能去干活了。男的十分,女的八分,我记得当时妇女们干得厉害的,有些拿的工分跟男的一样。以前开会的时候,妇女们可是能发言的,谁也不敢瞧不起妇女了。

(五)妇女与人民公社、"四清""文化大革命"

1.妇女与劳动、分配

我在人民公社的时候,妇女参加大炼钢铁这都是很正常的事情。男的女的都是一样样的,当时还有的活还必须要靠女的干,你没有女人的细心还干不成呢!总体上说,女劳力没有男劳力多一点。女的们割麦呀、拔草呀、锄地呀、扬场、背布袋,这些男人们干的活妇女们都干,就是有的实在是重得很的活干不成。那时候还挖沟、挖河、挖蓄水池子,男的女的都去上工,工分都是一样,都是十分。工分分配算是公平得很,那时候一天都是满分十分,早起两分,晌里都是四分,晚上加班加点,按钟头算是两分,得到多少分就能分多少粮食,男女都是一样的,不管是队里面分什么都是一样按工分来的。以前还有一些缺粮户,他都是娃子们多,掏钱买粮食,娃子们少吃一点,还有些余粮户,粮食给得多,但是劳力也多。我们家算是够吃了。

2.集体化时期劳动的性别关照

那个时候农村根本就没有什么产假不产假的,干活了给分,不干活了不给分,人家社里面可是不管你啥原因,只要是不干活的都是没有分。我记得在1958年以后才开始有托儿所,解决了妇女们的一部分困难。老人们也要干活,农村的活,有的是力气活,有的是手脚活,分工不同,人家这摘花都是这老婆子们干的,这劳动力们可是要把棉花背回去。老人们在家照顾场子,照顾着做个饭,人家这劳动力都出去起五更辛苦地去干活了。

3.对女干部、妇女组织的印象

那时候都有很多女的当干部,不只是有女队长、女会计,还有女社长。男女平等了,啥都能干,我就是后来当上妇联主任的。当着妇联主任,成天就更忙了,谁家打架了、吵架了,妇女们思想不积极了,这我们都要负责。当时还要负责解决妇女劳动力,保持家庭和睦。那时候的妇女能当上干部最基本上是作风正派,能干,能吃苦,能代表群众的一些利益。我在妇联里面干了十几年,就是一开始当团书,慢慢才当上了妇联主任,那时候可是累得很呀,就是为群众服务。我们的工资都是乡政府发的。

4."四清"与"文化大革命"

"四清"的时候,我还在当干部,人们不准随便乱跑,割资本主义尾巴,全心全意在这个集体的劳动上,那个时候可是严得很,批斗的,戴高帽子的,人们都不敢随意说话。破"四旧"的时候,有一些人家里面的东西都被收了很多,全部烧了,还有人都因为这个批斗了,就是不让保留这个旧思想、旧习惯。不过我们家没有受到啥影响。

我现在都跟我老伴儿在一起生活在这城里,平时没事一起出去转转、晒晒太阳啥的,也看电视,孩子们只要是有时间都回来看我们,平时也经常给打电话。

（六）农村妇女与改革开放

妇女们也都参与了土地承包还有分配，愿意单干还是集体干还是受到大气候的影响，集体化的时候，人们也不敢说想自己单干，要不然可是要割资本主义尾巴了，那可是不行的。不集体干的时候，也是国家发展需要，人们都是跟着党的政策走的。后来这土地又到个人手里，还发了土地证，上面也有妇女的名字。

1949年以后这干部们都是选出来的，我这个妇女干部也是人家领导们觉得行，后来又选举同意了当上的。那时候计划生育政策在农村里面的作用也是效果比较小，感觉可能在农村人们思想上还是没有扭转过来。

六、生命体验与感受

我想想现在我就是在最幸福的时期，我的孩子们都为老的争光，也都有饭吃了，有工作干了，我都满足的很了，我把我的孩子们都教育成功了，就这就是我最幸福的。我觉得我最可怜的就是没有文化，没有文化就吃一辈子的苦，年轻的时候，啥苦差事都干完了，我领着我的四个孩子没有让其他人带过，我丈夫在城里也不怎么回来，我在家里面晚上彻夜干活，白天还是上班，就是这么苦！但是我也都熬过来了。

LY20170205CM 陈梅

调研点：贵州省铜仁市松桃苗族自治县孟溪镇孟溪村

调研员：罗彦

首次采访时间：2017 年 1 月 5 日

出生年份：1925 年

是否有干部经历：是，于 1955 年担任妇女委员

是否生育：是

受访者结婚的时间节点、生育子女的具体情况：1937 年结婚；1943 年生第一个孩子，共生九个孩子，五男四女。

现家庭人口：1

家庭主要经济来源：务农

受访者所在村庄基本情况：孟溪村位于镇中部，是镇政治、经济和文化中心，也是全镇乃至县内主要集贸市场，户籍人口 4062 人。村东接寨杆村，西至铜钱山村，南与矮屯村相邻，北和安山、寨院村接壤。境内地势低平，多为河谷冲积坝子，海拔 450~600 米，气候温热多雨、霜期短、日照时间长。甘溪河、马槽河绕镇穿坝与平南河交汇于文昌阁，自然环境优越，是全县主要粮油产地，良好的人居地之一。

区内交通方便，东部和北部有松(桃)印(江)公路，西有渝怀铁路县级孟溪客货两站，西有公路连接寨英、普觉等松桃重镇，西有直通大屋锰矿的专用公路。孟溪集镇向为黔东五大重镇之一。集镇建设始于清顺治二十五年(1668)，当时孟溪保乡绅杨通坤、杨光辉捐献祖业"鬼山坡"荒地开设市场，开市已有 300 余年。城镇分旧城区和开发区(亦称新区)，旧城区经道路硬化和整治违章建筑后，已形成重要商贸市场。开发区以火车站为中心，已建和在建的站前平行大道、梵净山大道和河滨大道初具规模，构成新城区干道主骨架，镇城区道路交通形成"四横四纵"网络格局。新区六条移民街排列有序，形成又一人居亮点。

孟溪村建有镇三大砖厂之一的页岩机制砖厂，还有锰粉加工厂、木材加工厂、家具制造厂等小型工业。商贸、运输、建筑、汽车修理、餐饮构成社区主要产业。孟溪中学、孟溪镇初级中学、中心完小、镇幼儿园和康希幼儿园、红太阳幼儿园等六家私立幼儿园，形成镇区教育中心。花灯剧团滚龙队和老年歌舞队等文艺组织繁荣了镇村文化事业。文昌阁遗址、六方碑、廉政碑、松茂书院以及孟溪著名的"红树烟雨""南屏耸翠""东皋舒啸""文笔凌云""仙掌映月""龙泉春深""二水拖蓝""高阁临江"八景，形成文物景观群，构成全县西线旅游的重要景区。

受访者基本情况及个人经历：陈梅老人 1925 年出生。十八岁生下第一个姑娘，总共五个儿子，四个姑娘，目前大儿子死掉了，二儿子出去打工没有回来了，现在还有三个儿子，最大的姑娘现在也七十多岁了。原本和老伴相依为命，老伴三年前过世，自己在老家独居两年，2017 年之后强不过儿子女儿的心意，一家生活一个月。

陈梅五岁丧父，母亲带着陈梅从陈家嫁到王家。长到十二岁，家中迫于生计，作为童养媳嫁给一个二十出头的长年工，十八岁生下第一个女儿，二十岁的时候丈夫过世了，二十一岁

改嫁到了王家，这是后来的丈夫，家中是富农成分，加上公婆和夫妇已经各自的一个孩子，总共六个人。家里面有七十多亩地，因为这七十多亩地，所以挂上了富农。土改之后，生完第一个孩子就担任了妇女主任。

一、娘家人·关系

(一)基本情况

我叫陈梅,1925年出生。本姓陈,五岁丧父,母亲带着从陈家嫁到王家。自己的名字是爹妈起的,那时候男孩就是起男孩的名字,有书名,有高名,书名中间有一个字辈的字,代表姓氏的继承,女孩一般不讲究那些,只要起一个花名可以了,家里面人都叫我梅梅。我原本有一个同父同母的弟弟,因为家里面穷,弟弟在两岁时生病死掉了。

后来母亲嫁到王家这边,这边有个同母异父的弟弟,后来感情也很好。我自己家没有经过土改父亲就没有了,后来我妈带我到王家,我也没有参加我们家的土改,参加土改的时候我已经出嫁了。那家人家是一个贫农,姓孙,后来我二十岁的时候丈夫过世了,二十一岁我改嫁到了王家,就是我后来的丈夫,他家是富农,那时候家里面只有六个人,就是我、丈夫、他和他前妻有个孩子,我带着一个十八岁的时候生的姑娘,还有公婆,家里面有七十多亩地,因为这七十多亩地,所以挂上了富农。三年前我丈夫也过世,现在就剩我了,我今年刚满九十岁,吃九十一岁的饭了。我十八岁生下第一个姑娘,总共五个儿子,四个姑娘,我的大儿子死掉了,二儿子出去打工没有回来了,现在还有三个儿子,我最大的姑娘现在也七十多岁了。我的一辈子造孽啊!

(二)女儿与父母关系

1.出嫁前女儿与父母关系

(1)家长与当家

我妈是个穷命,性格还强,人家给她算命,她要嫁三次,刚开始她嫁那个就是条件好的,她嫁过去三两年就垮台了。开始到我家,我爹家刚开始生活过得很好,家里面那种楼阁都打了花格子,她嫁过去三两年,我爹天天病了,后来也就垮台了。等我五岁,我爹死了,她带着我嫁到和尚坪,后来也垮台了,俗话说,吃饭是吃命。家庭里面一直是我妈当家,我五岁就没有爹,只有妈当家的份,五岁之前我记不得,只知道后来在继父家,也是我妈当家。

(2)受教育情况

我们那里有土匪,生活上面又造孽,睡稻谷草上,吃蒿菜。我的家庭更是困难的,因为我五岁就没有爹了,衣服都没有穿的,就是捡了一些布巾巾做短裤遮羞,也没有什么吃的,整天整天地饿肚子。因为吃的穿的都没有,我当时也没读过书。我家庭里面亲生弟弟也没有读过书,他两岁就死掉了嘛,第二个同母异父的弟弟读过书,但还是不如现在这些读书人水平高。那时候我也想读书,但是没有办法,举个家里面情况的例子,我们那里有一个叫作美桃她奶奶,早上给我和我兄弟端一碗饭,那时候他家是保长,条件好些,她给了我一点洋芋颗粒,我就只吃一口,剩下的给我妈留着,舍不得吃。

要论读书的话,就是那些当保长或者是家里面有点条件好,读过一点书,但是也只是一两年。那时候讲究重男轻女,常说的话就是"送女孩子读书有什么用,反正以后都是给人家的,在屋里的,读书干什么?"我记得我准备送我的女儿去读书,他爸就是这样说我的。其实也不怪父母,那个时候就是觉得,生活都搞不到了,送女孩子读书干什么,反正她是人家的人,而且由人家去管理,不用女的当家。都是这种想法。

(3)家庭待遇及分工

我家继父是偏心的,平时的吃穿不能相比的事情都是说不完的。我现在头上还有一个疤痕,这个就是我六岁那年,我妈去我外婆家了,我后爹趁我妈不在家打的,是他用烟杆敲上的。当时我的满娘和大妈骂他:"你这个挨千刀的,你为什么打她?"幸好我没什么事情,但是那时候我头上一直流血,后背都打湿了,大家帮我用热水擦洗。后来我妈从外婆家回来了,就和我爹打架,为了我这个事情。家里面穷,小孩子都不许上桌子吃饭,家庭困难了,要是来个客人,本来也没什么菜,要是还让小孩子上桌吃饭,太难看。那时候没钱,平时也看不出来有什么差别待遇,像衣服什么的也不用买,是扯蓝布回来缝。

做事情的话,也没有什么女孩子不做活这样的说法,穷人家的孩子哪有不干点活的。做什么活也都没分,一起做,比方说一排土两个一起做。就是那些条件好的,请个常年女的就不用出去做田土活,在家里面做点家务就行了,或者是做点小菜园子。我那个时候也是天天要干活的,就是看牛,天天看牛。生活条件差,我又吃不饱,和他们那些小孩子一起玩,人家也不要我,说我穿得烂,身上又臭。

(4)对外交往

出去拜年什么的还是可以去,没有什么不允许这样的说法,但是出去的少,因为就是怕出门被人家欺负。我一般都是和妈一起出去。而且是好亲戚,姑娘才允许去,一般的亲戚,姑娘家就不去,而且必须是和妈同去同回。别人来家里做客,不论女孩还是男孩都可以上桌吃饭,只是自己家条件不好,菜少,小孩子上桌会很不讲礼节,这样就小孩子都不上桌,不是只女孩子不上桌。

家庭条件好,吃得好穿得好,一天只要在家里面绣花,这种姑娘就是一个好姑娘,这种姑娘就贵气,不是一百就是八十的礼金。像我那个时候穿得烂,头发蓬起就是不好的。我就常常被人家骂,因为我穿得烂,人家就喊我走开。

交往方面,男孩女孩都可以一起玩,就是不能留恋,不要嫖人①,姑娘家要正规。姑娘家只能和同姓的一起玩,要是外姓的恐怕别人会调戏,不规整。有的人家有钱,请了常年②,女孩子放荡了,常年会和人家女孩子睡觉,生下小孩要拿来悄悄处理,不能让别人知道。要是出嫁了的姑娘,在娘家出了这种事情,不能让婆家知道,要是婆家知道了会趁机敲诈娘家,家里面两三百斤谷子都会被婆家拿走,而且还要拿你爹妈去坐笼子,因为这是说爹妈无教养。那个时候没有医院,都是生下悄悄拿出去埋了。

家教方面也没有什么特别的教育,聪明的不用教育,会看眼色,笨的教不转。聪明的女孩子,吃饭讲礼节,在席上也讲究。一般洗衣服晾晒也不管,就是有一点要注意,大姑娘在洗身上的时候,不要和男的东西放一起。因为有经血,要是和男的一起的话,会影响他的出门运气。

(5)"早夭"情况

我们这里早夭的孩子不分男女,都是一样的安排。我的弟弟生病死掉了之后,就是用他自己的衣服穿好,然后拿到山上随便找个地方埋掉。有的人还是直接扔在河边,扔在路边,那是那些漂人的,生得太多,不想让人家知道。

2.女儿的定亲、婚嫁

我是十二三岁就出嫁的,那时候家庭条件不好,算是童养媳。我们这里还有些更小的童养媳,有些四五岁就用背篼背去,一般都是娘家穷了,养不起,就用一个花背篼背去给人家做

---

① 嫖人:男女不正当关系。

② 常年:指长工。

童养媳,男方家就像女儿一样养大,等孩子大了就和自己的儿子结亲。童养媳很多,因为不用过礼,我就没有过礼。当时就是他这边找了个轿子过去,把我抬过来就是了。我还是命好的,得一回轿子坐了,有些直接用背篓,或者是直接背来。但是童养媳和人家讲的卖女又不一样,那个人家是拿去卖钱的嘛,我们这个童养媳是先把她当女儿养,大了圆房而已。

刚才我说了我家条件不好,到我出嫁的时候,衣服都没有一件好的给我,都是和人家借了一件衣服,薄森森的,用来出嫁。说起来真是出丑,我嫁到这边一个月都没有换衣服洗衣服,夫家的一个满娘对我说,你把你那个衣服脱下来洗一下吧,我才对她说:"满娘,我都没有换的。"她才说:"你要是没有换的,你就把我那个烤笼拿去,晚上洗了,烤起来,早上再穿吧。"

谁知道嫁到这边之后,他条件也不好,是个贫农成分,家里面是一个寡丁子。他的爹妈都死了,和哥嫂生活在一起。那时候生活造孽,他们家就给我们一间野猪棚。他出身很不好,不过我自己的出身也不好。直到十七八岁稍微大一点了,我们都能出去帮人了,生活才好一点了。

因为那个时代不能提前见面,就只是媒人能知道哪家是什么样子,媒人到你家屋里来,他就是说你家这有个女孩子,那边有个男孩子,你喜欢不。那时候不准看,就连岳父岳母都不能见,也不知道这个男孩长得如何。姑娘要是想知道好坏,必须接进家里面才能见上自己的丈夫,满意不满意都没什么说的,瞎子、瘸子都是你的,就是看家庭条件,穷的就找穷的,有钱的就找有钱的。那时候是国民党,不比现在新社会。媒人都是男孩子请,没有姑娘巴巴地去请媒人的,一般媒人都是自己的亲戚。我出嫁这个人家就是因为当时他有个哥哥的岳母在和尚坪这里,她看到我也造孽,他也造孽,两人情况相当,那就说和一下。

那时候给我家说,那个男孩子还是勤快,因为他是帮人的。那时候不比现在,现在讲究的是有没有工作,那个时候就是看人勤快不勤快,屋里有点东西不。刚到他家我是十二岁,开始一直就像是兄妹一样相处,后来到了十七八岁,爹妈看到要有关系了,就圆房了。如果到了十八岁,姑娘和自己的儿子还没有关系,爹妈也要让他们圆房了,还要教,一般这种少得很,都是那些笨的了。

接亲的仪式看家庭条件来,一般都是要拜堂,牵下轿的时候如果有嬢嬢姐姐就热闹一下。他家没有爹妈了,就是有个哥嫂,对着供奉的祖先作了个揖就领进去了。后来圆亲的时候就是给了六个杯子、六个菜碗,下面烧点纸,这样交亲。交亲的时候姑娘陪着丈夫,这里拜一下、那里拜一下,把杯子里面的茶从一杯倒到下一杯,最后让新郎喝掉,碗里面的东西也是这样倒来倒去。新郎当时就夹一点吃,剩下的收起来,三天之后给新郎新娘两个人吃。

家里面要是有钱,有的人家会送嫁妆,比方说,家里面能打上五六十挑谷子的人家,爹妈还是会打上半堂家具送你,有一床铺盖。像我这种十一二岁就打发的没有嫁妆,好坏就是给你身衣服就是最多了。没有人送田送山的,都是送钱,送也只是送姑娘。那时候的规矩是"上房无人归下房,下房无人归祠堂",就算你有女儿,女儿是不可以拿走田土的。要是你没有儿子,就给侄儿子。你要是有钱,你就送你的钱,但是田土不允许送走。我家就有一个例子,我堂叔他有六个女儿,没有儿子。他就想抱养我家宝宝,我当时因为他有几个女儿,怕他看外我的宝宝,就舍不得,回答他说:"你现在还有女儿养你就不要抱养,要是轮到他们不管你的那天,我的宝宝送给你都可以。"

后来他给自己的女儿抱了一个女婿上门,这件事就算了。这是后来的年成了,要是还是国民党那个时候,社会不允许抱女婿的。那旧时代里,有种说法是一个儿子讲三家,说的意思就是，我家、你家、他家，每家自己去娶一个媳妇，我这个儿子就一家待几天，这样家产就没有留给外人的。因为就是给他延个自己家的孙子。而且嫁妆都是爹妈才送，要是分家了之后，就看兄弟自己的情分了，他送了就是他自己的名誉。你要是没有钱，他要是有的，也是会给、会帮扶。那个时候是毫子钱，卖一挑谷子都只是五块钱。

我们这里还有换亲的，那叫作"开挑花亲"，现在都还有的。比方说，因为不是每个人都愿意开挑花亲，一般都是那种家里面的男孩子条件差，找不到媳妇的情况会开这种亲。因为他的儿子条件不好，找不到媳妇，但是自己的女儿长得乖巧，人家要是想要我的姑娘，我就要他的姑娘嫁到我家来作为条件。你今天要是拿了我的书纸，要了我的姑娘，但是我后面去你家讲亲事，你又不同意我的男孩子去你家讲亲，只要是还没过门，我就要毁约。像现在这种还是有的。开挑花亲都是根据自己家儿子的情况来。

只要没有解除婚约都是作数的，要是一方死掉了，也是要人来说婚约才解除，否则就叫作"结了冥婚"。这种情况我们这里是有的，隔壁村原来有个男孩子谈了一个女方，后来这个娃娃不能长成熟，十八岁就死了，死了之后那个女孩就老是生病，就是那个男娃娃老是去缠着她。后来去问神仙，他就对着他岳母说："我再让你哭一个月，一个月之后我来拿"，这个女孩子一个月之后真的就病死了。这个女孩有个外孙，在门口玩，忽然就喊道："奶奶，奶奶，姑爷来了，捎了一个猪脚"，大家都吓死了，连骂小孩乱说话。小孩子不懂事，还不服气讲："真的，姑爷把猪脚放在门口，就把姑姑抱出去了。"那就是阴魂拿阴魂，这种情况有。

3. 出嫁女儿与父母关系

"嫁出去的姑娘泼出去的水"这种说话有，但是我们这里也没有那么过于，那都是自己的子女，没有说挨不拢的。当时爹妈不会去看她，她会回来看爹妈，等到有了好事、有了身孕，娘家的娘舅都会去看。兄弟会买了蛋、衣服、米送去，要是手头上有点钱，还会给你打点家具。母亲也会去看自己的女儿，要联系的，也要走动的，而且农家人也不是年年都穷，要是遇到好年份，存了点钱，同样可以在圆房的时候来送东西。

那个时候出嫁的姑娘可以回娘家，可以在娘家吃，三天两天也随便姑娘住，爱吃什么也都是随姑娘口味，这些都是可以的，就是不允许你嫖人。在娘家说话、聊天、玩耍什么都是可以的，就是不能在娘家干坏事，不能嫖人，不能在娘家和男人做那种事情，否则娘家会不顺利，就算是女婿也不能在一个房间住。

至于上坟这些，有些人家不许出嫁的姑娘上坟，有些人家不论。这个其中的原因是这样说的，姑娘出嫁是别人家的人，要是她去烧香，祖宗就会去照顾她，就不照顾自己家儿子。所以一般娘家不会让女儿去上坟。现在都是不论了，这些东西不信也要信，风水是不能不信的，我们和尚坪那里有个满娘，她死了之后找了块好地，现在她的三个孙子在外面都是大老板。

那个时候我和娘家走动很多、很勤，出嫁之后，要是娘家有事情，一个能干的姑爷还是可以帮忙的，要是有什么大事情，儿子们办不下的情况下，女婿能帮上最好了。要是出嫁之后，姑娘在婆家和姑爷发生点矛盾，娘家会看形势来判断是不是要撑腰。如果真是那种很磨人的，那还是要出面的；如果你自己的姑娘自己有哪方面毛病，或者是姑娘本来浑，那你就自己把眼皮闭上；如果真是受了困难，还是会撑腰。打归打，不管再打都不能离婚，只是娘家和婆家两方面扳手力。懂事的姑娘一般也不会动不动就回娘家，打得严重才回。何况，要是都知道是婆家比较磨人，这种时候娘家人就会去讲。

假如娘家爹妈百年归世披麻戴孝的时候，女儿和儿子是一样的，都叫作孝子。做的事情不一样，端灵牌是儿子，引魂幡是儿子的，女儿就是送上山就行了。如果他只有一个儿子，女婿也可以去端灵牌。有儿子就是儿子做这些事情，没有儿子就是女婿去做，女儿也可以，只是不需要。

（三）出嫁的姑娘与兄弟姐妹的关系

我只有一个亲弟弟，比我小几岁，那时候家里面穷，弟弟长到两岁就死了，后来我五岁父亲也死了，我妈就带我嫁到王家来了，到了王家之后我妈和后父生了一个和我同母异父的弟弟。我们俩年纪相差大，相互之间关系还是很好，他很尊敬我，也对我好，到现在他还在，有的时候还来看我。我十八岁生小孩的时候，娘家人就是他挑着蛋、拿着衣服来看我。我和丈夫没有什么矛盾需要娘家人撑腰，但是我晓得要是有什么事情，他能帮上还是会帮，我常对他说："他大舅，你要自己保重身体呢，要是有什么事情只管说一声。"我家兄弟少，我回娘家也都是要回他大舅家。

二、婆家人·关系

（一）媳妇与公婆

1.婆家婚娶习俗

我是童养媳，十二岁来的时候，没有什么仪式，我们这婚嫁仪式中也有一个叫作跨火盆的，但是火盆是娘家送的嫁妆，娘家能送上的就有，没有送上就没有这回事。我是婆家用轿子接来的，没什么嫁妆，也没什么礼金，那时候叫作半堂嫁妆，包括两个柜子，一个高衣镜，有个抽屉，就是四样。有个桌子，有个板凳，两口箱子，这就是半堂嫁妆。火盆是娘家的，我家没有送我这个。当时就是拜了天地，他没有父母，就是给哥嫂行了礼。家庭不是什么条件好的，所以第二天没有什么倒茶、行礼这样的说法，倒茶是现在才兴的，原来我那家人家也穷，没讲究这么多。原来就是交亲，交亲我前面说过，就是一遍遍地换着酒，图个百年好合，团圆饭那时候都还不时兴。团圆就是一家人坐在一起摆一大桌子吃一顿饭，这叫作吃团圆饭。吃团圆饭之后上杯茶，一个人要给点茶钱，这都是我女儿他们后面才时兴的了。

我是二嫁的，二嫁和头嫁是不一样的，娘家不能再办酒，刚好我婆家那边也是接的二婚。所以他那边也是没有办酒席，如果他是第一次接媳妇，那也是可以办酒席的。嫁姑娘的话就只能讨一次，要是拿到娘家屋里来再讨酒，要亏娘家人。出门的姑娘，再嫁的话也不能回娘家，就算回了娘家也不能从家里面正门出门，要从小门出门，否则要亏娘家人。这些礼节老辈子都知道。同样的道理，嫁妆是一个姑娘一辈子只有一次，再嫁的话，娘家不会再给嫁妆；婆家接媳妇，不管什么时候都还是要给礼金，只是礼金多少的问题，有的人家就只是给媳妇缝点衣服。

2.分家前媳妇与公婆关系

我第一个丈夫没了爹妈，所以我没有公婆需要相处，但是我二嫁的丈夫是有的爹妈的，爹是一个空人，婆婆管着整个家。那个时候媳妇一般都是被婆婆磨、教训、打骂的，但是我没有那么乖，给他们打骂。那些性格软弱点的，有的小媳妇，让她煮猪红苕，就给她两个吃，吃了之后给她一个背篓，让她出去捡桑叶，一天要捡回来几背才算，磨得很严重。我刚嫁过来的时候也是被磨的，那时候我出去看牛了，她在家做肉吃。

那个时候我带了一个女孩,是我十八岁生的那一个女孩儿,因为二十岁的时候第一个丈夫就死了。我男人的前妻留下个女儿。我的婆婆她不给我女儿吃,只给自己孙女吃。后来我回家知道之后,我就骂人,她叫我做什么,我就说:"你只晓得喊我做,不给我吃",她说:"我什么东西没给你吃?"我怼回去说:"我出去干活,你就给我一小碗饭吃,你们就在屋里吃肉,你们就是这样磨我吗?"

我的公公爹,要我一天看三头牛,而且要捡回三捆柴,牛要不能犯人家的阳春,我就只捡了两捆柴,那个公公就准备拿着拇指粗的牛条打我,说我柴都不捡。我看到他去抽那个牛条知道自己要挨打,就自己也抽了一条,只要他打我,我一定还手。刚好这个时候,一个婶娘拦着他,说:"你打她做什么,要打死才好吗?"我就说:"爹,你要是打我这一条,你也要受我一条",因为我的性格就是这样强,而且我又是二婚,不怕。后来他就知道磨不了我,但依然不给我那个女孩儿吃。

我这样和公公婆婆对着干,我的丈夫也不说我,他知道他之前那个媳妇就是不能吃上好的被磨死的。我有个满娘,我同她说,我不想在这里了,我被磨得吃不饱。后来,我这个满娘把这话同我男人说:"你妈这样磨媳妇,媳妇待不住了"。

3.分家后媳妇与公婆关系

(1)公婆关系

前面我说了关系不怎么好,但是不管怎么关系不好,不存在那种直接的冲撞。婆婆和媳妇之间的关系都是"悄悄的",不会板子钉子这样的发生什么打杀。所以,没听说谁家因为婆婆和媳妇吵得要自家堂公伯叔来说和的,那些吃得通的媳妇婆婆也会让她三分,就也没有多磨人。万一要是那种磨得太厉害了,娘家人就来撑腰,然后这婆家一家人也就来,双方对着坐,摆开道理讲。这种情况一般是那些姑娘性子比较弱,娘家人才会来撑腰,那时候实行的是保长、甲长,娘家会请上这些人来讲。

(2)分家

刚开始因为被婆婆磨得受不了,我就说分家吧,分家自己过自己的,但是他们死都不愿意。后来第二年,我的公公爹死了,家里面的管理大权就在我手上了,我就不提分家这回事了。所以我们一直没有分家。而且我的男人他是一个抱养的儿子,是我的公公抱养他的弟弟的儿子,叫作满娘抱养了伯伯家的。如果这样的话,分家就不厚道。

我们那儿也有那分家的,不和气的相处三两年就分家了,有些婆媳之间、妯娌之间相处和气的十年八年不分的也有。一年分的也有,半年分的也有,这个没得个定数的。分家都是为钱,一大家人不平衡,有的用得上钱,有的用不上钱。有的是哥哥当家,有的是爹妈当家。爹妈当家一般说的就是,偏心哪个儿子,哥嫂当家一般就是安私房钱。

我没有安私房钱,私房钱都是那些有钱人才有。比方说娘家送的十吊或者二十吊钱,你可以拿来存私房钱,也可以拿去放债。那时候讲究的米粮换,多少钱一斗这样放给人家,这样子明年你又可以收钱。有的人家,私房钱比正房上面的钱还多,有的人管家里面的钱,就偷众安私。或者不是管钱,管理谷子,我就把谷子拿去悄悄卖了,钱就自己存起来。那种情况,一般都是几兄弟的,比方说我家要是有仨兄弟,我比较厉害的话,我就管着家,我就有机会偷了众上的东西拿去安私房钱。

后来没分家,我也不磨婆婆,要是在灶上烧火煮饭,我在切肉,我会切一片瘦肉给她吃,她一边烧火一边吃。我的想法很简单,就是朝后面看,我自己是有儿子女儿的人,她磨我是她

273

的事,我在外面做好事都做了,何况屋里人。

(3)交往

我二嫁的这里是富农成分,田土比较多,有六七十挑谷子,而且家里面也有东西,还请了两个常年。刚嫁过来那时间我连活都不用做,我不会绣花,鞋子我会缝。要是出去玩,婆婆管不了我,我想去哪里玩就去哪里玩。后来我更是自由了,丈夫不会约束我,他也能自由出门,在那个地方上,我能和大家和气相处,就算是镇里面的人,干部也都和我家相处得好。

我也有自己的朋友,和女性朋友玩也是可以的,我没有去玩男性朋友呢!实际上,男的女的都可以玩,但是那个事情没有也不能,要讲脸面、讲名誉的。我的朋友、亲戚也有,这个地方上认识的朋友也有,不管是哪个,一起玩还是可以的。像我现在八九十岁在这里和那些老太婆一起玩。我是现在才不怎么出门,那个时候哪里都跑到,普觉、大路沟,邵家山哪里都去过。但是跑要跑得正经,跑得正规,不要干那些不要脸的事情,否则出门人家就要骂你是个烂婆娘。跑得正经就是有本事。不管男的女的,我都结交了朋友,我现在八九十岁了,普觉那个镇长,过路都还要打招呼,老陈,人家也是男的。所以说自己要做事、玩都要贵重,一个是为了自己的脸面,一个是自己也是有儿有女的人,给他们顾脸面。要是妈不规整,儿子出门要被人家戳脊梁骨。

(二)妇与夫

1.家庭生活中的夫妇关系

(1)夫妇关系

我和丈夫的感情一直很好,我和他是互相喜欢的,他是做米浆的,经常都能见到。他脾气好,我们很少吵架,很少吼我。我和他在一起是因为命运,那时候他家屋里人早上死了,我的前夫下午死的,后来别人就说我们两个是命运该在一起的,果真在一起了。我和他的关系是平起平坐,除非我没有能力,性子弱,那就家里面大小事都由他。平时相处也都是直呼其名,没什么忌讳。有的媳妇会服侍自己的丈夫,给打洗脚水,端茶端碗,我不会这样,我不用别人帮忙,我也不给别人做这些事情,大家自己有手有脚的。我们这样相处,婆婆不会说什么,只要不虐待婆婆,就算是婆婆带你差,你也不要记恨,改变过来,对她好就行了。这就是挣名誉,不要让别人说你不会为媳妇。就算是对她不好,也要关门来,不要让别人笑话。

我二十五岁,公公死后一年就掌管了家里面的经济大权,家里面做活不用谁安排,他们男人自己去做就是了。再说结婚没几年,就分田分土,家里面的土地都分出去了。就是后来,也就是儿子们大了,要做什么他自己知道,我也不要去问,因为那不是我请的常年。我就是管着家里面缺什么就去赶集置办,家里有什么人情往来、怎么结交朋友,花钱也不需要经过他同意,他也不会说我。有的时候他花些小钱,我还要支配他,我说:"你不要吝啬小钱,和你一起做活路的,大家一起抽点烟这钱要花,喝点酒这钱也该花。"刚开始他还不愿意这样,后来我这样说他,他开始这样做。我就说结交朋友要大方,比方说我今天在你家,你给我一根板凳,跟我倒杯水这也叫作结交。

他在外面说话我可以插话。但是我一般不这样,回来再说。他有的时候也会下厨房,不是说男的就不下厨房,这些都是看男的勤快不勤快。那个年代打女人的事情是多数,叫作"三天一小打,五天一大打",那些性子强的一般就不被打,做错了还是要打;那些性子弱的,错一点小事就要挨打。要是样样比他强的话,就只是言语上面吵架,不会打。男人打女人,女人还不能还手,你要是敢还手,他就把你捆起来打。你要是不还手,可能你受了一巴掌两巴掌就算了,要是敢还手又打不赢他的话,他就会打得你睡上两天。

(2)娶妾与离婚、婚外情

那些感情不好的也不能休妻,那个时候说亲事就是瞎子,媒人来谈,就算对象是个瘸子也没办法,就是不能修改的,不能后悔的。我本身来说,比我孩子他爸还要能干点,他也不会休我。那时候要是丈夫死了,自己带着孩子不改嫁,等到家里面分家,寡母也可以分到家产,如果这个媳妇带着孩子走了就不能分。如果另外两个儿子没有娶到媳妇,把这个媳妇拿和其中一个儿子也行,双双同意就行。

虽然不能离婚也不休妻,但是男人要是有本事可以娶二房,要是家底好、有本事,甚至于娶四个五个都是可以的,只要你能养活。因为娶了就要养活,能养活人家你就娶。这些情况是那些大官、区长、县长之类的人,或者是那些地主,地主一般也是在政府里面有工作的,总是有权有势他才成为大地主的,他们敢娶。男的要娶小,大房没有什么答应不答应可说的,只要她不缺吃不缺穿不看外,一起商量就娶了。娶的小媳妇不会服侍大房,有的时候还要扯皮,说出来是丑话了,为争人还要扯皮。这个男人要是偏心,她们的眼睛是看着的,她们就要吵架。

三个五个的妻子,不是每个人都合心意,总有一个要得意一些,那些不得意的就心有怨气,就要吵架。而且大房一般年纪要大点,看起来要老一点。是不是大房那没什么了不起,男人不看重你,他又比你有本事的话,那你就不要去想他会在意你了。那年轻又漂亮的小的肯定是更得意、更亲爱。平时相处一般就是一个人一个房间,有的一起吃饭,有的吃饭都是在自己的房间里面吃,见到就是大姐二姐这样喊,要是有小孩了就是大妈二妈这样喊。大房生不了小孩,小老婆生的儿子也不会过继给大房,男人反正只要孩子是他的就可以了。一般小老婆也能上桌吃饭,但是有的相处不好的就不会,我在大水沟看见一个,我在那里开会,大老婆这个房间,小老婆另一个房间,大老婆的女儿煮了饭,就自己舀了去房间吃,二老婆也这样干,互相不说话,这样成什么话。

卖老婆的也是有的,孟溪人那时候就有这样的,那家人叫作王致和,那时候他爷爷当区长,叫作王安,王致和把他的老婆带到铜仁去卖了。事情是这样的,他的老婆非凡,要嫖人。老婆有个嬢在铜仁,他知道他自己的老婆要嫖人,他就假装说自己去铜仕一趟,刚出门不久,躲在屋后面,他就看见那个男人进他屋,他就走进去双双地捉住,把那个男人杀一刀,后来还赔了医药费,把他医好了之后,他就把自己的老婆带到铜仁去卖了,他老婆生得好[①]。

女的不能出去嫖人,但是男人是可以的。虽然也是丑话,但是女的自己不要和男的吵架,只要男的不嫌弃自己,不看外自己,又没打你,又没怎么你,出去嫖人也没什么。要是实在看不过去,做媳妇的就要悄悄说他,白天当着别人的时候,你不要说他,不要绍他皮[②],到晚上自己睡床上再说他:"你不要做这个事情,名誉不好,人活一辈子,坏一个名誉容易,收一个名誉难",女人就是这样子去教育他。

要是他实在不听,媳妇就去捉他,捉到就让你打让你骂,就是不能绍皮,家丑不可外扬,

---

① 生得好:长得好

② 绍他皮:让他丢脸。

也不可以给族人知道,要是你男人知道自己没脸没皮,万一想不开吃药自杀怎么办,上吊了怎么办,你不是榔头敲了自己脚。所以女人要趁没发生这些事情之前教育他、阻拦他,万一要是实在他不听,你也只能说,你既然喜欢人家,你有本事就去喊拢来,大家一起吃饭,睡觉方便。男人听出你的话,要是他没那个本事,就自然会断了关系。

2.家庭对外交往关系

1949年以前没有女人出去打工的,要是女人自己有本事可以允许你做生意,那时候就是买米,买便宜的米卖贵价钱,还有就是买布来卖也是可以的。平时要是家里面来客,或者是婆婆过生日,或者是娘舅来家里,不管是外孙还是舅爷还是老表,媳妇都是要办厨的,婆婆就是烧点火,打打下手。

那个时候好女人的标准就是本分,不要出去嫖人,这种人也少。在家里就是来人来客要知道倒酒倒茶,散烟发糖,这就是叫作女的聪明、在行。酒饭做得好、会接待人,这样你的男人出门就贵重,人家就会这样待你的男人。我们周家有个人,他兄弟问他,说大爷,你人缘好,走到哪里都能吃上饭哦。他说兄弟,饭是要从屋里吃出去。他的大嫂会做人,人家去他家都有饭吃。他兄弟没理解他的意思,有天早早煮了饭吃了出门,到中午还是没得人喊他吃饭,他就问他大爷,大爷,我今天是从屋里吃了出门,咋个还是吃不上饭。他大爷才又气又好笑地说:"蠢悖时①的,要你的酒饭待人家,人家才会酒饭待你。"就是他的老婆太抠,人家去他家,别说烟酒,板凳都不给人家。所以他出门没人看得起他。

家里面要是来客人,一般我自己知道礼节,家里面有他、有婆婆妈,他们陪客人就行了,我就不上桌吃饭了。后来有儿子,儿子也陪客,而且家里面有老人在世,不论她待你好坏,她都是家里面的名誉。

(三)母亲与子女的关系

1.生育子女

(1)生育习俗

我十八岁生的第一个姑娘,是我的前夫的孩子,姓孙,后来二十五岁生了第一个儿子。我总共有五个儿子,四个女儿,儿子现在只有三个了,大儿子死掉了,二儿子出去打工,现在也不回家了。我生第一个姑娘的时候,就只有娘家来一下,没有讨酒,那时候穷,就是给娘家报个信,二十五岁生这个儿子的时候也没有讨酒,这边条件是好点,但是生这个孩子来的时候,正在土改,土改后田地都平了也没有什么家产。所以一个是讨不起,再一个是那时候也没有谁来了。男女差别上面没有什么区别,都是一样的,总是生小孩嘛。礼也是一样的,外婆家会有蛋就拿一点蛋来,有尿片就拿点尿片,有公鸡就抱一个公鸡来,就是这样。再好一点的人家,她来得起就还给点衣服。生了小孩三天就能看,要是哪家生了小孩,人家知道的人就说,"咦,你生了个毛毛了,我来看看吧!"这样就给他看一下。就是四眼人②不能看,因为她要抱走奶。

(2)生育观念

有些人偏心,我家没有这种情况,因为我能做主,他们没话说。但我知道他们肯定还是想个男孩,我家这三房都没有男孩,丈夫自己都是抱养的,肯定是想要个男孩。所以,我生了我家刚毛之后,就更加享福了。有的人家没有生出男孩的,嫌弃是有的,那也还是想要男孩,但

---

① 悖时:骂人的话,背运的意思。

② 四眼人:当地土话,指怀孕的人。

谁也没有办法,那时候不兴休妻、离婚这种。我家里面对男孩和女孩的态度从形式上来讲还是儿子要贵气一些,但要是说送东西的话,儿子女儿一样,都是自己孙。大概不过就是因为这几房人都没有儿子,所以希望有个儿子能顶上这个家香火吧。

（3）子女教育

我家五个儿子都念过书,但是那时候穷,都只读了小学,女儿们都没有读过书,但是她们现在也聪明,自己做生意什么的也做得很好。那时候我们穷,也不是说看不起女儿,是太穷了,在队上一个人才分几十斤米。我们早上都只能吃一点蒿菜饭,真是送不起。我还记得,当时我和我十八岁生的那个女儿,我们娘俩天天去挑矿,挑来都是买吃的。我那个女儿造孽,吃了一辈子苦。

（4）对子女权力（财产、婚姻）

结婚前儿女没有私房钱,他们挣了钱就是交给家里面,给他存钱娶媳妇。因为媳妇是我们挑的,结婚的钱是他们自己也帮办着置下的。他们也都是自己做得事了才结婚。这些个媳妇都是我自己去挑的,那时候我到处跑动,看到哪家的妹妹生得好、我喜欢,我就讨人去讲亲。一般我就找人去讲亲,人家也都同意。我不讲究合八字,一般都不合八字,合八字有那乱算的人,乱处乱好。

我的女儿出嫁没操什么心,嫁女儿他婆家自己有房子,我这里接媳妇的话,房子当然要给他准备好,要不然她来怎么住。那个时候儿子他也只是找钱帮办着,他都见不着人,不知道什么时候结婚,完全是父母给他操心的。

2.母亲与婚嫁后子女关系

女儿大了就有人家来说和,那时候也是要礼金的,一般也就是过衣服、过帐子。那时候是讲究三套衣服,过铺盖,过手圈,过簪子。最后,这个小的要过丝帕,改革之后就不过簪子手圈,就是过衣服,现在就是过钱。我这个媳妇娶了之后,家里面就开始准备下一个,就存钱,去扯布,扯了布做好衣服,等到明年,我就只管拿出衣服出来打成礼金。那就是要注意有计划,钱是经不得用的,要是没个注意,稍微没一点计划,娶媳妇就不能搞得过来。那时候我的孩子们出门都干干净净。

我的儿子接了媳妇之后,我们的关系没什么变化,媳妇她们对我好,她们也聪明,我和我这些媳妇都没有什么矛盾,平时也不吵架。刚结婚那时候还是有礼节,要拜和作揖,先拜爹,再拜妈,说一声你辛苦了。那时候不兴给钱,拜了爹妈或者是给一百块,或者是给六十块,那时候就是给一句吉利话,比方说："两姊妹去发财哈,人财两发！"现在我家要接一个孙媳妇,我就是准备了二百二十块。现在,我都还在给儿子们带孩子,我身体好,那几个孙子都是我给带大的。我白天给他带着,晚上他自己来接去。但是我只能带我自己的孙子,外孙不带,他自己有奶奶,我只带我们家的孩子。

孩子们成家之后,家庭就大了,后来不好管理就分了家,到今年算起来已经分家三十多年了,小的这个分家也二十五年了。分家的愿意没别的,就是各个心里面都还是想分了,所以就分了,不是因为婆媳关系不好,我家最后这个媳妇最是礼节的,待人是最好的。就是因为那家庭大了生活不好安排,稍微困难一点就不好过日子。那时候我就觉得要是分了家,我在一边吃得差一点也没关系,我不会受到谁言语。家里面大了,谁来当家也是一个问题,各找各的这样没得说。我家分家没有请什么堂公伯叔,是自己分的,我当时就说："看来我们这个能力差了,家庭管不了,你们自己看一个日子出去自找自吃这样过日子。"那说实话,不管是找钱还是伙食,大家一起总是有不习惯的。所以还是让他们自己去生活。

我这样说了之后,孩子他爸就去找了日子好的,本来我们就是一个灶上吃饭,那天我就从原来这个灶上借了一个火另起一个炉子,说一句你拿去自己发财发户吧,这样就把家分了。分家的时候还是照人分,但还是要偏顾着成家的儿子,因为觉得我和他爸和小儿子少一点都没关系,说实话那时候家底也扯贫了,家里面也没什么好分的。

我最大的女儿是二十岁结婚的,比我幸福得多,因为她有我和她爸养着她,我那时候可没有谁养我。我女儿也不是自由恋爱,是被人请的媒人来谈的,她和女婿结婚之前也没见过面。来谈的时候也不用问她的意见,就是我们做主,要是知道那里条件不好,或者人不好,做父母的就不会答应。这个媳妇和我们的儿子都是父母做主的,没有自己谈恋爱的。说实话,是现在这个时代才讲究这个自由恋爱,但是我给儿子说媳妇的时候,他自己都才十几二十岁,女儿来媒人说亲也是这么大,他们能知道什么,能把握什么?我讨的这几个女婿都是能讨吃的人,家家都还是条件可以,儿子女婿都对我好。女儿出嫁了,一年和娘家起码要走上三四回。我要是不去看她,她过得好不好还是挂心。

三、妇女与宗族、宗教、神灵

(一)妇女与宗族

祠堂这个东西有些地方是有的,但是也少,那些三弟兄、五弟兄这样的人还是比较少的,只有那些人家有钱的才会去修那个东西一起供奉。我们这里也是同姓,比方说我家那里三十家、二十家都是陈姓,但是不是叫族长,是甲长、保长这样管理的。这个甲长是我们的族人,但是我们没有祠堂,也没有祖屋,就是只有一个总管。那个时候,甲长就是统一这个大队,保长就在甲长面前派款,甲长就拿着这个保长的派款要求,就去村里面给大家说要怎么办,然后,从大家手上拿到款子之后,甲长就拿到保长那里去,给他拿去养兵。每家人家三碗五碗是一定要出的。没有一起拜祖先的说法,都是一家一户的。就算是有家人丁旺盛,没有分家,三弟兄、五弟兄这样一大家人,过年过节的时候可能可以一起过,但是并不是所有的人都是这样。我知道木耳村是有的,那里有吴家祠堂、刘家祠堂这两种,我们那里没有。

族人没有谁能约束谁,那些家族长大了,有三个儿子、五个儿子这样子,长大都还约束不了,何况族人。做父母辈的都只是管理的长大和成亲,其他的事情就不是你能约束的了。就是甲长还有一点约束,但是也只是统一管理,不是约束。

(二)妇女与宗教、神灵、巫术

1.庵上敬神

庵上、朝山这些事情都有,男的女的都要参加,热闹得很。比方说就是拿一些香纸,跪在神像面前,磕个头。请神的事情也多,比方说,我今天生病了,是因为得罪了什么菩萨,我就给他烧一点纸钱,就会好起来。要是想要个孩子,男的女的都上山去求送子观音。

2.拜土地

土地爷爷是最宽大的,男女都能敬,小孩子也行,只要能拿得动东西。因为就只是去路口土地庙烧点纸钱就行了。

3.巫术

家庭要是有什么不顺、不干净的,一般女的就可以留意下是不是该请个仙人来看看,家里面的男人不会反对。因为那是为了家庭做好事,男人应该支持的话还会接送女人。像这样的事情现在很少了,以前多,那个时候一般做那些事情的都是女的,女的做仙人多。

4.家神

我家没有拜家神,我不信。我之所以不信是因为我信也是这个样子,不信也是这个样子,反正都是这个样子没什么可信的,随它去。我的丈夫他也不信。我们都是觉得烧土地菩萨,敬孝老人,这种是做个心意,有的时候他也去我也去,但是我们心里不怎么信。

四、妇女与村庄、市场

(一)妇女与村庄

1.妇女与村庄公共活动

我出嫁早,出嫁前出门做什么都是和妈一起。出嫁之后,也不怎么懂事,不知道怎么料理家务事情,就是净知道跑出去玩了。那些年成也没有女孩子敢出来活动。穷人家的女孩子,像我们这样的,只想着自己的肚子,村里面什么事情都不关心。有钱的人家的女孩子都是住在楼房上,楼都不下,就是在楼上绣花、玩耍,吃饭都是别人端上去,也不关心村里面有什么事情,外人见都见不着人家的面,实际上这些姑娘未必好,她们偷起人来厉害得很。

2.妇女与村庄社会关系

没出嫁之前,我穷,衣服都没有一件好的,又臭又烂,没有人和我玩,我一个人放牛,放牛的时候割点草或者是捡点柴。出嫁之后和婆家的婶娘关系好,她疼惜我,但是她自己也穷,没什么可以帮我的。我天天跑到她家里去给她帮忙,她喜欢我去,事情做完了就和我玩。

(二)妇女与市场

出嫁前我从来没有上街赶过场,我妈那时候都不怎么赶场。家里没有钱,没有什么需要置办的就不用上街。小女孩子随便你跑的,但是自己不敢乱跑。满山我倒是不怕,哪里有坟场我都是不怕的,但是到街上去我害怕,人贩子多。

五、农村妇女与国家

(一)认识国家、政党与政府

1.国家认知

小的时候没有什么国家、政府这种概念,一个是穷,除了吃饭,什么都不关心。1949年的时候,我已经二嫁,那个时候对共产党和国家都有浅薄的一些认识,真正的深刻认识还是三十上下的时候,大概是1955年。那个时候搞互助组、合作社、人民公社,这些事情我很清楚,土改的时候我知道,但是还不是很关心,那个时候怀着我第一个儿子,家外面的事情都是我的丈夫管着,家里面又是婆婆当家,土改那一两年我的公公去世了,他去世之后我才当上家。我当上家之后,比以前做事更自由,这不是因为丈夫不管我,他以前也是支持我、尊重我的。只是当家了什么事情该做什么事情不能做自己有了把握。

我没有裹脚,我妈是准备给我搞那个,但是我不同意,痛得很,走不动路,我是要满山跑着看牛的,还要割牛草,熬药打柴,我妈用那个布条裹着我,我就痛得不行,就取了,后来再裹上我也不同意了。

2.政党认知

我知道共产党是好的,旧社会的时候对女孩子很不好,出门经常被欺负,共产党时期就不这样,妇女还可以参加投票什么的,能顶半边天。

3.政治参与

我不是党员,但是我性格好,做事情积极,互助组时期大家推选我当妇女主任,我做妇女主任的时候帮过好多人,群众都很喜欢我。

4.女干部

1949年以前有没有女干部我不知道。但是我知道土改之后就有了,听说土改的时候就有很多妇女起来诉苦,但是女的胆子小,一般只敢在给她说话的权利的时候、非让她说的时候才会说。这个也是要看男人,有的男人喜欢骂着自己的女人,觉得要是说多了就是丢他的人,回家两个人要吵架的。我当时当上女干部也是因为家里面是我当家,孩子有婆婆带着,我就是和丈夫一起出去干活。我身体好,干活勤快,说话做事情利索,和妇女们关系好,大家有什么想说的就悄悄给我说让我出面说,我丈夫不阻拦我,我就更加大胆地说话做事。

5.政治感受与政治评价

原先的时候我觉得不该搞计划生育,毛主席说了,要发展生产力,要增加人口。我那个时候就是觉得家里面只有人多了才兴旺。但是现在我不这样想了,还是觉得只生一个两个好。因为人多了负担重,像我们这辈子都是在给儿女操心的。

我自己觉得改革之后的村庄变化还是比较大。土改的时候我家的土地是被改出去的,我是富农成分,算是一个高成分的人了。这个我也不记恨谁,本来就是这样的政策,那没什么办法,而且土改之后,人家都没有看外我们,还是同我们一起劳动,在一起劳动中我发现我的劳动力还是个顶强的,在大家面前都是有面子、能干的人。

村子里面风气变化有好有坏,女孩子都是可以自由出入,这个自由有好有坏。自由恋爱是好,但是小孩子哪里懂什么事情,父母的话都不听这些还是不行,毕竟父母是不会害自己子女的嘛。我们那里的话,嫖人这种情况少一些了,因为大家都是一起劳动,没有那种在高高楼上坐的女孩子,家家都是差不多的。

(二)对1949年以后妇女地位变化的认知

家里面小时候也没有男孩子,不觉得自己不平等,那时候是家里面穷,不怪父母。后来我们自己有了孩子,也觉得男孩女孩都是一样。只是我真正感觉到自己有地位确实是1949年之后,二嫁之后,第一个孙家两个人也从不红脸,但在他家都是他做主,没感觉妇女能顶半边天。

(三)妇女与土改

1.妇女与土改

我家第一个丈夫是贫农,他爹妈都死了,是一个寡丁子,有一个哥哥和嫂子,家里面没有田土,就哥哥有一两挑土,兄弟两个都是给人家做常年的。但是我和他在一起的时候还没有土改,土改是1950年的事嘛,我1950年的时候二十五岁,这个丈夫已经过世,我也已经改嫁到王家,和我第二个丈夫一起生活。

我后面这位丈夫家里面是富农成分,因为只有六口人,土地有六七十挑,还请了一个常年。本来是要划成地主的,但是因为土地达不到,家里面生活也达不到,就划了一个富农。我二嫁没有什么嫁妆,婆家也没有再给我礼金,就是给我做了几身衣服就是了。划了富农之后,没有斗争我们家,我们家在这个地方上一直是有礼节的,对别人也好,又不是地主。所以就没有斗争我,财产房屋也没有动我家。家里面的土地被划出去了,只剩下一个人三挑多一点,和群众一样。

2.妇女组织和女干部与土改

土改那年正是我怀着我第一个儿子的时候,我怀着孕,也不怎么参加这些。但是原先我们一起玩的那些女人家,就天天还是跟着男人一起去开会。刚开始的时候跟着去的人也少,后来天天晚上都要搞,女人们怕自己的男人在外面乱来,就自己走一步也要跟着了。我们平时一起做活、一起玩耍,大家之间都是熟识的,我不担心,我丈夫是个老实人不会给我搞这事情出来。但是男人嘛,总是心里不知道在想什么,还是管得紧一点好。那个时候我们村里面有些女人出来斗争地主,很是积极,要打要骂,我不做这样的事情,为自己的后代积德。但是我分得清立场,也不去同地主打交道,我们本身就是富农,说话做事也要小心为好。

后来成立了农会,三天两头地开会,妇女们讲话没有个主要的意思,叽叽喳喳地啰嗦半天得不出一个结论,农会就说,你们派个代表吧,大家都推其中的一个妇女,能说会道一些的,后来就专门是她代表妇女了。再后来农会里面说要有一个妇女主任,那个女的就成了妇女主任。我是后来孩子生了,成立了互助组那两年才接上她的班,成为妇女主任的。

(四)互助组、初级社、高级社时的妇女

高级社的时候,我在管理食堂,那时艰难啊,饿死了很多人。我每次在放粮食的时候,在刚铲出来的时候就偷偷地给他们加一点点,账目我自己记在心里,都是口算,一个星期算一个账。我知道粮食的进出,也救了很多人的性命。

(五)妇女与人民公社、"四清""文化大革命"

1.妇女与劳动、分配

公社上面,大家一起干活很热闹,吃饭是分碗,按照人口,一家人有多少人口就分多少粮食。比方说有四五个人,就分到四五碗,一个人一碗饭,一般都吃不饱。"四清"和"文革"也就是讲究平等,就是要把穷的和有钱的平等起来这样。那个时候妇女也是要和男的一样参加劳动,俗话说的"人人平等"。

2.集体化时期劳动的性别关照

妇女在劳动的时候不会说是因为月经、怀孕就不上工,你可以不上工,不上工就是不给工分,就领不到粮食。一般月经不算什么,自己用尿片胎上就行了。我们那里有个女的怀孕到八个月还在地里面干活,那肚子都大得蹲不下去还是要干活,没办法,挣工分嘛。孩子都是在地里面生的,到了预产期,但是没有回家,还在地里面,我们听着有叫唤就跑过去看,看到羊水破了才知道是要生了,赶忙喊人去通知他男人。妇女动不了,只能从家里面烧了水,带了一条板凳、脸盆、毛巾这些过来在田里面接生。我们都是生过孩子的,知道该怎么办,那个女人也是强的,一会儿挣命地竟然生下来了。

3.生活体验与情感

要说生活的话,最艰难的时候就是小时候吃不饱、穿不暖的时候,到了十四五岁能做一点事情了就好起来了。建立食堂的时候的生活也很艰难,但那时候是大人,总是想办法搞生活。

4.对女干部、妇女组织的印象

我自己就是妇女干部,感觉和大家差不多,就是经常在外面跑,我人大方,和谁开玩笑也不生气。我性格还可以,有的时候有点急性子,但是我见不得人家造孽,可能是自己原先太造孽了,要是碰到那些生活没办法的人总是想想办法给人家找点讨生活的路子。

5."四清"与"文化大革命"

"四清"和"文化大革命"的时候我不是很清楚,我在外面跑,不知道村里面是怎么搞的,我心上觉得,那应该也是就讲究平等,就是要把穷的和有钱的平等起来这样,其他的也没什么。"文化大革命"的时候是斗争那些知识分子嘛,我们这个小地方能有什么斗争的呢,就记得那时候不让我们背古书,只能读毛主席语录。

(六)农村妇女与改革开放

1949年以前的日子坏就坏在那时候有土匪,家里面刚煮上饭,他们就闻着味道来了,一来就是连锅端,碗都给拿走。1949年之后土改,土改之后集体化,再后来就是下户了,下户我们家一个人总共分了六十挑谷子,那时候小孩子只能分到几斤的,我和他爸分到多一些,也是蛮造孽的。土地证上面没有女人的名字,只有他爸的名字,后来我觉得没办法,我就和他爸出去找吃的,菜叶子什么都是食物。提起那些年成,我都要流眼泪,要说生活上,就是搭着毛主席的好处,和我这些儿子、媳妇对我好,这几年才提高了。

计划生育这个我前面说了,还是那样,那个时候觉得生得多好,毛主席也这样说嘛。现在来看的话还是生一个两个就好了,少点负担,少点苦累。

六、生命体验与感受

我这一辈子吃了太多苦,是个造孽的命,但是我的后人很好,对我也很好,现在这个时代也好,搭毛主席的福,有这个好时代,现在大家都有吃的,有穿的,还有手机用,就是我没有,那是我自己不要,因为我不会用,买了没有用。

LZY20180117YCX 易才秀

调研点:江西省宜春市袁州区天台镇流田村

调研员:李浈燕

首次采访时间:2018 年 1 月 17 日

出生年份:1927 年

是否有干部经历:无

是否生育:是

受访者结婚的时间节点、生育子女的具体情况:1937 年结婚;1943 年生第一个孩子,共生十一个孩子,养活了九个,四个儿子,五个女儿。

现家庭人口:6

家庭主要经济来源:务工

受访者所在村庄基本情况: 江西省宜春市袁州区天台镇流田村地处宜春市,毗连新龙村、新亭村,水美,空气清新,物产丰富,气候宜人。这里气候较为湿润,雨水显多,四季分明。主要农产品:水稻,玉米,西兰花,黄瓜,青椒,西洋菜,绿豆芽。村里大多数的年轻人以外出务工为生。所以村子中大多数为留守的空巢老人。村子离城镇较远,公共交通仅有一辆早班的城乡客运汽车经过,交通有所不便,加之老人腿脚不灵便,几乎不常出门。

受访者基本情况及个人经历:老人生于 1927 年,因家中极度贫困无力抚养,十岁出嫁,生有十一个孩子,其中大儿子和另外一个孩子夭折,一共养活了九个孩子,其中四个儿子,五个女儿。老伴于 2008 年去世后,老人由几个孩子轮流照顾。老人的小儿子在军队服兵役后转到单位上工作,2009 年因白血病去世,同年这个儿子的媳妇也去世,让老人十分痛惜。

老人一生心血倾注于自己的一群孩子,生了一大帮孩子,想尽各种办法把他们喂饱、养大成人,在没有吃的年代宁愿自己受罪也不愿意让孩子受饿。她特别勤劳贤惠,针线茶饭都很拿手。从土改到集体公社再到土地下放,老人说,那个时候的日子苦得让人绝望,幸好现在的生活越来越好,可惜的是自己的老头子和死去的小儿子没能再多享几年福。虽然生活那么的艰苦,但是老人依旧很善良和乐观,每说起一个故人的时候都会感叹。虽然老人不认识字,但是老人的每个儿女都有初中及以上的学历,在家里困难的情况下仍然供这么多儿女完成学业,这是一份常人难以企及的远见。

一、娘家人·关系

(一)基本情况

我叫易才秀,名字是娘家的父母起的,1927年出生。我娘家的兄弟姐妹本来是四个兄长、两个姐姐,再加上我,一共七个孩子。四个兄长在我小时候就死了,后来两个姐姐也在小时候就被别人家抱养作为童养媳。所以在父母跟前的就剩我一个了。家里没有土地也没有房子,借住在伯母家。我是1937年出嫁的,那时候我才十岁,家里实在养不起,希望嫁出去有口饭吃。其实丈夫家也没土地没有房子,因为丈夫的爷爷是个赌鬼,把家里值钱的东西都当了。我丈夫本来有两个哥哥,不过在我嫁过来之前就都已经死掉了。我是十六岁生的第一个小孩。我和我丈夫一共生了十一个孩子,其中大儿子和另外两个孩子夭折,一共养活了九个孩子,其中四个儿子,五个女儿。现在儿女都各自成家,已经当了爷爷奶奶了。

(二)女儿与父母的关系

1.出嫁前女儿与父母的关系

(1)家长与当家

那个时候穷,没得什么可以当家的,家里有什么事儿需要拿个主意,都是一家人一起商量。当然,家长一般都是男性,在我家大部分是我爹做主。我爹是种田的,顺便给人剃头发,每年靠给别人剃头发也可以赚取一部分粮食养家,早些年还在外地给别人烧木炭。我父亲为人老实,别人骂他几句也从来都不还口。

(2)受教育情况

我几乎没进过学堂的门,你们书上这些个字一个都不认识,我老头子教过我几个字,这个"人"字我就认得,"小"字也认得,这是我老头子白天干木匠活晚上回来教我认识的,后来生了小孩,要带小孩就没学了。娘家叔叔伯伯的儿子有读过书。那个时候男孩子女孩子都可以读书,只要家里有钱。他们都在那个祠堂里读书。

(3)家庭待遇及分工

在家里是一家人都是一样的,没有什么重男轻女的,尤其是我伯母,她没有女儿,只有两个儿子,蛮想让我做她女儿,我出嫁的时候还赠了一些嫁妆。我们家是庄稼人,虽然家里没有地,但是父亲还是很勤劳的,父亲是给人剃头的,收入微薄,一年一个人才给十斤稻谷;母亲主要就是照看家里的家务,纺苎麻补贴一点家用。在家的时候,应该是九岁大的时候,我娘和我伯母教我怎么去纺苎麻。九岁的时候就学了怎么做鞋子,十一岁就可以帮家人做鞋子了。

(4)对外交往

男女都可以出门,没有什么格外讲究,吃酒席也没有什么忌讳。过年的时候都可以出门拜年,母亲一般在家做饭招待客人,可以上桌吃饭,不过有时候人多母亲就会等客人吃完了再吃。

(5)女孩禁忌

女孩子不能随意出门,坐要规规矩矩地坐着,不能赤脚走路,规规矩矩穿衣服。可以和家周围男孩子玩耍,出嫁之后也可出门和小伙伴一起玩。我十岁就嫁到这边了,饭也不会做,就只会天天出去玩,到了吃饭的点就回去吃饭,家公从来都没有骂过我。那时候我家公是做厨师的,做的饭特别的好吃。

2.女儿的定亲、婚嫁

(1)定亲经历

亲戚说媒介绍的。我的姑姑叔伯建议说："孩子嫁过去可以,他家没有家婆,你这个女儿又老实,万一要是以后碰到家婆厉害的会被欺负,家里又没有吃的,就早点嫁出去,好歹有饭吃。"就这么就同意了。

(2)出嫁的经过

那个时候吃的都没有,嫁出去就希望以后有口饭吃,别饿死了,没有要彩礼钱。不过那时候富人家有彩礼钱,不仅有彩礼钱,还雇专门给人做事的嫂儿去服侍新人。我们那时候嫁人都是爹娘一手许配、包办的。我那时候才十岁,啥都不知道,结婚那天坐轿坐到这里还有人拿我开玩笑。我手上当时戴了一个小镯子,有人开玩笑说要抢掉我的镯子,旁人就说不要开玩笑,本来就是一个只这么小的新娘,也有人议论我丈夫比我大很多什么之类的,我坐在轿子里都听到了。那时候我娘还和我说,要是有人牵你的头巾就捂住,别让人牵起来了。我们在结婚前会合八字,那时候要算八字的先生算一下两个人的八字,可以合才会同意结婚,合不了就不能结婚,然后结婚的时候有一本八字帖。我还记得我们那时候是在本房的房厅里面拜堂。我娘家摆了三桌酒,婆家这里送了十斤肉去我娘家。

我们那时的婚礼是大家长主持的,在房厅里拜堂,大家都来围观,非常热闹,结婚那天要去祠堂里拜祖宗。拜完堂之后就是吃酒席,总共摆了五十几桌,杀了一只猪,很多人都来吃了酒席,几乎黄姓的十八个房厅都来了。那个时候大家的彩礼钱都是两毛钱,要是给的礼金大还在当场就已就还过去了,大家长说这是尊敬大的作为,不像现在要一百块钱才能作为礼金。结婚第二天,我们要给同一个姓的族人倒水敬茶,几个人挨家挨户地去给人敬茶。

(3)嫁妆

那时候家里没有钱,出嫁的时候嫁妆就是一个木箱子,箱子还是伯母出了几块钱买的,箱子里面放了一点点东西,连箱子架子都没有,还被人误以为是一个短棺材。那时候有钱的人家就是全套嫁妆,箱子衣柜都是双套的,大脚盆,灯盏,连碗什么生活用品都一应俱全,一般的人家里的女嫁妆都是四到六杠。女方父母为图所准备的陪嫁中,大件家具二人抬,小件家具一人挑,面桶架虽小,却要两人抬,并要排在嫁妆队伍的最前面,紧跟着是挑凳,后面便是箱柜、嫁床等,这些大件家具及二人抬的铺盖嫁妆,最后是马桶,舅挑的马桶担,每一件或一担家具,俗称"一杠嫁妆",普通人家六七杠,富裕人家有十多杠甚至更多,以显示女方家中的富有体面。

(4)童养媳

家里贫寒且家里姑娘多的人家才让自己的姑娘做童养媳,见得很多,那时候大多数人家里都苦,生的女儿养不起就还是小孩子就送给人家当童养媳。

(5)招赘

家里没有儿子只有女儿就可以招赘,我姐姐他们三岁就嫁到别人家了,我父母跟前就剩我一个女儿,我丈夫考虑到我家的情况有想入赘,但是婆家这里大家长都不同意,说:"你们家三兄弟就剩你一个了,你还去入赘,你家岂不是没有后了。"就没有招。

3.出嫁女儿与父母关系

(1)风俗禁忌

出嫁的姑娘回家没有什么禁忌,就跟平时回家一个样。出嫁后的姑娘一年中都是过端午节、中秋节、过年要回家送节拜年,一般是打糍粑,拿几袋米果子,拿十个鸡蛋作为礼物。我们结婚的第一年春节过年回去的那一次,我们这边叫转郎,我们打了二十斤糯米糍粑,买了两斤肉,买了一斤面。那个时候两斤肉都只要一块多钱,和现在真的是不能比。

(2)与娘家困难互助

当时我娘把我嫁得近一点,就是希望他们有什么事我可以照应一下。这之后就像我娘期待的一样,家里有什么事我都会帮忙照顾一下,当然我姐姐也很关照我家里,有什么事也会大老远地跑回来。

(3)夫妻矛盾调解

我们夫妇俩因为他比我大,事事他都迁就我,几乎就没有闹过矛盾。关于矛盾调解就看到别人,他们夫妻吵架了,有的女人就自己回娘家了,娘家送回来把矛盾解决了;有的男人把女人从娘家接回来,就算低个头认个错。

(4)娘家与婆家的关系

我娘家和婆家是一个村的,我生了孩子我娘家人会来给我送菜,我娘有时候来我家住几天。因为娘家和婆家都没有什么亲人了。所以来往也不多。

(5)婚后尽孝

一般都是父母要靠儿子养老送终的,但是像我家只有我一个女儿可以依靠。所以我要养他们给他们送终。我爹死后,我娘她还在家待了两年,之后就接到我家来住了,一直到她去世。本来我娘是要在自己家过老的,但是我伯伯的儿子说:"我这也有一个老母亲,这里还有一个婶婶,怕两个老太太到时候打架,你要是负担得起,你就把她带过去。把她接到你们家那边去养老的话,这边的田和地就都归你们种了。"就这样,我娘就一直在我家住着,我丈夫对我娘也很有孝心,吃饭夹菜,嘘寒问暖,到后来我娘老得不太能动了,我丈夫还背我娘上厕所,像服侍没满周岁的孩子。

(三)出嫁的姑娘与兄弟姐妹的关系

(受访者无兄弟,两个姐姐远嫁,基本上没有来往)

我还没生小孩的时候时常回父母家去住几个月,生了小孩之后就没有住过了,要照顾小孩照顾家里,而且因为离得近,回家也方便,就不怎么需要在娘家住了。

二、婆家人·关系

(一)媳妇与公婆

1.分家前媳妇与公婆关系

(1)婆家家长与当家

我刚嫁过来的时候是我家公当家,婆婆在我嫁过来之前就去世了,嫁过来四年后家公也死掉,两个伯伯也死掉了,就剩我丈夫一个人。所以也没有分家。

(2)劳动分工

那时候家里没有地方住,只有跟着丈夫、家公借住在祠堂里。刚嫁过来的时候因为年龄太小,家务活也不会做,就每天都和在娘家一样出去找小伙伴玩,家里的家务活都是家公做,到了吃饭的点就被家公喊回去吃饭,家公从来没有骂过,也没呵斥过我,那时候我家公是做厨师的,做的饭特别的好吃。我丈夫是做木匠的,出去给别人家做木匠活挣钱养家。

(3)外事交涉和财产权

家里的事一般都是我丈夫出面解决,我懂得也不多,都是他们来做这些事。我们家的钱也是由我和我丈夫两个人共同管理。

2.分家后媳妇与公婆关系

(由于受访者生育孩子后公婆叔伯都去世,所以没有分家。部分问题资料缺失。)

(1)外出经营管束

1949年以前,妇女出门一定要经过公婆丈夫的同意,不然就是不想在这里过下去了,想要离开这里。

(2)公婆祭奠

一般家公家婆去世儿子和儿媳都是穿麻衣、跪缺口。以前如果没有尊敬家公家婆,儿子儿媳都要戴一块特殊的布去给公婆送葬,让大家都知道他们是不孝的人,以示惩戒。不过以前的葬礼不像现在这么讲究,那时候人死了就在家里停几天,随便哪个荒山里找个地方埋了,也没有吹丧乐的人。一般女人不去扫墓,去扫墓的都是男人。

(二)妇与夫

1.家庭生活中的夫妇关系

(1)夫妇关系

我和我丈夫是结婚这一天才见到的,以前都没有见过,以前都不知道有这个人,不认识他。以前的人结婚之前都是没有见过面,只有嫁过来才知道的。我嫁过来之后,这里也没有土地,没有田可以种,我丈夫就去别人做木匠活。我刚刚嫁过来那年才十岁,天天就只知道和几个小女孩一起出去玩。等到十一岁,我娘把我接回去,教我学纺苎麻,十二岁又回来了,在邻居家纺苎麻。然后家里就是我主内,我丈夫主外。

(2)当家

我们是他当家,我就做好家里的事,带好小孩,借钱还钱这些都是我老头子做的,我对于这些事情都没管过。家里做房子也是他来拿主意,买大件的东西也是他拿主意,我就买点家里平时要用的东西。

(3)家庭分工

在集体化之前就是他在外面做木匠活挣钱挣粮食,我在家收拾家务带孩子。集体化之后就是我在家干农活挣工分,他在厂里做木匠活挣钱。

(4)家庭地位

家里一般都是以孩子为先。有一次孩子说他想吃一碗白米饭,为了能给我几个孩子吃上一碗白米饭,我丈夫在工厂里五个晚上都没有吃晚饭,积攒起来第五天晚上给孩子们带回来。为了不让小孩子受罪,大人宁愿苦一点。

(5)娶妾与离婚、婚外情

娶妻后又娶妾只听说过,一般是大户人家有钱才娶妾。家大的就可以娶两个,那一般还都是商量,都是大老婆允许了才娶第二个的,我姐姐就是嫁到宜春的一户人家给人家做小,每天被大老婆欺负得要死,解放以后就没得了。

有些女孩子小时候不懂什么的时候嫁过来，然后长大了在这里过得不好，就提出要离婚。既有男的嫌弃女的不好提出离婚,也有女的嫌弃男的不好提出离婚。有的是请大家长来主持,也有干脆直接自己就走掉的。因为那个时候都没有结婚证,你偷着走掉了也拿你没有办法。

那个时候离婚的大部分是女孩子在很小的年纪就嫁过来,什么都不懂,后来慢慢懂事了就可能不想待到婆家了,然后就要求离婚,也有夫妻俩合不来离婚的。一般离婚是请大家长来做证人,如果大家长不同意他们离婚的,也有女的偷偷走掉藏起来,也算作是离婚了。我们夫妻生活很和谐,没有过要离婚的事。

(6)改嫁

那个时候有丈夫死了,妻子要再嫁,这就是改嫁,一般是可以允许改嫁,也有有钱的人家就不准媳妇再嫁,比如地主家里他们就不准再嫁,一般是有地有吃穿才能留,没有地的就不能留,有钱的人家他就有权力把她留下来。也有足够的吃的穿的把她留下来。那时候改嫁的也有,家里老公死掉了,或者是离婚了再嫁一次这样的。那时候大家对于改嫁都没有太多的说法,没有饭吃还是得再嫁,为了可以活下去都是可以理解的,再嫁也基本上没有彩礼钱。

(7)副业收入

我们一般是在家纺苎麻,两天纺一个锤子,经常会有人来收我们纺好的纱,卖了就可以换一点钱补贴家里的一点花销。

2.家庭对外交往关系

(1)人情往来

家里做人情这些都是夫妻两个商量着去做,要请客人吃饭也是商量请。家里来了很多客人,丈夫在的话就是丈夫陪客人,丈夫不在或者客人少,妻子就会和客人一起吃饭。

(2)人际交往与出行

我刚刚嫁过来的时候有一起玩石头的朋友,后来生了小孩,那些以前一起玩石头的女孩也都嫁出去了,我就和左邻右舍一起聊天。出门的话,不走太远的一般不用和丈夫说。1949年以前也会出门,一般都是和父母一起出去的,有一年在西村,我爹娘带我去烧木炭,那时候才六岁大,还和我爹娘走散了,一边走一边要找娘,这里天又要黑了,不知道走到哪去,幸好后来烧木炭的这个老板去到市政府,刚好就看到了走丢了的我,这才没有走失。

(三)母亲与子女的关系

1.生育子女

(1)生育风俗

我和我丈夫一共生了十一个,养活了九个。我十六岁就生了小孩,头一个小孩只养了半年就死掉了。我们家生男生女没有什么分别,一般是出生一周,然后给孩子洗一个澡,然后办一个庆贺。一般来庆贺的人就是带一斤面,十个鸡蛋,来看孩子。我生了十一个孩子,有两个孩子一点肉都没有吃,到处都买不到肉,只有我娘家人送一些菜过来,也都是像腌菜、油泡豆腐之类的素菜,那时候太苦了,吃饱饭都是问题,不要说什么有没有营养。还好那时候也没有什么太多的重男轻女,不管是生男孩还是女孩都没有嫌弃。在家里给男孩儿与女孩儿过生日也没有差别,给他们吃的用的也没有差别。

(2)生育观念

那时候没有像现在这样的计划生育,只要能生,人就一个接一个地生,那时候的生育观念就是生越多越好,儿女多就是多子多福,也没想过养不养得起。

(3)学校教育

儿女们都上学读书,大女儿因为承担家务多一点,只上了一个小学,其他的孩子都是初中以上的学历,有两个女儿还有一个儿子读了高中。我和我的丈夫都特别支持孩子们去上学,当时吃苦受累就希望儿女们努力读书,出人头地,不要像我们一样没有读书只能干又苦又累的活。

(4)对子女权力(财产、婚姻)

儿女结婚前他们赚的钱都是归家里管,留着给他们置办嫁妆彩礼钱。他们分家之后就是他们自己管自己的钱了。儿女的婚事大多都是说媒定亲的。刚开始嫁女儿时候家里条件不好,没有太多的嫁妆,都是一个箱子,后来家境好一点了就赠了六杠嫁妆。我大儿子娶媳妇的时候也就是给了几十块钱。我家大媳妇有嫁妆,二媳妇儿,她娘家穷苦,父母都死了,只剩下一个奶奶。所以她带过来的嫁妆也就只有一个箱子,和我当年没有太大的变化。

2.母亲与婚嫁后子女关系

(1)婆媳关系

我儿子大概是十八九岁结的婚,他们结婚的时候也和我们一样,有拜堂的仪式,但是没有像我那时候结婚去敬茶。我的儿女除了大媳妇和二儿子不是很孝顺,其他都特别的孝顺。我大儿子特别的老实,但是娶了一个特别凶悍的老婆,天天都被他老婆骂,也对我有很大的意见,婆媳关系非常不和谐,现在我老了,没有自己做饭,去他们家吃饭就只有冷饭,我有胃病,根本吃不下去。我的二儿子也是,一点良心都没有,天天就只会骂人,但是二儿媳人特别好,吃饭给我夹菜,每天早上还要给我煮一个鸡蛋。三儿媳和儿子早早地就去世了,我们基本上都没有相处过。

(2)分家

分家是大儿子结婚后,他老婆生了第一个女儿,他们三口就和我们分开来住了。第二个儿子是后两年才分的家。分家也就是都是自己家人在一块儿把田和土都分一下,没有出嫁的和嫁出去的女儿没有分家里的东西,就是分给了儿子儿媳。儿媳他们的嫁妆也是他们自己用,我们旁人都没用过他们的东西。

(3)女儿婚嫁

大女儿十六岁定的亲,在家住了两年,十八岁嫁的。那个时候村里的女孩一般都是二十岁左右出嫁。一般都是由父母定的,在定亲之前都没有看过。后来的小女儿他们就是在改革开放之后结的婚,在这之后,结婚有一些可以自己做决定了。

三、妇女与宗族、宗教、神灵

(一)妇女与宗族

1.妇女与宗族活动

(1)宗族活动的参与、排斥

我们这里对于妇女参与宗族活动不排斥,男孩子女孩子都可以到祠堂里去拜祖,1949

年以前没有宗族聚餐活动,但是大家长训话,教化子孙,男的女的都要去听,作为这一个族的族长,大家长要承担教化子孙后代的责任,让子孙后代记住家族的规定。

2.宗族对妇女的管理和救济

以前家里发生了事大部分是请大家长来主持,要离婚,寡妇要改嫁,这些都会请大家长来主持公道,大家长根据情理来决定事情的结果。

（二）妇女与宗教、神灵、巫术

（1）神灵祭祀

我们这里一般都是清明节去扫家里爷爷奶奶的墓,中元节烧衣钱,过年的时候敬天敬祖宗,一般这些都是男人去做得比较多,女人就负责把这些祭品准备好。

（2）求平安

一般是女人去庙里烧香拜佛,来求平安,像我就是去我家对面的那个庙里,上个香,买一点东西去供奉一下菩萨,求他们保佑家人都平平安安。我还是比较相信有菩萨有神仙的保佑。

（3）女性神灵

我们这里经常有那种一个小小的屋子里面就会供奉一些娘娘(女性菩萨),她们都是在这里成仙,保护一方的安宁,住在这一片的人家里养的鸡鸭都受到保护。

（4）鬼节

我们这边的鬼节是七月十五,也叫烧衣钱,人死的第一年七月要烧一个纸扎的房子,烧一些纸做的衣服,往后就是烧一些纸钱给他们,一般也是男人去做这些活动,女人就帮助准备祭祀的东西。

四、妇女与村庄、市场

（一）妇女与村庄

1.妇女与村庄公共活动

村庄公共活动的参与

那个时候村里有唱戏的、跳社火的我们都有去看过,我的大女儿还去扎过社火,去各个地方都唱过戏、跳过社火。我的这个女儿那时候连鞋子都没有,去跳社火的时候,都是在别人家借了一双鞋子去的。我有时候也去开妇女会啊,那土改、集体化的时候天天开会也去。

2.妇女与村庄社会关系

（1）社会交往

小时候都是家里周围的小女孩每天在一起玩,就玩得很好,各自出嫁之后就没怎么有联系了。

（2）交往习俗

我新婚第二天就端了水去左邻右舍去给他们敬茶,那时候我姨娘给我端盘子,我姐给我提着水壶,我们就挨家挨户地去给人倒茶。出嫁后和丈夫家这里同一房的一个伯母关系很好,我们经常在一起纺苎麻,我家里忙不过来她经常来给我帮忙。

（3）妇女聚集与活动

那时候妇女一般都是在上家下屋坐着聊天纺苎麻,纳鞋底,或者学绣花,或者是一起在井边洗衣服。后来农会里开妇女会,妇女也会聚到一起聊天。

（4）女红传承

那时候女的都要学会纺纱、做衣、做鞋，在娘家的时候就是母亲、婶婶、伯母教我，出嫁了之后就是左邻右舍相互学新花样，去绣工好的人家剪花样子。那时候我们这里有一户人家，有三个女儿都特别会绣花，她们的娘每天都让她们在房间里绣花，从来不让出去玩，也不让别人进去看，我们也就是学习花样的时候才可以去看一下。1949年以前这些线是自己家里用苎麻纺的，后来1949年以后才有了棉线，自从有了棉线之后，裁缝也不用以前自己家里做的麻线了，都是用棉线，自己家里做的线不那么结实。以前的裁缝也是用手缝的衣服，没有缝纫机。

（5）矛盾调解

在1949年以前，要是妇女之间有打架相骂的，大家就会请大家长的老婆过来处理纠纷。1949年以后有了妇女主任，处理矛盾纠纷的就是妇女主任。

（二）妇女与市场

（1）市场参与

嫁到这里后，有左邻右舍的人约好一起去赶集，生了小孩之后，就要抱小孩去赶集，以前是走路去，不像现在可以坐车去赶集，一般都是去天台镇上赶集，去买一些生活用品，后来村里开了一个百货店，生活用品在这里就能买到，加上小孩子比较多就没怎么去赶过集。

（2）市场交易

那时候有很多妇女都会把家里可以卖钱的东西拿出去卖，离集市不太远的那个村子里有好多人种菜，然后一些老太太把菜挑到集市上来卖。我们家里经常是纺的苎麻一个一个拿去卖，也不用出门，会有专门来收的人，按多少钱一两收。

五、农村妇女与国家

（一）认识国家、政党与政府

（1）政党认知

小时候听人说孙中山来了之后，就再也不要裹脚了，男的也不用再留长辫子了，大家都说孙中山先生很好，我大概是十多岁左右听说过孙中山先生，也看过同村有人留长辫子。那会儿大家都很赞成孙中山先生让妇女不再裹脚的决定，大家也觉得裹脚是在残害妇女。先是听说孙中山先生，后来才听说的蒋介石，再后来又听说了毛泽东。我嫁到这里的第二年，国民党来的时候，我们都躲到了山里去，国民党来就会杀人，抢老百姓的东西，还抢老百姓的油，还强奸妇女，那个时候我才十二岁，我吓得不行，那时候男的都躲到了别的地方去，我和几个小女孩一起躲到邻居家的床底下。他们都说小女孩没有太大的危险，只有男的才会被抓得去当壮丁，给他们当苦力，不去就会被打。还好当时我丈夫他在另外一个村，国民党还没有去那个地方，听到了风声，那个地方的男的都跑到山上去了。在国民党之后，我才认识有共产党。1949年以后，毛泽东来了，生活就更好了一点。

（2）政府认识

那时候会从妇女中选有谁认得字，口才比较好的人去当干部、选举妇女主任。旧社会全部都是男的，1949年以后毛泽东说，妇女能顶半边天，妇女一边，男人一边，不要欺压妇女。对于计划生育我是不太能理解，我儿子他们有超生的现象。但是他们想生，我也没有办法，只有帮帮他们的生活。我儿子他们超生都只有躲起来生，生了三个小孩，房子都被拆掉了，如果不躲起来就强行拉人去结扎。觉得这样很不讲人情。不过有结扎的人,国家会发十个鸡蛋、五十块钱作为补贴,政府的政策我们只能遵守,也不能说什么。

(二)对1949年以后妇女地位变化的认知

就是在1949年之后听说过有妇女会,妇女主任就经常叫我们去开会,跟大家说不要打架相骂,要互帮互助,毛泽东说,妇女能顶半边天,妇女一边,男人一边,不要欺压妇女。妇女也能够说上话了,我们有什么想说的话都可以和妇女主任说,妇女主任把我们的话向上面传达,妇女的地位在一直地提高,到了我女儿她们这一辈又提高了很多,妇女可以自己出去工作挣钱,我有两个女儿都是当老师的,现在妇女都可以自己挣钱养活自己了。

(三)妇女与土改

(1)土改动员与参与

当时土改工作召开也是妇女会。那时候我们家被划为贫农。

(2)斗地主

同村有一个妇女在镇上开店,我们同族的人不管谁去了她店里都会拉着在那吃饭,虽然很有钱,但是人很善良。我们开妇女会的时候有人说提出要斗争她,我说这个人不能斗争,她丈夫在水江镇当乡长,说话都轻言细语的,从来都没有官派。后来她丈夫还是被拉去斗争的时候,批斗的人要水江镇的人民来斗争她丈夫,都没有一个人来斗争,都说她丈夫是一个好人,别人替她丈夫辩驳还受到训斥,差点被开除。后来这个好人还是被斗争死掉了。因为她家当时有权有钱,大家就把她丈夫拉去斗争。我们每个人都被拉去斗争、开会,她丈夫在被枪决后,有个叫花子就把他的衣服脱下来自己穿上了,当时我真的吓得不行,那个时候天下雨,地上很湿滑,我怀着孩子,还摔了一跤动了胎气,过了五天我就生孩子了。因为我怀着孩子还摔了一跤,叫我去的人很歉疚,后来还说要赔我几块钱,我说不要拿钱,后来拿了两个鸡蛋给我,说是生孩子补补营养。其实那个被打掉的地主人真的特别好,整个村要是有什么问题,他回来就可以帮忙解决掉。就因为有人嫉妒他家里什么都有就把他打掉了,大家都不敢说真话,就只敢围着看,如果说真话,那些工作的人就会把我们捆起来批斗,被打成反派。

(3)分田

当时土改的时候我们这一个生产队田少人多,一个人只有一分田(十分为一亩)。当时他们都去抄地主的家,把他们的粮食家具都抄走了,把他们家的田都拿去充公了。

(4)女干部

那个时候选认识字的、口才好的妇女去当村干部,她们会讲历朝历代的故事,在妇女会上也讲话讲得很好,带领妇女在思想上翻身解放。

(四)互助组、初级社、高级社时的妇女

我们这些人的田都集体了,人都集体了。集体是分三个阶段收集体。本来我家里的田就不是很多,搞这些的时候搞几年一换,我都记得不是很清楚了。

(五)妇女与人民公社、"四清""文化大革命"

1.妇女与劳动、分配

(1)妇女与劳动

那个时候在祠堂里吃大食堂饭,每天都要去挣工分,天刚刚亮就要起床,小孩子又要吃奶又要换尿布,又要把人送到别人那里带。先前妇女不太下田干活,后来插秧、割稻子、打稻子都是妇女去做，而且还有几个妇女相约好一起去包一块地干活。那时候我们四个妇女包一块地收稻子，我们上午割完下午打。那时候有一个和我们一起干活的妇女，可以扛起一个打稻子的大桶，还可以下地犁田。我们包干那两亩多地，互帮互助一天就干完了。那时候播种犁田大部分是男人做，我们妇女就去修田埂。和我一起干活的那个妇女可以胜任男人的活，也可以犁田，犁得很平整，还得了劳动奖，一个草帽一把镰刀。

(2)工分与同工同酬

我们妇女只有六个工分，男的就有十个工分。那个时候小孩子都是放牛割猪草。那个时候我们家小孩养了生产队的一头水牛，放水牛很麻烦，又要晒秸秆，要把牛牵出去吃草，才挣两三个工分。但是我们家那时候工分处于超支状态，没有粮食吃，累也没有办法。

(3)分配与生活情况

那个时候我们是一个人一个月半斤油。男的和女的都是半斤油，小孩子就没有分油。生产队的人说我丈夫的生活分配还要被除去，说他在工厂里吃国家的、用国家的，要除去那用的一部分。我说他还要回来做事情一样要吃，这除掉不行啊，粮食缺得不得了，家里的小孩连粥都吃不上，饭里面全部都是掺的番薯丝，根本不像是一碗饭。有这样子的吃还算不错的，我们没有红薯丝的时候，就只能吃木槿花的叶子煮一点点米粥。

2.集体化时期劳动的性别关照

"四期"的照顾与托儿所

每天都要去做事，基本上没怎么有照顾，我怀我大女儿的时候，还在干活的时候摔了一跤。我们那会儿就是坐月子那一个可以不要去上工，但是不上工也就没有工分。哺乳期的妇女也没有照顾，小孩子都是送到有专门照看小孩的人那里去，照看一个小孩一天还要支出两个工分，我做一整天事都只能挣六个工分，这样一来工分更不够用了。

3.生活体验与情感

"大食堂"的时候在一个大祠堂里吃食堂饭，队长还亲自站到食堂门口来喊人吃饭。吃食堂饭的前两年还是有很多的粮食，大家都可以吃饱饭，就是后来没有吃的，煮粥都很难见到几粒米，不过在最没有粮食吃的那三年，我们没有在村里的生产队，那三年我们反而没有特别饿到。我们全家都去了萍乡的一个山上，在那里给别人干活，那个山顶上有很多小块的田地，粮食都有富余的，我们的孩子们都可以吃饱饭。但是村里的人眼红我们在那里可以吃饱饭，队上说如果我们待在那儿的话，家里的房子就没收充公，所以就只好又搬回来了。那里的人特别好，我们回来还给了我们很多米，大概有四十斤。

4.对女干部、妇女组织的印象

那时候的女干部基本上就是妇女主任，可以帮我们说得上话的人，其他的没怎么见到和接触过。

5."四清"与"文化大革命"

"文化大革命"破"四旧"时，到处都在打佛烧庙，有一个庙的菩萨都被搬走了。我们家的祖宗牌都藏起来了，我也不知道为什么，那个时候要这样做，说为了打破迷信，但是大家都还是很迷信。"文化大革命"的时候没怎么听说有人结婚，生怕被人打成走资派，那个时候人死了也没有敲锣打鼓，直接埋掉了。

(六)农村妇女与改革开放

1.土地承包与分配

土地承包责任制了还是给我们分了一点儿田。分了田之后,大家自己种自己的,饭也有的吃了,家里钱也更多了,日子过得越来越好了。

2.计划生育认知

我觉得计划生育不好,我儿子他们想多生一个都要躲起来,当时我们生了这么多也都可以,多子多孙的人家才会兴旺发达,这是自古以来的规矩。

六、生命体验与感受

我觉得生活越过越好,这一辈子吃过的苦太多,现在有时候还在为儿孙操心。儿孙是这一辈子操不完的心,但是感受他们的孝心又觉得日子过得很好。

LZY20180119YGY 易桂英

调研点：江西省宜春市袁州区天台镇流田村

调研员：李祯燕

首次采访时间：2018 年 1 月 19 日

出生年份：1928 年

是否有干部经历：1951 年担任妇女主任

是否生育：是

受访者结婚的时间节点、生育子女的具体情况：1944 年结婚；1948 年生第一个孩子，共生养八个孩子，一个儿子，七个女儿。

现家庭人口：11

家庭主要经济来源：务农、务工

受访者所在村庄基本情况：流田村地处宜春市，毗连新龙村、新亭村，空气清新，物产丰富，气候宜人。这里气候较为湿润，雨水显多，四季分明。主要农产品：水稻，玉米，西兰花，黄瓜，青椒，西洋菜，绿豆芽。村里大多数的年轻人以外出务工为生。所以村子中大多数为留守的空巢老人。村子离城镇较远，公共交通仅有一辆早班的城乡客运汽车经过。交通不是很方便，加之老人腿脚不灵便，几乎不常出门。

受访者基本情况及个人经历：老人生于 1928 年，娘家共有兄妹四人，父亲本来是一个做木炭生意的小商人，但父亲去世得早，只有母亲一人支撑着家庭，家里也很贫困，且家中重男轻女的思想严重，平时受到传统礼教的管束严格。

老人于 1944 年出嫁，嫁给当时家中也贫困且给人家当长工的丈夫，老人与丈夫共养育了八个小孩，在没有吃没有穿的年代仍然将他们健康地抚养长大，这是十分的难得。老人虽不识字，但曾担任过妇女主任。老人说那时候主要得感谢机遇和那位下乡的知青每天认真教她读书认字，才让她可以有入党并且成为干部的机会。老人生在了中国命运最为坎坷的年代，但是丝毫看不出苦难刻在她话语里的痕迹，在问及对于生命最深刻的感受时，仍然说很感激那个可以让贫苦的人奋斗成长的时代，纵然时代艰辛，但是仍然需要去理解。

一、娘家人·关系

（一）基本情况

我叫易桂英，小时候没有名字，是后来在农会里工作起的名字。我生于 1928 年，娘家只有两亩多一点的地，土改时期被划为贫农。娘家共有兄妹四人，一个姐姐一个哥哥，另外还有一个弟弟。父亲本来是一个做木炭生意的小商人，但去世得早，只有母亲一人支撑着家庭，家里也很贫困。

我在 1944 年出嫁，嫁给当时家中也贫困给地主家当长工的丈夫，丈夫家只有他和已经出嫁的两个姐姐。丈夫家只有一亩地，土改时期被划为贫农，我与丈夫共养育了八个小孩，七个女儿一个儿子。生第一个孩子时我二十岁。

（二）女儿与父母关系

1. 出嫁前女儿与父母关系

(1) 家长与当家

因为家里没有爷爷奶奶，父亲也去世得早，所以家里就是娘当家。

(2) 受教育情况

我在娘家的时候没有读过书，我的兄弟他们有读过书。那时候也想读书，但是家里穷，供不起女孩子读书，加上那时候都有重男轻女的思想很严重，觉得女孩子读书也没用，就算想读书也没有机会。

(3) 家庭待遇及分工

那个时候都是说男的更有用，女孩子没有男孩子有用，衣服也是先做给男孩子，女孩子要是有多的布料就也做一件，没有布料做新的就捡哥哥姐姐穿剩下的穿。

(4) 对外交往

不可以出去拜年，只有男的可以出去拜年，女孩子出去拜年会被别人议论，说喜欢在外面乱跑的女孩子不矜持。那个时候称呼人都没得乱喊，我们小时候就是待在家里纺苎麻、打猪草、洗衣服。

(5) 女孩禁忌

女孩子不能乱奔乱跑，坐要规规矩矩坐着，也不能随便乱说话，不能随便称呼人。

(6) 家庭分工

我爹是一个做木炭生意的小商人，我娘就在家里种田带小孩，我是十多岁就开始在纺苎麻了，在娘家里也每天没有做什么事，就是纺苎麻，洗一下衣服，割猪草给猪吃。

2. 女儿的定亲、婚嫁

(1) 定亲的经历

我是说媒定的亲，那个给我说媒的人现在已经死掉了。那时候是十三岁，差不多有七八十年了。那时候有定亲，定亲就是男方家里会去请媒人，来问女方家里的意愿，同意了就定亲。

(2) 出嫁的经过

快要定亲的女孩子一般都不知道也没有见过要嫁的人，要父母才知道，以前都不允许女孩子看男方的，只有等到结婚坐在轿子里抬过去了才知道。我十三岁出嫁的，我丈夫比我大十一岁。那个时候大家大多数是男方的要比女方大十几岁。结婚都是坐在轿子里抬过去的，挑好一个结婚的日子，就把轿子抬到男方家里拜堂。要合两个人的生辰八字，他们说一个人有八个字，要是两个人有四个字可以合过来就可以结婚。拜完堂的第二天早上给宾客倒茶水，到宾客都来了就进行拜茶礼，客人喝新娘子的茶给新娘子红包钱。就像现在他们婚礼，在席上叫长辈一样，你叫他一声就给你一个红包，作为见面礼的。那时候就是我们给宾客倒水，他们就把钱放在你端茶的盘子里，就像现在演的古装电视一样，也是一个一个亲戚地去给他们敬茶，看到这个是姑姑就叫姑姑，她就会把钱放到你的茶盘里。来送嫁的一般都是自己娘家的姑姑、舅舅和舅娘，也有外婆外公。那时候没有多少钱，就是结婚办酒席的时候接了一点点礼金。

那时候我丈夫家就只有大概一亩田。那个时候我丈夫是在给地主家做长年，靠着给别人家做长工来挣钱娶媳妇。当时我丈夫是三兄妹，有两个姐姐，我嫁过来的时候她们都嫁出去了。差不太多，我娘家也很穷，嫁过来这边也很穷，穷人家对穷人家也算是门当户对了。那个时候的婚俗是要等到结婚这一天才能看到，一般都是结婚的这一天用轿子抬过去拜堂，拜完堂的第二天早上倒茶水，到宾客都来了就拜茶，你给客人拜茶然后客人就给新娘子钱，结婚要请大家长主持和公证。要合八字，他们说一个人八个字，要是俩人有四个字可以合过来就可以结婚。

(3)嫁妆

我的嫁妆只有一个箱子，其他啥都没有了，箱子都还是一个旧的，还能有个啥，那时候人多吃得多，家里穷，根本没有什么嫁妆。有钱的人家里就有体面一些的嫁妆，一二十杠的都有。村里一般的人家嫁妆大部分是四杠到六杠。

(4)童养媳

我是十三岁嫁过来的，也不知道算不算是童养媳，那时候我们女孩子都是这个年纪就嫁掉了。

(5)换亲

这样的情况听是听过，不过我们这边没有这样子的。这不符合我们家这边的族规，婚姻又不是个物件，不能乱来的。

(6)招赘

那些家里没有儿子只有女儿的人家就会招赘，和现在有一些招赘的一样，那时候的时局也和现在一样，都是允许招郎的。入赘他们夫妻生了小孩也是和平常一样，孩子和男方姓。

3.出嫁女儿与父母关系

(1)风俗禁忌

出嫁了回娘家一般都是正月新年、过端午节、中秋节才回去，正月回去是接郎，现在也有嫁出去的姑娘过年过节回家送节拜年的，那时候和现在没有太大的差别。以前有钱的人家就会铺排一下，在端午节的时候在做粽子和包子，去娘家送端午节。先前送节礼没有拿钱的，都是拿一点当归浸的药水，或者拿一点鸡蛋当礼物，再拿几包米果子撑篮子。

(2)与娘家困难互助

我娘家有什么大事也会喊我回去一起商量。这一般是女儿和娘家的来往很近，女儿乖巧听话，做爹娘的就会有什么事就把女儿叫回来一起商量。父母这样做也是给女儿面子，让女儿在婆家比较受人看重。

(3)离婚

那时候女方提出离婚,家里同意的特别少。

(4)夫妻矛盾

那时候家里有什么矛盾都会隐瞒起来,不会对外说。一般儿媳妇和家婆老公吵过架,外面都不会知道。老人家讲,一户人家都要别人说好,说这个人家的儿媳妇很听话,和家婆从来都不会吵架,做事勤勤恳恳。

(5)婚后尽孝

一般没有儿子的家庭就是由女儿来承担父母过老,也有儿子女儿同时承担赡养义务的。每朝每代都是这样的,也不一定就是在1949年之前或者之后。爹娘过世了,女儿也都是穿麻衣,不过在送葬的时候是儿子走在前面,女儿就是走在儿子的后面,见到路边有一个缺口有路人给自己的父母送葬,作为儿子和女儿都要跪拜行礼,现在的丧葬习俗也是这样,一直传下来没有消失。

(三)出嫁的姑娘与兄弟姐妹的关系

我出嫁以后和娘家的兄弟经常会有走动。兄弟家也是那样来往,姊妹家也是那样来往,走得都是一样的。嫁出去的也是亲姊妹,在娘家的兄弟也是亲兄弟,都是兄弟姐妹就不要分出一个远近亲疏。不过也都是过年过节走动得才更多一点,平时他们家里有生孩子结婚的喜事也会去,都说一百岁你还要娘家,兄弟姐妹之间肯定会有很多来往。

我们过年的时候也会去我舅舅家拜年,他们也会来我们这边吃一顿饭,就是大家总说的正月里亲戚都走动走动。我们刚嫁的那几年,一般回娘家带东西也没有什么,本来自己家就吃饭都是问题,也是带一瓶当归浸的药水、一瓶酒,或者带一个米果子包和一斤面。也没有人空着手回去,你空着手自己面子上也会挂不住,一般把拿回家送节的东西都拿一个篮子提着,有钱的人他们有的东西多,就拿两个篮子挑着。

一般姑娘在婆家受了委屈就要请娘舅或娘家的兄弟,姑娘家有什么事也会请娘家的舅舅和兄弟来帮忙,比如说做房子都会请他们过来一起商量,包括舅舅家的表兄表弟、外公外婆这些有什么事都会有商量。我儿子和女儿结婚都会请他舅舅他们过来,一般结婚和嫁女儿都是说舅舅坐在最上面的那个座位。

二、婆家人·关系

(一)媳妇与公婆

1.分家前媳妇与公婆关系

(1)婆家家长与当家

当时我婆家没有公公也没有婆婆,我丈夫的两个姐姐都嫁出去了,就剩我丈夫。所以是我们自己当家。

(2)劳动分工

我一般负责家里的家务,我丈夫就做外面的农活,农忙的时候我就去给他帮帮忙。

(3)外事交涉

家里请客请亲戚都是男人出门,女人一般是准备做饭,听男人的主意,或者有时候我们两个人商量。

（4）过节习俗

过端午节、中秋节这都得回娘家送节,大年三十团圆年和正月初一的时候媳妇一定要在婆家过,大年初二就去娘家拜年。

（5）财产权

那时候就只有我们俩管家,也没有哪个自己藏一分钱,都是攒钱为了家里,财产是我们夫妻两个一起管。

2.分家后媳妇与公婆关系

（由于老人没有公婆,所以也没有分过家,此提纲中涉及关于分家的问题无资料。）

（1）离婚

女孩子小时候不懂什么的时候嫁过来,然后大了在这里过得不好就提要离婚。既有男的嫌弃女的不好,也有女的嫌弃男的不好就提离婚。

（2）改嫁

一般是丈夫去世了,女的在婆家这里又穷得过不下去就会改嫁。

（3）外出经营和管束

如果丈夫外出务工,这是肯定需要两个人商量的,夫妻俩就本来是什么事都应该商量着去做,不要去哪里说都不说一声就走,这肯定是不好的,莫说是家里人不同意,旁人都觉得这样子是不合道理的。

（4）公婆祭奠

一般都是结婚这一年去祖坟上跟故去的爷爷奶奶说我们结婚了,要爷爷奶奶保佑我们早些生孩子,保佑我们和和顺顺、子孙满堂,也有直接在家神前面祈祷,在爷爷奶奶公公婆婆的牌位前面说一说。一般清明节扫墓都是男的去扫墓,女的不会去扫墓,女的就准备一下去敬拜故去的爷爷奶奶公公婆婆的东西。

（二）妇与夫

1.家庭生活中的夫妇关系

（1）夫妇关系

我与丈夫是结婚那天才见面的,那个时候都是只有当花轿抬到他们家的时候才看得到他长啥样,在说媒的时候都是爹娘做主,女孩子一般都不会知道。那时候也没有我们说话的份,不满意也是要过,满意也是要过,就觉得还凑合吧。

（2）当家

没有公公婆婆也没有分家,就是我们两个在当家,既然是两个人当家,那肯定就是我两个人管钥匙。家里的家庭生产也都是由我和丈夫安排,家里只有两个人,也只有自己才顾得上。

（3）家庭地位

那时候肯定是以孩子们为先,在没有吃的时候、有吃的都先给孩子们先吃,我吃点他们剩下的。

（4）丈夫权力

在旧社会,一般是有钱的人家,或者是娶的小老婆,妻子要服侍丈夫,要给他打好洗脸水洗脚水,服侍他洗脸洗脚,洗澡水你也要给他打好,茶饭都是直接端到手跟前,一切都要服侍他。厨房里的事男的一律都不会去管,全部都是妇人家去做的,包括带小孩,给小孩换尿布、抱小孩,这都是女人的活,男人一概不管。1949年以后这样的情况有变化了,现在是不管做什么都是两个商量着去做, 也就不像之前的样子了都是男人说了算。现在要是两人的感情好,男的还要给女的倒水。以前是男人享福,现在是男人看女人更重了。

(5)娶妾

一般也都是有钱人家就会娶两个老婆娶几个老婆。他这些女的娶回去既是给他当老婆,也是去给他们做事情,给他们家当丫鬟的。要是大老婆厉害的,去给人家做小还要受欺负。

(6)夫妻关系状况

以前在一个有钱的人家,说一个人娶个好媳妇标准是女孩子读没读点书,识不识字,是不是做事得体。你要是在穷人家,说一个女孩子好不好,就是看女孩子是不是善于纺苎麻,是不是很会打猪草,是不是干活很麻利、很厉害。现在也是说要读的书多,懂得道理多。倒是那时候没有很多怕老婆的,因为女人都不敢说话,说话也没有作用。

(7)副业收入

我们家这边的副业主要是纺苎麻,那个时候家家户户都会有一片苎麻地,苎麻长起来就割下来剥皮,用苎麻的皮去纺成线,纺的苎麻就拿出去卖,有钱的人家就不会纺,没钱的人就纺这个拿出去卖了换钱,明天要是没米下锅了,就拿着纺好的苎麻去换米,这都是没有家底的人家,都是为了换点米活下去。

(8)日常消费与话语决策权

在1949年以前,妇女一般就不出门去买东西,那时候家里也穷,除了去村里的店里买点盐、洗衣粉啥的,就没有什么要买的了。卖纺好的苎麻也是,有人专门来收,妇女不太出门。1949年之后就改变了,男人女人都可以去市场上买卖东西了。

2.家庭对外交往关系

(1)人情往来与家庭的责任与义务

一般都是男人管这些外面的人情,女人就在家做家务事。要请客、送礼、做人情都是由男人做主的,女的在请客来家里吃饭的时候做饭。以前家里来了客人,女的都不会上桌子吃饭,像我,家里来了客人,从来都没有同客人一起吃饭,要等客人吃完了饭,把碗筷都收拾了,这才是妇人家吃饭的时候,还有稍微好一点的菜,比如像肉这一类的都要收起来,留着下次待客人的时候吃。

(2)人际交往与出行

1949年以前妇人是不能随便出门的,一般出门就是回娘家,还要有人来接,回来有人送,别的地方都不可以去。除了刚结婚的那一年,作为新人去亲戚家做客,还都是他们派一个土车来接才去,一个人不会准出门。那时候接刚过门的新人都是做人推的木车,也叫作土车,1949年以后就没有了,新娘结婚的轿子也渐渐地没了。

(三)母亲与子女的关系

1.生育子女

(1)生育习俗

我一共生了八个小孩,我是二十岁生的第一个小孩,也就是1948年生的第一个小孩子,我一共是七个女儿,一个儿子,儿子是第三个小孩子。那时候就是重男轻女这一句话就说完了,看见生了男孩子就要摆酒,生的女孩就没有人搭理,就是重男轻女,别人家要是听说你家生了男孩你家就发达了,是有福气,要是生了一个女孩就是运气不好。

(2)生育观念

那时候对生男孩和生女孩的待遇和态度有很大的差别,生了男孩还会杀公鸡炖汤给生孩子的人喝,还会蒸米酒;生了女孩就没怎么有人理会,反而还可能会挨骂,总体来说还是生得越多越好。

(3)学校教育

我家的小孩都去读了书,大女儿和儿子都读了高中,教书的就只有一个孩子,我家的小孩子当工人的占大多数,孙子辈中当兵的也有几个,种田的就没有几个了。

(4)性别优待

当时家里就只有一个儿子,姐姐们也会让着他一点,不过也没有太多的优待。

(5)对子女财产权利

在他们结婚之前,他们自己愿意让父母管就是父母帮他们管着结婚的钱,要是不拿给父母就是他们自己管,我们也没向他们去讨过钱。

(6)对子女婚姻权利

等到了我儿女他们这一辈,有媒人来上门说媒,也有他们自己谈对象的。不过他们这时候说媒不像我们之前一样了,我们那时候是只有父母知道,父母答应了事就成了;他们这个时候结婚要跟父母说,他们自己同意了,父母也同意了,这样才算是成了,只要是一方不同意,媒人也转身就走了,这时候他们自己做主得多一点。咱们家这边的传统是拿茶钱,拿茶钱也就是订婚,那时候我的女儿都是便宜就嫁出去了,茶钱才五块钱、十块钱一个,像我那个大女儿她读了书自己当老师有工作,就是自己谈的对象,这些订婚的流程都没走,其他的女儿是别人介绍的就拿了茶钱。我儿子娶媳妇的时候也是,我们这边拿一点茶钱过去,然后订婚,不过都是通过媒人给的钱,我们把钱给媒人,媒人再把钱给我儿媳妇她娘家。

2.母亲与婚嫁后子女关系

(1)婆媳关系

我儿子他是1985年结的婚。他们结婚就是拜堂,在酒席上喊亲戚,但是没有像那时候我们结婚还有第二天拜茶。我这个儿媳妇脾气蛮好,有什么事都不太爱和我这个老婆子计较。

(2)分家

我家只有一个儿子就没有分家。那女儿都嫁出去了,就只剩一个儿子了,爹娘肯定是要跟着儿子养老的。

(3)女儿婚嫁(定亲、嫁妆)

我女儿他们定亲都差不多有二十岁了,1949年以后出生的人差不多都要到二十岁左右才会定亲嫁人家。等到了他们这个年纪结婚都会看过了对象之后再决定,父母也要征求他们的同意才会答应,1949年以后都是看过才同意的,1949年以前才没看过,我大女儿就是自己自由恋爱的。

(4)援助女儿

我的女儿嫁出去都有蛮多来往,当然也有嫁得远近的区别,嫁得近一点的可以时常回来就回来得多一点,就帮得上的地方多一点,给他们拿一点我种的菜,嫁得远的回来得就少一点点。她们的小孩都是她们自己带大的,都没有要我或者她们家婆带、两边的爹娘都上了年纪。

（5）赡养关系

家里有儿子肯定是儿子养爹娘养老送终，不过我也时常去女儿家里住几天，去年还在我二女儿家里住了一年，还在她家过了一个年。

三、妇女与宗族

1.妇女宗族活动

（1）宗族活动参与、排斥

有文化的妇女就可以参加一些祠堂的议事，你要是一个村子里都没有一个有文化的女人，在祠堂里做饭的都是男的，妇女就去给他们打打下手、洗碗洗菜。不管是在村子里还是在祠堂里，有文化的妇女就会被选出来，打理一些事，后来1949年以后，有文化认识字的妇女还会讲话就会选出来，要么当妇女主任，要么当其他干部。1949年以前没有宗族聚餐，那时候祠堂里不会像现在这样，过冬至还做一个冬至酒。

（2）家族活动参与、排斥

以前妇人家就是在家里做家务的，家族聚餐也是在厨房做饭收拾的，没有太多机会参与家族的活动。

（3）宗族女长老

一般管村里妇人家打架相骂的就是大家长的老婆，因为她丈夫是大家长，她就是家长婆，要是哪里妇人家有什么事就去请家长婆。

2.宗族对妇女管理的救济

那时候每家人自己都管不过来，加上妇女地位本来就低，有什么吵架的事都是劝一劝就过去了，顾不上救济别人。

四、妇女与村庄、市场

（一）妇女与村庄

1.妇女与村庄公共活动

（1）村庄活动参与

以前没出嫁的女孩子不可以出门，在家连叫人都没得乱叫。出嫁了之后才可以出门，那时候嫁出去的妇女可以去看戏，不过也是男女分开坐。

（2）开会

1949年以前妇女是没有说话的权利，你说了也不把你的话算数，当然村里开会也不会请妇人家去了。

2.妇女与村庄社会关系

我在娘家的时候也不太出门，都是和家里我姐姐一起玩，我姐姐教我纺苎麻，我们一起打猪草、捡柴火、洗衣服，没有什么朋友，有也是左邻右舍的小孩，我出嫁她们也出嫁了，都没有太多的联系。

（二）妇女与市场

出嫁前基本上没有去过赶集，后来出嫁了，但是1949年以前也没有去过，只是后来1949年以后才去。那时候市场中也有女性商贩，不过都是一些上了年纪的妇女老太太。自己家里纺的苎麻一般都会男的商人来收,然后又买苎麻自己纺,基本上不出门买卖。

五、农村妇女与国家

(一)认识国家、政党与政府

1.国家认知

什么时候听说过国家这个概念不太记得了,听过孙中山,那时候应该是十六岁左右,对于这些就有分别。

2.政党认知

我是1951年土改工作的时候参加的党,三年之后的就转了正,刚开始的时候不是正式的,要做得好才可以转正,要考验你三年才能确定。1951年那会儿就在开会的时候举手表决,看你是不是同意毛主席的口号,还要把自己的原因讲出来给大家听,还要可以背出来,这也是说要有文化的人才可以做得到。那时候在开会的时候就要把学习的内容抄下来,回来把它背下来,还要去考试,考完试考出来就参加党,参加团员就是参加党,先入团再入党。

3.政府认知

我们这一辈出生的时候就没有了裹脚,但是我们女人的地位仍然很低。我夜校倒是没上过,我在家的时候一个下乡的知青教我读书认字。以前没有妇女当干部,管妇女的事就是家长的老婆,妇人家大大小小的事就是她说了算,妇女之间的矛盾都是要家长婆来解决。后面才有了妇女主任。计划生育是后来才有的事,我们那时候生孩子没有碰上计划生育,计划生育是现在六十岁以下的人,那会儿我们差不多老了。那时候刚实行计划生育的时候一对夫妇可以生四个小孩。我们从旧社会走过来的人,就觉得这样是好的决定,新社会妇女有更多的权利,劳动、社会活动什么都参加。

(二)对1949年以后妇女地位变化的认知

1.妇女组织

我第一次听说过妇联是后来在农会里工作的时候,那时候我被选出来作为妇女干部,也会参加妇联的一些活动,在妇女会上讲话。

2.妇女地位变化

听说过男女平等,这句话是1949年以后就有的。1949年的时候就大力宣传妇女能顶半边天。

3.婚姻变化

那时候的人都比较胆小,这些事情都要听父母做主,没有问过父母肯定是不敢自己做决定的,不像现在的人,自己就把自己的婚姻给定了。不过到了1949年以后青年人有决定自己婚姻的权利,1949年以后就没有权利。

4.政府与家庭地位、家庭关系

在1949年以前,妇女的地位低下,你要是嫁到有钱人家给人家做小老婆,你要服侍老头子吃饭喝茶、洗脸洗脚,1949年以后就基本没有这样的情况了,给丈夫倒水是还有倒,但是丈夫不会再像个老爷了。

5.宗族地位

妇女入族谱是在以前就有的现在也一直都有,大大小小老老少少都会写在祠堂的族谱上去,证明你是这个家族的人。

6.政府与教育

1949年以后,女孩子的地位就得到了提高,我大女儿她还读了高中,她现在是一个老师。我七个女儿,她们都读了书,我们小时候就没有读书。

7.妇女政治地位

在1949年以后就有了妇女主任,妇女主任下到各家各户去进行调查,反映妇女的诉求,这时候妇女说的话也有作用了。

(三)妇女与土改

1.土改动员与参与

那时候我家里是贫农,我男人又是给人做常年的,我们就被选为土改工作人员,那个时候我们工作中的人去到各家各户进行土改动员。我们当时男队员和女队员是分开工作的,我是负责土改工作中统计田数量的。当时我和邻村的一个妇女主任,在信用社我管数她管钱。

2.斗地主

我没有去斗地主,斗地主的时候要举手表决这个人是不是应该被批斗,我是只在信用社里管数据的。那时候工作组有负责各个部分的人,有的被分到去开批斗会,刚开始的时候我是被分到去喊口号,打倒地主打倒恶霸,我没有去喊,后换了一个正的妇女主任,就是由她喊口号,我是专门管后面的数据的。在斗地主的时候,我家分到了地主家的一担插秧割稻子用的秧架子,我们男人是种田的,给别人家做常年回来秧架子都没有,所以就分了一担。像有些特别穷的人家,别人家的被子衣服都拿过去用了。那会儿稍微搞得好一点的人家就会被人抄,世道也是不好。

3.分田

那时候家家户户都是按人头分的田,一个生产队一共多少田,然后再算人,按人数平均分。

4.妇女组织

那时候我是土改工作组,当时妇女专门负责一部分事,男人专门负责一部分事,妇女主任经常召集妇女开妇女会。

(四)互助组、初级社、高级社时的妇女

合作社是当时每家每户凑钱来合并来组合生产,一户人家凑几毛几分,当时我和另外一个人,我们俩一人收钱一人写数据,把钱都交到供销社。

(五)妇女与人民公社、"四清""文化大革命"

1.妇女与劳动、分配

(1)妇女与劳动

大家都是一样地去出工,你擅长哪一门就安排你去做哪一门,做不了的也不会强迫你去做。村里要修一个大的工程,比如说修水库,男的女的都要去修塘坝,做事也划等级,你可以挑土的就去挑土,不能挑的就帮忙装土。男的女的做事都是一样的,不过是做事工分等级不一样:男的是十分的工分,女的就只有六分、七分、八分的工分,我在农会里做事就只有六分。

(2)单干与集体化的选择

那个时候农民才从地主那里分到土地,国家说要搞集体,我们这些贫农也不会去说我们家不搞,毛主席说我们搞集体是为了实现共产主义,毛主席的话谁不听。

(3)工分与同工同酬

男的是十分的工分,女的就只有六分、七分、八分的工分,我在农会里做事就只有六分。一般是男的做事多,给的工分也多,男的做事比女的多,力气也比女的大。

(4)分配与生活情况

那个时候我们是一个人一个月半斤油,男的和女的都是半斤油。小孩子就没有分油。粮食也是按工分划等级,孩子满了十六岁就吃一等了。

2.集体化时期劳动的性别关照

(1)"四期"照顾

搞集体那时候要是有人有孩子肚子还不大就搞卫生,帮食堂洗一下菜做一些活,要是做不了了就在家休息,当作给妇女的照顾。还会划等级,你怀孕的那几个月就可以不用工分也可以吃饭,作为对孕妇的照顾。

(2)托儿所

那时候生产队里有专门的托儿所,都是老太太,出门做不了事的人来带小孩,带一个小孩是两个工分一天。

3.生活体验与情感

(1)大食堂

吃人民公社集体食堂,那时候也是划等级,男的吃十分,女的吃六分的等级。那时候虽然是大家都吃食堂,但肯定是想吃自己家里做的,自己家想吃就自己做,但是在食堂就只可以吃做好的那一样两样,没有自己家便利。

(2)"三年困难时期"

在"三年困难时期",那时候食堂里有饭打就打给小孩子吃,他们吃完我吃一点他们剩下的,后来食堂里都没有了,就只有吃艾草粑粑,吃苎麻叶子,草根树根切片去煮,吃谷糠吃得上厕所都上不出,还有别的人吃神仙土,那几年真是苦得不行。那时候家里的孩子饿得受不了,就可能偷偷去摘生产队的蔬菜,那时候生产队是会种一些蔬菜,不过都是还没长大就被人偷偷摘着吃掉了,小孩子看见冬瓜、豇豆、蚕豆啥都偷摘吃掉。

(3)文娱活动与生活体验

那时候也没有太多的文娱活动,就是会有祠堂里唱戏、放电影,村里的那男男女女都很早扛一个长凳子去看。

(4)妇女间矛盾

那时候没有出去打工的,妯娌之间、邻居直接就很多都是为了家长里短的、孩子什么的事吵架。

4.对女干部、妇女组织的印象

我当时就是村里的妇女主任,村里选干部一个是看出身,比如说我们家是贫农,我男人又给别人做长工,就选了我和我的男人去作为土改工作组的人,后来也因为我在土改工作中做事做得好,又跟着下乡的知青袁雪梅认字读报,所以就当了妇女主任。

5."四清"与"文化大革命"

搞"四清"时期把分了的田又拿回来,又分开给每户人家。嫁出去的女儿就没有田了,重新又分一遍。"四清"的时候也有说一些走私犯,他们就被拉去批斗。不尊敬毛主席的、走资本主义、做反动工作的都会算作走私犯,割资本主义的尾巴的时候是斗地主的时候。"文化大革命"的时候就是那是破迷信、破除官僚主义。那时候跟我一起的那个妇女主任,她信迷信,她信菩萨,她把菩萨藏在她家的楼上,就被批斗了,我害怕受到牵连,都躲在家里不敢出门,喊口号也不敢喊。破"四旧"的时候是不准信菩萨,那时候还去游街。我就是害怕,所以不再当妇女主任了,我就要我一个表妹接任我当妇女主任。那时候年轻人结婚就是去公社里扯一张结婚证,也不准办酒席。人死了就去生产队把名字销掉,然后就直接埋了、亲戚们来哭一顿就走了,要是铺张了就会被批斗。

(六)农村妇女与改革开放

1.土地承包与分配

土地承包责任制是分田分土到户。自己种田更加自由多了,勤快的人还能搞得家里什么都有,就再不用没有饭吃了,那些想集体化生产的就是一些懒鬼,想做事拖拉还同样吃饭。这一次分田地妇女也一样的有土地分,土地证上面也会写妇女的名字。

2.选举

后来我都没再怎么去参与过村里的事了,自己要出去田里干活,又要照顾家里的小孩。

3.计划生育认知

计划生育是后来才有的事,我们那时候生孩子没有碰上计划生育,计划生育是现在上了六十岁的人,那会儿我们差不多老了。那时候刚实行计划生育的时候一对夫妇可以生四个小孩,觉得国家的政策还是要支持的。

4.社会参与

我也没有看什么电视,平时和我儿女他们联系也都是用我们老年人用的手机。

六、生命体验与感受

对于生命也没有太多的感受,就是很多事情多理解一些,跟别人吵架,别人不理解你也理解一下他,毕竟我比他们认识的字更多一点。现在的生活也越来越好了,时代也越来越好了,我也觉得日子过得越来越舒坦了。

QW20170217LXZ 刘秀珍

调研点:广西柳州市柳东新区雒容镇

调研员:覃雯

首次采访时间:2017 年 1 月 15 日

出生年份:1931 年

是否有干部经历:无

是否生育:是

受访者结婚的时间节点、生育子女的具体情况:1938 年卖给地主家当童养媳;1949 年生第一个孩子,一生中只养育一个孩子;1953 年再次成婚。

现家庭人口:1

家庭主要经济来源:务工

受访者所在村庄基本情况:柳州市高岩村是柳东新区雒容镇管辖下的一个行政村,位于柳州市与鹿寨县中间,地势平坦,地理位置优越,北临 322 国道,西接桂柳高速路,交通方便,全村共有 486 户,1468 口人,耕地面积约 3000 亩。村现有党员 26 名,两委干部 5 人,设有一个便民服务站。

高岩村因为高岩山而得名,高岩山上有个很大的岩洞,里面有和尚尼姑在修行,且高岩山就位于村子里,故称高岩村。

高岩村的经济状况在雒容镇的几个行政村中名列前茅,以种植甘蔗、水稻、橙子、柑果等农作物和水果为主。1997 年,李鹏总理到高岩村视察,对村庄的发展状况给予高度的肯定。因此,高岩村在雒容镇远近闻名。

高岩村原归属于鹿寨县,现因柳州城市发展需要,划归柳州市柳东新区管辖,大部分土地已经被国家征收,下属几个屯都建有被征地农民安置产业基地,村民现以在本镇打工为主,收入由第三产业分红、务工收入和拆迁补偿款三大部分构成,已经实现新型农村合作医疗全覆盖,村里六十岁以上老人都享受到了国家新型养老金,村民生活水平较高,治安状况良好。

受访者基本情况及个人经历:老人生于 1931 年,自幼丧母,家里贫困潦倒,1938 年被父亲卖到地主家当童养媳,实际上是过着丫鬟般的生活,1948 年正式成婚,与第一任丈夫相处十多年,只说了不到三句话,第一任丈夫在女儿刚出生时被抓去当国民党兵,6 个月之后回来一次,之后就消失了。老人于 1952 年返回家乡,再也见不到自己的亲人,于 1953 年经人介绍与北方南下干部结婚,之后在桂中监狱工作。2002 年第二任丈夫去世,现今老人独居单位分好的新房。老人的一生是不幸的,婚姻也是不幸的,经历更是不幸的。但老人同时是积极向上的,在封建年代,敢于向妇女农会申请权益保护,勇于追求自己的人身自由。在后来的事业过程中,老人一路顺风顺水,在年老时住上了单位的福利新房。

一、娘家人·关系

(一)基本情况

我叫刘秀珍,由于很小就失去父母,具体出生年月不详,七岁被卖到地主家当童养媳,不知道自己的名字,只知道自己的姓氏,我的名字是1952年返回家乡后,兄弟媳妇给起的名字,名字没有含义,只是一个代号。有一个弟弟,从小出去跟父亲打长工,之后去当国民党的兵,所以也不清楚名字,家里没有人被抱养。第一任丈夫去当国民党的兵之后再也没有回来,之后改嫁一个北方南下的干部,与前任丈夫生了一个女儿,生第一胎时候应该有二十岁。

(二)女儿与父母关系

1.出嫁前女儿与父母关系

(1)家长与当家

以前我没有家,母亲在我很小的时候就去世了,家里没有土地,我的父亲常年在外打工,弟弟也跟着父亲出去打工。所以没有人当家。我在七岁的时候,被父亲卖给地主家当童养媳,我到了新的家庭之后,家里没有公公,孩子都还小。所以是婆婆当家。

(2)受教育情况

我家里很穷,被卖到地主家之后,都是在地主家打工、做家务、洗碗洗衣服,虽然说是她的儿媳妇,但实际上是一个丫头,我自然就没有读书。而且当时在农村,女性很少能读书的,别人都说,给女儿读书是白费。

(3)家庭待遇及分工

我是穷人家的孩子,穷人家的规矩没有这么多,我和弟弟的待遇是一样的,没有差别对待。等我七岁的时候到了新的家庭,我就负责做家务、洗衣服,能做的都做了,不像他们家的女儿,可以读书,我是受到差别对待的。

(4)对外交往

在地主家里的时候,每天除了干活、洗衣服,其他的时间不可以随便出大门,那时候别人也不愿意来跟我说话,因为我是有钱人家的媳妇,别人担心接近我会被说闲话,几乎那时候没有对外交往的经历。

(5)女孩禁忌

穷人家的女孩子是没有什么讲究的,但是在有钱人家的就不一样,女孩子不能随便出门,也不能随便和男生跳跳打打,女孩子也不能到隔壁村去玩,不能单独出门。

(6)家庭分工情况

小时候爸爸不在家,妈妈去世了,七岁以前是没有人管的,到了新的家庭之后,婆婆也不管,我只是相当于她买来的丫头,而不是女儿。所以家庭教育是很缺乏的。但是一般来说,父亲负责管教儿子,母亲负责管教女儿,父亲教儿子种田的技术,母亲教女儿学会针线活。

2.女儿的定亲、婚嫁

(1)童养媳

因为爸爸是雇农,长期外出打工,养不活我,在我七岁的时候,他就把我卖到地主家当童养媳。我出门的那天,家族里的亲戚都来送我,骗我说带我去吃黄苹果,把我带到那棵树下之后,摘下果子给我吃,他们就偷偷溜回来了,等我转身发现他们不见的时候,我一个人在那里哭,结果我的婆婆带我去买好吃的。因为那时候家里穷,饭没有得吃饱。所以一旦有人买东西就能哄得住我,我就跟婆婆回家了。从此之后,我就在她家生活,那时候我的丈夫只比我大三岁,他以前是去读书的,周末才回来,而我在婆婆家负责干活,我跟婆婆的关系也不好,早晨我还没睡醒的时候,要用棍子和盆子在我耳边敲打,把我叫醒,让我去挑水,那时候能做的家务活我全都做了。我一辈子跟我丈夫说的话不超过三句,我从来不称呼他,他从来不称呼我,等到我十六岁的时候,我就跟丈夫同房,也算是正常结婚了吧!但是也没有办酒席。作为童养媳的,不像其他大户人家的孩子,结婚的时候有花轿抬进门,有乐队奏乐,以前我们什么都没有,进了他家的门,就是他家的人。在我十八岁的时候,我就生下了我的女儿,我女儿刚出生之后,我的丈夫就去当了国民党的兵,在我女儿六个月的时候,我的丈夫回来了一次,之后就再也没回来过,到1949年新中国成立的时候,我就提出要离开地主家。于是我就回到了自己的老家。

在地主家的时候,有个兄弟媳妇,就是丈夫的弟弟的媳妇,她是乡长的女儿,她结婚的时候场面超级大,她的家人缝了八套衣服给她,因为她家里有钱。所以婆婆就看得起她,她不需要做什么家务活,几乎都是我承包的,农活也是我干得多,她就负责对外买卖,她回到娘家有依靠。所以她也不经常住在丈夫家,每当婆婆要分配任务的时候,她就提起自己的行李回娘家。有时候我的婆婆也会在背后议论她是个精明的人。我跟她的关系也不是很好,大户人家的小姐是不爱搭理我们这种贫苦的人。

(2)改嫁

我的第一任丈夫去当兵之后再也没有回来,在新中国成立之后,我就决定离开地主家,那时候也没经过婆婆的同意,我直接找妇女农会说明情况,我就把我的女儿交给婆婆养,在1952年的时候回到我生长的地方,我的婶婶给我介绍一个北方南下的干部,当时我是拒绝的,因为我听不懂北方人说话,我的婶婶就一直骂我蠢,在农村还没待够吗?好不容易有一个去城市生活的机会为什么不去。之后我就跟了这个北方南下的干部,之后我就跟随他到了农场干活。这个北方男人,脾气很坏,我跟他在一起一辈子,也没有生小孩,我从婶婶家出去领结婚书的那天,婶婶特别迷信,要求我买一只鸡、一斤猪肉、两瓶酒,回来烧香,化解倒霉。当时二婚在农村是被看不起的,二婚的也不能去参加别人的婚礼。

3.出嫁女儿与父母关系

我被卖掉之后,再也没有回过老家,有见过我的父亲和弟弟,一直到1952年左右,我离开地主家,回到自己原来生长的地方,那时候我的爸爸也不知所踪,我的弟弟就去当了国民党的兵了。所以我跟他们一直没有什么来往。一般来说,新娘子出门之后,他的兄弟三早去接她回来,回到娘家时,新娘需要带酒和鸡,新娘回家时需要将一担担腊肉和年糕分给房族十家。

我没有听说过换亲,假如你家很有钱,我也愿意来,那就可以倒插门了,真的要上门,不需要经过族里面人的同意,只要男女双方同意就行了,只是告诉族内的老人,尊重老人,我这里没有男丁,女儿要找个人上门。上门之后生的小孩,都是要两姓的多的,也跟妈妈姓,也跟爸爸姓,一般是爸爸的排在前面。上门的女婿,他的地位没有女的这么高,来我家上门,那我自己家的女儿肯定能说得通一点,就是怕以后久了就说不上了。我们容县这里很封建,如果拿袋子回家要放在床底,我的伯爷最封建,过年过节的时候,他故意问她女儿,四妹在家吗,还不叫她出去?现在他死了,因为过节气的时候,外嫁的女儿是不给在家的,即使半夜也要让她出去。那时候我在街上,在哥哥那里,我谈一个北方人,我原来的男人不在了,颁布婚姻法之后我就出来了。他老太帮我介绍一个北方人,是南下干部,说:"老弟,你们结婚没有?"他说:"没有,上哪里要。"老太就问我要不要嫁给他,我说话听不懂,不要,就被骂,你个死蠢猪,在农村还不受够苦难吗?你还舍不得那碗萝卜酸、那碗稀饭吗?

后来我就想那怎么办,回到外家又没有房子住,我就在老太那里帮他姑奶做了五双鞋子,寄到梧州去,这个爷爷经常做生意,我就在他家吃饭,后来被迫没有办法,就是嫁给这个北方人了,这个北方人脾气太差了,但是没有办法,因为你没有地方落脚,自己生活很困难,想去打工,又没有工做。我从他老太家出去,去写结婚书,四妹,你去买一只鸡、一条鱼、一斤猪肉,回来供祖宗。按照以前的迷信,就叫作倒霉,后来我就一直在想,从他家出去登记也做做倒霉吗?跟这个北方人,这个北方人是南下干部,他脾气太差,开口就是粗口话,但是你也得跟他,我的女儿就不去跟他了,女儿是在农村的,我不带着她,那时候自己又难过,你要是带个小孩,人家会看不起。所以我有我的难处,一直到现在,我都没有跟谁说过心里话,本来我和他奶奶说些心里话的,结果他奶奶也死掉了,他奶奶是梧州人。

出嫁之后,过年,比如说年初六以后,要回娘家,一般家婆也不怎么给媳妇回去,需要拿东西,一个族内那么宽,你有多少分给他?以前都是分给族内,不像现在只是分给自己娘家就行了。出嫁的女儿,家里有事情,他叫就回来,不叫就不回来。分家的事情,父母有儿子,就不给女儿管,赶圩都没得去。所以我就笨,买卖也没有轮到我,赶圩也没有轮到我。女儿出嫁了,和老公吵架,娘同情你,你就可以回,不同情你,你就回去跟你老公。回去拜年也不可以跟老公住一起,特别是家里有兄弟的,这样做的话,他说他会倒霉。新中国成立之后,两个人说分手就分手,别人说不上话,父母也不可闹。以前我出嫁,我的父母没有给我送东西,他们自己也很穷。

(三)出嫁的姑娘与兄弟姐妹的关系

我被卖掉的时候,我弟弟还很小,我回到老家的时候,已经出去当兵了。所以,我至今不知道他的名字,我也记不起他长什么样子了。

二、婆家人·关系

(一)媳妇与公婆

1.婆家婚娶习俗

我没有真正办过婚礼,但是按照以往的惯例来说,以前结婚是要门当户对的,有句话叫作"木门对木门,竹门对竹门",有钱人家的人,是看不上穷苦人家的人的。我丈夫的弟弟娶媳妇的时候,因为他的媳妇是乡长的女儿,算是门当户对的大户人家,他们的婚礼就很风光,用很多大箱子抬着东西,用花轿抬着新娘,新郎骑着马走在前面,风风光光地进家门。以前结婚的时候要八字相合,男方女方的八字都要拿去相配,如果合得来的话就可以结婚。旧社会的时候,很少反悔的。

定亲以后,双方男女也不能见面,一直到抬进家里才能见,有时候抬进家里还不太见得到。有人会装,因为那个男的长得不好看,请人就请别人去装姑爷,听说以前有一个年纪很老的地主没有后代,想娶一个年轻的媳妇来传宗接代,这个小老婆用花轿抬回来以后,回到房里,看到自己老公长得这么丑,连夜跑出去,就再也没有回来过。

以前结婚的时候,男的过多少彩礼,女方就陪嫁多少嫁妆。很少有人陪土地的,布匹和衣服就有,有钱人家缝把套衣服抬到女方家里,之后再原本抬回来,是想给女方家里看一下。如果娘家不陪嫁东西回来,也不会被别人看不起,比如说,男方给了多少钱给女方,女方就用来宴请亲戚,钱用完之后,有东西陪嫁了,就是在出嫁的时候,叫几个人送出去。穷人和穷人结婚的话,不陪嫁东西也不会被看不起,如果穷人对有钱人的话,那就不得了了,以前我在那里的时候,他们看不起我,因为我家穷,我生女儿的时候,我都在家,没有任何一个人去看,他们就笑话我,背带都不得一床。我还听说过有人陪嫁牛的,之前有女儿出嫁,当陪嫁给她一头牛,结果她的小孩出来,头上长了两个漩涡。我嫁到那里之后,没有去拜过他的祖宗。

2.分家前媳妇与公婆关系

(1)婆媳关系好坏

在地主家的时候,我和婆婆的关系一直都不好,也一直没有分家,那时候大家庭一起吃饭,做饭做菜都是我做的,收拾碗筷也是我的事情,我从来没有见过公公。有一次,我婆婆看我吃饭多一点,她就撵我回我的外家,去看看我家有这个米来吃嘛,我的外家也没有人来帮我调解。

(2)婆家家长与当家

我嫁到那里是他妈妈当家,家婆这边能有什么事情,有事情他们也不叫我,她自己做主的,她和她儿子一起做主,轮不到我们。我们有饭就吃饭,有粥就吃粥,有工就去做。

(3)劳动分工

我要做的工比牛毛还多。农村的活最多的,所以我说千万不要嫁到农村去,嫁在街上,街上的狗都比农村好,嫁到农村最辛苦的。

(4)婆媳规矩与状况

以前不怎么串门的,也是在本村的,一个妹仔家不能去哪里,去这里去那里,别人说你没有规矩,我们就在家做针线纳鞋底,不出去的。我也不需要服侍丈夫,他可以护理他自己,晚上回来不需要帮婆婆打洗脚水,除非她行动不便,农村的板凳不论的,你要坐哪里就坐在哪里,不像街上那些有规矩的,我坐哪里我就坐哪里,不给乱坐。所以婆婆坐下,我也可以坐下。我的婆婆没有跟说要我服侍我的老公,我老公也不在家,见一面都难。

(5)财产权

有钱人陪嫁过来的东西自己用的,陪嫁过来的水盆脚盆都是大家用。

3.分家后媳妇与公婆关系

我离开地主家的时候,还没有分家,我二婚的时候,也没有跟婆婆公公一起住,二婚的婆婆公公家是黑龙江的,离我很远。

(1)离婚

我离婚的时候不由得她愿意或者是不愿意,我到农会去说,农会就开笼放鸟。

(2)继承

他们家的土地是归他自己家的子女管,但是我不带走,别人都分光了。

(二)妇与夫

1.家庭生活中的夫妇关系

(1)夫妇关系

我被卖到地主家这么多年,一直我的第一任丈夫出去当兵,我跟他的关系都不好,跟他说的话没超过三句;我跟我的第二任丈夫关系也不怎么好,他是北方人,性格比较火爆,大男子主义强烈,我跟他生活中的交流也很少。在现实生活中,妻子是要顺从丈夫的,在新中国成立之前,丈夫可以随便打妻子,丈夫说话妻子不能插嘴。以前我们家是我丈夫当家,他要花钱,不需要经过我的同意,但是我还需要经过他的同意,我们结婚之后就在农场上班了。一般来说,人情来往都是由丈夫出面的。家务活必须是由女的来做,男的很少做的,衣服也是要女的洗。丈夫娶妾的时候不需要经过妻子的同意,要那个男的能养得起几个老婆,那就能娶几个老婆,娶妾的时候,不讲究门当户对,小老婆要称呼大老婆为姐姐,也要服侍大老婆,就相当于丫鬟。

新中国成立前,男人跟女人有很大的决定权,经常可以看见男人卖老婆的现象,男的好赌,欠债无法偿还时,就把老婆卖掉还钱。丈夫打骂妻子,妻子不能反抗,向娘家人投诉时,娘家人同情的话,就会进行调解。如果家庭和睦,孝敬父母,勤劳肯干,就是好媳妇的标准。我那时候都是在他家里的,什么时候都见面,但是我们之间不互相称呼。婆婆死了之后是弟弟当家。

(2)家庭分工

在我们村,小孩都是由女的负责带,男的不带。在女的忙不过家务活的时候,如果让男的帮,她就会被骂。以前我在我们村,男的都是去洗衣服和挑水的。以前吃水不容易,要到大河边去挑,水像石油一样宝贵,用水好节约的不像现在。我的叔叔总是一桶水一桶衣服带回来。

在第一任老公家的时候,婆婆安排我们做事,买卖都是他兄弟婶做的,下地干活是我做的。假如今天是集日,要拿米去卖,就是由弟媳做主。我们干活了,我们不识字,她的父母是当乡长的。所以她有钱,她识字。婆婆不给我零花钱,问之后还不给,不要说主动给,偷两毛钱还被打到血流。用棍子打,现在还有痕迹,那时候她把钱留在那里,我就扯了一张,她发现了,就拿我来打,打得很要紧。我老公还没有当兵之前是去读书。

(3)日常消费话语决策权

弟媳结婚是婆婆出面去给彩礼,家婆做主,卖米卖谷子。弟媳结婚的时候办酒四五十桌,她有八套衣服,而我一套都没有。弟媳到那里之后也需要干活,只不过她做得少一点,没有我这么累。她外家有钱,她的爸爸以前是乡长,她可以经常回去,那我没有来吃,我就在他家干活。我的爸爸常年不在家,回去吃伯母的,帮我那时候挑草到雒容去卖,上午一担草,下午一担草,卖给那些做豆腐的、做米粉的,以前我的大伯爷大伯母都是卖草的。

2.家庭对外交往关系

(1)家庭责任与义务

我老公那时候他还年轻,他也不敢让我们打洗脚水,老的你就得舀水,像我伯母,在我伯伯喝酒之后,我伯母就打水给他洗脚,我伯伯还摆老资格的,吃饭不需要盛饭。老公在外面赌钱,管得了你就管了,管不了你有什么办法?你敢出去说,有可能回来就会被打,不能随便乱说,你外家给你陪嫁的东西她都拿你的去当。老公跟别人说话,女的不可以插嘴,如果老公小气的话,女的会被打。顶嘴会被打。我回到村里,看到隔壁家的老公让老婆跪在那里,用棍子打,叫她认错,打得很严重,我就回去问我伯和伯母这个是怎么回事儿,为什么要强迫他的老婆跪在那里。我伯母说那个男的狠心毒,不给老婆吃饭。

(2)纳妾

男的娶小老婆,不管女的同意还是不同意,反正他就是要。以前我们村上有一家有两三个老婆,有几个丫头。娶小老婆的时候不需要讲门当户对,都是去买来的,他没有后代,需要接后代。那些家里很穷的,才会让自己的女儿去做小老婆,因为小老婆都是去受气的。小老婆结婚的时候是没有彩礼,小老婆去吃酒的时候还不敢坐正面,小老婆称呼大老婆为姐姐,都是大老婆来安排小老婆做事的。小老婆生的孩子叫大老婆妈妈,家里面的人一般称呼小老婆为婶婶或者嫂嫂。小老婆也可以当家,因为干活的时候她也有份,买卖、走亲戚的时候就是大老婆干的。

男的可以随便打老婆,老婆也不反抗,新中国成立之后没有这么多人打老婆了,妇女翻身了,有妇女组织的,有调解的。家里面买的东西一般是老婆做主的,男的不买的,男的不懂得的。家里很穷的时候,需要把家具拿去当,需要经过老公的同意,那没有来吃了你就得当啊,还全是男的去当得多,女的还不舍得呢!男的三十晚上需要喝酒,所以他拿去当。

旧社会就是有卖老婆的。老公把老婆卖了之后,娘家不会来找的。这家很困难了,她想去另一家生活好的,那去就行了。以前古老就是有这种的。大老婆没有生孩子,小老婆有了的话就不会去接了。如果都没有的话,那就必须得接,都没有的话,他也想要一个的,要来顶他的香炉盆。

(3)人际交往

老公不让女的出门,女的就不能出门,都是由老公说了,不听话就会被打。我伯伯就很小气了,他整天说我伯母,厨房都是由女的做,男的都不做,做好了男的就来吃,还喝酒呢!我爸爸就是喝酒的,一边打火锅一边喝,就算我们看到了,我们也不敢讲他。

我家里的人情来往一般是由丈夫出面的,因为丈夫是家里的一家之主,家里有客人来的时候,必须要等到客人到齐才能一起吃饭,丈夫在外面欠的债务,妻子也要偿还。女性也不可以代表家人出去吃饭,别人办酒邀请我们时,年轻人叫去帮手,当挑水帮洗菜,老人不用争做这些,他们只顾着去吃就行了。

刚嫁去那边的时候我没有朋友。一般的家庭不敢来跟我们说话的,因为等下别人会说闲话,说他们巴结有钱人家的媳妇。我随便跟一个人说什么都会被家婆骂的。在新中国成立之前,基本上不出门的,后面就有农会了,有农会了我就多自由一些了,我就出来了,我回家了,在我婶婶那里住了好几个月,之后我就到农场了。

(4)婚外情

那村里面的人在背后谈论老公在外面有女人,背后骂皇帝,哪个敢当面讲?是你出钱,不需要别人帮你出钱。自己的父母懂得的话就说一些,不懂就没有办法。你女儿在外面学坏了,你不说吗?

(三)母亲与子女的关系

1.生育子女

(1)生育习俗

生的一个男孩子就拿一个公鸡,生的一个女孩子就用一只腌过的鸡。以前叫"报姜酒",

买两瓶酒、买猪肉,就去告诉孩子的外家。大部分是办满月的,外家人拿背带、拿毯子,请客人进去,有一二十桌、三四十桌。你送东西给我,我也送东西给你,这就是互相往来。满月之后,小孩子可以抱出来给别人看,满月之后,娘家一般都是要接外孙回去看的,其他人要到一岁才看得到小孩,因为走路程远,小孩子不习惯会哭。家婆也是不给带去搭船坐车的。有钱人家才会办生日,有钱人以前自己又养有猪、杀猪。

(2)生育观念

家公家婆会因为生儿女对你区别看待,个别人是有这样的,哪个人不想要一个儿子?生男孩就办酒办得大一些,大老婆生了一个女儿,没生的儿子,就去讨个小老婆来生儿子。

(3)子女教育

我女儿不读书,我又不在那里呢,他的叔叔是老师,她都不跟去读书,好像是去读了半年,后来跟不上就不去读了,她不识字。

(4)对子女权力(财产、婚姻)

我女儿是自由恋爱的,就是一个女儿,以后的东西都是要给她。她出嫁的时候我就是缝了一套衣服给她,新中国成立之后,别人要倒插门的,两个人同意就行了。

2.母亲与婚嫁后子女关系

我没有帮忙带外孙,那时候我在农场干活,一个萝卜一个坑,请半天假就要扣钱,不卖力哪换来今天的房子。正式工人要请假的话是会被批评的。农村也有儿女对父母不好、不给父母养老的。我也就是一年去女儿家一两次,因为她住得近,白天去了晚上回。她经常来我这里,我还不愿意去农村,到处脏兮兮的。

三、妇女与宗族、宗教、神灵

(一)妇女与宗族

大家族里有公用的田地,清明的时候,那块田就用来做清明的。有好几亩田,领了就卖了那块田的稻谷,用那里的钱来做清明,把出嫁的女儿都请回来。大家族里的寡妇,不会得到大家的帮助,你做不了事,谁来帮你。你跟顾你的,他顾他的。大家族里的任务就是种那块地,然后做清明就完了,其他一样不管事,做满月的时候就帮你出一点钱去买背带。上门女婿可以去参加家族活动,假如男的在外面养有女人,女的在外面乱搞,大家族里的人会对他们区别看待,说你不正当,但是也不会打你。没有武斗的。

(二)妇女与宗教、神灵、巫术

1.求雨

求雨求神,到庙里面去拜,相信这个庙你就去这个庙。杀猪抬猪去拜庙。一般是自己,目前还有一首歌这样唱,双脚走到庙旁边,你下跪在庙面前,手持签筒摇三下,求花缘。

2.灶王爷

除夕夜拜,男女都参加,我奶奶交代我,不能拿鸡去供房间,因为鸡会扒花,影响生小孩。

3.宗教

我不信教,信教之后说父母死了不能哭,一只鸡不见了还不舍得,怎么会不给哭丧?

四、妇女与村庄、市场

（一）妇女与村庄

1.妇女与村庄公共活动

长大了我参加村里活动，那时候我们在农会，有人来表演，新中国成立时还有妇女会。我认识村长，他那些人来拍门要米，给别人吃，捐米给土匪吃。老公去当兵，我改嫁，不用征求甲长同意。

2.妇女与村庄社会关系

女生很少到别人村玩的，等下别人说你发癫，到别人村去玩。除非她的外家是这个村，她就可以回来。村里面女的和女的吵架的时候，没有人调解的，她们吵累了就不吵了，男的是不帮的。但是如果是婆媳吵架的话，老公就会帮说话一些。本村人为了菜园，为了小孩吵架的话，哪个赢了就是赢了。结婚之前，我不经常去赶集，量半斤米给你去赶街，然后在街上吃一碗米粉就行了。结婚以后也是这样的，我就说我偷了五角钱，被打得要死。

（二）妇女与市场

以前有女的在街上卖果卖菜，都是近的卖的，以前农村懒的，女人不经常做。以前用菜园里的剑麻来搓麻，以前旧社会都是纳鞋底做鞋子，半夜点灯来加班做，只够自己家用。

五、农村妇女与国家

（一）认识国家、政党与政府

1.国家认知

我没有听说过国家这个词。1949 年以后才知道男女平等，新中国成立之前，在村里面看到过小学，有孩子去读书，女孩子男孩子都去，就是我这种家庭的人不能去。我没有见过美元，那时候我跟这个北方佬结婚，他给我一沓钱，一毛两毛加起来一共有十块，我当时还不知道数钱，我还将这沓钱拿去给别人数。新中国成立之前，我家就有三个国民党兵，国民党的被撵多了，就向共产党靠拢。之前我也没见过党员，现在我的女婿就是党员。

2.政治参与

我女婿是共产党员，因为工作原因才入党的，可能他也是比较优秀的吧。他很卖力的，所以他才是党员。他老婆一直埋怨他，当一个党员家务都不得做，整天跑东跑西。没有参加过保长开的会。以前政府有要求女的剪短头发，但是我没有剪。我自己觉得自由恋爱好，包办婚姻，如果对方是一个残疾，也得去。

3.女干部

如果我女儿有幸当干部，我会鼓励去。

4.政治感受与政治评价

我觉得生多一点好。女人走出门去参加村里的活动就更好了。我觉得妇女联合会的工作有些到位，有些就是看面子的。有了妇女联合会之后，村里面打人的现象就少了，不然以前老是被打，你去哪里回来晚一点的话也会被打。

（二）妇女与土改

我的土改成分是雇农，我之前在地主家的时候也有看到别人斗地主，但是我没有被斗。我家婆家是地主，她被划为地主之后，家里的所有东西都被上交了，说是首发地主。那时候我没有被斗,别人就说我好运气,我家婆也没有被斗。别的地主家有一个长工在打工,有人就催这个长工去揭发地主,这个长工就不去,他说:"每逢过节的时候,地主都给我一袋一袋的东西回家,我为什么要去揭发他。"土改的时候也有土地分给我,男的土地和女的土地分得是一样多的,但是地主的就不能搭配这么好,分了土地给我,离婚以后我也没有拿走土地,在分土地的时候,有些女的积极分子表现得特别积极,她们敢讲敢做敢斗地主。

(三)互助组、初级社、高级社时的妇女

时间太久,我也记不清我是否参加过互助组,反正就是大家一起干活。这个互助组多少个人,然后做完这里又去做那里。以前没有牛,然后大家共用一头牛,比如说今天去种甘蔗,大家一起去种,种完之后再去种别家的。我们妇女也可以参加互助组,那时候做衣服的是一帮人,种田的又是一帮人。女的也要到地里去干活。弟媳在没有成立互助组之前不用去地里干活的,分了互助组之后,她就得去了,她孩子还小,不做谁养她?

(四)妇女与人民公社、"四清""文化大革命"

1.妇女与劳动、分配

互助组的粮食分配,看你劳动力,你劳动力多,粮食就多,劳动力少,粮食较少。我愿意自己干活,自己做的时候就自由一些,在互助组里,你竞争不过别人,你动作慢,得少就是少,别人动作快的就把你的抢去了。那时候女的和男的一起干活,不习惯,像割谷子的时候,男的专门要男的打,女的专门要女的割,女的容易弯腰,男的就弯不下。

2.集体化时期劳动的性别关照

大肚子去干活的时候别人会照顾一些。分任务的时候就照顾不了了,你做你的,我做我的,开始参加集体劳动的时候,女儿有两岁了,我的家婆帮我带,我在外面做工回来还得做家务,挑水、洗衣服、喂猪。

3.生活体验与情感

以前干活的时候一帮人干活很热闹,以前半夜三点钟就去拔花生了,都被别人骂,半夜就来这里吵吵闹闹的,上百号人到一块进去拔花生,我们就被人家农村的人骂,后来他们就说,我们骂错你们了,俺是干部家属,不是劳改犯。

六、生命体验与感受

哎呀,不知道说什么,我们这种没有文化的也不知道怎么表达,没读过书,看电视的时候,我还感叹这个时代太好了,只可惜我们命不是时候,用大家的话来说,建好了庙,鬼也走了,有房子住,人也老了。晚上看电视的时候,习近平到处访问,大家都欢迎他,我就想,我们有电视看,人也老了,有东西吃,人也老了,可是活不了多久了,还给我活得十年就好了。

QW20170217WXZ 文秀珍

调研点：广西柳州市柳东新区雒容镇高岩村

调研员：覃雯

首次采访时间：2017 年 2 月 17 日

出生年份：1931 年

是否有干部经历：于 1956 年担任妇女队长

是否生育：是

受访者结婚的时间节点、生育子女的具体情况：1951 年结婚；1958 年生第一个孩子，共生四个孩子，前一个是女子，后三个是儿子，其中次子病死。

现家庭人口：3

家庭主要经济来源：务工

受访者基本情况及个人经历：老人具体出生年月不详，根据老人推理是 1931 年出生，出生地是广东省，后因父母双亡，被人贩子卖到广西壮族自治区柳州市雒容镇，一直生活在此至今。老人上过一年小学，有一个女儿，三个儿子，有一个儿子已经去世，现在已经是四代同堂。老人现在跟最小的儿子一起生活，每天都是到村里和其他的老人一起烤火聊天。老人的老伴现今九十一岁，仍然健在，两夫妻分居。老人所在的村庄，耕地已经被国家征收完毕，现每个月老人得到 2700 块的养老金，生活能自理，儿子儿媳很孝顺，老人性格很好，很健谈，与周围人相处融洽，也很拥护中国共产党。

一、娘家人·关系

(一)基本情况

我叫文秀珍,祖籍广东,幼年丧父母,之后与兄弟走散,被人贩子卖到雒容,在地主家当五年丫鬟,具体出生年月不详。我小时候有小名,但不知道是什么寓意,当了五年丫鬟之后,被另一个地主收养当女儿,起了一个名字文彩虹,但本人不满意,最后自己起了这个名字,没有什么寓意。出嫁之后,来到丈夫家才进行土改,土改被划为贫农,土改之后,家里有四口人,丈夫、婆婆、大姑姐和我自己。一生养育了四个小孩,三个男孩,一个女孩,其中一个男孩已经去世,1958年的时候生育第一胎,我现在跟随最小的儿子同住,已经四代同堂。

(二)女儿与父母关系

1.出嫁前女儿与父母关系

(1)家长与当家

我家以前可能也是挺有钱的,我们住的是在街边的瓦房。以前是爸爸当家,爸爸管钱,但爸爸去世后,就是妈妈当家,妈妈管钱。妈妈去世后,我们就走散了,我也被卖到了柳州,对于以前在广东的事情已经不太清楚了。之后就被收养到了文家。我1944年到了文家,我和我的养父一起住,养父生了一个哥哥,但哥哥常年在外当兵。所以,我们家就是养父做主,我的养父送我去读书,那时候我也不愿意去读,因为我年龄比较大,比较害羞。养父给我起了个名字叫文彩虹,那时候我不满意,我就非要改名字。以前我贵阳的哥哥总是寄钱回来,我要拿名字去领,我就说我要改名字了,我叫文秀珍。

(2)受教育情况

我来到文家之后,我的养父让我读书,读了一两个月就不读了,他又催我去读,但是我还是没有去。那时候我的哥哥他在外面读书,到十六岁就去当兵了,新中国成立之前,村里很少有女孩子读书的,因为他们说给女孩子读书就是给别人养媳妇,白费钱。

(3)家庭待遇及分工

而我在养父家的时候,因为就我一个小孩,养父对我很好,没有添饭的规矩,我们都能上桌吃饭。一般人的家庭,吃饭的座次没有讲究,但是大户人家就不一样了,以前我在地主家的时候,看到他们的座次很有讲究。不过,来客人时,他们全家人不管男女老少都可以上桌吃饭,但是我们这些丫头就不行。以前我也得添新衣服,在贫穷人家的家庭里,一般都是大的旧衣服小的穿,女孩子一般都是在过年的时候才有新衣服。添衣服的时候,先给男孩子买,再给女孩子买。我在地主家的时候,要先给父母舀饭。父母吃饭,我就在旁边站着,看他们吃,哪个吃完了,我再帮他盛饭。我倒洗碗水的时候发现两块猪肝,掉在厕所面上,我还捡来吃。

过年的时候,地主家男孩子和女孩子都得红包,但我不知道是多少钱。过年的时候,我还跟男孩子一起去给别人拜年,去那些有钱人的家庭,开门面的家庭,去恭喜发财,他就给红包。

(4)对外交往

过去,非常贫困的家庭也是需要出去讨饭的,我们在街上就看到过这样的现象,他们去问别人要些米来煮饭。平时在家,女孩子是不可以乱出门的,特别是大户人家的女孩子,人家会说你没有规矩,等到成年以后,还可以稍微出门。1949年以后,思想就开放了,我也看到过女孩子跟同村的男孩子玩,因为相互之间都认识,所以家长也不说什么。

（5）女孩禁忌

以前洗完衣服之后,虽然女孩子的衣服可以和全家人的晾在一起,但是老人的衣服要晾在前面,裤子要晾在后面,别人来的时候,看到你的裤子晾在前面,衣服晾在后面,别人就说你没有规矩。

（6）家庭分工情况

在养父家里的时候,养父七十多岁了,已经不做工了,都是在贵阳的哥哥寄钱回来。我来这里几年之后,他就去世了。我在他们家的时候,也不需要做什么。地主家的女儿叫小姐,地主家的儿子叫作少爷,都是不用干活的,他们都是请人做。一般的家庭,女人就需要下地干活,我做大闺女的时候,我不会做针线活,也不会纺纱。我只会做鞋子,我嫁过来之后,家婆教的,这些我们倒是会,现在让我纳鞋底我也会。以前我们都不买鞋子穿,都是自己做的,不然就是穿草鞋。而我们在队里干活,打赤脚的,或者就是去柳州买那些烂的鞋子来穿。

（7）家庭教育

以前爸爸教男孩子种田、犁田、耙田,妈妈教女孩子针线活。以前女孩子不能轻易打扮,都是出嫁了才打扮的,拿石灰和线来擦脸。以前我们去干活,还说:“今天要拿点石灰来,休息了就化妆。”以前地主家就有给女孩子专门设立家规,女人不能随便出门,随便出门的话,以后就没人要了。给人做媒的时候,也要说女生的优点,会去男方家里说,女生很好。

2.女儿的定亲、婚嫁

（1）定亲经历

以前媒婆认识我的爸爸,我爸爸就托她给我说媒,正好她认识我现在的丈夫,媒婆就说了这个人很老实的,家里怎么样。之后经过我养父的同意,我们就定亲了,那时候我还年轻,什么也不认识,媒人就和文家的伯伯说,要多少毫子,缝多少套衣服。以前嫁妆两套衣服,一套四缕步,就是最好的了。我们结婚之前没有见过面,那时候还拿生辰八字去算。那时候也没有结婚书,到1958年就开始写结婚书。我收到的结婚彩礼就是两套衣服、几块银元,这种彩礼都是我娘家人开口问要的,不是男方主动给的,那时候的二十五个光洋就相当于现在的一千多元。一般来说定亲之后,双方家长会见面,但是我的家长和丈夫的家长却没见。以前定亲之后,一个人死了,另一个人可以反悔。还没结婚的时候,姑爷是不用去娘家走动的,结婚以后才去。

（2）出嫁经过

我出嫁的时候娘家没有办酒,婆家没有办婚礼,没有轿子,也没有放鞭炮。我的养父也是广东的,没有什么亲戚在这儿,我就冷冷清清地出来了,然后在两三个女生的迎接下我就来了婆家。那时候都不懂得,一接我就来了。在家里又没有吃,我当时心里头想,管他的,来就来了。到了婆家要看时辰要踩火盆进门。

（3）嫁妆

以前姑娘要出嫁,也没有什么陪嫁的,就是一套两套衣服。村里的嫁妆标准就是一个包包或一个匣子里放点衣服。地主家就陪嫁几个大箱子的东西。以前我们还没有来的时候,王家的大地主,他家比政府房子还要宽,我们去那里讨吃,我们就看见他女儿出嫁,有五六个大匣子,新娘坐轿子,新姑爷骑马,很好看的。

那时候我的嫁妆比别人的还少。我们这刚开始都没有嫁妆。以前我来到这家,我的丈夫很穷,他是贫农,他的彩礼、被子和蚊帐都是去借的,借了三早就拿回去还了,借的还是旧的。

接村里面的人的,那时候都需要借,就是一块一块的床铺。我的丈夫就是那时候不需要我干活,我就自己去帮别人挑东西,后来得的钱自己保管,用来买米吃。那时候,新姑娘出嫁三天要回门,舅舅送回,新娘回门,大舅舅就做粑粑,挑担子送回来。

(4)招赘

以前要招女婿上门,只要有钱或者门当户对,也不需要家族人的同意,夫妻二人同意就行,生出来的小孩跟女方姓。我们这里也都有男的来到这里改名改姓的情况,女方家里起名字,男方愿意你就来。

(5)改嫁

村里很少有二婚的女性,以前很少有离婚的。如果她不愿意继续生活下去,她走就是走了。以前村里可能会有一两个,那时候也没有结婚书,男的都到外面去,对她不好的话,她一走就是走了。

3.出嫁女儿与父母关系

新姑娘出嫁之后,回娘家很多事情是要注意的,新姑爷和新姑娘不能住在一起的。新姑娘也不可以在除夕夜回娘家吃饭,说是过年穷,不给出嫁女回来吃饭,吃完之后就得走,不然会影响财运。现在新姑爷来家里烧香就可以,就相当于上门女婿,娘家也给布置房间。出嫁以后,一年中,端午节和中秋节能回娘家。中秋节不是说八月十五当天回的,而是提前回,十三或是十四就回了,吃完饭你就回去了。中元节有父母的就不需要回,如果爷爷奶奶刚去世的话就需要回。

嫁出去的女儿不可以管家里的事的,家里有兄弟,他们不会给你管,讲话就是可以讲,可以提意见。如果女儿出嫁之后生活困难了,娘家可以帮,娘家有钱就可以资助女儿,弟弟大方的话也行。但是女儿不能回来管娘家的事情。

1949年以前的时候,和姑爷吵架的,女儿可以回娘家,娘家人看他的女儿凶还是不凶,假如是女的错误,娘家可以教训她。1949年之前,说这个男的整天外出,时间久了之后,女的就可以提出离婚,离婚之后还可以回娘家住,但是过年的时候就不给住了,也不给睡楼上,只能住小房。女人出嫁之后不可以分配父母的财产了,除了烧香,烧香也意味着你要负担父母,才能分父母的东西。父母过世之后,在葬礼上,男女之间穿衣服没有什么差别。

(三)出嫁的姑娘与兄弟姐妹的关系

出嫁之后,我跟我哥哥的关系很好,经常来往。前年他还来,九个人一起来,他现在在贵阳生活。我的侄女待我特别好,经常买东西回来给我。娘家有事情会叫出嫁女回来讨论,比如说兄弟待娘不好的话。兄弟分家的时候也会叫出嫁女儿回来商量。结完婚以后还回文家住过,这里也不经常给我走动。那时候乱,剿匪呀,天天有人被枪毙,这边办喜事,请文家那边的人。儿女结婚不需要舅舅同意,两个人同意就行。如果女儿过得不好的话,娘家人帮打抱不平,出嫁女过世了,娘家也会有人来。

二、婆家人·关系

(一)媳妇与公婆

1.婆家婚娶习俗

我的家婆对待我很好。我们去大队开会,那时候就认识了隔壁村的女的,她说我的丈夫难看,让我改嫁,我不舍得走的。我看到我丈夫很难看,我就拒绝拜堂,那时候也有女的主婚人,拜堂的时候,怀孕的不许看,二婚的也不许看,第二天还要端茶给家婆,如果孝顺的话每天都端。我刚来到这里的时候,我家婆当家,那时候得挑草去卖,我和我家婆一起去,我和我家婆的关系很好,我跟她从来没有吵过架,以前有电影看的时候,小孩给家婆带,我就自己去看电影。因为我家婆对我很好,我就不舍得走了。

2.分家前媳妇与公婆关系

1949年之后,我婆婆就允许我随便出门了,我去走亲戚的时候也要跟她说,我不需要每天帮她打洗脚水。家婆很好说话的,从来没有要求过我伺候我的丈夫。以前结婚的时候,要两个人同意就行了,家里面的人一般不会说什么,但是也有那种不同意你非要的情况。

3.分家后媳妇与公婆关系

家公家婆去世以后,寡妇可以继承财产。1949年之前也有女的出去打工。家公家婆老了之后一般儿子儿媳养。

(二)妇与夫

1.家庭生活中的夫妇关系

(1)夫妇关系

结婚之后,我从来不叫我丈夫的名字,一直都是他当家的,我想当也不行,家里的大大小小的事情都是他安排的。孩子还小的时候也是他管,他把钱管得很死,不跟我说怎么用。钱不够用的时候也是他出面去借钱的,以前来这里我跟家婆去帮别人打工的,整理田,一天一斤半米,吃一餐午饭。以前还有老婆必须要伺候老公,必须要相信他说的话这种说法。以前刚开始来这里的时候,我每天都要帮他打洗脸洗脚水,做饭给他吃的时候还舀饭给他,男人说话女人不可以插嘴。以前我们在青年队里玩得好的,老公回来看见了也会打我们,我们都是被管制的,但是管制我们也不管在外面嬉戏。做家务和倒马桶都是女人做,衣服也都是女的洗,男的不帮洗的,不像现在,男的也会洗衣服。但是有些男的也有大男子主义,说的话你必须遵从。

(2)娶妾与离婚、婚外情

有钱的人,都是有钱的人,我们这里也有,有四个人有小老婆。娶小老婆的时候不需要门当户对了,有些是被迫的,比如说有钱人家的人看上了穷人家的姑娘,他就请媒人去做媒,你不嫁也得嫁,即使男方大一二十岁的话,他也强迫你嫁,你不服从,他请人去你家闹。他娶的小老婆会被大老婆管,去端水给大老婆洗澡,就是相当于娶小老婆回来做丫鬟。那时候我来还没有土改,还没有划成分。以前还有男的卖老婆,他赌钱赌输了,就卖掉还债,隔壁村的把他的大老婆卖了,娶个小老婆。还有他去赌钱的时候,家当败光了,就把老婆卖掉。大老婆没有生养的,男的就讨小老婆回来,他说你没有养,你就没有权利说话。新中国还没成立之前,老公打老婆老婆反抗不了。现在村里面有村长、有队长,女的可以告状。以前虐待父母,就由他虐待,现在不行了,村委可以出面来管。在那时候家里和睦、不吵架、卖力干活、伺候好公婆的就是好媳妇。

1949年以前也有婚外情的说法,有钱的人家更多了,但是我没见过,听说隔壁村有个媳妇,跟我们村的一个地主发生婚外情,被她老公砍头。发生这样事情的时候,村里面都是议论女的,女方不对的,会被老公打,家族的人也会让老公去打他,那时候风俗就是这样。

2.家庭对外交往关系

那时候很少有老婆可以不经过老公允许出去买东西的,管得严的就不能出去买东西,像我就不可以。新中国成立之前,我去的最远的地方就是柳州,新中国成立之后,女的就更自由了,完全自由要到分单干以后才达到。那时我们自己有地可以种菜卖。上头允许留五分自留地来种菜,队长听错了,就说只可以留五厘地,不准走资本主义,那时候我种了三排洋葱,他就把我的两排洋葱都拔了。

我们1958年大锅饭,1959年就出去干活了,1960年回来。我在青年队,我的丈夫在老年队。家里的人情往来一般都是由老公出面,如果是坐月子送鸡的话,就是奶奶去送。不过最开始还在生产队干活时,给我们的补贴就是十斤米,十个鸡蛋,有钱也没有东西买的,也没法送人。就是分单干之后,有钱了才有鸡去送,以前杀一只猪,还请全家族的人都来吃,比如我家养一只猪,要养两只,自己杀一只,一只给国家,还得请全家族的人来吃,自己都没有来吃,都叫老人家来吃的,一家一个老人。以前也都是男的出去借钱的。

(三)母亲与子女的关系

1.生育子女

(1)生育习俗

那时候没有这种,那时候也是挺穷的,我的女儿有一岁这样,我就出去干活。家婆就是说我得了一个妹仔的时候也没有人来送鸡的。因为队里不许,当时也不办满月酒。就是分单干以后,慢慢有钱了,我们才开始办。大儿子结婚的时候,那时候大女儿也跟着一起吃饭的,办了三四十桌的酒,那时候村里面还没有这么大规模的酒席,我们都是蒸全鸡全鸭的,客人都说从来没有见过。那个年代生小孩没有娘家人来,没有人来接外孙回去住,只有满月之后,母亲带回去才有,以前办酒的话,就会给全村的人发红鸡蛋。

(2)生育观念

以前家公家婆要是看到你生了个男孩就很高兴,生了个女孩儿就没那么高兴,比如有两三个儿媳妇,两个都生了儿子,你生了女儿,家公家婆就多疼那两个一些。媳妇如果只生女儿或者不生的话会被嫌弃的。

(3)子女教育

我的大女儿读了一个学期,就回来带老弟了,背老弟去读书,她觉得辛苦,就不去读了,我的其他儿子,都读到初中毕业,我的小儿子,不愿意读初中。以前我们也愿意给他们去读书,我的丈夫也给,那时候也还在生产队里,大儿子很勤快,周末上半天课,下午他就回来去出工了,得四个工分。以前我们买衣服的时候是哪个没有就买哪个,不会看性别。

(4)对子女权力(财产、婚姻)

我儿子的婚姻都是做媒的,算生辰八字,算好时辰,算好日子,就去过礼,拿给女方的父母看,八字不合就不结婚,同时也要征求我们作为父母的意见,因为需要彩礼。到我们这个年代就可以办婚礼了,那时候我女婿是上门的,他也给一点聘礼,几十斤猪肉,以前过礼给女方的时候,连办酒一起花了四千块。我儿媳的嫁妆都是她自己保管的,结婚的时候,嫁妆也是自己保管的,那时候我什么也没有。

2.母亲与婚嫁后子女关系

我的大儿子是1982年结婚,结婚的时候他也给我们敬茶,不需要跪拜,我的孙媳妇也给

我们敬茶。有了我的孙子之后,我们才分家。那时候我小儿子还没有结婚,因为兄弟太多了,所以我要提出分家,

族里面的人过来商量,我们的土地就分成三份,我的丈夫跟大儿子,我就跟小儿子。那时候我们也没有房子分,我大女儿结婚的时候有十八岁,一般以二十岁结婚就行了,因为那个男的老实,他家人也大方,我就同意了。大女儿成家之后,我们两家经常来往,女儿结婚的时候,陪嫁蚊帐、被窝、衣服、皮箱,那时候还没有柜子。招上门女婿的时候,你要看条件要看人。我以前都帮带孙子孙女,阿春四姐妹都是我带大的。

三、妇女与宗族、宗教、神灵

（一）妇女与宗族

有庙会,前两年还做庙会。女的也可以参加,做社和庙会都可以参加的。今年没有人做了,他们说剩钱不公布了。也有人回来去拜的,过年过节回来去庙里,他们也去。大队妇女主任就是专门管女人的事的干部,女的有什么事情就去找她,去找队长也行,家里面不和睦,你可以去找村委。结婚的时候,家族的人不同意就不娶。

（二）妇女与宗教、神灵、巫术

家里没有供奉其他的神,就是祖宗,家里面是不放观音的,观音是孤独的,她是没有老公的人。以前我们到部队那边去,有几个观音丢到山上,以前庙刚刚建好,也有人把观音拿上去,后面就被大家说,不能放观音,结果观音就被拿走了

四、妇女与村庄、市场

（一）妇女与村庄

1.妇女与村庄公共活动

以前村里面开会,女的可以参加,也可以说话。新中国刚成立的时候,有人召集女性到会上诉苦。还没结婚的时候,我没有在农村生活过。我不知道甲长和保长。

2.妇女与村庄社会关系

我没有什么朋友,以前在街上玩的时候还有几个,她们现在已经不在了。有些认识的人,我去街上他们还给我打招呼。我的朋友出嫁了,我还会去送。送人结婚要穿好的,以前去送别人的时候,我都没有好衣服,都是借别人的衣服来穿。刚结婚的时候,不需要去跟隔壁的人打招呼。每个人我都合得来,我也当过妇女队长,出工的时候来得晚,被扣工分的话,我也不说的。村里的红白喜事会叫我去帮忙,一般是去做洗碗,铺床铺,指点别人怎么拜祖先,族里面的人都会叫我去铺床。

（二）妇女与市场

以前我们村没有女的在街上买卖东西。分单干之后我们就去卖菜,以前种辣椒,我就把辣椒挑去卖,也搭过车去鹿寨卖洋葱。以前买东西都是要票的,就是刚开始1949年的时候不需要,时间久了就需要票了。1981年分单干之后,每一家人有十几亩地,那时候种辣椒种果,就拿去卖了,家里其他人没有空,他们出工,我拿去卖,我就可以去赶集了。

五、农村妇女与国家

(一)认识国家、政党与政府

1.国家认知

对于国家,我做丫鬟的时候是不懂的,来到这里工作队来宣传的时候才懂,就知道是毛主席打天下。1949年以前有国民党的钱,主要是银子,铜钱,1949年以后就是毛泽东的了,1950年之后就不用国民党的钱了。因为钱的变化,我才知道领导变化。日本还没有来到中国之前,我不知道外面还有国家,以前我也不懂国民党,就知道皇帝,我认识的人当中有国民党,但现在已经不在了,小光的爸爸是军官,1949年的时候他才来的,后来他被囚禁了。1949年之前有听说过孙中山,以前读书的时候,课本上还介绍了孙中山,说他禁止女性扎脚。

2.政治参与

就是1949年那时候,有工作队讲,土改了我才知道有共产党。

3.女干部

我前当过干部,就是当个妇女队长,这里刚开始是归半塘大队的,我都是去半塘开会,最早开会参加共产党投票是选代表,选党员进党。我家现在没有党员,我们村也很少。那时候党员是很少的,那时候我想入党还入不了。共产党就是1957年的时候走得近,那时候又是食堂,又是工作队的,我家的老头以前还阻止我去参加工作队,假如我当时去做了,现在我都不晓得我在哪里。那时候还没有小孩,他担心我出去就不回来了,那时候我比较积极,看起来比较聪明,所以别人选我。国民党那时候,不是解放的时候,我参加过保长的会议。

4.政治感受与政治评价

我觉得政府鼓励自由恋爱、废除包办婚姻很好,至少可以结婚前看清对方是什么样的。

(二)对1949年以后妇女地位变化的认知

1949年以后,老公打老婆的现象少了,工作队来了,来的时候老公打老婆,那老婆可以去跟工作队告状,工作队也会帮忙讲,会到家里头去做思想工作。1949年之后女的可以叫男的名字,出门的时候两公婆可以一起走。1949年之后,男的说话女的可以插嘴,老婆被老公骂老婆可以还嘴,有些她也顶嘴。女的也可以说上话了。做家务的时候,男的也帮忙了。我们经常去开妇女会,可以随便发言,就是给你去发言的。那时候很辛苦,白天干活,晚上开会,所以我家的丈夫就不给我做。妇女1949年以后表现在不被打,可以出门,在会上也可以讲话,妇女就翻身了。那种管不下老婆的男人就抱怨说,现在我们已经管不了老婆了,妇女翻身了,翻下床了。

(三)妇女与土改

1.妇女与土改

土改的时候,女的和男的一样,分到相同的土地,土地证上也有女人的名字。那时候去揭发地主剥削人民,大家一起斗地主的时候,女性积极分子很踊跃,甚至会带头渲染气氛,激起大家打击地主的决心,我们村的那个女生故意割刺来让地主跪下,承认错误,看着真是很不忍心。

2.妇女组织和女干部与土改

第一次接触女性干部是1949年以后才接触的,有工作队才接触了干部,才懂得妇女联合会。我也会支持孙媳妇儿媳妇要当干部,现在村里面搞计划生育,那就有点反对,多给别人养一个也好。夜里来捉人,哪怕人家准备生了,工作人员也拿别人去引产,我的小媳妇就是被抓去引产了。她只有两个女儿,你给她多养一个不行吗?

（四）互助组、初级社、高级社时的妇女

以前入社的时候,不用我们决定的,集体做,一起进社。刚开始和大伙一起工作,有说有笑的很开心。

（五）妇女与人民公社、"四清""文化大革命"

1.妇女与劳动、分配

合作社的时候,男女一起干活。我所在的生产队,男劳动力和女劳动力一样多,犁田、耙田女的也需要去做,只要你有力气就行。养猪养牛,男的也有女的也有,男的负责养猪,女的得负责种菜,但是我都没有做过,我去做的都是重活。评工分的时候,男女都是十二工分,多劳多得,少劳少得。"三年困难时期"的时候,家里面没有米,队里没有东西,我们就去偷劳改队的花生,后来去偷其他村的芋头。以前我们也有集体活动,扭秧歌,看电影,我们就特意收工很早。

2.集体化时期劳动的性别关照

以前喂奶和来月经的时候,允许我们不用干活。吃午饭的时候可以回来喂奶,以前我们很开心的,干活的时候又去捉鱼。

3.生活体验与情感

高级社比较辛苦,计件抢工分,辛苦得很,每天都出去干活,除非生病了,只要能做的就得出工。如果你有孙子要带的,那你就在家带小孩。以前男女同工同酬,让我再选一次,那我就宁愿自己做。集体劳动没有来吃,以前男女都是十二工分,多劳多得,少劳少得。以前我的小孩就是拿去生产队里给专门负责带小孩的人带的。割资本主义尾巴的时候,我的洋葱就被拔掉了,不准你搞资本主义。地主家里有东西被烧掉,我们倒没有。那时候没有计划生育我们也不愿意生那么多小孩,就去找避孕的东西吃,那时候干活辛苦,没有东西吃,也不旷工,怎么养得过来?

（六）农村妇女与改革开放

土改的时候,女的也可以分一样的土地。土地证都是主人的名字,都是男的名字。

六、生命体验与感受

这一辈子我很辛苦,经历多,但是我始终拥护中国共产党,我相信党是为我们做主的,是为我们着想的。所以我都不去反党,不管你们闹得多凶。时代这么美好,如果再让我继续活二三十年就好了。

STY20170819ZGX 周桂仙

调研点:浙江省海宁市周王庙镇博儒桥村
调研员:史天逸
首次采访时间:2017 年 8 月 19 日
出生年份:1934 年
是否有干部经历:否
是否生育:是
受访者结婚的时间节点、生育子女的具体情况:1956 年结婚;1958 年生第一个孩子,共生五个孩子,前四个是女儿,最后一个是儿子。
现家庭人口:5
家庭主要经济来源:务农
受访者所在村庄基本情况:博儒桥村位于海宁市周王庙镇西北部,东临长春村及桐乡市高桥镇骑力村,南与本镇长春村、联民村相接,北靠桐乡崇福镇湾里村,西与长安镇东升村相连,全村区域面积 5.01 平方千米,下辖 28 个村民小组,总户数 986 户,总人口 3768 人,现有党员 114 人,设有博儒桥村党总支,下设企业、农业、老年三个党支部。全村现有耕地面积 5345 亩,农业主要以种植嫁接桑苗和养蚕为主,工业方面,以电子产业、金属制造业、经编产业等新型产业为主,构成的博儒桥村工业园区日益壮大,共有大小企业 20 家,外来务工人员达到 900 余人。2013 年,全村经济总收入 8.5 亿元,农民人均纯收入 24222 元。
受访者基本情况及个人经历:老人生于 1934 年,从小与其母亲一起生活,她的父亲在其一岁时就已去世。老人有一个妹妹,但是在六岁的时候因为养不活两个孩子,其母亲将她过继给别人家。老人二十二岁时结婚,丈夫是上门女婿。丈夫在小时候读过书,因此在新中国成立后做过乡政府里的干部。

老人家里在土改时划为贫农,家中没有自己田地,只有租田,生活十分贫困。后来 1949 年以后,靠着丈夫在政府中工作,有固定的生活薪资,因此生活才逐渐变好。老人在 1958 年生下第一个孩子,一共生了五个孩子,其中四个女儿,最小的是儿子。五个子女在小的时候都读过了书,虽然没有读到初中,但是都把小学读完了,这使得后来老人的子女们各自逐渐发展起来,他们家的家庭境况也越来越好。老人目前常住儿子家中,在四个女儿家也轮流居住。五姐弟关系很好,老人老有所养。

一、娘家人·关系

(一)基本情况

我叫周桂仙,名字是我姆妈①在我养出来的时候给我起的,那时候都是叫什么仙之类的,我姆妈就自己想出来给我起了这个名字。我是 1934 年出生的。我有一个妹子,叫祖仙,她到六岁的时候就被送掉了,送到了桐乡。我家里没有田地的,只有租田,土改时划成贫农。我是廿二岁结的婚,也就是 1956 年,是男方来我家做上门女婿。那时候他们家也没有田,他有一个兄弟和一个妹子,兄弟去了地主家里做长工,妹子也被送掉了,然后他的姆妈也想把他过继给她的姐妹,但是他在那边待得不好,就没有待在他姨母家了。我生第一胎的时候是二十四岁,一共生了四个女儿、一个儿子。

(二)女儿与父母关系

1.出嫁前女儿与父母关系

(1)家长与当家

我家里只有我和我姆妈两个人,我爸爸在我很小的时候就死掉了。所以家长就是我姆妈。别人家要是爸爸还在的话,就是爸爸当家,基本上没有女的当家的。我们这里的别人家里面爷爷年纪要是大了的话,也不会去当家的。

(2)受教育情况

我没读过书,那时候只有那些有钞票的人家才能读书的,他们在哪里读的书我也不知道。那个时候只要有钞票,无论男的女的都可以去读书。但是我没读过书,我不知道他们是在一起读书的还是分开读书。另外我的丈夫是读过书的,他的姆妈在上海做佣人,赚到了钞票就让他去读书。

(3)家庭待遇及分工

那个时候男的和女的都是一样的,没有关系的,吃粥是一起吃粥,吃饭也是一起吃饭,不过吃饭的日子是少数。我们这里都是省下来让小孩子多吃点的,要是有小菜的话,还要让小孩子多吃一点。吃饭的时候坐的位置也没有讲究,我都不去记这些的。我家全都是在桌子上吃饭,没有人是在凳子上吃饭的。烧饭的话,烧了总归是够吃的,不会有只给谁吃、不给谁吃这样的情况。那个时候新衣裳都是要等到去做客、到过年了的时候才会换点新的来穿。再后来衣裳、鞋子这些都是我去买点布来自己给家里人做。那个时候过年也没有压岁钱,红包是没有的,只要能好好过个年,就已经蛮好了。

(4)对外交往

那时候,我家拜年的话,有几次是我去的,有几次是我姆妈去的,一般只去一个。那个时候也不大会去我妹子家。要是家里来客人了,吃饭都是一起吃的,我家人少,小孩也能一起吃饭。还有像结婚酒、素饭②这些也是我和我姆妈轮着去吃,我姆妈最多到近处的酒席去吃,因为我姆妈生病了,脚步不稳。人情也会给,一般送两块钱左右,这在那时候算送得多的。1949年以前我们这里有一个叫毛岩游的,他的哑巴姆妈带着他,走到人家门前敲敲口袋,说没钞

---

① 姆妈:指母亲,下同。
② 素饭:指人过世的斋席。

票讨点钞票。他们讨饭的话也就只在我们自己埭^①上,另外地方是不去的。

(5)女孩禁忌

1949年以前,家里面的事情我们这里的女人基本都是可以做的,也没有女孩子到了几岁就不能出门了这样的说法。不过1949年以前外面有日本人,所以大家都不大敢出门上街。日本人过来村里的时候,大家都要逃命的,像梅仙的姆妈逃得摔在了水路^②里,还是被日本人捉到了,被拖到岸上来打。然后女孩子和男孩子在一起玩也是可以的,但是我们基本上都不出门玩,白天要干活,到了黄昏还要在家里点了火摇纱哩。那时候女人家的衣裳是不能和男人的衣裳晾在一起的。1949年以前全是平房。大家门前装上节节高^③,上头和下面一共两根竹竿,男人的衣裳晾在上面,女人的衣服晾在下面。另外,短脚裤^④这些也都是晾开的。

(6)家庭分工

1949年以前男女是要分工的。男人是不做家里面的事情的,他们只在田里干活,到了家里来就只要坐着休息就好了。然后在家境一般的家庭里,女人也要出去到田里干活,稍微帮自己男人做一点,也只是削削地^⑤,其他的也不会去做。1949年以前种田是下班种田,男人们一个班子一起去种田,不是每家每户分开来自己种自己的田。我很小的时候就会摇纱了,摇出来的纱是给全家人做衣裳穿。我摇好了纱以后,是我姆妈织布。小的时候我不弄这个的,全是我姆妈来弄。摇纱到我小孩蛮大了的时候还要摇纱哩,一直摇到不用布票的时候才不摇了。做鞋子也是我大了一点就开始做了,开始的时候是我姆妈在做,到后来就是我做,来给家里面的八个人穿了。

(7)子女教育

1949年以前家里面的小孩子不是分男女去管的,谁有空就抱抱小孩、管管他,反正那时候大部分时间是不去抱小孩子的,全都是放在车子^⑥里的。

2.女儿的定亲、婚嫁

(1)定亲经历

我是有介绍人的,他是那时候大队里面的干部,我那个媒人在他开会的时候碰到了我丈夫,就讲到了我,然后介绍人主动到我家来说亲,我姆妈听着好就同意了。我那个时候彩礼也没有,只有几床被子和两只箱子。结婚前两家的家长也不见面的,只是介绍人跟我们讲一讲就确定了。我姆妈也没有问我高不高兴,全是姆妈决定。那个时候女人早就已经写好帖子了,在五六岁的时候就已经跟别人讲好了,那时帖子给了谁家就等于是哪一家的人了。我当时没有写帖子,我们这里有一个六岁的时候就已经写了帖子的,帖子上面写的生辰八字,拿给男方之后男方要去找先生合一合,不好的话就不能配,好的话就可以。要是姑娘死掉了,男方都要把骨头拿去的,然后男方再找一个填房。那时候刚定亲的时候是不走动的,然后新娘子、新郎官互相都是没有见过的,要到好日^⑦的时候才见面。所以那个时候癞痢头、跛子这些人都可

---

① 埭:地名用词,如史家埭、王家埭。

② 水路:指塘河。

③ 节节高:指晾衣服的架子。

④ 短脚裤:指裤头、短裤。

⑤ 削削地:指除草、松土。

⑥ 车子:指婴儿车。

⑦ 好日:指结婚当日。

以讨到老婆。

（2）结婚经历

我是廿二岁，也就是 1956 年结婚的。我那个时候也要登记，有结婚证的，在周王庙登记。然后婚书是不写的，也没有人读婚书，只有一张四角方方的结婚证，上面两张照片。那个时候的结婚证蛮大一张哩。我结婚的时候叫了几个鼓手，哇啦哇啦吹喇叭。我们在家里摆张桌子，摆好蜡烛，再弄点糕饼水果摆斋饭，然后就拜天地。因为是男方到我家里来，我没有嫁出去。所以火盆也有，但是不用踩火盆。酒席我家摆得也不多，那个时候摆上七八桌就已经算多了。请的全是老亲，然后请一家人都来吃饭的就只有娘舅这种亲戚，还要请做介绍人的一家人，吃好酒席以后还要拿了鱼、蹄子这些东西去他们家，再去谢介绍人。甲长、保长的话，这种他们是不会来吃的。

我连我丈夫的家里都是不去住的，我等于是讨进一个丈夫。所以是不去男方家里的。他有一个兄弟和一个妹子，兄弟是去了地主家里做长工，妹子小的时候就被送掉了，然后他爸爸早就死掉了，他妈妈在上海做佣人。我结婚的时候他们都没有人过来迎亲的，他们家里的人全都不在家里了，只有他一个人。所以就只在我家这里摆了酒席。别人家是男的讨进一个媳妇，要踏火盆，像我这种的话就全都不用弄。别人家结婚的时候还有一个喜家娘娘①，是一个年纪大的，一路上要跟着新娘子，到了男方家里，下了轿子要牵着新娘子走。我丈夫在乡里工作，他们这种算是土改同志，结婚都不用那些仪式的。所以我那时候连婚书都不读的，只要去给边上的人家分分喜糖就好了。那个时候结婚只有带白②的不能走过来看别人家结婚，其他没什么规矩的，其实都没什么人看的，人都很少。早先的时候，家里讨媳妇的话大人是要躲起来不能让人看见的，现在倒是没这种规矩了。另外，介绍人是要坐朝南桌子的，大辈③、娘舅、姑父也是坐朝南桌。我们这里也没有结了婚第二天要去给公公婆婆磕头吃茶这种东西，也不用结婚了去男方的祖坟祭拜，那些北方人才会有这种东西，我们这里没这种的。

（3）嫁妆

我是没有嫁妆的，我家跟别人家两样④，只弄了一张床。家境好的人家嫁妆蛮多的，有椅子、八仙⑤。地主人家的嫁妆基本上也就是椅子、八仙，还有被子这些，还有些好人家连寿板都要嫁送过去。然后要是男方送过来的聘礼少了的话，女方嫁送的东西也可以少一点，要是大家都是苦人家的话，那大家就少点。要是男方家里好的话，我们嫁送的也要多点。像我丈夫家里，他妈妈家里有三姊妹，我丈夫的妈妈是留在家里的，两个姐妹嫁出去的时候，把家里的东西嫁完了。有些人家嫁送起来连常务⑥都要卖完的。他们嫁了一个女儿，家里的田地就变成租的了，越弄越穷。

（4）回门

1949 年以前姑娘家刚嫁出去，娘家的兄弟是要过去看的，叫作钻烟囱。一个月之后娘家要请新娘子、姑爷回娘家，叫做满月回，回来的时候要拿点糕饼。

---

① 喜家娘娘：指老年妇女。

② 带白：指袖子上带白布，戴孝。

③ 大辈：指辈分大的老人。

④ 两样：不一样。

⑤ 八仙：指八仙桌。

⑥ 连常务：指土地。

（5）童养媳

童养媳是从小就给了男家,吃都没得吃的,男家大人是不让童养媳吃好东西的,都是待她不好的。等到养媳妇摆了酒、结了婚,就能在家里做主了,不然就不能做主。我们近处是没童养媳的。

（6）换亲

换亲是两家人家用女的换一个女的。就是说一家人里面兄妹两个,大佬①讨不到媳妇,就让妹子去换一个。然后那一家也是这样的情况。换亲之后,两家人家的儿子就全讨得到媳妇了。两家人是在同一天一道结婚的。这个1949年以后也有的,条件不够的话就只能换亲。

（7）上门女婿

1949年以前的上门女婿也要介绍人的。做主都是自己家里做主,不用保长、甲长来做主。然后上门女婿的孩子是姓女方,当家的话是看人家的②,排得到的话,就能当家;轮不到就始终当不了家。要是爷娘还在的话,家里全是老的做主。

3.出嫁女儿与父母关系

嫁出去的女儿在新年里是不可以回来吃年夜饭的,是说不能见年菩萨,要到年初三才好来拜年。然后嫁出去的姑娘和姑爷回娘家也不可以睡在一起。那时候,满月去过一次之后,就随便什么时候都可以回去了。不过那个时候都是要来人请的,没有人来请的话就不能去娘家的,像清明、中秋和七月半,娘家都会来人请。

那时候娘家要用钞票了,出嫁的女儿也不大会借钞票给娘家,大家都没钞票,所以基本上是借不出的。所以姑娘家要是也没钞票了,娘家也借不出钞票的,大家都是自己管自己的生活,没有钞票只能去借别人家。另外,1949年以前要是女的同男的吵架了,是不会回娘家的。因为要是去了娘家,那基本上就回不去男家了。所以不敢回去的。1949年以前我们这里也没有离婚。菊芬的奶奶是陈寿去骗过来的,她在那边都已经有人家③了,陈寿去骗过来了,那边也没怎么找就算了,也不离婚的。我知道的要是真有人离婚了,女的就不能回娘家住了,娘家人也不肯让你回来的。

我是留在家里的,没有嫁出去。那个时候别人家姑娘嫁出去了,爹娘过世的时候就不能分到房子财产了。所以那时候我们这里总是会留一个儿子或者女儿在家里,不论男女家里都是要留一个下来,房子财产全部是归他的,嫁出去的没有份。然后嫁出去了就不用给爹娘养老了。过世的时候也不用负担,只要送一点人情,但是守夜、披麻这些还是一样要做的。不过要是爷娘生毛病了的话,是要轮流来服侍的。爹娘过世之后,清明的时候上坟是要来的,不来的话也可以,嫁出去的女儿就跟着去拜一拜,也不用做事情。

（三）出嫁的姑娘与兄弟姐妹的关系

从前的时候,我结婚了还跟娘家的亲眷走动,然后男家的亲眷也会过来,现在基本上不走动了。娘家的兄弟要分家的话,也不用叫嫁出去的姑娘回来。1949年以前娘家的兄弟要结婚之前,嫁出去的姑娘是要先送点衣裳钱,然后结婚了再送人情。我姆妈是留在家里的那个,所以娘舅都没的。我爸爸是绍兴人,他那头的大伯到我这里来的路上被日本人打死了。我们

---

① 大佬:指大儿子。

② 看人家的:指看情况。

③ 有人家:指已经结婚。

这里分家了要叫娘舅来的,结婚了也要叫娘舅来,是要坐大位^①的。那时候拜年一般性就是年初三,拿一点年糕,那个时候只有糕。要是爹娘过世了,还是会带着小孩回娘家的,到自己兄弟家里去,就是到小孩的娘舅家里。

二、婆家人·关系

(一)媳妇与公婆

1.分家前媳妇与公婆关系

别人家结婚了家里面肯定是大人当家,新官人是不能当家的。要是家里面还有丈夫的兄弟,还是大人来当家的。大人过世了的话基本上全都分家了,自管自了。那时候媳妇不用给大人烧洗脚水,吃饭也是大人和新娘子一起吃,这里也没有对新娘子不好的事情,都是家境一般的人家,不会非常封建的。然后新娘子嫁送过去的东西是归新娘子的,拿到了男方就要给全家用。但是到分家的时候,嫁送的东西是要分给新娘子的。媳妇也不会去外面打工,因为那时候也没有工厂去打工,只有摇纱能做。我们摇出来的纱和织的布全是当家的去卖的,当家人用卖布换来的钞票去买东西就像是归公了。

2.分家后媳妇与公婆关系

我家是男方嫁进来的,而且我姆妈也只有我一个小孩,所以是不分家的。别人家分家的话一般都要等到大人们过世以后。分家要请娘舅过来分家,儿子几个在日中的时候一起吃顿饭,再分家。基本上都是平分,具体怎么弄的我也不知道。然后最先养出来的小孩也是可以分到的,叫作长子头孙。另外因为觉得离婚是不好的,所以1949年以前那时候没什么人会离婚的,离婚要麻烦死了。1949年以前要是男人过世了,公婆是不会让女的继续待在家里的,要叫她改嫁,她也分不到东西。有些人家坏一点还要叫她从后门走出,不能从前门走。但是要是女的已经生了小孩了,那她就能待在家里了,分东西的话也能分到小孩的那一份。等到公公婆婆年纪大了,都是儿子来养老,媳妇反正就跟着丈夫一起给公公婆婆养老。要是男的过世了,就只剩下一个女的,那也要养老的。大人过世以后,媳妇也一样要披麻戴孝。到清明了还要年年去上坟,说是这样能接到运道。

(二)妇与夫

1.家庭生活中的夫妇关系

我不是和我丈夫到结婚那天才见面的,因为是他进我家门,所以就要早两日到我家来买各种东西准备结婚,别的人家都是不见面的。结了婚我是叫名字的,他叫我也是叫名字的。我们这里全都是叫名字的。结婚以后我家是他来当家,1949年以前就算是有男人不像样^②、去赌钞票,还是男的来当家。从前种田不会请人过来做的,请人过来干活的都是地主人家。我家也不会去借钱,反正也没处去借。我家一直要到我的几个孩子大了才造新房子。我结婚以后是不待在家里的,因为我丈夫是在乡里做事的,所以我就要去田里做,家里面的家务只有黄昏的时候做一做。那个时候,家里的衣裳全都是女人家来洗的;要是家里没饭吃了要出去讨饭,那也是女人去讨饭的。不过我们这里倒没有男的不让女的出门这种事情。1949年以前,周王庙和长安街上的好人家会讨两个老婆,我们这里都是一般的人家,能讨得到一个都

---

① 大位:即主位。

② 不像样:指败家。

已经蛮好了。那些讨过去的第二个媳妇，她的地位大概是不好的，我也不大清楚。1949年以前还有人卖新娘子哩，我晓得一个卖去了江苏，那个男的为了赌钱、吃酒，就把自己的媳妇卖掉了。那个时候要是新娘子养不出小孩的话，就去外面抱一个回来养，这个也没办法的。别人家要是说一户人家的媳妇好，都是讲她脾气好，不跟别人吵架，做事情也高兴去做，这样的就是好的。从前有一种专门用来卖的布，我织了布去卖，要送到斜桥那边去，卖了换钞票回来买米吃。

2.家庭对外交往关系

我结婚以后有人来请吃结婚酒和素饭的话，要是请两个，那就是我们两个都过去；要是只请一个的话，一般都是我过去。因为他要一停不停地开会，那时候连夜里都要开会。所以他不大会去吃的。要是家里来了客人，都是我来准备饭菜给客人吃，一般是荤菜去买点，素菜家里面自己就有。

我结婚前是不出门的，连长安这种近处也是不去的。那个时候过去都是要自己走过去，太远了，要走一天的。结婚以后，我去过上海两趟，另外地方就没有去过了。上海是我老头①带我过去的，他的工作就是哪里都要去，全是去外面出差，上海就是他出差的时候带我去的。

(三)母亲与子女的关系

1.生育子女

我有五个孩子，四个女儿，一个儿子。我第一个是女儿，只有最后一个是儿子。第一个女儿跟我差了两轮②，儿子今年四十九岁。我生女儿和生儿子也没有什么不一样的，是没有关系的，我男人也不讲什么。有些人家要是生出一个姑娘，那是看都不要看的③。那时候我生了小孩摆酒都不摆，连剃头④都是在自己家里刮一刮，我们那时候好像大家都不摆酒的，满月酒、生日酒全都不摆。然后我们生了小孩也不会送鸡蛋之类的东西给别人，是阿姨、娘舅这种亲戚会拿了鸡蛋、红糖送过来。我家生了小孩也没有把小孩放到外婆家，那时候都是要干活的，没人有空来管小孩。幸好我家有我姆妈在家，小孩才有人管。

我的五个小孩都读过书，但是都没读多少，小学都读好了，初中没有去。那个时候在小学里读书是很省的，报名也只要两三块钱就好了，不用借钞票来读书，那个小学是公家办的。后来小孩们大了点就出去打工挣钱了。挣到的钞票不是归他们自己，都拿到家里来造房子。我的五个孩子都是有介绍人的，介绍人来跟我们讲了，也全是我们大人做主，我们都没跟他们讲。那时候还是要写帖子，上面有八字。结婚的时候聘礼是一点钞票，女儿嫁送的也只有一点钞票，买不起什么嫁妆的。

2.母亲与婚嫁后子女关系

我儿子是廿三岁结的婚，现在我孙子的小孩都已经有了。我家现在也没有分家，家里只有一个儿子，四个女儿全部嫁出去了，就没有分家。我女儿定亲的时候大概是廿三四岁，我也记不清了。我女儿和男方定亲的时候就见面，这和我那个时候是两样的，我是不见面的。我小

---

① 老头：指老人的老伴。

② 两轮：指生肖两轮，即24年。

③ 不要看的：不喜欢、嫌弃。

④ 剃头：指满月剃头。

孩定亲的时候,男方还会来我家帮忙做事情,比如我家造房子的时候来帮我们粉墙这种。定亲了两家人家也会走动,互相有来往的。我女儿的嫁妆有洋机①啊、电风扇啊这些,还有八仙桌和椅子。我孙子现在也已经结婚了,他是在学校里面找到来的。现在也有上门女婿,不过现在的上门女婿等于是管两头②的,孩子的话现在一般都是养两个,一个姓男方一个姓女方,养一个的话,上门女婿的小孩肯定是姓女方的。

我们村上有一家是不管大人的,是金建林他们家。金建林的爸爸现在住在女儿买在周王庙的房子里,他要到儿子金建林家,金建林是不让的。开始的时候家里连铁耙刮子都不给,再到后来连粥都不让吃了,你说现在的世道还是这样的。打官司也打不了的,打官司要钞票,但是他又没有钞票。我现在一般在我女儿家待半个多月、一个月,五个女儿、儿子轮着住,反正离得也不远。

三、妇女与宗教、神灵、巫术

请灶家菩萨③的时候是烧点糯米饭上供,然后要插一对小蜡烛,是供在灶山上的,不是供在桌子上。廿三糯米饭讲的就是请灶家菩萨,然后长工、半年工这些人要是在别人家做事的话,吃了廿三糯米饭就要回家了。请灶家菩萨的时候,男的在家就是男的来做,男人不在女的来做也可以。然后拜求子观音是有人家生不出孩子,这样的话全家都要过去求一求的,这个是要钞票的。基本上能生的都能生了,生不出的肯定就生不出来了。那个时候年初一都不会去烧香的,现在这些人,年纪轻轻都要走出去烧香,主要是现在钞票宽裕了,然后有车子了出去也方便。

我们这里原来有一个石王庙,1949年以后就拆掉了。那时候上面说要打倒,然后就乒乒乓乓全部砸完了。那个庙平时没人去烧香的,只有家里死了人才会去上庙的。石王庙里还会搭一个戏台来做戏文,戏文是不用钞票的,大家都能去看。

从前的时候有人生毛病严重了是要叫魂的,老话讲人的魂灵掉了,就要叫魂,一个叫一个应,叫和应的两个人是要自己家里面的。生了毛病只能这样,那时候没什么钱,基本上都不叫郎中的,真的是要等到人实在要死了才会去叫郎中来。而且那时候也没有真正的医生,只有挑痧郎中,他拿一把有尖头的挑痧刀,在身上挑一挑给你放放血。然后我是不信佛教的,我们这里也没什么人去投佛教,投佛教其实不大好的。我们大队里有两家是投了佛教,他们家里有人生毛病了才投的。但是求了又没用,好不了的。

四、妇女与村庄、市场

(一)妇女与村庄

1.妇女与村庄公共活动

我去石王庙看过戏文,女的也可以去看的。大家站在台子上一起看唱大戏,这种是专门唱大戏的,是庙里包下来表演的,因为庙里也有收入。1949年以前村里没开过大会,也没有村里一起吃饭这种事情。开湖倒是有的,村里每家每户进行分派,一家派几个人去,我家派到

---

① 洋机:指电动缝纫机。

② 两头:指新居型家庭。

③ 灶家菩萨:指灶王爷。

了两个。1949年以前村里也没有要大家一起交钞票,只有石王庙里的和尚来化米,给的话是随便多少。然后1949年以前我们这里的保长、甲长全是自己家这边的,大家基本都知道是谁,都认识他们的。大家平时讲讲话,聊聊天偶尔也会说到他们,我也就知道了。

2.妇女与村庄社会关系

我那时候没有一起白相①的,平常根本不会走出去的,日里不出去,黄昏也不会走出去,都是钻在家里摇纱。所以我伴娘也不做的。后来1958年的时候干活是要算级的,评出一级、两级、三级这样子。干活是大家做的活是一样的,但是男的最多能拿十分,女的最多只能拿七分,拿七分的是很少的,大多数只有六分七,六分八这样的。去隔壁人家是随便走动的,有空就过去白相,也不用拿什么东西过去。然后像有人结婚、过世要帮忙的话,轮得到就去帮忙,轮不到就不去,基本上全是前头后头的人家,他们来请就去,不请就不去,一般就是帮忙把他们的菜洗一洗,在酒席上发菜全都是男人来做。我们这里的人1949年的时候,黄昏都不到外面乘凉的,要到后来才有人到外面乘凉,主要是没工夫,那时候要弄来穿的,一直要摇纱织布,没空的。我那个时候摇纱、做衣裳和打毛线这些都是从小就学会了,自己做来给自己穿。

(二)妇女与市场

我家爸爸没了,姆妈又有毛病,那就只有我去出市②,有爸爸的人家就是爸爸去,基本上全是男的去出市。那时候还有女的来摆摊卖小菜的,卖豆腐的也有,卖豆腐是要挑担过来的。然后买东西的时候是可以赊账的,赊得动的那几个人就能赊,基本上全是认识的人才能赊。1949年以前是没有女的去街上吃早点、吃茶的,买了点东西就马上回去了,博儒桥到现在都没有女人家早上去吃点心。

1949年以前我们这里摇纱用的棉花全是自己种出来的,棉花还要去轧出来哩,这是1949年以后了,再早点的话要自己弹棉花的。线都是自己弄的,针的话要去买,蛮便宜的。刚解放的时候就已经没有用鸡蛋之类的换肉这种事情了。1949年以后有布票、肉票这些,布票是女人管,男人不管这个。然后米票、肉票要等到过年的时候才发,这些全都不够用的,只能烧来吃粥。我家用布票的时候就开始用洋布了,土布就不用了。然后鞋子的话我自己也没多久就不做了。

五、农村妇女与国家

(一)认识国家、政党与政府

国家大事我讲不来的,我没文化所以我讲不出来。现在的国家主席我也叫不出的,我很笨的。

男女平等这句话要到1949年以后才讲。我们这里原来没有小学,1949年以后才有一个小学。我家用的钱是一角、一块这种,和1949年以后用的那种一分的钞票是差不多的。1949年以前我们这里也不交人头税的。

国民党我是晓得的,他们全被打死了。有几个人,那几个国民党是外地的,他们逃到这里来,结果都被日本人打死了。我觉得国民党坏得很,日本人更坏,鸡都被他们抓完了。孙中山、

---

① 白相:指一起玩耍。

② 出市:指上街买菜。

蒋介石我不认识的,只有在电视里听见过。1949年以前也没有人讲起过共产党,到共产党来了才晓得,才晓得了共产党好。我们这里要到1949年以后才有共产党员的,也有女党员。1949年的时候村里要投票,不过这种基本上都不用讲的,大家都在投这个人那就跟着投了。投票的时候全是写名字的,我反正写不来,就叫别人帮我写写好了,差不多不识字的人全是叫别人来写的。

我家里面我的老头是党员,他没了我就不晓得了,总应该没有党员的,现在五个小孩全分开了我也不知道了。我的老头是1949年的时候就参加的共产党,他是和土改同志一起工作的。共产党员真的是好的呀,要够条件才能当的。你要是字都不认识的,就不能入共产党。那时候的甲长、保长也有开会的,但是轮不到我们去的,他们像黑帮那样的。到了1949年以后,就像是我们自己当家做主了。

我们这里有一个小脚奶奶是裹小脚的,裹小脚苦得来,脚都要烂掉的,血水一桶一桶地装。穷苦人家一般都不裹小脚的,要下田干活就不能裹小脚,但是那种大脚是没有好人家要的。我们这里以前全是自己拿把剃头刀来剃头,全是和尚头,那时候桐乡那边还有个长头发的,要绕辫子的。

1949年以后有个玉仙,他们干部看得起她,让她去入党,是女党员。女的当干部也是能当好的,要去当干部的话就要识字。我们这里就有一个,汪德祥的女儿,她去参军,回来以后当妇女干部,现在她就在深圳当干部。

计划生育是八几年的时候,那时候要叫女人去扎掉①,大家都要去的,有一个妇女队长管着的,她手上有张名单。我们这里没有不高兴计划生育的人,那边桐乡倒是有的,那些不高兴的人要逃来逃去的,逃去亲戚家里面,要是被抓到了,就要叫她去弄掉。

(二)对1949年以后妇女地位变化的认知

那时候当妇联主任是要有资格的,没资格是当不来的。我家这里有一个叫周三三的,是我小姨娘,她在北边当妇联主任,做得蛮大的,她招②的丈夫是土改同志,她自己也是土改同志。1949年以后我听见过妇女能顶半边天这句话,我觉得这句话是对的,妇女就是好顶半边天的,这个和一个内当家、一个外当家是一样的道理。1949年以后不是像从前那样看轻妇女了,现在妇女的地位肯定是提高了,从前哪里有什么地位。从前的时候家里面轮不到女人讲话的,现在在家里大家都可以讲话了。家里的大事情,1949年以后也是家里面大家一起商量。

(三)妇女与土改

1.妇女与土改

我家在土改的时候是划成了贫农。土改同志来过我了解情况的,他们晓得我家是贫农就好了。土改的时候还要开会,大家都要去,讲的都是分常务③的事情。斗地主也要斗的,要叫他们跪,还要骂他们,打也要打的。地主人家家里面的东西也要分掉,我家这边离地主家有点远,基本上没分到什么。地主他们家里的家具、衣裳,还有房子都是要分给穷人家的,像毛岩游,他们家后来的房子都是土改来的,自己原本是没有房子的。土改的时候分田是按人头来

---

① 扎掉:指结扎。

② 招:指招对象,即结婚。

③ 常务:指土地。

算的,男的和女的分到的田是一样的,我家分到了头两亩田。

2.妇女组织和女干部与土改

土改的时候,土改同志里面有男的也有女的。那个时候要过三八妇女节,还有妇女大会,叫我们去开会,妇女队长跟我们讲男女平等、妇女地位提高这些东西。现在大家都不去了,他们也不会过来叫我们去参加了。

(四)互助组、初级社、高级社时的妇女

我家在1958年的时候参加了互助组。互助组是大家要一道去做事,做的话就是做一做普通的农活那些,像插秧、拔秧这些事情。后来就是初级社,再后来是高级社。高级社的时候土地要归公了,家里就没田了,他们收上去的时候也不会来问,我们高兴交上去要收,不高兴交上去也要收的。那个时候我想的是依着大家,大家这样做那就是这样做。我们这里也没有人说不高兴一起去做,这种话是不好讲的,反对的话都是不能讲的。后来我们大家去吃大食堂,吃了一段时间就把米给吃光了,大家就都没得吃了。这样想想看还是小队的时候要好啊。1949年以后互助组、初级社、高级社里面的干部都是男的,干活的话是没有男女分工的,干活都是一起干,工分是分开来算,就是说工分要分高低,活就是这些活。我觉得现在的分田到户要自由点,从前的话反正大家是一起做,我也就跟着的,我想我又不能突出一个人的。

等我怀孕了,我还是要继续去干活,一直做到我要生的时候才去休息的。生完小孩之后的休息时间是看自己的,大多数人基本上顶多一个月。因为不去做的话,我们就拿不到工分,还好那时候家里还有我姆妈在管小孩。干活是天天都要去做的,下雨天可能都要干活,主要是看大家,大家都去做的话就要做,大家都不做的话就不做了。

(五)妇女与人民公社、"四清""文化大革命"

1.妇女与劳动、分配

后来的人民公社是吃大食堂的,吃食堂的时候我们自己家里的锅都要收上去,那些做不动的、只能待在家里的老人也可以去食堂里和大家都一起吃的。再后来我们把米都吃光了,大家就都没得吃了。刚开始是吃饭,逐渐开始吃烂饭①,再后来就变成了粥,到最后米都没有了,只能煮点水草给我们吃。

那时候耕地都是用人力来翻的,夜里都要去,村里烧柴给我们照着翻地,男的和女的全都要去。我们这里没人炼钢,也没有一起去修路这种东西。开长山河这个倒是要我们去的,上面派我们过去挖河道,不管村里的农活来不来得及。我记得记工分的时候我家是还好的,够吃的。那时候我家全是女小孩,吃起来都蛮省的,后来吃食堂了,就开始吃不饱了。

2.集体化时期劳动的性别关照

生小孩的时候可以不去田里干活,但是也没有工分会给你。所以一般人都是休息了一个月就要回到田里去干活了,不然工分可能养不活自己家的人。我家是有我姆妈在家里带小孩,从前的时候有过一个托儿所,但是开了一段时间就关掉了。

3.生活体验与情感

人民公社的食堂是大家可以都去吃的,不到田里做事的老人小孩都可以过去吃饭,然后自己家里的饭碗、铁锅都要收上去归公家。人民公社在1959年到1961年的时候,就是"三年困难时期",真的是最苦了啊。不过我们这里是吃得活的,紧张是不紧张的,吃树皮这种事情

---

① 烂饭:指加水过多的饭。

在我们这里都没什么人的。好像后来改革开放了,在周王庙一个饭店里做事的妇女,别人讲她偷吃东西,然后她自己拿把刀来把肚皮破开来让他们看,其他的自杀好像是没有的。

4.对女干部、妇女组织的印象

我姨娘周三三当过妇联主任。

5."四清"与"文化大革命"

"四清"工作是上面干部来我们这里的人家家里面查账。那个时候是说前面土改的时候账目不清楚,有人贪污腐败,所以要"四清"。我们这里倒是没查到人。

再后来是"文化大革命",要批斗地主,然后还要收旧东西,我家没什么旧东西,顶多就是把盅子①收上去了,叫我们不要请菩萨,过年的时候也不要我们请。所以那个十年我们都不请菩萨的。结婚的话,办酒都不办了,就只是去登记一下。

(六)农村妇女与改革开放

后来改革开放分田到户了要开会,大家就一起过去。田是按人头来分,那时候都是划块了,我也算不清倒底分到了多少亩田,就像豆腐干一样一块一块的。分田到户的时候是没有土地证的,土改的时候才有土地证。还是分田到户这样划块头要好,前面大块大块的田一起做,水稻田里全部都生虱②了,到秋天的时候去田里收收看,水稻全都被吃光了。还是分田到户好啊。

改革开放了计划生育就更严格了,当时好像是生了两个小孩就要去扎掉,刚开始的时候只是鼓励我们去扎掉的。

我家里现在有电视,我也会看看电视的,我大③喜欢看打仗的电视。然后家里也有电脑,有手机,但是我都弄不来。

六、生命体验与感受

现在是真的好啊,毛主席来了之后就一直好到现在了,越来越好了。这几年,国家还开始给我发钞票。我还想读书,最好小的时候我就能读书,读了书就能认得字,现在这些手机电脑我才能用得会啊。要是我小的时候读书的话,生活肯定要比现在要好的。

---

① 盅子:指祭祖的时候倒酒的小酒盅。

② 虱:指稻飞虱。

③ 大:指非常。

STY20170822QYB 祁引宝

调研点:浙江省海宁市海昌街道东郊新村
调研员:史天逸
首次采访时间:2017 年 8 月 22 日
出生年份:1935 年
是否有干部经历:否
是否生育:是
受访者结婚的时间节点、生育子女的具体情况:1952 年结婚;1958 年生唯一一个女儿。
现家庭人口:4
家庭主要经济来源:务农

受访者所在村庄基本情况:海昌街道地处浙江省嘉兴市海宁市北郊,东连海盐县,南接硖石街道、海洲街道,西毗桐乡市,北邻嘉兴市秀洲区。东汉建安八年(203)陆逊在此任海昌屯田都尉并领县事,海昌街道以该旧县名得名。作为省级经济开发区的所在地、海宁的北大门,海昌街道发展的潜力较大。

东郊社区地处海宁经济开发区,南邻硖东社区,东邻金星村,西邻长山河,北邻利峰村,占地面积约 2.3 平方千米,全社区共 12 个村民小组,总户数为 346 户,在册总人口约为 1278 人。

受访者基本情况及个人经历:老人 1935 年出生,祖籍浙江海盐,后行政归属于海宁。因房子拆迁,所以现与儿子、媳妇以及孙子住在海宁市海昌街道东郊新村,租房住。一家只租用了一层,房间条件很简陋。儿子、媳妇都在工作,孙子在下沙读大学,家中一般仅老人一人。由于拆迁,户口已经成为城镇户口,只有儿子一人还是农村户口,村里分的田就仅儿子一人名下还有,这些田都已经交给村里统一承包,每年收租金。

老人七岁时父亲就去世了,家中只有她的母亲和她弟弟三个人。老人 1952 年即十七岁时结婚,1958 年育有一女。老人自己是作为填房嫁入男方家中,嫁入之前,男方家中已经分家。后来老人女儿结婚,找的是一个上门女婿,但是不幸老人女儿早夭,而且没有留下子嗣。因此上门女婿与现在的妻子结婚,并育有一子。目前老人一家四口生活和谐美满,女婿及其妻子对老人十分好,即使没有亲缘关系,但是胜似亲人。

一、娘家人·关系

(一)基本情况

我叫祁引宝,名字是以前爷娘①起的。我姓祁,然后他们叫我做引宝,我是第三个孩子,以前我爸妈生了个大佬②,生毛病死掉了;又生了个阿姊③,生出来的时候也死掉了。所以他们叫我引宝,引孩子出来。我是1935年生出来的,我有一个兄弟,比我小;还有一个大佬和阿姊早就死掉了的。我的兄弟他们名字是我爸爸妈妈起的,不排辈分的,排辈分要以前书香门第的那种人家才有的。

我家以前有六亩田,我的爸爸死掉了就只有我娘一个人做了。我家土改的时候是划成中农的,我男人他们家有七八亩田,还有地④,大概有三五亩地的,土改的时候也是划成中农。我十七岁结的婚,嫁过去的时候他们男方家里有两个阿姊和两个大佬,一共兄妹五个人。我自己只生了一个女儿,那时候蛮大了,要有廿三岁了才生的。

(二)女儿与父母关系

1.出嫁前女儿与父母关系

(1)家长与当家

我家里只有我姆妈和我还有我的兄弟三个人,我爸爸在我七岁的时候就死掉了,家长只能是我姆妈。以前老底子⑤的时候,农村里面要是别人家爸爸还在的话,全都是男的来当家的,女人家生来就不好当家的,就算是爸爸不像样⑥,也还是爸爸来当家。只有1949年以后了,才有女人家当家的。那时候要是爸爸没了,那就只有姆妈当家了,像我的爸爸死了的时候,我才只有七岁,那时候只有我姆妈管我们两个,也没有分内当家和外当家的。

(2)受教育情况

我爷老早就死掉了,因为这个我和我兄弟读书也读不起。1949年以前我家那边也有女人家读书的,不过只有那些地主人家,还有富农才让女人读书。我们这边一般性⑦的人家基本上全不读书的。爷娘供不起了,没有钞票了,顶多读到小学就不去读书了,字都不识。老底子的时候私塾都是男女要分开的,有女子私塾。1949年以后,大家都坐一起读书了,这样别人家都说老师是在给小孩子们找对象。

(3)家庭待遇及分工

我娘以前生活也蛮苦的,是养媳妇⑧过来的。所以对待男的和姑娘都一样的,兄弟不会过得比我好的。她跟我们讲:不搭界⑨的,我是苦日子过来的,我看你们都是一样的。男的和姑娘家都是一样的,我一样宝贝的,全是我自己生的。而我那个大伯家就不是这样,大伯把他孙女

---

① 爷娘:爷指父亲,娘指母亲。

② 大佬:哥哥。

③ 阿姊:姐姐。

④ 地:老人家田与地分得很清楚,田是水田,地则是旱地。

⑤ 老底子:指以前,老祖宗的时候。

⑥ 不像样:指败家。

⑦ 一般性:指家境普通。

⑧ 养媳妇:指童养媳。

⑨ 不搭界:没关系。

的东西给孙子吃,而且让姑娘坐在高凳上的,吃饭时凳子是没得坐的。我家里是没有什么规矩的,反正就三个人。那时候像我们这种中农、贫农人家吃饭的时候是没有谁坐在朝南的位置、谁坐在朝北的位置这种规矩的。从前有的人家是会有些规矩的,比如像女人家就不能坐到桌子上吃饭,这种是只有富农、地主才有,谁坐在哪里、谁动第一筷都是有规定的。以前过年的时候也没有红包,衣裳也只有自己家里织点土布来穿一穿,我小的时候苦得来。

(4)对外交往

那时候过年,小姑娘的时候是可以走出去拜年的,长大了变成了大姑娘就不去了。去拜年的话,是小孩子和爸爸一道去拜年,女人家拜年是不去的。我家过年的时候,是我姆妈待在家里,交①一个亲眷②到我家里来吃个饭,然后他们再把我们带去他们家里,算是拜年,我姆妈是不去的。那时候过年家里来客人了,我们这些小孩子多数是不坐到桌子上去的。

那时候吃酒、吃素饭③的话,请一个的时候只有男的去,女人家不去的。如果没饭吃了要走出去讨饭的话,男人去女人也会去的,要摇船摇到那头北边。等我大了别人就跟我讲:你这个小姑娘的娘苦得来,一个大肚皮还要去讨饭。

(5)女孩禁忌

1949 年以前女人不好走出去的,只能待在家里。就是说,女人是可以去隔壁人家白相④的,出门去街上的话,那就不会去的,去街上买点什么东西都是男人去。那个时候做客人,女人家只会到娘家去。别的亲眷的话只有新娘子刚进门时候才摆酒请她们,平常不去的。而且那个时候老人们讲,男人的衣裳是不好和女人的衣裳晾在一起的,认真的那几家都是要分开晾的。

(6)家庭分工情况

1949 年以前那些地主、富农人家的女人是不用到田里去做事情的,地主人家真是舒服得很,都是请长人来做⑤,有大长人和小长人,家里的事情也全都叫别人去做。苦人家的女人才要到田里去干活。请人来做是要发钞票的,没有钞票就只能自己做。女人家到田里要种田,也要垦地,没了男人的人家,女人都是和男人做得一样的。

待在家里的女人要织布的,比如说他们那种开店的过来把纱发给我们,我们来织布,织好了去给老板。织得好才有钞票,织得不好就只有一顿饭的钱了。我摇纱也会摇,是摇来自己穿的。织布也是自己织,织好了去卖,自己穿土布。我十一二岁的时候就去摇纱了,我姆妈是织要卖出去的布,我的纱摇好了是自己织来给自己穿。有时候落雨天,就要坐在家里摇纱摇一天,晴天的时候还要养羊,要去捉⑥羊草,羊草捉好了再去摇纱。我很小很小就背着只筐去捉草了,那是真的叫苦。1949 年以后,我家就全是去店里剪布不去摇纱了,我自己不高兴做衣裳的时候也会去店里买来穿,种的棉花就用来做被絮了。

(7)子女教育

我家就我姆妈,都是她一个人管我们兄弟两个的。

---

①　交:邀请。

②　亲眷:指亲戚。

③　素饭:吃酒一般指结婚酒席,素饭指办丧事时的酒席。

④　白相:玩、玩耍。

⑤　长人:长工。

⑥　捉:割草。

2.女儿的定亲、婚嫁

(1)定亲经历

我是十六岁定的亲。从前是介绍人亲自到别人家里面,跟大人讲:你的姑娘已经大了,要给①人了没有,要给了的话,我就给你拿到谁家去,有个男的条件蛮好的。女方爸爸妈妈就问介绍人:男方来三②伐,他就讲来三的,爸爸妈妈又没有看见过男方,总归是同意的。然后女方的爸爸妈妈写好了姑娘的八字给介绍人,介绍人就把八字送到男方家里让他们去算一算。那时候姑娘家自己不会到男方那头去的,认都不认识的,要等到男方讨了新娘子去才知道男女两个人长什么样子。然后有些介绍人不讲男方是不是麻子、跛子,有的姑娘给到了蛮远的地方去,等到讨过去了就露馅了,但是都已经到那边去了,就只能待在那里了。

我是给去垟③上的,原来就是认识的,那时候全是爷娘做主。我结婚的时候彩礼也是有的。地主人家的话,讨的媳妇全要讨地主人家的姑娘,彩礼全是金器、银器。全都是好人家讨好人家,苦点的人家他们是不要的。那个时候,要是姑娘家要嫁的男人死掉了,男方他们就会拿点新衣服把姑娘给接过去了,只买块肉去请请土地,然后就让女的待在男方家里。要是有女的住在男方家里哭,那是不能待在男方家的,这个女的只能走出。要是姑娘死掉了,他们男方有些好人家只等了一个月就把新的媳妇讨到家里了。我隔壁亲戚这家,我姆妈讲是填④阿姊的,等了三个月就讨到男方家里了。反正那时候就是,讨得起就讨,讨不起就不讨。

我定了亲之后,两家人家是不走动的。所以那时候就算是麻子、跛子也能讨得到媳妇。等女的讨去了,想走掉就来不及了,讨去了就算是他们家的人了,是他们男方做主的。那个时候两个小孩子互相也不认识,是介绍人来说什么时候讨过去,他讲什么时候就是什么时候男方过来接新娘子。

(2)结婚经历

我是十六岁定的亲,十七岁结的婚。我结婚的时候,他们男方在家里要请土地的,然后新娘子和新郎官再拜天地,踏火盆倒是不踏。新娘子乘轿子过去了,男方他们就在门口准备一袋米,然后新娘子从轿子里走出来,就站在这袋米上,再作两个揖。我结婚的时候婚书是没有的,结婚证也没有,那时候已经1949年以后了。所以洞房都不闹的。结婚的时候也摆酒席,不过摆了没几桌,好像是在男方家里只摆了六桌,请的是娘舅、姑父、远亲和甲长、保长都不用请的。我和我男人在他们家年纪是最小的,两个大佬他们全都已经吃开⑤了。家里大人只有一个阿公,阿婆已经没了。阿公是吃轮回⑥的。我男人家里面,弟兄三个全都是种田的,生意是不做的。

我定亲的时候要写帖子的,帖子里面写好八字,叫介绍人来拿去给男方家里,八字就是生辰八字。我结婚的时候是男方他们拿轿子来抬过去的,那些嫁得远的人家是弄只船来,把轿子放到船上运过去。迎亲的时候,男方的娘舅是不过来的,结了婚的第二天也没有什么规矩,不用给公公婆婆端茶、磕头,也不用到男方家的祖坟去上坟,我们这里是没有这些规矩的。

---

① 给:指出嫁。

② 三:指出色、条件好的意思。

③ 垟:地名用词,如史家垟、王家垟。

④ 填:指填房。

⑤ 吃开:指分家,不在一起吃饭。

⑥ 轮回:轮流到三兄弟家里吃。

（3）嫁妆

我结婚的时候，嫁妆只有一只梳头桌，八仙桌都没有的。别人家有的就嫁送钞票，再嫁点台条椅凳、一只八仙桌、一只梳头桌这些，然后衣裳是把自己穿的摆进箱子里一道拿去。那些地主、富农是从生到死的东西全部都嫁送的，有些人连棺材木头都带过去的，那个棺材木头是拿张红纸来封好，等于是给姑娘死的时候做棺材的。另外，他们地主、富农还有嫁送田地的，地主人家他们嫁亩田过去，就让新娘子、新郎官去收这块田的租，年年都能拿到钞票。收地租收来的钞票是归男家的，女家的田嫁给他们了，就是男家的了。

1949 年以前我织了布是不去卖钞票的，都是自己织来自己穿，只有养蚕吐的丝是去卖掉的。卖蚕丝换的钱是给家里一起用的，家里面去买点小菜都是要用钞票的，素菜是自己种，荤菜要买的。有些人家有养猪的，不养的话就到街上去买点荤腥，鱼啊肉啊这些。

（4）回门

结了婚一个月之后，娘家会来人请新娘子回门，请了才能去，然后新娘子还要在娘家再待到满月。回门的时候男家会做桌子送过去，新娘子在娘家待到满月了，男方家里也会来人请，然后女方家里也要做桌子送过去。这次回门以后，姑娘以后就是高兴就回娘家，不高兴就不回去了。

（5）童养媳

养媳妇的话，她们有些人到十岁的时候就结婚了，结了婚待在男方家里就好了，娘家都不用去了，只要摆摆酒就好了。

（6）换亲

我们这里叫调亲。比如说在我村上有两家人家，儿子都讨不起①媳妇，两家人就讲好，把你家的姑娘给我的儿子，我家的姑娘给你儿子。我们这里结婚，这两家人要分开的，是老迷信，说大的要先结婚。所以姐姐要大的话就要先结婚，小的要后来结婚。我埭上有两家调亲的，两家人全都苦的，讨起来一下子是讨不到的，他们就讲：我家的姑娘给你们，你的姑娘也给我家，然后姑娘不肯也不行的，全是爷娘做主，不肯还是要给他们家的。

3.出嫁女儿与父母关系

1949 年以前新娘子是不可以回娘家吃年夜饭的，老话说，送了灶王爷②姑娘就不好到娘家了。现在苦的地方也有这个规矩，腊月廿三之后是不好回去吃年夜饭的，说是出门的姑娘泼出的水，姑娘要是回来的话，饭都要拿到外面廊檐，叫她在廊檐下吃饭。结了婚以后，姑娘家只有过年的时候不能回去娘家，平常都是可以回去的。等于说，过年的时候娘家要请土地，姑娘去的话是不好的，平常就不搭界，然后像七月半、中秋这种小时节是不搭界的。因为只有过年他们讲起来是一年里面的大事，所以是不好回去的，要过了年才能去。那个时候，结了婚的姑娘、姑爷回娘家是不能睡一起的，结了婚的姑娘家也不能回娘家上坟。老底子说女人家嫁给人家了，就是人家的人了。结了婚以后，男方家里要是需要钞票也不会到娘家来借，去了也借不动的。所以都不会过去借钱。

1949 年以前我们这里没有离婚的。只有有些人家的女人逃出去了，或者男人拿根绳来把女人绑好了带去外面卖掉了，卖到蛮远的地方，这个人找不到了就算没了。那个时候卖掉

---

① 讨不起：没钱结婚。

② 灶王爷：即腊月二十三。

得蛮多的。

我娘家跟男方是一个村的。那时候结了婚,娘家爸爸妈妈过世了女儿是拿不到钱的,嫁出去了就没钱了,养老也是不养的。但是爸爸妈妈过世的时候是要回娘家的,回去的话还要烧几碗咸酸①挑回去。姑娘回去只能拿点东西过去,见了个棺材,过夜都不能过,爷娘死了的头一个礼拜都是不能过夜的,要等一个礼拜之后才好去娘家过夜。在娘家,姑娘女婿全都要披麻戴孝的。不过清明的时候,上坟就不去了。

(三)出嫁的姑娘与兄弟姐妹的关系

我小弟蛮好的,我生病的时候,我兄弟叫我去他们家来照顾我,我睡在兄弟房间。我们全在一个埭上,两个人住得近,走过去也蛮方便的,有时候就只是过去白相,吃饭有时候吃有时候不吃。

新年我到娘家去拜年是年初三。拜年是拿点糕饼,另外其他的东西也不拿回什么的。1949年以前别人家娘家爸爸妈妈要是过世了,还是会到娘家拜年的,这就等于是去小孩的娘舅家。

二、婆家人·关系

(一)媳妇与公婆

1.分家前媳妇与公婆关系

我结婚的时候,我男人家里的家长是阿公,他管家里面的事情,要是阿公过世了,就是我男人当家。我嫁过去之前,他们三弟兄就已经分家了。我嫁过去了,只到田里做点轻松的,其他重活是不做的,也不去外头做工。然后家里面也没有什么活,只有开蚕②要管好。家里面烧饭只有我来烧,洗衣服也是我来洗,织布也只有我织点来给自己穿一穿,另外绸也是自己做的。蚕宝宝吐丝吐出来之后,我就去抽丝织绸。那时候绸算是好的,一般性只有布。做客的时候穿件绸的就已经蛮好了。然后吃饭的时候我反正是坐到桌子上吃的,阿公坐不坐朝南的位置也不搭界的。

1949年以前我们这里媳妇同婆婆闹别扭也有的,有些人家两个大人让儿子使劲吃,给他吃够,对媳妇就把饭菜拿开,翻白眼对着媳妇。我的阿嫂③是旧社会里的,在过年的时候家里来客人了,我的阿嫂要等到客人吃好才能吃的,而且吃饭的时候我的那个阿公"砰"一声就把一碗肉给移到里面去了,不给阿嫂吃。那时候吵架都不敢吵,胆子小点的人声音都不敢出。等到我嫁过去了,那个老的也横得来。他买了肉来烧了吃,跟他儿子、我男人讲多吃点,我要去吃的时候又把碗移到里面,眼睛还要瞪我,我胆子蛮大的,就跟他讲:让你一个人吃,吃死你。后来我嫂嫂跟我讲:只有你胆子大,我都不敢响的。

那个时候,家里面的男人在讲事情的时候女人是不可以讲话的,也是不能做主的。1949年以后就全不搭界了,男的女的都一样了。我嫁过来的时候已经1949年了,嫁妆是归我自己的,两条被子、一只箱子、一只梳头桌。结婚后我织的布、摇的纱是给自己家里的,还有一个老的,我也织布来给他穿。有些在1949年之前吃过老人苦头的人家就不高兴给他们老人做衣服。

---

① 咸酸:指小菜。

② 开蚕:指养蚕。

③ 阿嫂:指大哥的媳妇,老人的嫂子。

2.分家后媳妇与公婆关系

我男人家在我嫁过去之前就已经分家了,兄弟几个都已经分开吃饭了。1949年以前要是爸爸妈妈做主,就在一起吃饭,然后弟兄们想要分家的话也是能分的,分开了爸妈是要吃轮回饭,但是做主还是两个老的做主。分家的原因大部分是因为弟兄们里面有几个气力要大,有几个气力要小,一起干活的时候大家就有意见了,然后就要分家。另外,弟兄里面那些年纪大的,他们早就结婚小孩有了,但是年纪小的还没结婚,这样的话,一起吃饭的时候,弟兄几个就有意见了,觉得谁家吃得多,谁家吃得少。分家的时候都是弟兄几个和爸妈一起,由爸妈做主,女人是不去参加的。有些人在分家的时候要吵架的,这样就要叫娘舅姑父来帮忙分家,分家一般是平分,不一样总会有的,大佬会便宜点①,小人都大了。

在1949年以前,几个兄弟里面要是有一个兄弟过世了家里只剩下个女的了,那么这个女的是不能分到家产的。男人的爸妈是不把女的当人的,他们儿子死掉了,就要欺负媳妇的,媳妇被欺负了就在家里待不下去了,待不下去就只能走出,走出的话也只能走一个人,嫁过去的东西都是不能拿的。

那时候离婚也没有的,娶了媳妇过来,过过日子觉得不好,要是女的逃掉了,男方不去找她就算了。有些人家是要找的,他们就会到女人的娘家,叫他们把女的寻回来。

(二)妇与夫

1.家庭生活中的夫妇关系

我和我男人是一个埭上的,以前就看见过的,有些人家就是没有见过的。我结婚以后叫我男人不是叫名字的,有小孩以后就叫小孩他爸,那时候有些人家还叫丈夫、老公的。分家以后是阿公当家,造新房子一直要等到我小孩大了才造,之前只有分家的时候分到的两间屋子。那时候要借农具的话是男的女的都可以去借。我结婚以后,家里面饭是够吃的,但是吃菜要是吃得多了的话老人是要讲的,要教训你。那时候家里面一般性都是男的做主,女人是不做主的,男的要你干什么你就要干什么。然后女人的衣裳男人也是不好洗的。1949年以后,女的也可以做主了。

1949年以前好人家全是大奶奶②、小奶奶③。讨了小奶奶之后,大奶奶就不能做主了,全都是小奶奶做主,大奶奶还是待在家里面,不会被赶出去的。像我亲戚他们,大奶奶是要烧饭来给家里人吃的,小奶奶就过得很舒服。那时候大奶奶和小奶奶都是自顾自的,没有交流。然后她们吃饭是一起吃饭的,男的总会和大奶奶有些约定的,不过还是有些大奶奶会被男的欺负。我亲戚这家的话,是只要大奶奶还高兴在家里做事情,就不会被欺负的,可以安安稳稳住一起。

1949年以前把女人卖掉的事情蛮多的。我家北边的一家人,男人叫了别人来把自己媳妇卖掉了,卖到北边蛮远的地方,后来那个女的还在那边生了个儿子,然后她总觉得那里不好,待的时间久了自己也有点钞票了,儿子也生了一个了,他们那家人以为她不会走了,她就自己收拾收拾在夜里逃掉了,她一直逃到了晚上,走到了车站,然后在车站里去坐了一夜,到明天再走,一直走了回来。

1949年以前男的还会打女的,有些男的打起女人来横得来。我男人的大哥打我阿嫂,要

---

① 便宜点:指分到更多。

② 大奶奶:大老婆。

③ 小奶奶:小老婆。

把她打倒在地上的,村里年轻也会劝的,但是老的人是不劝的,随他打,女的也不逃,就让男人打,现在她的玄孙都蛮大了。逃掉的妇女是少数,大多数也只有待在这里的。我小的时候,村上男的打女的蛮多的,我们都不敢去劝的。

前面的时候,钞票全都是放在男的手里,女人是没有钞票的,要用钞票也是要去跟男的讨。东西多数是男的去买来,布这种东西是自己在家里织的,做不出来的东西就要到街上去买,但是女的一般是不去街上的。

2.家庭对外交往关系

从前全是男的去送人情,女的不去的。女的去跟别人借钞票也借不到,因为女人自己是没有钞票的,借了以后还钱都还不出。所以没人高兴借的。1949年以前,女人也不会到外面去,就待在家里。真的要出门的话也只有到街上去,也是难得子①到这边的街上去,像杭州、上海这种地方我是没有去过的。

(三)母亲与子女的关系

1.生育子女

我是廿三岁②养的女儿。1949年以前那些老人都是觉得养个女的不稀奇,养个男的才像宝贝一样的,养个女的,讲起来就是只养了个"细姑娘"。我家隔壁一个老的,在我还是大肚皮的时候就跟我讲,养个儿子是要做圆子的,用白米一斗;养个姑娘的话,就一样都不用弄了。那时候养个儿子还要摆斋饭去请土地的,养个姑娘的话等到满月剃头了烧碗饭摆到土地面前就好了。在生了个男孩的人家剃头的时候,外婆家也会来的,外婆她们做好了衣裳,再买点鱼肉荤腥拿过来;要是养了个姑娘那就一样都不用买了,不过做衣裳是一样的,给儿子做,也给姑娘做。有些是大的穿剩下来的衣裳给小的穿,那时候苦得来,全是穿补衣裳的,现在全是新衣裳了。

我女儿没有读书,他们讲起来,姑娘是以后给去别人家的,读书来做啥呀。别人家的儿子也只有读到小学,能读到初中就已经蛮好了,读高中真的是要到1949年以后才有的,从前是没的。要么是地主人家,他们读书都读得蛮好的,他们读书来是要做官的。那时候没有钞票的人家是不会去读很多书的,儿子读到小学能认识字就够了,这里读到初中的人真不多的。

我姑娘结婚也有介绍人的。

2.母亲与婚嫁后子女关系

我姑娘是廿一岁结的婚。我姑娘结婚的时候还要读结婚书,但是不请土地了。我家的女婿是别人做介绍人介绍过来的,他是上门女婿,嫁妆这些东西就没有拿过去。上门女婿养的小孩是跟女方姓的,要是姑娘嫁出去的话就是跟男方姓了。我女婿那时候摆了定亲酒,摆了酒之后再领了女婿回来。我的姑娘和女婿两个人以前就认识,我们两家人那时候也会来往的,我姑娘会到男方家里去,我女婿也会来到我家来。

现在不养爷娘这种事情我们这边是没有的。有些人家就算是和爷娘吃开,也都是要给爷娘米的,就是说老的烧饭虽然是分开烧的,但是儿子的米还是拿来给老人的。然后老人也可以拿儿子家里的东西来吃。不养老总是蛮少的。

(老人女儿与女婿结婚期间没有生育,后来老人女儿早夭,女婿又与现在的妻子结婚,育有一子。他们一家四口生活在一起,家庭很和谐。)

---

① 难得子:难得、偶尔。

② 廿三岁:即老人二十三岁,1958年。

三、妇女与宗族、宗教、神灵

（一）妇女与宗族

1949年以前我们这里是有祠堂的，用来摆神祗牌位，人死掉以后就有一块木牌摆在祠堂里。这个要条件好点的人家才可以摆到祠堂里，男的女的都可以，家里条件差的就不能摆进去。我们碛石这里的祠堂里面烧香是不烧的，里面都摆满了棺材，都是寿材，摆得都堆起来了，碛石街上的人家基本上全都把棺材摆在了那里。

（二）妇女与宗教、神灵、巫术

过清明、过七月半和过年的时候我们这里是要请阿太①的，另外的时间不用请。1949年以前过时节、请土地的时候只能男的来做，另外像家里人过世了的香事②，女的去做也不搭界，可以上手帮忙。请土地的时候要一块肉、一条鱼、一只鸡，然后点火，把水果摆到台面上这种事情全都是要男的来做。不过要是男的不在家里，女的也会去弄，像接灶，接灶王爷的时候，男的不在女的也可以做。我们这里1949年以前要是有人生毛病了，是没有把郎中叫到家里来的，只有自己到郎中家里面去看。我没有入佛教，我们这里有其他人入佛教，那几家人家造好新房子之后，会摆上梁酒，但是不会去请土地。

四、妇女与村庄、市场

（一）妇女与村庄

1.妇女与村庄公共活动

1949年以前村里没有大家一起吃饭的事情，开大会也没有。有时候那些组长、乡长要到我们这里来收东西了，就会自己上门来。收东西的时候他们是看人家的，组长看谁家条件好点就多收点，条件差点就收少点。1949年以前不管男女都还要一起去修路、挖湖泥，做的都是一样多的。保长、甲长这些人我也认识，都是我们自己这边的，乡长家就在我家南面。1949年以后那个乡长被别人打在地上，地上全是血，家里的东西也被他们拿去烧掉，后来乡长就逃到上海的城隍庙里了。

2.妇女与村庄社会关系

我结了婚以后，平常会到隔壁人家去走一走。1949年以前没有人会请女的到田里做，但是那些地主人家会请女的去做奶娘，等于说是地主人家生了孩子自己又没有奶，就请一个奶娘来。苦人家待在家里没有钞票了，就会去做奶娘。做奶娘吃得是蛮好的，吃得好才能把小孩养得好。但是苦也蛮苦的，小孩子要是生毛病了，是叫奶娘先把药吃进去，然后再给小人吃奶水。

那时候别人家摆结婚酒、摆素饭的时候我不会去帮忙，他们没有人来请我去帮忙，我就没有去。在1949年以前，女人也可以在夏天的时候去自己家门前乘凉，远的地方是不去的。聊天的话也只有去隔壁讲一讲。我摇纱织布是看我姆妈做的时候学的，后来自己也就做得来了，别人做不来还要来叫我教她们。

---

① 请阿太：指祭祖先。

② 香事：义同请阿太。

（二）妇女与市场

无论是 1949 年之前还是之后，出市①全是男的，女的不去的。那时候也没有女人去街上摆摊卖小菜。1949 年以前都是自己种棉花，弹好了棉花就自己摇纱。

1949 年以后，买小菜、买东西这些事情女人也都能走出去做了，有去剪一点布的，然后也会去买一点羊，另外零零碎碎的东西也去买一些。布票米票这些，等 1949 年以后过段时间就有了。那个时候一个人能分到一丈五寸，拿了布票去剪布，剪过来做被面、做衣裳。布票不够用的话，就自己织一点。然后小孩子要穿得好一点，老的就自己织一点布来穿一穿。等我到廿三五岁的时候，就全用洋布了。那时候还要自己做鞋子，在夜里做，1949 年以后办社了，日里去做工分，夜里就做鞋子。我要到六十岁了才不做鞋子的。1949 年以前村里面没有用鸡蛋来换肉这种事情的。

五、农村妇女与国家

（一）认识国家、政党与政府

只有等 1949 年以后才会讲男女平等，从前的时候是没人讲的。然后 1949 年以前能读书的地方只有私塾，我这里村上就有一个，别人要去上学的话，先生就要学生交多少多少的钞票，要是钞票不够的话，就没得书读，一定要交好钞票才能来读书。那时候先生是让男的学生和女的学生分开坐的，桌子都是分开的，男的坐在一起，女的坐在一起。去读书的小孩子他们早上去了私塾里面，要先向孔夫子拜一拜。1949 年以前这里没有国家弄的公办读书堂，只有私人的。私人老师，他讲多少钱，你就要给他多少钱，你读得起就读，读不起就不能读。1949 年以后国家才办学堂，大家就都去读书了。1949 年以后的学校里面，男的和女的是在一张桌子上读书。这么做了之后，那些旧社会的老人，就在那边讲：老师在给学生做介绍人。

我 1949 年以前见过银元，还有钞票。好人家是用银元的，苦的人家就用钞票。1949 年以前也不用交人头税。从前养小孩，都是养在家里的，他们又不知道，怎么收钱呢？

1949 年以前我还小，那时候还有日本人，日本人看到小孩会叫：小孩来，小孩来，给你东西吃，然后看见女人是要拖走强奸的。国民党那时候也有，在打日本人的时候，那些国民党要过铁路，到了夜里面组长就带他们去过铁路，我家那时候厅蛮大的，组长就跟我讲：叫我不要出声，这几个中国兵在你们这里待一下，到半夜就过铁路。他们都是穿便衣的，我那时候还很小。在 1949 年以前看见过中国兵，也看见过日本人，共产党要到 1949 年以后了才看见的。

1949 年以后，村里要投票，他们发一张表格，然后叫我们写，想要谁当书记就写谁，不认识字的就叫别人帮忙写，写好之后就放到箱子里。我不入党的，我家里没有人入党的。1949 年以前我也没有见过国民党的干部，只见过乡长、组长这些人。

我们这里裹小脚的全都是已经岁数大了的，像我这样的岁数还算小，是不裹小脚的，像我奶奶那样的岁数才要裹小脚。小脚是裹得来很小很小一点点，走路都走不来，她们从小就要裹，裹得不让脚大起来。然后裹小脚的姑娘家可以给到好人家，种田的人家是不裹小脚的，全是那些好人家不用干活的才会裹小脚。另外，1949 年以前长头发就没有了，我奶奶跟我讲，以前长辫子留得很长很长，要留到屁股那里，在我奶奶这辈人是有人留长头发的，我爸爸这辈上就没有了。

---

① 出市：指早上上街买菜。

1949年以后,村里面有讲自由恋爱、反对包办婚姻,这个蛮好的,全是自己找对象了,介绍人都不用做了,自己喜欢谁就喜欢谁了。1949年以后干部里有女的,书记也有女的。那时候真的好,男女都是没关系的。要是女的选上了书记,就可以去做书记。

计划生育是好的。从前有些人生的小孩多,大家就只能分到一点吃的,像我男人的二哥家,养了十个小孩最后只有一个小的活下来了,其他全都饿死了呀。现在小孩子生出来姆妈没有奶水,可以吃奶粉,从前是没有奶粉的。计划生育刚开始的时候,村里面的人有思想不通的,养了两个还要再养,还要养的话,就要罚款。最开始的时候拿了钱过去都没有用的,他们罚款都不要,必须要你把小孩打掉。后面罚款要罚两百多点,再后来要罚三万,一直到最后,村里干部还要来做工作,再罚三万三千。如果罚款不交,街道里会派人来要,村里也要派人来要钱,要罚到发工资都还不起。

（二）对1949年以后妇女地位变化的认知

1949年以后,村里面在开会的时候都在讲"妇女能顶半边天",还有"男女平等"。那时候要开妇女大会,大家都是要去的。妇女主任在会上讲男女平等,然后叫养媳妇她们回家。养媳妇那时候有些人生活过得苦,妇女主任就跟她们讲,叫她们胆子大点,回家好了。1949年以后女的在家里的地位肯定是提高了,现在最好了,女人家全叫自己男人名字了,想到什么地方也就去好了,然后男人在讲话的时候女人也可以说话了。那时候夫妻两个要是相处得不好,离婚也多了。早先要是被男的打了,也只能继续待在家里的。

我姑娘读书只读到了初中,我孙子现在是在杭州读书,大学两年都读好了。现在村里也有几个女的干部。比起从前,肯定是现在妇女的地位提高了。

（三）妇女与土改

1.妇女与土改

我家土改的时候是划成中农的,我男人家也是划成中农的。土改同志会到我家来跟我们讲,我们能派到多少田。土改的时候,开大会要把地主打倒,然后再把地主家的东西分完,房子都要分掉的。还跟我们讲,贫农要分到田,地主富农要分出田。分田的话是按人头来分的,男的和女的都一样的。

2.妇女组织和女干部与土改

土改的时候,土改同志里面有女的,她们也是做干部的,那时候都是选出来的。还有妇女主任,妇女主任是开妇女大会的时候上台讲话的那个,她讲旧社会的时候是怎么样的,新社会里面是怎么样的好,还有讲现在田也会分给我们妇女,国家也会照顾我们。

（四）互助组、初级社、高级社时的妇女

互助组我家是参加的。刚开始是互助组,后来是办社。参加互助组的时候,有些家境好的人家也参加了,到后来办社的时候就被划成地主富农了。那时候村里开会,鼓励我们去参加互助组,要是觉得互助组好的话,大家就一起来参加互助组,单干也是可以的,但是当时单干户要少。再到后来,有些单干户也要来参加互助组了。参加互助组的时候,妇女也要去田里做。后来入社了,自己家的工具就全部收到社里了,我们自己的东西收上去都是要算钞票的,公家要给我们钞票。然后有些思想不通的人怎么都不高兴,他们后来就吃亏了。

互助组的时候,大家就待在一起干活,到后来办社了就要记工分了。最开始入社的时候,工分是几个干部来算的,后来就叫我们分开来自己算,算好了让干部们批。算工分是等到夜里收工了大家待在一起评的,一起讲谁做了几等,讲一等是几分,头等是几分,末等是几分,一共三个等级。男的和女的在算工分的时候,男的工分要多一点,女的要少一点。工分最多是十分一天,然后男的最多一天十分,女人最多一天七分。我都是能拿到七分的。评工分的时候,我家的米是吃不完的。因为做得多就分得多,米都是按照工分来分的,后来就吃不饱了。

入社以后,有女的要生小孩了就不去田里干活了,但是这样就没有工分。小孩养出来以后,就让家里的老人看着,自己还要去田里干活,我那时候只休息了一个月就去田里做了。老人家做得动的话,他们都去做的,不做就没工分。

(五)妇女与人民公社、"四清""文化大革命"

1.妇女与劳动、分配

人民公社的时候是一起吃饭,那时候办一个大食堂。刚开始是算工分,后来大食堂了大家就一起吃饭了,那个时候是很苦的,只能烧粥来吃。大食堂的时候真的是最不好的。那个时候吃大食堂不用钱,但是大家都是要去干活的,有些人就偷懒不去做,到夜里开会的时候大家就批评他们。我们还要开湖,开湖是分任务的。我那个时候岁数大了,就没有分到任务。所以开湖我就没有去。他们去开湖的话,是用船把人运过去,被窝铺盖和柴米都要带过去。

2.集体化时期劳动的性别关照

以前有办托儿所来管小孩,但是办着办着就散掉了。村里有几个人是专门管小孩的,大人在吃完早饭以后,就把小孩子带去他们那边就可以了。后来人民公社的时候,吃食堂了,他们也还是在管的。

3.生活体验与情感

前面吃食堂的时候,自己家里面的锅碗都被收掉了,米也都是放在一起,大家在一起吃,可以随便拿来吃,再后来食堂就停掉了,停掉以后就在自己家里面吃饭了。我家在"三年困难时期"的时候苦得来,吃的东西都没有,那时候我刚刚生了我的姑娘,只能喝粥。不过那时候人倒是不会被饿死的,就是吃得很苦。

4.对女干部、妇女组织的印象

那时候,有女的在村里当干部的,前面有妇女队长,大队里有妇女主任,她们都是选上来的,选上了妇女队长就是妇女队长。

5."四清"与"文化大革命"

"四清"的时候,如果账目拎不清楚的话,那些干部是要吃苦头的。那时候我这里就有一个人贪污,他就吃了官司,在小队里面被管制,要他一直做事情,晴天在地里干活,落雨天也要在屋子里搓绳。

"文化大革命"的时候家里面的旧东西全部要被拿走,蜡签、火炉这些全都要卖完,金器也要卖掉,要是不拿出来的话,还要开会批评你。

(六)农村妇女与改革开放

后来分田到户了,就全都是自己做自己的了。田是按照人头来分,男的和女的分到的田是一样的,土地证也是有的。那个时候选干部还是要投票,想要谁做干部就投给谁。我现在识字都不识,电视也不看的,听广播的话,我现在耳朵也聋了,听不见声音了,前几年我耳朵不聋的时候是听广播的。手机的话,我女婿前面给过我一只老年手机,我耳朵不行了就不要了。

六、生命体验与感受

现在最好了呀。我岁数大了,国家给我发老年证,还给我发钞票。前头发了六十块,后来发九十块,现在要发给我一百七十块了。现在国家真的是好的,国家发给我的这点钞票去买点小零碎①吃吃蛮好了,反正吃饭是和女婿他们一起吃的。

---

① 小零碎:指零食。

WL20170125LLN 李玲女

调研点：内蒙古鄂尔多斯市达拉特旗
调研员：王乐
首次采访时间：2017 年 1 月 25 日
出生年份：1936 年
是否有干部经历：否
是否生育：是
受访者结婚的时间节点、生育子女的具体情况：1955 年结婚；1955 年生第一个孩子，共生六个孩子，四个女儿、两个儿子。
现家庭人口：2
家庭主要经济来源：子女赡养、养老金
受访者所在村庄基本情况：老人与老伴居住在鄂尔多斯市达拉特旗西园小区，位于西园路，社区老人较多，每天上午 8 点多，老人们到社区打扑克、打台球等，下午 2 点进行活动，社区健身器材、活动配置齐全，活动室有暖气，社区建设完善，交通方便，环境整洁。
受访者基本情况及个人经历：老人生于 1936 年，十九岁父母给定亲结婚，二十岁时生了第一个孩子。老人育有六个孩子，现都已成家立业。老人与老伴儿生活在一起，身体健康，腿脚方便，喜欢与人聊天。生活主要是靠几个孩子的赡养，基本的经济来源是靠国家的养老金和高龄补贴。

老人一生的心血与经历都倾注于自己的孩子身上和家庭，供养孩子读书上学，为孩子带小孩，辛苦劳碌一生。老人一生对儿女的教导便是要引导好家庭，重视对孩子的教育，把孩子培养好，不要让孩子偷窃，打人骂人，做坏事儿，教育孩子要成为一个顶天立地、堂堂正正的人。作为女人就一定要把家庭好好打理好，女人有文化，男人能做什么女人也同样能做，男人会做的东西，女人也会做，要多读书，勤于吃苦。

一、娘家人·关系

(一)基本情况

我叫李玲女,名字是我的母亲给我起的,当时的寓意就说我小时候很灵活,很聪明。我的兄弟姐妹的名字也都是我的母亲和父亲给起的。当时起名字没有按照辈分,而是随便起的。当时我家在牧区,没有土地,我们只有放牧的草场,那时候的草场不像现在一样,都分给个人是多少亩多少亩,那时候的草场都是大队的,大家都没有限制,放牧,想走哪里走哪里。

我的娘家养着上百只骆驼,差不多有个二三百只,每家人家都是靠这些来维持生活。我的父亲弟兄四五个人从东南西北走大山把这些骆驼全部找到。这些骆驼是用来去后套驮粮食的,牧区没有粮食,全靠吃后套驮运来的这些粮食。一列骆驼是七个,从沙漠里面把这些骆驼都找回来之后,要先把它们拴到一起,不给它们吃,只给它们喝水,控食七八天,它们才可以驮运粮食,不止给我家驮运也给其他人驮,那时候全靠这些骆驼上后套把粮食偷运到牧区来吃,后套就是现在的临河,那边种粮好,而气门这里从来都没有种过地,主要是靠畜牧业。我家的兄弟姊妹多了,四个女儿,三个小子,一共是七个孩子,家里我的大弟弟是抱养的,抱的是一家姓侯的。我的母亲总是生女儿不生男孩,抱了人家这个男孩之后才开始生的男孩,于是自己又生了两个男孩。

我十九岁的时候结婚,二十岁的时候生的我的第一个孩子。我的夫家也没有土地,都是在牧区。当时我娘家进行过土地改革,我的父亲是中农成分,我的夫家是商业资本家。我夫家有兄弟姊妹四个人,三个男孩、一个女孩。我的丈夫是抱养的,抱了他之后,才开始生的其他两个兄弟。我的夫家是开靴子铺、盐铺做生意的,但是1949年以后没多久,他家的东西就都被没收完了,家庭开始败落了。

(二)女儿与父母关系

1.出嫁前女儿与父母关系

(1)家长与当家

我在娘家的时候,家里是我的父亲说了算。家里边的所有事情他都管,给我们这些女儿找婆家也都是他找的,他说了话才算数。那时我的父亲主要是负责放牧的。我的母亲就负责在家里边做饭,就是早中午的饭,晚上缝衣服、做鞋,主要是家里边的家务。当时雇的一个放羊的人,这些骆驼都是自家人负责。我的父亲是一个很有气候的人,当时处理事情主要是他和我爷爷负责。当时家里主要是我的叔叔伯伯以及我的父亲在掌家。我十多岁了,当时家里边儿的人口越来越多,于是我们便另立门户了。

(2)受教育情况

我当时读了三年级,现在还能认得一些字。家里的兄弟姊妹也都读书了,就像我的小弟弟,他们还当过秘书,而且都是初中毕业,只有我是小学毕业。读书的时候老师还夸奖我,夸我写的毛笔字特别好看,当时在学校里面我算是学习不错的。当时上学的学校里面女生也多,那时候有二十多个女孩。我们当时生活的人不多,从妈妈那个时代开始,他们那一茬的孩子,蒙古族的就比较多一些。1949年以前,我们村里也有女孩子上学的,我十三岁的时候已经不读书了,1949年之前也有人读书。我们那时候也有重男轻女的思想,好多人家觉得女孩子还是不要读书了,终归是要嫁人的,当时主要是因为我的父亲的脑子比较开放,女孩子也是要读书的。我当时不读书是因为刚好抱了回来我的弟弟,家里没人照看他。所以我就辍学在家带他,家里那些小妹妹年龄还比较小。那时候对男孩和对女孩的教育都是一样的,教育方法也是一样的,不管是谁教育,只要是孩子做错了,肯定是会挨骂的,严重的时候还要打的,我的父亲,王法可重了,我们姊妹几个都很害怕。

(3)家庭待遇及分工

在娘家的时候,吃饭的时候女孩子可以上桌一起吃,当时我们家这块没有这些规矩。在桌子上吃饭是有讲究的,就比如说桌子的正面,还有上座下座,年长的一些长辈就需要坐上座,其他小辈就在他们周围坐在一起,吃饭的时候,比如说我是长辈,那么家里吃饭的时候,第一碗第二碗饭肯定是要给我的,先给长辈的,其次才是你的父母辈,然后再是给小一辈,是要按照辈分来给的,有桌子的坐桌子,没桌子就在炕的边上坐。同辈之间是没有讲究的,如果坐正席的时候,姊妹们都坐在一起,没有分别。那时候,能够穿得起衣服的一般家庭都还比较不错,否则家庭不好的那些都是穿着打补丁的衣服,我们家的生活还算不错,我们穿的衣服也还算不错。虽然是旧,但是还穿得很好,打补丁的不多。

(4)对外交往

我们那个时代穷,没有压岁钱呢!那时候虽然穷,但是过年也会拜年。女孩子不出去拜年,当时拜年也是成了家的人才出去拜年,不成家的也不去拜年,那个时候但凡来拜年的,多多少少都会给点钱,而且那时候人都穷,给的钱不多。那时候家里来了客人,母亲很少会上桌吃饭。那时候穷,但也没听说过有小孩子出去讨饭吃的,反正当时我们那个地区我没有见过有女孩子出去讨饭吃的。小的时候一般都是父母大人领着去住娘家啊,只走串一下亲戚,这是因为母亲舍不得丢下孩子一个人。什么时候孩子想自己的母亲了,于是要回娘家住上一段时间。

(5)女孩禁忌

那个时候女孩子和男孩子可不一样,那个时候女孩儿与男孩儿不能在一起玩的,只能和自家的兄弟这些哥哥呀侄子呀和这些人玩儿,可不能和别的男的去玩儿,那时候会招闲话会遭别人说。女孩子与家里的大人的衣服肯定是要分开洗的。

2.女儿的定亲、婚嫁

当时是我丈夫的父母帮他们找的媒人。那时候,我们那个地方,谁家要是有一个女儿,百八十里的人家就都知道了,不像现在一样,人多了只有去外面才能找着对象。当时媒人就和我的夫家说了些我家的一些情况。在我们那个时代,女孩子长得漂亮,不经常和男孩子玩儿、不打架的就是好女孩儿。和那些男孩子玩打架的,人家都会说那家人家的女孩子比较夜叉,就不像个女孩子,恶心死了,谁家男孩子都不会找那样子的女孩。小时候还可以跟男孩子玩儿,上了十几岁,就不可以和男孩子玩儿了,那个时候十五岁,就给了男孩子了,就成家了,我的姥姥十二岁被人家童养媳童养回来,十五岁的时候,生的我的母亲。

我结婚的时候已经1949年以后了,当时的彩礼就是我通过介绍人问要,我要了五百块钱,那时候已经开始换票子了。当时定亲,我们父母没有问过我的意见,男方主要是跟我的父母说的,只要我父母同意就行。当时定下来的亲是可以毁的,但是如果我毁约,我父亲肯定会把我往死里打。当时我也没有和我的丈夫合过婚。我们结了婚也没有写过婚书。结婚时,我的娘家什么也没陪,五百块钱是别人的彩礼,再什么都没有了,我娘家也什么都没给。

我结婚的时候,也没记得有过什么习俗,就是刚结婚的时候,第二天需要给婆婆公公他们做饭吃,什么给公婆敬茶、磕头之类的乡俗都没有,但是做饭是做过。

3.出嫁女儿与父母关系

我们那时候是结了婚的第二天就回门。结了婚以后，什么时候想父母了，就可以回去住娘家。当时回家也没带过什么东西，我自己也不记得我带了些什么，好像什么也没带过。我们那个时候嫁出去的女儿是不能在娘家吃年夜饭的。过年那天的晚上是要接财神的，接神的时候，是要隆旺火，放鞭炮，接财神到时候女儿是不允许待在家里的，她们就要进驴圈，否则对娘家人不好。我当时过年的时候也从来没有回过娘家，就一直都在婆家过的。我的母亲是一个思想特别开放，是一个开朗的人，不是一个脑筋死板教条的一个人。

我们那个年代，就没有听说过有人要离婚的，我和我的丈夫更是谁都没有提过离婚，如果说要离的话也是可以的，但是那时候一般离了婚之后很难再找到一个好的对象，说不好的话就打光棍了。我出嫁之后，如果娘家有一些大事儿，就不会问我的意见了。

（三）出嫁的姑娘与兄弟姐妹的关系

我虽然出嫁了，但是结婚之后和家里面的兄弟姐妹之间的关系依然很亲近，像我们现在都几十岁了，兄弟姊妹之间的关系很好，我与我的那些弟媳关系都很好，他们每次来一趟都一定要来看看我，关系可亲近了，一点都不会生分。

二、婆家人·关系

（一）媳妇与公婆

1.分家前媳妇与公婆关系

我的婆婆对我好得没的说，对我就像亲生女儿一样，没有一丁点对我的苛刻，在我的记忆里，我的婆婆对我是特别的好，真的好。我那个时候是牧民出身，只会养羊放牧，让我要是做家里的这些活，做饭、洗碗、收拾家之类的活我都不会做，就只会放羊。每次不会做家务的时候，我婆婆的父亲总会跟我的婆婆说，你的儿媳妇连饭都不会做，连地都不会扫，我的婆婆就不让她的父亲数落我，和她父亲说："她还是个孩子，她还没有长大呢，等她长大不就什么都会做了吗？"我的婆婆就不容许他的父亲说我的不好。我的婆婆家里面吃什么好的，她都会给我留着，但夏天我去住娘家，他们家里面如果吃炖肉的话，她就会把肉放到碗里，那个时候没有冰柜，然后再放到凉房里冷藏起来，估摸着我快回来了，我回来之后他们就炖给我吃。如果估摸着我还不回来着呢，害怕肉放得久了就会坏了，他们就会自己吃，等我回来了她会告诉我："你不在的时候我们吃什么了，本来给你留着，但是害怕东西坏了我们就都吃了。"总之，我的婆婆对我真是特别的好，我在我婆婆身上是一点都不敢说她不好，那个时候我回娘家，我们的母亲问我，你的婆婆对你怎么样？我那个时候回我的母亲说，妈妈，婆婆对我可好了，好得跟你一样。

2.分家后媳妇与公婆关系

（1）公婆关系

另立门户的时候，我的婆婆那个时候他们也没有钱，但是房子一直都有。当时家里也够吃，生活也差不多。我嫁过来，我的婆家是我丈夫的父亲掌家，等我嫁进来之后就已经没有了，去世了的时候，我的丈夫十八岁，他们家是商业资本家，土改的时候，人家来了把家里面所有的东西全部都没收走了。于是就把他的父亲气死了，不知道得的是什么毛病。我的公公去世之后，就是我丈夫的三爹掌管家，对我们也挺好。

(2)分家

我与我丈夫是十九岁结的婚,大概是二十五还是二十六岁的时候就分了家,另立了门户。

(3)交往

嫁过来,我们成分也高,几乎也没有什么来往。

(二)妇与夫

1.家庭生活中的夫妇关系

(1)夫妇关系

我和我丈夫结了婚之后从来都没有打过架,我俩也不吵架,家里面挣一点花一点,他也管我也管,又存不下什么钱,过一个年需要花五块钱,这也没什么么花销,肉当时家里面也有养的羊,这些有肉,酒也不喝。结婚之后,我也不需要伺候我丈夫,给他打洗脸、洗脚的水啊,饭给他端到眼前这些事情都不管,我每天还要放羊,还有家务活,哪有时间给他做这些。当时家里的家务事大家一起说了算,他说对了就算,我说对了也算,谁说得有道理谁就说了算。嫁到他家之后我仍然负责放羊,负责给羊喂食喂饲料。我从没藏过私房钱,有那么多孩子,藏私房钱干什么。再说那个时候人都很穷,吃饱穿暖就行了。

(2)娶妾与离婚、婚外情

我们结婚的时候,已经 1949 年了。所以我们这个地方也已经没有娶妾的,比我年龄稍长一点的人,他们那个时候有这种娶三妻四妾的。我们那个年代,人家都穷得不行,哪有人家会有婚外情啊,反正我是没有听说过。

2.家庭对外交往关系

我的丈夫家,我刚嫁过去没多久,土改的时候,他家就被没收了,我们的成分也比较高。所以也没有什么么人情交往。

(三)母亲与子女的关系

1.生育子女

(1)生育习俗

我们那个时候生男孩和生女孩没有什么习俗,就是生了孩子的要在房里挂红布,挂红布的意思就是说,这个房间是生过孩子的是月房,是不允许外人随便进入的。生完孩子我们没有办酒席,因为当时连生活都过不了,哪还有钱办酒席。

(2)生育观念

我们那个时代,如果娶回来的媳妇生不下男孩,也会有人家把这媳妇给打发了,这是别人家,当时我们家没有。像那些生不下男孩儿的就会抱养一个男孩。

(3)子女教育

我的几个孩子都上学了,女孩也都让读书了,就只有我的小女孩没多读书,因为她当时身体不好,上学的时候总是生病,而且家里附近没有学校,在家的三四十里以外才有一个学校,她就在那里住校,身体也多病,后来就连初中都没有读完。

(4)对子女权力(财产、婚姻)

我的女儿她们有没有私房钱,我也不知道。她们那个时候结婚就已经有了自由恋爱了,她们结婚出嫁的时候,我家很穷。所以我们也没有什么可以给孩子们陪嫁妆,当时我也没有问她们要过彩礼。我的孩子当时都定亲了,是父母给定亲的。

2.母亲与婚嫁后子女关系

孩子结婚之后,我也有去孩子家住过,当时我是因为胳膊受伤了,去孩子家住下,去看病了。孩子结了婚还是很孝顺,也会时常想着我们老俩口。

三、妇女与宗族、宗教、神灵

(一)妇女与宗族

我们这里没有宗族。所以也不知道这方面的习俗。

(二)妇女与宗教、神灵、巫术

1.灶王爷的祭拜

我们家不信这些,就只知道腊月二十三是祭灶王爷,但是我们家没祭过。

2.祈愿拜神

腊月三十那天的晚上,除夕夜里十二点,我们要祭财神,接神,点香、烧黄表来许愿和敬神。

3.宗教

我们这边信教的比较少,就有个别人信基督教,我们庄没有教堂,妇女信的比较多,她们都是星期天到镇上的教堂做礼拜。

4.拜门神

我们没有拜过门神。

5."当工"(音译)

没有这方面的信息。

6.送子娘娘

没听说过有拜送子娘娘的。

7.求雨

我们这里没有求过雨。所以也不知道。

8.宗教

我信佛教,念阿弥陀佛,之所以信佛教是为了保佑全家人的健康与平安。

9.巫术

巫术方面的习俗我也没有听说过。

四、妇女与村庄、市场

(一)妇女与村庄

1.妇女与村庄公共活动

出嫁前,我小的时候,我们村子里也有一些文化活动,比如说转灯会,我们当时也听说过这些活动,但是家里太忙了,根本顾不上参加,我连家里的这些家务活都忙不过来,哪有时间参加这些活动。

1949年之后,村子里的会也比较多,当时我也会参加。人家需要我们发言,那我们就发言,不需要我说的话,我就不说话。那个时候人家参会都会通知,让大家都去,妇女也会去参会。1949年之前,我村的甲长、保长我也不知道。

2.妇女与村庄社会关系

做姑娘的时候,当时村里也有关系好的一些朋友,但是她们结婚的时候,并没有邀请我去,那个时候条件不好,女孩子有个去处,有个人家就嫁了,结婚的一般吃一顿饭就再没有什么来往了。我与我们的妯娌这些关系都挺好的,到现在的关系很好,到现在为止我们也心里面从来没有闹过别扭,没有矛盾,交往得都特别好。

村子里边儿如果有红白喜事儿,这种宴会一般都是邀请才去,不邀请就不去,关系好也需要邀请。当时我们村里还有交流会这些,但是当时因为我已经有了孩子,就没有时间去赶集,赶交流会的时候,我还忙着给羊晒草,很忙顾不上去。当时村里还有庙会,等到逛庙会了,我们就去玩一玩,放松一下,那个时候少,大多情况都很忙,一般不会去的。

(二)妇女与市场

我们那个时候,也没有什么市场,就是偶尔会有担担子的。一般来说,我们的衣服和鞋子都是自己做,不买,那时候买东西都是什么时候有需要就什么时候去啊。供销社的时候是要有布票、粮票这些才能购买。

五、农村妇女与国家

(一)认识国家、政党与政府

1.国家认知

1949 年之前,我对国家也没有什么概念。1949 年之后,毛主席来了,大家都觉得挺好的。1949 年之前也没有宣传过男女平等的思想,是 1949 年之后才宣传的男女平等思想。也是1949 年之后,妇女的地位提高了,夫家给妇女做主了。

2.政党认知

国民党我知道,但是没有什么印象。只是知道,但并不知道它是什么样的。后来就只知道共产党。毛泽东主席来了,我们那时候唱毛主席来了晴了天。我们家我和我丈夫都没有入过党,当时可能也忙得顾不过来,也不知道为什么,反正是没入党。

3.夜校

我没有上过夜校,我们那时候也没有夜校。

4.政治参与

1949 年之后,我们村里总开会,选领导的时候,我们村里的妇女也要参会,也要进行投票啊,也是因为毛主席来了,我们才有了选干部的资格,同意谁就举手投谁的票。

5.干部接触与印象

我们当时成分也高,在队里面也不敢多说话,一个队里面,当时那些队长也不好好劳动,就看这些人怎么给他们劳动呀。这只是一部分干部,有的干部也干事。

6.女干部

1949 年以前,我们村里也没有妇女干部,之后村里才有妇女干部。当时的女性干部不多,一般都是男性干部比较多。那时候的妇女干部也挺好的,对于女性当干部这件事情,我很鼓励我的女儿或者儿媳妇儿当干部,只要有本事就上。

7.政治感受与政治评价

我觉得国家计划生育的政策挺好的,国家之所以实施计划生育为了控制人口,生得太多了,剩下的人太多,国家养活不了,毛主席养活不了啊,所以才进行的计划生育,如果没有计划生育,养下一堆人可怎么办啊。

（二）对1949年以后妇女地位变化的认知

1949年之后,我也有听说过妇联这个组织,妇联也是搞工作的。妇女在毛主席领导的那个时候是宽大政策,过去的妇女怎么能见得了人,还开会?过去的妇女都没有参会资格,过去就是那种死脑筋,不允许妇女开会,等毛主席领导的时候,实施这种宽大政策,妇女才得以入得了人群。1949年之后妇女的地位就提高了,妇女现在也能当主席当干部,也可以当领导,只要有本事,妇女就可以当。1949年之后就男女平等,妇女能顶半边天。与过去的妇女相比,现在的妇女接受的教育水平高了,能干的事情也多了,各种事情女孩都可以干,比过去多多了。

（三）妇女与土改

1.妇女与土改

土地改革的时候,我的父亲已经是读报组的组长,每天给别人做宣传工作。我们家是中农成分,但是我嫁过去,我的婆家是商业资本家。因为我们这里是牧区,就只划了成分,没有斗地主。土改也没有给我们分过土地,我们牧区不种地,主要是以放牧为生。

2.妇女组织、女干部与土改

我们当时属于牧区,牧区就没有进行过土地改革,只进行那个成分的划分,划了成分才能知道自己是什么身份。所以我们这里也没有斗地主,也没有动员活动。

（四）互助组、初级社、高级社时的妇女

公社时候的事情也没有什么印象深刻的事情。当时就是最初是互助组,接着就是初级社、高级社,因为我们是牧区,对我们来说印象最深刻的事情也就是集体上工,大家集体劳动,再也就没有什么事情了。

公社时期,集体里面的男性劳动力与女性劳动力也差不多,但是男性劳动力要比女性劳动力多。当时我们在公社里面也就是种地放牧,再没有其他活。我们那块儿就种地放牧,再没有其他的副业了,咱们这些地方没有这些东西,当时的土地都是集体耕种,自留地都没有,毛主席领导的时候都没有自留地,是邓小平手上的时候,我们才有了自留地,当时是说的割资本主义尾巴,反正是不容许个人耕种。我们这个地方也没有炼过铁,就是放牧种地。当时炼铁都在包头呢,再就没有地方了。当时的劳动跟现在不一样,就出去随便动一动就回去了,集体种地,虽然挣得多,但是也打不下粮食,不行,人们都不好好劳动。

大集体的时候,男女之间的劳动工分是一样的,就是按照那个做的活儿来评分,这个没有男女分别,只说工种,只要你做出去了,那你跟男人获得的工分是一样的。当时十分是满分,也没有谁一天能赚十一十二分的,我那个时候一天可以赚七八分。一年里天天都要出去劳动,过年就不需要劳动了,人家也放假。当时冬天出去还要挖渠打坝。冬天那么冷的天,土地都是硬的,水都结冰了,怎么能够打得下去啊,那个时候就是瞎指挥,瞎做瞎劳动,渠根本挖不出来,干活也干不出什么名堂,等到春天的时候还得重新来做。

那时候种一年土豆,到头来分五六斤,根本不够吃。大食堂时候每个人就只能吃几碗饭,当时是定量的,看每个人你是吃几两饭,反正你不能超过规定的那些数量。当时吃饭在食堂吃,或打回家里面吃都可以,反正就那点量。吃大食堂的时候,我们就不需要做饭了,虽然不做饭,但是要在地里干。这样也不好,别人做出来的饭就跟猪食似的不好吃。但是当时不愿意吃也没办法,大家都得这样吃,你想在家里做也什么都没有,根本没法做饭。

后来食堂办不下去了,没有吃的了。那时候大家一起吃饭,一起干活,等到晚上都各自回自己家休息,都是这样子。当时吃大集体的时候,其实生活也困难,但是当时是别人家困难,我家还可以。因为我们家里面还有点钱,我的婆婆在晚上就会跟那些有粮食的人买一些粮食吃,然后晚上买回来之后,等到天亮之前,我们家里就把这些粮食在磨子上给它磨细了磨碎,把粮食连皮带蓉用果实磨在一起,再用筛子把它筛下来,我们就这样弄那种面窝和饼来吃,当时也吃得特别香。

当时我们还吃过树皮,当时吃的树皮也不是说现在树上长的那种皮,当时有一种树叫榆树,我们把那个榆树上面的那个叶子与面粉和在一起吃。当时毛主席领导我们,还有一种说法叫无粮过冬,但是确实是哄人了,无粮怎么能够过冬啊?当时村子里也没有饿死人的,反正人总会想办法也不会饿着,当时也就掉了半条命,没有全然饿死的。

大集体的时候,集体活动就是集体劳动集体吃饭,当时唱歌也就是开会的时候唱毛主席语录,再也没有个什么活动,也就是自家人在一起说说笑笑,出去外面谁都不敢跟谁见什么说什么,就害怕说错话,和现在我们一群老太婆老大爷坐到一起聊是不一样的,我们现在真是大家坐到一起能够说上话,现在说错话了也没有关系,那个时候很害怕说错话,如果说错话了就会遭别人批斗,人家就会说你是反革命分子啊,走资本主义路线啊,话一定要少说,不敢多说。大家坐在一起,妇女之间也没有矛盾,村里也没有自杀的,当时也就是批斗的时候,批斗得太严重了,扛不过去了,有自己上吊死了,批斗得太厉害了就活不过来。

(五)妇女与人民公社、"四清""文化大革命"

1.妇女与劳动、分配

人民公社的时候,我们也有劳动分工,男的负责干什么,女的干什么,都有活儿干,当时男的出去外面劳动,我们妇女出去挖土、垒田垄。当时我们一个公社里面也没有女社长。

2.集体化时期劳动的性别关照

大集体的时候,集体上工,妇女来例假了,怀孕了,或者是坐月子,一般来说坐月子是不能下地劳动的,那是要请假。像来例假了,怀孕了,也从来都不请假,要继续上工,因为如果请假的话,就没有工分了。像妇女有妇科疾病集体也不会照顾,多劳多得,是不会照顾的。当时公社里面也没有专门看孩子的托儿所这些,都要自己看。

3.生活体验与情感

大公社的时候,我们公社里面也会唱歌,当时主要唱毛主席语录,具体怎么唱的,我也不记得了,如果大家唱的话就能想起来。当时还有一些劳动口号,比如"社会主义好",还有一些我也不记得。在我们以前,妇女是不允许种地的。上一辈女人的脚就只有几寸,很短,那时候妇女是要裹脚的,我的脚也被裹过。妇女的脚小就没办法下地长久的劳动,她就只能负责锄地割地,跪着挽着些草,我的母亲的脚很小,我姥姥的脚更小,个头也小。

4.对女干部、妇女组织的印象

我们村里那个时候没有铁姑娘队,她们都是一群傻女人,别人从旁边煽动她们,说这样好,那样好,你们要怎么怎么样办怎么怎么样干,表扬她们,她们宁愿自己做活累死,是为了让别人夸他们,但凡这些人都是贫下中农。当时村里也没有劳动模范,像那些大集体好好干活的劳动力可以的,她们就是劳动模范,就稍微要比一般人好一点的她们就是好的。我可不羡慕她们,就是做死了人家也不夸奖你,因为你成分就不如人家好。我也忘了当时有没有妇女联合会。

5."四清"与"文化大革命"

"四清"的时候斗地主,当时只知道有,但是我没有参加过斗地主,所以不知道,就知道人家今天开会呢,大队要斗地主,这就贫下中农要去,然后去斗地主,因为人家不需要我们去,所以我们就不参加,如果人家需要我们参加了,那我们就去。当时割资本主义尾巴的时候,我们自家也没有自留地。大集体的时候我们是不允许去住娘家的,三年之内不让住娘家,所以我很久都没去过,因为像我们成分不好,商业资本家,你回家住娘家,那么我的娘家就会受影响,人家就会问,你的女儿是商业资本家,又给你拿了什么东西了?对娘家的影响不好。我的母亲他们是牧主成分,我如果再回去住娘家,大队就会审问他们。"破四旧",就是你家里面有一些旧东西需要烧掉啊,这些有没有,这个我不知道,时间长了我也不记得了。

(六)农村妇女与改革开放

土地承包分配土地的时候,妇女没有参加,再说那个时候也没有土地,什么都没有,从来都没有进行过划分,说这点土地是谁的那点土地是谁的,从来都没有划分过,谁家把地盖到哪里,把房子建到哪里,那么这块地就是谁家的,你能来我家这里,我们也可以去你家那边。那时候我生了六个孩子,放到现在这个时期,我会生两个,那个时候,人们也没有那种观念,反正也经济条件不好,生下多少孩子就养多少孩子。

对于国家政策的了解,都是小区里边儿一群年老的人坐到一起聊天,大家都会讲这些政策,然后通过他们的耳朵我也就知道了现在是什么样的政策。还有就是因为有些时候看电视,而电视上面也会宣传,通过这个渠道我们也了解了一些。现在这个社会里男人用手机与女人用手机是一样多。用手机的事情,得看个人的意愿,像我丈夫,他识字儿,但是他对手机不感兴趣,他也不拿,他对这个东西不感兴趣,但是来了电话他也会接,他知道该怎么接电话。男女也都一样,男的或者女的总有一个会拿,总有一个会用的。我们这有一个八十四岁的老头子,人家是退休的老师,手机也有,但他从来都不拿,就是家里边的老婆子拿着呢,他自己也不喜欢,也不玩儿它。

六、生命体验与感受

我这一生当中让我印象最深刻、感触最深的事情就是这几年,邓小平上台之后我们就幸福了,我们就什么都有了,自己劳动自己就什么都得到了,自己劳动,丰衣足食,尤其是近几年,更是幸福,孩子也长大了,孩子们自己去赚钱,自己去劳动,自己去争他们的前程。

作为女人这一辈子最重要的事情,就是要引导家好好过日子,不要把这个家庭搞散了,到最后人没有人,钱没有钱,过一辈子,人也要有,钱也要有,不要丢三落四。作为女人要说好好引导家,要会挣钱,要好好养孩子,重视对孩子的教育,要把孩子好好培养好,不要让孩子偷窃,打人骂人,不要做坏事儿,要让孩子成为一个顶天立地、堂堂正正的人,这些都全靠女人的教育,一定要把家庭好好打理好,女人也就是这些本事儿,再也做不了其他大事了。现在男女都已经平等了,女人也很有本事儿的,现在外国好多女人还当国家的主席呢。看到那些女人当干部,我也羡慕啊,羡慕人家有文化,可以做任何事情,没有文化,什么都做不了。女人有了文化,男人能做什么女人也同样能做,男人会做的东西,女人也会做。总之,一定要有文化,没文化怎么说也不行。

WSP20170107KSL 寇绍兰

调研点:山东省烟台市招远市辛庄镇辛庄西南村

调研员:王顺平

首次采访时间:2017 年 1 月 7 日

出生年份:1933 年

是否有干部经历:无

是否生育:是

受访者结婚的时间节点、生育子女的具体情况:1956 年结婚;1957 年生第一个孩子,共生五个孩子,第一个孩子是女儿,第二个是儿子,第三个是女儿,第四个是儿子,第五个是女儿。

现家庭人口:1

家庭主要经济来源:养老金、子女赡养

受访者所在村庄基本情况:辛庄西南村是辛庄镇辛庄村(自然村)的四个行政村之一,属于典型的丘陵地形,位于渤海之滨,是招远市少数沿海的几个行政村之一,村庄南面有 207 国道线穿行,2014 年最新通车的滨海快线大大提高了该村的交通便利程度。当地的主要居民以王姓为主,都是明初从四川迁移至此地的王氏祖先的后人,目前王氏家族已经繁衍至二十余代后人。当地的地形为丘陵,不易积水,适合种植玉米、小麦,油料作物为花生。农民主要有渔民、种地者,近些年该地区外出务工人数增多,土地也很少种粮食,大多改为种植经济作物,该地区人地矛盾并不突出。

受访者基本情况及个人经历:老人生于 1933 年,二十三岁结婚,一共生育五个孩子,两个儿子三个女儿,其中老大、老三、老五是女儿,老二和老四是儿子,二儿子于 2014 年因病去世,现在老人还有四个孩子。老人的母亲和她婆婆是娘家闺蜜。因此从小和丈夫认识,结婚后夫妻关系一直不错,丈夫约十年前去世,现如今老人独自生活,儿女们经常来看望老人。

老人从小在娘家就下地干活,家中父亲和哥哥都外出务工,常年不归家,爷爷让孙女们干苦力活,结婚后在婆家去生产队干活,每天早出晚归,一生为儿女们的生活、家人的吃饭操劳。老人从小锻炼什么活都能干,不论是下地还是家务还是针线活,和婆婆关系相处得很好。从土地改革、农业合作社到人民公社再到包产到户,老人说谁领导农民能够干活有饭吃谁就是好领导,老人娘家和婆家都是贫农,从小饱受饥饿之苦,她觉得日子越过越好,再也不用怕饿肚子。她觉得人这一辈子最难熬的就是辛苦干活挣钱攒钱,目的就是为生活,为儿女成家立业,现在儿女生活都好,老人家都有重孙,子女们都很孝顺,她很高兴,现在终于能休息,整天过上衣来伸手饭来张口的日子。她也感受到从过去到现在妇女地位的巨大变化,感慨真的是好,妇女终于能直起腰杆。

一、娘家人·关系

(一)基本情况

我叫寇绍兰,我不知道是谁给我起的名字,只记得那是上妇女识字班的时候起的名字,我们家这一辈泛"绍"字。我是1933年出生的,娘家有两个哥哥、一个姐姐和两个妹妹,我的姐姐现在已经去世,要是活着就九十多岁。我的两个哥哥从小出门在外,在齐齐哈尔干活,我就记得大哥好像叫寇绍德,二哥好像叫寇绍敏,在外面直至去世也没回家,从小我的爸爸妈妈都在外面。当时娘家也就有老亩四五亩地,土地改革的时候我家被划成为中农成分。我是二十三岁结的婚,我结婚的时候已经合作化,婆婆家的土地都已经入社,我也不知道婆家原本有多少土地,大概也就是两三亩地,婆家是贫农,我的婆婆就一个儿子,就花钱盖一间房子才结的婚。我有五个孩子,两个儿子三个女儿,二儿子得病已经去世,我现在还剩四个孩子,生第一个孩子的时候我二十三岁。

(二)女儿与父母关系

1.出嫁前女儿与父母关系

(1)家长与当家

娘家父母都出门不在家,是我爷爷当家,当时家里很穷,根本没有钱,也说不上谁管钥匙,家里就大门上有一把老锁,就算大白天开着门,家里也没人进去。因为穷得一点钱也没有。当时村里也没有妇女当家的情况,过去都是男人们当家,都是男人们说了算,妇女没有地位,就是干活的命。家里没有钱,没有人愿意当家,要是家里的老人其中一个去世,另一个就得当家,只不过谁活着谁遭罪。过去这个家能当也得当,不能当也得当,养着老婆孩子都受穷,拉扯孩子不容易,谁当家谁遭罪。如果父亲去世,孩子没长大,那母亲当家说了算,外人看着家里穷得不像样也不会帮忙当家,自己能管也得管,不能管也得管,不过就是被人家瞧不起,过得比别人家矮一截。我的两个哥哥都不在家,人家从小就出远门,十二三岁就走,走就在外头娶媳妇再没回来,现在两个哥哥都已去世。

(2)受教育情况

我念过妇女识字班,认识三个五个的字,那时候主要就是干活,家里也不是说不想让我读书,但家里那时候实在是太穷,爷爷当家,爸爸和两个哥哥都出远门,家里就那么点地还没有人干活,我和姐妹们就得像男劳力一样干活。所以没有工夫学习,要是家里有钱说不定就让我念书。我的两个哥哥在齐齐哈尔当厨子,他们不可能一点书都没念,只不过念得应该也不多。姐姐和妹子也念些书,但她们也是念得不多,毕竟过得穷。我当时很想念书,以前都是拿着小板用粉笔写写画画的,我们家念不起。1949年建国以前地主富农家里的女儿都不在农村,她们都去城里读书。我家不能念书都受穷,打麦子我得往家里挑,当男劳力使用。

(3)家庭待遇及分工

过去都是重男轻女,长辈都偏向着儿子,女儿得靠边站,也没什么吃的,就是吃个饼子连个豆茬都没有,以前确实是以儿子为重。来个亲戚来个朋友他们吃剩点孩子就吃,还得先给儿子,也不让女儿们上桌,过去一般也不能剩下饭菜,女儿就靠边站。客人们吃完,女儿爱吃饼子就吃饼子,要不就吃菜团,要不就吃块豆茬,和弟兄们吃饭得先让兄弟吃,过去就连老婆也不能上桌,来个亲戚、朋友的家里要是有儿子、孙子得让他们吃,老婆也吃不到肚子里。置办新衣裳也得先紧着儿子后来再是女儿。女儿一般不出门，过年都是儿子出去拜年，女儿都在家不出门，儿子太小都不一定出门拜年。因为孩子太小，去给人家拜年人家还得破费给压岁钱，过去穷得也没钱给，所以很没面子。爸妈在家的时候一般很少出去拜年，因为各家都穷，只去少数经济状况差不多的人家拜年，去那些有钱人家拜年人家都不搭理你。家里要是来客人做好吃的，等客人吃完走以后剩的都叫孩子吃，妈妈都不舍得去吃，都得给孩子，先给儿子再给孙子，女儿想上桌，连门都没有。

(4)对外交往

那时候各家都穷得没饭吃，有一些人出去要饭吃，有不少人出去唱戏，打着板子唱着出去要饭，男的女的都有。大多数父母豁出去受穷吃点野菜，拔树叶子去吃也不想去要饭，要饭不容易，能不要就不要。我在娘家还没结婚的时候家里很封建，不让女儿们随便乱跑，我只知道出去干活，干完活吃饭。那时候环境很乱，容易出危险，不过我记得一般像我们这些穷人家除整天干活也没有人出来到处跑的，都受穷根本就没心思出来玩。女儿不能一个人去赶集，也不能一个人去亲戚家，最好让妈妈陪着，要不最好别出门，要是万一不听父母的话随便出门那回家后会被训。女儿闲着没事补破袜子、破鞋，都是过这种日子。

(5)女孩禁忌

旧社会女孩不能随便和男孩子一起玩耍，其实那时候没有时间玩，不过要是本家族的男孩子大家都是亲戚，一起玩耍也不要紧，或者是邻居家的也行，只不过和不认识的男孩子玩耍绝对不行。过去都说很多人身上长虱子，过去我们家每人只有一件衣服，穿破就缝缝补补，实在穿不下去或者破得不能补才做新的，根本没有钱做换洗的衣服，很少洗衣服。所以经常长虱子。过去地主家里的女儿都念书，而且还不是在村里念书，我们村的地主都把女儿送到城里读书去，人家根本就不下地，老婆也不用下地。一方面是小脚没法干活，再一个人家是享福的，家里雇着保姆伺候着根本不会下地干活。我们这些穷人家就不行，我的妈妈当时是小脚也得下地干活。我家的地在村外头，我往家里挑粮食，我妈打胡薯，豆子熟得去打豆子，地里有什么就得干什么，一点不能闲着。穷人家的女儿都下地干活，就像我家里两个哥哥出门后我就得顶替哥哥们干苦力活，家务事也得女儿们干，下地干活、刷碟子、刷碗什么的都是女儿干。

(6)家庭分工情况

我不会织布，不会绣花，做鞋、做衣裳都是自己做，过去大襟的衣裳都得自己做，这些针线活都是妈妈教我的，做衣裳、做鞋做出来以后先给兄弟穿，当时都拿着儿子为重，每个人都得做一件衣服一双鞋，一直做到过年，我活八十多岁也就是这几年才不用自己做衣裳。我的眼睛现在花，儿女能够花钱给我买件衣裳，以前一直是自己做。以前儿女的教育也是分开的，爸爸只管儿子，妈妈只管女儿。所以我爸爸就把两个哥哥从小领出门打工，当妈妈的得教育女儿不能和哥哥还有兄弟闹别扭，要是不听话就得说她几句。过去都说女儿好就是得干活，不干活不行，哪个女儿多干活那么她就是好女儿。

2.女儿的定亲、婚嫁

我结婚之前没有定亲，就是在二十三岁那年结婚，我妈妈和我婆婆是娘家的玩伴，双方都愿意就直接定下来在二十三岁结婚，我记得那时候结婚也不给东西，就是哪天结婚提前给媳妇一条上轿的裤子和一件上轿的袄，而且还是粗布的，再就是给点花布、给个袄面，反正我婆婆家穷得连个房子都没有，后来花钱买一栋房子才结的婚。当时也没有人给我说媒，我妈和我婆婆是儿时玩伴，当时两家都了解各自的情况，就豁出去一起受穷，这么交往着，这是她们长辈愿意的。我婆婆是大董家娘家，我也是大董家的姥姥家，我婆婆和我妈妈都是一个村的，从小认识关系好，两个老人愿意就好。邻居家里也有女儿或者儿子给对方六尺布，但没有给钱的，再就是给个褥子面，主要得看家里日子过得什么样。

我结婚的时候，我婆婆从她的亲戚那里借个大褂子让我穿着上轿，之后又还给人家，没给钱也没给粮食，我也不知道别人家有没有定亲的，总之我是没有定过亲。当初结婚就是用轿子把媳妇抬到家里就行，也不用写婚书，那天娘家就来一些亲戚朋友，轿子把我接走之后亲友就都走，过去都穷，结婚也没有什么仪式，尽量能省就省，糊弄把媳妇娶回家就行，我也不懂什么样的人不能来，有没有什么忌讳。我结婚的时候只有妈妈在家，爸爸和两个哥哥出门在外都没有回家，她们肯定是不舍得我，不过人家来娶走不舍得也不行。好在亲家关系好，这是一点好处，过去有句老话叫作"娶个媳妇全家红，女儿结婚全家空"，我当时也是不舍得走，家里爸爸哥哥都不在家，我走家里又少一个干活的人，我当时的心里空荡荡的。当时家里没有摆酒席，只有一些关系好的邻居和亲戚在这，等我坐上轿子走以后大家都散，过去穷人家结婚没钱摆酒席，大家来凑凑热闹就行，而且我是被别人娶走的，要是儿子结婚往家娶媳妇可能会更高兴一点。

我结婚的时候婆婆家有公公、婆婆、丈夫的奶奶，公公当时就是在家里种地的，我丈夫也种地，我公公在生产队上种菜，和王景明这些人去邻村的菜园干活。我结婚的时候婆家穷，也没给什么聘礼，不是他家不想给而是真的没有钱。结婚那天就是抬着轿子、打着旗子、敲着锣鼓，当时是我婆婆家的邻居去我娘家迎亲，到婆家进门的时候还有一个烤火的，就是得找一个长得漂亮的未结婚的女儿来端着火盆在脚上来回烤两下。进门后先拜就是挂在墙上的宗谱，上面写着婆家的祖先，再拜高堂就是拜公婆，再是夫妻对拜。当时是本家族的一个叔叔主持婚礼，当时没听说什么忌讳的事情。我们这里有个规矩叫作"开脸"，这个人必须生辰属性好，属性好的人才适合干这个活，得找人算算这个人适不适合干这件事情。吃酒席的时候座次也是有讲究的，我结婚的时候没有媒人，要是有媒人那就得上座，其他的座次安排我就不清楚，应该都是有专人负责。我结婚第二天"看二日"，就是娘家的亲戚来到我婆家一块吃顿饭，这天早晨天不亮就得去给公公婆婆磕头，没听说端茶倒水的，可听说有给肥皂递毛巾的。婆婆起床后媳妇在旁边等着，给她端着水洗脸，给她毛巾擦脸。早晨吃完饭还得给奶奶去磕头行礼，新媳妇结婚后不用去婆家坟地上坟，因为拜堂的时候都拜过祖先。

1949年建国以前，女儿结婚的嫁妆一般都是一个硬木柜，能够用来盛点东西，一把椅子寓意有个"依靠"，其他的什么也没有。人家地主家的女儿都在城里上学，都在城里找婆家，人家结婚的时候我也没见过，嫁妆多少我也不知道。我们这些穷人家一般都是一样的嫁妆，要是多有就多给点，没有就少给点。我的嫁妆都是我妈妈给我置办的，就是花钱找木匠制作。婆家的聘礼和娘家的嫁妆没有什么关系，有的话就多给一点，没有的话就少给点，我婆家穷所以我的聘礼就少。总之，我妈妈给我们姐妹几个准备的嫁妆都是一样的，都是一个硬木柜、一把椅子。

我没结婚之前就一直在家种地，打的粮食都不够一家人吃的，家里养着鸡、鸭还有猪，卖鸡蛋、卖猪能挣点钱，当时我爷爷去世的时候我爸爸、哥哥们不在家，当时我妈妈当家，她把卖鸡蛋和卖猪的钱攒起来给儿子娶媳妇，给女儿置办嫁妆，根本没有攒私房钱。女儿结婚后一般在第二天派娘家的人去女儿的婆家看望一下，我们这里俗称"看二日"。女儿结婚七天以后回娘家,至于女婿去不去就得看情况,有的女婿着急挣钱养家就不能去。过去女儿结婚以后第一年过生日没有什么习俗,过去过的日子穷,过生日就是简简单单地吃碗面条而已。

我们村有个童养媳,那就是刘魁杰的老婆,娘家是侯家村的,她在没结婚的时候就在刘魁杰家住着,因为她娘家穷,以后结婚。

听说过换亲的现象,就是把你家的女儿嫁给我的儿子,把我家的女儿给你家的儿子当媳妇,两家孩子互相交换。我们村江万智的妹子就是换亲的,江万智当时娶不上媳妇,把他妹子给人家当媳妇,把人家妹子给他当媳妇。

我们这里把招赘称为招养老女婿,这种情况到什么时候都有,一般家里都是一群女儿、没有儿子的老人招一个养老女婿来顶门立户,丈人家的事情都由这个女婿负责。还有不少改嫁的妇女,就是家里没有男人,第二次结婚的时候都没有要彩礼的,都觉得差不多就得,妇女一个人没法生活下去,只要能找到人家就行,也没有人给彩礼,不会像第一次结婚的那样正经,因为不是黄花大闺女。

3. 出嫁女儿与父母关系

过去旧社会的时候,等秋收之后,婆婆就说:麦管揽、女儿搬,就说麦子收割后,媳妇干完活就没有她的事情,婆家就容不下她,间接在撵媳妇回娘家。以前很多家里当大姑、小姑都会这样说,意思就是让媳妇回娘家,因为那时候都封建,媳妇在婆家地位低。一般出嫁的女儿在婆家受气的话干完活就会回娘家,但要是婆家一旦有活干,那就得赶紧回婆家,除正月初一和正月十五不能在娘家住之外,其他的时间都行。一般过年在婆家吃完饺子,婆婆就把媳妇往娘家撵。家里要都是女儿没有儿子,那就得女儿回家上坟,但是家里有兄弟哥哥,那就得让他们去上坟就轮不到女儿们,一般除过年回娘家外,其他的节日最好都在婆家过,要是一直在娘家,那婆家很有可能再也不让媳妇回来,让她这辈子都在娘家待着。

有的人家商量一下就可以回娘家过节,但有的人家管得严格,不准媳妇回娘家过节,那时候回娘家也没有什么东西拿的,最多就是赶集买个面食,或者买几个油火烧,一般都会带上孩子回娘家,丈夫回不回去就不一定。过去只有有钱人家的女儿出嫁以后,还会管娘家的事情,像我这种穷人家的女儿,出嫁后一般不会管娘家的事情,自己婆家过着穷日子,根本就不会有时间去管娘家的事情,要是娘家经济上遇到困难,女儿家要是有能力帮忙就帮。其实在过去出嫁的女儿在婆家一般没什么地位,主要还是得看女婿的态度如何,最关键的是看婆婆愿不愿意,只要婆婆点头那肯定行,有时候女婿愿意婆婆都不一定同意,帮忙这件事就不能成。女儿结婚后,家里要是有什么事缺钱,婆婆家也会和亲家商量借点钱,得看碰到什么样的人家,那时候谁也不能管谁,要是有钱能管,没钱就没法管。

过去要是媳妇和丈夫打架,那媳妇就有可能回娘家,不过虽然我过得艰难,但我还从来没有和丈夫打过仗,也没和婆婆吵过架,我婆婆就这一个儿子,和我妈妈的关系也好,我也没受欺负。我家里的家庭关系一直都很好,以前不是没有这些矛盾,过去讲究"打死不离荞麦地,穷死也得在那熬",就怪自己的命不好,过不出来就死,自己得去寻死。

旧社会的时候,有妇女离婚或者是丈夫去世后她也没改嫁,还是一个人过日子,这样的人属于少数,这样的情况她死后婆婆家的坟茔地不要,就得埋在娘家坟茔地的犄角旮旯、边边角角的地方,没有正地方。

要是谁家没有儿子只有女儿,那二老很有可能过继个侄子,不过也有的人家不分家产,女儿能养就让女儿养着,把老人送终就行;有侄子的两家商议着让侄子养老,"侄子在门站,不算孤老汉"。家里没儿的有招养老女婿上门的,家里的家产就得归养老女婿。

1949年以后没有说不养老的,就是女儿得养。要是女儿养那家产就都得是女儿的,给老人钱、粮,帮着老人干活,女儿什么活都得干,什么都得管。要是父母有病,吃药花钱就得看情况,家里有弟兄们那女儿就不用管,因为家产是儿子的,都说"儿子的江山、女儿的饭店"。

父母去世后,葬礼上女儿有钱就得管,要是没钱就没法管,得看家里的经济情况。殡葬磕头这些事情女儿都得去,该干什么干什么,过去父母去世埋了就行,没有什么殡葬费用,不怎么花太多的钱。家里要是有儿子那儿子就承担,一般轮不到女儿。清明节出嫁的女儿一般不回家上坟,只有父母去世后三年之内回家上坟,过了三年后都是兄弟的事情,但要是家里没有儿子就得女儿回家上坟。以前很少有人立碑,那时候是真的穷,几乎没有立碑的,挖个坑埋上就行。过七月十五的时候给父母烧纸,我都是在自己院子里烧纸,也没有回娘家上坟。

(三)出嫁的女儿与兄弟姐妹的关系

我结婚以后就没有和我的两个哥哥有过联系,他们两个从小就在外地,我前些年听说嫂子也去世,现在我们娘家也没人,我小妹的婆家在自己村,我的姐妹结婚的时候按理说我应该给一些钱,但是当时我家里很穷,自己家买东西都没钱,就商量着给个袄面就行,没钱给她。要是女儿结婚,家里要是有急事但钱不够,就和兄弟姊妹们借钱,他们家里要是有钱肯定能借,要是没钱就没法借给我。我姐姐有病的时候我去看过她,不过在那住不下,我的两个儿子结婚的时候我的两个哥哥都在外头没来参加,只有孩子的姨姨来过,毕竟出门在外没办法。

出嫁的女儿一般在正月初三回家拜年,等父母去世后一般就不回娘家,父母去世后进门还挺难受的。侄子结婚的时候参加婚礼就行,我和姊妹们走动得倒是挺亲热的,就是有的姊妹在外头,有在齐齐哈尔的。以前一般都是正月初三见面,等父母不在后,要是和姊妹家隔着近那就去姊妹家玩,中午在那吃顿饭,晚上不在那里住,下午就回来。

二、婆家人·关系

(一)媳妇与公婆

我结婚的时候我公公当家、婆婆管钱,媳妇没有管家务事的情况,我们当时没有分家,一直到公婆都去世也是在一起生活。家里的钥匙每个人都备着一把,家里的人都得下地干活,中午在地里吃饭不回家,每个人都留着一把钥匙方便回家。我婆婆就在家没事负责叫媳妇去干活,媳妇生孩子后她在家看看孩子。媳妇想干点别的事情就得和婆婆商量一下,婆婆同意才行,就算和丈夫说一声也不行,丈夫也得听婆婆的。因为丈夫是婆婆生的儿子,有时候连丈夫都得听婆婆的。我们家里也没有开过家庭会议,上午干完活进家,婆婆做好饭就得吃饭,吃完饭就得赶紧走,外头有人嚷嚷着赶紧干活。我大部分时间都在生产队上干农活,我要是不在家那么洗碗洗筷子这些活就得让婆婆来干。因为我忙得实在是没时间,如果我要是在家有时间那就得我干,我的丈夫就在东北村的菜园队里干活。

我和我婆婆的关系可好,以前每家的墙上都有两个洞,一边一个,很多人都把这个叫作"婆婆眼",就是当婆婆的为防止媳妇干活的时候偷懒,专门监视用的,但是我的婆婆从来不这样做。我们家虽然也有婆婆眼,但是我婆婆从来不用,因为我干活从不偷懒,一直是认认真真的。我婆婆就这一个儿子,对待我也好,况且我婆婆和我妈妈是玩伴,关系都很好,不会欺负我。过去我结婚之后就在生产队上干活,每天忙着挣工分,根本没时间去邻居家串门,就算我有时间去玩,人家也不一定有时间陪我。我婆婆对我出门这件事管得也不严格,只有过年过节的时候休息几天才有空到本家族的亲戚和邻居家坐坐说说话。

村里要是开大会或者是放电影、演吕剧,婆婆会允许我出门看。回娘家的时候提前和婆婆说一声,告诉她什么时候回去、回去干什么、大约什么时候回来,婆婆都会同意我的。其他人家有的婆婆严厉就可能不同意媳妇回娘家。我的婆婆对我很好,不需要我给她打洗脸水,也不需要倒洗脚水。以前是这样的:媳妇在外面干活,婆婆在家帮媳妇看孩子,媳妇进家得帮着干活,包括洗碗洗筷子。以前地主家这些有钱的媳妇盛好饭还得双手端到婆婆面前让婆婆吃,要是一个手端饭婆婆或许会一下子把饭给摔掉。我们穷人家也不要这些规矩,都在一个桌子上吃饭,而且都是吃一样的饭,一家人相处得都很好。至于别人家具体是什么情况我就不清楚,我也不串门,更不会在人家吃饭的时候去人家家里,人家也不会把这种事情说出来。以前家里要是来个客人,小孩上桌吃饭没规矩。那时候肚子穷,小孩偏爱去乱抓,很不礼貌,就不让孩子靠前吃饭,拿一个碗夹一些给他。我结婚之后我和丈夫、公婆都是在一个桌子上吃饭的,是一个木质的长桌子。

1949年以前我只是听说过有的大户人家婆婆虐待媳妇的,很多媳妇受不了,上吊自尽或者是跳井寻死,不过这只是听大人们说起过,我倒是没有见过这样的,那时候我还小,就知道整天干活不想饿肚子。那时候也不明白结婚后婆婆和媳妇会怎么样,1949年后按理说婆媳关系应该缓和很多,但是具体情况我就不清楚,我们家是没有这种情况。我婆婆没虐待过我,我也对待婆婆很好,别人家不知道什么样子,这种事情我也不会去打听的。要是婆婆和丈夫出现矛盾当媳妇的可以在两者之间调解一下。我一般就是正月初三回娘家拜年,平日里八月十五回娘家送点东西,婆婆在世的时候一直是她管钱,而且媳妇从来也不能够帮婆婆管钱,况且我们家里也没有什么钱。

过去媳妇结婚后带来的嫁妆就是婆家的东西,都是婆婆说了算,媳妇管不着,过年的时候得做新媳妇新鞋,我婆婆是小脚,她自己也会针线活,不用我给她做,丈夫和孩子们的全都是我一个人做的。当时家里穷得根本就没有什么钱,没法攒私房钱,能够日子就行。由于我的公公婆婆在世的时候我们一直没有分过家,我们都是一直吃住都在一间房子里的,直到公婆去世。

(二)妇与夫

1. 家庭生活中的夫妇关系

我和我丈夫结婚之前还经常见面,我和我妈妈到辛庄这边赶集经常到他家里来,双方经常走动都见面。当时两家老人定下婚约,要是不同意那这个婚也不会结,我对我丈夫挺满意的,我丈夫对我也挺满意的。我们结婚后也没有叫过对方的名字,当时社会挺封建的,我们就是称"唉"或"嗨",从来没有称呼过对方的大名,直到我们老也没有叫过各自的名字。

要是谁家的丈夫不正经过日子、乱糟蹋钱那就有可能让他的媳妇当家,不过这种情况下谁当家谁遭殃,我还没听说过以前有丈夫在家让媳妇当家的情况。我结婚之后就是互助组时期,那时候组里面有一个组长,一切农业生产安排都是组长说了算,我们都是拿着工具去干活就行,不需要自己操心。如果家里盖房子、买房子、翻新房子那得由丈夫决定,我在家里一般不乱花钱,只要我丈夫说这个钱得留着有用处,那我就会省了又省,我不会拿着钱去给自己置办衣裳。这就是穷人家过日子,什么事情都得省出来。我的嫁妆就是一个硬木柜,我可以自己盛一点东西,一把椅子自己家里用,婆婆也没问我要过,我自己说了算。

我丈夫要是出去打工干活都会提前和我说一声,有时候和我商量一下,我们家丈夫是户主,其他的人没有严格区分地位的高低,我认为都是一家人这样分就太见外。总之,我丈夫在世都是他是户主,一切事情以他为主。家里要是饭不够吃的就得先给公婆吃,给孩子和丈夫吃,就是做媳妇的地位最低,当妈妈都会在背后嘱咐女儿:你可别都吃了,让他们先吃。都得先让儿子吃,家里要是钱不够,置办衣裳得先给儿子做。不过那时候一般不会频繁做衣服,有时候一件衣服会穿两三年,都觉得儿子喜欢打扮都先给儿子置办新的,女儿得靠后。我没听说过出去要饭吃的,一般家里虽然穷但都能有饭吃,不至于出去要饭,不过有出去卖唱的,一般都是唱吕剧,也有要猴的,看的人会给一点吃的或者给点小钱。

我结婚后社会环境放松不少,有时候干活累谁都不管谁,不一定非得妻子伺候丈夫,不用像旧社会那样早晨打洗脸水,晚上打洗脚水,吃饭给他端在眼前。我结婚以后很少出去串门,也从不提起别人家女儿、媳妇的事情,不想在别人背后说闲话。以前要是丈夫在和别人说话的时候媳妇不能过去随便插嘴,要是说叫丈夫回家吃饭就能说,要是人家在说话,媳妇去胡乱插嘴那样就是挑事儿。丈夫训媳妇的时候媳妇一般都不敢顶嘴,有的媳妇和丈夫顶嘴都挨揍,男人们说话女人不能随便插嘴。要是丈夫让老婆干什么活老婆得看情况来做,要是丈夫安排得当就得干,要是丈夫说得不对就得两个人商量着来,实在不行就不能听他的。过去婆婆在家里,媳妇去干活,两个人得互相帮助,媳妇干活累一天,回家给孩子喂奶又着急出去干活,筷碗就得婆婆刷,孩子也得是婆婆看着,媳妇干完活回家可以帮帮婆婆,家务活都是妇女们干的,没有男人干家务活的。洗衣服都是一家人的衣服在一起洗,没听说过把男人的衣服和女人的分开洗的情况。妇女生孩子坐月子的时候不能干家务,做饭洗衣服就是婆婆的活儿,我在1949年以前一直在娘家干活,听说过有娶小老婆的情况,但是我没见过,具体情况我不太清楚,我一般不出去交谈这些,出去谈论这些回家会被婆婆训斥。卖老婆也是我听说过的,比我们那个时期还早还封建。

1949年以前,有很多人家的丈夫有打老婆的现象,当时过的日子都穷,心情不好就又打又骂,村里有很多人说闲话,说这个人没能耐就知道打老婆,不过大家都背地里嘲笑,当时老婆挨打一般也没有敢反抗的。旧社会妇女们没有地位,不把妇女当人,就像牲口一样想打就打想骂就骂,要是当着孩子的面打也会把孩子吓跑,就算媳妇去找婆婆告状也不管用,儿子是婆婆生的,婆婆肯定会向着儿子不会向着媳妇。回娘家争气也没有什么用,因为两口子打完架后还是两口子一起过日子,要是娘家有人来争气最后还是会和好,娘家倒是得罪人。那时候也没人多管闲事,就算打死也是一家人,我结婚以后还有不少人在家打老婆,大家都在旁边看笑话,但没有人去多管闲事。

过去我在家花钱也得和丈夫一起商量一下,什么事情都得商议,得掂量钱够不够,给孩子结婚买点棉花、买个被面。旧社会没有妇女主动离婚的,过去都讲究打死不离荞麦地,都在那熬着不能走,媳妇的娘家也都会劝着说:你别回来,你要是来不行,你该去还得去,过去各家都不想要离婚的名声。我以前也没怎么赶集,赶集拿着个三毛两毛钱去买棵葱回家和孩子们当菜吃。

2.家庭对外交往关系

打情送礼的工作就得媳妇负责出面,媳妇告诉丈夫说咱家接着谁家的鸡蛋,得老婆出面去送还,没有老爷们去送鸡蛋的。家里来客人请客吃饭的时候公婆老了就不做主,就得我和我丈夫决定,他置办东西,我在家做饭。客人吃饭的时候要是有女客人那我可以一起上桌陪着客人吃一点,但要是男客人那我就不上桌。以前很少有机会出门吃酒席,都是各忙各的,干活挣工分,等吃酒席普遍的时候我已经老了,我也就不出门。要是万一有人请我去吃酒席那我丈夫不在家,我肯定得准备礼物去参加,我是代表我丈夫去的。

过去借钱还得靠丈夫出门借,妇女不当家不做主,只有一家之主的丈夫出面借钱,别人才有可能借给我们,不过我们那时候各家条件都差不多,没有特别有钱的,也借不多少钱。要是丈夫在外面有女人,那媳妇一般在家里都不知道,但是万一村里人知道,一般不会在他的媳妇面前说这些,都在背地里议论。要是媳妇知道这件事也只能打碎牙齿往肚子里咽。当时没有离婚的,只能这么凑合着过。在娘家和婆家我都有不少关系好的玩伴,我们村也有,我岁数算是比较大的,岁数小的人家不和我交往,我一般就是去我亲家门口和我亲家坐坐。人家也忙得没法陪我坐着玩,大家都没时间,人家一家的孩子都没空。当初我妈妈有病快不行的时候我出过一回远门,去齐齐哈尔把我妈妈接回家,除此之外再没有出过远门。

(三)母亲与子女的关系

1.生育子女

(1)生育习俗

我有过五个孩子,三个女儿和两个儿子,我的第一个孩子是1957年出生的,我是二十三岁结婚,那年二月结婚到第二年有大女儿。大女儿今年六十岁,三女儿五十三岁,二女儿属牛的,好像是大女儿比二的大两岁,其他这些都大三岁,二女儿也就是五十七岁。过去生儿子需要挂红旗,生女儿得挂红布,这就是男女的不同。吃酒席的时候讲究在正位上贴东边,具体的我不太明白。我们这边不喝满月酒,就是孩子够一百天得做百岁①,男孩第九十九天出来扔百岁,女孩是第一百零一天那天也是做一些百岁,但不用扔。过去生孩子没有摆酒席的,就是等过百岁的时候管两顿饭。一般都是请亲戚们还有关系好的邻居,他们来也是做一些百岁捎来,媳妇娘家也来人,像姥姥、姥爷、舅舅、姨姨都会来。孩子一般在夏天就能够抱出去让邻居家看看,孩子一周岁生日就吃一碗长寿面,没有什么特别的讲究,要是生男孩就到祖坟上向老祖宗祷告一下,告诉祖先我们家有接班人了。一般都是家里的第一个孩子出生的时候才请客的,要是生的孩子多就不会一直这么铺张,过去一家都生四五个孩子,不可能每生一个孩子亲戚朋友就来看望,大家都得干活,不能总是麻烦人家破费,娘家要是来人就是得做百岁。

(2)生育观念

当时公婆对男孩女孩的态度不同,都觉得女儿不重要,对待儿子好,有儿子都高兴。但我有女儿也高兴,女儿在我老了以后能在旁边照顾我,我生孩子的时候就不怎么挑剔男孩还是女孩,我没听说过继孩子的情况。

(3)子女教育

我的五个孩子都念过书,不过都是在村里念几年书,没有出门念过,女儿和儿子念得都差不多,没有偏向儿子让儿子多念。我的三个女儿就在我们这里的小学念了六年书,她们都学习不好,就能识字就行。我的孩子念书的时候我的婆婆还活着,不过她那时候已经不管事,都已经很老。孩子上学都是我和我丈夫操心的,当时在村里花钱少,念的时间不长,家里也能供他们的学费,不用出去借钱。我认为儿子和女儿都一样,再一个父母老以后还是女儿受累,

---

① 百岁:一种喜庆面食。

儿子都出门挣钱。对于孩子的教育,我丈夫从来不多嘴,我也不是很严厉的管教。总之,女儿就是训一下不能打。儿女结婚前在生产队上挣钱挖粮吃,被生产队扣来扣去也没几个钱,他们也攒不住钱,挣了都花光了。我只有两个孙子没有孙女。

(4)对子女权力(财产、婚姻)

我的孩子的亲事都是有人介绍的,一般都有媒人,结婚的时候当然得经过我和丈夫的同意。他们当时都是出去旅行结婚的,都没在家,到外地亲戚家走动走动,回到家请客吃饭就行。女儿的嫁妆就是给她做被子、褥子,再就是硬木柜和椅子,当时我和丈夫挣的钱不够就得去亲戚家借钱。儿子结婚的时候媳妇家里准备嫁妆,我们这边也得同样给她准备一份彩礼。儿子结婚的时候提前都得盖好房子,这都是我和丈夫攒的钱,还有他们上班挣钱都在一起,好不容易盖起新房结婚。当时大女儿出嫁,她家那时候也是困难,想帮忙也拿不出钱来。

2.母亲与婚嫁后子女关系

我的两个儿子哪年结的婚我记不清,好像都是在二十三四岁结的婚。我当婆婆以后和媳妇的关系一直很好,媳妇犯错不能乱说①,女儿我可应说她们,媳妇不是自己生的不能随便说,就算在儿子面前也不能说媳妇坏话。我的两个儿子都出去旅行结婚,也没有什么规矩还得端茶倒水,现在都相处得挺不错,不用非得伺候,互相照顾就行。我记得是二儿子结婚的第二年或者是第三年后,晚辈结婚后不愿意和父母在一起住就会提出来。当时两个儿子都结婚,两家媳妇都住在一起难免会有矛盾,分开住会更好,分家的时候生产队上的干部在这里当见证人,就是把家里好的值钱的东西给两个儿子分开,不好的东西我和丈夫留着,三个女儿一点也没得到。

女儿一般都是结婚前两三年定亲,都是二十多岁结的婚,但具体岁数我记不住,结婚的时候都是婆婆家挑日子,结婚之前双方得去见面,我们这里叫作"对看"。双方看过愿意后才能结婚,女儿当时都有媒人来找上门,都是婆家托人来说媒的,定亲之后两家就互相走动。不过家里穷得没有什么好东西,一旦有什么新鲜东西就会互相惦记着,现在我和我的亲家关系都很好,没事就去她的门口坐坐说说话。我有孙子以后我就在家看孙子,外孙不用我看,人家有爷爷奶奶看人家的孙子。现在儿女每年都会给我钱,政府也给补助,我现在钱够花的。要是家里没有儿子只有女儿那就会让女儿养老,我老也不愿意出门去别人家,我很少去儿子家或者女儿嫁,现在儿子也当爷爷,得经常和我媳妇到城里给我孙子看孩子,不经常在家。

三、妇女与宗族、宗教、神灵

我们村北边以前有一个家庙,现在都拆盖上房子,当时我也很少去那里,那是干什么的我也不清楚。我平日里不信那些宗教什么的,我就信老天爷,它说下雨就下雨,说刮风就刮风,说怎么样就怎么样。

四、妇女与村庄、市场

(一)妇女与村庄

1.妇女与村庄公共活动

在娘家的时候村里经常有唱吕剧的和放电影的,我们娘家几个玩伴经常一起出来玩,但

---

① 乱说:管教的意思。

是晚上不能在外面过夜。当时很封建,开大会我的年纪小,具体的事情我就记不住,就想着打恶霸斗地主的,那时候才十来岁,根本不敢靠前。

2.妇女与村庄社会关系

在娘家的时候也有不少玩伴,平日里没空玩,当时我们念书少,每天主要就是下地干活,家里的家务活也得女儿干,玩伴结婚的时候我还去看过。娘家的男劳力都出门,家里的农活都得指望着我们女儿,我大姐有病不能干活我得当苦力,结婚后来到婆家过年的时候去邻居家串门认识认识,丈夫和我一块去,到现在这些人要是活着那关系一直很好。

年轻的时候亲戚、邻居家要是有什么红白喜事都会去帮忙,过去村里的环境差,不像现在这么干净整洁,夏天要是想乘凉就得在自己院子里或在平房上,屋外的环境太差,晚上也不安全。冬天妇女在家没事就得做针线活,孩子多就得给他们做衣服做鞋,还得缝缝补补,我从来没有到外村串门,现在老玩伴经常出来,得看家里什么样。有的家里不是这个孩子来就是那个孩子来,不是这个送东西就是那个送东西,根本没时间玩。过去看见过男人们喝多酒在街上打起来的,但没有妇女骂街的,大家都要面子。

(二)妇女与市场

在娘家的时候我妈妈有时候会去朱宋或辛庄赶集买棵葱回家当菜吃,那时候集市上也没有妇女卖东西的,只有男人们在那里,根本不可能赊账,有钱就去买,没钱就饿着。要不就是去供销社买点针头线脑回家做针线活,过去赶集连糖果的都没有卖的。当时生产队每年都会发布票、粮票、肉票,布票每人每年三尺三,要是女儿出嫁布票不够用的就得出去借。当时去集市买东西都得拿钱去买,没有人用东西换的,要不就是把自家的东西卖掉后再买自己要买的东西。

五、农村妇女与国家

(一)认识国家、政党与政府

我从小就听说国家这个词,就是指咱们中国,1949年以后经常宣传过男女平等。过去有几种钱我不记得,我们家那时候也没什么钱,国民党进攻那年我十二岁,我就是害怕再不知道别的。我在1947年以前就听说共产党和毛主席,我们家里没有入党的,我也没入党。我小时候没有包过脚,但是穿过袜套,姐姐给我做的袜套把脚挤得很疼,当时国民党在的时候说,要是妇女把辫子剪掉就认定你是八路。我当时去过几天妇女识字班,但是我脑子笨,不喜欢学习,也不记得是什么人教我们的。我觉得自由恋爱好,这一方面我管不着孩子们,孩子们看中就行,看不中以后我也不会被抱怨,介绍对象的是都有,他们愿意家长就不包办。当时妇女入党的有人其中不少人是干部,我倒是希望女儿、媳妇要是有能耐去当个干部,我的思想不封建。我觉得计划生育不适合农村,这农村过日子过的是人,不能只有一个孩子,我觉得不太好。当时政府号召妇女下地干活,那些包小脚的妇女很遭罪。

(二)对1949年以后妇女地位变化的认知

我不知道妇联是什么,有人宣传过男女平等、妇女能顶半边天,当时还有一首歌是唱这个的,我觉得妇女不能顶起天来,没有那么大的能耐。我结婚之后妇女地位还是不高,在家还是得听婆婆丈夫的话,该干活还是得干活,只不过我家没有吵吵闹闹的,以前丈夫都听婆婆的,婆婆叫丈夫干什么丈夫就得干什么。

（三）妇女与土地改革

土地改革的时候我娘家是个中农，那时候就是打倒恶霸，反正那时候我小。我记得有一家地主被斗倒，家里有房子十多间，把东西、被褥窖藏在洞子里，当时连我姐姐都是小孩才十来岁。我就不记得有没有妇女参加土地改革。

（四）互助组、初级社、高级社时的妇女

参加互助组的时候村里就说几家人关系好的就在一个组里，每个组里都有一个组长，村里给每个组长安排生产任务，我们这些人每天干活，我们组里有谁我就不记得。当时上级没什么号召，就是村干部说自愿抓组，各个组长和组员都可以提意见。合作社的时候牲口、农具都入社，当时有专门饲养牲口的，土地入社也没有征求我们的同意，当时不入社不行，那时候我光想着干活，其他的我就不知道，都是我丈夫负责这些事情，因为他当时在村里当会计。当时家里有九口人，我丈夫把外面的事情都挡去，他知道得多，我什么都不管。妇女都得一起下地干活，除那些年纪大的包着小脚的老人不能干活，我们这些妇女都得去干。我记得上级派下来的干部里有妇女，但我们村里没有妇女干部，妇女下地就是去锄、剜，什么活儿都干，到年底的时候分粮食。

我当时不愿意自己家干农活，因为我家没牲口也没家伙什，别人家有大牛，用牛去耕地、割、拔，自己家没法干。下地的时候男人和女人在一起干活，妇女生孩子坐月子的时候不用干活，出月子之后就得下地干活，当时我在生产队干活，我婆婆在家洗洗涮涮，只要有活干几乎天天不闲着，即便岁数大也得干，除非像我现在八十多岁的老人不用干。

（五）妇女与人民公社、"四清""文化大革命"

1.妇女与劳动、分配

我是 1933 年出生的，1958 年那时候我二十五岁，那时候有首歌叫作"天上布满星，二鬼子战北京"，歌词时间长，就想不住全部内容了。公社妇女照样下地干活，晚上也得去干活，出海打鱼这些活儿都是男的干，种菜这些活儿也是男的，妇女往菜园挑粪。生产队上的队长、会计都是男的，记工员有男有女，干部一般都是男的，那时候修水库修大坝的时候男人们去干累活，妇女们也得跟着去夯地基。大跃进的这些事我都记着，还有大寨记工法，晚上干白天干，大喇叭一广播就得赶紧下地干活，去晚队长给你戴白花、插小白旗，晚上也干活，晚上去砍玉米秸秆，把我困得在玉米堆里打盹。每家有一点自留地，抽空去干点，主要得去挣工分。当时我什么都不懂，上级让我怎么干我就怎么干。生产队分的粮食够吃，有个剩余，分的粮食可没什么好吃的。

2.集体化时期劳动的性别关照

妇女在生产队干活的时候身体不舒服可以请假，不过就不会得到工分。公社那时候有托儿所，我的孩子当时是我婆婆看着，我出去干活，我家的孩子没去过托儿所。

3.生活体验

吃食堂的时候社员在大街上晒地瓜干，男人们当司务长，妇女们分发粮食，每人两个包子，都是有定量的，不能随便吃。社员还得拿着粮票去领取，没粮票不行，一斤粮票领两个包子，大锅饭爱吃得吃，不爱吃也得吃。

4.对女干部、妇女组织的印象

当时村里没什么女干部，上级的下乡干部有几个妇女，但是我不认识。

5.“四清”与“文化大革命”

那时候赶集在集上喊口号“打倒王光美”,什么是“破四旧”,我就不清楚,因为我年纪大了,脑子也糊涂,或许经历过但是我分不清。

（六）农村妇女与改革开放

这单干就是从邓小平上来才有的,一个单干这就好起来,要不是邓小平,我们农民就不能单干。

六、生命体验与感受

我这辈子最忘了不的就是谁领导我们吃得好,能吃上饭就是好,吃不上饭不好,毛主席是第一好的,领导管理挺好。我作为一个妇女一辈子瞎干活,现在累得腰疼都直不起来,过去妇女没地位,就是得低头干活。我觉得这辈子最难熬的就是挣钱真费劲,省着不能花,也不舍得花,给儿子买点东西,给女儿买点东西,现在我也不用操心。我现在就知道吃饱、够吃的就行。

WYY20170102QJY 屈俊英

调研点:河南省安阳市花园庄村

调研员:王玉莹

首次采访时间:2017 年 1 月 3 日

出生年份:1934 年

是否有干部经历:否

是否生育:是

受访者结婚的时间节点、生育子女的具体情况:1957 年结婚;1958 年生第一个孩子,共生五个孩子,前两个是女儿,后三个是儿子。小儿子小时意外丧生,大儿子工作出事。

现家庭人口:4

家庭主要经济来源:务工

受访者所在村庄基本情况:花园庄村位于河南省安阳市近郊区,属于城郊村,田地主要是以平原的水浇地为主的农业区,土地相对肥沃。村庄过去与小屯村、王裕口、小庄、四盘磨四村相邻,耕地较为广阔,全村过去主要以务农为主,人地矛盾相对缓和,农业生产主要以麦子、谷子以及玉米为主,也有种植棉花,不过现今的耕地已以村为单位集体承包于大机器生产。现今拥有耕地面积 750 亩,承包面积 460 亩。村庄现共有 340 户人家共计 1365 人,由于临近殷墟发掘遗址,经政府批准搬迁到花园庄新村和花园庄新社区,房屋相对集中修建,村中人员众多。村中主要的姓氏有王氏,苗氏,何氏,家族宗族不太明显。

受访者基本情况及个人经历:老人生于 1934 年,二十三岁结婚,生有五个孩子,前面两个是女儿,后三个是儿子,小儿子在小时意外丧生,大儿子结婚后在参加工作时出事故,其他的子女都已成家立业。老人和老伴儿在结婚后就一直在娘家(花园庄)居住,老伴是工人,一次工作时也遭意外,现在只是一人轮流在女儿、儿子和大儿媳家居住。老人一生心血倾注于自己的一群孩子和土地,并未在外务工。除了孩子就是种地,因为眼睛有疾病,所以自身没有其他经济来源,就是靠种地收粮食养家糊口。但由于丈夫是工人打工有工资,生活过得相对富足。在土改、合作化期间,一直一个人在生产队挣工分,加上丈夫打工赚来的工资,一起养活了一家人,努力让家里的所有孩子读书到初中毕业,并且顺利为儿子结婚时盖好新的房子。现今,儿子和女儿的生活也很好,按月负责老人的赡养问题,现今老人过得相对安逸。

一、娘家人·关系

(一)基本情况

我叫屈俊英。我的名字是自己起的,因为那个时候村里头都兴叫名字,我自己小的时候没什么文化,长大以后上了几天民校,就自己给自己起了一个名字。我们家里没有兄弟姐妹,就我一个姑娘,自己起的名字也没有多大的意义。我是 1934 年出生的,那时候家里仅有一亩八分地,土地改革时期我家被划成了贫下中农。我大约是二十三岁的时候出嫁,那时候嫁过去以后,又回到娘家这里居住,丈夫家离得远,轻易不怎么去婆家。所以他们家有多少亩地不是太清楚。丈夫家没有兄弟,但是有一个姐姐,他们家土改时被划分成了贫农。我生了有五个小孩,其中有两个女孩子,三个男孩子。生第一胎的时候,我那是大约二十四岁左右。

(二)女儿与父母的关系

1.女儿出嫁前与父母的关系

在出嫁以前,我们一家也是三口人,那时候没有过于严格的规矩谁当家,有的时候是我爹,有的时候是我娘当家。不过那时候大环境下没有什么妇女当家,再说家里也都穷,没什么钱,爹也就不存在当不当家的问题。那时候家里的钥匙并没有规定谁来保管,谁回家都会有钥匙的,没有内当家和外当家之分。我在娘家的时候没有上过学,那时候都不让姑娘上学的。那个时候都是旧社会,只让男孩子上学是不让女孩子上学的。那时候村里的上学的人也很少,主要是家里都穷没有钱。那时候我也想上学,我和村里的陈香儿去学校看了两回,最后都回来了,因为家里没有钱交学费。那个时候,我们家就我一个,不过和本家在一起,除了上学一般让男孩子先上之外,也没有什么太大的区别对待。对于座次也没有什么讲究,那时候都没有桌子,大家都是在家盛了饭到外面蹲着吃。

小的时候女孩子还可以出去跑着玩,到大一点的时候就不怎么让出去了。在娘家时也没有什么比较明显的分工,不过男的一般都是到地里干活,女的姑娘家有时农忙的时候也下地干活,其他时候就是在家学一些针线活。那个时候,差不多两天就能做出来一件裤子,那个时候都是自己缝,一针一针缝的。纳鞋底子一天也没有个准数,那时候要是带上鞋帮儿一起也能做几双,不过时间久了也没有怎么操心这些事。那时候家里因为就我一个姑娘,所以在教育上父母有的时候都管管,没有什么区别对待的。

2.女儿的定亲、婚嫁

我那个时候是 1949 年之后定的亲,也没什么较大的仪式,而且时间不长,好像是春天的时候,说定亲到六月份就嫁了过去。那时候也没怎么说婆家的情况,因为当时说的时候,就是因为他一个人在上班,离我们家近,也不用跑那么远,我娘家也没有儿子,就想着叫婿来我们家帮衬着。那时候的定亲是姑姑作为媒人给介绍的,之前也不认识他,他家在东南乡,只不过在上班那里他有一个伙计在许家庄赁房子的,正好和我姑姑家在一个院子里,我姑姑觉得小伙子有一门手艺,差不多。于是给我说了说媒。那时候是父母同意的,因为主要是看上我丈夫是一名工人,可以说是一名铁匠,有一门手艺,在村里有门手艺而且人还老实,就全都同意了。那时候定亲也没有什么仪式,就双方家长见了见面,说了说。

我结婚的时候,婆家情况记得不是太清楚,不过知道他们家四口人,他还有一个姐姐。公公和婆婆那时候就在家种地,我丈夫在外上班,是一名做铁匠的工人。我那时候定亲的时候没什么特别的仪式,他们那里因为住得不久也不是太过清楚。不过结婚的时候,丈夫家派人骑着马来迎娶我,我们两家离得远,我是坐着马车去他家的,他们家也就是摆了摆酒席,那时候也没有什么结婚的仪式,就好像拜了拜天地,那时候没有兴什么跨火盆之类的。那时候就只是记得,来到他们家拜了拜天地以后就在房子里坐着,然后敬了敬酒,其他的也就不是太清楚了。结婚第二天我们就是兴回门,去娘家了。

那时候也没有要什么彩礼,只不过让丈夫家买了一些小东西,像碗具、镜子。定亲之后也没有什么多大的讲究。我是二十三岁的时候出嫁了,那时候出嫁是家里的亲戚来送嫁的,父母也没说什么,就是伤心地哭了两天。出嫁那天,娘家婆家都摆了几桌宴席,不是很盛大,只是请了请家里的亲戚和对方来的人、司仪那些人。大户人家一般是会有嫁妆的,不过没有见识过也就不清楚了。我嫁过后在那里待了有一周的时间,因为丈夫家离娘家很远。所以也就没有让娘家的兄弟前去看望了。我是出嫁第二天回的门,那时候和丈夫一起,那时候是有拿礼的,那个时候我们说"四个盒",就是烧饼装一个盒,油条装一个盒,粉条用红绳系成一捆也相当于一个盒,山药也是一捆系一根红绳当成一个盒,称之为"四个盒"。在1949年以前没有听说过童养媳和换妻这样的情况,不过村里有招赘的,就是女婿来媳妇家,生的孩子跟女儿家的姓,因为没有怎么见过,所以有什么协议签署我是不清楚的。村里有二婚的,但是没怎么见过。

3.出嫁女儿和父母的关系

出嫁的姑娘在回娘家的时候是有一些讲究的,一般来说结了婚了,回娘家,到傍晚的时候就要准备回家了,都不时兴晚上住在姥姥家。也就是俗话说的"不让看见姥姥家的灯光"。出嫁后的姑娘一般都是过年过节的时候回娘家,不过我情况特殊,就住在娘家旁边,有时间就回去也没什么讲究。虽然我是嫁出去的女儿,但是我是在家里还管着娘家的事情,不过婆家的事情就不管了。婆家那里她还有个孩子在管着她。所以和婆家的联系不是太多。我们娘家和婆家不是一个村的,距离很远,双方没有什么过多的交往,也就不存在换工、干活优先的顺序问题。我出嫁以后还在娘家,家里只有我一个姑娘,那时候家里也没有什么钱,所以差不多也就留给我了。父母去世之后是要上坟的,不过以前是我丈夫去,后来是孩子们去,我没怎么去过,上坟也没有什么过多的讲究。

(三)出嫁的姑娘与兄弟姐妹的关系

那时候出嫁在婆家待了一周后,就回到娘家这里住了。所以与娘家这里的兄弟姐妹关系比较密切,交往走动较勤。那时候去串门没有什么讲究,不用带什么,没有人说闲话。娘家就我一个人而且我在娘家这里住。所以娘家的事情差不多都是我自己做主了。那时候要是娘家亲戚有出嫁的,有的时候也跟人家去帮帮忙,在结婚头一天洗洗菜,结婚后一起做做洗洗碗筷之类的活。

二、婆家人·关系

(一)媳妇与公婆

那时候在婆家的一个星期,他们家是和公公的兄弟几个一起住的,干活之类的都是一起劳动,具体是谁在婆家当家因为住的时间短没细问。那时候在婆家有事情开会讨论,都是婆家的几个兄弟聚在一起讨论,我作为一个嫁过来的儿媳妇就没怎么参与,因为那时候要当家的也是我丈夫了。在那个时候农忙,我和婆家其他的儿媳妇一起在厨房做饭给婆家里的人吃。在婆家也没怎么下过地干过活,那时候住的时间短,也不知道婆家那里是如何分工的。在婆家的时候,和婆婆关系还好,没有吵过架,但是对婆婆也没有什么必须遵守的规矩,婆婆也没要求我要怎么伺候丈夫。1949年以前没怎么听说过有婆婆虐待儿媳妇的事情。我和丈夫一般不轻易回婆家,有的时候过年过节丈夫会带着孩子回婆家,但是我眼睛不好有的时候就不回去了。

我结婚后在娘家住,娘家就我一个人,也就不存在分家的问题。而我婆家那里,因为当初说的是让丈夫和我一起在娘家住照顾我娘。所以婆家分家的时候我们没有参与。总的来说,当初说的就是不论婆家那里是穷是富,我们不去分婆家的财产,当然也就没有怎么去照顾公公婆婆了。我婆婆大概是在她七十半的时候去世的,那时候我们都要去参加葬礼的,下葬的时候亲戚就要求都过去参加,没有怎么排斥妇女,但是在仪式上也没什么太大的讲究。

(二)妇与夫

1.家庭生活中的夫妇关系

我和丈夫在结婚之前已经是见过几次面了,那时候谈不上满意不满意的,就是看上他有一门手艺,能够挣钱养家。我们结婚后不久就有孩子了。所以那个时候互相称呼就都是"孩子他爹""孩子他娘"这样的。那时候家里也没多少钱,分家之后也没什么谁来当家的讲究、分工之类的。因为我丈夫是工人,所以他经常外出打工,我就在家里干干农活、养孩子和做饭了。我丈夫也没怎么出过差,不过好像去过东北两次,走的时候肯定会和家里打声招呼的。而我因为身体不好,所以从来没有出去过。家里没有什么顺序之分,做饭不管好与坏总归是要让家里的每个人都能吃上饭的。在1949年以前也许丈夫对妻子会有一些特权,不过在村里我没怎么听说过。

1949年以后,男女都平等了,那时候厨房的事不一定都是妇女管,有时候我丈夫下班早还会给家里做做饭之类的。在村里一般不怎么时兴纳小妾了,不过我记得村里有两家妻子生不出孩子,因为还有那封建的旧思想,怕家族绝后就会另外再娶一个,那时候妻子生不出孩子也不能说什么,不过到后来就都没有了。在1949年之前,丈夫打骂妻子的现象很常见,只要家里闹矛盾都要打骂的,丈夫随意打妻子村里人见了也就看看热闹,也没有什么人能管住人家家里的事情的。以前公认的好妻子无非就是贤惠,不和老人生气,家里外面都能干活,总的来说就是贤妻良母。我在村里除了种地,也没什么副业。

2.家庭对外交往关系

家里的一般人情往来都是男人出面的,不过有的时候要是找女人都是妇女出面。还有就是像邻里亲戚之间过年的时候发放压岁钱,那就是我来给了。家里来了客人,大家都是可以同桌吃饭的,结婚之后就没有太大的讲究了,有的时候我也去亲戚家吃酒席。村里头赌债一般都是打牌之类的,那男女都玩,肯定会有输有赢。有的时候会有欠钱的,一般丈夫欠钱妻子是要偿还的,都是一家人躲不过。不过一般不去借,男人欠钱了会去打工挣了钱再还给人家。婚外情的情况什么时候都会有的,一般都是丈夫在外有婚外情,村里头会有舆论,但是没有谁去管的,村里头女人有婚外情的几乎没有。我在村里头是有朋友的,男性就是和我爹玩得很好的王连生,那时候还经常一起开会。去女性朋友家串门就走了,不用通知丈夫,不过一般都不怎么玩了,一般都是一起在外面干活,像摘花、摘谷子之类的。我在1949年以前都不怎么出过门,最远也就是结婚时候去的婆家了。

(三)母与子女

1.生育子女

我一共生有五个孩子,最大的孩子是在我二十四的时候出生,大概是1957年了。那时候生儿生女我家倒是没什么讲究,不过也听说过村里有的生小孩会在门上挂桃枝或者红布之类的东西。家里小孩子出生一般会在第九天办酒席,那时候我们称"做九儿",但也有第十二天办酒席的。那时候宴席请的都是家里的亲戚,一般他们都拿着红鸡蛋、挂面之类的东西,小孩子那时候还小就没有抱出来,一般都是亲戚来家里床上看看小孩子。那时候生了小孩,村里头农活很忙就没有怎么去婆家,是后来过年的时候,我丈夫带着孩子去婆家拜年。那时候家里都很穷,也就不给孩子过生日了,要知道老人的生日都是不过的。以前如果媳妇没有生儿子丈夫是可以娶小妾的,不过我家有男孩子。我的孩子都让他们上学了,因为穷,孩子也都懂事,所以孩子们都上到初中毕业就不再继续读书了。家里对待男孩子女孩子是一样的,不过丈夫比较偏爱男孩子,所以一般只打骂女儿。孩子们在没成家前都还小,挣的钱都是家里保管,不过结婚以后赚的钱就是孩子们的了,毕竟他们也要养家。女儿的婚事那时候也是说媒,要家里同意的,结婚比我那时候好一些,嫁妆不再是"四个盒"了,那时候,我家大姑娘结婚时就给她做了两个大箱子,放衣服之类的东西。我家二姑娘就给了一个高低柜、一个五抽桌(有五个抽屉),还有一辆自行车。儿子们结婚都是要重新盖新房子的,都是由家里我和我丈夫盖的,那时候家里有钱,也没怎么欠钱。

2.母亲与婚嫁后子女关系

我儿子也是在他二十二三的时候结婚的,那时候婆媳关系好一些了,没有什么严格的讲究,结婚的时候就走了走,也没有拜公婆这样的仪式。有时候婆婆和儿媳会有一些矛盾,但是都不认真,过段时间就好了。儿媳妇不再是传统的样子了,不需要去伺候丈夫和公婆。我家儿子差不多是结婚一二年后分的家,那时候也不记得是谁提出的,反正就是大家在一起有些过不下去了,就商量着分家就分家了。那时候也没什么讲究,就是瞧瞧姑娘丈夫家的地还有孩子家的地,一个人给百十块钱,够他们吃得起粮食就行了。那时候家里的家具写字台什么的,在谁的屋就不动,就这样分分就算完了,也没有什么字据之类的。女儿在分家的时候都出嫁了。所以她们就没有分到家里的财产。那时候女儿也定亲了,也差不多是婚前一年左右的时候,都是在父母同意的基础上的。那时候姑娘嫁得也不远。所以往来也很密切,没有什么讲究。因为姑娘那时候都是工人。所以家庭条件还可以,不用娘家来接济。在我大儿子没了的时候,我也会去儿媳妇家帮着带孙子让她去工作。现在只剩下我一个人了,丈夫不在了,我是由孩子们来赡养的,每个孩子家住一个月,一个一个轮着来,孩子们照顾我都挺好的。

三、妇女与宗教、神灵、巫术

在我们这里没有怎么重视关于神佛的祭拜,不过在我小的时候,家里有一个老奶奶像这之类的家神,她保佑什么那时候还小我也不知道,就记得我家里大人经常要去祭拜她。除此之外,我们那时候还会要祭拜灶家爷之类的神仙,祭拜的时间都是在过年的大年初一左右几天烧香磕头地拜拜。我现在是信仰宗教的，我信耶稣，那时候信教，是家里的大儿子因为一次上工被电死了，觉得命运很惨。所以想借耶稣这样的途径去看看大儿子在那里的世界过得好不好。我信教的时候，是我大儿子三十三岁死的那年，那时候我丈夫已经去世，他生前是不信教的。

四、妇女与村庄、市场

（一）妇女与村庄

1.妇女与村庄的公共活动

出嫁之前，我村里是没有很多的村庄活动，但是在我小的时候，因为村里唱戏就是在家的那道街门口。所以经常会跑着去看戏。到后来大一点的时候，我爹就不让我跑出去参加村里的像开会之类的活动。不过那时候我爹管我不是太严，我经常偷跑出来。出门的妇女没有什么年纪分别，吃席看戏的时候没有什么讲究要男女分开坐的。1949年之前村里是不怎么开会的，村里的公共事务像修路之类的都是没有的，直到1949年以后村里才修路。我在1949年以前是没有参加过村里开会的。

在1949年之后，村里开会就允许女性参加了，那时候我积极入了团。所以到过城里的党团训练班里开过几次会，那时候是妇女发言的，我因为没有什么较高的文化倒没发过言。我出嫁前倒是听说过村里头的甲长是西街头的一家，但是都没怎么见过，后来1949年之后就是村里的王连生一直在当支书。我倒没怎么关心过村里的事情，不过后来入团之后，倒是在村里开会知道一些村里的事情。出嫁之前是不需要通知村里的保长甲长的。因为我结婚之后还是在娘家居住。所以，我没有去婆婆家村登记以及变更户口。

2.妇女与村庄社会关系

我在娘家有很多玩伴，玩得好的是村里头的陈香儿，我们两个经常一起，也不怎么玩，就是一起干活，在外面一起薅谷子、摘棉花，在村里一起干活。我女伴出嫁的时候，因为农活忙没有去陪她。1949年以前我还小，不记得村里有安排女性干活的，不过后来村里集体劳动以后男女都一起干活了，那时候干活都是计算工分的。村里都安排干活，所以不需要给丈夫说了。因为当时都是自己干自己的农活，所以没有换工，也不知道是个什么样的情况。新婚后我没有去拜望邻居，因为在婆家住的时间短，所以也没有什么关系不错。村里的妇女之间应该是有组织什么会，但是我没有参与过。本家的要是有结婚的，都是会过去帮忙的，那时候没有什么明确的分工，妇女就只是在新婚头一天给洗洗菜，在婚礼结束之后洗一下碗筷。村里的红白喜事一般都是本家的才会去。在村里玩得好的妇女有时候会坐在一起聊天，但是场所不固定，就聊一些村里的闲事之类的。男人也会聊天的，但是他们聊什么没有参与过。所以也就不知道。夏天天气热的时候，妇女也是会在家门口的村里乘凉，和邻里说说话，冬天因为天太冷就很少有出来的。妇女因为家里农活都比较忙。所以几乎没有去外村里聊过天。现在妇女聊天也就唠唠家常。关于纺纱，织布，做衣，做鞋的新花样只能说可以用缝纫机做了，我家姑娘她们也都是根据看书和村里头的互相学学就都会了。村里的妇女有的时候会吵架的，不过也没怎么吵过，大家都很忙，吵的时候会有一些人来调解的。

（二）妇女与市场

我出嫁前是不怎么去过市场的，因为农村里的东西一般都是自给自足，不需要买什么，要是特别需要买的出嫁前都是我爹出去买，到后来就是我丈夫每天下班回来买。有的时候村里会有临时的小商贩卖东西，他们来了我就买一些，就不怎么到过市场。家里纺纱的棉花都是自己种的，那时候在生产队一年就发两斤棉花，纺的布都只是家里人用，没有剩余出去卖。做鞋做衣服的针是让丈夫到市场上买的，但是线是自己割，自己做出来的。1949 年以后到改革开放前家里是有发布票肉票的，那时候我丈夫是工人上班，发的票都不怎么能用完，后来票不管用了，如今我家现在还收藏有千百斤的粮票呢。我们家差不多在我家姑娘十六七的时候开始有缝纫机，什么时候开始不做鞋就记不太清楚了。不管 1949 年以前以后村里家里的东西一般都是够吃的，不在村里进行交换。割资本主义尾巴时，我丈夫到过供销社买过盐，其他的东西我没去过，不太清楚。

五、农村妇女与国家

（一）农村妇女认识国家、政党和政府

关于"国家"这个概念以前并没有什么深切的感受，不过后来 1949 年以后，新社会在毛主席的带领下感觉真是越来越好了。关于男女平等也是新社会的时候才开始宣传。1949 年之前是有国家建立的小学的，那时候我们花园庄村北边就盖了一个，五个村子的都在这里上学。那时候男女是在一个学校上课，但是一般家庭的孩子家里没有钱上不起学。到 1949 年之后，村里建有民校，我上了有两天的速成班。那时候上学教的就是一些常见的算术和字母之类。在我小的时候钱都是大人在掌管，后来倒记得经历过一次钱币的更换，不过也没有感受到什么强烈的国家概念。日本人入侵安阳的时候是我很小的时候，但是还不记事。1949 年之前没有听说过妇女要向国家交税。

1949 年以前倒是听说过国民党，那时候的印象就是和日本一样都是不好的，具体国民党员就没有见过了，至于孙中山、蒋介石之类的名字只是听说过，也没有什么其他的了。共产党很常见，在我们村子里就有一些共产党员，女性也有，村里的朱秀儿她就是一名共产党员。但是具体关于这些我没有什么文化也就不太了解了。不过现在关于国家大事倒是知道一些，例如国家主席是习近平。在 1949 年以后，就很是常听说共产党、革命这类的词。

我没有当过村里的干部，不过入团的期间参加过开会，但是时间久了也不记得会里讲了些什么了。我们家中之前是没有党员的，后来我家孩子成了党员，关于入党我觉得就是要为国家做事、领导群众吧。我没有入党，但是知道党员与村里群众走得很近。

关于裹脚，我记得小时候我娘给我裹过一次，后来政府号召不裹脚我就拆了。那时候村里人就都不兴裹脚了。关于剪发我也记得，那时候政府号召把头发剪短，农村妇女就把头发剪成那时候说的"四面齐"了。我 1949 年之后上过几天民校，那时候的老师都是村里上过学有一些文化的人，就是村里的跑不脱他爹和陈香婷，就是教一些较常用的算数和拼音字母。我觉得政府废除包办婚姻主张自由恋爱是好的，毕竟也是国家政策。关于干部也没接触过很高职位的，最常接触的就是村里的支书王连生。1949 年以前没有听说过女性党员，不过 1949 年以后尤其是生产队的时候就都有妇女队长了。如果我的女儿儿媳想当干部的话，我是比较支持她们自己的意愿的。现在的计划生育政策变化了，以前是不让生，现在都可以生二胎。现在政府鼓励妇女走出家门，让女性又要顾家又要忙工作，虽然忙了但是有自由了。

（二）对 1949 年以后妇女地位变化的认知

1949 年之后就听说过妇联了,那里面的妇女应该都是上边领导组织的,参加过几次活动但是不太多,那时候活动差不多都是组织开会,感觉她们也怪忙的。关于男女平等、妇女能顶半边天这样的话也是 1949 年以后才听说的。我们家孩子结婚都是在 1949 年以后,那时候他们的婚事也都还是家里做主,主要是家里我丈夫和我爹来做主的,不过孩子也是愿意的。在 1949 年以后虽然也还有丈夫打骂妻子的现象,不过也不常见了,婆媳关系和我们之前比是好一些了,不再需要严格的妻子要伺候丈夫婆婆,我有的时候还会替儿媳妇做饭看孩子呢。在村里如果有男人打女人的事情,会有村干部去调解的但是作用不大。1949 年以后,妇女是可以去扫墓的,和我小时候相比,女孩子在接受教育上好了太多了。我的五个孩子都读过书,读到初中毕业,而我的孙子孙女现在也还在读书,读到大学都是很常见的事情。现在的村里代表干部是会有女性的,妇女地位和之前比有了很大的提高呢。

（三）妇女与土改

在土改的时候我们家被划分成了贫下中农。那时候有土改工作队来到我们家里,记得那时候工作队来都是让去派饭,吃饭还给发粮票呢。关于土改分的土地不知道有什么政策,反正知道分地的时候都是男女平等。在土改期间斗地主的,不过我们花园庄村只有一家地主,他在那个时候跑到城里了,没有斗争到他,不过倒是把他家的东西分了分。那时候土改分地的时候,男女老少是一样的标准,不过土地证都是按照一个家庭一个家庭给的。所以土地证上是没有我的名字的。

（四）互助组、初级社、高级社时的妇女

那时候加入互助组是随着村里的大流一起开始的,不过互助的时候是我们自己本家十来口人在一组的。记得那时候就是开了一个会,大家在一起商量了一下就组成了一个组。成立互助组以后,妇女也是可以下地干活的。在合作社时期,家里的土地和农具就都入了社了,不过那时候没有征求我的意见,那时候都是征求了一下我爹和我丈夫的意见。那时候妇女都是要下地干活的,没有不愿意下地的,因为只有下地干活了才能分粮食吃。因为村里都没有太富裕的家庭,所以没有从来没有下过地的妇女。不过那时候要是今天该谁做饭了,那个妇女就不用下地干活。我没有当过互助组或者合作社的干部,因为那时候当干部是要来得比别人早走得比别人迟,那时候我在家有很多小孩子,印象最深的就是那个时候,又要在地里干活,好不容易要休息了还要跑回家给孩子喂奶,还没有跑回来就又要上工,那时候两头跑很累,感觉那时候的日子挺艰难的。那时候生产队里是有妇女队长的,主要是看着妇女和她们一起干活之类的。那时候男女分工不太明显,不过像那一些出力气的活都是男的干,女的一般都是锄地、拔草、摘花之类的,先开始是有些不适应,不过做着做着也就习惯了。那时候男女的工分不一样的,无所谓公平,因为男人力气大所以挣得工分多,粮食的分配是按照工分来分的。那时候男女是在一起干活的,因为全村都是这个样子所以也就习惯了。在生产队上工时是没有经期照顾的,有的时候要是妇女怀孕了,队长派活的时候会让怀孕妇女干一些老奶奶干的轻活,只不过工分会少一些,当然怀孕是可以请假的,不过请假是没有工分的。那时候参加集体劳动时,我家五个孩子都出生了,不过我娘在家帮忙看孩子我在地里干活。家里就我一个人在地里干活,工分是按照年岁算的,我一年能挣大约一千多分。在合作社时,女性没有年龄之分都可以下地干活。那时候共产党开会妇女是可以参加发言的。

（五）妇女与人民公社、"四清""文化大革命"

1. 妇女与劳动、分配

在人民公社时候不太记得有什么口号了，下地干活都是敲钟，一天五响。男性和女性在分工上像之前说的没什么大的差别，像锄地之类的都是男女一起干，摘花、薅谷子都是女性去干。那时候村里的男女劳力都差不多的，在村里有一些喂牲口或者张辫子（使牲口）的都是技术性较强的活。村里头没有什么副业。在集体地里干活的时候，那妇女都不能偷懒的，都有队长在地里看着你干活。我还是喜欢自己干自己的，自己干活有自由，干完自己的活就可以休息，不然集体干活都不能歇着，得一直干活，在生产队都是磨时间，效率不高。在生产队里只有差不多劳力的同工同酬，但是男的工分一直都比女的高，什么时候都是。那没有什么不公平的，男的出的力气大，比女的肯定干的活多。妇女的分要是老年妇女她们的力气小，没有中年妇女的分高，其他年龄段的妇女分都是一样的，整体来说还是公平的。生产队分的口粮、油、柴薪都是按工分分的。村里有自留地，是按照人口分的，男女老幼都一样。那时候我们家算得上余粮户，我丈夫在外打工有工资，我在家挣的工分可以养活家里的。

2. 集体化时期劳动的性别关照

人民公社的集体化生产时期，对妇女的生理周期是没有关照的，只是在怀孕的时候会关照你去干一些姥姥做的轻活，也可以请假，其他时期都要像往常一样下地干活。但是在村里也没怎么听说因为干活而生什么重大疾病的，要是生病了也是自己照顾自己，政府和国家没有听说有什么照顾。在生产队的时候，有一段时期成立有娃娃组，那里都是看管小孩子的地方，照看孩子的都是老人，村里有一些将孩子放到那里照看的，不过后来也不知道因为什么而解散了。

3. 生活体验与情感

我还记得在人民公社集体食堂里，那时候做饭的有男有女，在食堂里吃的饭菜都没有限制，要多少有多少，管到饱，并且饭菜花样很多，每天还能不重样。那时候大家都愿意吃食堂，一方面减少了妇女又得下地又得做饭的负担，另一方面保证了大家的温饱，不过后来就没有再进行下去了。我不太记得"三年困难时期"，只是感觉到那时候大家的生活标准忽然降低了，发的粮食很少，但是大家也不至于有饿死的现象，那时候大家的思想觉悟还是很高。所以没有听说村里有人偷刨生产队的吃食。那时候大集体一起上工，说不出来多怀念，但是想想也是挺热闹的，大家在摘棉花的时候一起唱歌也是常有的事。村里妇女一起上工难免会有一些小矛盾，不过那时候队长在看着，也就没有让她们吵架耽误上工的时间。那时候村里没有常见骂街的现象，也一直没有听说有妇女自杀。

4. 对女干部、妇女组织的印象

我们这里没有铁姑娘队的说法，不过生产队里是会有女干部的，那时候我们村里的妇女队长有付秀珍、韩桂珍，还有赵有英。那时候能当上妇女队长的一定都是那一些能干活、能领导团结群众的妇女。我当时是羡慕那些女干部的，但是当时因为家里孩子多要照看，分不出来空闲去无私奉献群众了。在我们公社听说过妇联的，但是由于我没有什么事情去找妇联帮忙。所以对妇联里的女同志都组织一些什么活动是不清楚的。

5. "四清"与"文化大革命"

那时候对"四清"和"文化大革命"的印象有些混乱，不过知道那时候的批斗大多都把好人冤枉了。因为我们街里本身地主就没有几个，所以在那时候就都把村里的干部和富农拉到外面去批斗。不过虽然是批斗，但是在劳动工分上还是没有什么区别对待，对于他们家里的工分还是平等的。在割资本主义尾巴时家里的自留地是没有被收走的，鸡蛋之类的农产品之前就没怎么交换过。所以没有什么大的影响。在"文化大革命""破四旧"的运动中，村里只是着重抓地主、富农。所以我们家没有怎么受影响。

（六）农村妇女与改革开放

后来在农村承包分配土地的决策过程中妇女参加的，关于对集体劳动和承包单干的选择，我是较倾向于单干。因为一起干热闹，但是干不了多少活，单干效率高。那时候妇女是和男性一样平等地分到了土地，土地证上也写有我的名字。村里的村委会选举我是参加过的，但是现在老了都是由孩子代替参加。关于20世纪80年代的计划生育政策和如今新实行的二孩政策，我是比较支持现今政策的，生两个孩子好，不然养孩子的负担会很沉重。如今的村里老头老太太还是在天气暖和的时候，会在村头坐着一起说说话，家里现今有了电视，但是因为眼睛不好，没怎么看过，更不用提网络的应用了。我们现在是不怎么用手机的，要是有需要会给孩子说，让他们联系。

六、生命体验与感受

现在这么大岁数，也记不清什么事情了，有的时候说着说着就会忘。不过想想，那时候过得就是很艰难，现在都是享福了，鞋也不用做，衣服什么的都是买的了，不想那时候在地里都做得厉害，装着纳鞋底子的针线东西，在队长说歇半个小时的时候，都急忙忙掏出来东西干活，就没有闲的时候。现在都在家坐着，我也不干什么，就享享福。

WYY20170122ZYY 赵有英

调研点：河南省安阳市花园庄村
调研员：王玉莹
首次采访时间：2017 年 1 月 22 日
出生年份：1937 年
是否有干部经历：合作化时期曾担任妇女队长。
是否生育：是
受访者结婚的时间节点、生育子女的具体情况：1954 年结婚；1963 年生第一个孩子，共生四个孩子，前三个是儿子，后一个是女儿。
现家庭人口：6
家庭主要经济来源：务农
受访者基本情况及个人经历：老人生于 1937 年，十七岁结婚，生有四个孩子，前面三个是儿子，最小一个孩子是女儿，现都已成家立业。现今老两口有自己的房子单独居住，不过和三个儿子在一个村里，有着密切的往来。老人土改时家里有四口人，包括奶奶和爹娘，那时候家里没有耕地，仅靠父亲摆小摊来维持生计，土改之后分有两亩半分地，由奶奶和母亲耕种。在生产队时因为干活积极、肯于吃苦，被任命为妇女队长，并成为党员，再后来嫁于花园庄后也一直担任妇女队长，直到后来农村土地承包。现在老人和老伴单独居住，老伴原是工人，家庭来源主要靠老伴的退休工资和国家补贴以及子女给的生活费用。

一、娘家人·关系

(一)基本情况

我叫赵有英,名字是我自己起的,那是我上学的时候起的,上了半年的学识字了就给自己起了个名字。那时候我是随着人家这姓赵的人起的,那时候男的都是叫赵有啥,也是看着村里有户人家他娘那时候,她叫赵有莲,我就随着人家,原本我想叫赵有莲的,我本来叫莲儿,大名也是叫莲儿,后来有人起了,我就叫赵有英了。我家里没有弟兄,有一个妹妹,叫小凤莲呀。那时候是她妈给她起的(也就是我后妈)。我只记得我是那个日子过生日,不记得什么时候出生了(今年说是八十了)。土改的时候给我们家分有二亩半的土地,我们家那时候就差不多是要饭的那种程度,所以都是最贫的贫农。那时候房子也是给分的,地也是分的。家里抱养的孩子就是我,我是我爹我娘抱养的,后来娘死了以后我爹又娶了一个后娘,有了个姊妹。我是十七八岁的时候出嫁的,那时候丈夫家有多少亩地不太清楚,因为没多久就入生产队了。他们家也都是贫农,那时候他们有兄弟四个,有两个姐姐,还嫌多呢,没有抱养的。我生了三个男孩,一个女孩,第一胎那时候我有二十六了。

(二)女儿与父母的关系

1.女儿出嫁前与父母的关系

那时候我是抱养的,没有多大岁数我奶奶就死了,我后妈也死了,又娶了一个后妈,那时候都是爹娘当家,再说那个时候哪里有钱呀,都没有钱。也没有内外当家之分,那时候都穷得要饭了。我在娘家是没有上过学的,到以后才上过一段时间的民校,我家里也没有其他弟兄姐妹上过民校,那时候大家都穷哪里有钱让上学校呀。不过要是那有钱的孩子人家都是要上学校的。因为那时候家里头就我一个孩子还是抱养的,所以我没有什么待遇好不好的问题,至于村里头什么情况,那我就不清楚了。在家里过年女孩子也是可以出去拜年的,那时候都兴拜年,全街里都去拜年,小孩都一起,不过我不太记得我妈有出去拜年没有了。那时候吃饭哪里坐过桌子,都是舀着吃的,从锅里舀着吃的,因为那时候穷,不过要是村里有钱的人家,人家吃饭肯定就都是在桌子上吃的呀。

那时候吃席是都可以去的,不分男女,座位也是随意坐的,没有什么讲究。那时候家里虽穷,但是也还没有到要饭的地步,没有出去要过饭。平时在家里没有对女孩子有啥过多要求,不过那时候一般都是在家里种地,都不会让出去一直跑着玩,那时候一般哪里上过街呀,串亲戚呀。小孩子都是谁愿意给谁玩就去给谁玩了,不分啥男的和女的,那时候都还小呢,没什么讲究。

那时候家里没有啥分工,我爹一般就是出去干活,有时候和我娘一起种种地,我有的时候也是种种地、干干家务,家里也就没有别人。那时候谁不会纺纱织布呀,全指着纺花织布来照顾家里的穿用了。纺纱织布也是很简单的,我一学就会了,一般人也都是一教就会了,我是十来岁的时候就都会纺纱织布了,那时候的东西都是自家种的棉花,再到后来就是生产队给分的棉花了,一般家里的布就都是给家里穿用了,没有什么剩余的。我那时候是没有什么嫁妆的,还给我丈夫家要了四身衣服呢。我在家里一年有的时候是可以织一丈布的,那时候不记得能做多少双鞋了。集体化的时候才织布呢,那时候就是生产队给分的多少布就干多少活呢,要说不织布做衣服了也就是到现在这两年了,大家就都开始买衣服了。

我们家那时候就我一个,那时候什么都是自己学的,爹和娘哪里管呀,差不多就都相当于没有爹没有娘了,后来我们家就只有我和我爹了,我奶奶也死了,后娘也死了后来的那个后娘也死了。那时候我家没什么规矩的,给我说媒的还是我姑姑呢,说我的优点的时候就是我年纪比较小。

2.女儿的定亲、婚嫁

我定亲的时候就差不多是1949年之后了。那时候就都时兴自由恋爱了,不过我们那时候是家人给介绍的,所以家人还是同意的。那时候是我姑姑给说的媒,定亲的时候并没有什么仪式,那时候就收了人家四身衣服,就没有什么彩礼了,那时候也不兴要彩礼了。不过像咱村有钱的,例如毛玉儿他爹还有王随儿他爹,彩礼都是给了二斗粮食,我们这些穷人就都时兴要衣服,现在吧就都时兴要房子、要电视之类的了。

定亲那时候我爹是不愿意的,不过我姑给我当家,也就听我姑姑的了。我爹先开始是同意了,后来就是我姑姑一直给我筹办的,那时候我爹娘就不怎么管我了,都是我姑姑想让我给她一个村里,就给我找了一户人家。定亲之后两家是走动的,还拿着礼呢,那时候都时兴拿着盒,就是一个木头,一个木头装的那盒,一般里面装的都是点心。我家那时候接待就是在家吃顿饭,其他的不知道。我是十七岁出嫁的,不过后来就改成了十八岁出嫁。那时候结婚就没有婚书了,都是去写的结婚证,都是自由恋爱,就我姑姑给做的主。在写结婚证的时候人家就问了问:"你知道他挣多少钱不知道?"我说:"知道,四十五块钱",然后人家写得快着呢,那时候正好区里搬家呢,所以就办得比较快。

出嫁那天没有啥特别的仪式,就是要摆摆酒席,请请亲戚,不过那时候家里都穷,所以只办了两桌席,男方家的娶客一桌席,女方家送客一桌席,男方家女方家就是那种娶女婆和送女婆这样的人请请。我出嫁的时候来的就是人家的爹娘,还有送我的兄弟大哥,有娶家,有送家,按照习俗自己家的爹娘是不能去送嫁的。我出嫁那天我父母倒是没有给我说什么,就把我送走了。结婚之前出嫁的姑娘要送什么嫁妆我不是太清楚,不过那种有钱的一般都是要给很多东西的,那有钱的给的嫁妆就像现在一般的一样,屋子里给的都是家具呀,什么都有,不过他们一般都是前几天就都过了礼了。就是一般家庭的也都是有衣服、有梳子镜儿,有几对灯、洗漱的盆盒、头油之类的。我们家那时候是真穷,织的布都还不够穿呢,也就没有拿走什么,也没有啥私房钱,那时候穷得连吃都不够还有什么钱呀。刚结了婚我的兄弟说实在也都不知道在哪里呢,也就没有谁去瞧的,再说那时候大家也都忙着呢。那时候回门就回的我姑姑家的门,因为那时候是和我姑姑一个村子的,我的婚事是我姑姑给当的家。

1949年以前倒是听说过"童养媳",就是村里有人会说"囤到那里一个",那时候(我娘家)有个姐姐,她就囤到人家八里庄那里,那时候童养媳不要什么仪式,就囤到人家家里干活,不用给钱,在那里被养活,具体什么的就都不知道的,只知道1949年以后就不要她了,她就又回来了。

换亲倒是听说过,不过咱这里是没有,只知道其他地方是有的。换亲一般都是人家家的女的多,嫁过去,人家家的男的多,娶来,这样的换亲,一般两家商量过都情愿就能换亲了。这些就光是听说过,具体的就都不懂了。1949年之前也是有上门女婿的,之前之后都差不多,就那时候也是一般家里没有儿子,招过来的女婿姓他们家的姓,就这吧,也没有啥要写的吧。

招上门女婿之后孩子都得姓人家的姓,招到家里就是为了防止别人分家。所以就是当里的就顶了儿子了吧。那时候我觉得男女都一样,结了婚人家应该就能当家了,不过具体怎么样,我们就不知道了。村里是可以改嫁的呀,要是家里的男人死了怎么能挡住人家改嫁呢,我有个嫂子,她就是再嫁了,那时候就都解放开了,就是她公公给了她两个钱,人家分了一分地和房子,包了两个钱,就叫人家嫁了。

3.出嫁女儿和父母的关系

出嫁的姑娘回娘家没有怎么听说过有啥禁忌,你要是想回娘家就可以回去呀,那时候村里没有那么多讲究,也是可以上坟的。不过一般都是过年初二的时候都要回娘家,这个时间就是习俗要回娘家的,那时候新媳妇跟着丈夫一块回去,要是有孩子了就领着孩子一块回去,有钱的坐着车去,没有钱的就走着,那时候拿点礼盒点心就回去了,也没有什么讲究。

嫁出去的姑娘一般就听人家那里的话了,不过也是能帮娘家的忙,你想要是人家娘家生了病,总不能不让人家回家照顾人家娘吧,至于婆家不会说,那都是家务事也不能说什么了。我们家那时候一般都没有啥困难,因为我们家又没有什么人,那时候都穷,就都是过好自己的就行了。夫妻俩要是有矛盾了是能回娘家的,不过回来了,娘家人就该说你了,会不让你在娘家常住,让你回家住,那时候就都是为了不叫两口子生气吧,不管是1949年前后也都是这个样子的。那1949年以前管得严,应该就不会叫你想离婚就离婚的,不过1949年以后就都时兴婚姻自由了,只要是你在家里受气了你就可以离婚,不需要家里人同意不同意,到时候想住哪里就住哪里,具体情况我就不清楚了。

我娘家和婆家不在一个村,那时候我家是梅园庄的,他家是花园庄的。至于财产分配,那时候还是旧社会,财产都是给小子的,没有小子的也会给本家里有小子的,不给姑娘,现在新社会人家就是愿意给谁就给谁,愿意给姑娘就给姑娘,愿意给小子就给小子,那时候男女都平等了,新社会了,什么就都是平分的了。至于赡养老人,那一般都是养婆家的老人,不过要是有钱的就都给养了,不然那时候还得给婆家说好话,然后就去帮忙干干活,给点钱,要是婆家没钱,娘家有钱就不需要去养了。那时候我嫁出来了家里就都归了小凤莲,房子什么就都归她了。所以她一直养着娘家人。1949年以后就都是平等了呀,现在老人就都是在孩子家轮着住,就不分姑娘和小子,有啥病了一块出钱都。那时候爹娘要是死了是都能去送葬的,没啥区别,就看你孝顺不孝顺了,那丧事要花钱,要是有钱肯定就给了呀,都是出孝心的吧。清明的时候我没有上坟,那时候都没有坟了,就不怎么上坟了。每个地方都有自己的规矩,咱村还叫姑娘上坟,要是到了林县那个地方就都不叫姑娘去上坟的。而且姑娘上坟都是因为娘家没有人,要是有孩子的就都不叫姑娘去上坟了,各片有各片的规矩,有的说要是姑娘去上坟的话,娘家就是要穷的,还有的说要是有孩子的就不让姑娘上坟,不然姑娘家就会没有小子了,都是人说的,现在1949年以后就不说这了,男女都平等了。

(三)出嫁的姑娘与兄弟姐妹的关系

出嫁后我还是会去看望娘家兄弟的,那时候只要是关系处得好都是可以去看望的。那时候回娘家也是有爹有娘,哪能不拿礼呀,不过你要是实在没有钱了,要是之间关系好了,就不讲究这些,怎么着都好。那时候姑娘回家我不太怎么分主客了,一般情况下娘家要是有什么大事情,要是兄弟几个处得好的话,是会叫姑娘回来商量的,不过要是处得不好也能不叫吧。那时候我们分家,我和小凤莲就都说好了,我结了婚家里就都归小凤莲了,那时候他们家分家主要是她舅舅,他们家是地主,是王裕口的,还是一个局长,那时候就直接叫人家给办好手续就都分清了,商量好了就没有我的什么事情了,但是那时候就说你还得有养老的孝心和精神,到老了还是要去照顾的,只不过看病的时候就不再需要你去拿钱了,就这些。那时候家里的兄弟结婚怎么能不送礼金呢,大家不论男女都送的,都是一样的。我回娘家是就住到小凤莲家的,因为那时候一分家他们就都是在一起住着了。那时候我娘家是没什么人的,也就不怎么婆家和娘家相互交往了,不过要是我家孩子结婚了,只要他们有钱就都过来走动了,没有钱的就都不来了,那种亲姊妹是必须要走动的了。姑娘一般都是大年初二要回家过年,走动走动的。

二、婆家人·关系

(一)媳妇与公婆

1.婆家婚娶习俗

婆家的情况,我记得的是我典了礼的时候就没有俺老公公了,那时候他大哥是穷人,当着支书呢,娶了我就当着乡长。那时候他家的情况就是兄弟几个都分了家了,没有我老公公了,不过还是有我婆婆的,不过都老了,那时候老二也是上着班的,老三当着队长呢,我丈夫他也上着班,当着工人呢,他们弟兄四个就是这情况。那时候都穷,并没有什么提亲、换小帖这样的仪式,就给男方家要了四身衣服。那时候结婚要请的有媒人,就是我姑姑,还有亲戚、本家的。结婚的时候我们家就两个人过,他们家也就都分家了,那时候还不是坐着轿,就是骑着马就接过来了,我们家就办了一两桌席,也没有什么跨火盆,光拜了拜天地,桌子上就是那些咱蒸的糕。主持婚礼的是他们男方家这片的人,我不认识,刚结婚,我不可能会认得这些人呢。我结婚那时候没有多少女的干活,干活的就都是他们兄弟几个。那时候有说娶的时候是不让怀孕的去的,后来就不说这了,只要是亲戚的就都去,在坐座次上也没有什么讲究,都是胡乱坐。结婚第二天都兴磕头,给家里的人,哥哥嫂子都磕了一个遍,还给婆子也磕了一个,回到娘家没有磕,只给男方人家本家磕了一个,那时候没有端茶,就是跟拜年一样去人家本家家磕了头,我们也没有专去坟上祭拜祖墓,那时候就不兴了。

2.分家前媳妇与公婆关系

我结婚嫁过去以后婆家那里就已经分好家了,一般要是需要本家商量事情的时候都是那时候他们兄弟四个的老大来当家,那时候我公公已经不在了,婆婆也是很老的,在兄弟四个家里轮着居住吃饭。有时候他们兄弟四个会商量一些事情,不过都是他们兄弟四个商量,没有婆婆和公公参加。我嫁过来以后就是我和老头两个人居住,有时候婆婆会轮到我们家居住,那时候婆婆老了也不会管我伺候丈夫,我们关系还是可以的,至于1949年以前,那时候的媳妇都是地位很低下的,都不能当人来看待,现在倒不是这个样子了,那时候婆婆虽老可还是能够自己照顾自己的,不用我们怎么操心。在1949年以前的旧社会是会有婆婆虐待媳妇的,不过没有怎么见过和听说过,我也就不知道。我结婚时候家里都是很穷的,就没有什么嫁妆之类的,不过嫁过去之后,老头上班,我下地干活也有工分,在生产队里挣得钱我们都是各花各的,没有怎么说什么私房钱。

3.分家后媳妇与公婆关系

我嫁过去之后就与公婆分了家了,那时候是公公不在了,兄弟几个也都大了就商量着分家。因为我嫁过去之后就已经是分好家的,所以具体的情况我也是不清楚的。

在1949年以前一般都是那种媳妇生不出来儿子的,婆婆会让他们离婚或者不经过媳妇的同意在另娶一个小的，不过那也就都是有钱人家的事情，一般的家庭都是成人家过时光呢，不过到1949年之后，公婆的权力就不会有这么大了,1949年以后就都时兴自由结婚,自由离婚,旧社会的时候不叫你随便离婚。

1949年之前怎么改嫁我是不清楚的,不过1949年以后就都妇女自由了,咱村里也有改嫁的,那时候不需要公婆的同意,只要她(媳妇)同意就行了,他们就不能当家了,都成新社会了,关于咋分钱的,估计该分分,不过咱就不知道那些了。

那时候我婆婆就没有钱,我嫁过来以后她就在孩子家轮着住呢,不给你花钱就算好的了,再说她都那么老了,哪里还有钱呀,那时候他们家也都是老穷人,都没有啥钱,就分好家之后都各过各的了,至于村里头人家咋分钱的我就都不清楚了。关于妇女外出那才是没有影儿的事情呢,1949年以前就都管的很紧,不叫那女的随便出去。我嫁过来婆婆就老的都是轮着赡养的,那时候我们没给过什么钱,都是他们家姑娘家给她钱,那时候他们家姑娘是有钱的,我们只是管着婆婆的居住和吃饭。你要是说那丈夫死了还养婆婆不养,我觉得应该是要养的,那就都是尽孝心了。

我婆婆死的时候,孝服大家穿得都一样,还记得那时候"文化大革命"就不怎么兴戴孝,不过我们还是戴孝,那时候他大哥在前面领着我们,按照家里的次序排好去送葬,仪式没什么讲究,就是在院子里拜拜然后起来往坟地走了,下葬的时候都去,有老人,孩子,大人妇女都去,老的老死要埋了就都叫去。具体埋葬的位置我不知道,不过一般都是男左女右吧,上坟的时候就都是大家一起拜,不过一般我就都不去了,除非是头七,三年的时候,拜的时候就都是端着贡,蒸点糕,端几碗菜,那时候没有立碑,就栽了一棵小柏树,现在都长大了呢。婆婆死后,先开始我去了几次,后来就都是他们男的去了,现在老了就都不去了。

(二)妇与夫

1.家庭生活中的夫妇关系

我和我丈夫是结婚之前就见过面了,见面的时候是正月初五,结婚的时候是夏天的事情了。刚开始见面我不很着满意,我当时见到他觉得他比我大很多,那他对我当然满意呀,不过那时候就都是我姑姑给介绍的,他们俩是一个村的,我爹娘虽不愿意也就那样了。刚结婚后我们两个还有些不对劲,他那时候上班都是周末回来,轻易不回来。所以那时候我们都不怎么说话,后来吧就都是说话了,就不怎么叫名字了,后来有孩子就孩子他爹、孩子他娘的叫了。

结婚后他在外面上班,我在家里生产队挣着工分有钱,我在家就够自己养活自己了,那时候他不经常在家,我就管着家里的这些事情,也不说什么谁当家了。那时候女的在村里当家村里人也是不会说什么的,家里那时候的农活一般都是我在家管,他就是去上班,家里后来孩子结婚要盖房子那是我们两个商量的,登记的时候就登记孩子的名字,我们在家的时候就没有盖房。那时候我在生产队挣工分挣的钱就都是自己花的,也不需要专门去给他说一声,我们那时候也是很穷的。所以也就没有什么私房钱之类的了。

分家后因为他要上班。所以家里的事情就是我在管,但是没有什么明确的内外分工之说,我在家就是下地干农活,他是去工厂上班,我们没有什么说创家立业的,就这样一直生活着。我们家里与村里或者生产队有事情的话两个人看是谁比较空闲就都可以去。那时候大家的农具也就都是互相借借的,我下地干活我也借过呢,我们家虽然熊但是没有偷过粮食,也不会去想着去撒泼耍横这样的事情。我老头因为是工人所以经常会出差，一走三个月，那时候就会给家里人说一声的，我怎么能不让他出去呢，那时候他上班的地方都成了工厂了，工厂厂长管着都是有规矩的。我从来没有外出过，因为我有疾病，就从来不出去。

那时候家里的地位都是平等的，没有说孩子谁先谁后的，做饭也都是管饱的，家里花钱也是谁要是需要就花。我们家从来不讨饭的，谁生病也会去给谁看的。1949 年之前就是说旧社会不把妇女当成人，那时候女的在家就得说是要伺候好公公婆婆，要打洗脚水，不能出门，女的都不是人，不过到了新社会男女就平等了，那时候毛主席倡导。1949 年以后新社会都好，那时候都是两个人过日子，女的也可以外出给别人说话，男的也是可以洗衣服、做饭的。

在 1949 年以前，一般都是那有钱的人家或者媳妇生不出来儿子的是会娶小妾的，妇女都没地位，就不需要家里的媳妇同意的。以前娶小妾有什么讲究，那就是人家的事情，我就都不知道了，而且那时候我倒没有听说过"典妻卖女"的现象的。1949 年以后要是家里不生孩子的，具体怎么处理不知道，不过要是以前不生孩子的人家就会重新娶一个了。

从前那妇女不算人，现在都是毛主席领导，男女都平等，这时候才都过上好日子了，以前男的打女的很经常，女的只能挨打，哪里能反抗呀。1949 年以前那好媳妇就都是裹着那脚小着呢，不干活，只做家务事，做饭，做衣服的，现在好媳妇就是能够当家干活，能够下地干活，管好家务事。结婚之后我纺纱织布就都是供家里穿的，没有卖过啥收入，那时候我丈夫他是工人，他挣的钱比我多，我在家就挣挣几个工分。家里的日常消费都是我老头一下班就都给捎回来了，小孩子的衣服就都是他捎回来了，那时候就都是缺啥给他说一声就行了。1949 年之前，那时候都不叫女的出去，哪里跟现在一样，谁想出去就出去了，都自由了，而且在 1949 年之前，是都没有听说过妇女离婚这事情的。

2.家庭对外交往关系

家里的人情往来，比如要请客或者摆桌吃席都是互相说说的，谁见了谁说。过年的时候"发压岁钱"这样的，那就都是我在管着了。要是家里有客人来吃饭了，那时候就都在一张桌子上吃饭，那时候要是他不在家了我一般轻易不会去人家家吃饭，那时候也轻易没有别人来家里吃饭。我没有借过钱，他也没有借过钱。他后来上班的钱就都是我管着了，那时候村里的老邓他们来借钱，我借过村里好几家子钱，那时候也不用我去要，人家也就会主动给我了。

在 1949 年以前我没有听说过男的娶了媳妇还在外面又搞了一个的事情。那时候在村里我没有和谁玩得特别好的，都一样，跟别人不亲也不远。我那时候也是在村里串过门的，那时候就都是愿意去找谁就去找谁串门子呀，不用给我老头说。1949 年以后也没出过远门，就有一回，是去七里营，以后就再也没有出过远门了，那时候离多远不知道，是和村里的大队的党员一起去的，是去那里参观学习，因为说那里搞得好。

(三)母与子女

1.生育子女

我有四个孩子，大孩子是 1963 年涨大河的时候出生的。那时候是有说生姑娘挂桃枝，生男孩子挂着那个箭。我们家没有，到新社会就都没有了。因为那时候我是有了第一个孩子，队里说要请喝酒，就都来吃席了，那时候队里给打了一把锁，挂在脖子上的，给了一幅字条对儿，大队里给了一丈布和四条对儿。我们那里生孩子是没有如家谱或者起名论字辈的说法。那时候宴席就是九儿的时候请的，那就是生开孩子第九天。生开孩子的时候就不让出家门了，我们这只有孩子结婚的时候才给脸上抹黑。那时候宴席就咱家的都动，还有亲戚，他们过来都是带着布，就是给孩子做衣服的那种花布，拿着钱、鸡蛋、油条，娘家人那时候都穷，来都不敢来。孩子那时候就都是在屋里看看并就没有抱出来。孩子后来是回娘家看看姥姥姥爷了，那时候是去住满月了，不过他们家连房子都没有，1963年那时候涨大河了，他们的房子冲了，俺在人家邻家人家住的了，就住了一间里间，住了一夜我们就回来了。住满月是时兴姥爷来接了，我老头没有去，回去的时候叫他来接来了。

孩子周岁的时候并没有给她过生日或者上坟祭祖，那时候就都不时兴了。那时候只是生第一个孩子的时候要庆祝，不论男女，以后生的孩子就不会再去庆祝了，对待孩子也是只是喂养，并没有给他们过过生日，男女都是一样的，那时候我生了第一个孩子，我婆婆有了孙子当然也是很高兴的，婆婆对待孩子也没有什么不同，主要她也是老了，孩子也就不是那么上心了。

要是在1949年以前，如果媳妇生不出孩子或者都是姑娘的话，就会再娶一个生孩子，要不就是在分财产的时候把家里的财产过继给本家的侄子。那时候我的孩子们就都让他们上学了，不分男女就都让他们上学，那时候就不用和谁商量，家里的人都是很支持孩子们上学读书的，家里的爷爷奶奶都是不管的，就我们俩很支持还上学，那时候我在生产队有工分，我老头在厂子里上班，而且上小学的学费也不是很贵，就只要两块钱，家里的负担不是那么沉重呢。在家里男孩子女孩子的优待是一样的，没有谁偏谁倚，在家里的教育问题上我们俩一起管教孩子没有分男女。孩子挣的钱那时候就都交了，那时候我老头干活挣的钱也交给我，我家姑娘挣的钱也都是给我的，人家就都不留着，只有到结婚之后人家谁挣的钱就归谁家。孩子的婚事也都是说媒的，不过是在这基础上自由恋爱的，那时候就不时兴合八字了，没有给他算卦，就都是相亲见面。在结婚仪式上和我那时候一样差不过，就都是拜天地，拜完天地就吃饭，不过人家吃完饭就还出去旅游了呢。那时候也给孩子送了聘礼，那段时间时兴录音机，人家家给了六百，就用那钱买了个缝纫机。儿子结婚的时候给做了一个立柜还说要一张床，就做了一个挂头的床，还买了一个写字台，那时候一百块钱也是贵着呢。那时候所有的花销就都是我们两口掏的，他们挣的钱都给我们了，我们怎么不给人家掏钱呢，不过那时候花了多少钱我就不是太知道了。孩子结婚的时候我们就盖起来了西头的房子了，那房子就是我们盖的，我们两个人脱了好几家的窟窿，那时候都是我们两口掏的钱，不过那时候儿子也在小厂子上班挣有钱，那时候欠了有九家人口的钱，后来挣了钱就慢慢还的。

2.母亲与婚嫁后子女关系

我不记得我儿子是什么时候结婚了，婆媳关系没有啥大变化，主要那时候我婆婆老了就都不管我了，而我家儿子结了婚之后他们就在西头他们两个人过，我也就是什么都不管了，那时候没有见人家有啥做得不对的，都是孩子家的事情了。他们结婚第二天就来给大娘婶子都拜了，那时候没有端茶都不兴了。我跟儿媳没有吵过架，那时候他们两个在西头过的吧，没有谁伺候谁，都是互相照顾着，村里头没有人说啥。分家是在大孩子刚结婚后，因为儿子和儿媳在西边回来吃饭不舒服才分家，啥时候记不清了，那时候是我老头提出来的。分家没有找谁来见证，那时候就是叫孩子们都过来说说，也没怎么分，就那样商量着过来的，那时候都没有要我的钱，他们都上着班呢，就是以后谁家挣得谁家的钱，那时候房子也是谁家住着就是谁家的房子了。

刚开始分家的时候是他们兄弟四个都过来说说，然后断罢事情了，我老头还让他们都说说,那时候我老头是工人,让老二接了班了。所以我们以后住老二家的房子。那时候我和儿媳妇倒没怎么参与这样的分家,至于家产上写的是谁的名字都是孩子儿媳人家自己商量了,我就不知道了。那时候姑娘没有给她分家产,她结婚前挣得钱还得给我,分家就没有她,也没有啥理由,因为她是姑娘就不兴给她分,分家的时候她就都出嫁了,她婆家有就都不时兴给她分家。我姑娘那时说定亲说是一家去了一个人,我就让她二大爷去看了看,那时候都是结婚之前定的亲。他们那时候的都是自由恋爱的,然后给家里人说了,那时候是我老头当家,我就没有怎么操心。那时候同意她找的标准,主要是那时候女儿已经上班了,想给她也找一个上班的,他们那时候都见过面了,还相处了一段时间后就结婚了。那时候我家姑娘定了亲,没多少时候就结婚了,那时候新女婿在第二天回门的时候要拿着礼的,拿着的都是点心,其他的就不知道了。姑娘结婚的时候嫁妆是给她买了一个缝纫机,买了个沙发,我和女儿一起做了两身衣裳,就那种棉衣裳。姑娘结婚和我那时候真是大不一样了,那时候我结婚都是穷得什么都没有,现在过得好了,我家姑娘就像是那以前的富人家结婚那样了。1949年之后招上门女婿的俺家没有,不过村里有,就人家刘金花,那时候就他家的女婿来到人家家,姓人家的姓,他家就他一个姑娘才招上门女婿了,具体啥子的我就不知道了。我家姑娘现在与我们家来往还是很密切的,他们家因为两口子都上着班。所以就很有钱,没有出现过困难的时候。我之前还给孩子们带带孙子、外孙,主要孩子、儿媳都是要上班比较忙,那时候就光看看孩子没有什么花费,我对待他们都是一样的。

现在我们老两口都还健在,我老头现在也是一名退休工人,我也有一些村里给八十岁老人的补助。所以我们没有怎么花孩子的钱,自己还是能够养活了自己的,现在村里没有听说谁不养老人的,没有儿子的姑娘也是会养老人的,现在儿子闺女都一样呢。我是不经常去姑娘家住的,我们家有房子,住得也是舒服的,有的时候姑娘叫我去她家住我还不习惯呢,现在我和孩子们都在一个村来往也是很密切的。

三、妇女与宗族、宗教、神灵

(一)妇女与宗族
我们村里是没有什么宗教或者宗族的。所以有关这些情况在村里是没有的。

(二)妇女与宗教、神灵、巫术
在村里是没有什么在种地之前去求雨、求丰收这样的仪式的,孩子如果生病之后也没有拜过什么神仙,我觉得那都是迷信。不过要说祭拜灶家爷,那都是大年三十的时候都跪上,拿着糖粘住它的嘴不让它说家里的不好的话呢,一般都是摆一些糖果,烧烧香,跪上跪上就行了,那时候男的女的一起拜,没有什么讲究。我们家敬的都是全神,我爹娘他家也都是敬的全神,那就都是天上地下所有的神都有,神的样子很多,就光拜全神。村里的神婆听说是有王老丑家,或者苗长儿家,他们那时还叫我载呢,我都没有载,就上了两回山。

村里人都不怎么信这神了,像现在都信毛主席,毛主席就都成了神了,那时候去山上,毛主席还和天王爷他们坐在一起呢。

家里是有供奉老奶奶像的,早就我在里间住的时候就有家在老奶奶,就那种老奶奶像一行一行多着呢,那就都是全神了,都去祭拜,男女都拜拜。七月十五是要去上坟的,我老头年年去,七月十五、正月初五都去上坟,我也可以去,只不过是有的时候,一般都是他去的,我倒不相信教,不过人家都说有神,我就觉得只要心好就行。

四、妇女与村庄、市场

(一)妇女与村庄

1.妇女与村庄的公共活动

我小的时候也是能出去的,只要你添香就能去吃席,也去看戏的,出嫁之后也都是一样的,那时候在座位上是没有什么讲究的,我那时候就都是成了新社会了。1949 年之前我是不知道有开会的, 那时候就算有妇女也肯定是不能去的,1949 年之后那共产党就都是天天开会的,那时候妇女是可以过去的,也是能够说话的。出嫁之前我倒是知道谁是保长、甲长的,这都是听那时候我姑姑说的,这都是旧社会的,后来新社会就没有这些了。我结婚是在 1949年之后了,至于那之前结婚要不要给保长说、怎么说我就都不知道了。

2.妇女与村庄社会关系

我小的时候,就是和北院子和东院子的两个小姑娘玩得好呢,我们在一起有的时候还出门去城里头转圈呢,也在家玩,也出门玩。那时候她们结婚的时候我没有去参加她们的典礼,那时候我就都结婚了,又忙就没空去。1949 年以前就没有听说过村里叫那妇女去干活的。就1949 年之后尤其是到了生产大队的时候,那男的女的就都得去干活了,那时候还说,"妇女要解放,先把小脚放",那时候是有工分给你的,那就是按照工分,你干得狠了工分就高,干得少了工分就低。那时候男女是有差别的,男的工分高,女的工分就低。

结婚之后我们倒是没有怎么看望邻居的,就是看看他家的哥哥嫂子,我在婆家的时候就差不多又到生产队了,那时候都忙着干活就没有玩得可好的了。那时候我也没有听说村里有着妇女会之类的组织。村里谁要是办红白喜事一般是不用叫我们的,要是本家里不用说也就都要去帮忙了,那时候男女帮忙也没有什么分工,对妇女也没有啥限制的,妇女干的活都差不多。

村里的妇女一般都是在干活的空闲,找一个树荫或者什么地方就开始说闲话了,就是村里的一些事情,那时候男的也是聚一堆,我们没有去参与过,不知道人家在说什么。夏天的时候妇女也是可以出来乘凉的,一般都是在凉快的地方一起纳底子,在生产队之后大家都忙了就没有几个人出来凉快了,新社会都叫出来,旧社会都不叫你出来的。妇女去外村聊天得都少,都在生产队里忙着干活呢,都不轻易出去说话。现在我们老头老太太也还在一起聊天晒太阳呀,也都是说说村里的事情。那时候的新花样都是有时候兴这,有时候兴那,都是一直在变的,我们从市场上买来就自己学着做了。那时候村里是有女的和女的吵架的,不过都是跟小孩子吵架一样,也不是啥大事一会儿就好了。

(二)妇女与市场

我小的时候我爹不让我上学,我就出去跑着玩,城里我都去过呢,那时候我们家有小摊,看小摊、去市场上批货都是我一个人就去了。后来结了婚,有的时候需要什么,有的时候是我老头下班回来捎,有的时候我就自己去,那时候就是商场子,卖什么的都有,我跟着村里的女的一块去买东西还。那时候还是女的买东西的少吧,人家能不能出去买东西,我就都不知道了。买东西的时候是不能赊账的,在市场里谁认识你,你不给钱人家哪能把东西卖给你呀。我在市场里就买买东西,没有喝茶、听过戏。那时候做衣服的布都是自己家种棉花的,后来到生产队就是给家里发的,那时候做的衣服或者鞋都不够穿呢,就没有卖过,至于做鞋、做衣服的针线和花样,那就都是从市场里买的了。我做的衣服和鞋子是没有卖过的,要知道那时候孩子多,还都穿不上呢。1949年之前到改革开放这段时间是都有粮票的,不过那时候农民不分粮票,只是分粮食分菜,这些票证都是我老头上班做工人的时候发的,那时候都是够用的。家里的缝纫机是后来孩子都大了结婚以后才买的,到后来生活好了之后就不怎么自己做鞋了。割资本主义尾巴那时候多长时间就都记不清了。我去过供销社,那时候除了买盐,还买过洋油。

五、农村妇女与国家

(一)农村妇女认识国家、政党和政府

我觉得国家1949年前后都大不一样了,尤其是1949年之后分了土地,吃得好,而且是男女平等,都吃得好过得好。男女平等都是1949年以后毛主席领导,1949年以前没有听说过,那时候男女平等先叫干什么,就是叫放开小脚。1949年以前都是怕男人,那女的有的人问家里有人没都说没有人,那时候女的都不是人呢。1949年之前是有学校的,不过那都是有钱的人上的学校,没有钱的连吃的都不够怎么可能让你去上学呢。我在1949年以前是没有上过学校的,我是1949年以后上的民校。

那时候钱变了几回,都记不清了,那时候还记得进城了正在食堂里吃饭呢,人家说钱不管用了,就都跑着喝人家的豆腐脑了,生怕钱都不管用了。那时候倒没有听说过妇女咋给国家交钱,那时候光记得家家都要给国家交款项,名字就是叫交款项,就是要钱的,不要钱怎么养那些当兵的呢。

我知道国民党的,那时候我们家院子里还住着国民党呢,那时候的国民党就是和当兵的一个样子,还记得我们那里还开着一个食堂,他们一说去“出发”,就叫他们吃大米好饭呢。那时候女的都是国民党的太太,没有见过女的是国民党的。我听说过国民党,那时候就知道老蒋都是卖国贼。1949年之前我还是小孩的时候呢,国民党那时候就都是在我们院子里住着呢,那时候和他们接触是因为我们家开着一个小铺,他们成天在我们那里吸大烟。

现在的国家主席是习近平,我是一个党员,我们现在还时时开会呢,在开会的时候就会说到这些。1949年以前我知道国民党是谁,谁是共产党就都不知道了,那时候光知道是当兵的,现在我当然知道什么是共产党,因为我就是一名共产党员呀。

要说啥时候知道这些的,那时候光知道是当兵的,叫葫芦队,后来上了民校之后就知道啥是共产党和国民党了。1949年以前还小就没有当干部,那之后我当着妇女队长呢,那时候成天指着开会呢,一天一个会,那时候开会就是叫人的思想进步着呢。我是参加过投票的,那时候妇女也能参加投票,不过都是分开组讨论的,然后就这样投票。我在娘家的时候都没有党员,现在家里我和我家孩子都是党员呢,我是十八的时候入的党的,那时候村里工作员介绍我入党的,那当党员就是让为人民服务的,是人民的勤务员,不是让你自私自利的呢。那时候党员就是要求很高,地主富农或者亲戚是地主富农的都不叫你入党。所以党员时时刻刻都和人民走得很近呢。

我小的时候没有裹过脚,后来都1949年以后就都不叫裹脚了,那时候解放了还有那工作员在我们村里教着那个唱呢,先把那小脚放,后来也都号召让剪成那短发头,就那种“四面齐”。我是一直上着民校了,那时候的老师是我们街里那些有文化的,上过学的男的,那时候

我记得是赵福来、赵有的好几个都经常换着来教呢。那时候也是发的书,没有算数,那时候就都叫上学了,那家里媳妇都还去呢。我真的认为废除包办婚姻好,现在谁都愿意自由婚姻。1949年之前没有找过干部,不知道,1949年之后我就都是妇女队长呢,那时候还是和乡长有过接触呢,我也是很鼓励让我家孩子当党员或者干部呢。关于生育政策,那时候我都是带头搞计划生育呢,那时候计划生育都是后来生产队散了才搞的计划生育了呢,那时候要是多生一个都还罚钱呢。妇女不管是以前还是以后就都干活呀,那时候家里都有地,都是在家里的地里干活了,咋能不干活呢,不过现在叫都去上班了,这都怪好的。还有不叫裹小脚才是好着呢,那时候让裹小脚,裹得那骨头都变形了,都疼着呢。

(二)对1949年以后妇女地位变化的认知

那时候我是有听说过妇联会的,不过具体是怎么回事我就不是太知道了。"男女平等,妇女能顶半边天"我都知道的。1949年以后说着男女平等,说妇女能顶半边天就是那时候说的。1949年之后都是婚姻自由了,不管父母同意不同意,只要过日子的两个人同意就行了,而且1949年之后可好了,那媳妇既不能虐待婆婆了,那婆婆也不能管教媳妇,男女都平等了,丈夫不再是一家里头说一不二的了,这媳妇也是可以像男的一样出门说话呀、干活的,1949年以后是真好的。至于男女吵架都是时常有的事情,并没有啥专门的人来管。不过那女的也都是可以去上坟、住娘家的,想干啥都行,都是国家解放了妇女。1949年以后,谁都能去上学,孩子都上学,就我没有去上学。我家姑娘上了初中了,后来又上成了师范了,现在孙子孙女就都上到大学了呢。现在我们村里是有那女干部的,男女都一样,妇女也是可以当干部的。

(三)妇女与土改

土改的时候我们家是划的贫农,那时候记得是村里来了工作员来给你分土地了,其他的记得不清楚了。我还记得土改那时候是有斗地主的,在小庄那时候还吊起来打他们呢,那时候还有好多口号我都还记得,那时候在小庄的时候就是喊的口号是:打倒地主、富农呢。至于我们村的地主,我记得那时候就一个地主是村里姓赵的一家,怎么斗争就记不清了,光知道那时候他都是在城里住着呢,1949年以后就让他都回到农村的老家来批斗他了。土改那时候划地是谁都有的,男女老少都是按人分的,那时候土地证上只写一个人,家里有人的都写男的名字,家里要是只有女人就写女人的名字吧。

(四)互助组、初级社、高级社时的妇女

互助组那时候就都是开全体大会的,然后商量互助组的事情,互助组和生产队女的也都下地干活呢,怎么能不干活呢,不干活怎么吃呢。合作社那时候土地和大农具连着牲口那就都是集体的了,那时候也都是开会的,一开会就都是愿意,不过那时候也有不愿意的,都是那些有牲口有车的。

在生产队里男女那就都得下地干活了,全指着下地干活挣工分呢,不过要是不干活也行,到时候没有工分就行了。我那时候在生产队里是妇女干部,那时候当干部的时候就也是成天开会,开会说怎么动员干活,不过这期间妇女都是很是认真干活呢。那时候每个队里都得有一个妇女队长呢,那妇女队长就都是妇女中干活比较积极、能够吃苦耐劳的才能当上呢,那时候就是带领着妇女以快干活就行了。

在干活期间男女都没有啥不一样的,一般男的女的都锄地,不过有的时候男的就去干一些沉活了。那时候工分不一样，那时候男的最高的有十分，张辫子的，还不过一般的都是九分，女的都是八分。粮食分配都是按照工分给的，挣得多分得多。那时候我倒适应大家一起干活的。妇女怀了孕的，队里会另外给她派一些老人干的那种活，那时候是可以请假，只不过请了假就不会给她工分了，要是干老人的活是会给你分的，那时候还是八分，这是对妇女的照顾。

在生产队那时候都有孩子了，那时候就没有人看孩子，打了一年没有干活，后来就领着孩子一起去干活了。互助组、合作社相比，我倒没有啥感觉，我一个月能挣的都是包工的分，只要不下雨不刮风就都一直下地干活吧，那时候我一年能挣很多分呢。那时候一般都是生产队开会才去呢，那时候妇女都能发言，都是有发言的权利的。

(五)妇女与人民公社、"四清""文化大革命"

1.妇女与劳动、分配

那时候在生产队，有二十多了吧，那时候在生产队没有啥歌，都是干活的，唱什么歌呀，也没有什么口号，那时候都是一打钟就都去干活了。关于男女分工有时候一样，都一样锄地，有的时候男的会干更沉一些的活，也有像那种摘花、摘谷子的都是女的干活。那时候在生产队男女劳力都差不多，一家也都是有男的有女的呢。那时候技术性强的就是张辫子的，使牲口的一般人都不会，那也都是男的干活。生产队也有养过猪这之类的副业，不过那时候也少，至于会计、记工员那有男的有女的，一般都是只要你有文化就行。夜里上工的情况也有，那时候刚入食堂，大干苦干，大炼钢铁呢，那时候虽说有点苦不过后来还给管饭呢，也就那样了。对于集体干活好还是单独干活，我专喜欢都一起干活呢。在工分上，那时候女的能挣八分，男的能挣九分，我那时候因为还当着妇女队长我能挣九分十分，那时候男的干的活比女的干得沉。所以人家分数高，没有什么不公平的，也不说你结没结婚，都是按照你自身的劳力给你工分的。

那时候家里挣工分的就我一个人，不过那时候我干的是包工的活，包工的挣得多。所以多少分不记得，不过咱家是没有往外拨过钱的。至于口粮和油之类的分配都是按人头分，按人头分完再按照工分分，那时候男女就看你的工分了。那时候自留地也是按照人给分的，男女都一样。咱家那时候倒也不是什么余粮或者缺粮户，就都是低标准，那时候毛主席就倡导我们要低标准。

2.集体化时期劳动的性别关照

在公社的时候，要是妇女例假来了生产队里有叫照顾你，干轻活，那时候可以请假，不过不是说了请假之后就没有工分了，要是生了病就自己掏钱，就没有听说国家照顾。那时候有段时间成立有专门的娃娃组，不过也没多长时间，那时候都是些老人，给人家记工的，给人家能有六分了，我家孩子倒没有去过，那时候就不兴了。

3.生活体验与情感

我记得有段时间是入了食堂的，那时候做饭的有男的有女的，那时候就是入了食堂了，全家就都在食堂拿着碗吃，那时候吃大锅饭怪好，不过后来就都不中了，那时候家里的什么东西也就都入了食堂了，打开铁都交给队了，要不就是说那时候上面中央也就不中了，那时候都说干不干三顿饭，一敲钟就都去吃饭了，后来就都没有粮食了吧。还有那时候为啥"三年困难时期"，就是那时候国家和苏联搞不好了，村里倒没有饿死过人的，不过家里过得就不是太好吧,那时候都开始挖野菜,吃的都不好吧。那段时间,有的人都开始掰一个玉米吃呀,都断不了,我倒是没有偷吃过,不过有抓住过城里的来偷玉米的人,就把他们吊起来打了一顿呢。在大集体的时候,我也还上这一段时间学,也和村里一起开会,那时候很热闹,我专愿意和大家一起干活呢,我觉得很好。村里有那种妇女之间闹别扭的,但没有什么骂街,也没有听说过1949年前后有什么妇女自杀的。

4.对女干部、妇女组织的印象

那时候没听说过铁姑娘,不过要说妇女劳动模范,那时候我也当过呢,我也是妇女队长呢,后来有了孩子就没有当了,后来一年之后还叫我当妇女队长了,一直当到生产队解散了。我倒是没咋听说过妇联,也不知道具体是干什么的。

5.“四清”与“文化大革命”

我还是记得“文化大革命”和“四清”的,“文化大革命”时候成天叫那地主富农游街,那时候也不知道对还是不对,不过走的都是毛主席路线,那时候就地主他爹他娘游街,姑娘都不知道就不游街。不过要是在生产队里其他时候,只要干活标准就都是一样的。关于自留地光记得,那时候自留地就都收走了,后来又分了。那段时间也是能买菜的,不过生产队有给发菜,菜不够吃了就可以买了。上集体工的时候要是串亲戚,那都是谁愿意去就去吧,只不过就可以不挣工分了,看谁的需求了。那时候也有说“破四旧,立四新”,我家穷,就没有啥的给破四旧,那都是有钱的,都是地主家的桌子和站桌之类的东西就都破了。关于“革命化”这样的婚礼没有参加过。

(六)农村妇女与改革开放

土地承包分配土地决策的时候都开全体大会了,那时候妇女也参加了,谁都能平分土地,至于发土地证了没,还有写的谁的名字,就都记不清了。现在选举女的能参加,现在选举都还拿着本记录呢,我选了,也选女的了呢。

关于生育政策,光记得那时候都不叫生,后来就都叫生两个了,我觉得那都是上面的政策,上面叫生俩我就觉得生俩好。我现在不太知道啥是精准扶贫,咱村里现在很好,老头老太太都能在一起说话,想说啥就说啥。我们家有电视,我也识字,有的时候也可以看字了解国家的政策,不过就都不知道啥是网络,也没接触过,现在村子里有的老太太都有那手机,我没有,不过我老头有,我倒不用怎么费心和儿孙联系,我们都在一个村,住得可近呢。

六、生命体验与感受

我活着一辈子,有很多感想,看着我走过的日子,我真是觉得现在过得都很舒服,不像以前的时候。就像现在这些老太太,搬了搬家(国家)还给涨了一百块钱,现在都有五百块钱,现在老人也就都有钱了,像早就我在生产队里当着保管,一年分的粮食和菜才就那一点,地多了产量好了才分四百了,都分不了一千块钱,现在都不干活就有这么多钱,只不过现在的钱不太顶号了。

XQ20170207SFR 司法荣

调研点:山东省济南市平阴县孝直镇张平村

调研员:徐强

首次采访时间:2017 年 2 月 07 日

出生年份:1937 年

是否有干部经历:无

是否生育:是

受访者结婚的时间节点、生育子女的具体情况:1956 年结婚;1957 年生第一个孩子,共生四个孩子,前两个是女儿,后两个是儿子。

现家庭人口:5

家庭主要经济来源:务农

受访者所在村庄基本情况:山东省济南市平阴县孝直镇张平村受平阴县管辖,邻村有文家村、西长村、后杨村,地处要塞,人好、水美、空气好。该村位于 105 国道以东,浑河以西,靠近军用飞机场,地势平坦,土壤肥沃。这个小村庄大多是汉族各姓混居,没有较大的宗族,多种植小麦、玉米、土豆、红薯、黄豆、花生等,基本上都养家禽等以供自需,多以外出打工为主要经济来源,人地矛盾缓和。

受访者基本情况及个人经历:老人生于 1937 年,十九岁结婚,生有四个孩子,前面两个是女儿,最小两个孩子是儿子,现都已成家立业。老人的老伴于 2015 年去世后,老人和大儿子一家生活在一起。

老人是湖区移民,娘家在东平湖附近,小的时候村庄发大水被淹。老人家庭条件一般,三个哥哥,三个姐姐,不过父母对于子女没有差别,一样疼女儿。由于老人年纪最小。所以最受父母和哥哥姐姐的疼爱。老人嫁到这边来是其姐姐说媒,因为姐姐也在这边好做伴。老人身体较为硬朗,丈夫是读书人,好面子不会下地干活。所以家里地里的活都是老人自己承担,年轻时曾自己带着三个孩子去要饭,后来生活好了也是老人自己下地干活、照顾孩子、伺候公婆和丈夫,是一位独立自强的受人尊敬的老人。老人勤劳一生,为家庭奉献了一生。

一、娘家人·关系

(一)基本情况

我的小名叫玉姿,大名叫司法荣,那时候是孩子他舅舅也就是我哥哥给起的。那时候家里的男孩名字都是按照辈分起的,女孩刚出生只有小名,后来上级要名字,才给起的名字。我哪年出生不记得了,现在家里的孩子要给我过生日,也不知道哪月哪天,还都抱怨我呢,就像我的儿女的生辰八字我都不记得了。我们家里穷,总共有两亩八分土地,到后来土地改革完了,因为我们家是贫农,所以给的土地多。在这之前,我们姊妹六个,两个姐姐三个哥哥,我最小。我父亲拉扯我们兄弟姐妹几个以要饭为生,因为孩子多,只有两亩八分地是远远不够吃的。我们没有让别人抱养,我父亲要饭也养着我们,我母亲裹着小脚,出不了门,不能下地,也没去要饭。

我出嫁的时候大约也就是十八九岁,嫁过来的时候丈夫这边是烈属,家里也很穷,婆婆拄着棍子自己要饭把孩子养起来的,也是土地改革分的土地。那时候刚嫁过来一人分了不到两亩土地,总共十几亩土地,都是水洼地,有水沟子,我丈夫我们两个把沟子平后总共有二十多亩地。丈夫家里他们兄弟四个,我丈夫是老三,现在都去世了,只剩下老四了,他还有三个妹妹,他们兄弟姊妹一共七人。丈夫这边也没有让别人抱养孩子,婆婆那时候要饭把他们养大了,还给地主扛活。我们有四个孩子,两儿两女,第一胎是什么时候我忘记了。

(二)女儿与父母关系

1.出嫁前女儿与父母关系

(1)家长与当家

我们家那边是我父亲当家,我大姐姐在辛庄,我二姐在这个庄上,她们两个给我说媒把我弄这来的。那时候里外都是我父亲管。如果爷爷去世还是家里的男性当家,那时候我父亲做买卖,在包子棚里给人家做油条卖东西,要不也养不起这么多人,挣了钱就换粮食,真不行就出去要饭,那时候能养这么多人也不容易。丈夫这边是婆婆要饭,我们家那边是我父亲要饭,都舍不得把孩子给别人家。

(2)受教育情况

我的哥哥姐姐们都没有上学,我大哥十六岁就混天津,在豆腐坊里做豆腐往家里邮钱来养我们。我大哥没上过学,我二哥和三哥也就是上了一二年级就出去打工去了,两个姐姐也是没读过书。因为我小,等到该上学的时候哥哥姐姐能挣钱了,就让我上了几年。上到三年级我们那边就被淹了,来了好多船把我们接到小安山了。那时候女孩和男孩一起上学,到我记事的时候就都是一起上学了。

(3)家庭待遇及分工

在娘家时倒是很封建,不过我们家男孩女孩一样疼,一般的家里有思想,老的只疼男孩。那时候老封建,都让裹脚。我姐姐那时候参加一个组织,给发糖,谁家裹脚就去找人家,把裹脚布挑到杆子上满村里转,这是让放脚。我大姐裹脚了,到我们这就不让裹了。

女孩不让上桌吃饭,都是把饭菜盛出来在小桌上吃饭,或者等到客人走以后再吃。那时候妇女也不上桌,我母亲不上桌吃饭,都是我父亲陪着客人吃。

平日里吃饭座次有讲究,老人坐在上首,那时候我奶奶不上桌,就是我爷爷坐在上位。添衣服的顺序我们家里是男孩女孩都一样。过年的时候,不兴给压岁钱。那时候只有我哥哥在天津过年回来的时候给老人买帽子买衣服的,也给我买。

(4)对外交往

过年的时候不让女孩出去拜年,都是让男孩出去拜年。母亲父亲都出去拜年。如果来客人,母亲不上桌,兄弟们可以上桌,姊妹不能,我嫂子她们也不上桌。如果到别人家吃饭(宴席),妇女一般不能去,也不出门,回娘家的话行,如果庄上的事都是我父亲和我哥哥们去,如果家里父亲不在家的话妇女可以出席。

虽然我们家很穷,但是那时候父亲也没有让我们姊妹出去要过饭,都是让我哥哥他们跟着要饭。

(5)女孩禁忌

我那时候都让出门了,1949年以后让放脚什么的,男女一样去赶集,那时候没有这么封建了。我大姐那时候要裹脚,不让出门。出门走亲戚不让我们去。当时我们是可以和小男孩一起玩,我就经常和我舅妈家的哥哥一起玩。女孩子的衣服跟兄弟或父亲的晾在一起,晾衣服洗衣服这个也没有什么忌讳。那时候我父亲做买卖,在包子棚里,母亲因为裹着脚,一直不出门,一工分都没有挣过。不过,她会纺棉花织布,我也有跟着学,但是只会纺棉花不会织布。

村里大户人家的姑娘不干活,我那时候在我姥娘家里住,她娘家那边是地主。所以她在家里都是不干活的。姑娘在以前也不下地,到了以后生产队里就下地了,一般家庭的姑娘要下地干活,就是种豆子之类的。不过,我小时候就不怎么干活,那时候因为哥哥大了,用不到我。我那时候也很少做家务,都是我两个姐姐做家务、蒸窝窝头什么的,后来大姐嫁出去后就是二姐干活。

至于我自己,我会纺纱,但是不会织布。这项技能是我十二三岁跟我嫂子学的,我还会做衣服、做鞋。那时候各家各户都种棉花,棉花织了以后就卖去,我父亲拿着去集上卖,卖了以后用钱置办粮食。我们家那边是水区,种地瓜、水稻之类的。到了以后也就是十六七岁就不织布了,生产队的时候就不织布了,那时候我跟着我嫂子去挣工分,干栽水稻、种麦子这些活。

(6)教育区别

家里的孩子父母都教育。女孩子在家也不遵守什么规矩,没有家规,我们家没有,不知道别人家有没有,我那时候十一二岁上完学就1949年以后了,那些封建的事很少了。那时候我舅舅当了生产队队长,又加入共产党后,让我加入了共青团,等到后来还没来得及入党我就结婚了。

那时候是我两个姐姐给说媒的,说我们家的条件什么的,给我父母说不让他们操心了,因为我最小,不让我走远,说男方这边很好很详细,我父母一开始不愿意,后来还是听我姐姐的了。

2.女儿的定亲、婚嫁

定亲的事我的父亲和我姐姐们给定的,我不知道也不当家。那时候没听说有娃娃亲,我知道我丈夫家这边公公的兄弟家媳妇是童养媳,也就是我的婶婶,我公公他兄弟后来当兵去了没有回家,又在外边找了三个媳妇,但是我婶婶也没有走,都是给地主家扛活。那时候是我两个姐姐说媒的,我父母最后都同意了。定亲没有什么仪式,这边的风俗和我娘家的风俗不一样,都是按照丈夫这边的风俗来的。这边也要换帖子,那时候不用给媒人礼品,写婚约要写上我父亲的名字。换帖子要看生辰八字,如果不和就不成婚。那时候没有彩礼,还不流行这个。

定亲双方的家长会面商谈这个也就是会亲家,得结婚完才会亲家,结婚之前双方家长不见面,也是因为两家很远,我的两个姐姐来回传达。父母给定亲时没有征求过我的意见,倒是给说过这事,说两个姐姐给我说媒,我那时候说我不管,你们愿意把我说到哪里就哪里,反正不能在家里待一辈子。我那时候满意,也是因为我们姊妹到一起了。定亲以后两家不走动,要等到换完帖子结婚以后两家才走动。没有结婚之前准女婿不上门,得要结婚后才上门,也就是回门。定亲后,男女双方不能见面,也不让见,不过老人看了,那时候我姐姐领着男方去过我家里,那时候没有娶,所以不让我们见面。

我出嫁那年十八九岁。结婚时就和换帖子似的要写婚书,婚书上家长姓名两方都写男性的,就是父亲的。结婚的时候要去领结婚证,然后看日子,找个好日子娶了(结婚仪式)。我们结婚三天以后才能下厨房。那时候娘家离这很远,我是先来这在我姐姐家发的嫁,就是在我姐姐家出发用大轮车绕着庄一周然后去男方家里,那时候没有花轿了,那时候是我表哥和哥哥来送嫁的,父母不能送嫁,都是会亲家的时候来。女儿出嫁的时候,娘家不用摆宴席,就只有男方这边摆。

我嫁过来的时候我婆婆公公都在,婆家的大哥二哥都结婚了,还有丈夫的三个妹妹,嫁出去了一个,还有两个没娶,丈夫的弟弟在外边当兵。

定亲的那时候是男方办宴席,也请媒人,媒人跟着吃饭,还要请亲戚。定亲的时候不请庄乡,结婚的时候才宴请他们。结婚的时候要先找人去迎亲,到了男方家门前找捆好的谷子秫绕着车烧一周,这叫"燎轿"。那时候迎亲的人是男方找的,都是找的有儿有闺女的人去迎亲。进婆家门不用跨火盆,就直接拜天地拜高堂,盖着蒙头红子,要用秤杆子挑起来,意味着"用秤挑,头一胎是个小"(儿子)。也有主持婚礼的人,这也是男方在村里找的人。拜堂用东西盛上粮食烧上香,那时候穿白鞋扎白带子的人都要回避,如果要是往前围场就要换衣服,就是家里有白事的不能往前凑。婚宴上一般娘家的客人要坐在正座上,媒人在主座旁边陪着。

结婚第二天(或婚后几天里)在婆家,也没有多少风俗,就是要给公公婆婆磕头,一般过完年也要磕头,端茶倒水,也要给哥哥嫂子问安,如果上边有爷爷奶奶也要拜,除了这些人其他的就不用拜了。结婚后要去祖坟磕头,每年都要去,刚结婚完没有去,等到过年的时候请家堂的时候要去磕头,到现在我们也每年都去。

我那时候没有要嫁妆,我们姊妹几个都没有嫁妆。别的人家一般给个柜头、给张桌子什么的,大立橱一般没有,那时候给两把椅子一张大桌子和柜子是最好的了。没有嫁妆只陪送被子和衣服之类的这件事,我们是提前给婆婆家说明白的。因为这么远也没有办法拉过来,说好的结婚以后再置办。大户家庭要陪送八件嫁妆,忘记是什么了,没有嫁妆田。

姑娘刚嫁出去,那时候有当日三,一天顶三天,因为我们家远,今天娶了直接就回门,就是娶我了以后,我表哥和哥哥把我叫到我姐姐家去,然后当天再把我送回丈夫家,就不用等到三天以后这么麻烦了,一天就过去了。家近的是三天回门,在丈夫家住三天回娘家,在娘家住对月,就是一个月后再把闺女送回去,不能空房。回门的时候要带着点心果子、离娘肉之类的,离娘肉就是母亲把闺女养大,嫁出去就等于离开母亲了。

1949年以前倒是也有上门女婿,就是家里只有闺女没有男孩的要招赘,也叫"娶女婿",就是嫁过去以后在女方家里,不是男方家里。招赘要写合约,也要找人做证,不做证的话怕男方去了以后被同庄的人欺负,写上这个东西别人就不欺负他了,要的就是这个凭据。入赘的女婿的孩子可以跟母亲姓也可以跟父亲姓,这个不一定了。入赘的女婿如果养老的话可以分到家产,也可以当家。

村里有过二婚(改嫁)的妇女,二婚有要彩礼的也有不要彩礼的,彩礼还是归娘家,如果头婚有嫁妆二婚就有,头婚没有的话二婚就没有,娘家就陪送一次,没有歧视,和现在一样,照样喝喜酒。

3.出嫁女儿与父母关系

出嫁的姑娘都是在婆家过年,不能回娘家,可以回家扫墓,一般就是过年以后,八月十五,或者过完麦收回娘家。嫁出去以后如果娘家有困难可以帮助,婆家没有意见,那时候都说"亲故",成亲以后你帮帮我,我帮下你,都成亲戚了,要帮忙。如果不是女儿自己而是婆家遇到困难,娘家也要帮忙。

如果女儿与丈夫闹矛盾可以回娘家,如果娘家明道理的话就劝说劝说再把闺女送回去,如果不明理的话就把闺女留下,刁难男方,说自己闺女在男方受气打架什么的,数落男方。那时候都是男方去接,去了被数落几句,娘家让他们不要再闹好好过日子。

1949年前后有离婚的,没听说过父母不同意的,都是父母当家。那时候有"替相"的,就是长得不好让别人代替相媒,等结婚的时候再自己结婚,那时候女方后悔也没办法,自己不当家,也不能离婚。

出嫁以后就不能分父母的财产了。如果没有儿子就娶上门女婿,要不就过继个侄子当儿子,没有近的有远的,如果真没有侄子过继的话就让女儿养老,谁养老财产归谁。

1949年以前,父母家有儿子有土地就不用姑娘养老,没有儿子有土地的话如果自己能种地就自己养老,如果自己不能种地就过继侄子养老,等老人去世就给侄子,如果侄子不管才会让闺女养老。父母去世,谁享受老人留下的东西谁办理老人的丧葬。清明时节出嫁的闺女可以回家上坟。

(三)出嫁的姑娘与兄弟姐妹的关系

我出嫁后与娘家兄弟的关系挺好,一直走动,就是带着肉、酒、点心盒子,那时候也要拿东西。回娘家就算客人了,我哥哥嫂子拿着我当客人,也是哥哥嫂子招待我。一般情况下,娘家的大事情不找我商量,但是如果是娘家亲戚身体不好或者去世这种事我哥哥都会来告诉我,该去的也要去。分家的时候不用回去,人家有儿子不用我参加。回娘家时如果是哥哥和父母一起住就跟着母亲住,如果分家了也是跟着母亲住,就是以父母为主。

那时候婆家和娘家没有矛盾,也没有调解过。娘舅①在我们家说话的分量不重,我儿子女儿婚嫁没有征得同意,那时候家很远,都没有商量。不过,儿女结婚要请娘家人到场,娘家人是客人,要坐在主位,那时候都是我父亲和哥哥来。我们家离这里路程远,都是过完年初七八回去,我们姊妹三个一起回去,有时候各去各的,离得太远,没有初一、初二的时候回去的,都是在婆家这边把客人招待完再回娘家。那时候要买一块肉,拿着酒,拿着点心,有时候也带点糖块。

---

① 娘舅:娘家兄弟的意思。

二、婆家人·关系

(一)媳妇与公婆

1.分家前媳妇与公婆关系

婆家是直到我三儿子出世时才分家的。没分家前是公公当家，公公去世以后婆婆当家。分家以后各人管各人的，总家还是公公当。家庭会开家庭会，到现在也是有事商量商量，媳妇不去，都是他们父子商量，说什么算什么，我和婆婆妯娌们不管。嫁到婆家后，那时候就是在生产队里干活挣分，做饭的话就是干完活回来烧锅的烧锅，都是妇女做饭。我公公那时候看场(打谷场)，婆婆小脚在家里不去挣分，都是我们几个出去干活。

我与婆婆的关系很好，婆婆允许我出去串门，也让我回娘家，愿意什么时候回去就什么时候回去。那时候过年要去给公公婆婆磕头，平时给公婆盛饭端饭、涮碗之类的，如果公婆喝水的话在旁边就要给他们倒水，不在旁边就自己倒。早上起来不用去请安。婆婆坐着，我们不用站着，婆婆也不让我们站着，都是让我们坐下。平日里吃饭我们不上桌，都是个人吃个人的，我们都是给公公婆婆把饭端过去放桌子上，然后去自己屋里吃。

那时候都讲究伺候丈夫，我丈夫到现在都要把饭菜给他盛好，要不就不吃饭。做饭什么的男人不做。那时候没听说过婆婆虐待媳妇的，我们家没有。家里与外交涉的事一般都是男的出面，公公和丈夫叔伯商量事情妇女都不插嘴。丈夫与公婆有矛盾，媳妇可以出面调解，能劝说，我过去喊几声娘，给倒碗水喝婆婆就不生气了，也不骂了也不要了。那时候我们妯娌这么多年在一起住，没有变过脸①。

2.分家后媳妇与公婆关系

我们结婚以后好几年才分家，是大概结了婚七八年后，生下老三来没几个月就分家了。我们家一直都很和睦，后来一看人太多了，丈夫的二哥才提出的分家。他说的是，咱们分开吧，不分不行了，一大锅糊糊、一天一担子水得什么时候才能烧开？还是自己做饭吃吧。所以，我们分家不是因为家庭内部不和睦，而是因为生活需要。分家的时候大家都同意，分家也很好分，生产队里分粮食，等到分家以后，按照几口人分就是了。分家的时候除了婆婆之外，没有其他妇女参加。当时也没有请证人，就公公婆婆说了算，按照人口分，分完事后，自己往家里拿东西，那时候是我们三口人，也不写单子，什么都不用，家里的锅是自己买的。家产没有分，也没有多少家产，日子都挺穷的，没有分给闺女东西，只是到后来分土地的时候给了她点土地。

公婆年老，是我们这边是丈夫家里最小的弟弟养老，到后来觉得他负担大就要轮流养老，但是婆婆不愿意。不养老的，不用拿东西，因为老人有土地，跟着谁住就把土地给谁。要是婆婆有病有灾的话就凑钱看病，买东西看望她。公公婆婆办寿的时候，都拿东西，媳妇做饭大家都去吃，那时候都是买块肉、买点酒点心之类的。

(二)妇与夫

1.家庭生活中的夫妇关系

我与丈夫是结婚那天才见的面，之前没有见过。结婚以后没有称呼，不喊名字，就是你我

---

① 变过脸：闹矛盾的意思。

的就算了。

家庭农业生产我们俩过日子的时候是丈夫安排，他说干什么就干什么，不过也和我商量，如果我不愿意也没办法，他决定。就像我儿子那时候想考教师，我丈夫不同意，要不就考上了。盖房子也是我丈夫决定，我们盖这个房子是我们庄里头一份。那时候没有买过土地，不过那时候我丈夫的二哥从别的地方回来没有土地，家里的亲戚都不管，还是我丈夫说了算，把我们的土地给了他们两亩，说是不能让他们饿着。我丈夫喜欢喝酒、抽烟，我存了点私房钱，家里没有柜子没有厨，就放在床上，结果被老鼠咬了。我那时候花钱丈夫不管，只要有他的烟抽有他的酒喝就行。我丈夫没有借过东西，都是我出面去借，还的时候也是我去还。

分家后耕地我丈夫也不管，都是儿子儿媳妇帮忙，他说他从小没下地干活，小时候上学，然后当老师，当完老师去大队里当会计，没有出过力气，觉得出力气委屈。平时孩子都是我带，那时候我带着孩子连推碾、打谷、做饭什么的，丈夫就光看着，也不给帮忙。家里的衣服都是我洗，那时候如果我生病丈夫也不洗衣服。那时候没有娶小媳妇的。

2.家庭对外交往关系

家里的人情往来，分家之前是婆婆出面，分家以后婆婆就说谁家的事情谁管，从那以后就是我出面，我丈夫不管，人家来找人帮忙他不管，婆媳妇的这种事他也不管，都是我的事。

如果家里来客人是我丈夫出面，如果来客了就和我说炒多少菜，少了不行，虽然家里穷，但是他要面子，没有的话就是去借也要给他把面子撑住。那时候我不能同桌吃饭，到后来也不行，不让妇女上桌，这是婆婆定下的规矩，说来客人什么的不让妇女上桌子。去别人家如果丈夫在家就丈夫去，如果丈夫不在家因为都随上礼物了就我去，到后来就是儿媳妇去。1949年以后，我出面借钱，人家都借给，好借好还，再借不难，我借人家钱不欠账，有就还给人家。

(三)母亲与子女的关系

1.生育子女

(1)生育习俗

我有四个孩子，两个闺女，两个儿子，大孩子哪一年出生我都忘记了。以前生孩子报喜，闺女和儿子还是有点差别，毕竟是旧社会。那时候报喜都要给人家通知，男孩就说是男孩，女孩就说是女孩。生了孩子之后，也要吃面。有生下来吃面的，也有生下来九天后吃面的，也有十二天后吃面的。满月的时候不喝满月酒，都是娘家人叫回去在娘家住满月。吃面的时候要办宴席，办宴席要让娘家人，还有随往的婶子大娘等亲戚、庄乡邻居这些人来。那时候都带鸡蛋、糖、米面这些，现在都给几个钱，人家回去的时候也要发红鸡蛋，在盒子里压点红鸡蛋、糖或者钱。娘家来人，都是婶子大娘，庄乡想来就来。

我二闺女那时候都八个月大了长牙了家里忙着干活没人抱她，吃面的时候也不让抱出来看看，都是进去看看，大人不动，孩子也不出被窝，看孩子要拿见面钱，没多的有少的，反正都会给个红包。

(2)生育观念

生男生女的待遇一样，没有什么区别。我母亲早先生了三个男孩都死了，活下来三个闺女，那时候都是骂还不如三个男孩活着呢。那时候不给孩子过生日。

(3)子女教育

我的儿女们都上学读书了，大闺女上了三年级，二姑娘上到高中，因为家里太穷了差六百块钱就没有让她上。家里不会给男孩子多一些优待,那时候也都不给压岁钱,现在给孙子孙女压岁钱。

(4)对子女权力(财产、婚姻)

儿女婚事是找媒人,儿子那时候想考老师丈夫不让,后来上完学就去学技术了,我们家是烈属,就找的人安排的工作。

那时候嫁妆有标准,大女儿娶的时候陪送的被子、桌椅,桌椅还是儿子在演马庄买来的,让人家送家里来的。儿子结婚也要给人家聘礼,给多少我也忘了,都是我丈夫管这些,我不懂,都是我们家里出的。那时候也要给女方钱,多少我忘记了,这也叫"折合礼"。

2.母亲与婚嫁后子女关系

儿子结婚前那时候我们盖着新房子呢,结婚的时候还没有盖完。儿子哪年结婚我忘记了。儿子结婚时媳妇也要拜公婆,还要端茶。媳妇还得伺候丈夫,不过那时候他们结婚没几天就下来指标儿子去当工人了。

我们分家是娶了儿媳妇以后分的家,是我丈夫提出来的分家。家里人口多了也不方便,还不如分开,分开以后自己能够攒点钱能落下点东西。二儿子娶了媳妇也把他分出去了。分家的时候没有写字据,就是把土地分开,粮食分了,别的什么也没有。分家时妇女不参加,都是我丈夫说了算,该怎么分也是他说了算。分家时除了土地就是把家里的碗筷之类的分了,床、被子这些还是个人的。那时候我们家房子是个掛屋,给他们兄弟俩好的一人占一头,一个在东头一个在西头,我们俩在中间,如果混得好了就自己出去盖新房子,混不好就在这里住着,后来大儿子出去盖的房子,把那边留给二儿子了。

我女儿定亲的时候也有二十多,我们庄有个人闺女嫁到谷楼,她女婿当媒人,说的那家也是我丈夫的同学。二闺女嫁到白雁泉村,那时候问下闺女的意见,也让他们互相相看相看,这可是一辈子的婚姻大事。定亲时就让双方见面了,人家也来咱们家。定亲以后双方就走动了。那时候没有什么彩礼,就是换帖子的时候给点折合礼。二闺女出嫁的时候是大立橱当嫁妆,因为她那边远,就买的大立橱和桌椅,没多买,因为不好往那边运,男方那时候说不用买这么多,这些先用着以后他们自己买。所以就没多买,就四件子东西,大闺女那时候也是四件。

1949年以后,还有招赘的,我们庄上还有一个,现在都有两个孩子了。那时候也要写合约,怕人家男孩在这边被欺负。我平时都要带孙子孙女,不带外孙,人家小孩很娇气,当姥娘的不担事,再说人家爷爷奶奶疼,人家亲近,万一在这边有点事什么的不行。

村里人家如果没有儿子就找近门的,像侄子什么的,如果侄子不管就女儿养。我们庄有个老人就一个闺女,老头去世了,人家让她去养老院她不去,因为她家有土地,后来她们家的土地就让大队里种,大队里养她。我不在闺女家住,我两个闺女来叫我,我不去,在自己家里住得习惯了,年纪也大了,那边人生地不熟的,不如家里自在。

三、妇女与宗族、宗教、神灵

(一)妇女与宗族

村庄以前有宗祠、祖堂、族祠,那时候都要祭祖。有家谱,都是姓司的。家族里扫墓等活动都是我哥哥他们男的都去,不让妇女去。家族里有聚餐等类似的活动妇女也不让上桌,妇女只是负责打扫卫生、准备餐食等。

出嫁时娘家不去家庙里去请示。那时候兴在出嫁前请家族的人吃顿饭,大家都在一起吃顿饭,那时候打发出嫁都来帮忙。我出嫁时没有什么仪式,不过宗亲倒是都来,在一起吃个饭喝个酒的,但是不让妇女参加。

那时候过继要找族谱看看谁大谁小,也要等过继完写在族谱上。还要找人过来见证,没有过继外姓人的。

(二)妇女与宗教、神灵、巫术

求雨、求丰收要拜关老爷,有人主持,都是让寡妇主持,领着头收钱收东西,有了钱就买贡品,再找两个小童子头上顶着花篮,花篮里装上王八,敲着锣鼓去求雨,围着村庄转,转完找个地方放贡品,然后烧纸大家都去磕头,同时大家也要哭,哭老天爷爷不下雨。那时候大家都参加,包括妇女。生病请神是男人操心,都是找神嚓嚓。拜灶王在我们家父母都拜,来这边以后都是我拜,我丈夫没有拜过。土地爷爷是都去磕头,男女一样。给儿媳妇求子是把观音像摆好烧好香,爷爷奶奶去磕头,也要找神婆,站的位置是有上座下座。我是不信教的,来很多人发展我我没有同意,家里的孩子也不让我信。

四、妇女与村庄、市场

(一)妇女与村庄

1.妇女与村庄公共活动

出嫁前,我不参加村庄活动,那时候也不让去,到以后看戏让去,那时候我们家混好了开的司家药铺,请来的戏班子唱戏,那时候我去。

1949年以前还没有妇女参加村庄会议的,不让妇女去。到后来我十三四是团员后才去开会。1949年后,那时候开会妇女去,也让妇女发言。我是团员,那时候开团员会,我哥哥还让我发言过,那是在生产队里。

我那很小的时候保长、甲长经常换,那时候那人叫刘越平。1949年以前,出嫁时不用告知娘家所在的保长、甲长,不用给他们说。那时候还不兴户口,也没有户籍。

2.妇女与村庄社会关系

我在娘家有女伴,我大爷家的姐姐,我们一起上学。女伴出嫁,我没有去。就是嫁了后可以去玩玩,一起说会儿话。

那时候都是男的去拜年,不让妇女去的。1949年以前,妇女之间也没有组织一起会呀、社呀,比如姊妹会、佛缘会什么的,只是到后来了,我姐姐加入儿童团,宣传着放脚。

村里的红白喜事我们也要去帮忙,都是不错的。这种一般都是男的去,如果人家家里人多就不用外人帮忙,如果要帮忙的话,一般都是主人家一家一户地找人帮忙。夏天晚上乘凉,妇女可以出来,那时候我姐姐夏天端着一碗面条去场里凉快,太热去洗澡差点淹死。

(二)妇女与市场

我出嫁前去过市场(赶集、集市等),跟着我父亲去,那时候父亲卖水,我就去跟着玩去。嫁过来以后也去赶集,抱着孩子去赶集听戏。市场中有女性商贩。那时候我没有赊账过,有钱就买,没钱就不要。

家里纺纱的棉花都是自己种的,儿子结婚的时候家里种的差两分不到五亩棉花,都是挑好的棉花,和人家合伙,人家织布,我纺棉花。织出来的布不卖,自己留着做被子,做衣服。

做鞋做衣服的针头线脑是我母亲买了给我邮来的,她都是在合作社或者集市上买的,要不就自己纺出来。后来在集市上买白洋布,也叫白丝绦,有蓝的也有青的,这是到以后下来布票才有的。

1949年前村里人进行物物交换的几乎没有,都是买,用钱卖。割资本主义尾巴的时候,我忘记了多长时间才去一次供销社或集市,供销社里东西很全,什么都有。

五、农村妇女与国家

(一)认识国家、政党与政府

1949年以前国家没有宣传过男女平等。那时候我们都不大。我知道什么是国民党,那时候国民党来,我父亲背着我在豆子地里爬,那时候有水坑,水干了,国民党都拿着枪去翻,那时候都不敢回家,也叫他们美国鬼子。我也知道蒋介石,听别人说的,开会也讲。

1949年以前,我认识共产党,我哥哥是党员,也有女党员,我因为不够年龄没成为党员,只是团员。1949年以前,接受的教育里面有涉及国民党或共产党的知识,老师也讲,课本上也有,都说国民党的坏处。我没有参加过共产党组织的投票,那时候还没有投票什么的,后来就是有我也不知道。这边家里没有党员,娘家我哥哥是党员。1949年以前也有女性当干部的,这是1949年以后,那时候我哥哥是生产队长,我嫂子也在村里当妇女队长,让她领头干活。

我没有裹脚,那时候政府不让裹脚了,那时候我二姐姐就是在儿童团里宣传放脚。那时候都是唱着歌宣传放脚。也没有经历过政府号召或强制剪短发,到后来才剪短的,以前的时候都是大辫子,以后就越来越短了,儿子还很小的时候才剪短发的。

那时候有夜校,我也去过上过学,上课的老师都是庄子里的青年,那时候我也上过识字班,按照书本上的教,后来还让我母亲去学习呢,但是她脚小不能去。

我生了二儿子以后才有的计划生育,我觉得计划生育好,孩子太多,那时候我婆婆不给看孩子,都是我抱着孩子干活,等到孩子大了就抱不动了,我丈夫也不看孩子。

(二)对1949年以后妇女地位变化的认知

我听说过妇联有妇女会,那时候我还没结婚,我嫂子她们加入妇女会,我姐姐加入姐妹团。她们都是学习、开会、搞运动,反对封建,把老思想砸得落花流水。

1949年以后,儿女婚姻还是父母做决定,这个没有变,五六十年代和七八十年代都是这个样子,就是这些年才儿女自由恋爱。1949年以后,妇女在家里的地位提高了,都说男女平等、男女一样,开会的时候都讲。

(三)妇女与土改

土改前,因为我们家没有地,成分是贫农。土改工作队到过我家,就是去我们家让我们学习这些事。那时地主被打倒了。那时候斗地主就是给地主开会,斗他们。土地改革的时候也给我们分地和其他东西。那时候把桌子抬出来让我们拿着,但是我们没有要,因为家里穷、房子小,也没地方放置。那时候斗地主,妇女都去看,上面来人斗地主。妇女和男人分的土地都一样,谁家的土地写谁的名字,有写妇女的名字的。土地改革时候给我们分地了,不记得分了多少了,我们家是我父亲知道。

我们村有土改工作,队里有女队员,后来村里成立妇女会了,妇女会主任是我嫂子,我也参加了,那时候也让发言。平时出去动员人家放脚,动员妇女出去干活,反正是上级给指导文件,就跟着文件走。后来经历了互助组、合作社的时候我没有发过言。

(四)互助组、初级社、高级社时的妇女

合作社时期,家里的土地和农具都入高级社了,我们家里的药铺都归社了,我们家那还是个大药铺,我哥哥是医生,来找他看病的人很多。合作社时期,入社的妇女都得下地干活了,那时候也动员妇女干活,看看谁不去干活,就去家里给人家说说,不强制,都是自愿,也是为了让她们挣工分。

我没当过互助组、合作社的干部,那时候有女组长、女社长,不记得谁了。互助组和合作社时期,妇女就是下地生产,栽水稻,我也会,男的也栽水稻。平时男的干一些重活,妇女干不了的。工分看干的活累不累,要是男女干的活一样就记一样的分,干得多的还能多几分。

我在生产队里干活的时候还没有结婚,来这边干活就有儿子了。到人民公社时期也是搞生产,妇女队长领着我们干活。后来党员就多了,开会妇女都参加,也有妇女发言。那时候不兴出去打工,生产队里有逮鱼混生活的,有出去要饭的。

(五)妇女与人民公社、"四清""文化大革命"

大炼钢铁有妇女参加的,深翻土地的时候也有妇女,修水库打井什么的妇女都参加了,那时候怎么不累,干活打井什么的都很累。我们带孩子都是放工以后,那时候我就有四个孩子了,婆婆不帮忙看孩子,我们家离水坑很近,我就把孩子锁在家里,给孩子放好吃的烧好水。那时候孩子们在家里打架,等我回来看到最小的儿子都把头摔破了。那时候没少受罪。

生产队里有自留地,一人一分土地,妇女也有,男女都一样,小孩也有。那时候我们家是缺粮户,我丈夫干活不中用,他从小没有干过活,上完学就去教学,然后去大队里当会计。那时候因为上学十斤粮食都凑不够,卖了一条狗才凑够去上学。

公社(或生产队)里没有建托儿所专门负责照看小孩,还不兴这个呢。后来吃食堂的时候去领饭,我们干完活去领饭,他们在东河里捞的杂草清洗几遍,用玉米面做成菜蛋,那时候领两个菜蛋还舍不得吃,拿回来给我丈夫吃,我丈夫一边吃一边吐,嫌弃这东西太腥了。做饭的是生产队里派的,都分配吃,大人多给点,小孩少给点。那时候不愿意吃大锅饭也没办法,大家都吃,那时候放工以后我都去弄野菜树叶。吃食堂时,家里的铁锅、铁铲交公了,都交上去了,不交人家不愿意,不让留。不做饭了,妇女也是轻松点了,但是饿得慌,不做饭,家来以后没有做头。到后来就按人分粮食,劳力多给点,小孩少给点。

"三年困难时期"倒是没有饿死人,那时候出去要饭,去人家地里捡点东西吃。"文化大革命""破四旧"时我们家没有什么旧东西被烧、被收,那时候就是打倒老封建,家里的东西没有被烧的,都喊口号,晚上打夜战不干活,就是喊口号,我们图领那两个干粮吃。

(六)农村妇女与改革开放

土地承包分配土地的决策过程有妇女参加。反正还是咱们承包单干好,不管怎么说,都要糊弄着把肚子吃饱。那时候分地按照人口分的,一人三亩多土地,土地证上有我的名字,要不怎么有我的土地?我也参加过村委会的选举,每次都参加,以前我们两口的时候都是我丈夫写,他写的时候,人家也给说怎么写。我也选过妇女,到现在以后我自己去,让儿媳妇给写。

村里的男老人与女老人也聊天,反正就说说闲话。我以前看电视看新闻,现在都是看戏,以前小的时候家里开药铺喜欢听戏。我知道网络,也有手机,但是我不会用。

六、生命体验与感受

我这一辈子不容易,最苦的时候就是家里孩子最小的时候,我丈夫不借人家东西,虽然穷但是要面子,我就抱着孩子去要饭,跑到东乡里去要饭,领着两个闺女,抱着小儿子出去,要到以后我丈夫就去背,我那时候哭着要,孩子在身后唱歌,还怕孩子被狗咬到,到人家门上人家都给东西,也给烟叶,要多少,孩子就能吃多少,过了饭点要完以后,就找个角落躺着歇歇。最享福的时候就是现在,我完成任务了,孩子都成家立业了,孙子孙女也很多。

XY20170114WHQ 吴会清

调研点：四川省简阳市宏缘乡矮桥村
调研员：许英
首次采访时间：2017 年 1 月 14 日
出生年份：1932 年
是否有干部经历：1949 年曾担任武装队队长。
是否生育：是

受访者结婚的时间节点、生育子女的具体情况：1952 年结婚，当时二十岁；1953 年生第一个孩子，共生育三个孩子，两个儿子，一个女儿，大儿子在集体化时期不小心摔死，小儿子前两年患病去世。

现家庭人口：1

家庭主要经济来源：养老金、子女赡养

受访者所在村庄基本情况：矮桥村地处四川省简阳市北部，全村幅员 2.6 平方千米，属于丘陵地带，全村境内山丘起伏，平均海拔 418~491 米，属亚热带湿润气候区，气候温和。全村耕地面积共 1850 亩，林地面积（包括退耕还林面积）共 645 亩，农业主产水稻、小麦、玉米、兼产棉花、油菜籽。养殖生猪，"蜀阳花生"为名产。

受访者基本情况及个人经历：老人二十岁嫁到婆家，这桩婚事由老人的父亲单独决定，从一开始，老人就不愿意嫁给自己的丈夫，但是老人的父亲坚持说，老人斯文，应该找一个干农活厉害的老实人嫁了，免得以后吃亏，老人说如果最初是自己做主婚姻大事，绝对不会嫁给自己丈夫这样的人，老人的丈夫虽然为人老实本分，却只知道干活，脑子一点也不灵活，家里的大小事情全靠老人自己操持。老人一共生育了三个孩子，两个儿子、一个女儿，大儿子在人民公社时期，老人干活时候不小心，给摔死了，小儿子在前两年患病去世，当时年仅四十八岁，小儿子去世后的第二年，老人的老伴也因病去世。

老人说，自己这辈子命苦，养的三个孩子，两个都先自己而去了，本来父亲最初是希望老人嫁到这家能够享福，因为本来老人丈夫家里土地多，劳力也强，可是，没想到老人的丈夫十分愚钝，在家里几乎是什么事情也管不了，就只会在地里干活，家里面的大事小情全靠作为妇女的老人操持，就连修建楼房、打灶头等，购买材料、指挥进度，都是老人在管理，老人感慨，自己这辈子也就这样了。如今，老人的女儿和女婿居住在外村，老人的儿媳妇和孙子也都在外地打工，老人常年独自居住在农村。总体而言，已经八十五岁高龄的老人，心态十分平和，还在自家院子里养了一些鸡鸭与自己做伴。

一、娘家人·关系

（一）基本情况

我叫吴会清，生于1932年，这个名字是1949年之后父亲给我起的，1949年之前我只有小名，因为解放之后要去上学，要有名字才可以，父亲才给我起的学名。我们吴家女孩没有按班辈起名，男孩是按照班辈起的名字，吴家我们这一代人是"新"字辈，我父亲讲究得很，他文化很高，当时给我起这个名字我都很大了，都是1949年之后的事情了。女性一般就容易起"清""艳""凤""芳"这些，我父亲说我的名字就取"清秀""清白"的含义。我在家里是最小的，有三个哥哥，一个姐姐，哥哥们的名字，也是我爸爸起的，我都记得，我大哥的名字就叫吴新明。小时候，我的娘家只有十多亩土地，土地改革时期，我家被划分为贫农，以前我的爸爸是干部，是村里的分配员，分配土地、人员迁移，都是我的父亲在负责，包括分地主的财产，都是我爸爸在牵头，我爸爸是个能干人。我的母亲在我只有几岁的时候就死了，是我的父亲单独把我们几兄妹拉扯大的。我们家没有小孩被抱养，但是我三爹的小孩是被抱养到我们家养大的，后面暴动的时候不幸去世。

我是二十岁出嫁到婆家的，当时我丈夫家里有十一二亩土地吧，在当时还是算多的，我的丈夫是个老实人，别人就问他是什么成分，他自己就承认是富农了。就是因为我们的成分高一点，后面搞"四清"总是压迫我们，我们就去工作队告状，工作队就出面告诉大家，不要挤压我们，应该把我们当贫下中农对待。原来我们受的气不少，我家老头老实得很，啥都不管，就知道一个劲干活。

我丈夫这边有三个弟兄，他的大哥被抱养到米家村了，当时因为家里穷，看别人家里土地多，想把孩子抱养过去占一份土地。说来我的命不好，生的两个儿子都先我而去了，现在还剩下一个女儿了，但是我的外孙、外孙女，包括我的孙子都对我很好，很孝顺。生第一胎的时候我二十一岁，我的第一胎就是我的大女儿，她现在都六十三岁了。

（二）女儿与父母关系

1.出嫁前女儿与父母关系

（1）家长与当家

我的娘家是我爸爸在当家，我爸爸可厉害了，那会儿三月初一暴动，打死了好多人，都是我爸爸去埋的，其他人都吓得跑了。但是，我爸爸也不是什么大干部，他很少务农，1949年以前，那时候就把家里的土地卖了，后面感慨幸好当初把土地卖了，后面斗争地主才吓人呢。我家什么事情都是我父亲管，我母亲死得早，母亲死的时候，我才只有几岁，我的父亲一直把我养得好，从来没有打过我，后面很多人都劝我的父亲再娶一个，我的父亲都不愿意，他不想我们几个兄妹受后妈的气。有一次我把家里东西打翻了，哥哥就骂我，说我以后嫁出去了，这么笨，人家会打死我的，我的爸爸听见了就说"打什么？打酱油哦，我的女儿这么听话，没有做违法乱纪的事情，谁敢打她？"我的父亲就是这样的人。

那时候，基本没有妇女当家，一般都是男性当家，妇女连出门赶集的都很少。如果一个家庭的男性不成器，安排农业生产啥的都差劲一些，家里就自然差一些。过去社会还是有钱人说话才硬气，没钱人家根本没有地位。以前那个年代，如果爷爷去世，奶奶是可以当家，但是孤儿寡母的容易受到欺负。同样，如果父亲去世，家里都是女儿，这个情况就是母亲当家，母亲当家不容易,别人要欺负女性的,我知道新桥那边有一家人,家里没有男人,女人出门都要把头发藏在毛巾里面,那时候呀,再能干的妇女,别人始终要欺负。

（2）受教育情况

我在娘家的时候没有读过书,只有1949年之后上了冬学,那时候政府派来的老师给我们上课。要说读书,我哥哥就上学多,原来社会封建,不让女孩子读书,我想去上学,我父亲不让我去,我后面都跟我的哥哥开玩笑,我说你们上十多年的学,哪怕是分两年给我上学,我也知足了。原来就是不平等呀,再一个问题是,女孩出门要受欺负的,原来社会就是这么乱来的,奈何不了。父亲也是担心学校里面那么多人,会欺负女孩。所以1949年以前,村里很少有女孩子上学,就连有钱人家里都没怎么让女孩子读过书,当时我知道有一个教书匠,连他自己的女儿都没有读过书,1949年以后才有妇女读书。

（3）家庭待遇及分工

一般家里男孩子要比女孩子的待遇好些,连我的嫂子都是见不得女孩子的那种人,就喜欢男孩子,但是我的父亲不是那种人,我的父亲对我们都很好。我的父亲也把我们教得很好,告诉我们要讲规矩,家里来客人了要起身问候,给人家端茶端水都要用两个手,添饭的时候,晚辈要给长辈添饭。但是平常自己一家人吃饭,没有外人在的时候,就没有那么多讲究的,都是个人自己添饭。我父亲会经常给我们强调规矩和礼节,叫我们出门要注意礼节,不能没有规矩。当时我们家没有那么多讲究,女孩子是可以上桌吃饭的,一家人在一起吃饭,座次也是有讲究的,家里长辈要坐上方位,其余的孩子们就可以随便怎么坐了,尤其是当着很多人的面,年轻人要是坐上方位,那别人就会指责这个年轻人。

以前年代贫穷,物资缺乏,没有多少卖衣服的,衣服都靠自己缝的。有些家庭就是男孩的衣服穿得好些,女孩的衣服穿得差一些,但是我们家里就没有那么多讲究,平时谁没有衣服就给谁缝衣服,过年的时候大家都有新衣服,我家爸爸就是对我们都好,我母亲死的时候我只有几岁,当时我跳着跳着哭呢。那些年家务紧,根本没有压岁钱,快到过年的时候,我父亲就告诉我们几个兄弟姐妹,不要再到有钱人家里去玩了,免得被人家笑话。

（4）对外交往

过年的时候,我们一般只会去亲朋好友家里拜年,男孩女孩都可以去。有些家庭特别讲究,不允许妇女上桌吃饭,我们家没有讲究那些。那时候普遍贫穷,办宴席的少,哪像现在这么多酒席,而且那时候去吃酒席,家里也就只去一两个人,主要就是家里的男性去,不会像现在全家人都去。那会儿虽然穷,但是几乎没有出来要饭的人家,虽然吃得差些,都还是凑合着过。

（5）女孩禁忌

虽说我没有上过学,但是《女儿经》还是读了几句,就说女孩子"出门要头望天,眼望路,端端正正出脚步,出门要和妈一起"。这些都是书上的话,女孩子不能随便出门的。女孩子和同村的男孩子一起玩耍也少得很,连话都不让讲,我都记得,当时我都会做饭了,我父亲就告诫我"要是你敢跟哪个放牛匠说话,老子两铡刀就要铡死你"。就是这样的。所以我一直都是这样的规范自己的,别人没有叫我说话,我是绝对不会去插话的。

一般女孩子可以跟本家的、房子挨得近的男孩子一起玩耍,外姓人家里的男孩连话都没有讲过,原来就有那么封建。那时候,一家人的衣服虽然是一起洗的,但是,女孩子的衣服是不能跟男孩子的衣服晾在一起,男孩子的衣服要晾在前面,女孩子的衣服要晾在后面,我家都是这样,要是违反了规矩,就会直接把女孩子的衣服给扔了。

(6)家庭分工

村里的有钱人,家里都请的长工帮忙干活,做饭也有专门的伙房,还要请放牛匠负责放牛、担水、端饭端菜,我的娘家穷,都是自己动手。我是家里最小的,我姐姐结婚的时候,我才断奶。因此基本没有怎么下地干活,偶尔下地干活也是做一些轻松的农活,主要就是我的爸爸和哥哥们干活。但是在家里,男孩基本不做家务的,都是女孩做家务,我纺纱、织布啥都会。我只有几岁就开始纺纱了,织布要晚一些,十多岁才开始织布,而且绣花、做衣服、做鞋这些我也会,什么花我都会绣,那时候的围裙都是自己做的,现在老了没用了。这些女红都是我自己模仿人家的,我自己看了别人做,回来就自己学着做。以前我的姑姑家里是大户人家,是地主,我去他们家帮了三年工,后来1949年之后搞土改他们家就遭殃了。我织的布、纺的纱都要拿去卖,我父亲或者哥哥去卖,卖了钱维持家庭生活,给一家人置办衣服、购买油盐。

(7)对男孩女孩的教育

我的爸爸不像其他人,他对儿女都是一样的,没有亏待过我。但是我的父亲会经常告诫我,女孩子不准随便和外面男孩子说话。以前我的娘家有一家人,女孩子在外边和放牛匠说了几句话,回来以后嫂子把门关上,哥哥就用一床被罩将女孩捂死了,后面用一床新棉絮裹着就把女孩安葬了,家里面父母劝都劝不听,以前社会对女孩就有这么严厉,那时候的社会,哪有现在这么好。

2.女儿的定亲、婚嫁

(1)定亲经历

那时候订婚是家里父母做主,当时就是我的父亲做主,要是我自己做主,我不会看上我家这个老头的,当时先是媒人找到家里来给我父亲说的这门婚事。我定亲都是1949年之后的事情了,当时还要到区里扯结婚证呢。原来有的讲究八字要合得来,有的就没有讲究那些。我都记不清自己当时有没有合八字了。原来我妈死得早,家里穷,收彩礼也是家里老人收的,我都不知道收到哪些彩礼。当初父亲给我定婚时候,根本没有征求过我的意见,要是征求我的意见,我就不会嫁到这里来了,但是当时又不敢反抗父亲。定亲之后,也不敢悔约,什么都是家里父母做主。那时定亲以后,家里面父母有意悔婚的特别少,现在年轻人都不怎么管父母的意见了,都是图自己喜欢,但是作为过来人,我觉得父母的意见还是应该听一些。当时,定亲之后我们两家没怎么走动,结婚之后才开始走动。

(2)出嫁礼俗

我是1949年以后结的婚,当时没有写婚书,但是要扯结婚证。出嫁那天,我爸爸安排我的哥哥来送嫁,没有姐姐来送嫁,那时一般送嫁的都是哥哥和弟弟,没有姐姐妹妹来送嫁。出嫁那天我的父亲告诉我,嫁到婆家以后,要孝顺公婆,要勤快,听公婆的话,不要顶撞公婆。说起来也寒酸,那时候家里穷,哪里摆得起多少酒席,就请了家里的一些亲戚,哪像现在,办个酒席村里人都要请来。我哥哥娶嫂子的时候,还请了村里的干部,我结婚时候没有请过村里的干部。

(3)女孩的嫁妆

每家嫁女儿给的嫁妆是不一定的,要看家庭经济状况。我娘家那边家里有钱一点的,嫁妆有十床被子和十床被罩,一般家庭就是两床被子和两床被罩,再差一些的就是一床被子和一床被罩,或者根本没有嫁妆,就只去一个人。我的嫁妆置办是我的爸爸出钱,当时给我置办了一床被子和一床被罩,其他什么也没有。我出嫁之前,织布、纺纱等赚的钱都在我的哥哥和爸爸那里。所以说,后面我自己的嫁妆,一定程度上也相当于是我自己置办的。

(4)新嫁姑娘与娘家来往

姑娘刚嫁出去,一个星期之后,娘家会派兄弟来探望,叫作"打露水"。嫁出去的姑娘,有些是三天之后回门,有些是第二天就要回门。姑娘回门的时候,女婿也要一起去,并且提一个装礼的篮子,里面装有两把面,一个片菜①,一个犁头,用帕子盖着提去,回来的时候又提回来,姑娘回门带去的礼物娘家一般是不收的。姑娘出嫁的第一年过生日,娘家人一般会过去给她庆祝。

(5)童养媳、换亲、招赘、改嫁

童养媳也叫作小媳妇,娶童养媳的家庭,一般因为家里面穷,儿子养得多,相对应而言,女孩家里也穷,而且女孩多,送出的童养媳与娘家还是要走动。童养媳可怜得很,根本没有被当成人看,好吃好穿的根本没有童养媳的份儿。我们这里没有怎么听说过换亲,而且1949年以前,都没有怎么听说过招赘,1949年之后才有上门女婿的。那个时候的情况比如今社会有时候还要简单些,改嫁的二婚妇女很少,二婚妇女有些有彩礼,有些根本没有彩礼。对于那些二婚妇女,背后议论什么的都有,现在好,现在怎么都可以。

3.出嫁女儿与父母关系

出家的女儿可以回娘家吃年夜饭,至于回娘家拜墓,有些家庭可以,有些就不可以。总的来看,出嫁后的姑娘很少回娘家,自己成家以后,自己也要养活一家人,没事不会经常回去娘家的,就是围着自己一家人转了。那时候,如果女儿与丈夫闹矛盾,可以自己回娘家,回去以后,娘家父母也会告诉自己的女儿,要勤快,好好过日子,不要耍脾气。我的娘家和婆家不是在一个村,我的娘家是共和村的,属于三星镇;婆家这边是矮桥村的,属于宏缘乡,我的户口是迁到婆家这边来了的。结婚以后,我的爸爸很少过来这边的,一般是有事情才过来,我的娘家人也没有怎么过来帮着干活,我娘家哥哥家里种的地也宽,他自己都忙不过来,但是无论如何,肯定还是觉得血缘亲族亲。那时候穷,我的父亲其实也没有多少钱,加之又没有出去打工,就只吃种地得来的粮食。我父亲的身后事都是我的哥哥们出钱安置的,我们嫁出去的女儿没有管过。清明节的时候,姑娘回娘家上坟的少得很,嫁出去的姑娘就连清明节回去吃都不允许的。

(三)出嫁的姑娘与兄弟姐妹关系

我们娘家兄妹的关系都好,再过几天,我的侄子要给他的孙子办满月酒,还邀请我过去参加呢。每次回娘家,虽然我的哥哥嫂子都说不用带礼物,但是自己过意不去,还是会带一些礼物过去,不可能空着手过去,出嫁的姑娘回娘家就算是客人了,我的哥哥嫂子对我亲热得很,说起来都难受,现在我的哥哥都不在了。

一般情况下,娘家的大事还是会请姑娘回来讨论,但是这种情况很少。出嫁的姑娘给娘家兄弟结婚送礼与给姐妹结婚送礼并不是一定谁多谁少,还是要看具体情况,手头宽裕的话,都可以多给一些,手头紧根本就拿不出钱,有那么一个意思就够了。我的爸爸和哥哥嫂子们住在一起的,即使是这样,我发现有时候他们对爸爸的生活还是照顾得不够。人年龄大了还是可怜,有一次我的父亲来到我的婆家这边,我看见他的衣服坏了都没人管,我赶紧让他

---

① 片菜:即两斤左右的半肥瘦猪肉。

脱下来给他补,害怕爸爸冷着,我还拿了一个小火炉给他烤火。出嫁的女儿一般很少再管娘家的事情,娘家也很少管出嫁女儿的事情,我的女儿、儿子婚嫁都是我自己做的主,只是结婚时候请他们过来吃喜酒,当时我的小儿子结婚,宴席摆了三十多桌呢。我姐姐嫁得离我婆家最近,也和她走得最亲。哥哥的话,一般都是有什么事情才走动。出嫁的女儿一般也就是正月才会和娘家走动,大多数就是正月初二,具体还是看娘家的安排,娘家安排正月初几请客,姑娘就初几回去拜年。反正我家一般就是正月初二走父亲那里,其余的兄妹家里,看他们安排哪天请客,安排哪天请客就哪天过去,如果没有安排就不过去,当然,父亲家里无论有没有安排都要过去,这是作为子女应该尽到的孝道。

二、婆家人·关系

(一)媳妇与公婆

1.婆家婚娶习俗

我结婚之前根本不知道婆家这边的情况,都是我父亲做主。当时,我爸爸说我人斯文,婆家家里土地宽,人也勤快,我就该嫁这样的人家。当时嫁过来,这边的公公婆婆都还在,这边总共有五个兄妹,两个女孩,三个男孩,我的公公婆婆还是待我不错,没有怎么让我干过重活,就让我在家里纺棉花、织布啥的。公公和丈夫就是种庄稼为生,我那个丈夫老实得很,做农活一天做到晚,啥事情也不管,别人都要欺负他。我结婚都是1949年之后的事了,没有迎亲的,那时候穷得很,况且1949年之后结婚仪式都简化好多了,但是我们结婚那天还是拜了堂的。我也没有给公婆磕头请安过,结婚之后,我们没有去祖坟拜墓,在堂屋摆点祭品上香作揖就算祭拜。

2.分家前媳妇与公婆关系

我嫁过来之后,婆家这边是公公在当家,当家人其实也没什么好管的,就是种庄稼,当时种粮食还要完成国家公粮任务,有时把公粮交了家里面连吃的都不够。当时婆家这边兄弟多,地里的活都是男性在做,我和婆婆就负责做饭洗衣服啥的,而且一大家人的新衣服、新鞋子我全部包干,都是我在做。总的来讲,我的公公婆婆都对我挺好。我的婆婆没有怎么管过我,但是我的婆婆节约得很,有一次,家里面买了一点肉"打牙祭",一大家人就那点肉怎么可能够,我就跟婆婆建议再煮一些红苕,结果婆婆说"吃肉谁还吃红苕嘛,下一顿再煮红苕"。

嫁到婆家之后,我很少去串门,我自己本身就不会怎么出去串门,我娘家父亲教给我的规矩严格,但是村里面开会什么的我还是要去参加。我结婚是1949年之后,那时候家庭已经没有那么多规矩了,要说1949年以前,媳妇伺候公婆的规矩就多,媳妇连烤火的小炉子都要送到公婆手上,尤其是那些大户人家,一旦媳妇没有伺候好公婆,把媳妇休了都有可能,其实还是要看姑娘娘家有没有钱,姑娘娘家有钱的话,哪怕长得丑也不会受太多气;姑娘娘家没有钱的话,再能干也会被婆家欺负,相反,穷苦人家连媳妇都娶不到,差距就有这么大。

那个时候,有钱人家根本不把媳妇当人看的,婆婆虐待媳妇是经常的事,我都亲见到过。有一次,那个婆婆要吃黄鳝,她自己在厨房炒黄鳝,结果黄鳝下锅后还在动,就溅了油在婆婆身上,出来以后,婆婆就叫媳妇拿鸡蛋给她敷一下,结果,婆婆就嫌媳妇弄得自己疼得很,就叫媳妇把鸡蛋给扔了,媳妇舍不得扔,心想自己平时都没吃过鸡蛋,就把鸡蛋含在嘴里,之后就去弄米做饭,恰好在这时候,婆婆开始唤媳妇,这个媳妇就答应了一声"哎",随后就这样被噎死了,当天晚上婆婆就把媳妇拿去埋了,结果不知道怎么的,在埋的过程中,媳妇嘴里的蛋又吐出来了,媳妇就这样活过来了,把婆婆给吓得,结果回来以后婆婆还是照样虐待媳妇。

1949年以后,婆婆虐待媳妇的就少了,这人我就始终觉得,凡事得有个度,做媳妇的要有个媳妇样,做婆婆的得有个婆婆的风度。在财产方面,1949年以前,家里的财产根本没有媳妇的份,就家里面的老人就把财产全部管完了,有些能干一些的丈夫也可以管一些财产。在婆家这边,我自己纺纱织布,收入用于供全家人,我自己娘家给的钱,有时候还要拿出来给婆家买生活,分家之前,我自己没有存到过私房钱,我都不敢回去告诉娘家人这些事情,都是自己的命。

3.分家后媳妇与公婆关系

(1)分家

当时就是公婆提出的分家,儿女长大成家了,自然就要分家的,当时我们也没想太多。我的婆家分家那时候,家里穷,我们和公婆各吃各的,基本上就算分家了。分家是家庭内部进行的,家里的土地、房屋啥的,写成纸团由家里的几个儿子抓阄,抓到哪个就是哪个。但在我的娘家,分家的时候,我父亲是分了一些财产给我的,土地和房子都有给我留一份。

(2)离婚、改嫁

1949年之前,离婚的少得很,如果丈夫不喜欢媳妇,直接就不要媳妇了,没有离婚手续的。那时候,如果婆婆对媳妇不满意,但是儿子并不愿意离婚,儿子喜欢,这种情况婆婆是不能把媳妇逼走的。1949年以后,父母就管不了子女的婚姻大事了,当然,老实本分一些的子女,父母还是可以管他们的婚事。

(3)男女有别

1949年以前,外出帮工、做营生的妇女少得很,除非是特别厉害的妇女,一方面是公婆不允许外出打工,另一方面那时候很少打工的。以前,公婆的养老基本就靠家里的土地,那时候土地值钱,没有钱就可以把土地租出去给人家种,自己换钱。以前我们家是公公当家,钱都在他那里,他办寿的时候,就自己拿钱出来办,不过话说回来,那时候穷,哪里有办什么寿宴。公公婆婆去世的时候,我们家连孝服都没有穿,那时候是有钱人家里才穿孝服,普通人家根本没钱买。虽然家里穷,但我们还是努力把老人的身后事安排好,因为婆家这边是富农成分。办丧事都要受限制,我们都是深更半夜,偷偷请道士来给老人开路、做灵房。

(二)妇与夫

1.家庭生活中的夫妇关系

(1)夫妇关系

结婚之前,我在街上看见过我的丈夫,我第一次见他就不喜欢他。分家之后,家里穷得很,都是我在管理,他根本管不了,家里修房子、娶媳妇、嫁女儿、买猪、卖猪……都是我在管,老头子就只知道出去干农活,我有时候也会出去干一些轻松的活儿。我们家老头子笨,什么事情都是我出面,虽然我不识字,但我不会吃亏,我会主动问那些识字的人,我家就是这么个情况,虽然我没有文化,但是说了话就要算数。我家老头没有出去打过工,一直在家里种庄稼。我作为家里的当家人,虽然家里贫苦一点,但都是一样地对待家里人,没有亏待过谁。

（2）娶妾与离婚、婚外情

1949年以前，家里有钱的人才娶得起很多媳妇，那个时候，不管谁是妻子，谁是妾，谁能干，婆家就喜欢谁，要是很笨，家里又穷，哪怕是妻子也会被欺负。

如果妻子没有生男孩，有钱人家会再娶一个媳妇，或者过继一个男孩，丈夫过继男孩一般会告知妻子，毕竟抱回来以后要交给妻子养，话说回来，那时候，家里有男孩，最好不要过继给别人，在别人家里可怜得很，别人想打就打。

（3）妻子在家的地位

1949年以前，妇女不敢单独去集市，根本没有单独去集市的女人，一方面是家里管得严，另一方面是妇女单独出门不安全。妇女自己提出离婚的情况也几乎没有，哪还敢提出离婚哦，还担心离了之后嫁不出去呢，哪像现在社会，一有矛盾就闹离婚，而且还不担心嫁不出去。我们现在村里有一户人家的女儿，人很年轻就已经嫁了三次了，要是原来我们吴家的女儿，早就被打死了，一点规矩都没有，这么年轻就嫁了好几个男人，下半辈子该咋过。

2.家庭对外交往关系

婆家这边分家以后，家里的人情往来全部都是我出面，我家老头子就知道埋头干活儿。1949年以前，男性在外面的婚外情，会饱受村里人议论，虽然议论的人多，但是没有人管，大家也就痛快痛快嘴，当作饭后的谈资而已。1949年以前，我娘家家里穷，我还是经常出门，有钱人家里的女孩就没怎么出门，连洗衣服都是在家里洗。我的母亲死得早，家里什么事情我都会帮着分担。

（三）母与子女

1.生育子女

（1）生育习俗

我总共有三个孩子，有一个儿子在伙食团时期，我干活不小心，摔了一跤，把我的孩子摔死了，前两年我的小儿子也得病死了，现在只有一个大女儿在了。我婆家是富农成分，那个时候被限制得很紧的，把我们监视得也很紧，我倒是没有经历过，我婆家的兄弟还被弄去跪在地上斗争。我的大女儿是1953年生的，反正我男孩女孩都喜欢，我的公婆也不嫌弃我生的男孩还是女孩，我对我的媳妇也一样，她生的男孩女孩我都喜欢。但是有些人家就要嫌弃生的女儿。尤其在国民党时期，女孩是不敢随便出门的，男孩子养大了以后，还可以出去帮人家放牛挣钱。所以有的人家就不喜欢女孩。我们那时候家里穷，生了孩子以后，没有钱办宴席，但是我娘家爸爸对我特别好，生了孩子就要过来看我，哥哥姐姐们也会过来，我娘家人对我真的很好。

（2）子女教育

我自己没有读过书，但是我努力创造条件让我的孩子们读书。儿子女儿我都是一样对待的，我自己亲身体会过，没有文化不识字困难得很。所以我一定要让自己的孩子上学，我的几个儿女都接受过小学教育。

（3）对子女权力（财产、婚姻）

1949年之后，社会就不一样了，我的儿女出去打工，挣钱以后可以单独存私房钱。我儿女的婚事都是请媒人说合的，结婚也是合了八字的。所以儿女的婚事都是经过我同意的，我大女儿定亲之前，我就去对方家里看过，虽然对方家里只有父子两人，但是人家很勤快，观察他们种庄稼也是有条有理,种得很好,我就告诉我的女儿嫁这种家庭不会错。当时我给大女儿办了十多桌酒席,嫁妆简单,就只有铺盖和罩子,那时候我都穷得叮当响,没有多少钱置办更多的嫁妆。到我儿子结婚的时候,聘礼我不要人家操心的,给了对方三十六斤肉、九盒糖、九把面,还送了一百元钱过去,那时候一百元钱就算多的了。我儿子结婚之前,没有叫我修房子,当时家里有房子住,我家这个房子在我手上修建了五次,连打地基用的石头都是我去集市上买回来的,我的侄女是个石匠,哪种石头好,她就写个清单给我,我就去街上照着买,这样倒也省事和方便。

2.母亲与婚嫁后子女关系

(1)儿子的婚事、分家

我的儿子结婚早,应该是二十一岁结的婚,我的儿子去世的时候只有四十八岁。媳妇做错事我一般不管,我悄悄在心里生气一下就好了,但是我要管我的孙女,告诉我的孙女让她做事情要有个度,不要总是和丈夫闹小脾气,过日子得用心经营。我儿子结婚时候,他们小两口拜了我们以后,我和老头子就给新媳妇发枕头。我的媳妇嫁过来以后,没有怎么做过家务,在家怀孕生了孩子是我拉扯大的,他们两口子就出去打工,原来我儿子还在世的时候,就告诉他的儿女:"你们将来哪怕不认我和你们妈,也不能不认你们奶奶,你们是奶奶一手拉扯大的。"所以我的孙子孙女都很喜欢我,很孝顺我。我和儿子没有分家,吃住都一起的,况且他们常年在外打工很少回来。

(2)女儿的婚事

我女儿是十九岁定的亲,因为我们家是富农,成分高,村里几个单身汉都想娶我的女儿,但是我怎么看得起他们……我历来都说,我们这个家庭,要是我也跟我家老头子一样老实本分,可能我家早都受了别人好多欺负。我也把我的女儿管得严,我不让我的女儿随便跟男孩子说话,以免上当受骗。村里的女孩定亲年龄是不一定的,有早有晚,一般就是二十岁左右。一般情况下,家里父母看了对方家庭以后,觉得条件可以,女儿也就没什么意见。定亲之后,我家很少与对方走动,有什么事情才走动,没有什么事情一般不走动。

(3)1949年之后农村婚娶特点

现在,我的孙子马上就要结婚了,彩礼随便他自己怎么办,现在社会变了,我们这些老一辈管不了了。但我还是会给他一些建议,我认为对方女孩不需要长得有多漂亮,还是得头脑灵活才好,现在做什么都讲究头脑灵活、人勤快,光吃不做,哪里来呢?话说回来,我那个儿媳妇还是勤快,出去打工找了些钱,马上我的孙子要结婚了,儿媳妇都给我的孙子把小轿车买好了。1949年以前那时候,女性命贱得很,是个男人就可以嫁的,上门女婿少得很,根本不像如今的社会。

(4)父母与婚后子女关系

女儿出嫁之后,我很少与对方走动,最近两年,我更是没有去她们家里了,连正月里都没有去,我的脚不能走路了。我的孙子孙女都是我一手拉扯大的,但是我没有怎么带过外孙,我给我的女儿说好了的,"哪怕你每天少出一点工,也要把自己的孩子养好,妈妈自己也有一个家要操持,你的弟弟还等着娶媳妇嘞,妈妈不努力创造,弟媳妇怎么娶得回来!"就是这样一个情况。我认为外孙与孙子没有什么区别,我对他们都好,所以现在我的外孙、外孙女、孙子、孙女对我很好。虽然都说养儿防老,但是我觉得儿女都好,我的儿女都很孝顺。现在农村不养老人的儿女应该很少,一般不至于闹到法院的,村里人家如果没有儿子只有出嫁的女儿,出嫁的女儿会给一部分钱,政府也会出资赡养老人。

三、妇女与宗族、宗教、神灵

(一)妇女与宗族

1.妇女与宗族活动

我娘家那边有家祠,离我们这里没有多远,就在吴家桥、踏水镇那边,我娘家是从那边搬到三星镇的,举办观音会、上酒会这些,男女都会去庙子里面烧香。1949年以前,进祠堂参加祭祖的仪式,有些妇女去了,有些妇女就没去。总的来讲,还是有钱人才会去祭拜这些,毕竟去祭祖也要带些贡品去,去庙里面烧香也要花钱的。1949年以前,某一个姓的人,子孙后代多,就会办酒聚会,宗族聚餐活动妇女一般可以参加,但是有些家庭不让妇女参加,反正我们吴家未出嫁的女儿是可以参加宗族聚餐活动的,已出嫁的女儿就不能参加了。在宗族聚餐的时候,一般就是一家人坐在一起,不分男女的。妇女在宗族事务和祭祖活动中要帮着做饭,另外,看妇女自己的能力,能做哪些活儿都可以帮着做。

2.宗族对妇女管理与救济

1949年以前,宗族对生男孩和生女孩有什么仪式我不太清楚,反正我生孩子是1949年之后的事情了,没有什么仪式。那些没有男丁的家庭,父母去世之后,一般就是自己的亲女儿继承财产。

(二)妇女与宗教、神灵、巫术

我们以前信神灵,去祭拜的时候男女都可以去,例如求雨、求丰收,而且多数情况都是女性去,没有多少男性搞这些活动。家里如果有人生病要请仙娘来,谁去请是不一定的,男女都可以去请。另外,祭拜灶王爷、祭拜求子观音等也是不分男女的,像我们家,全是我去祭拜的这些,我家连打灶头都是我打的,我都没有拿出去讲过,免得被人家笑话。我家老头子笨得很,就只会做一些出气力的活儿,我年轻时候都觉得好气,自己的命就这样,嫁个男人不争气,现在好了,我的后代都很孝顺,我的孙子也要给我娶孙媳妇了。农村一般是女巫多一些,男巫少一些,一般看谁准一些,谁准就信谁。我是信仰基督教的,原来我的堂屋和楼上房间都是供奉了耶稣的,现在家里只剩下十字架了,没有要其他的了,有人说信仰基督教少病痛,基督教什么贡品都不要的,就是一个星期去学习一次,劝人悔改,多做好事、不做坏事,我家老头子原来在世也是信了基督教的。村落里信仰宗教的男女都有,不识字的还读不了那些资料呢。

四、妇女与村庄、市场

(一)妇女与村庄

1.妇女与村庄公共活动

出嫁之前,村庄活动例如村里聚会、吃饭、看戏等我都参加了的。出嫁之后就很少回娘家了,自然也就不会参加娘家的村庄活动了。以前聚会、吃饭、看戏时候,妇女和男人没有分开坐,都是一起坐的。1949年以前,村庄的会议很少,遇到乡绅、保长、甲长召开的会议,一般就是家里面的当家男性去开会,妇女基本没有去开过会。1949年以后,村庄的会议就是村长或者生产队长召集,1949年以后妇女就要参加村庄会议了,像土改那时候,会议多得很,每天都要开会,妇女参加村庄会议,有的妇女还是会发言。1949年以前,村庄公共事务建设的资金与劳役摊派一般不会摊派到具体人身上,就是按照每家每户来摊派的。我出嫁之前,还知道娘家村子的甲长和保长是谁,现在都不在了。出嫁之后,就不知道婆家所属村子的甲长和保长是谁了,只是听人说过,结婚时候也没有请过他们,和他们没有关系。我对村里的事也不关心,叫我去开会我就去开会,我是不会多说一句话的,我的父亲以前把我管得严,我历来都是这个性格。

2.妇女与村庄社会关系

我在娘家有好几个女伴,就我们房子挨着的都有几个,现在都不在了,只剩下我在了。以前我们经常在一起摆龙门阵、唱歌、打燕儿,我的动作要快一些,其他几个女孩的动作慢一些,只有我能打到燕儿,我们一般就在屋里面玩,我爸爸不让我出门。后来我的女伴出嫁,我没有去参加,那时候连酒都没怎么办,结婚就请一两桌亲戚过去就是了,没有钱招待更多人。那时候的公粮任务是死的,交了公粮以后,家里哪里还剩多少余粮。

1949年以前,女性几乎没有怎么下地劳动,尤其是有钱人家里,全家都很少干活的,一般就是穷人帮人家干活,挣点钱维持生活。新婚之后,我们没有拜访过邻居,平时没有什么事情也很少走动。出嫁到婆家之后,我也有几个关系不错的人,相互特别谈得来。村里的红白喜事很多都邀请我去参加了的,特别是村里的红喜事,我基本都是去的。1949年之前要限制妇女的,没有哪个妇女到处走。我家老头是个老实人,没怎么和别人聊过天。而且自己家里还是事情比较多,晚上很少出来乘凉,冬天就织布、纺棉花,夏天就做鞋子,说到这些女红,我都是被逼出来的技术,我从小就没有妈妈,看别人谁做得好,自己回来就摸索着做。

(二)妇女与市场

出嫁之前,我去过市场,一般是和我的婶娘一起去,但是要提前告知我的爸爸,我爸爸严格得很。出嫁之后也会去市场,1949年之后哪里都敢去了,自己一个人也可以去,一般还是需要买啥东西才去,没事不会去的,市场中也有女性商贩了。想想以前社会,妇女很少去赶集,更不要说在市场或者外地留宿了,那时候封建,读书、赶集都不让女孩子去的。1949年以前,市场活动例如喝茶、听戏、聊天参与的女性特别少。妇女一般就在家里纺纱织布这些,我家里纺纱的棉花是我们自己种的,我们家的棉花好得很,用不完,但是做衣服、做鞋的针头线脑都是哥哥从集市上买回来的。纺出来的布除了自己用,还要拿去卖,主要是我娘家的哥哥去卖,卖了以后他就把钱拿着,后面我结婚的时候,说得好听是哥哥帮我办嫁妆,实际上是我自己挣的钱。我一般都是帮人家做鞋子,后面我哥哥就劝我说,何必那么辛苦帮人家做鞋,还不如自己在家把副业搞好,多养几头猪。所以后面我就在家专门喂猪,到处割猪草,把猪养得三百斤一头,慢慢就手头宽裕一些了。

1949年以后到改革开放前,家里布票、肉票都有,肉票要卖了肥猪才有。布票根本不够用,我家还专门买了好多布票来用呢。现在社会条件好了,不用自己做衣服、做鞋,可以自己买来穿了,大概十多年前,我家就没有自己做衣服、鞋子了,开始自己买来穿。但我的鞋子基本都是自己做的,自己做的鞋子穿得舒服一些,还可以根据自己的喜好加一些设计元素。

五、农村妇女与国家

(一)农村妇女认识国家、政党与政府

1.国家认知

我是1949年以后,也就是毛主席上台以后才接触到"国家"这个概念,那时候唱那个歌,

"东方红太阳升,中国出了个毛泽东,他为人民谋幸福,他是人民的大救星"。那时候的歌我基本都会唱。那之后就开始宣传男女平等了,我记得是大学生在宣传呢。1949年以前,国家没有专门建立小学,女孩子也很少上学,就连大户人家的女孩子都很少上学,毛主席上台以后女孩子就可以上学了。1949年以前,我见过好几种钱呢,有银圆、铜圆、小钱,还有蒋介石的纸票子。

2.政党认知

毛主席上台之前就是国民党在管理国家,但是大家都知道,国民党做事就不像毛主席那么公平。1949年以前,我听说过孙中山、蒋介石这些名字,但是不晓得他们是干什么的,不敢多问,我爸爸对我严格得很,我去开会,他都要在背后悄悄跟着,看我有没有跟别人多说话。现在我也不知道国家主席是谁,不关我的事,我也没有去过问。1949年以前,共产党我也听说过,我认识的人当中还有党员呢,但是我不会去过问别人这些,别人说我听就是了,一般不会多说话的。我还在娘家的时候,就听说过共产党、革命这些词,可能也就是十多岁的样子。我以前还当过干部呢,其实也不算什么干部,那时候当过武装队长,负责召集人开会,我的娘家是贫农,这些事情就是贫下中农来做嘛。

我最早参加共产党组织的投票,就是选代表,我不会写字,没有文化,那时候是举手表决的。我的婆家没有党员,娘家人有党员,我的哥哥和父亲都是党员,当时我的父亲还是干部一把手呢,现在都不在了。他们当初之所以入党,就是跟着共产党走嘛,毛主席上台了大家都知道应该跟着共产党走,不是所有人都可以入党的,必须要历史好、家底清白,而且,党员要起带头作用,随时都要走在人民前面。我认为共产党的干部为妇女办的最大好事就是减轻妇女负担,做什么都是男女平等。1949年以前,我没有参加过保长、甲长召开的会议,我父亲不让我出门的。我也没有裹脚,那时候,政府已经不让裹脚了,当然我的父亲也不让裹脚了,我姐姐比我大年龄很多,我姐姐是裹了脚的。对于村里的妇女而言,这是国家下的规定,大家也就不裹脚了,就跟计划生育说只能生一个孩子一样。

3.夜校和识字班

我小时候没有上过学,就是1949年之后参加了夜校,那时候叫"中学"。那些来上课的老师就是十多岁的学生。识字班我也参加过,识字班就是讲的国家大事,讲美帝国主义是纸老虎,压迫剥削不民主,我都还记得一些呢。当时我非常愿意和大家一起学习,我喜欢得很。

4.政治参与

我认为政府号召废除包办婚姻、鼓励自由恋爱,是一个好的政策,我爸爸原来封建得很,就是他让我嫁到这家人来,否则我不会愿意的。但是说句实在的,婚姻大事还是应该老人帮着参考一些,有些年轻人只能看到眼前,看不了那么远。

5.干部接触与印象

1949年以前,我接触过干部,尤其是土改那时候,大家都在一起开会。现在好多都不在了,我接触到的干部有民兵排长、村长、书记……就是这些干部。

6.女干部

1949年以前,妇女当干部的少得很。我认为女性是可以当干部的,只要有能力、办事情可靠就可以。女性当干部也好,男性当干部也罢,还是要有能力才好,说话有知识才行。但是我不希望我的女儿、儿媳妇当干部,就当平民百姓挺好的。

7.政治感受与政治评价

政府搞计划生育政策,听说是因为人太多了,无论如何,我认为还是生两个好。因为生一个孩子的确是不好,生一个孩子,谁知道这个孩子后面会不会发生意外呢。现在跟以前不一样了,我们原来只能待在家里,现在政府要妇女走出家门,参加社会劳动、社会活动,这样好是好,但是现在年轻人就知道玩乐,年轻时候玩乐不知道积攒,下半辈子怎么办嘛!改革开放之前,政府提倡移风易俗,新事新办,废除旧的人情礼俗,有些方面,政府管着的确是要好一些。当然,有些政策我认为还是不好,政策放得太开了,我知道一个邻居的女儿,人还很年轻就已经嫁了三嫁了,一点女孩子家的规矩都不懂,像什么样子!

(二)对1949年以后妇女地位变化的认知

我听说过妇联会,就是1949年那时候听说的,但是我没有参加过妇联会,我当时还小了一点,我娘家的婶娘参加过。也就是1949年那时候嘛,就开始宣传男女平等、妇女能顶半边天了。那时候唱的歌都是那样说的:"公元1951年,共产解放又三年。"毛主席才来,还没有上台的时候,就开始唱共产党的颂歌了,那时候还要扭秧歌。1949年以后,儿女的婚姻父母还是要管,一般都是父母找媒人说合,父母说了就算数,儿女的婚事基本不会找政府,毕竟都是家事嘛,子女一般也认可父母的眼光,一般还是男的二十岁,女的十八岁结婚。

1949年以后,政府号召家庭要平等,不准丈夫打老婆、婆婆虐待媳妇,现在婆媳关系变得好多了,但是现在有些人也太过了,稍有问题就闹离婚。就是1949年以后,妇女在家里的地位就提高了,至于妇女是否要伺候丈夫,这个不一定的,要看不同家庭的具体情况。男人打女人打得厉害、吵得厉害,政府就要管,但是一般聪明一点的夫妻,谁愿意把事情闹得那么大,闹出去丢人呀,相互忍让一点就过去了。1949年之后,妇女的名字就可以写进族谱了,那之前我都没有名字的,只有小名。与我小时候相比较,女孩子在接受教育上有了很大改善,1949年之前不让女孩子上学的。现在村民代表有妇女、村干部里面有妇女,乡、县、国家政府里面都有妇女,说明我们妇女的地位提高了,妇女也能顶半边天了,在选举时候,我也会投票给妇女。

(三)妇女与土改

1.妇女与土改

土改时候,我还没有嫁到婆家来,我的娘家是贫农,土改工作队还来过我家呢,我是女孩子,就做饭给他们吃。土改那时,我爸爸是分配员,既分土地,也分财产,我哥哥是区里面的大队长,三天就要向上级汇报一次,原来没有手机,只有跑到上级那里去汇报村里的情况。当时土改工作队要动员历史好、会说话的妇女参加土改,因为当时土改工作队下来的人少,还要在当地动员一部分人参加。

当时我根本不想去参加那个土改工作队的,我爸爸也不希望我去参加土改,当时都想要是早点嫁出去就好了。土改那时分土地,也要给妇女分土地,当时还要斗地主,地主有金银的,就要拿出来,有些极端一点的人,地主稍微不配合,就要把地主拉出来打骂,反正我是没有打骂过地主。我父亲那时候当着土改工作队员的面都说过,"他们要真的有那些东西才拿得出来嘛,不可能硬逼人家,把他们打死了也不起作用呀。"以前的儿歌、口号也多,还没分土地之前,就唱的是"公元1951年,共产解放又三年。"后面又开始唱新婚姻"不要媒人来包办,自己做主当主人。"我都还记得一些呢。关于新婚姻,还说男子二十岁女子十八岁,先去扯结婚证,回来以后才结婚,还说了一夫一妻多和顺,何必要去搞重婚。

那时候分地主家的东西,抓阄分到什么就是什么,我们家分了一张桌子,当时就只分了一点家具,衣服没有怎么拿来分过,衣服都拿到街上去卖了。当时分到地主的东西,我怕倒是不怕,那么多人一起,全国都是这样来的,当时搞得热闹得很。妇女也是要参与土改的,工作队先会来村里选人,并不是所有人都会参与到土改工作队当中去的,但是大家心里都有数,积极的都是"半灌水"①,脑子里面没有装东西的,脑子聪明一点的就知道差不多有那个意思就行了,打骂地主后万一遭到人家的报复了呢。

土改分地决策,妇女也是有权参与的,我都参加了,开完会以后,决定从哪里开始分,就从哪里开始分,男女分的土地都是一样多,但是土地证上面只有当家人的名字,听说是这样,我不识字,也不太清楚。分土地那时,我们家土地是够的,就没有分土地给我们家,分土地是分给那些没有土地,或者土地量没有达到某一水平的人家,在分地之前,每家每户有多少土地都是做了登记的。

2.妇女组织和女干部与土改

我们村的土改工作队就下派了一个男性、一个女性。因为工作队人少,还从我们村选了一部分人参与土改。那时候我们村还成立了妇联会,妇联会的主任就是共和村那个姓胡的老太太,现在大家看见她,还会叫她胡主任呢,她自己没有生孩子,去抱养了一个姐姐家里的孩子,后面搞"四清",那个孩子又被抱走了,搞"四清"就是斗争干部的。我当时都参加了妇联会,就在三星街挨着的那个山上开会呢,去了以后就报自己分属的区,那时候,山上都坐满了开会的人。

现在回想起来,那时候土改中说妇女翻身解放,我觉得主要体现在妇女可以出门开会了,以前根本不让妇女出门的,还有妇女也敢说话了,男女平等了噻。我那时候还当过村里的干部呢,但是我的父亲不让我出门,我父亲封建得很,不怎么让我出门。土改时候,做事积极、冒尖的妇女,就是那些脑子里面没有装东西的人,上级怎么安排就怎么贯彻,让打地主就打地主,其实何必哪。

(四)互助组、初级社、高级社时的妇女

1.妇女与互助组

互助组时期,我还领导大家。互助组就是今天帮这家干活,明天帮那家干活,之后就转为合作社了,互助组是不要地主和富农参加的。互助组那时候还要开会动员大家参与呢,以前我娘家庄稼种得好,还把我的哥哥选为干部了,问我哥哥我们家是怎么种的庄稼。我们家还是互助组的带头人,开会、通知事情都是在我们家进行的。互助组时期,妇女要下地干活,但做农活是选几个能干的妇女去,并不是所有妇女都要参与互助组干农活。

2.妇女与合作社

合作社时期,家里的土地都要拿去入社,加入合作社是当家人做主的,但是也是没有办法,这个是国家政策,无可奈何,只有贯彻,就跟现在农村统一修建小区一样的道理。那时候入合作社,刚开始说不要哪些人加入,后面基本上全部都加入合作社了。入了社就必须上工,妇女也要参与劳动,不上工就要受到开会时候的批评,被骂是"寄生虫",只知道吃。以前的大户人家,妇女是不会下地干活的,但是加入合作社以后,不干活就没有工分,没有工分就分不

---

① "半灌水":是讽刺人的话,就是说一个人做事不动脑子,还自认为做得好。

到粮食。因此,那段时期,大户人家的妇女都被逼得去干活。

3.互助组、合作社时期的女干部

合作社时期,我已经嫁到婆家这边,我的婆家是富农成分,不可能让我们当干部的。当时有贫下中农的妇女当干部,是那些特别能干的妇女。

4.对互助组、合作社的整体感知

互助组合作社时期,妇女能干得下哪样农活就干哪样农活,一般就是丢种子这种类似的活儿。男人们干的活就要重一些,例如担粪、挑水这些。我干活还算可以,我从小就没了妈妈,自小就学着做很多事情。互助组时期没有分配粮食。

初级社、高级社时期才开始分配粮食的,后面又是土地下放,各家自己耕种。说起分配粮食,可怜得很,我的大女儿一天只有七两粮食,我的小儿子一天只有四两粮食,这么一点怎么够。那时候分粮食是按照等级来分的,多大年龄,该分多少粮食。其实当时我们农民根本不想搞什么合作社,但是无可奈何,国家政策只有执行。那会儿干活是分组来进行的,一个组只有几个人。

那会儿妇女尤其可怜,不仅对妇女的三期(经期、怀孕、哺乳)没有照顾,而且,社员对带小孩的妇女还要说闲话呢,那时候编了一个顺口溜讽刺妇女呢,就说"出工晚,收工早,进门就把娃娃抱"。经期根本请不到假,产期可以休息,但是期间根本没有工分,开始参加集体劳动时候,我已经有两个孩子了,白天在地里干活,晚上回来就加班做家务,那会儿孩子也可怜,我的大女儿只有几岁就帮忙出去捡柴了,可以跑路的就自己玩,不能走路的就直接背到地面去。与后来的人民公社相比,互助组合作社时期,妇女的劳动其实都差不多,妇女干的活本来就没有多辛苦,加上大家都是磨洋工,没有多少人真正积极干活儿。合作社时期,都是靠工分得粮食,没有工分就没有多少粮食,那时候只要个人愿意,八十岁的老太太都可以下地干活,下地干活就有工分,不下地干活,就只能吃一点基本口粮,少得很哦,根本吃不饱。那时候共产党会多,妇女队长是要参加的,会上妇女也会发言,妇女发言还得说得有理才行,没理也站不住脚。

(五)妇女与人民公社、"四清""文化大革命"

1.妇女与劳动、分配

人民公社时期,我有三十多岁了。当时妇女是要劳动的,不劳动吃饭的时候都要受到批评。生产队其实就那么几个能干的劳力,笨一点的就只有做一些简单的农活。农村就是犁田技术性稍微强一点。那时候生产队的副业,例如养猪这种活,要干部的媳妇才可以干到这种轻松活,我就是做养牛的辛苦活,大热天还要出去割草喂牛,虽然工分高一点,但是真的很辛苦。所以我说我们这个家要是没有我撑着早就垮了。当时生产队的队长、会计、记分员等干部基本都是男的。

大集体时候,大炼钢铁、深翻土地、修水库这些活儿,妇女要是被选上了就必须去。大跃进是1958年时候,那时村里面干活偷懒的就要被弄去炼钢铁,干活能干的就在家做农活,好多人都被这样整过嘛。当时大家都心知肚明,妇女们在集体地里干活就比在自留地里马虎一些,集体干活的时候,大家都偷懒,想尽办法拖延时间嘛,就比如有些人在担堰塘里面水的时候,一会儿要撒尿,一会儿要上大厕,一会儿要美其名曰礼让其他人,就这样偷奸耍滑的。

历来都是国家政策想怎么弄就怎么弄,我们普通农民无可奈何,我现在都八十多岁了,什么事情也管不了了。说句实在的,个体劳动就随便一些,集体劳动就容易扯皮。那时候,哪怕两个人干活儿干得一样好,没有关系的那个人也不可能拿到很高的工分,有关系的才可以拿到很高的工分。那时我的工分算中等,一天有八九分的样子,那时割一亩地的麦子才只有五个工分呢,一个女性最多一天有十个工分。老太太一般就做简单的农活,六个工分一天;青年妇女一般每天八个工分,具体还是要看每个妇女的劳动能力。我家就我和老头子两个人挣工分,小孩子还小,没怎么挣工分。我家老头子出工多,一年到头几乎都在挣工分,虽然只有两个人挣工分,但是我们家在集体劳动的时候,还是挣了几年的钱。生产队分的口粮、油盐、薪柴等,男女是一样的,自留地是按照人头分的。总体而言,我们家虽然人少,但是当时还是余粮户。

2.集体化时期劳动的性别关照

人民公社时期的集体生产劳动,对妇女的生理周期根本没有照顾,都是一样的,我的孩子就是在伙食团时期,干活的时候摔死的。就是我们隔壁那个唐家老太太,在集体化时期就得病了,得了病就遭殃,可怜得很。那时候妇女都是家里家外兼顾的,既要带孩子,又要参与集体劳动。

3.生活体验与情感

人民公社时期,吃集体食堂,就是大家伙一起吃饭。食堂的饭是不可能随便吃的,都是分配着来吃,关系好一点的就可以多吃一点,关系不好就没得吃。那时候很可怜,食堂分配的一点饭,我还要带回来给家里面孩子吃,我都告诉我的孩子,我这样对待他们,要是以后他们不孝顺我,那他们就是真的没有良心。

而且妇女还要少一些,都是有规定的,妇女一般就是吃六七两,关系户的还要好一些,没有关系的就只有那么多。其实当时没有谁愿意吃大锅饭的,原来我们这个生产队有一百多人,伙食团之后只剩下八十多人了,遭了多少人。有些笨一点的人,根本就只有饿死的份儿。吃食堂时候,我家的铁锅、铁铲还保留在家,有时候去外面找点野菜煮来吃,家里面根本没有粮食。后来集体食堂就办不下去了,人都死了好多,不敢继续搞下去了,接着刘少奇就开始搞土地下放,又开始单独耕种,慢慢地家里就有粮食了。

还有那个"三年困难时期"也糟糕,就是1959年、1960年的事情,那时候没有多少人家里敢生小孩,生了小孩也是死了的。当时多亏我们家里勤快,在地里干活时候,偷偷拿点红苕叶尖揣在包里带回来。那时候饿死了好多人,我们家还去帮忙埋人了呢。那时候饿死的男人要多些,男的食量大些,经不住饿,我家老头子之所以没有饿死,那时候一个饼子,我们母子三人吃一半,老头子吃一半,就是这样熬过来的。饿得实在受不了时,有些人会悄悄到生产队的地里刨点粮食,被逮到了是要被打死的,反正我们家不敢去。大集体时期,参加那些集体活动都是强制性的,必须去,不去就没有吃的。大集体时期,那时候日子难过得很,吃得根本不够。干活时,一起说笑都是关系好一些的,一般人哪还说什么话,有时候人多,有些"半灌水"就容易和人闹矛盾,精明一点的不会愿意和其他人闹矛盾。

4.对女干部、妇女组织的印象

我们这里没有铁姑娘队,大队、小队的妇女干部也是从外面调来的,一般比较有能力的妇女才能当干部。我们公社有妇联,现在那个女干部都还在世的。

5.“四清”与“文化大革命”

“四清”就是1966年的事,那时候斗干部。家里的自留地就是初级社转高级社时候,就收回去了,都是后面下放土地时候,才又有了自留地的。“文化大革命”“破四旧”,我家就有一大坨银圆被收走了。

(六)农村妇女与改革开放

1.土地重新下放

分配土地的决策过程,有妇女参加,当时分配土地、划分山林啥的,一般都是家里面的“主要劳动”①去,但我们家都是我去的,男女都是平等地分到土地,土地证上面是家里男性的名字。其实心里面,还是愿意各家自己耕种,但是国家政策想怎么弄就怎么弄噻,我们普通老百姓奈何不了。

2.新时期妇女的政治参与

我还参加过村委会的选举,我是有选票的,我自己不会写字,我一般都是让别人帮我写的,妇女候选人少得很,一般都是男性。

3.妇女对国家政策感知

国家的计划生育政策,制定的出发点还是好的,如果现在让我选择,再怎么养不起,我也还是要生两个,我女儿家要不是我的建议,就没有现在我那个外孙女了,当时我的女婿舍不得钱,不愿意生二胎,当时我还拿钱给我的女儿交罚款呢。现在国家的精准扶贫政策还是好,但是在农村,有些当官的就是乱来的,我的儿子和老头都不在世了,媳妇和女儿也没有和我住在一起,常年都是我一个人在家,我去申请低保,民政局的干部还不允许,说我的外孙能干,媳妇也在做生意,每人每天给20元钱,我也够了,把我给气得,我一家人这些年生病,都把家底掏空了,外孙毕竟是外面人,人家有什么责任养我,再说了,村里面吃“低保”的其他人家,哪个有我这么可怜呢,当时就把民政局干部说得哑口无言了,但是支部书记说没有名额了,最终也没能给我申请到“低保”的名额。

4.农村妇女与外界的联系

我家有电视,但是我一般不看电视,我就听大家聊天说一些国家政策及村里面的情况。现在国家政策好,通讯也发达,我都有一个手机,平时我的儿孙们就会经常给我打电话,他们打过来我就接电话。

六、生命体验与感受

这人无论做什么,还是要以理服人,而且还是要有个度,不能欺软怕硬,原来我的爸爸文化高,就是这样教导我的,包括以前斗地主时期,我父亲也说不能仗势欺人。我这一辈子过成这样都是人的命,再苦也只能自己承受。

---

① 主要劳动:在当地指代家里的男性壮劳力。

XY20170205ZTY 张天英

调研点:四川省简阳市三星镇众合村
调研员:许英
首次采访时间:2017 年 2 月 5 日
出生年份:1931 年
是否有干部经历:土改时期曾担任过妇女队长
是否生育:是
受访者结婚的时间节点、生育子女的具体情况:1948 年结婚,当时 17 岁;1949 年生育第一胎,老人总共有四个女儿,两个儿子。
现家庭人口:1
家庭主要经济来源:养老金、子女赡养
受访者所在村庄基本情况:众合村位于四川省简阳市三星镇,三星镇位于简阳市原三星区,区公所所在地,撤区并乡后,由原来的三星镇和井田乡合并而成。三星镇于 1985 年 2 月经四川省人民政府民政(85)11 号文批示建立,距简阳市区 31 公里,毗邻金堂,四面环山,小溪迂回,清乾隆二十三年(1758 年)建场。因场外东、西、北三方各有凸起的小丘似星,人称"福、禄、寿"三星,因此而得名。有百年以上大、小黄葛树上百棵,成为境内一道独特的风景线。

众合村境内山丘起伏,平均海拔 418-491 米,属亚热带湿润气候区,气候温和,适合多种农作物的种植。境内的农作物仍然以水稻、玉米、红苕、小麦、油菜等为主,近年来,由于科学技术的推进,肥料、机器等的运用,村里的粮食经常大丰收。近年来,众合村的青壮年劳力外流现象严重,土地抛荒情况较多,当地已经有人尝试将土地承包出去,集中起来用于栽培树苗。

受访者基本情况及个人经历:张天英自小没有上过学,家里父亲不允许女孩子上学,只有 1949 年之后上了识字班和夜校。老人年仅十六岁就定亲,因为当时村里有人造谣,说家里养了女娃的要交税,老人的父亲吓得赶紧找人给老人说媒。老人的婆家只有公公,婆婆早已去世,公公虽然严厉,但却从来没有训斥过老人,因为在老人嫁过来之前,老人娘家就说过,绝对不允许自己的女儿在婆家受气,一旦老人在婆家受气,老人家里的三个哥哥就会过来给老人撑腰。

老人的丈夫家里以打鱼为生,基本没有怎么耕种过土地,与公公分家之后,就一直是老人在当家,老人的丈夫常年在外打鱼,卖鱼、购置家庭生活用品等都是老人在负责,老人的丈夫对老人百依百顺。

如今,老人的丈夫已经去世,家里的四个女儿已经全部嫁出去,大儿子也在外面修了房子。老人自己在当初是分给自己的小儿子赡养,小儿子和自己的儿媳常年在外省打工,很少回家来,仅仅会托村里的熟人给老人带去生活费,老人的眼睛患有十分严重的白内障,已经二十多年看不见东西了,平时老人也不怎么出门,家里的柴米油盐全靠儿子托村里的熟人给自己购买。俗话说,养儿防老,老人现在就希望自己的儿子能够经常回来看望自己,与自己聊天。

一、娘家人·关系

（一）基本情况

我叫张天英，1931 年生人，我的名字是父亲起的，就是依照班辈①来起的名字，我是"天"字辈的，而且那时候一般女孩子就叫英、琼、婷的比较多。我家里全是哥哥，我们一共四兄妹，我有三个哥哥，我就是家里最小的。我哥哥们的名字也是我爸爸起的。那时候我们兄妹四个，加上我父亲母亲，就是六口人，人均只有 0.5 亩左右土地，而且我们那里是"干湾湾"②，没有水田，都是 1949 年以后才有水田的。我娘家是简阳平桥那边的，跟金堂县挨得近，到这边有三多里路。土地改革时期，我们家是贫农，苦得很，当时我爸爸都去抬滑竿③来养活我们几个。我们家四兄妹没有被抱养出去的，都自己养着的，我三个哥哥都娶了嫂子的。

那时候不是造谣，说家里养了女孩子的要罚款，我父亲没有念过书，胆小。所以我才十七岁就嫁人了，当时走得匆忙，嫁妆都是后面才拿过来的，连陪嫁都没有。我嫁过来那时候，公婆他们家里还没有土地，都是去租别人家里的土地来耕种，土地改革以后，毛主席给大家分土地，这边才有的土地。土改时期，我丈夫这边也是贫农，人均分到了三亩土地。我丈夫家里有四个兄弟，另外还有一个姐姐、一个妹妹。丈夫这边也没有孩子被抱养出去。我总共有六个孩子，其中四个女儿，两个儿子，生第一胎时我大约十八岁。

（二）女儿与父母关系

1.出嫁前女儿与父母关系

(1)家长与当家

我娘家就是我父亲当家，我母亲主要就是经管家里面的事情，养猪、养鸡鸭等副业都是我妈在管，我妈那时候连集市都很少去。那时候女性当家少得很，基本都是男的当家，不像现在，女性当家的多。当然，农村家庭如果爷爷或者父亲荒唐不成器，妇女还是可以当家。爷爷去世，就是奶奶当家。

(2)受教育情况

我在娘家没有上过学，我父亲都靠抬滑竿养活我们，哪里有多余的钱来上学。但我的几个哥哥都是读了书的。我大哥和二哥学习成绩不好，没有上几年学，我三哥上学时间长，后面还去参军了。其实我也想上学，想是想读书，但是那个年生，女娃儿读书的少得很，1949 年以前，村里面几乎没有女孩子读书的现象，能把女娃儿养着就不错了。1949 年之后就好多了，那之前裹足就把女孩子给限制住了，裹得人一天都不想出门，就是我的脚都裹过，再不 1949 年以后宣布放足，可能脚都会被裹断，那时候脚后跟的骨头直接被裹断，哪像现在社会这么好。

(3)家庭待遇及分工

我在娘家的时候，家人一起吃饭，添饭是有规矩的，年轻人要给老年人添饭，大孩子也要给小孩子添饭，讲究尊老爱幼。在我们家，女孩子也可以上桌吃饭，那时候我家三个男孩，就我一个女孩，大家都很宠我。平日里吃饭座次没有什么讲究，就自己一家人，没有讲究那么多。买新衣服就是过春节的时候买一套，那时候很少买新衣服。一般先把我几个哥哥的衣服

---

① 班辈:含义同"辈分"。

② "干湾湾":即水源条件不好的封闭村庄。

③ 滑竿:一种竹制的简易轿椅，由四个人抬着前进。

买了,再买我的。那会儿穷,家里面小孩子从来都没有压岁钱可言的。

(4)对外交往

过年的时候,女孩也可以出门拜年。如果家里来客人,大家都可以上桌,没有讲究那么多。到别人家里吃酒,女孩子也可以去,我记得十来岁的时候,出去吃饭,就吃点饭喝点汤,然后把那些菜带回来给母亲吃。那会儿虽然穷,但是女孩子外出讨饭我没见过,一般就是家里父亲母亲想办法解决。我们家日子难过的时候,我父亲就把家里的地拿去和别人换粮食,譬如,把我家里的一亩土地拿给别人种一季庄稼,可以换三十斤胡豆。

(5)女孩禁忌

1949年之前,我们那里土匪多,女孩子有十来岁就不能随便出门了,即使出门都要戴一顶帽子在头上,把头发全部包在帽子里面,头发掉在外面根本不敢出门。夜晚睡觉的时候,我父亲都是在门口屋檐边睡觉的,一旦有什么意外,就及时通知家人从后门逃走,往山上跑,以前就有那么乱,我们可是被吓了好些的,哪像现在社会这么好。那时候女孩子白天可以随意在家附近玩耍,晚上就不敢出门了。女孩子一个人去上街的情况更是少见,最少都是几个人一起去。女孩子单独出门要受欺凌的,最好有家人的陪同,去集市都要有家里长辈陪同。女孩子可以跟同村的男孩一起耍,但是自从我们那里发生了一件事之后,就不允许男孩女孩一起玩耍了。以前我们村里有一户人,家里有两兄妹,那时候发现他们两个亲兄妹乱来,就乱伦了,之后就不允许男孩女孩一起玩耍了。女孩子的衣服不能跟兄弟或者父亲的晾在一起,男性的衣服和女性的衣服要分开晒,譬如,一根晒衣服的竹竿,男性晒半截,女性晒半截,不允许男女的衣服晒在一起。洗衣服的时候,女性的衣服用盆子洗,男性的衣服就用桶洗,反正就要分开洗。

(6)家庭分工

在娘家时,我很少去地里干活,只有种玉米或者种花生之类的活儿才叫我出去帮忙丢种子,除此以外我什么农活都没有干过的。但是哥哥要做农活,我大哥和二哥都出去帮过人,只有我三哥没怎么出去帮过人。村里大户人家一般自己做些农活,然后再请些人帮忙干活。一般家庭的母亲,有劳动能力的,还是要下地干活。女孩做的家务事就是做饭、捆柴这些,男孩子就负责在地里干活,吃饭的时候才回家来,男孩子一般不怎么做家务。

我那时候会纺纱,如果计划好了第二天赶集的时候拿去售卖,头一天晚上哪怕加班加点都要纺完。我纺纱纺得早,十一二岁就开始纺纱了,我纺纱踩得重一些,快一些,没过多久就把纺车给弄坏了,我妈还因此骂过我,反正我年轻时候还是可以,见啥都可以学会,现在老了就不行了。织布我也会,织布要晚一些,都在我婆家这边来了,我才学会的。绣花、做鞋、做衣服这些我也会,我的鞋子都是自己做的,插花我也会,就是雕花要差劲一点,我的枕头都是自己插花做的。那时候我的叔伯家里有个婶娘,她女红比较厉害,我去看了以后,自己也回来学着做。我织布织得晚,都是在我婆家这边才开始的,织布的纱就是我婆家这边给的。在娘家的时候,纺纱卖了钱以后,就由我父亲管理。我母亲没有管过这些,买卖都是我父亲负责。那时候纺纱,除了吃饭的时间就是纺纱,一天纺到黑,如果明天要去集市售卖纺纱成果,今天晚上哪怕熬通宵也要多弄一些出来。那时候做鞋没有那么赶工,有时候纳鞋底,有时候做鞋面,有时候就是合成鞋底和鞋面。集体化时期我还在纺纱织布。我孩子大了以后,也就是我三十多岁的时候,就没怎么做这些女红了。

(7)对男孩女孩的教育

父母对男孩女孩的教育方面,反正我家就我一个女孩,三个男孩,都还没有什么区别,但是,有的人家里男孩女孩区别就大了。那时候一般不喜欢女孩,比如我的大嫂就是小媳妇,也就是童养媳,很小就嫁到我家来了,她都说还好有我在家里,我大嫂那时候吃啥都不允许上桌子,我们家里父母和哥哥们都没怎么管我,我就吃饭的时候,偷偷夹些菜,过后拿给我大嫂吃。那时候女孩子一般不敢开腔说话。家规倒是很少,一般只有地主、富农家里才会有专门针对女孩子的家规,一般家庭没有讲究那些。媒人在给女孩说媒的时候,列举女孩的优点,就说女孩家里条件好,人也漂亮,那时候媒人一般会先给家里父母说,父母同意了以后,双方才可以走动。地主、富农家里的女孩,才说教养问题,我们这些普通人家,女孩子根本没讲过那些。我那时候一天到晚躲在家里,连我哥哥们都不知道我去哪里了,还跑去问我妈妈,说幺妹去哪里了。

2.女儿的定亲、婚嫁

(1)定亲经历

我是1949年以前定的亲,十七岁就定亲了,当时就是听说女孩子要交罚款,我父亲吓得赶紧把我嫁出去,当时嫁得匆忙,连嫁妆都没置办,都是后面慢慢补上的。当时有两个媒人给我说亲,但是只允了一个媒婆,另外一个媒婆就没管了。当时,其中一个媒婆说了王姓小伙子和陈姓小伙子,结果允了另外一个媒婆的说亲,还是嫁到一户陈姓人家里的。当时媒婆主动来我家说亲的,就是因为媒婆之前见我在家里帮忙干活,说我是个好女孩,安安静静的不张扬。当时我父母都急着把我嫁出去,因为那时候造谣,说女孩子要交税,后面才知道,女孩子交税只是一个谣言。

那时候定亲要写婚约,还要合八字,男女双方的八字,要有六个字合到才可以定亲。如果八字不合就不能成功,这门亲事就不作数,之前收到对方的礼物也要退还给人家。那会儿的彩礼简单,一般就是衣服,最多就是四套。有钱人家里的彩礼,最多就是六套衣服,六套衣服的情况,是婆家那边经济条件很好的了。定亲双方的家长很少会面商谈,一般就是媒婆两边跑,传达双方想法。女方可以开口向男方家要彩礼数,但是不会直接见面说,娘家有什么想法和要求就告诉媒人。那时候就是犁头、一块肉,还有两把面,用那个毛巾盖着,装在礼盒里面,拿到女方家里去,大方一些的就是两块肉、四把面。

那时候人老实,就是家里父母说了就作数,不会征求女孩子的意见,女孩子连男方人都没有见到的,那时候俗话都说:"正月里来是新年,提个犁头去拜年,多多看看你的郎,免得二回怨你郎。"看的时候都要躲在窗子边看,不能当面看,只能在一边悄悄地看,只有结婚时候才可以双方见面,那时候男女双方都一样,结婚之前都没有正式见过对方的面。我这个是媒婆给我父母讲的时候,我就知道了,当时媒婆是当着我的面说的亲。其实,当时连着说两门亲事都是陈姓人,我心里还是有些不高兴,第一个陈姓人是土匪,万一我嫁过去被打死了还说我是报应,我就不高兴不愿意,然后没想到第二门亲事也是陈姓人,心里还是有些小埋怨。这家陈姓人家境要贫寒些,但是男孩子不是那种土匪,人要忠诚老实一些,我还是相对比较满意。

那时候,定亲后,如果一方去世,婚约就自动解除了。那种情况,男女都会去祭奠对方的,但是彩礼不会退回,再多的彩礼都不会退回。定亲后,如果男方去世,女方再次与其他人定亲,不需要征得过去订婚的男家同意,这个问题之前的男家管不了。如果是女方未嫁而去世,可以埋入娘家祖坟山。定亲之后,可以悔约,悔约的情况还是多,有的人连结婚日期都看好了,还有悔约的。悔约时,媒人、证人都要在场,悔约不需要补偿对方。如果对方不同意悔约,他就给你说几条他娶亲的条件和要求,你自己都觉得达不到要求,也就不好再勉强了。

定亲后,两家要互相走动。那些年,准女婿带过去女方家的礼品就是犁头、面,还有片菜,用毛巾把这些盖住,就是礼盒了。女婿去了以后,岳丈就会好酒好菜招待准女婿。准女婿去老丈人家里不能空着手去,但是岳父不会回礼给准女婿的,那时候俗话都是那么说的:"养女儿的是赢家,养儿子的是输家。"所以岳丈人是不会给准女婿回礼的,哪怕准女婿带再多的礼品来,都没有回礼的。定亲之后,男女双方见面也只能是在女方娘家见面,女方不可能在结婚之前去男方家里的。结婚之前,只能是男方来女方家里,不能是女方去男方家里。要等定了结婚日期之后,男女双方就可以见面了,一般定了结婚日期之后就快了,最多三个月之后就结婚了。

(2)出嫁礼俗

结婚不需要写婚书,我出嫁时候的规矩,比如八字合不合的情况、婚期时间这些,媒人都会两边跑沟通双方,然后我娘家这边接到通知以后,就开始准备。我出嫁那天,有四个送亲的,四个接亲的,意思就是两边各出四个人,愿意来送嫁的都可以来。当时我家亲戚关系都很好,而且我家只有我一个女孩,大家都很喜欢我,在我结婚的前一天晚上,家里面把三张桌子拼在一起,陪我一起聊天,一起唱歌。第二天,婆家接亲的如果带了花来,就要把花戴在身上,新娘子结婚那天要坐宴席的上方位。出嫁那天,父母就告诉我,嫁过去以后要勤快,要听老人的话,不能说脏话,不能凶那边的老人。当时我舍不得我的爸爸妈妈,还有我的嫂嫂我也不想离开,都走了好远一段距离,我还回过头来看他们呢。我出嫁那天摆了酒席,我们那时候最热闹的就是十多桌人,我们家也是摆了十多桌的,主要就是邀请亲戚,包括甲长、保长都是请来了的,但是没有特殊招待保长和甲长,他们来了以后,随便坐哪里都可以,坐下就吃饭了,没有讲究那么多。

(3)女孩的嫁妆

当时我嫁得匆忙,连嫁妆都没有带过来,但是我母亲是给我准备了很多嫁妆的,连枕头都给我准备了十多副,还请人连夜帮我做衣服,那时候,有几副做好的枕头就算是好的了。一般情况下,没有嫁妆,只有一个人嫁过来,会被婆家瞧不起,那种情况还多哦。我嫁妆置办的费用是我父亲出的,我们那时候的嫁衣不是现在这样的,那时候的嫁衣是直袍,嫁衣很长,要盖到脚踝的地方呢,我的母亲早早就把嫁衣给我准备好了。出嫁前,我织布、干农活赚取的收入归当家的人,也就是我爸爸,出嫁时候不能自己带走,当家人给多少就是多少,不能未经允许私自带走。我那时候也没有存到私房钱,那时候一来是人年轻,二来是我做的物品都是父亲拿去售卖,钱直接就在父亲那里了。

(4)新嫁姑娘与娘家来往

我刚嫁出去那阵,娘家的哥哥、父亲都要过来看我,出嫁后的女孩,一般是第二天回门,回门之后就可以随便走动了。回门的时候,女婿也要一起去,女婿还要带一个芭蕉鸡去老丈人家里,是一只公鸡,然后丈人家里相应也要拿一只母鸡出来,然后一起杀了煮来吃,带芭蕉鸡去是有含义的,寓意着女儿带了一个女婿回来了。我出嫁后的第一年,我娘家人也是来给我庆了生日的。

(5)童养媳、换亲、招赘、改嫁

我大嫂就是童养媳,我妈妈是个暴脾气,我大嫂经常受欺负,我都因为我大嫂哭了好多次。那时候,童养媳就是那么个意思,是因为女孩的娘家太穷,实在无法供养女孩了,我大嫂才九岁就来我家了,是我家把她养到二十岁,然后我大嫂就回她娘家,我们这边再用花轿把她正式迎娶过来,还有一个过礼的程序。我都记得,当时迎娶我大嫂时,我们家摆了接近二十桌酒席,全部亲戚都是请来了的,当时我家杀了好大的一头猪。以前,送出去的童养媳与娘家还是要走动,过生日啥的都会走动的。我们当地没有换亲的习俗,招赘的情况倒是有,一般就是家里面全是女孩,没有男孩的情况就会招门女婿,招上门女婿也是会办酒席的。入赘女婿生的孩子跟男方姓,不会跟女方姓的。入赘的女婿有些要和老丈人分家,有些就不会,这个不一定的,要看家庭关系如何,而且,上门女婿当家的情况还多呢。那时候村里改嫁的妇女少,不像现在,现在改嫁得多。二婚还是有彩礼,有的改嫁妇女,彩礼还能够和新出嫁的姑娘相比呢,但是,二婚的女性,婆家要求必须是洗了澡以后才能进门,但对头婚的姑娘就没有这种要求,而且,一般二婚妇女是要被歧视的,会被人议论条件不好,肯定哪里有问题。

3.出嫁女儿与父母关系

已出嫁的姑娘可以在娘家吃年饭,并且,出嫁的姑娘和姑爷在娘家可以同宿。出嫁的姑娘也可以回去拜墓,但是有的家庭有讲究,说嫁出去的姑娘,再回来管娘家的事,就对娘家的兄弟哥嫂不好。一般情况下,娘家有困难,嫁出去的女儿还是会尽量帮助,遇到婆家有意见,就努力克服,尽其力量想办法,而且还要看丈夫是不是跟自己一条心,丈夫如果跟自己一条心,就会帮助自己想办法,这样问题就简单了。女儿出嫁后,女儿本人在婆家遇到困难,娘家是肯定会帮忙的,比如借钱,当然,如果不是女儿自己而是婆家遇到困难,在娘家拿得出钱来帮忙的情况下,还是可以拿出来帮忙的。1949年以前,如果女孩与丈夫闹矛盾,有些女孩要自己跑回去,等女孩气消了,娘家人又把女孩送到婆家那边去。或者过几天等到气消了,丈夫就会来接姑娘过去。

1949年以前,如果出嫁的女儿提出离婚,父母管不了的,嫁出去的女儿就管不了了,话都是那么讲的,嫁出去的女儿泼出去的水,只有未出嫁的女儿父母才能管得住。有些人要给父母讲离婚的事,有些人直接离了婚之后才告诉父母。我的娘家与婆家不是同一个村,我娘家是平桥那边的,但是婆家和娘家来往还是挺多,相互之间要换工,那么远的距离,我的哥哥还请人来我婆家这边帮忙打谷子呢。所以我觉得,说来说去,还是血缘亲族亲,还是娘家人最亲。我出嫁后,就不能分得父母的财产了,我家里面还有三个哥哥,也就是说我父亲是有接班人的。那时候,假如父母只有女儿没有儿子,女儿就可以分父母的财产,没有儿子,相当于女儿就是儿子。同样的道理,假如只有一个女儿,那女儿肯定要给父母养老,如果既有女儿又有儿子,女儿一般就不会管老人的养老问题。父母去世,出嫁的姑娘和儿子都要出钱,也是一样的披麻戴孝。清明时节,出嫁的姑娘如果回去上坟,肯定要先通知兄嫂,通知兄嫂以后,大家一起去上坟。但是出嫁姑娘提来的东西不能直接带到兄嫂家里面去,应该直接带到坟边去,等上完坟以后,有些阳人可以享用的东西,例如猪肉等就可以带回兄嫂家里大家一起享用。

(三)出嫁的姑娘与兄弟姐妹关系

1.出嫁姑娘与娘家兄弟姐妹的走动

我和我娘家三个哥哥的关系很好,不管我是回娘家要半个月,还是一个月也好,我的兄嫂都对我特别好,我带小孩子回去以后自己盛饭不方便,我的嫂子都会帮我盛饭,不会让我自己去添饭的,而且,我回娘家不怎么带礼品给哥嫂,一般就是给家里老年人带点营养品啥的,出嫁的姑娘回娘家,明是客人,实际上自己一家人相当于还是主人,都是一家人。每次我回娘家,如果今天确实没有什么好东西可以招待,第二天,哥嫂也会想办法买来好东西招待我。娘家的事情,一般不会叫嫁出去的姑娘回去参与,俗话都是那么说的,"嫁出去的女儿泼出去的水"。包括我哥哥嫂子家里分家都没有叫我回去的。当然,如果家里需要借钱,娘家人一定会支持的,有一年,我家老头来我娘家这边接我回去,家里就没人,到家以后,发现家里的东西全部被偷光了,后面才知道,原来是头一天晚上我家老头和他父亲在家商量第二天来接我,恰好被小偷听见了,小偷就趁第二天我家没人,把我家偷个精光,我父亲就出钱重新给我家置办东西,我家老头是打鱼的,当时我父亲还重新给他买了一副渔网呢。我的三个哥哥和嫂子都是和我父母住在一起的,没有分家,每次去娘家,我的三个嫂子都对我很好。

2.娘家兄弟与出嫁姑娘婆家的关系

我娘家兄弟在我婆家说话的分量还是可以,我三哥在我娘家那边是当会计的,在婆家这边说话大家都会听的。我在婆家这边,基本没怎么和公公产生矛盾,家里没有婆婆,啥事情就是我说了算。如果出嫁的姑娘在婆家发生了什么事情,娘家兄弟会去帮忙处理,娘家兄弟去了以后,也是尽量劝解,如果娘家兄弟的调解能够很好地解决问题,那婆家就会听娘家兄弟的话,如果摆不平,当然就不会听。后面我的儿子女儿结婚,还是告诉我的娘家兄弟的,请他们来帮忙看人,帮忙给侄子侄女的婚事提意见嘛。我们总共分了三次家,第一次是和我们公公分家,第二次是与我的大儿子分家,第三次是我的小儿子结婚后分家,分大家是内部进行的,分小家也是内部进行的,分粮食就用箩筐当秤,多点少点都无所谓。

3.出嫁姑娘回娘家拜年礼俗

姑娘回娘家拜年,一般就是正月初二,当然也不全是这样,要看娘家正月请客的时间安排。回娘家主要就是给父母拜年,尊敬老人,我的哥哥嫂子都没有在乎这些规矩,每次我去了以后,哥哥嫂子就说、"幺妹,不用那么客气,随便坐。"父母去世以后,我还是会回去拜年,但是时间就不那么固定了,娘家哥嫂安排哪天请客就哪天去,如果他们没有安排请客,那我就随便正月里的哪一天去。

二、婆家人·关系

(一)媳妇与公婆

1.婆家婚娶习俗

我结婚时,婆家这边一共有五兄妹,还有一个公公在,婆婆已经去世。公公和丈夫就是打鱼卖鱼的,那时候他家是打鱼卖生活,周围的人都叫我的丈夫为"陈打鱼"。那时候我们定亲,双方商谈确定后,还办了定亲宴席,当时摆了好几桌呢,请了媒人、村里的干部和亲戚来。迎亲那天,婆家这边的族长也是来了的。

进门那天还要跨火盆,之后就是女司仪主持拜天地、拜高堂、夫妻对拜,爷爷奶奶健在的情况,拜堂就是从爷爷奶奶开始拜,然后才是爸爸妈妈,从上到下的顺序嘛,拜堂的时候,新媳妇要给公婆送枕头。拜堂时,有些人最好不要到堂屋去,尤其是二婚的妇女,自觉等人家拜完堂再进去,否则人家知道了以后会很不舒服,对男的倒是没有什么要求,一般就是针对女性。在婚宴的座次方面,媒人和迎亲的人是贵客,要坐堂屋里面的席位,另外,地位高一些的人也会被主人安排在堂屋。结婚当天下午就要去拜墓,还要烧枕头给死去的祖先,但那之后,我就没怎么去拜墓了,我这辈子大概只去了三次,平时就我的丈夫带着后辈去。

2.分家前媳妇与公婆关系

(1)分家之前的当家人

婆家这边,没分家之前就是公公当家。公公去世以后,就是我接班,管理家里面的事情。公公当家那时候,就是管理打鱼卖鱼的事情,我的丈夫家里是个打鱼户。我公公脾气大得很,家里面事情都是他说了算,要是他的哪个孩子不听话,他就会直接批评那个孩子,但是他不敢训斥我,因为他知道我娘家也是有后备力量的,我娘家有三个哥哥在呢。嫁到婆家以后,我的公公和丈夫主要就是在外面打鱼,我就主要是卖鱼、家里做饭这些。

(2)旧社会媳妇伺候公婆规矩

1949年以前,一般人家媳妇伺候婆婆,主要就是饭做好以后给婆婆盛好,端到婆婆面前,然后帮婆婆添饭。大户人家规矩就要多一些,大户人家有钱,肯定东西买得多一些,打牙祭的时候置办的东西也要多一些,而且自己家里养有鸡鸭,可以下蛋吃,不像普通贫寒人家,哪怕是打牙祭也就只有一两样菜。那时候虽然封建,但是还不至于每天向公婆请安、早上打洗脸水、晚上端洗脚水,一天三顿把饭给公婆盛好,或者天冷的时候,把烤火的小火炉弄好,送到公婆面前,这就算是忠孝,就是好媳妇的标准。我嫁到婆家以后,吃饭可以上桌,饭舀了以后,一家人全部都在桌子上吃饭。其实我觉得还好,没有哪种家务事是必须女人做的,脑子灵活的啥活都可以干,哪怕是在灶间做饭,勤劳善良的丈夫也会帮忙,懒一些的就坐在一边不动。1949年以前,就我的经历而言,婆婆虐待媳妇的是少数情况,大部分的婆婆对媳妇还是很好的,大家都是聪明人,毕竟家和万事兴。如果婆婆虐待媳妇,还是得有点老少之分,媳妇不敢公然反抗婆婆的。分家以后,主要就是我在负责小家里面的事情,啥事情都是我说了算。如果家里公公和叔伯们商量事情,就是在家庭会议上进行,这是不会落下我的,每回家庭会议我都是参加了的。我是家里的大媳妇,其他几家都是小的,一般没有人敢惹我们,我的公公人老实,我的丈夫也和他爸一样老实。所以家里面就是我说了算。

(3)出嫁姑娘回娘家

说起回娘家,我那个母亲是希望我每个月都回去,但是我们主要就是端午节还有正月才回去,当时我这边都和公公分家了,有一次我回了娘家,我的丈夫准备来接我,走之前都和公公说好了帮忙照看一下家里,结果还是被小偷钻了空子,把家里后墙的泥砖给弄开,偷偷进入我家,把我家偷了个精光。等我和丈夫下午回来的时候,才发现家里已经被清空了,只剩下了一张床。之后我的母亲就没那么倔强了,不会叫我经常去娘家了。

(4)媳妇在婆家的财产权

公公在的时候,我家就是公公当家,公公去世以后,家里就由我接班。一般姑娘自己带来的嫁资钱就是姑娘自己用。如果媳妇被休了,媳妇带到婆家的嫁妆可以带走,那个本来就是人家姑娘的,婆家没有权利干涉。我在婆家自己纺纱织布所得收入,是供自己小家,用于自己小家的开支,我没有上交给公公过,自己卖东西挣的钱就是自己保管,公公也允许我有自己的私房钱。

3.分家后媳妇与公婆关系

(1)分家

我第一个孩子出世以后,我家就分家了,大概就是我嫁过来三年以后,就因为我家多了一个小孩,多了一双筷子,我的公公就看不惯了,就提出分家了,那时候分家简单得很,就只分了一碗米还有三个碗给我们,板凳好像有一两个,剩余的都靠我娘家支持。我们总共分了三次家,分家的时候,分大家没有其他人来参与,分小家也没有其他人来参与,家里面那么穷,自己人三下五除二就分完了,把外人叫来看反而丢人。但是在分家之前,我和我丈夫出资添置的东西,分家的时候依然属于我们小家,我的公公不会霸占。

(2)离婚、改嫁

1949年以前,离婚的很少,分家我倒是听说过,那时候一想到分家只给我们分了那么一点东西,我都会委屈得哭,我丈夫就会安慰我,告诉我儿女大了自然是要分家的,分多分少也就那么大回事,还得靠自己创造。1949年以前,如果婆婆对媳妇不满意,但是儿子并不愿意离婚,是不会离婚的,毕竟过日子的是儿子和媳妇。反过来,如果是儿子想离婚,这个公婆就管不了,儿子想离婚,一般就会离婚。如果是儿子想离婚,但是媳妇并无大错,娘家家长不同意,遇到邻居亲朋好一些的,还是会努力劝和,我都见过这种情况。如果没有合理的离婚理由,娘家将女儿送回婆家,婆家肯定是会接收的,凡事说话要讲道理嘛。一般就是在外面搞婚外情,例如儿子和媳妇不和睦,媳妇在外面乱搞,否则,要是人家行得正坐得端,凭啥把人家给休了。

1949年以前,丈夫休妻(离婚)要请证人在场,政府也会先劝和,该批评的就批评,实在没有办法就是离婚处理。1949年以后,公婆家长在子女的婚姻离合上就没有那么大权利了,就开始说自由恋爱了嘛。如果丈夫去世了,妇女改嫁公婆管不了,自己的儿子不在了,就管不了儿媳妇了,妇女改嫁就是自己的权利了。改嫁妇女的私房钱可以带走,除此以外的其他东西是带不走的,儿女抚养的责任要经过村里的干部评定,一般改嫁妇女生的儿子要给婆家留下,因为媳妇把孙子带走,公公躺在地上哭的都有呢。

(3)男女有别

公公婆婆的财产继承,有儿子的寡妇能与其他的兄弟平等继承,也就是说,丈夫死后还继续待在婆家的有儿有女的寡妇可以分到一份财产。如果公公婆婆的遗嘱当中,留言说增加或者减少有子寡妇继承的份额,就会按照遗嘱来。1949年以前,没有妇女外出经营、帮工,可以说,原来的旧社会没有妇女外出打工的。也很少有妇女偷偷跑出去,老话都是那么说的,"跨出去的门槛低,再进来的门槛就高了"。一般只有那种不想好好过日子的妇女才会偷偷跑出去。如果是公婆要媳妇出去帮工,但是丈夫不同意,媳妇可以不去。公公去世的时候,我的孝服与丈夫的孝服是一样的,在其他仪式方面也没有什么区别。但是公公和婆婆的墓地安排是有讲究的,公公的墓地在右边,婆婆的墓地就在左边,去给他们上坟的时候,反正都是埋在一起的,就顺带着一起祭拜了。但是公婆的祭品要区分开,公公的祭品是黑色,婆婆的祭品就是蓝色,这样才好区分开来,公公婆婆在那边才有属于自己的东西。公婆去世以后,主要就是清明节去给他们扫墓,去一次就管一年,除此以外就是过年的时候去祭拜。

(二)妇与夫

1.家庭生活中的夫妇关系

(1)夫妇关系

我与丈夫在结婚之前没有正式见过,结婚那天才正式见面的,我对丈夫还是基本满意,没结婚之前我们就是一个村的,他还经常来我们家要。结婚之后,他没有喊过我的名字,我也没有喊过他的名字,都不好意思呢,就是互相称呼"你""我"。分家之后,我们家就是我当家,后面减租退押,我还担任过妇女队长。

家庭的农业生产,分家之前就是公公在安排,分家之后和公公去世以后,全部是我在安排。如果家里要建房,也是我决定,那些年生修房子不像现在,那会儿修房子是用泥巴修的,一般娶儿媳妇就要修房子了。那些年生的房屋都是泥巴墙,不用登记。我花钱丈夫从来不敢管我,都是我在安排。而且我还有自己的私房钱,人多多少少还是要留一些钱,万一遇到什么变故,才拿得出来,那些年老话都是那么说的,"千有万有要自己兜里有,哥有嫂有不敢伸手"。自己有钱想做啥才方便。分家之后,我的嫁妆就是我自己的,丈夫不敢动我的嫁妆,那是我的财产。我家丈夫历来没怎么干过农活,主要就是打鱼,依靠卖鱼所得收入为生,分家之后,扯开了以后,其实负担还要轻一些,没分家之前,家里人多一些,吃空饭的也多,我们才是付出劳动的人。我们这个小家立家创业,我娘家给的支持多一些,我娘家父母、哥嫂都对我特别好。

分家之后,我家处理家外关系,例如,与村庄的关系、生产队以及大队、公社的关系都是我出面。集体化时期吃不饱饭,我们家从来没有到集体的地里面去偷粮食,我家这个老头骨头硬得很,一粒米都不要人家的。我们都是自己去买的,买粮票、买啥都是。他那时候出去打鱼,早出晚归的,人家放在地里的锄头、粮食啥的把他绊倒了,他都不会要人家的东西,他就是那样的人。我这个丈夫老实,没有出去打过工,去哪个地方打鱼都会提前告诉我,我们小家庭还是搞得好,比分家之前要好些。我们家煮的饭从来都是够吃的,就没有不够吃的情况,我们家买的粮食,米、面啥的都没有断过的,那时候粮食的物价比现在还要高一些哦。我们家庭也比较和谐,基本没怎么闹过矛盾,旧社会的那些女人伺候男人的规矩在我们家基本吃不通,大家都是平等的。1949年以前,厨房的事情一般就是女人做,男的勤快一点的,也还是会主动帮女性分担,例如帮助放柴啥的。而且以前旧社会,洗衣服肯定是女人洗,这个活儿是女性包干了的,男性和女性的衣服还要分开洗,男性的衣服用桶洗,女性的衣服用盆子洗,晒衣服也是分开晒,一根竹竿男女各晒半截。

(2)娶妾与离婚、婚外情

1949年以前,丈夫娶妾肯定要先经过妻子,得到妻子的同意,但是千万不能同意,以前我在娘家的时候就见过这种情况,前面说得好好的,等到男的娶了二房以后,连话都不让原来的妻子讲。很少有人愿意让自己的女儿做妾。那个时候,就给两挑白糖,也就是两百多斤白糖,女的就愿意嫁给人家做妾了。那些人就是想多娶一个,大房没有生出儿子,就指望二房给他生儿子嘞,结果二房生的还是女儿,有时真是天意弄人。娶妾那肯定是比不上娶妻的彩礼,而且娶妻的仪式要盛大一些,二房始终比不上大房的待遇。如果丈夫娶了妾,正室与妾就互相称呼为姐姐、妹妹。我的舅舅就是娶了妾的,后面还吵架闹分家,要说还是一夫一妻好。分家之后,如果妻子没有生男孩,丈夫要过继男孩,要征得妻子的同意,没有经过妻子同意,丈夫不敢随便抱孩子回来的。

1949年以前,丈夫打骂妻子的情况不多常见,但还是有这种情况。丈夫打骂妻子,妻子反抗要看有没有那个本事,没有那个本事的还是只有白白受气,反正我没有受过那个气。1949年以前,年轻、孝顺、长得漂亮的就是好媳妇。妻子纺花织布的副业收入,夫妻关系和睦的就要交给丈夫,不和睦的就不会交。但是我们家是我在当家,我赚的钱就没有交给丈夫,相反,我家老头在外面卖鱼所得收入回来还会马上交给我。家庭日常消费支出都是我负责,告知丈夫一声就行,例如我告诉丈夫,今天需要给某某家送礼,就可以了,到时候吃酒那天,他也就不去外面打鱼,我们一起去对方家里吃酒。

(3)妻子在家的地位

1949年以前,妇女很少单独去集市买东西,去也是结伴而去。1949年以前,还是有女人自己主动提出离婚,但是女方需要说出几个离婚的理由,让男方接受,如果女方提出的理由不合理,不能被男方接受,就不会离婚。妇女离婚后,只有属于自己的东西才可以带走,丈夫掌握着的东西妇女是拿不走的。有些小两口分家立户以后,根本没有经过父母,私自就离婚了,反而是离婚之后才告诉父母的。1949年以后,女人提出离婚的要比男性提出离婚的多一些。

2.家庭对外交往关系

我们家里的人情往来都是我在管,我家老头啥事情都不理的,家里有客人,我还是要一起吃饭,去别人家里吃酒我还是会去。以前那个年代,丈夫的赌债、花债,妻子一般还是会还,还得清就还,还不清就算了,男的就只有出去躲债,慢慢地妇女也就改嫁了,反正我家老头烟酒都不吃。1949年以前,如果是妻子出面借钱,对方借还是会借,但是对方会看你有没有能力偿还,没有能力偿还对方肯定不会借。但女的去借钱不一定能借到,对方会考虑妇女万一出走了呢,去哪里找人偿还。

1949年以前,丈夫在外面的婚外情,村庄舆论会进行批评,这样一来,就把家里面的妻子害了,同时,丈夫在外面乱搞,几年之后不回来,家里面妻子也会逐渐改嫁。反过来,如果是女人在外面有婚外情,村庄的舆论也会说这个妇女不学好,到处讲,讲得这个女的以后都嫁不好。

1949年之前我只有十多岁,没有怎么出过远门,最远的地方就是从我娘家到婆家这边了,有三十多里路。那时候社会不太平,外面到处造谣说二十多岁的姑娘要被拿去卖,哪像现在这么太平,原来社会女孩子一个人根本不敢出门,无论出门去哪都要有人陪着一起。

(三)母与子女

1.生育子女

(1)生育习俗

我有六个孩子,四个女儿,两个儿子,我的老大是个女儿,是我十八岁时候生的。我们那时候对生儿子、生女儿没有什么区别,我们一家都没有区别,就请个接生员来接生就完了,生男生女都一样,孩子满了四十天以后,会带小孩子去上坟。那时候家境不是特别富裕,而且也嫌累人,生了小孩子也就没有办过酒席。但是生了小孩以后,娘家会有人来庆贺,娘家父母主动过来,哥哥嫂子也会来,带鸡、蛋还有蒸酒来。那时候没有那么多讲究,人家高兴来我们这里要,随时都可以看小孩子,不管小孩子多大,或者有些人见了小孩以后,愿意给小孩点红包的就给点红包。

女儿和外甥回娘家,一般就是正月或者过生日的时候。孩子满周岁一般是要庆祝的,家里面的亲戚都会过来。我的公公也不管我生的男孩还是女孩,不敢虐待我的,在定亲之前就说好了的,我的娘家就只有我一个女孩子,绝对不会让我在这边受委屈的。所以我嫁到婆家以后,我的公公无论如何都不会说我的。后面我妈妈还问我这边日子是否好过,因为之前听说我的公公要打婆婆,我的母亲就担心我的丈夫也会打我,结果我丈夫是一点坏样都没学到,对我百依百顺的。但有的家庭对媳妇生男生女区别就大,如果媳妇只生女孩,或没有生育能力就会受到嫌弃,不会给好脸色看,或者直接重新娶一个媳妇。

(2)子女教育

我的四个女儿只有两个女儿上了学,一个初中,一个小学,另外两个儿子都是初中毕业了的,在教育方面,谁到了上学的年龄,就谁上学,没有区分男孩女孩。而且我和我丈夫都是一条心,男孩女孩没有二样对待的。我的儿子女儿们也没有分开教育过,我的丈夫常年在外面打鱼,在公社的渔场里面,他没怎么管过孩子,家里面教育孩子的事情都是我负责。

(3)对子女权力(财产、婚姻)

儿女结婚之后,他们自己就有私房钱了,结婚之前,有时候出去帮工挣的钱也是他们自己管理的。我儿女的婚事都是请媒人说合的,我大儿子的婚事还是我三女儿说的媒,我儿女的婚事,也是合了八字的,如果八字不合就各走各,就不成功,该退亲的就退亲,他们结婚必须经过我的同意。我的儿女们结婚仪式,和我当年也没有多大变化,我大儿子看日期之后是十月份结婚,小儿子看日期后是七月份结婚。我女儿的聘礼就是几套衣服,还有肉、米这些。我给女儿的陪嫁,老二和老四就是四套被子、四套被罩,还有两个柜子,老大和老三就是两套被子、两套被罩,一个柜子。到了我儿子结婚的时候,聘礼就是对方那边安排,媒人两边跑,传达女方的意思,我们这边就准备聘礼,对方怎么安排我们怎么准备。我儿子结婚那时候还是要花好几千元哦,最少都要花费五六千元,也就是80年代的时候,钱全部都是我们自己出的,实在不够就去借钱。我儿媳妇的陪嫁是由媳妇自己支配,她带来的陪嫁我们管不了,没有权利管。儿子结婚之前要看女方的要求,女方要求盖房就要盖房,盖房的费用就是我们老两口出。盖新房的时候,出嫁的女儿要过来帮忙出力,或者在钱不够的情况下,女儿也可以适当拿出一点钱,帮忙把家里兄弟的婚事了了,后面还给女儿即可。

2.母亲与婚嫁后子女关系

(1)儿子的婚事、分家

我都记不清儿子哪一年结婚了,反正我的大儿子都五十岁了,小儿子也有四十五六岁了,我媳妇对我还是挺好的,没有什么毛病可以挑。我儿子结婚时候,媳妇也是拜了公婆的,结婚那天,午饭过后就拜我们。结婚那天,我们要先给媳妇红包,之后媳妇才能进堂屋。我的儿女这一辈人,媳妇伺候丈夫的就少得多了,但是我的大儿媳妇就会伺候丈夫,会给我的儿子添饭,大儿媳妇是学习她娘家的做法,但是我的小儿媳妇就不会。我们家基本没有闹过矛盾,分家也是和平进行的,当时是我儿子提出的分家,当时我大儿子看快要给小儿子定亲了,就主动提出分家了,当时我都还没有反应过来,我的小儿子就答应了,两弟兄的态度都比较强硬,就当天晚上就分家了,就以箩筐为秤分的粮食,麦子、苞谷都是这样分的。当时我的大孙子只有几个月大,分的家时候,还是依照大儿子家三口人,我们老两口和小儿子三口人平均分配的。分家时没有请人来,就是自己一家人就分了,房屋的话,当时大儿子家三口人分了一间堂屋、一间寝室、还有一个厨房,剩下的就是我们老两口和小儿子。分家时候没有立字据,啥都没有写。分家之后,我大儿子高兴得很哪,就是大儿子提出分家的,都是他们兄弟两个自己分的,我和我家老头子根本没有参与。分家的时候家产由儿子平分,没有分给女儿。媳妇带过来的嫁资钱,分家时候不得拿出来,那是她自己的东西。在分家之前,如果是儿子媳妇出资添置了农具、家具等,分家时归他们小家。女儿不能参加分家,儿子要承担给父母养老的义务,家产都是儿子享受。

(2)女儿的婚事

我大女儿定亲早,大女儿的对象就是我们一个村的,定亲之后大女儿就不经常回来了,才十六岁结婚了,她的对象是她自由恋爱的。我的大女儿是定亲早,我的二女儿都是十九岁才定亲,村里女孩一般就是二十岁左右定亲,不会超过二十岁。定亲时,父母会征求女儿的意见,一般父母看对方小伙子对女儿比较忠心,为人踏实就可以了。定亲时,女儿与对方见过面,我女儿这一辈人结婚就要稍微复杂一些了,我们结婚那时候的风俗要随便一些。女儿定亲之后,两家就要走动,生日往来啥的都要走动。娘家给的嫁妆,一般不会受婆家给的聘礼影响,要看姑娘的娘家自己,因为嫁妆多少也会涉及娘家的面子问题。所以娘家一般都会努力为女儿置办嫁妆,当时为了给三女儿办酒席,把家里的肥猪都卖了。

(3)1949年之后农村婚娶特点

1949年以后,到我女儿出嫁的时候,婚嫁习俗没有以前那么多了,但是比我们以前的彩礼聘礼都要多一些了。现在年轻人跟我们那时候变化大多了,现在结个婚随便都要花好几万。1949年以后,一般就是家里没有儿子、家庭条件还不错的人家会招上门女婿,招上门女婿比娶媳妇儿花的钱还要多一些,还要把自己的女儿培养好一点,男方才愿意过来。入赘的女婿有好的也有坏的,这个都是命数,有些忍气吞声、有些还是大吵大闹。总之,好的上门女婿占多数。

入赘女婿生的孩子跟男方姓,入赘的女婿其实和儿子差不多的,有的闹分家,有的则不会闹分家,反正我们村子里面招的几个上门女婿都挺好的。如果家里有什么祖传手艺,一般还是会传给上门女婿。入赘家庭里面还必须对上门女婿好一些,否则日子怎么过下去。如果上门女婿离婚,财产不可以带走。

(4)父母与婚后子女关系

我与姑娘的婆家,就是有什么事情才会来往,平时不怎么走动。如果姑娘家有困难,我们做父母的还是尽量会出钱出物帮助。两个儿子的小孩都是我养大的,平时买零食啥的,都是我们自己出钱,我们当爷爷奶奶的,还是应该出钱。外孙我没有养过,对方家里都有爷爷奶奶,他们自己养。外孙和孙子还是有一些区别,外孙对那边的爷爷奶奶,肯定比对外公外婆好一些,那肯定是自己的孙子孙女亲一些。

我现在由我的小儿子赡养,因为当时分家是分开了的,大儿子赡养我家老头,小儿子赡养我,大儿子才养了三年我家老头,我的老头就去世了。女儿没有怎么来过,就是偶尔过年过节,或者我过生日的时候,才来一两次,给我带一点礼品。现在农村,一般儿女都会养老人,因此打官司的也很少,我还没有听说过儿女不赡养老人打官司的,只听过离婚打官司的。村里人家如果没有儿子,只有出嫁的女儿,就是几个女儿凑钱养老人。我觉得,为了防老,还是要养儿子好一些,虽然现在都说养儿养女一样好,但是实际上还是儿子好一些,女儿只有偶尔才会过来看我一下,俗话说"孝顺女儿路上走,孝顺儿子守床头"。

我历来就不喜欢去女儿家里住,原来年轻的时候就很少去,现在老了,眼睛也看不见了,就更是没有去过了,去女儿家里我总是不习惯,哪怕把我招待得再好,我也觉得不习惯,何况我现在都八十多岁了,女儿们就更不会接我去她们家了,万一哪天我死在她们家。儿子回来,我就希望跟着儿子一起住,儿子没有回来我就自己一个人单住。女儿就不一样了,女儿自己有一家人,在女儿那里住久了,总是会落一些闲话,我这个人有怪毛病,历来听不得那些话。

三、妇女与宗族、宗教、神灵

(一)妇女与宗族

1.妇女与宗族活动

我们村庄以前有祠堂,妇女可以进祠堂参加祭祖的仪式,如果丈夫不在家,妇女也可以代替丈夫参加宗族会议,聚餐活动妇女也是可以参加的。在宗族聚餐的时候,妇女是跟丈夫一起坐,没有分开坐。妇女在宗族事务和祭祖活动中,就是打扫卫生、准备饭菜啥的。妇女的名字写进婆家的族谱,如果宗族扫墓,妇女可以参加。我出嫁时,娘家去祠堂告诉祖宗了的,我还去拜了祖先。村庄以前有家祠,但是有些远。祭祖的仪式妇女也可以参加。我出嫁时候,娘家宴请了家族各房支,宗族、家族物品分配我没有享受过,只有家里哥哥才享受过。

2.宗族对妇女管理与救济

如果一家人只生了女孩没有男孩,在族里会受气,会受到挖苦。如果没有男丁,父母去世后,是亲女儿继承财产。村里以前有溺婴现象,女娃娃就有被溺死的,因为不喜欢女孩,那时候家里丈夫在妻子生产的时候,就会准备帕子和米,让妻子咬在嘴里,如果发现妻子生了男孩就留下,一旦妻子生了女孩,就直接把女婴往水桶里面扔,女婴一会儿就断气了。我的公公就这样干过,都是后面我丈夫的兄弟告诉我公公,他想要一个妹妹,当时我婆婆生产的时候,我丈夫他们就一直守在婆婆身边,才把婆家这边唯一一个女儿留下。宗族层面对寡妇没有什么帮助救济,但寡妇改嫁需要宗族同意。

(二)妇女与宗教、神灵、巫术

天干求雨的时候,就问老天爷什么时候下雨,要许愿,等到下雨之后再来还愿,再次买上公鸡啥的去祭拜。以前求雨、求丰收都有个专门的带头人,而且像求雨、求丰收这种祭拜活动,一般要年龄大的去才可以,无论男女,而且去的人起码也有二三十个,而不是几个人去,我记得我都去过好几次,在集市上,无论哪个商贩,知道我们是求雨、求丰收的人,都会拿出一部分钱给我们,由我们带到庙里去,作为贡献。那时候祭拜神灵男女都一样,没有什么区别。例如,祭拜灶王爷、土地公、求子观音等。但是如果家里有人生病,需要请神,大部分就是男性去做。农村是女巫、男巫都有,他们就是花钱去修庙,一般相信男巫的多一些,因为有些人说女巫算得不准。我家以前供了三代先人的灵位,我的眼睛很多年都不好了,没有出过门,一般就是在家里面祭拜。我现在信佛教,希望我的子孙后代在外面打工顺顺利利的,身体健康,多挣一些钱。

四、妇女与村庄、市场

(一)妇女与村庄

1.妇女与村庄公共活动

出嫁之前,村庄活动例如看戏、求神我都是参加了的,看戏的时候妇女和男人没有分开坐,全部都在一起。出嫁之后,我还参加过村里的吃会,养男孩的就要带一只公鸡去,养女孩的就带一碗豆腐去。1949年以后,村庄的会议就是生产队的干部,例如队长召集,妇女可以参加会议,我都参加了村庄会议的,发言的话,读过书有文化的妇女才会发言,没有文化的妇女就不会发言。我出嫁之前,知道我们村的绅士、保长、甲长是谁,出嫁还要请他们过来吃喜酒,请他们做证婚人。但是过去这么多年都已经忘了,这些干部都是生产队群众选举的,保长就是管理兵的,甲长就是收各种款项。我个人对村里的事情还是挺关心,出嫁之后,丈夫所属村子的绅士、保长、甲长是哪些人我就不太清楚了,但我对这边村子的事情还是关心,既然嫁到这边来,就是这边的人了。

2.妇女与村庄社会关系

我在娘家有好几个女伴,我们有好吃好玩的都会互相分享,有时候她们还会偷偷把家里的东西拿出来分享。我们大多数时候是在家里耍。女伴出嫁,我都是去了的,我结婚她们也是来了的。她们出嫁那时,我都还是穿的长袍,叫直袍,一般就是蓝色,红色的衣服很少。我有四个好朋友,有两个哭嫁了的,有两个没哭嫁。

1949 年以后,村庄会安排女性参加劳动,劳动为主呢,一般就是男性一天十个工分,女性七个工分。换工的话,肯定是男的干活厉害一些,有些不计较的就是一个男工换一个女工,有些就是一个男工换两个女工。我们新婚之后,没有去拜访邻居,就是拜访了一下婆家的亲戚。出嫁到婆家之后,我也有好几个朋友,男女都有,相比较而言,还是和自己脾气、性格相投的人走得近一些。村里的红白喜事,以前年轻时候经常叫我去帮忙,现在老了不行了,连门都出不了。1949 年以前,玩得好的妇女,平时一般聚在家里面聊天,夏天晚上乘凉,妇女不敢出来,那时候土匪猖獗,晚上都要待在有后门的房间,一旦遇到什么突发情况,就好从后门及时逃走。关系好的妇女在一起,带头人没事就把大家组织在一起。现在的妇女还会一起聊天,经常的。现在聊天的内容跟以前又不一样了,现在社会不同,时代不同了。现在的男女都不流行纺纱织布了,原来我们就靠这些存私房钱。这些女红技术我在娘家就会了,我自己看人家做就慢慢学会了,没有人教过我,做啥都是看人家做了之后就开始自己摸索。

(二)妇女市场

出嫁之前,我去过市场赶集,街上我还去得多,跟着父母、哥嫂都一起去过。当时,一般去集市就是去买我的东西,买丝线啥的,要买好几样,买了回来之后就自己做手工。出嫁后我也经常去市场,一般和这边的姐妹一起去,市场中卖东西的女商贩很多。以前,女性有在市场或者外地留宿的,就是住在旅馆,当时有专门的男旅馆,专门的女旅馆。我家里纺纱的棉花是自己种的,家里面种了几亩棉花。织布的纱是自己纺的,织出来的布大多数都是拿去卖的。一般就是我父亲去卖,卖的钱也是在他那里,他是我们家里的当家人,置办家里的生活也是我的父亲负责。做鞋做衣服的针头线脑就是在街上买,衣服和鞋子这些,一般就是做了自己穿,没有怎么买过这些东西。

1949 年以后到改革开放之前,妇女在集市卖一些鸡鸭、蛋类都是可以的,没有什么限制。家里面都发了布票和肉票,没有豆腐票,布票贵重得很,那时候没有布票就买不到布匹,我家布票根本不够用,还要去买布票来用,有的人家就把布票攒下来换粮食。我们没有买过肉票,有时候我们自己家里的肉票还用不完,现在好了,现在那些票证都不需要了。我那几个孩子长大了,慢慢就没怎么自己做衣服了,大概有二十多年我没有自己做鞋子了。1949 年以前,村里人进行物物交换的情况还是多,但是一般就是在粮站进行的,人们把粮食担到粮站去,粮站的人说怎么换就怎么换,这件事情的赢家就是粮站,换得多就家里男女一起去,换得少就是男性单独去。

五、农村妇女与国家

(一)农村妇女认识国家、政党与政府

1.国家认知

还没有生小孩的时候,我就知道国家这个概念了,可能也就是十多岁的时候,是通过开会知道的,国家就是人民政府。1949年以前,我用过的钱种类挺多,有小钱、铜钱,还有政府的票子,后面有人专门来回收,还卖了一些钱。1949年以前,妇女也要向国家交税,男女一样多,都是按照人头来的。

2.政党认知

1949年以前,我听说过国民党,也在开会时候听说过孙中山和蒋介石,但我对国民党没有什么印象。现在的国家主席是谁我也不太清楚,我现在眼睛也看不见,我的眼睛都瞎了二十多年了。1949年以前,共产党我是知道的,我认识的人当中有共产党员,而且有女性党员。听说过共产党、革命这些词,就是开会的时候听说的,是生产队长开会时候提到的。我还当过村里的干部,当过妇女队长。

我最早参加共产党组织的投票,就是选为人民服务的干部,当时我们是写的选票,我是请生产队的人帮我写的选票,我不会写字,我之所以选择某人当干部,是因为那个人成绩好、综合素质优秀,能够为人民服务。我的家人当中没有党员,我也没有入党,那时候党员要交党费。我觉得共产党的干部为妇女办的最大好事就是为妇女撑腰,提高妇女地位,蒋介石的国民党就不敢再压迫我们了。

1949年以前,我参加过保长、甲长召开的会议,那时候二十岁左右的男丁就要被拉去当兵,家里需要拿钱去把他们取回来,但是只有保长前去才能把人取回来,其他人是没有办法的。国民党的干部我没有接触过,共产党的干部我接触过,就是去开会时候接触的,后面有了小孩子,有了绊脚石之后,有一段时间就没有去开会了。

我以前是裹了脚的,我估计当时要是再多裹半年,我的脚都会被裹断的。后面就是政府不让裹脚了,当时政府就说的是"放足好,下得土来下得田,免得公婆请长年"。插秧的时候,大脚可以下田劳动,小脚就不能下田干活。当时大家都觉得不用裹脚好,哪里都可以去,也就不再要小脚了。我以前还经历过政府号召剪短发,当时说的是长头发"会影响人",助长那些乱来的人的行为,当时都已经是毛主席时代了,当时我们村的妇女都剪了短发的。

3.夜校

识字班和夜校我都上过,来上课的老师有男的也有女的。识字班主要就是午饭过后去参加,下午就回来了,识字班只上半天。识字班还是可以,可以认些字嘛,当时参加识字班是有人组织的。

4.政治参与

我认为政府废除包办婚姻、鼓励自由恋爱还是有一定好处的,自由恋爱结婚,免得因为父母包办,日后过得不幸福埋怨父母。

5.干部接触与印象

1949年以前,我接触过干部,就是保长、甲长这些,还有生产队的干部。我接触的职位最高的是大队的干部,职位最低的就是生产队的干部。

6.女干部

1949年以前,我认为女性可以当干部,这样可以提高女性的觉悟。相较于男性干部,女性干部没有那么多脏话。要是我的女儿或者儿媳当干部,我就高兴哦,干部家庭怎么也比普通社员家庭好一些,平时说话分量也要重一些。

7.政治感受与政治评价

政府实行计划生育政策,是因为人口发展得太多了。但是我们老年人,就始终觉得生一个太少了,最少也应该生两个。就这个想法。我认为农村实行计划生育的具体困难就在于不同的人想法不一样,有的人愿意按照国家政策来,有的人就不愿意按照政策来,有的人愿意养一个孩子,有的人就觉得养一个太少了,无论如何哪怕偷着也要养几个孩子。现在社会好,政府要妇女走出家门,参加社会劳动、社会活动,姑娘媳妇满天下走,比我们原来幸福多了,我就希望青年人多多地帮助国家。改革开放前,政府提倡移风易俗、新事新办,废除旧的人情礼俗,我认为政府还是该管这些事情,管了就要好一些。

(二)对1949年以后妇女地位变化的认知

我听说过妇联,开会的时候听说的,我还参加过,就是生产队组织的,当时说的是"妇女能顶半边天的"。我还听说过男女平等、妇女能顶半边天这句话,具体什么时候我记不清了,就是在生产队开会时候听说过,也就是三十岁左右的时候。1949年以后,儿女婚姻一般还是父母做决定,有的儿女也是自己谈的恋爱,如果父母不同意,儿女不会找政府,而是继续说服自己的父母。1949年以后,政府号召家庭要平等,不准丈夫打老婆、婆婆虐待媳妇,现在比起以前好多了,原来丈夫打老婆的多一些。现在要是政府再来一个政策,规定不准媳妇虐待婆婆,那我才高兴哦。总的来讲,1949年以后,妇女在家里的地位就提高了,这和政府是离不开的。1949年以后,妇女伺候丈夫的就少了,现在妇女伺候丈夫更是少。政府和村里的干部也要管男人打女人的事情了。女孩子在接受教育方面也比我们以前好多了,我的女儿有些是上了初中的,我的孙女现在也在上高中了。女孩子上学和政府的政策是离不开的,现在女孩子的文凭越来越高了。现在村民代表也有妇女、村里干部有妇女,乡里、县里、国家政府里面都有妇女,说明我们妇女的地位提高了,我选干部的时候,也投过票给妇女。

(三)妇女与土改

1.妇女与土改

土改时候,我的婆家被划分的成分是贫农,以前我老头他们家里没有土地,都是去租别人家里的土地来耕种。当时土改工作队在我们村里待的时间还久。

我们村子大,当时来了九个土改工作队队员。土改中妇女都分到了土地。我还参与过开会、斗地主,那时候我管理了一连人,有二十个人,负责抄地主的家。当时去地主家里抄东西,抄了什么吃的东西出来就要煮来吃,要是不煮来吃,就会被说成是没有和地主割断联系,一天结束,还要去干部那里汇报抄地主家的情况。我还上台诉过苦、斗过地主呢。那时候天天晚上都要斗地主。当时我们大家庭分了几间地主的房子,分地主的楼房,当时根本不怕的,那时候的歌谣我都记得一点,"地主富农要打垮,穷人翻身好降压"。

妇女也要参加土改和斗地主,开群众大会的时候,大家都去斗地主,让地主跪在地上,大家都要去打他们,不打他们,就会被认为是没有和地主割断联系,实际上聪明人都知道,即使是打地主也要有个轻重,不可能直接把人家打死。当时斗地主,一般是男性积极一些,下手狠毒一些,女性看着地主被打也觉得可怜,下手就不会那么重。土改分土地决策妇女有权参与,我都是参加了的,妇女和男人分到一样多的土地,人均三亩地。虽然土地证上面是家里男性的名字,但是家里分的土地大多数时候都是我做主,我家丈夫经常在外面打鱼,很少在家。

2.妇女组织、女干部与土改

当时我们村的土改工作队没有女队员,都是男的。我们村里面成立了妇女会,到现在那个妇女会的主任都还健在的,她姓李,是个能干人,能文能武,能担能算啥都会。我也是参加了妇女会的,都可以自由发言,我家丈夫不会限制我参加妇女会,家里面的事情都是我做主。那时候天天晚上都要熬夜,要去开会,从我们村子走到尹家庙那边去开会,好几里的路呢。参加妇女会呀,没办法,被选上了就要参加,再忙不过来都要去参加,当时我都有一个小孩了,晚上去开会就只能把小孩锁在家里。现在回想起来,我觉得土改时候说的妇女翻身解放,主要体现在男女平等,妇女也可以顶半边天了。土改时候,冒尖当村干部的妇女一般就是贫农,要有能力一点,会说话,开会的时候要能够把大家带动起来。

(四)互助组、初级社、高级社时的妇女

1.妇女与互助组

互助组那时,我记得就是生产队的干部,开会的时候就动员大家,我们家加入互助组主要就是我做的决定,互助组时期,妇女也要下地干活,一般就是几个人为一个小组,依据土地亩数来分配耕作面积,其实当时还挺愿意和互助组一起下地干活的,大家一起干活说说笑笑的也热闹。

2.妇女与合作社

合作社时期,家里的土地和农具都要入高级社,主要就是我做主,我的丈夫常年在外面打鱼,很少在家务农,合作社时期,全部的妇女都要下地干活,依靠工分吃饭,没有工分分粮食就没有份儿,而且那时候没有单干户。

3.互助组、合作社时期的女干部

我当过互助组、合作社的干部,当时干活我还要带头走前面。那时候还是挺艰难的,我觉得没有小孩子当绊脚石就要好一些,有小孩子需要照顾,开展工作始终没有那么轻松。我们那时候没有女组长,但有女社长,是大家选举产生的,她当干部主要就是管下面的人,上级干部管下级干部。

4.对互助组、合作社的整体感知

互助组、合作社时期,其实跟历来是一样的,妇女要做轻一些的农活,男性干的活重一些,男性的报酬自然多一些,打个比方,男的一天十二个工分,妇女最多只有七个工分。粮食分配是依据工分来的,工分多粮食就多。互助组合作社那时,大家都和睦的话,还是愿意大家一起干活,热闹一些,和谁一起干活,在哪干活,都是听从生产队长安排,被安排和谁一起干活,就和谁一起干活。有些男性在集体干活的时候会说脏话,后面集体开会的时候,就会批评教育说脏话的男人。

那时候,妇女三期一般是告诉妇女队长,跟妇女队长请假。怀孕的妇女,起码六七个月才可以做一些轻巧的活,经期不能请假。产期一般可以休息四十天,产期休息没有工分,当然这个也是不一定的,有时候遇到打霜等需要抢收粮食的季节,还不等生产后的妇女休息满四十天就要出来做农活。我都遇到过那种情况,就是生我的大儿子时候,刚满了月,还没满四十天,就被叫出去参加劳动了,走路眼睛都是花的,刚走出去就摔倒,结果爬起来以后还是必须参加劳动。那时候还是可怜,参加生产队的劳动时,只有把孩子单独放在家里,没有人帮忙带小孩的。还好那时加夜班的时候很少,只有农忙时候才会晚上干活。要说还是人民公社时候轻松一些,压力没有那么大。合作社时期,人还要辛苦些,七十岁的老人都要下地干活,只是他们干的活相对轻松一些而已,不下地劳动的妇女,口粮就用家人的工分来抵。那时候共产党的会多,妇女也要参加。

(五)妇女与人民公社、"四清""文化大革命"

1.妇女与劳动、分配

人民公社那时候,我也就是三十岁左右。那时候,妇女也是要下地劳动的,出工的时候干部就用口哨提醒大家。男性的活相对要重一些,妇女的活要轻一些。

那时候男劳力和女劳力都多,技术性比较强的工作,例如育种、犁田、操作机器等,就是男性做得多一些,女的在这些方面就要差劲一些。生产队的副业,例如养牛、养猪、养鱼等工作男人女人都可以做,当时叫我去养猪我没去,我去伙食团做饭去了,那时候很怪的,猪始终不好养,总是养不肥,我就不愿意去养猪。

人民公社时期,生产队的队长、会计、记分员都是男性,只有妇女队长是女性。大集体时期,大炼钢铁、深翻土地等,有的妇女也是去了的,我当时没有去,听回来的人说,在外面还比在村里干活轻松些,在干部眼皮底下就认真干活,干部不在就磨洋工。"大跃进""学大寨"时期,日夜辛苦、忙里忙外,出工、家务、带孩子……只有两边跑,晚上还要加班呢,辛苦得很。

当时,妇女们在集体地里干活做事,就比在自留地里马虎一些,在集体地里干活就想方设法避着干部偷懒。如果再让我选择,分田到户和集体所有,我觉得肯定是分田到户好些。但是我觉得集体劳动还是挺热闹的。集体干活,有的妇女干活比较厉害,可以和男性相比较,工分就和男性一样,也就是男女同工同酬。那时我也不差劲,我比一般妇女的工分要高一些,如果她们是七分,那我就是八分,因为我是妇女队长,每次出工都要积极一些。妇女的工分,最高就是男女同工同酬的情况,妇女一天也可以挣十几个工分,其余的普通妇女,一天最高就是八个工分,男性一天就是十到十二分。话说回来,如果男人和女人做一样的事情,但是工分不一样,我觉得是公平的,因为男性的劳力始终要强一些,这个是肯定的。那时候,老年妇女最高就是五分,未出嫁的姑娘,具体要看她们的劳动能力,她们和老年妇女一起干活,工分就和老年妇女一样,她们和年轻妇女一起干活,工分就和年轻妇女一样。我家当时五个人挣工分,还可以挣一些钱回来。生产队分粮食是依据工分来,分油、薪柴是按照人头来,男女一样多。自留地也是按照人头来,人均 0.14 亩。我家还是可以,基本上都是余粮户。

2.集体化时期劳动的性别关照

人民公社时期的集体劳动生产,对妇女的生理周期没有照顾,产假根本没有工分,没有倒扣工分就算好的了。妇女怀孕也要做轻巧的活儿,要是一个孕妇待在家里,当天生了小孩还好,要是没有生小孩,还会扣工分。妇女哺乳还得看着时间来,十几二十分钟可以,久了就会被扣工分。那时候人还是可怜,生病都只有当场倒在地里面,才不会被扣工分,否则看你病快快的,干活慢,还是会被扣工分。如果妇女因为这些原因生病,集体和政府根本不会管,一个生产队总共一百多人,他哪里管得过来。我们以前就是这样过来的。

3.生活体验与情感

集体食堂时期,我在集体食堂做过饭。集体食堂的饭菜是分配吃,根本吃不饱,我们五口人才1.6斤红苕,我们还要自己去买粮食,回来开小灶。那时分配饭菜,要看煮的是啥,如果煮的是稀饭,那就是每人一瓢。其他的话,就是按照级数来分,十岁以下的小孩,每顿人均七两红苕,妇女每顿也只有七两红苕,男性要分得多一些,但是也高不了多少,也就是多二三两的样子。集体食堂没有搞多久,再搞久一点,可能很多人都会被饿死,那时候生产队种的有一些小菜,茄子、莴笋都有,就吃这些。当时好多人不愿意吃这个大锅饭,根本吃不饱。

吃食堂时候,我家的铁锅、铁铲都还保留在家,我们自己要开小灶。表面上,搞集体食堂,妇女不用做饭了,负担就要轻松些了,可实际上,如果这个集体食堂再搞久一点,可能人都会死得差不多,当时就有人饿得病,有一次我去集市,就看见一个人直接倒在路边了,当时把我给吓得,赶紧跑回来通知他的家人。当时我是食堂的炊事员,我就建议把粮食分给各家各户,让大家自己做饭,渐渐地,食堂做饭就少了。那时候有些人家里,孩子和老人饿得实在受不了时,就会悄悄到生产队的地里刨点吃食,但我们家没有干过那种事情,我家老头骨头硬得很,加上我家在外面打鱼,有些收入,家里没有粮食就自己出钱去买点粮食。造成那种局面,当时大家都偷偷怨政府,但是不敢当着干部的面抱怨。大集体时候,集体活动也多,那时候无论天晴下雨,都必须去参加识字班和夜校呢。大集体时候大家一起上工,现在想起来都受不了,真是太艰苦了。

4.对女干部、妇女组织的印象

集体化时期,还是有女干部,我都当过妇女队长。一般,要爱护社员,干活起带头作用的妇女才能够当干部。

5."四清"与"文化大革命"

我知道"四清",但是具体什么原因我就不知道了。我还参加了新一轮的斗地主、斗干部呢,那时候村里的地主婆、地主女儿就很本分了。干活的工分没有亏待她们,但是她们干活必须跑在前面,积极一点。那时候上集体工,妇女如果说要回娘家走亲戚根本不允许,因为这些原因请假,不是干部的话,走亲戚往来啥的都请不了假的,大家都被束缚在土地上劳动。

(六)农村妇女与改革开放

土地承包、分配土地的决策过程妇女是参加了的,男女分到的土地都一样多,但是土地证上面只有男性的名字。我个人其实不想单干,我喜欢集体劳动,热闹一些。1949年以后,村委会的选举我也参加过,选票是我请人帮着写的,妇女竞选干部,我也会投票。如果现在让我选择,我不会再生那么多孩子了,我最多就生两个,生多了累人得很,反而有的孩子埋怨我,说我没有把他们养好。现在我年龄大了,哪也去不了了,自己洗不了衣服,也洗不了澡,要是有人帮忙洗还好,没有人帮忙洗就可怜。现在村里的男老人与女老人还是会在一起摆龙门阵。我家有电视,但是电视都坏了,我眼睛坏了好多年了,只能偶尔听听收音机。

我家现在只有一个座机,有事的时候,一般就是儿孙们打电话过来。

六、生命体验与感受

我这辈子不容易,现在眼睛也看不见了。最幸福的事情就是我儿子给我汇钱回来,我想吃什么就找人帮我购买。我的子孙后代都不在家,就我一个人在家,我的难处就是洗衣服洗澡,因为我的眼睛看不见,心里想去做的事情做不了,只有靠自己去摸,要是家里来人,把我的东西换了位置,那我就要摸很久,这个也是我的困难,自己一个人在家里,找一个东西很久都找不到,没有人管我,哪怕半天过去了,还是我自己一个人在那里趴着。

YWD20170116ZGR 张国荣

调研点：河南省信阳市固始县赵岗乡新堰村

调研员：姚卫东

首次采访时间：2017 年 1 月 16 日

出生年份：1936 年

是否有干部经历：1949 年，曾担任妇女主任。

是否生育：是

受访者结婚的时间节点、生育子女的具体情况：1952 年结婚；1955 年生第一个孩子，共生 6 个孩子，总共三个儿子三个女儿。

现家庭人口：2

家庭主要经济来源：务农

受访者基本情况及个人经历：张国荣奶奶出生于 1936 年，身体还算硬朗，没有什么大的疾病，平时和爷爷一起在家里生活。奶奶腿脚不好，不能干活，主要靠爷爷照顾奶奶的生活起居。奶奶现在已经不种田了，就种一点菜园子，弄点蔬菜够平时生活就可以了。爷爷是党员，儿女部分在外打工，一个女儿在村子里种地。女儿会经常来看爷爷奶奶，并买些生活用品；其他子女会在过节过年，或者是闲暇时间，来家里看望二老。子女比较孝顺。

奶奶七岁定下娃娃亲，九岁给地主帮工，十六岁的时候嫁到爷爷家里。过去家里面很苦，在土地改革的时候，被定为贫农成分，刚嫁到爷爷家里，爷爷嫌弃奶奶年纪小，不能干活，经常不要奶奶，不让进家门。随后进行集体化，爷爷去社里帮忙，经常不回家，不管奶奶和家里孩子，奶奶一个人拉扯孩子长大，很辛苦。现在了奶奶家里还是住着茅草屋，不过经过儿女翻修还算可以。就这样儿女大了，奶奶也老了，现在爷爷也很后悔以前的事情，经常伺候奶奶，生活还不错，奶奶很满意。

一、娘家人·关系

(一)基本情况

我姓张,叫张国荣,生于1936年。我是在1949年之后才有了这个名字,那是在生产队的时候,队长邢世科帮我起的,在1949年以前的时候,我都是没有名字的,人家叫我都叫张女子,用这个来代替我的名字。我的这个名字没有按辈分,按辈分我们这一辈的名字应该是贵字辈的人。我家里穷,父亲又过世得早,在以前就没有起名字。我是属牛的,1936年出生的,三月十八过生日。

我那个时候穷得很,在土地改革之前就没有土地,土地是在土地改革之后才分到的,我家里还分到了地主家的两间屋子。我有一个老兄弟,不过在六岁的时候被饿死了,我还有一个妹妹小我三岁,在我七岁的时候,被送到了老婆子家里去了。我是七岁的时候下书子①,九岁给别人帮工,十七岁才出嫁到了老汪家里,就是现在的丈夫家里。他家里在过去的时候也就是一个雇农,什么东西都没有。

(二)女儿与父母关系

1.出嫁前女儿与父母关系

(1)家长与当家

我家里面在我小的时候,父亲还在的时候,就是我父亲当家,在我父亲去世了之后,就是我的母亲来当家了,我母亲辛辛苦苦把我拉扯大的。

(2)受教育情况

在过去的时候,我家里比较穷,读不起书,所以没有读过书,当时在村子里面那些有钱的人家才能读得起书,他们这些有钱人家都是把那些教书先生请到家里面教书的。在过去的时候小女孩能不能读书,村子里面有没有,这个我就不清楚了,我九岁出去帮工了,对于这个情况就不清楚了。我在过去的时候,给人家家里洗衣服,他们看到我干得慢了,就用棒槌打我的头,说我听不到棒槌响。男孩子在这方面待遇都是差不多,过去家里穷男孩女孩都没有受到别人的好待遇。在过去的时候,家里比较穷,就不兴给别人拜年的。

(3)家庭待遇及分工

在娘家的时候,我家里面也没有什么特别的分工,大家一起混着吃饭,能一天三顿就算是不错的了,我父亲以前给别人帮工,家里没有土地,生活苦,父亲在我十四岁的时候就过世了,我的一个兄弟,在六岁的时候就因为家里面没有什么吃的就被饿死了,就剩下我的母亲和我相依为命,我母亲靠给地主家里干活换些粮食来把我养活大的。在过去的时候,对于男孩子和女孩子的教育有没有什么区别,这个我就不清楚了。我一个兄弟去世的早,我父亲也在我十四岁的时候饿死了,家里就我一个,平时也没有什么教育,就是本本分分,勉强过生活。

(4)对外交往

在过去的时候,对于我们这些贫苦人家的小女孩,没有什么不可以出门的禁忌。我们为了生活,会出去给别人帮工。都是为了填饱肚子,我是九岁的时候出去帮工,就是帮地主带小孩子。穷苦人家的孩子,男孩女孩都没有那么多的规矩。在过去的时候,我们家里的生活苦。

---

① 下书子:定亲的一个程序。

(5)女孩禁忌

过去,我们这些穷人家里哪里有什么禁忌呢? 家里能吃饱就算了,我小时候就是出门去捡树叶子,拿回来烧锅,除了这基本上哪里都不会去了。九岁就出去给别人帮工了,过年也不会去给别人拜年。我在九岁就给地主帮工,就是给地主家里面做些家庭家务这样的事情,像扫地,烧饭,洗衣服这样的,干得不好了他们就会打我。那时,我也会纺线了,我去给地主他们家里纺线,如果在纺线机上没有线头子,也会挨骂,说我干得慢了。我不会绣花,绣花也没有人教我,我也没有拿过针。

(6)"早夭"情况

在村子里面对于那些小孩子,很小的时候就死了的话,他们由于未成年,就不会给他们办丧事和立坟墓,都是直接找一个地方埋了,就当是家里面没有过这个小孩子。在过去的时候,小孩子是不好养活的,大人都没有什么吃的,小孩子哪里容易养活呢。

2.女儿的定亲、婚嫁

我是在七岁的时候被下书子,这个是在一个亲戚牵线来下的。下书子就是一块老粗布,粗布里面加了一块红纸,接受了这个书子,就算是同意了。只是下了书子之后,并不是立马就到婆家里,是到了一定的年龄了才过去。我是十六岁的时候,才来到了我的丈夫这里。

那个时候,亲戚来我家里面求亲,向我家里介绍一下他家里的条件,进行初步的了解,我父亲和母亲同意了,这门亲就算是成了。定亲以后一般好的女子都是不会毁约的,只要是下了书子了,就算是定了,你们就是一起的,不会解除这两家之间的关系。那个时候,定下了这门亲事,双方的父亲和母亲不会见面,当时就是一个亲戚,他负责两家之间传达消息。他来我们家里的时候,我家给他烧一点饭,和他一起吃,这样就可以了。我父亲和母亲当时在接书子的时候,并没有和我说过,也没有征求过我的意见,就直接定下来了,我是在事情确定以后才知道的。那个时候双方的父亲和母亲也不会见面,都是互相了解一下基本情况,两家子都是比较穷的,没有一点的土地。在亲事定下来之后,过年过节的时候双方的父母不会相互走动,一点都不走,就是下个书子接了之后,亲事就算是定下来了,书子上面的红纸,有写两家的名字,这个书子就算是一个以后婚姻的凭证了。

我是七岁的时候,下的书子,定下了这门亲事。在我十六岁的时候,老婆婆家里来人,把我领到他们家里来的,当时我进了他们家门都认不得哪一个是我的丈夫,这些年根本就不知道有这个情况。那个时候什么都没有,我被领到了婆家,那个时候毛主席已经来了,我们这里也解放了,就去段集那边登记结婚,不过没有结成,那个时候我的年纪还是比较小的,只有十六岁,没法进行登记,国家的法定结婚年龄是十八岁,我还差了两年,所以就没有进行登记。在第二天早上,婆家人就早早地起床了,我就是和我丈夫进行磕头,在磕头的时候,当时丈夫家的婶婶就在我磕头的时候,按着我的背不让立即起来,嘴里面说家里是我侄儿当家,是我侄儿当家,然后才把我给松了,我才起来。就这样,磕了头就算是结婚了,那个时候也没有领到结婚证。我嫁过来的时候,家里什么都没有,比较穷,也摆不起酒席,就是直接就被接到婆家了。当时在拜堂的时候也就是丈夫的婶婶、父母几个人在,弄了一点花生,大家在一起说话,其他的就没有了。

在过去的时候,地主家的人陪送的东西比较多,同时也会将一部分田也当作是嫁妆带过去。像那种一般的家庭就是随便送点东西。我当时嫁过来,由于我的父亲已经过世,家里面的生活来源少,没有什么东西,就陪送了一床被子,让我带过来。当时丈夫家里也是穷得很,没有什么东西,就没有回门。我娘家就是我的一个老妈在那里,其他的就没有什么了。我有时候会说,我老妈没有吃过我丈夫家里的一包糖和一个果子。当时我嫁过来的时候,我母亲也没有来到这边来庆生,家里穷什么东西都没有,日子就是平平淡淡的过了。

我嫁来这里的时候,我公公在村里面种地,其他的事情又没有干,主要就是种地。我刚来婆婆家里的时候,他们家里也就四口人,我的丈夫,我的公公,婆婆,还有丈夫的一个兄弟,就这些人。我结婚的时候,婆家这边作为男方也没有什么仪式,那个时候家里都是穷得很,也搞不起来什么仪式。就是在我九岁的时候,找了个人去我家里下了个书子,其他的就什么都没有了,直到我十六岁的时候,被我婆婆领到她们家里。

结婚的时候很穷,什么也没有,婆婆把我领到她们家里面,去了段集那边登记,没有登记上,回来之后第二天,就是磕头就算是结过婚了,当时结婚连一桌人都没有,也没有跨火盆。当时在我们家里面主持婚礼的是一个女的,她就是我丈夫的婶婶。在我们结婚的第二天,没有给公婆磕头请安,或者是给公婆端茶,这些仪式在我当时结婚的时候,什么都没有弄。我结婚的仪式就是第一天没有领到结婚证,第二天夫妻磕头就是这。结婚之后进行过拜祖坟,我二老婶婆,带我去了我丈夫老汪家的祖坟,上了一下坟。我娘家里也不记得有那个坟了,都没有去拜过了。

那个时候童养媳就是下书子,下书子就是一块白粗布中间夹着一块红纸就算成了,也不用给什么东西,就是中午吃个饭,其他的就没有什么了。童养媳在结婚的时候,和正常娶媳妇是一样的,也是需要磕头的。在我们这个地方,我没有听说过换亲的情况。

1949年以前,什么样的情况家里可以招赘,招赘需不需要同族或者同房长老同意,这个我就不清楚了,那时我这个附近也没有招赘的,都是女家去男家里。其他地方的情况我也不知道,我是直接到了老汪家里,娘家没有要他一点东西。

我们村子里面有过二婚的,就是我们家里附近的一家在过去非常有钱的人家,他嫌女的太丑了,就在拜堂的时候,没有尽心,把女的给休了,并把女家的东西都给退还,还另外加了一部分的田地做赔偿。后来解放了,那个女的又嫁给了村里另外的一个人,二婚的人大家对她也没有过歧视和看不起,在过去都是可怜人。

3.出嫁女儿与父母关系

过去对于出嫁的姑娘是有风俗禁忌的,出嫁的女儿不能在娘家过年,在娘家小俩口也不能够睡在一起的,都是晚上各自搭一张床睡觉,分开睡。我出嫁之后,由于年纪比较小,在婆家干不了什么活,婆家不想要我,有时候把我撵回家,不让我在他们家里吃饭。所以我回娘家没有固定的节日,都是什么时候,婆家人嫌弃我了,撵我出家门了,我没处走就会回娘家。回去也就是我一个人,我丈夫他还是在家里。在过去我经常受到欺负,我丈夫经常会打我。嫁出去的女儿有时候也是管娘家里的事的,只是管得少。我家里面还有我一个妹妹,她在老婆婆家里,我也嫁出去了,家里面就剩了我妈一个人。有时候婆家人撵我的时候,我就会回娘家,帮我妈一下,帮完了我还会再回到婆家,回到婆家就是受气的。

那个时候,土地改革都结束了,家家都有一定的田地,我妈和我都有一定的土地,我妈就是种那些田地来维持生活。用牛是找老吴家里借着用。我的田地在我娘家里,就是因为这,我丈夫还去我娘家里挑走两石稻,说我的田地在娘家里,我妈是没有吃过他们家里一丁点东西,没喝过一口水,没吃过一块糖。我和丈夫闹了矛盾了,丈夫就赶我出家门,不让我回去,我没有其他的地方可以去就回娘家里,我记得一次是六月初六我被赶出来的,到了八月收稻了,我丈夫来我家里了,他来是拿我在这边的田地的稻的,就这还是不让我回家,最后我是硬着头皮回家的,他在过去的时候也没有一点道歉的意思。

到了我们过了一辈子了,他现在知道过去干得不好了,经常会对我表现出歉意。在过去的时候,提出离婚的人比较少,嫁出去了就算是嫁出去了,只有婆家嫌弃的,没有女孩子自己提出离婚的,那个时候女孩子都是嫁到谁家就跟着谁过的,受苦受罪就是那样。我的娘家与婆家都是在一个村子里面,我娘家也不是离得很远,每次他们撵我的时候,我就回家了。婆家和娘家这个两家之间的关系就是一般般,两家子平时来往比较少,基本上就没有什么关系,到了收稻的时候,我丈夫就来娘家挑稻走,另外就没有什么交流了。

我妈是丈夫过世了,就剩她一个人,也管不了太多的事情。我妈妈在偶尔有空闲的时候也会来看我,都是在要吃晌午饭了,我母亲才来,吃过了晌午饭就回家了,也不在这里住。我记得在以前有一次,我妈中午来我们家里,我看家里还有一点剩菜给热了一下,让我妈吃了,等我丈夫回来了,问我菜去哪里了,听我说给我妈吃了,就生气想打我。我家里当时也是穷得很,能有什么财产呢,就一间破屋,屋里什么都没有,也没有什么好分的,最后我妈去世的时候,连一个丧事都没有办,直接就是被抬走给埋了。

1949年以前,在当时的时候,我兄弟过世的早,六岁就被饿死了,家里就剩下了我的妹妹和我两个女的,赡养任务当然是在我们两个身上了,也不是给钱,也不是给粮食,就是在农忙的时候,会回家帮家里干些农活,毕竟我的父亲也不在了,家里就我母亲一个人,她也忙不过来呀。我家里没有兄弟,如果是有兄弟的话,当然是兄弟来赡养父母了。在过去的时候我家里母亲过世,什么都没有,也没有进行过葬礼,也没有请他们吃一口饭,都是干完就走了,那个时候也是穷,办不起丧礼。在过去的时候,我丈夫他在社里面搞生产很久不会回来,去上坟就是我带着我的大儿子去上的坟,我父母的坟在过去的时候,没有钱就没有修过,在现代了,我的几个儿子还有女儿都成人了,是他们几家子共同分摊钱来修的坟,把坟给包了一下子,照看也不需要专门的照看,就是在固定的节日会去上坟,清明、过小年的期间都要上坟,说明你这一脉有后世子孙。

(三)出嫁的姑娘与兄弟姐妹的关系

我丈夫就有一个兄弟,就是汪胡子,他在十八岁的时候,出去当兵,在回来之后没多久就去了广东了,平时交往的比较少。回娘家的时候,我和我儿子当然是住在我们当时在土地改革分到的那间屋子里面,自己有住的地方。我去我妹妹家里面,一般都是不会在她们家里留宿,就是去看看,有时候吃个饭就回来了,我兄弟在小的时候饿死了,就没有兄弟了。

二、婆家人·关系

(一)媳妇与公婆

1.分家前媳妇与公婆关系

当时在我婆家的时候,公公是家长,由他来管理家庭事务,说话比较上算,婆婆主要是管家里内部的事务,家务事,我嫁过来钥匙也不是我来管,都是公公婆婆管事,那个时候家里穷也没有什么东西,管也没有什么可以管的。我嫁过来的时候,我的年纪还比较小,都嫌弃我不能干活,有时都把我给撵出来不让我进家门,在家里面都是丈夫管我,他有时候看我干得不好了就打我,说我干吃粮不干事。在1949年以前,媳妇伺候婆婆,这个也没有什么规矩就是平平常常生活罢了,家里穷,就图个过日子。当时在婆家里,婆婆也没有教我什么东西,都是小家小户规矩也少,来到了婆家里就是帮忙干活。在1949年左右,媳妇有财产权的,打土地改革仗的时候,我们都分到了土地,我十六岁被婆婆领到他们家里之后,我还是有土地的,土地还是我自己的,没有改变,只是在我娘家那里。就因为这在收过稻之后,我丈夫还去我妈家里,挑了两石稻走,说我田没有带过去。

2.分家后媳妇与公婆关系

(1)公婆关系

我公公过世的早,他在过粮食关的时候就死了;我的婆婆是在八十一岁的时候过世的。公公过世由于家里穷,也没有粮食来办,就是直接就给下葬了没有什么仪式,那个时候粮食关好多人都是被饿死了;我婆婆过世的时候,家里就好些了,她过世的时候,有办过事,外面也是开了五六桌的丧宴,服装上都是头上批了一块白布,也没有多大的区别,下葬的时候我没有去,都是我丈夫去的。我们家的公公婆婆的墓地也不是很远就在我们家里附近,在田里面,每年我丈夫都会去给公公婆婆进行祭祀,祭祀都是一样的,过去都是烧纸,现在是烧纸和放炮,公公婆婆是合葬在一起的,我们这里一般是男的在东边女的在西边,毕竟家里面老大还是老大,我就是在结婚的时候,我二婶婆带我去了一次祖坟,祭拜了一下子,以后只要是我丈夫在家里就是他负责带小孩子去上坟,有时候他在外面,就是我带我家小孩子去上坟。

(2)分家

我是结婚之后一年就分家了,我十六岁到了婆婆家里,十七岁就分家了,我家是这个时候分的,其他的家庭具体是什么时候分我就不清楚了,也不清楚村子里面的人都是什么时候分家的。当时分家的时候好像是丈夫他们两兄弟平分,就是给我家里分了一间破屋,一个破锅,屋子还没有门,六升麦,三升面,两个碗,还有一个是破的。分到这些东西,第二天我丈夫就把我赶出门,说我的田地没有在这边,我连饭都吃不上,饿着肚子,最后回娘家了,说实在话还是嫌我年纪小,没法干活嘞。分家之后就是我的丈夫他来当家了,我丈夫管着我,虽然他经常打我,但是我还是顺着他,不和他进行反抗,有句话这样说好女不嫁二男,就这样我跟着我丈夫跌跌碰碰过了一辈子。

(3)交往

在嫁过来之后,一般都是在生产队里面打交道,平时的时候也不和外人说话,就是在家里面干活,那个时候在生产队,活也比较多,我又要带孩子,又要干活,我丈夫他又在社里面干活不回来,那个时候日子苦得没法说,几个孩子都是我一个人拉扯大的。

(二)妇与夫

1.家庭生活中的夫妇关系

(1)夫妇关系

我八岁下的书子,十六岁被婆婆领到家里面,在这些年之间我家里没有和他们家里面有任何来往。我见我丈夫也就是在结婚的时候,见到他的面,在刚到他们家的时候,我都不认得哪一个是我丈夫,不过在知道了之后还是比较满意的,毕竟已经嫁过来了,他对我也是比较满意,就是嫌弃我年纪有点小了,不能干什么活,老是打我。结婚了之后熟悉了,就是直接称呼对方的姓名了,这个没有什么好忌讳。家里的农业生产都是我丈夫来进行安排的,我并不做主,他来进行决策,在家里干活都是这样的,他说了算的,平时我丈夫来进行安排的时候也是不会和我进行商量,农业生产的事情,都是他说了算的。分家之后,没有过多久就开始搞集体了,集体就是大家在一起干活,我也是干活,依靠干活来赚工分,我丈夫也是干活赚工分,只是那个时候,他不怎么顾家,我家里的几个小孩子基本上都是我一个人带大的,他算是没有一点的功劳。

在1949年以前,丈夫打骂妻子的情况常见不常见,我就不清楚了,那个时候我还没有嫁到我丈夫的家里面;1949年之后我嫁过来,年纪太小了,干不了什么活,我丈夫也是经常会打我,这种情况常见的很,有时候在村子里面生产队的时候,他要打我,同情我的人就会提前跟我说,让我跑快点,之后也会让队里面的人进行调解,不让他继续打我,在那个时候他打我在我们生产队里面都是知道的。1949年以前就是提倡女孩子要顺着自己的丈夫,伺候自己的丈夫,伺候得好了就是一个好的妻子了,过去女孩子提倡好鞍不配二马,好女不嫁二夫。

1949年之后,大家开放了一点,不过这种好媳妇的条件还是那样,名声好。在以前人民公社的时候,钱都是由我的丈夫管着的,我是摸不到一毛钱,从过去到现在基本上都是我丈夫管着钱,我家里也基本上没有存钱,我家里有三个儿子,他们都是要娶媳妇的,需要这么多的屋,那个时候也没有钱,都是借钱来盖把媳妇娶上来,一来一去根本就没有钱。我们家里的钱说实话都是在一起放着的,买些日常的生活用品都能拿钱来买。

(2)娶妾与离婚、婚外情

在1949年之后,就不准娶小妾了,都是一个男的一个老婆。我丈夫家里在过去的时候也是很穷的,他想娶小妾也是娶不起的。

2.家庭对外交往关系

在以前我丈夫他住在生产队的时候不回家,我自己在家带孩子的时候,出面都是我来出面;人民公社解体以后,他回到了家里,也是基本上我来出面,他不喜欢求人,都是我来求人家。1949年之前,我家里穷,出去借钱一般也是借不到的,基本上就是很少借钱,在1949年以后特别是改革开放之后,是有借过钱的,借钱一般都是我出去放下面子来借,他放不下面子,一般有钱的人家关系熟点的也是会把钱借给我家的。在1949年的时候,我们小女孩子就基本上都是不出远门的,都是在自己家门口附近的,在1949年以后,我嫁到我丈夫家里才出门,那个时候也是基本上在生产队里面,有时候也会去赵岗买些东西,赵岗离我们这里差不多有个一千米这样的,出门之前都是和丈夫说过了,他也是知道的。

(三)母亲与子女的关系

1.生育子女

(1)生育习俗

在1949年以前,生个男孩子就是高兴一下子,其他的就没有什么不同了。我丈夫是十分喜欢男孩子,他不喜欢女孩子,什么事情都是护着男孩子的。我娘家里就是我母亲一个在,报喜也不需要报喜了,知道就可以了。我家里总共生了三个男孩子和三个女孩子,六个小孩。男孩子和女孩子过生日的时候是不一样的,小男孩在过生日的时候需要打松娘娘,小女孩就没有了,打松娘娘就是拔些活葱,放在桌子上面,放四份子,还要杀一只鸡,买点肉,再买点炮,买点纸放在那里烧,这样就是打松娘娘了,其他的过生日就没有了,小女孩子过生日什么也没有,小男孩子相对重视一点。

（2）生育观念

在过去的时候，对于小男孩和小女孩，不会对男孩子过多的优待，比如说要是有新衣服了都是一样给做的。那个时候家里穷，都没有什么新衣服来穿，都是穿的破衣服。吃饭的时候都是一起吃的，粮食少就多加些菜，保证大家都能吃饱。

（3）子女教育

家里的小孩子并不是都上了学了，我家的大儿子他没有进过学校门，我的二儿子和三儿子都是只上到了中学，小女孩子基本上就是上了一个小学就没有什么了。上学主要就是先紧着小男孩来上学，小女孩上学好了，家里要是没有钱了也是不会让她继续上学了。不是不让他们上就是没有书钱，过去上学也贵。家里面教育小孩子都是一样的，在一个家庭里面，教育都是一样的教育，没有什么不同的。

（4）对子女权力（财产、婚姻）

我的女儿都还是娃娃亲，包办的，现在她们是在一个好时代了，女婿都比较好，从嫁过去我女儿就没有受过打，也没有被骂，不像是我挨了一辈子的打骂。儿子都是通过说亲来定，我大儿子就是通过说媒来确定下来的，说媒也是要合八字的，八字好了，才会两家开亲，不好了就是另说，到了现代了，都是自由恋爱了。在儿子结婚的时候是需要盖新房子的，都是由我们两个来盖，出钱也是我们来出的，女儿她们已经出嫁了，就不用掏钱了，盖房子我借的钱最后也是我来还清的，算起来我给儿子盖了二十多间土坯屋，不给他盖屋就娶不来媳妇。我家的儿子具体是哪一年结的婚就不太清楚了，这个都是很久以前的事情了，我的大孙子今年都有三十多岁了，婆媳关系相比较于过去，那是相处得更好了，有时候媳妇做得不对了，我也会提醒下子，我的几个媳妇都还是不错的，心肠都是比较好的。

2.母亲与婚嫁后子女关系

我儿子分家，都是盖好屋，娶媳妇，娶一个媳妇就分家一个，他们一成家就算是分家了。分家的时候也不需要什么流程也不需要立字据，都是直接就分家了。我家的女儿都是包办的婚姻，根本就不会问她们的意见，我们两个说了算的。1949年以后，她们在现代的生活条件好了，也有些形式了，女儿出嫁当天就是，男方派人来接，我们这边女方，就是请几个嫂子来送一下子，然后去男方家里面吃一顿饭，然后才会回来，我的女儿反正都是没有一个是自由恋爱的，都是包办下来的。到了现在我的几个女儿都是生了小孩了。我们家里的女儿开亲的时候，那个时候都是邓小平理论了，像这个贫农，地主富农这些成分都给平了，没有这些成分了。开亲的时候也就是去男方家里看了一下，男方给了我们六十多块钱，这样就算是定下来了，过去也没有什么可以选择的，在农村大家都是穷，我的这小孩子没有一家子里面有当老板的。我和我家里的姑娘，来往的比较多，我的外孙媳妇，有时候也会来我家里看我，一年不说多了，至少会来看我一次，一次花千把块钱。我家里的这些孙子，我都带过，只不过是时间长短的问题，反正都是有领过的。花钱大头都是孙子家里出，我们老了也出不起了，小钱平时买些东西，就算了。

现在我们老两口，并没有和哪个儿子住在一起，都是我们自己住的，现在干不动了，平时都是我的这些儿子来赡养我们，女儿有时候也会来我家里看看，和我们一起说说话。我们村子里面也有这种家里只有女儿的，女儿出嫁了，但是他还有田地呀，他把田地租出去也有一定的收入，国家也会给一定的补贴，根本不需要女儿来赡养。我家里面有女儿也有儿子，现在男女平等，男孩子，女孩子都是一样的，并没有什么不同，男孩有男孩的好处，女孩有女孩的好处。我也有去过女儿家里住,一次就去个三两天就会回来了,一年也会去个一两次。去儿子家里面住也是一般只住个三两天, 我们这些儿子女儿都是住得比较近, 基本上都是自己单住,这样住的自由些。

三、妇女与宗族、宗教、神灵

(一)妇女与宗族

我们村子里面没有祠堂,在比较远的地方有个祠堂,祠堂里有谱,我们在过去的时候,就给家里的孩子有续过谱,其他的就没有什么了。续谱的时候,就要交钱,只有男孩子才能续谱,女孩子都是不让续谱的。地方比较远,其他的什么事情我就不太清楚了。

(二)妇女与宗教、神灵、巫术

1.灶王爷的祭拜

在家里的时候,到了过年的时候,差不多就是过小年的时候,我们村子里面有一种说法就是"灶王爷"查人口,在这一天晚上,小孩子等家人都是要齐的,不能少人。我们就在厨房里面,烧香烧纸,然后大家依次磕头,大人先磕头接下来小孩子随便磕头。

2.腊月三十敬神

大年三十的时候也是一个比较重要的时间,这个时候晚上是要上供、烧香的,家里条件好的也是会烧纸,那个时候我们家里穷就简单一些,再后来家里好了点,就是也烧纸了,这个也是要磕头的,同时也要点上蜡烛,图一个吉利。

3.拜门神

在大年三十的时候,是要在上午的时候把门神给糊上,在过年的时候,我们村子都是这么干的,现在有卖门神的,过去比较简单就是一张红纸,上面写一些吉利的话,现在也有在门中间糊福字的都是图一个吉利。

4."当工"(音译)

这个当工我就不太清楚了,我们村子里面没有这个习俗,在过去的时候我们也不干这个。

5.送子娘娘

在过去的时候,我们村子里面也有听说过送子娘娘,送子娘娘,就是那些期望能够多生一些小男孩,所以就是求这个送子娘娘,也会在家里面供上送子娘娘,我家里面因为穷,也是不信这个,所以家里面也没有,我最信的还是毛主席,毛主席才是真的灵验的。

6.求雨

我们这里面也没有听说过,有这个求雨的情况,我们这里面也没有什么好求雨的,雨水比较多。过去怕就是怕的雨水出的时间不对,这样就会导致粮食减产,如果风调雨顺的话,就是比较好的,那就是一个比较丰收的年份了。

7.宗教

在我家里面是不信任何宗教的,我要信只信毛主席,是毛主席改变了我的生活,让我家的生活越来越好,所以我不信那些什么神神鬼鬼的。

8.巫术

在过去的时候,我家里也穷,请不起巫师,我只见过别人家里请过,有人生病了,那个巫师就是有叫魂的,有拿一把糠放在火上烧的。其实这个我觉得作用也不是很大,有的生病还是生病,有的到了时间了也还是死了,并没有什么用。

四、妇女与村庄、市场

(一)妇女与村庄

1.妇女与村庄公共活动

在出嫁之前我基本上都是在家里面,也没有参加什么村庄的聚会,吃饭,在过去的旧社会,穷人天天能吃饱饭就不错了,哪里还能干这些事情呢。在1949年以前,我没有参加过村庄会议,村里的公共事务比如说修路,挖井,这些事情进行商讨的时候,在以前也是没有我们的份的,参加的都是些大户人家,我对于这些事情都不知道。在1949年以前,村庄事务建设资金与劳务摊派,我们女的基本上都不参加,过去劳务摊派也是派男的过去,女的都是在村子里面。在出嫁之前,本村的绅士,保长,甲长都是谁这个我就不清楚了,我那个时候年纪还小,这些事情都不记得了,也不清楚保长,甲长是谁,也没有人跟我们说过。在我出嫁的时候,这个不需要告知娘家所在的保长和甲长,结婚的时候也不需要去请保长和甲长来,那个时候家里比较穷什么都没有,都是比较简单的了,我的娘家也是与我的婆家在一个村子里面,就不需要进行登记户籍变更了。

2.妇女与村庄社会关系

在娘家的时候也是有一个玩伴的,小时候经常在一起玩,都是随便说,也没有固定的话题,九岁的时候我就给地主帮工了,小时候的事情都记不得了,现在都好些年了,出嫁之后就没有过联系了。在还没有解放的时候,我九岁的时候就出去给别人帮工了,给别人帮工就是让我去给他们家里带小孩子,帮她们做家务。那个时候一般都是地主请人干活,一般的家庭请不起。在解放了后,在生产队里的时候,男女都开始干活了,男女都是一样下地干活。在过去那个时候家里都是比较穷的,家里根本就办不起红白事,这些都是那些大家户他们才会有钱办起来,我家里没有钱,也没有人请我去帮忙。我老公公是在过粮食关的时候,饿死的,那个时候吃的都没有,无法办事;我婆婆是在人民公社解体以后八十一岁才过世的,那个时候家里好一点了,就办了白事。到外村去聊天,我是没有的,我一般都是在村子里面,从来都没有去过远地方,基本上干什么事情都是在村子里面。

(二)妇女与市场

在我还没有出嫁之前我就不知道什么是集市,也不知道集市在哪里,根本就没有去过集市,手里没有一个钱。在出嫁了之后,在集体化的时候,我有去过集市买些日常的需用物品,那个时候我的丈夫在社里面住着搞建设,经常不回家,买东西都是我自己一个人去买的,根本就不需要跟我丈夫说。针头线脑这些东西,针是集市上买的,这个线都是自己纺出来的,不用上集市买,在刚开始的时候,我家里没有种棉花,棉花是在后来才种了一点。在1949年以后到土地改革之前,那个时候我们赵岗还基本上什么都没有就只有几个小破屋在卖东西,只能从集市买到盐、布、肉这些东西。我家里面基本上什么票都没有,都是我丈夫拿着这些票。

五、农村妇女与国家

(一)认识国家、政党与政府

1.国家认知

我在以前的时候都是不知道有过国家这个概念,生活也穷,又不认识字,就不了解这些东西,认识到国家的时候是在邓小平理论的时候,那个时候给我们开会的时候才知道的。在1949年以前国家没有宣传过男女平等,这个我没有听说过,还没有解放的时候没有听说过男女平等,都是在解放之后才了解到的。在还没有解放的时候,我们村子里面没有建设过小学,我们这些穷人家也上不起学,上学的都是那些过去的地主富农家里才上过学,他们是专门请人到他们家里面去教书的,教书的费用贵得很,很多石米,一般人根本出不起,他们请的先生教学生的时候,你连门都不能进的。在以前的时候,我家是很穷的,基本就没有钱,更不用说过见过多少钱,用过多少钱了。天天能有粮食吃就算是不错的了。

在过去的时候,我没有裹过脚,所以说生产队的时候人家都叫我张大脚,张铁脚,就是因为过去没有鞋呀穷的。在过去的时候,政府有号召过剪辫子的,当时政府宣传的时候就是说过去的婚姻,不喜欢的可以不去,受到政府保护,对于现在婚姻不好的也可以离婚。不过我没有去离婚,我从小都信任这个祝英台,对于婚姻比较忠诚,嫁过去了就算是过去了,死也不改变,也不离婚,就是跟着他走到底,就是这样的,我就是挺这个老封建。

2.政党认知

我们家里我丈夫他是一个党员,他入党就是因为是积极分子,在过去的时候干活比较积极,最后才让他成为党员的。家里人入党当然是好事了,毛泽东共产党我们都是十分维护的,能成为党员的都是些比较积极的人才入党,一般人都入不进去。

3.夜校

在过去的时候我没有上过识字班,这个政府有号召过,在当时的时候我要去上学,我丈夫不让我去,拿着大板凳来打我,把我关在屋子里不让去。所以到现在我是一个字都不认识。

4.政治参与

我在1949年之前没有参加过投票,那个时候我还比较小,没有这个权利;在解放后,我渐渐的大了就能够投票了,共产开大会的时候我是都到场的,选干部我都是举手投了票的。在过去的时候我嫁到这边的时候还是一个长辫子,在政府号召了剪辫子之后我就把我的辫子给剪了,说剪辫子就是去除旧封建,破除旧制度。

5.干部接触与印象

在过去我一般都不和那些大干部接触,就是自己干自己的活。在生产队里,在公社里都是这样,没有接触过村长和大队干部。我们生产队的队长都是我们选出来的,大家比较熟悉,平时干活的时候,也是队长来分配,进行干活。相比较于国民党的干部,共产党的干部和我们这些穷人是接触得比较多的。

6.女干部

在刚解放的时候,这些女的干部也是少的,不过也是有的,在生产队的时候我这儿就有个副队长是一个女的,她负责带着我们这些女的来干活,给我们安排工作。

7.政治感受与政治评价

共产党是我们这些穷苦人民的救星,他把我们从过去的旧制度之中解救了出来,我们一直都感激着共产党,共产党给了我们好的生活。在过去的时候,哪里有这样天天吃米吃面的日子呢?

(二)对1949年以后妇女地位变化的认知

在过去的时候国家有号召过不准丈夫打老婆,婆婆虐待媳妇这件事,不过在刚开始号召的时候效果不大,我的年纪还是很小,丈夫总是打我,这个在后来才变化的,刚开始没有变化。现在了丈夫对我比过去好多了,我身体不怎么好都是他在照顾我的,现在他都比较后悔在过去对我干的事情。在过去的时候,丈夫打老婆,最多就是把丈夫喊过去进行教育,也不会有处罚。我记得有一次我丈夫生气,嫌我干的少,就拿起板凳打我,他打我我就跑嘞,跑好远呀,最后生产队里知道了就把他喊过去做思想教育。现在我的孙女他们都上了学了,比在过去不让小女孩上学不知道好了多少倍。现在九年义务教育都是国家的政策,国家的功劳放在那里,不然哪里会有这么多小孩子上学呢。

(三)妇女与土改

1.妇女与土改

在当时土地改革的时候,土地改革工作队员有到我家里来过,那个时候开斗争会是让妇女去参加的,当时在土地改革的时候我的年纪还比较小,只是去看看,没有具体进行过叙说。

2.妇女组织和女干部与土改

在当时土地改革,分地主土地的时候,我们这些女的都是有土地可以分的,不管男女分到的土地都是一样的,并没有什么不一样的,大家都是按照家里的人头来分的土地,最后分到的土地之后,也是发了土地证的。不过那个时候我的年纪还小,家里面就是我和我的母亲,我的母亲是家里的家长,土地证上面都是写着我母亲的名字。

(四)互助组、初级社、高级社时的妇女

当时互助组的时候,我也是加入了互助组了,互助组里面就是你帮我干事,我帮你干事嘞。当时加入的时候都是丈夫他负责的,我的土地没有在这边。在到了初级社高级社的时候,把我的土地都入到了社里面,没有征求我的同意,就是入社都入社了,入不入也不是我说了算的。

(五)妇女与人民公社、"四清""文化大革命"

1.妇女与劳动、分配

那个时候我们搞人民公社也有进行过唱歌,那个时候歌多的很嘞,都是歌唱毛主席,歌唱共产党,歌唱人民公社的,热闹得很嘞,不过现在都忘了,也记不起来了。对于过去的时候,在社里面那些技术活没有女的来干的,技术活都是男的来干的,男的力气大。在那个时候,女的也可以当干部,男有男队长,女有女队委,男的是带领着男的干活,女的是带领女的干女的活,女的活比较轻一点,重的也干不动呀。在当时的时候,对于女子和男子干的活给的工分是不一样的,我在生产队的时候,我就是一个受气包,我和男的都是干的一样的活,不过在最后给工分的时候,就会少给我,说我是女的,没有劲,所以就少给我工分。

2.集体化时期劳动的性别关照

在集体干活的时候为了兼顾小孩子和集体劳动,生产队有专门找一个人照顾小孩子,到了中午的时候,我们都回去喂小孩子。只是小孩子一般是那些干部的孩子照顾得比较好,晚上的时候,你干活小孩子就要把他们锁在屋子里面。在人民公社的时候对于女性并没有一定的照顾,我的小孩子都是我在干活的时候,感觉到要生了,才停下来生的小孩子,怀孕了也是要干活的,不能请假。

3.生活体验与情感

在大集体的时候,小孩子给饭是半勺子,男女都是一样的,这点是没有区别的。在人民公社的时候我没有听说有集体自杀的,不过村里也有自杀的情况,这个改革开放之后,大家的日子渐渐好了,自杀的也就少了。

4.对女干部、妇女组织的印象

在过去的时候,我们生产队里没有铁姑娘队,劳动模范有,当时在生产队的时候,我就被队长夸过,说要给我一个劳动模范,不过也没有什么东西,就是一个名字,我说我家里有孩子,就没有让他再提了。

5.“四清”与“文化大革命”

那时候,我没有参加新一轮的斗地主斗干部,那个时候我就在家里面,也没有去掺和这些事情,外面都在喊毛主席万岁。破四旧的时候,那个时候我家里也穷,什么都没有,也没有被烧的东西。

(六)农村妇女与改革开放

在过去土地承包会议的时候,这个我没有参加会议。当时分土地我也分到了土地,分土地都是一样的,也没有对男女区别对待,发土地证的时候,名字我也记得有我的名字,我丈夫的和我的都有。村委会的选举我也参加过,不过在选举的时候,就是跟着大家一样,他们选择什么我也选谁嘞,也没有咋考虑。现在的精准扶贫,对于男女也没有区别,都是一样的。这个国家政策好呦,解决了村里面一些老人的问题,还给我们养老金,过去的生活哪里有现在好呦,好些年前都没有现在的生活好。

六、生命体验与感受

在我过去的几十年里面,我吃过过去的苦,也尝过现代生活的甜,这都是毛主席和邓小平给我们的,过去的日子不管是一千年以前还是一万年以前,都没有现在的生活好呀。

YWD20170117LFX 李福秀

调研点:河南省信阳市固始县赵岗乡新堰村
调研员:姚卫东
首次采访时间:2017 年 1 月 8 日
出生年份:1934 年
是否有干部经历:否
是否生育:是

受访者结婚的时间节点、生育子女的具体情况:1955 年结婚;1957 年生第一个孩子,共生 5 个孩子,三个儿子、两个女儿,第一个大儿子得病过世。

现家庭人口:5

家庭主要经济来源:务工

受访者所在村庄基本情况:固始县,河南省直管县,位于河南省东南端,豫皖两省交界处,南依大别山,北临淮河,属华东与中原交融地带,中国南北地理分界线(秦岭-淮河分界线)穿境而过,素有"北国江南,江南北国"之称。固始县东与安徽省霍邱县相接,北与安徽省阜南县隔淮河相望,西北、西、西南分别与淮滨、潢川、商城三县相连,南与安徽省金寨县分界,东南角邻安徽省六安市叶集区。固始县是河南省第一人口大县。是豫东南地区最大的固始鸡养殖和精品蛋集散地。省道 204 线穿乡而过,沪陕高速入口距乡政府驻地仅 7 千米,南临宁西铁路固始站,北接工业重镇三河尖、阜阳国际机场,空运、铁运、公路方便快捷,是对外展示固始形象的"窗口"乡镇,有固始县南大门之称。

受访者基本情况及个人经历:李福秀生于 1934 年,身体还算硬朗,没有什么大的疾病,现在生活还好,以前的老土坯屋子坏了不能住人,现在儿子家里面住着,由儿子服侍二老。老人家里面有三个儿子,一个儿子已经在去年过世,一个儿子在家里,一个儿子在外面打工,他们经常都会回家看望两位老人。老人平时会去邻居家里串门子、聊聊天,有时在家看看电视。老人在小的时候,父母去世比较早,就留下了他们兄妹两个人。小时候,老人被定下娃娃亲,二十一岁嫁到婆家里,由于丈夫比较老实,很少出门办事,主要都是老人一个人解决事情。老人娘家在土改的时候划分的成分是中农,老伴家也是中农成分,两位老人一起拉扯大了孩子。

一、娘家人·关系

(一)基本情况

我叫李福秀,是1934年出生的。我的名字就是按照辈分起的,当时起这个名字,我也不知道有什么意思,就是一个名字,男孩与女孩都是按照辈分起的。我家里没有抱养的兄弟姐妹,就一个老兄和我两个人。就是我的爹妈过世的早,所以我们就去了我的老爹、老妈家里面生活,在他们家里面长大的。

我小的时候,娘家有一两石田地,我家里在土地改革的时候,是被划分成了中农的成分。我是二十一岁出嫁的,我丈夫家里面也有土地,他在土地改革的时候,也是划分的中农成分,他在那个时候家里面也是两石种的田。我有五个小孩子,在前几年我的大儿子,得了病,过世了,六十岁过世的。其中有三个儿子、两个女儿,我结婚之后两个年头就生了我的第一个儿子,那个时候我有二十三岁了。

(二)女儿与父母关系

1.出嫁前女儿与父母关系

(1)家长与当家

那个时候家里面穷,家里根本就没有钱了,就是一两分钱。家里面当家主要就是我的爷爷当家,那个时候我的父母过世了,我们兄妹就是跟着我的爷爷一起长大的,家里面也没有什么内当家和外当家的分别,就是我爷爷来当家的,男的一般都是主事的。

(2)受教育情况

我在娘家的时候没有读过书,我家里面不同意让我读书,我兄弟读书就是我爷爷来教给他的,但是爷爷不教我读书。村里面那些大户人家也是有小女孩读书的,他们都是请教书先生,一般的家庭都是请不起的,学费很贵。

(3)家庭待遇及分工

我们家里面吃饭,男孩子和女孩子都是一样的,吃饭方面不会偏待男孩子,吃饭的时候我家里面没有添饭顺序,添饭也没有固定的人。我们那个时候,家里面吃饭都是随便,谁吃完了就去加饭。小的时候,男孩女孩都是不能上桌吃饭的,上桌吃饭的都是那些来家里面干活的人,才能够上桌吃饭。在过去的时候,我们家里面做衣服也没有谁先谁后,都是谁的衣服破了,就给谁做,在穿衣服上面我的老爹老妈没有过区别。我们那个时候还没有压岁钱,钱也少,在过年的时候,你要是去给别人拜年,人家最多就是给你找一些糖果吃就算是比较好的家庭了。小的时候想过年就是想去穿新鞋,平时是不做鞋的。

在娘家的时候,家里面也没有什么分工,我的父亲和母亲都过世得早,我和爷爷一起长大的,爷爷家里的田地都是请人来帮忙种的,爷爷也是老了干不动活了,干活都是爷爷兄弟的儿子带着干的。小女孩子一般都不下田干活的,下田都是小男孩下田干活。我那个时候在家里也没有什么其他的事情可以干,除了洗衣服,就是在家里面纺线。在我不能洗的时候,就是我的老妈帮我洗,长大了一点,能洗了就是我自己洗衣服了。我的兄弟那个时候还是在上学,没有让他干活。我家里面我的兄弟就是我爷爷来进行管教,由于那个时候我父亲和母亲去世的早,就是在我老爹老妈(小叔小婶)家里,教我规矩的就是我老妈来教我的。那个时候在家里面对于女孩的要求也多,我爷爷不允许的事情,是不能干的,不然就会挨打。说话也是不能乱说的,家里来人了,一般都不能说话。

(4)对外交往

在过去拜年的时候,我们那个时候女孩子也是可以出门拜年的,只是不能随便走。那个时候,一般都是去我小姥那边一个围子,给她拜年,还有我的一些姑姑们,在那里玩。拜年主要就是些姥姥、姑姑这些亲戚,离我家也不是很远。

(5)女孩禁忌

平常居家的时候,那个时候的小女孩子哪里能和现在的小孩子一样,男女都是一样的呢?在过去小女孩子在家里面都是不能随便说话和插话的,这些都是有规矩的。这个小女孩子都不能随便出门的,也能一个人上街和走亲戚,不过这些都是要有人带着的。不过我爷爷都不带我出去,都是带我兄弟出去。我小的时候去玩的话,就是和我家相邻的老彭家玩,有一次我玩的太久了,我的爷爷就拿他的那个拐杖打我的头,惩罚我,说我不能随便出门。家里面晒衣服不是男孩子和女孩子的衣服分开来晒的,我家里过去的时候,晒衣服就是用的一个绳子来晒的。

2.女儿的定亲、婚嫁

在过去的时候,儿女长大了说媒的很少,一般都是娃娃媒,在小时候定下来就可以了,你说到什么样的人就是你的命,也没有什么好挑剔的。我在那个时候定下来的是娃娃媒,在很小的时候就给定了下来了,当时中间人介绍的时候就是说他们家里面有田,爷爷说田这个东西搬不走挪不动的,有田就是不错的家庭了。就这样定下来了。

我们那个时候是不需要合八字的,当时定下了亲,就是下了书子,下书子就是在一张红纸上写下亲事,写上双方的年纪,名字然后用布条包起来送过来就是这样的,书子一般都是有两份的,男的写给女家,女的写给男家,这样各有一份子。定下亲事我家里面没有收到彩礼,我们那个时候也没有彩礼,就是下个书子,这样就是定下来了,这就算是过礼了。

我是在二十一岁出嫁的,当时出嫁的时候,他们家里面也没有什么人,都是拜堂一下子就算了。那在当时的时候,我的这个拜堂仪式,主持的就是我的嫂子主持的。在过去的时候,定亲的一方去世了的话,那就算了,算是命不好,就是自己一个人单着了。那在当时的时候,定了亲只有一方觉得另一方不怎么好了,这个也是有悔婚的,一方悔婚了就是需要给对方一定的补偿,补偿下子就可以了。那个时候家里人少也没有摆酒席,就是男方家里来人,用一个小轿子把我给抬到我丈夫家里,拜堂。

我结婚的时候,当时在婆家里,他们家里总共有着五口人,我丈夫一个,他还有一个哥哥和一个姐姐,加上他的父母就有五口人了,我丈夫和公公都是干农活的,过去也没有什么其他的事情可以干了。当时我们两家都是一般般,也没有什么特别的结婚仪式,就是婆家派嫂子来我家里,带着一个小花轿来把我接过去,然后就是拜堂,拜堂了就算是结束了,也没有其他的仪式了。这个结婚了也没有什么风俗,第二天也不用去给公婆磕头和端茶的,好好地孝敬他们就可以了,那个时候婆婆生病了卧床两年了,我公公照顾她,所以不需要这么多的仪式,家里穷,仪式简单,规矩也少。在我结婚之后没有去祖坟拜墓,我们这里没有祖祠也就没有祭拜,结婚了之后就是过日子了,也没有这些事情,我们这里简单得很。

在当时的时候,我家里当时出嫁的时候就是给我一床被子、一条袄子、一件褂子、一条裤子,共三件衣服,还有三双鞋,还给我压了六毛钱,平时买东西用的,过去也没有什么钱。大家户的嫁妆,他们都兴用箱子装东西,我们这里面没有听说有什么嫁妆田的。这些嫁妆都是我的老爹老妈给我准备的,在我们村子里面像我们这些有田的普通家庭,嫁妆都是这样的也没有什么大的差异,有些家庭好的会用一个箱子来装东西,家庭一般的都是直接拿着的。在过去的时候,我在家里面是不能弄到钱,我织布干活都是自己和家里人用了,也没有钱,那个时候钱也是金贵的,我老爹他织布有机子,都是人家拿来线我老爹给别人织布,然后人家给我家东西,过去的时候没有什么钱,都是东西换东西。我们那个时候我丈夫家和我家就是上下庄子,挨着近,平时也是经常见面,娘家不会派兄弟来专门探望我。在过去的时候,我们那个时候就是结婚第三天回门,回门的时候女婿一般也是一起的,那个时候也没有什么东西,就是带着两包糖算是礼物了。那个时候我们女孩子基本上都是不过生日的,也没有这个情况,我们女孩子的生日基本上都不知道是什么时候,我爷爷只记得我兄弟的生日,所以说我出嫁了第一个生日也是没有过的。

我们这里在过去也是有换亲的习俗的,我们过去的换亲,就是两家子互有女儿,这样他们两家的女儿都是互相嫁到对面去,就是这样换亲。换亲主要是考虑的儿子娶亲,过去的时候,重男轻女女子少,就是怕说不到媳妇。换亲时是需要有个中间人进行牵线,在两家之间互相介绍,由此谈成。

在过去的时候有部分家庭他们家里面只有女孩子,就是招上门女婿,防止以后老了没有人来养。以前我们村里面招的女婿,在父母还没有去世的时候,生的小孩是随女儿家的姓,在老人去世了之后,就转回到自家的姓了,主要还是姓男的姓。招过来的女婿,要是在家里面过的不好的话,也是可以分家的,同时因为他是男的要是在家里面长辈老了管不动事情了,或者去世了,也是能够成为家庭的家长的。二婚的人在村里和一婚的人跟现在是一样的,都没有什么区别的,该有的仪式都是有的,家里条件好了,办事还是照样办的。

3.出嫁女儿与父母关系

出嫁的女儿我也不清楚有什么风俗禁忌,出嫁的女儿一般不能在娘家吃年饭,出嫁了过年就是在丈夫家里过年了。在回门的时候,姑娘和姑爷也是可以在一起睡觉的,这个并没有什么忌讳的。我的丈夫家里和娘家是离的比较近的,平时有空了就可以回家,也不需要特殊的节日,回家的时候有时候是我自己回家,小孩子也是一起带着的,这个放不下,没人看着,就是我带着,有时候我丈夫也会和我一起回去看看,经常回家就不需要带什么礼物了。在出嫁了之后,我就不能管什么事情了,出嫁了就不管娘家事情了,要说困难,我家里比娘家还困难些,基本上都是不用帮忙娘家,我家里有时候没有东西吃还是娘家接济我们的。

那个时候我和丈夫闹了矛盾我就是直接回娘家了,调解也不用调解,就是丈夫家里穷,没有东西,有时候生气,我就是回娘家住个十天八日,再回去,日子还要过呀。我的婆家和娘家就是在一个村子里面,距离也不是很远,就是上庄子和下庄子,婆家与娘家也是经常来往的,有时候家里面困难了,娘家也会有一定的接济。

出嫁之后就不能分家里的财产了,家里的东西都是兄弟了的,家里要是没有儿子就会招一个女婿,女儿出嫁了就不能分财产了,分东西之后兄弟之间会分,姊妹没有分财产的。1949年以前,赡养父母主要都是我的兄弟他来赡养,他分得了财产,当然得赡养了。我家里离我娘家近,平时的时候也会去看看他们老两口,有困难了帮助解决下子。医药费基本上都是我的兄弟来出,我就是照顾一下子。在我的老爹老妈去世了之后,在葬礼上,是我的兄弟来主持的,女儿是不能主持葬礼的,我表示孝心就是称点纸,去给他们烧纸,和我兄弟一样披麻戴孝。在我们这里,女孩子都是不去上坟的,上坟都是男子带着小孩子去的。

(三)出嫁的姑娘与兄弟姐妹的关系

娘家商讨大事情的时候,他们也是会叫我回家,听一下。那个时候家里有事情了,也是会叫娘舅来商讨。与婆家人发生了矛盾的时候,也会请娘舅来调解,娘舅的说话分量也是可以的。我家的儿子女儿婚嫁的时候,也是需要请问一下娘家娘舅的意见的,儿子女儿出嫁要是办事了,他们也可以过来。在过年的时候出嫁的姑娘回娘家,也没有固定的日子,只要在过年期间去了就可以了,去的时候也没有特定的礼品,穷的时候空着手也是可以去给拜年的。关于拜年顺序,过去是有句话这样说,按照小孩子的来走亲戚,初一叔、初二舅、初三初四就可以随便走了。

二、婆家人·关系

(一)媳妇与公婆

1.分家前媳妇与公婆关系

我还没有嫁过去的时候,丈夫家里面就已经分家几年了,我丈夫都单独烧锅了两年,分了家之后,就是各管各的了。我的婆婆都生病几年了,照顾婆婆主要就是我的老公公,其他的就没有什么了,我不负责照顾。我是第一年的冬天嫁过去的,到了第二年二月份我的婆婆就过世了,我们之间的关系也少,接触得少。我和公公之间的关系也是一般般,平时也不去请示他,他也是突然就过世了,他就是在当时身体还好好的,第二天就发现他死在了牛屋里面。我的丈夫与公公婆婆之间没有什么矛盾,我就是糊里糊涂地过来的。

在过去过节的时候,没有一些特定的节日是需要回娘家的,也没有固定的节日是要与公公婆婆一起过的,我们基本上都是自己过自己的,没有听说过固定的节日需要一起的,都是你想去就去,不想了或者有事了就不去。结婚之后我的那点钱,都是在过日子的时候,家里没有油没有盐就拿出来花掉了。保管这些钱还是由我来保管,只是在平时家里缺东西的时候,我会拿出钱来,买东西,商量也不需要和丈夫进行商量。在刚开始嫁过来的时候,我纺过一段时间的线,都是给自己家里用的,不过在最后了就不纺线了。

2.分家后媳妇与公婆关系

(1)公婆关系

在过去的时候,如果是丈夫去世了,那些寡妇,如果她在家里面有吃有喝的话,她就不会想着改嫁,如果是家庭困难了会进行改嫁。1949年的时候很少有妇女出去给人帮工的,帮工的一般都要那些还没有结婚的,出去帮工的女孩子都是家里面穷狠了,她们才去给那些地主家里帮工,一般情况下,是不出去帮工的。那在过去的时候,也没有听说村子里面有这个办寿的,我们村子里面没有这个风俗,就没有给公公办过寿,主要是那个时候村子里面大部分人都很穷,也办不起来。当时公公婆婆过世的时候,我的孝服与我丈夫的孝服都是一样的,下葬的时候就是我的丈夫去,我没有去。我家的公公婆婆在刚开始的时候是没有葬在一起,在后来改为田了,才把坟给起走了,这个时候,公公婆婆才合葬在一起的,当时合葬的时候是哪一个在左边哪一个在右边我就不清楚了,我就没有去过,也不知道是什么情况。上坟的时候不都是一样,都在一片地方,我没有听说过上坟还有不一样的,都是烧纸、放炮。我结婚的时候,都没有去过拜祭祖坟,在以后了就更没有去过了。每一年去上坟都是我的丈夫带着小孩子去的,我就是在家里面。

(2)分家

公婆家里分家,是在我嫁过来之前就分了家了,那个时候我的公公婆婆还在世,主要就是我的嫂子她要求的要分家。当时分家的时候就是他们家里的人来分的,就是他们兄弟两个来分家产。当时婆婆公公都是在场的,把田地给分了分,屋子分一下,其他的就没有什么东西了。

(3)交往

分家了之后,兄弟之间都是自己开火,自己做饭,都是各是各的了,自己照顾自己,平时有事或者是有空的时候,也会互相有联系,串串门子;兄弟有困难了,有时也会去帮忙,毕竟都是一家人。

(二)妇与夫

1.家庭生活中的夫妇关系

(1)夫妇关系

那在过去的时候,都是比较封建的,我们定下了亲了,就根本不和我的丈夫见面。一直到了结婚的时候,他的嫂子把我抬过去才见到我丈夫长啥样。那个时候也没有什么满意不满意的,嫁过去就嫁过去了,也没有什么好挑剔的,就是过日子。我们那个时候家里也穷,根本就没有什么东西,日子能过就行了,因为没有钱,就没有谁来当家的问题,平时干事都是互相商量着来的。这个公公没有对我进行过训导,我嫁来就算是嫁过来了,我的公公也没有管那么多的闲事,都是自己过日子就行了。

家里的农业生产都是我丈夫说了算的,毕竟种田都是由他来种,我就是在家里面照顾这几个小孩子,他种田也不会与我进行商量,我家里面那个时候也没有进行过请工,借钱和借粮食,都是自己种。勉强能糊口,不够吃了,我娘家看到了也会接济一下我们。分家之后我在家里面主要就是照顾下小孩子,干农活这些蠢笨的活,丈夫是男的毕竟有劲,都是他来干活的,我就在家里摸摸,不去下田干活。

在生产队的时候与队里面,队长打交道,也没有说谁是必须出面的,这个也没有区分,跟家里相关的事情,你去也可以他去也可以,能办好就算了。在生产队的时候,我家里也有去找别人借过东西,家里有这些小孩子,不得已都是向前吃,找别人借着吃,借粮食的时候主要都是我出面。我丈夫他是一个老实人,那个时候吃工分,他就知道干活,也很少和别人打交道,都是我去的,我找别人借东西。

这个我家里没有什么顺序,大家都很重要,也没有丈夫第一、妻子第二、儿子第三、女儿第四的这种顺序,都是一样的。吃饭的时候要是东西少了,就是多弄点菜,大家都能吃上东西,没有那种只让几个人吃饭、其他人看着的情况。我家里没有出现过大家一起生病的情况,家里都是谁生病了就是给谁看,没有给一个人看病、不给另外一个人看的。过去的时候,做饭都是女的来做,男的是不做饭的,他们就是等吃。在这二年,我老了就不是我来做饭了,小孩子一般也是我来带,他在过去的时候,基本上都没有管过孩子。马桶肯定是我来倒的,等他来倒这就臭满屋了。在1949年以前,我的丈夫他比较老实,也没有打过我,村子里面也有听说过丈夫打妻子的,从这方面来看我命还是比较好的,就是天天操的不是心。村子里面对于丈夫打妻子又没有什么说法,过去哪像现在呢,丈夫打妻子就是家暴呢,打得狠了还有警察来。

在1949年以前我还没有嫁到他们家里,那个时候我还是跟我老爹老妈一起的;1949年以后,我嫁到他家里了。在刚开始的时候,家里也没有什么钱,买东西都是用我带来的六毛钱买些日常用品;再以后家里有点钱了,我看家里需要什么了,就是自己去集市上买,也不用跟他说的,他不知道买东西,买东西都是我来买。以前逢年过节他在外面也不知道给家里买点啥,都是我去办的。

(2)娶妾与离婚、婚外情

在我嫁过来的时候,国家已经解放了,都是一个男人一个老婆,不允许娶小妾了,我们自始至终都是一个人。我的观念比较旧,跟着一个男的就是跟着一个男的,就不会变了。这样磕磕碰碰了一辈子,说实话生的不是气。

2.家庭对外交往关系

在过去的时候,家里来人了,如果人少呀,我就是忙好了之后也是上桌子吃饭,人多了我就不上桌子了,都是忙活菜什么的,都是在他们吃过了之后,我才去吃饭。在1949年以前主要就是在家里邻居之间逛玩,其他的地方都是不让我出去的;我爷爷出去看戏也是只带着我的一个兄弟,都没有带过我去。在1949年以后,渐渐地就到了生产队了,那个时候我算是出门了,大多数就是在生产队干活,有时候也会去赵岗买些东西。这个差不多也就一公里左右,再远的门就没有出过了,就这样过了一辈子。

(三)母亲与子女的关系

1.生育子女

(1)生育习俗

我家里面有五个小孩子,我的大儿子是在我嫁过去两年之后才出生的,那个时候都解放了。在过去的时候,男孩子和女孩子在出生之后,报喜没有什么不同,我婆家和娘家都是住的这么近,生了一个什么小孩,娘家立马就知道了,也没有什么报喜方式,生了男孩子就高兴一下子,也没有什么大的区别,就是告诉家里一下子。在过去的时候穷得很,家里没有钱去办什么酒席,搞庆祝。我们家里也没有给孩子办满月,百天这回事,村子里面听说有那种打松娘娘的,不过这都是他们的事情,我家里没有搞过。生了小女孩也没有什么说法,更不会搞什么仪式,生男孩和生女孩子都是一样的没有区别。

在我家里面对于男孩子过生日,也是想搞个庆祝,不过家里面没有主事的,我的丈夫他是一个过于老实的人,基本上只知道干活,其他的什么事情他都不管;我的公公呢他也是老了,根本就管不了事,所以我家里面就没有搞过庆祝,都是随便就过了。要说庆贺谁不想庆贺,谁不想好呢,我在家里给他们过生日都是一样的,没有区别对待。

(2)生育观念

在过去的时候村子里面的人,对于生男孩子都是比较热衷的,生了男孩就高兴一下子,生了女孩如果心肠好的会一起养着,心肠硬的,家里又穷的人,可能就把小女孩给扔了,不要她们任她们生死。毕竟这个重男轻女的思想比较严重,跟现在男女孩都一样,是有一定的区别的。

(3)子女教育

我家的儿女们都有上过学,他们都有上过小学,除了我的二儿子上到了初中,其他的都是上了小学。那个时候,家里面没有钱,上学也是上不起,要是有钱的话,上学也是让儿子尽量上。可实际上家里是穷,勉强糊口。在我家里对于男女孩子在添衣服上面,都是一碗水端平,没有什么区别对待,都是一样的。

(4)对子女权力(财产、婚姻)

在结婚之前,我们家里的小孩子他要是能赚钱都是自己拿着,我不干涉他们,各存各的钱。我的儿女们就没有给他们弄娃娃亲了,都是说的大媒,说媒的时候都是大概一下子,也没有合八字,两个人之间处的好就可以了,他们婚配和我们那个时候娃娃亲不一样。我的儿子女儿结婚都是经我们同意的,他们结婚的时候,生活好一点了,比过去我结婚的时候啥也没有强些。我女儿出嫁也没有什么东西,就是给了柜子、洗脸架、衣服、被子这些东西。我大儿子结婚的时候,有给他盖了两间土坯屋,那个时候也没有砖,我家里也穷。女儿她们出嫁了就是婆家的人了,家里的兄弟结婚她们也不会管。她们也是穷得很,没有多余的钱,就是会来看看。

2.母亲与婚嫁后子女关系

我的大儿子是在二十五岁结的婚,相比于过去,我现在的婆媳关系还好,互相之间没有什么矛盾,媳妇进门的时候,他们自己就单开了,没有住在一起了,单开了我就不管他们了,也没有教她一些过去的规矩,我儿子结婚的时候媳妇没有拜公婆,也没有给我端水倒茶,同样没有给我早上起来磕头问安,在我这里就没有那么多的规矩了,我过去也没有干过。

我的大儿子是在二十七岁的时候,分的家,就是他结婚两年之后分的,分家就是单开伙,家里也没有什么东西可以分的。分家是我的大儿子他提出来要分的,他跟我说现在家里面也是有着六七户人家了,是时候该分开来过了。这个我家里面也没有什么东西,分家就是直接就分了,也没有什么仪式,和立字据。就是说一下算是分了。分家的时候,我们是在生产队的时候了,那个时候,田地都是公家的了,也没有什么可以分的,就是直接单烧饭了。儿女结婚我是允许她们自由恋爱,来谈对象的,现在了又不是和过去一样,都是父母包办。

我家里的那个破土坯屋要倒,我就搬到了我的二儿子这里来住了。平时都是我的儿子们赡养我,女儿们离家近的平时会回来看看我们,我的三女儿由于嫁的比较远,平时回不来,就很少见面了。我们村子里面也有那些只有女儿没有儿子的,他们都是在计划生育的那个时候,没有生到儿子,计划生育的时候就是说这些都是国家来包他们,来赡养他们。如果他们年老了不能自理了,肯定是他的女儿会照顾他们。我在有空的时候也会去看望一下我的女儿,一年之中差不多也就一两次这样,我不能在女儿那里住,我一走了老头子就吃不上饭呀,所以我就是当天去当天就会回来了,不会在女儿那里过夜的。

三、妇女与宗族、宗教、神灵

(一)妇女与宗族

我们家里是在北方,这里没有什么宗祠,听说其他的地方有,我们村子里面都是不兴这一套的,平时都是一个家一个家的,没有宗祠和宗族。

(二)妇女与宗教、神灵、巫术

1.灶王爷的祭拜

灶王爷差不多是在小年的时候要大家在一起烧香,我们一家子都是在厨房里面烧香磕头,也会烧一点纸,这个时候是上面清点家里人口的日子,我们家里的人都会在一起,在家里面。

2.腊月三十敬神

腊月三十了,晚上在堂屋的桌子上面是会点一晚上的蜡,也会烧香。过去家里穷没有条件,点了蜡就是在吃过饭之后,睡觉了就吹灭了。现在条件好了,有电子的蜡,我们都是开一晚上。

3.拜门神

这个我们这里面就很少有听说过,拜门神的都是在大年三十的时候,把对联给贴到门上,中间是一块带字的红纸,这样就是春联了,没有拜门神的情况。

4.“当工”(音译)

当工也没有听说过,不知道这个是什么情况,在我们家里过年了就是糊门神,然后就是下午了放过鞭炮以后就开始吃团圆饭了。现在的日子比过去好过多了,过去过年就没有什么吃的,现在有鱼有肉的。

5.送子娘娘

我们这里也是不信这个送子娘娘的。过去生活苦,小孩子生下来很多的,都养不活。家里没有什么吃的,天天都是想着怎么获得更多的粮食,怎么吃得更好,都不信这些鬼神的。

6.求雨

求雨也没有,下雨全是看天,天气好了我们家里会收到更多的粮食,有时候干旱了我们都是盼着下雨,有时候老天爷也是下雨下得狠,好多的稻都被吹倒,粮食减产,过去都是高秆稻,产量本来就不高。

7.宗教

我家里不信宗教,我们这个乡里面是有一个国家保护的宗教,不过我是不信的,生活过得好就可以了,信那个也是没有什么用的,我只信毛主席,信党是他们把我们从旧社会救了出来的。

8.巫术

村子里面这些巫师也是少,很少有干这个的,我们家里也不信这个。过去要找巫师也是需要不少钱的,我家里穷也请不起,就不信他们这一套了。现在生病了都是去看医生,不和他们有关系。

四、妇女与村庄、市场

(一)妇女与村庄

1.妇女与村庄公共活动

这个在我还没有出嫁的时候,我就没有出过门,基本上就是在家里面,女孩子一般我的爷爷都是不让我们去参加的。在生产队的时候我有参加过村庄会议,就是上面来人在我们村子里面宣传政策,这个我有去听过,不过只是听听罢了,没有上去发过言。在我出嫁之前,我不知道本村的绅士,保长甲长这些人,只是见他们有时候来我们家里。在1949年以前,村子里面人出嫁,不用告知一下村子里的甲长保长,家里穷,也不需要告知他们的,我结婚就是我嫂子来用花轿接我走,就是这。

2.妇女与村庄社会关系

我在娘家的时候,女伴也有一个,就是我们这个庄子的屋后面有个老彭家,他家里有一个小时候玩得比较好的玩伴。都是在他们屋子里面玩。女伴出嫁的时候，我没有吃她家的饭，就是她出嫁的时候，我去看了看她，和她说说话。这个村子里面的红白喜事都是想让我去，就会提前跟我说下子，我在家里面知道的事情也少，老了也是走不动了。在过去夏天的时候，妇女能出来纳凉，我是很少出来的，夏天蚊子多，我一般都是直接到屋里面睡觉，不出门。要是住在一起的话，夏天可以出来说话，要是离得远了，就不出来了。我们那个时候，也会妇女之间进行说话，有时候是在池塘边上，我们洗菜遇到了就说说话。现在的妇女大家都是各忙各的，很少有在一起说话的时间了，有时候在路上遇到了也会相互说两句。

（二）妇女与市场

在我出嫁之前，小女孩都是不让出门的，就是在家里面干活，我就是在家里面纺线，也没有干些其他的事情。我爷爷也不会带我去集市上玩，他一般都是带着他的孙子、我的兄弟出门。1949年之前我就不清楚有没有女性商贩了，那个时候女的一般很少有在外面抛头露面的。在以前的时候针线都能够从来我们村子里面的货郎那里买到，他们用挑子挑着东西，在我们村子里面挨家挨户的喊嘞，就是从这里买到的针线。结婚之后，1949年以后那个时候我们赶集也少，集市上能买到糖、肉、布都是有的，我们那个时候有这个布票、肉票、豆腐票，那个时候用不完，有人知道了会来我家里面买这个票。

五、农村妇女与国家

（一）认识国家、政党与政府

1.国家认知

我知道国家就是在我们互助组的时候，那个时候大家一起干活，经常开会，国家要提留，从这时我知道的，国家都是生产队的时候宣传听到的。

2.政党认知

1949年之后有宣传过女的翻身，男女平等，在1949年之前就没有听说过男女平等，在过去都是男的为主的。在我记事的时候，那个时候还不叫共产党，我们村子里面都是叫他们老八，也有听说过国民党，听过蒋介石，听到毛泽东和老蒋争天下，不过这个只是听过，就是不知道什么意思。

3.夜校

在1949年之前没有听说有学校，学校也是在这几年才有的。在还没有1949年的时候，就没有学校，你要是上学就自己花钱请先生。我们那个时候家里穷请不起，都是我爷爷来教我兄弟读书，女孩子不让读书。

4.政治参与

我家里面没有党员，都是普通的老农民。我没有裹过脚，在要准备裹脚的时候都解放了，国家开始土地改革，破除旧封建，就没有裹脚了，我裹脚布都准备好了。在过去的时候政府有号召过大家把辫子给剪掉，我也把辫子给剪掉了，不过最后长长了我就又剪了一次。

5.干部接触与印象

共产党来了之后，大家与干部接触的就比较多了，看到干部也多，在土地改革的时候有看过土改队员，在土地改革之后的生产队了，经常开会也会看到共产党的干部，共产党干部与群众接触得比较多，国民党的时候干部就接触的少，那个时候一般都是男子接触，女的在家里。

6.对女干部和妇女组织的印象

我们生产队里面也是有女干部的,她也当过一段时间的生产队长,带着我们大家一起干活。当队长都是大家选出来的,成分好能干就能成为队长,不分男女的。

7.政治感受与政治评价

要说实话,现在说起来我对党还是很感激的,那个时候毛主席带领共产党把我们解救了,日子渐渐好过了。现在你看吃穿不愁的国家还有补贴,什么时候有这样的好事呢,这都是要感谢共产党的。

(二)对1949年以后妇女地位变化的认知

在1949年之后国家有号召过家庭平等的,当时就是号召不准丈夫打老婆,不准婆婆虐待媳妇;现在女孩子都是翻身了,男女都是平等了,也没有这种丈夫打老婆的行为了,婆婆也是与媳妇处的比较好,没有发生过矛盾。这个在村子里面对于喊丈夫的名字并没有什么忌讳,就是可以喊丈夫的名字,我们村子里面多数就是这么喊的。现在都没有丈夫打女人的事情了,如果丈夫打女人就是家暴了,政府是管这个事情的。

(三)妇女与土改

1.妇女与土改

在当时土地改革的时候,我家里就是中农的成分。当时在进行土地改革的时候,也有参加过斗地主,去看过斗地主,当时我去看他们斗地主那个把地主打的也是厉害,看着都害怕。斗地主斗的狠的很,在当时的时候也有妇女上到台子上斗地主的。土地改革分土地都是分到了土地,男的土地和女的土地都是一样的。当时在土地改革的时候我还小,只有十几岁,我爷爷还在世,他是我们这里的家主,土地证上面都是写我爷爷的名字,没有写我的名字。

2.妇女组织、女干部与土改

当时土地改革工作队员也是来到了我们村子里面,进行宣传,宣传这个土地改革政策,他们动员村子里面的那些贫农行动起来,斗地主,没收地主的土地。我们村子里面也有一个妇女主任,就是她带领着我们,给我们开会。我没有当过干部,就是一个小小的农民,就是在干活。

(四)互助组、初级社、高级社时的妇女

互助组我还是记得的,在互助组的时候我们女的也是下田干活了,合作社了大家的田地都是一起的了,在生产队里面也是干活。在生产队的时候,也是有女队长的,我们生产队里就有一个,我们队里面的小汪她在过去的时候就当过生产队的队长。当时在生产队的时候,这个分配干活,都是我们的队长来分配的。我那个时候身体弱不能下水,就是队长把我安排到棉地里面,干些活。在刚开始搞生产队的时候,就是我的大儿子一个人,最后的几个孩子是以后才慢慢来的。当时为了兼顾生产队的活与家里的家务,那个时候就是把孩子给锁到屋里面,不让他乱跑。晚上我肯定是在家里面不去上工,在过去也没有让我去上工,我在家里看小孩子。

(五)妇女与人民公社、"四清""文化大革命"

1.妇女与劳动、分配

当时到了人民公社的时候,我差不多有二十七岁了,离三十岁也不远了。在生产队里面的时候,男的女的都是在地里面干活,那些电工,农业技术人员都是男的,他们有力气,农业知识比较多,所以这些技术活都是他们的,我们女的都是干些简单的事情。在生产队的时候,男的工分一般都是十分,女的工分是八分,男的工分和女的工分并不是一样的。

2.集体化时期劳动的性别关照

在当时的时候,我们有建立托儿所,我们这里面就是叫"娃娃组",这个都是专门照顾小孩子的,照顾小孩子的也是有工分的,不过就是没有人干。领小孩是太麻烦了,我干过一段时间也不干了,没有人干自然就解散了。

3.生活体验与情感

在当时搞大食堂的时候,我们家里的东西都被收走了,家里什么东西都没有了,根本就没法开火,都是到食堂去吃饭。吃饭的分量对于小孩子和大人是不一样的,小孩子是半勺子,大人是两勺子。在刚开始的时候,还是可以有饭票,在最后搞浮夸风,我们的社里面就不开火了,天天是饿着肚子干活。最后村子里面就死了不少人,部分家庭人少的就直接绝户了。说起那个时期的事情,就是想哭,生活到现在是天堂一样。

4.对女干部、妇女组织的印象

当时我们这里边是没有铁姑娘队的,不过我们队里面,在当时的时候,对于那些干活积极,不偷懒的人,是可以评上劳动模范的,我当时家里面有许多孩子,干的活比较轻,就没有评上劳动模范。妇联这个组织在当时并没有听到过。

5."四清"与"文化大革命"

我还是记得"四清"与"文化大革命"的,那个时候,我们村子里面比较乱,我就没有和他们随便响应,也没有出去和她们参加新一轮的斗地主,就是自己在家里边。那个时候我家里面也没有什么东西了,家里面就是一些田,所以也没有什么东西被打破的。

(六)农村妇女与改革开放

土地承包的时候,我也是参加了分配土地的会议的,那个时候从新分配土地,我们男女都是有分到土地的,男女都是一样的,并没有什么不一样,分到了土地只有,我们都是有发土地证,土地证上面有写两个名字,写了我的名字和我丈夫的名字,都有写上。

六、生命体验与感受

我过去的生活就是苦得很, 那个时候天天肚子都是吃不饱的; 现在我们家家都能吃上饭,这个日子都是党给我们的,这要十分的感谢党的功劳,感谢毛主席,感谢共产党。

YL20170116SXY 隋秀英

调研点:内蒙古赤峰市敖汉旗牛古吐乡车罗城村
调研员:闫磊
首次采访时间:2017 年 1 月 16 日
出生年份:1937 年
是否有干部经历:无
是否生育:是
受访者结婚的时间节点、生育子女的具体情况:1954 年(十七岁)定亲,1959 年(二十二岁)结婚。共两个儿子,两个女儿,大女儿 1960 年出生,现已经全部结婚。
现家庭人口:7
家庭主要经济来源:务农
受访者基本情况及个人经历:老人出生于 1937 年,现在与二儿子在一起生活,吃喝都是二儿子管,两个闺女定期给买牛奶之类的,不缺吃喝,生活幸福。老人一生和婆婆,妯娌,邻居,亲戚关系都相处的特别好,是为家人奉献一生,有福气的人,一生都很轻松,没怎么受苦。老人一生平稳,结婚前娘家父亲是铁匠,有五个哥哥,五个姐妹,三个弟弟是同父同母的。有两个哥哥是同父异母的。1954 年(十七岁)定亲,1959 年(二十二岁)结婚,共两个儿子,两个女儿,丈夫家庭是地主成分,大女儿 1960 年出生。

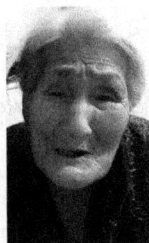

一、娘家人·关系

(一)基本情况

我叫隋秀英,小的时候我上了两天学,名字是我们老师给起的,那功夫(那时候)是河南那边的朱八先生教我们。我们姐妹五个都占着这个秀字,我们排着辈儿叫下来,隋秀兰、隋秀凤,我叫隋秀英。东头我四姐叫隋秀兰,我三姐叫隋秀花,我叫隋秀英,王林他妈叫隋秀凤。儿子他们占字那不一样,他们是占甸字,我们是占秀字。我哥哥兄弟什么的都是占甸字,村里的隋甸阳是我亲兄弟。

我 1937 年出生,当时我娘家爹是铁匠,我那会儿没有怎么受罪。在娘家那会儿,我老爹是开的铁炉,有时夏天的时候我嫂子他们也不上山。就快到十七八了,才领着上山去薅薅地。到了后来又入了合作社了。在合作社的时候也是去校队里干活。我有五个哥哥、五个姐妹,三个弟弟是同父同母的,有两个哥哥是同父异母的。

我 1954 年(十七岁)定亲,1959 年(二十二岁)结婚,共两个儿子,两个女儿,丈夫家庭是地主成分,大女儿 1960 年出生。

(二)女儿与父母关系

1.出嫁前女儿与父母关系

在娘家的时候,我老爹当家,那个时候不像是现在这样,谁想当家就当家,也得是能当得了家的人。大多数都是男的当家,女的当家就差了点儿,家家都这样。后来到了他们老宁家,我没享着什么福。他们当时家是地主成分,都是住的破马架,当时真的是叫吃糠咽菜,一天一顿,饺子放上那面皮儿,完后吃的萝卜馅儿,那时候根本没有这样。等我快结婚的时候他们就不干活,人家那时候就说了,赶明等到宁从(丈夫名)的媳妇过门。别说大饺子了,小饺子人家都不包了。一包就一天,就吃一顿,那个时候人们能吃。

我上学就是三天打鱼两天晒网,有空的时候就去上学。我老妈的孩子都是一个接着一个的,就什么时候有功夫了,什么时候有空了就让你去上两天学,没空了,就在家带孩子干干活,你就别去上学,也不能老去上学,可是那个时候我还学习挺好的。在学校吃了一冬,我考试的时候都争了第一名,但是我就上了一年。老师对我也好,老师就是元宝洼老杨家的人。现在估计也没有了,那个时候要是我们去谁家串门,他就喊上我。他就说隋秀英,你去不去我去哪里哪里,那就老师对我好。那就是我到时脾气也好,我这几天。我这脾气好。精是到不精,但没有坏心眼。

我哥哥都念过书,当时的儿子念书可以,念到什么时候都行,那个时候丫头说是要念书,就叫这是像怎么一回事的一样。反正念书的姑娘也少,村里的姑娘一般都不念书。那你就看那个张百龙,他家三个儿子都念了书,现在也都不是庄稼人了。他家的俩丫头一个字都不会写,连一个小学的门都没进去。我的两个丫头还上了个小学,可是学也白学了,因为她们心笨,就都没学好。那她们就是给别人浇地什么的,记个人名啊什么的,那可都是都能记得上。那功夫她给人家浇地,就记着谁家是几点交的,一共都是谁,加上什么名字她都能记得清清楚楚,这是老丫头。大丫头也就念了几天,那个时候上学也主要就是让家里小子念,丫头念不念的都无所谓。那时候都是重男轻女,大家也觉得丫头念书也没什么用。

那在家的时候也没说是衣服先记着男孩子穿,女孩子后穿,那倒没有这种情况。当时我老爹他当家，那时候都流行穿染色的衣服，咱们这个营子我是最先穿上那个染了色的衣裳的，就是穿的大红色的衣裳。还有就是前面我们家裁缝的他们家的妹子，她有一个大红的。头年穿还有一个紫的，我小时候那都不敢争什么东西，反正人家给你买什么东西你就得要什么，也不敢争，说是看这小子都穿上了么，我也要穿，那都不行。

儿子的衣服比姑娘的衣服好多了，现在的衣服样式这么多，那个时候就冬天的时候一身棉，夏天时候一身单，这还好是不错的人家。要是条件差一点的家庭，夏天的时候紧慢的脱不下去棉衣，冬天紧慢的穿不上棉衣，这样的人家多了。姑娘也能和大家坐在一起吃饭。姑娘愿意在哪儿坐就在哪儿坐，大家吃什么东西也都一样，那阵儿钱那么少，我们家那时没给过我压岁钱，别看我们家日子过得还行，那也没有给过钱呀。等我到二十来岁的时候，我妈做什么事也稀里糊涂的，家里的钱也都是我给他们放着，我老爹要是花钱的话就喊我一声，我给他拿。哥哥们不同意，他们也不敢说，那个时候都是老的说了算，他们说什么就是什么。他们把钱交给我，我也不敢给人家乱花，就是替人家保管，花的时候再从我这里拿。钱也都是有数的，到时候我老爹一花钱就和我说，把那钱给我点，我就得给他找点儿钱。

过年的时候我父亲去拜年，不领丫头，就领着小子。但小子大多数都是自己出去单独去拜年，要是有了新媳妇，比如说，家里姊娌什么的。那就是家里大姑子领着拜年，当闺女的不出去拜年。那要是来客人的话，那都得客人先吃上，男人先吃，还有小子什么的，我们那不让吃。我们就在后面去了，就是有什么事要是请他们两个的话，就两个人都去，请一个人，那就一个人去，总之请谁就谁去。去的一般也都是亲亲故故的，不是亲故，人家也不请。

那要是赶集上店了的话，他们要同意的话，那就可以出去。当老的和当妈的说不许去，那就不能去。我也去过合作社买东西。但也不是想买什么就买什么，一共没给多少钱，也买不上什么呀！那我们结婚之后还是有粮票布票的，那我们倒是还是花过一点钱。那个时候那钱那还不知道什么样子，那我都忘了，反正什么样子我是没有记住。

当时在家里就是丫头找丫头玩，小子找小子玩，那也不是随便玩的。那打我能做活儿就去小队，小队那丫头小子多，想干什么就去干。那个时候那闺女也干活，有时候也打头阵。那个时候出去不上山，那要是上山的话，干什么活就我领着他们，他们没少给我们做活。那个时候就是我领着，我领着的时候多，那虽然是我领着，但是也要听他们的，人家说什么时候歇着就什么时候歇着，说什么时候干活就什么时候干活。那时候他们家挺厉害的，那肯定不能让自己吃了亏呀！

夏天的时候薅点地，冬天的时候就哄哄孩子。我老妈在我后边生了仨小子，那仨小子都一直是我哄，我在我老妹子八个月的时候就结了婚。家里一共这么些个孩子，针线活就得做一阵儿。我就帮人家隋甸金他妈，做活别人做什么活儿她都不嫌，反正就只要是我去，抱着孩子就给人家做，什么纳鞋底的活什么的都可以。把我老妹子抱的都和小罗锅似的了，硬是给人家抱孩子抱的，是我愿意给人家做。我要做什么我妈都不用，全是她做，我妈净让我们哄孩子，家里的孩子一个接一个的，一个比一个大一岁、大两岁的，晚上的时候有时还要哄到半夜呢，这个时候家里他们的孩子说哄不过来了，我说我也哄不过来了。那个时候我可是天天就哄他们了，我在这几个兄弟身上可没少受累。

2.女儿的定亲、婚嫁

(1)定亲

我十七岁定亲，当时有媒人，那我也不知道他们咋说的，那我老叔我四叔他们都愿意，也不知道怎么把我妈就说同意了,那个时候他们经常去那边扎点儿大烟,也不知道怎么就看见他了,把我许给人家了。我老爹那个时候不愿意,当时和我妈打了好几架。我那两个哥哥,反正他们就是那么说,就是家里面太穷,没底儿,那我老爹和我妈打了好几架。他说,反正你这个事情不管那个事情,不管正经事情得管这个。不给媒人钱,但是媒人来办好事,所以会给他扎点大烟什么的。一般他们就上一块儿去扎点儿大烟,那一说和,我老妈说她就愿意了。

说我丈夫家是地主,但他们也没怎么雇别人干活,他们吃粮食都是吃人家榜青的粮食。他们家没人,我大叔两岁没有爹了。还有他们家的人都寿数短,我们家那老头子都死了三十来年了。他五十那一年、我四十八那时候他就死了。我们家他老奶奶,他老叔,他们俩同岁,她四十六时就没了。这不就都是寿数短吗?那半辈子也过来了。今年这一年没少在家吃凉饭,因为我给他们做不了饭了,每年我们家一顿凉饭她都不吃。他们一回来我就给他们都做好饭了。我要是说忒凉我都不吃了,那他们反正也就将就着吃。那他们干活不吃也不行。我说我老妈,说不上你相中他啥了,是相中她们那个王八壳子了还是相中那破钳子了,那时候家里什么也没有,那没少挨了我埋怨,后来我老妹子找婆家的时候她不管了,人家自己想找什么样子的找什么样子的,她说你自己去看去,那我不管了。那后来我们那个老妹夫,放牛的。她在我老兄弟媳妇那娘家待着,人家一边看牲口一边看的,后来说是看中了。要不说这个隋甸娥可有福。那说不认命可不中,那这时候是可得认命。

那定亲没有什么仪式,那个时候不时兴这个,那可不时兴。就是要媒人,人家有担保的,和你一说那人家就定了。

(2)出嫁

我1959年的时候嫁出去的,那年我二十二岁。我结婚和定亲那是隔了五年,那要是和现在似的可以离婚,那时候我说什么也不干。那时候不时兴离婚,怕人家笑话么,刚定亲,你就退婚,那不行。

我嫁给他们家里的时候,他们家是地主成分,但特别穷。当时就是我老妈愿意,那个时候都是她说了算。我说那也不准,也不知道她相中他们家什么了。就是说等我嫁过去的时候我是不愿意的。但是那不愿意也是假的,当时家里头穷。那结婚之前都见过面了,那就是当营子的怎么见不着。那就是在一个小队的,反正就是我那结婚对象是能干活,除了能干活说也没说的笑也没笑的。

彩礼也没有给多少,那功夫那都不值一个小猪仔的钱。那我们这么大个营子头些年说媳妇都没有超过四千块的,两千块钱就是顶多的了,在这个时候估计都有十来万了,那个时候我们这个媳妇都是当时在河南,两个媳妇也没掏上一万块钱,要是放在现在根本娶不起媳妇。结婚的时候也没有什么嫁妆,娘家给了个褥子,婆家都没有毡子,我们也买不起,好几年才做一床褥子。被子是结婚之前的时候给一床,结婚以后给一床。嫁妆带过去就是我自己保管,婆婆不管这个。我出嫁之前没挣过钱,就是在小队干活的工分,没有私房钱,虽然当时我替家里管钱,也没留下多少。村里也没啥大户人家,没听说谁家给多少,那时候家家几乎都一样,都这么点儿东西,家里给你陪送不了多少的,也没啥聘礼,那时候那家里穷。

婚书啥的我都看着过,我结婚的时候就起了个结婚证。当时把我接到婆家那也没啥说法,我大嫂子小队有那个大板车,我大嫂子去送我的,把我送到老婆婆家。结婚的那个时候,不像她老婶子。她老婶子也不知道是谁,用个小毛驴车给送来的。那早了可是那样了,没有小毛驴车就也那么结婚了。那人家孩子大多数都婆家过来接,头几年可不,都是送去的多,没怎么有接过来的,早了娶媳妇大多数都是送的,那两个送亲的,什么哥哥兄弟,再加上兄弟媳妇嫂子啥的,一般就是这么几个人,三个人也行。一个媒婆,两个送亲的,一共四个人。

结婚时候,男方那边的仪式情况那就是看男方条件如何,没有大预备也有小预备,反正就是来写礼的人,咱们都有一顿饭。写礼写的少,菜也没这么硬。那有啥菜就吃啥菜,整不了那么些。宾客有请的有不请的,亲亲故故的咱们说请请,不亲亲故故的就不请了,实在亲戚的话,即使不请,到时候她们该来的也来了。

我的媒人结婚之前就给我们定下来了,之前已经请媒人吃过好几顿饭了,结婚时就没有请他,也没有什么主婚人,就是结了就行。

结婚之后在婆家当然要给婆婆倒个水,铺个被子什么的,你啥都得给人家干,不干不行。要不他们就在说你命怎么那么不好,什么都让我赶上了,之前干那些,以后就得一直干,你要给人家铺惯了,就得一直铺。你要是给人家倒水装烟、讨火之类的,那就每天都得给人家装两袋烟。哥哥嫂子什么的那不用给他们端茶倒水,就把公公婆婆伺候好了就行。我们老婆婆净串门子,自从我结婚了,她就出去串门了,没有说是那个装烟讨火儿的。每天净出去串门去了,她做一个棉袄,得做一两个月。

结婚后婆家娘家都来往,都在一个营子。反正我们这当营子也没说这过年过节给老丈人买点啥。和这功夫似的,买点啥东西提溜点去,那个时候没有这些东西。没听说她们买不买,反正我们那会儿我们有个老婆婆,我们那个老婆婆说了算。我结婚的时候,就一个老婆婆一个小叔子,啥人也没有。那功夫一个老婆婆才四十来岁,还有一个小叔子,小叔子和我同岁。我丈夫是个庄稼人,能下地。反正能下地也能干,这盖房子搭屋的,净干这个活。

我婆婆家里,我先结的婚,先嫁过来的,我嫁过来差不多三四年,我姻娌才嫁过来,她那个时候结婚的时候比我更苦,是用毛驴车送过来的,只有一个小洗脸盆儿,也不大,剩下就是有帽盒和大镜子,是娘家陪送的。那些东西之前都是她嫂子的,她嫂子一年之前结婚,过了一年之后她结婚就都送给她了。她更苦,都说结婚三天之后不上山,但是生产队的人不让。那时候正好赶上深翻地那一年,她那翻地翻的,脚都扒了一层皮。我翻了几天就走了,就回老家去了,在老家待了一个多月,回来也就分了地,爱怎么办怎么办了。

那结婚之后那也许别人是要去祖宗的坟地上拜拜,那我是没有,我没有干过这个,也没听说过。再说了,女的那不去上坟,亲爹亲妈的坟都不能去上。

(3)回门

我结婚三天之后回门,我丈夫跟着一起回来,不带啥东西。说是回门了,说是嫂子了再加上几个姑娘。我大姐我二姐那个时候都是我跟着去的。我大姐夫河南的李春比我姐姐小四岁,我姐二十,他才十六,穿着个小袍子,像个小喇嘛似的,那一点也不好看,着笑死,和个小孩子似的。住一宿就送回去就行了,再赶上就是在接七换八了。接七换八,也就是在那块住七天,回来待八天,再给人家送回去。那功夫不时兴过生日,就没有说是,那结婚第一年娘家人过第一个生日,她们也不过来和我过生日,小孩子什么的也都不过生日,我也不过生日,过生日的都是些上了年纪的长辈,才办个什么八十大寿的,年纪轻轻的,过生日不好。

(4)童养媳、换亲

咱们营子那都没有团圆媳妇,也没听说谁有换亲的。就是这样好,我们这营子婆媳好娶,也没有换亲的,也没有团圆媳妇儿。这时候娶媳妇好娶,两千块钱就能娶个媳妇。

（5）招赘

这个营子也没有养老女婿，头几年家里没有全是姑娘的人家，家里全是姑娘的才招赘，招赘的话，生了孩子，就是自己随自己姓。那这个时候宏伟家，也是随男方姓，人家的女婿就是招来的。反正这会儿人家也自己过，那也是随他爹姓。至于婚后两口子听谁的，那就看谁家里说了算了，要是女婿硬的话，那就女婿说了算。那要是女婿不行，那就得听人家的。就说咱们这个西营子叉北沟老于家，人家那个养老女婿硬，人家那说了算。人家有的时候忙就招呼他老丈母娘给他压干粮的，他老丈母娘就去了。那就是那天在我家砌墙的那个，他老丈人闹意见了，后来人家就回去了。那人却说啥都不回来了，谁去也不行。后来就是人家老丈母娘去请他把他请回来的。媳妇也说不中，也就是他，再二个人也不要了，后来又把人家请回来。那反正就是听人家说是不是真的我也不知道。

3.出嫁女儿与父母关系

刚刚结婚那阵儿回家的话说法可多了，以后再回娘家就比较随便。之前那个三月不能回娘家，再过五月节也不能回去，也不能老在娘家待着。还要躲正月十五娘家的灯。反正就是把这一年先过去，过去这一年的有得细致的，人家还在乎这些，不细致的人家那就什么也不管，愿意什么时候回来就什么时候回来，主要就是第一年。过节去没有回娘家的，那都是在婆家过。一般有人家两家忌讳的，有婆家忌讳的，不是妨这个就是妨那个。还有忌讳一辈子的，都不一样。

出嫁的姑娘那就不能再管娘家的事了，和你就没有关系了，要是娘家缺钱的话，那能帮一把就帮一把，不能帮一把那也没办法，有钱的话那就帮助，那要是自己没钱的话，那肯定不能和老婆婆借，那花自己的钱那行，那反正掏的都是自己的钱，你和人家婆婆要钱也要不着。自己要是攒两个钱啥的这是可以，那要是姑娘在婆家遇到什么苦难啥的，那娘家肯定也帮，那再说也是自己闺女。

那要是和丈夫闹矛盾自己回娘家的那也行，那回去的话那就是住爹妈家，去不着兄弟姐妹家。那要是行的话就商量商量，也有闹意见的时候，那我倒是没那么跑过。闹意见就抱着孩子回去，别看是当营子，我也没有。那个时候说是回家，也就是说我老妈要出门干点什么，我就抱着孩子回去给她看看家。我倒是没有闹意见抱着孩子回去，一次也没有过。

那个时候想离婚的，那可不是说和现在似的。那一般的闹也白闹，人家不让。那一般就是爹妈不让，要是人家婆家有势力的，你被人家打一顿，还得给人家送回去，这样的多了。

我的娘家和婆家那都是在一个村里的，那还是挑的，当时那时候我老爹是打铁的。有我们帮他们的时候，没有他们帮我们的时候。我们没少帮他们的工，加上后院我大嫂子他们。

姑娘嫁出去就没有资格分家里的财产了，那个时候也没有什么东西。那个时候都是人家儿子分，你一个闺女什么都捞不着。你不给爹妈点东西就不错了，怎么还能想着分人家的东西，那个时候人家没说，女儿的饭店，儿子的江山。女的在家吃饭呢还是行，你想分人家的东西，那什么也分不来。那有啥不一样的，反正你什么也捞不着。你有东西也是儿子的，没东西也是儿子的。

嫁出去的姑娘那就不让去上坟了，顶多你有钱了，买点儿纸。他们说是爱上就上去，比如说买点纸让我兄弟他们上。

(三)出嫁的姑娘与兄弟姐妹的关系

我和我丈夫家里的人关系都挺好的,在当营子也还都中,倒是也不叽叽咯咯的闹,那些侄子媳妇拿我都挺当回事的。我一般就是回去就是看看家里那些亲戚啥的,现在像我这个岁数就不拿东西了,但早先那家里都穷,谁也顾不过来谁,也不拿啥东西,没啥东西拿,那就是提溜个饼干就是大家庭了。

嫁出去的姑娘,娘家有啥事也不商量,人家哥几个还有老爹老妈商量得了,不会和奶娘商量。分家啥的那就是人家想咋分就咋分,人家就不问你了,问你有什么用呢。再说了,我也不想管那个,人家又不乐意。即使我管兄弟愿意,兄弟媳妇也不愿意,说是回来乱扒拉来,不说什么好听的。

嫁出去的姑娘给娘家兄弟随礼和给自己姐姐妹妹随礼都一样,人家有钱的都一样,没钱的爱随多少多少,但不管怎么样,得得随礼,兄弟结婚你得随礼,妹子结婚你也得随礼,反正多少别说了,你咋也得随点。我这得早点儿回去几天,早回去三天五天的。回去一般都是去爹妈家住,上姐姐妹妹家里,晚了的话那就在那里住。

娘家兄弟那是有地位的还,反正有点啥事也得怎么整,有啥事都来家串个门,吃饭啥的。大伙来的就是说给炒点瓜子来,吃点也就走了。这些兄弟、妹子都是,我妹子二十三才结婚,之前就一直在家。

我和婆家没闹过意见,我没说么,我没单独抱着孩子回来过,就一个寡妇婆婆,我只有一个老婆婆。她也不咋硬气,她串门就串门子,她干啥就干啥,我也不攀着她,更没闹过意见。

我孩子结婚那得和舅舅们商量。我老丫头她们二十一就要结婚,我说是我得回去商量商量她们,要是离二里地我也不商量,都是当营子,我得商量商量她那些舅啥的,我得问道问道。她们就说这不是做不了主,她自己不管往人家身上推。我说我不是那么回事,你说我当营子,要是离二里地,那就咋说就咋说了。当营子咋也得商量商量,孩子岁数也不算太大,才二十一,那要是岁数大,二十四五,也那别说了,才二十一,咋也得商量商量她舅他们是啥意见。

结婚的时候要请娘舅回来,都是坐最上桌的,和这时候一样。咱这功夫随礼说是上大姐她们随礼,说是她们老亲多搭礼,该多随点也得多随点。

那功夫不带拜年的,这功夫都是初二回去,别说远别说近的,正月初二就回来了。那功夫根本没有那正月初二就回来的,也就是回去待个两天三天的,也不是拜年,女婿也不兴磕头,也不兴问好,就是这功夫也不兴磕头,叫个妈就不错了。娘家回去住两天还得躲这个灯,怕正月十五的灯,躲些日子,回来也住不了多少日子,过了正月十五,那反正是正月十六、正月十七,差不多啥时候给接回来,啥时候给送回去,说是回去待两天来。

我嫁出去之后和家里的姐姐妹妹、哥哥弟弟那都走的一边远,反正都一样,啥远近的,一边儿远。

二、婆家人·关系

(一)媳妇与公婆

1.分家前媳妇与公婆关系

我在婆家的时候,都是公公婆婆当家,没有我什么事。那家里一共两口半人,也没人分工,一般就是我愿意干什么就干什么。那自从我嫁过去之后,到他们家里一共就三口人,还是一个小叔子,那还是个男的,成天不在家里的。只有我和我婆婆两个人,她还好串门,成天出去串门。那当然还是我干的多了,那比如做饭,捣鼓一上午也就做一顿。你就别说做衣裳了,衣裳也不好做,都是补丁上补丁。大多数时候老婆婆出去串门,我就去不成了,家里没有水缸,做一顿饭就得挑一缸水,挑一缸水就得挺远挺远的地方,所以我结婚的那个时候挺受累。她早晨吃完饭就走了,中午做饭的时候也没有水,我就得去挑水,不然也没有办法。所以说,我那时候想出去根本走不了。中午吃一顿饺子面条,就得累一上午,包一大堆也就够一个人吃一顿的。那功夫的人能吃,要是这个时候人们就吃不了多少。

有婆婆虐待媳妇的,有的老婆婆不说话,媳妇都不敢上炕吃饭,婆婆说来吧,一起过来吃吧,她才敢上炕吃饭。要是婆婆不招呼她,别人怎么说她都不敢上炕吃饭,我们营子就有这样的情况。我妈妈当时是老娘婆,这家那家的给人家接孩子,她回来告诉我们的,谁谁家的儿媳妇,婆婆不敢放话都不敢上桌子吃饭,婆婆一放话,她才敢吃饭。媳妇要是做错了事情,婆婆说是教育一下这种的那咱就不知道了,那都是在人家,咱们也看不着,但我婆婆从来没有过。

家里有什么事,我也不用发表意见,发表意见反正也是白发表。就是人家娘几个商量商量说事怎么办,该怎么办就怎么办。

那阵儿说是过节一般都是在婆家过,没有说是你想在哪儿过就在哪儿过的,娘家人没人过来接,快过年了,就在家过,没人来接你。就是家里不杀鸡不杀猪,不杀羊的也得在家过。

在婆家不用给婆家嫁妆,都是自己保管,那不关婆婆什么事。我嫁过去的时候,我妯娌不会做饭,也做不出来什么东西,这个时候也不行,所以都是我负责做饭。

2.分家后媳妇与公婆关系

(1)分家

大家庭要是过得下来的,也得有十年八年、三年五年才分家,一二年都是少的。我们家里直到他老婶子结婚我们才分开,我们还在一起过了两年的,要不叫入食堂,我们还在一起,入食堂的时候是太困难了,这才分的家,那时候人多吃也吃不上。家里有的没得都在小队,自己个人一点地都没有。

当时他奶奶没在家,就他老婶,我们俩人决定的,后来就分开吃了。就自己打饭自己吃,我们还得去食堂打饭,他老婶就端着咸菜去食堂吃,我没去。

分家后,家里没东西,我们也没分着什么,家里破烂的什么都没有,也没分着什么东西。当时家里头没什么,他们家里头更是地主成分,什么也没有。

(2)帮工

头几年没有帮工,这几年倒是有了。人们盖房子搭屋的,家里男人不在家,妇女就得帮着出去干。头几年的没有像我们这样的,没有人给你帮工。当时我们家里也盖了一两间小房子,都是自己盖的,找不上人,大家也不时兴帮工。

(3)养老

我公公婆婆老了,养老肯定是他儿子和媳妇,也就是我们家和他兄弟家,肯定不会叫外人去养。有儿子的丫头就养不着,也没有什么养老的钱,就是管老人吃饭,管个饭就行。

(二)妇与夫

1.家庭生活中的夫妇关系

(1)夫妇关系

结婚之前,我和丈夫都见过,我俩在一个村子,结婚之前干活的时候就能看得见。我叫他孩子他爹，就是我家的那位、我家的，孩子他爸孩子他妈这些的，这么叫。这功夫你们都是叫老公。那时直接叫人家名字听着还挺稀奇，我们也很少叫大号。

家里盖个房子啥的，就是老爷们说了算，要是添个家伙什的，妇女就能说了算，能整就整来了，那大家伙事儿就别说了。那要是小来小去的钱也花也就花了，那个时候也不那样。要是买个正经的孩子衣裳之类的，那就自己说了算。那时想买什么东西，也没有什么钱。要是在家的话，当然是我男人说了算，干啥都得人家说了算。当时根本没人外出务工，根本没有地方，也没什么活可干，早先不流行打工。

我结婚前就没攒下什么钱，当时我老婆婆家那么穷，我也没地方攒钱，就是在娘家管钱的那阵儿也没有攒下什么钱，我那功夫心实，别说爹的钱，现在就是孩子们的钱让我给保管着，我也一分也不带给人家花的。

（2）娶妾与离婚、婚外情

1949年以前有说几个老婆的，我那时候是建国之后才结的婚，那时就没有那么多钱再娶一个了，男的娶一个还娶不起，哪有俩仨的。我们这么大营子，都没有娶两个老婆的，也没有卖媳妇的，媳妇娶都娶不上，哪还有心思卖。

分家后，那如果家里没生男孩，那得两个人商量商量。我也是稀里糊涂地不太清楚了，反正这营子是没有那样的。那个时候那都是想生多少生多少，所以一般没有抱养的。家里一般没有丈夫打媳妇的情况。我丈夫可是从来没有打过我，我们俩关系非常好。

村里公认的好妻子应该是好好在家做饭，对丈夫孩子好，孝顺公公婆婆。我当时名声就非常好，我对公公婆婆、男人都非常好，对待孩子也好，邻里之间也十分和睦。

（3）离婚和二婚

我们这边没有离婚的，别的村子什么情况那我不知道，人家不让离婚，媳妇姑娘都不离婚，媳妇也没有离婚的。如果丈夫去世了，妇女改嫁那也需要公婆同意，别人我不知道，我们村是没有随便改嫁。村儿里没有二婚和改嫁的妇女，村里不兴离婚，一旦谁家离婚了，都是特别丢人的事。

2.家庭对外交往关系

这功夫我看着干什么也都有女的一半，随礼什么的也是，早先女的出去随礼的也少，一家子不落，有事都得随那也少。家里有客人，妇女们同桌吃饭也很少，一般都是妇女在底下收拾，那得给人家端端饭啥的，吃完饭还要玩玩扑克，喝点水，女的就得一直伺候人家。

我家那位从来不去赌博，所以没有赌债。要是有的那些，都是媳妇替丈夫还，丈夫替媳妇还这种的，那都是一家人了，那你这肯定是脱不了干系。

我那朋友也就是村里的，去朋友家串门不用告诉丈夫，自己去就行，再说了，我没空串门，整天想着的都是怎么干活，怎么照顾好家，串门的时候都是少数。

1949年以前，我就不出门，出过的最远的门那就是村里了，没去过村子以外的其他地方。

（三）母亲与子女的关系

1.生育子女

我一共两个儿子两个女儿，老大什么时间出生的那我根本就不清楚了，大概大姑娘今年有五十七岁了。我老姑娘属羊的，今年也有五十了。

那时候那觉得生闺女和生儿子都一样，那因为家里成分也不好，我拿闺女倒挺当回事的。那生个儿子娶媳妇也不好娶，生了干什么，倒不如姑娘省事，再什么也能嫁出去，找个好人家，不用那么操心。

别看说这生孩子都搞个酒席之类的，家里都那么穷，很少有人家能办得起。生孩子也没有说去祖先的坟上拜拜，那成啥了。孩子小的时候，还要去下汤，一般都是兄弟媳妇出面，那大多数就是女的来，哥哥什么的要是在近处的话，也拿点儿鸡蛋就来了。

一般都是说给姑娘穿衣服都是穿的好些，那姑娘们穿得破破烂烂那也不好。我家里的姑娘们，我给穿的衣裳都不错，没有说比小子差到哪里去，都是一样对待。姑娘和儿子没有地方挣钱，不像现在，出去一年打个工挣个三万、两万的拿回来。那个时候，根本没有打工的地方。之前哪年也没有这么些，哪年都打一个四袋子、五袋子，那个什么的也采购。那个时候也没有地方去挣钱，你满心去挣钱，也没处挣。打工的也大概就是从八零年、八一年、八二年那几年开始，才流行起来。之前那些人根本不打工，都是在家。太早了，出去打工就是算你投机倒把，你想做点小买卖什么的那都不行，都得偷着做。你说是做点小买卖，人家都不让，你要是那么干的话，人家偷着整你，人家得批斗你。等到八零年还不让打工，也就是八零年之后，改革开放就放开了，开了三中全会之后，也就是改革开放了之后才能出去打工。那功夫不光一家子没钱，家家都穷。

结婚的话，就是孩子们领回来看看，大人说中了，那就可以了，大人一半孩子一半。那就是说自己相中了，然后再找个媒人，不是那个时候就是没人先给你说，媒人先拉线儿，然后俩人再谈一谈、相一相，看看怎么样。就是家里边那孩子大人都见见面，看看中不中。

我们姑娘那会儿是几千来块钱的聘礼，没有多少嫁妆，也就是几十来块钱、百十来块钱的东西。那功夫我五奶奶家的闺女买了一个大挂钟、录音机。我的老小子挺早就定亲了，那年他大概二十一岁。录音机大概是一百五十块钱，反正就是百十来块钱，有钱人家陪送点这个东西，没钱人家什么都没有。还有人家陪送羊的，那就算多的了。陪嫁多少东西都是看聘礼，掏的多，就多陪送点儿，掏的少，就少陪送点，谁家娘家也不多多的陪送。

那功夫时兴要房子，要自行车。我们那时是哥俩，那时候有人看对方哥们忒多了就和你要房子，你得盖上房子我再结婚，盖不上房子我不结婚，盖房子的钱都是爹妈掏，男方自己刚刚成家，根本没有钱。

嫁出去的姑娘给兄弟掏钱也算是借，就是你出门子以后你家有钱，我给你借点。有钱就给借点，没钱借不着的也有，毕竟姑娘对儿子也没什么义务。

2.母亲与婚嫁后子女关系

我儿子结婚五六年之后才分家，分家之前就在一起了，分家就盖房子了，也没分着啥，他们没分家之前在一起住，盖的一个房子。这不他有个房子，有个小树院，有个毛驴。二儿子分了一个小车，毛驴归大儿子，我们那会儿也有点饥荒①。分了点钱，粮食我们俩分了点，他们四口，我们两口，粮食我们就按照人口分。

那时候分家不立字据，我们找几个营子中能说会道的人，就在营子中有点威望的人，说是我们分家，给我们当个凭证，找个见证人就行了。不会给闺女分东西，和闺女一点关系没有，咱们农村就是那样，即使家里东西再多，分家也和闺女一点关系都没有。至于家里其他买来的东西，谁买的就分给谁，我们结婚的时候就分了个屋里的写字台，衣柜啥的归我们，然后

———————————
① 饥荒：指家里的欠款。

那人家结婚时候,他们屋里的一些东西归他,我们屋这些东西归我们,等咱们外屋厨房使的这些个东西,平半一分,都不能偏向,大家都有,你一点,我一点。

三、妇女与宗族、宗教、神灵

(一)妇女与宗族

村里没有宗族,也没有祠堂。那时候家里人口是七口人的都没有,就两口三口的,孩子一上学了家里就两口人,就是这样。根本没有什么大型的祭祖仪式,每家每户都自己祭祀自己的祖宗,清明节、过年的时候上上坟,再就没有其他的祭祀活动了。

(二)妇女与宗教、神灵、巫术

我们这里没有什么宗教,我们家里人也不信,别人在家偷偷信教咱也不知道,反正是没有光明正大的信教的人家。

四、妇女与村庄、市场

(一)妇女与村庄

1.妇女与村庄公共活动

我嫁出去之前没有什么活动,什么活动也不参加。头几年我就是围着锅台给人家转悠,那有多大的事情也没有我参加的地方,大事小事都不用参加,那就没那个地位么。

要说是听戏我也可以去听,让我看去那可以,反正是家里有功夫了,想看就看去,老婆婆也不挡着。那功夫还不和这功夫一样,那好比听戏上敖吉听戏去,妇女一边男的一边,不掺和到一起坐,妇女这边一大条子,男的这边一大条子。一直就是那样,除了晚上看夜戏的,估计不那样,要是白天啥的,那不行,那白天听去就这样。1949年以后就这样,那我们听戏也就是建国之前,建国之后没有听戏的,听戏也不知道。我倒是那个时候没学过什么知识,丫头也大了,丫头也二十来岁了,他们正上学,我没上过大学啥的,净是在家里头给人家做饭了,我更没学过大学。

村里开会就是在这营子,坐在谁家的炕上,就开始说,人们去就行了,反正那咱们也不搭言,也不知道说啥,也不知道咋发言,就是坐着听人家的发言,就是这样。我们年轻的时候,就是一群人抱着孩子啥的凑凑热闹。

2.妇女与村庄社会关系

我们老隋家一共四五个小闺女,上生产队割地啥的,那会儿那有了生产队和初级社,有个这营子的,我们就宁志凡一个割地的,上人家那儿割去。大多数时候就我们这一帮丫头,在家就是看孩子,玩的时候,都招呼着上外头玩,不然在家得看孩子,还得给人家背着孩子,我没说么,我三个弟弟,都是我哄大的,我一直在家带孩子了。

我的小伙伴她们都嫁得挺远的,长胜一个,这营子就王林他妈我俩,反正常见着,前后院,剩下人家都挺远的。那个老杨,我们经常在一起玩,她排老二,我们叫她二妹子,她在长胜那老远,上哪里见着去呢。结婚后我们也串门,没事就去串门,有事就去商量商量。

村里也组织妇女活动,那反正人家小队的活你要愿意干你就去干点,不愿意干就拉倒,人家也不强制让干去。那要是倒粪啥的,到了春天,说是我去给你倒点,好比这薅地了啥的,你要是不去,人家小队还不让,要是能割地,再给人家割点地,就干点这个,别的没干啥,再就是再挑个水啥的。

他们盖房子啥的，我没帮过忙，那功夫女的不去干活，都在家，男的就够用了，不用妇女，就帮着做做饭啥的，村里面要是关系好不错的话，那不招呼就也去了，这会儿就是雇大棚了，那功夫哪有那个，全都得自己做，反正有事的时候就出来，那功夫没工夫，有功夫还得给猪薅点猪毛菜，那功夫家家都养猪，有空就得给猪去薅点菜，都没工夫待着，我儿媳妇说她们这功夫累，我说你们这功夫累啥，那除了干活就是打扑克，这一点都不累，我们那个时候才叫真的累。我们那功夫没时间唠嗑，除了睡觉还得给猪薅一筐草去。

（二）妇女与市场

我那时候自己买件衣裳啥的，都是上合作社（供销合作社）。和爹娘说是想自己挑一件啥的，他们也让我去。我也上集买过东西，一般我穿个花袄啥的，都是自己买去。我们家条件还中，我老爹是铁匠，我结了婚，头几年困难，家里穷，过了十几年，也凑合着中了，我们那功夫三块来钱一件衣裳，全是布的布料，合作社卖货的净是女的，咱们去买货的，也是女的占一半。在供销社不能赊账，也不能讲价，人家说多少钱就是多少钱，合作社这些东西就是不能讲价，反正那你估摸着，这东西你拿得起就拿，拿不起就拉倒。那时你买鞋布、针线都得上合作社，别的小摊子都没有，那功夫只有这个合作社。去合作社得拿布票粮票啥的，之前都是去合作社买东西自己做鞋，没有买鞋的，我们开始买鞋才多少年，也就六七年，我孩子都七八岁了，我还在给他们做鞋穿，这功夫他们也才三十来岁。我丫头出门子①，那时候她二十三岁，想买双鞋都买不着，还得自己做。那功夫人们都是做鞋、做衣裳，做棉裤棉袄，做的衣裳还暖和，不然，想买一件衣裳都没有地方去买，根本没有地方买。谁家的妇女都会做衣裳，你不自己做，出去买，算怎么回事。

文化大革命那会儿，也去合作社，给孩子们买点吃的，饼干、糖啥的，家里没啥可吃的，都是糠的。那功夫啥玩意都是贵的，贵还买不到好玩意。像这个功夫，说是买个饼干，也挺好吃的，那个时候都是糠的，也没啥好玩意。我那大丫头个子不大，她就在入食堂那会儿，经常喝面疙瘩汤，一家人的分量还供不上她一个人吃。我那大丫头那就个子小，小时候饿着了，没吃着好的，那咋也饿着了，营养跟不上，就和其他孩子差了点。

五、农村妇女与国家

（一）认识国家、政党与政府

"国家"也听不着人们说，那总是变化，也没有新闻，没有电视，啥也听不着说；那现在就是有电视有新闻，你听不懂咋还得也能听懂一半，那时候啥也不知道，消息都听不到。

那时候说是平等，提倡男女平等，那不平等的多了，我们这一茬子，反正下来我们这一波，你们就中了。那家里小学啥的那也都没听说过。我听说有国民党，这么久了，也没见到过国民党在哪里。蒋介石孙中山他们，那听说过也整不明白，现在国家主席我知道，是习近平，是我看电视看的，有时候几天看不见，那我就说，这习近平哪儿去了呢。要说听说过共产党吗，那谁看着了？谁估计也没看着。

那我平常接触的人有党员，但我也不知道人家是干啥的，早了我三叔我三婶那两个人都是党员，现在都死了，连个好边儿也没摊上。上学的时候那也没听说过共产党，我也没有参加

① 出门子：指嫁人。

过共产党组织的投票啥的,反正我现在没印象了。我家男女都没有党员,说是共产党为妇女办了啥大事,那我不知道,我也不懂。

我没裹脚,我那时候就不让裹脚了,大了那会儿我们这一波就没有裹脚的了。剪头发在"文化大革命"的那个时候了,那就不兴梳小纂络了,人们都剪成刷子①了。自己在家就能剪,你给我剪,我给你剪。那二年也成立了识字班,但我没去,我去不成,整个孩子我去不成,我还得在家哄孩子,腾不开身,净是夜班,我没去过。我婆婆她也没参加过,我觉得她也没去过,我家他老婶儿我们都没去过识字班。反正去也中,不去也中,完全是自愿的。

当时政府废除包办婚姻、鼓励自由恋爱,那功夫可是没有自由恋爱的,哪来的自由恋爱,鼓励也就是这几年,那几年根本没有自己搞对象的。头几年没有,就是最近的这四五年,谈恋爱了啥的,头几年可是没听说,听说还挺稀奇的呢。

(二)对1949年以后妇女地位变化的认知

我当时听说过妇联,一个大队一个,我没接触过啥干部,那反正就是妇女队长,别的就是妇女主任,大队一个,没听说过别的干部。反正人家有人的,干得好的,干几年就上去了,那还得有人的。那有女的比男的干得好,那会儿也别说干得好干得赖,有人的就中。我可希望家里妇女当干部了,但主要是上不去,那一个大队就一个,人家文化高的多了去了,根本显不着你。我也没参加过妇女会,那时候就是计划生育,就要一个孩子,你自己自愿,你愿意做去就做去。

我看现在这妇女,实际要是干的活是比以前累点,都是自己的活计,要是闲的时候,你待好几个月,一冷就都猫在家里头,都上家来了,你还得说是人家。

(三)妇女与土改

我忘记土改时候家里被划了什么成分,那时候我才七八岁,啥也不知道。院的老太太说人家当时是地主成分,开的那个校堂,只允许男的念书,不允许女的念,开校堂,我们家里人也没摊上。开校堂那会儿我七八岁,这个我记得清楚,但摊不上。

那个时候我家里人没当什么干部,也没有冒尖当干部的妇女,那时候我才七八岁,记的事情也不是很多。

(四)互助组、初级社、高级社时的妇女

互助组的事,就是和我们邻居一块,大概有七八家,我们一起在互助组了。那就是人家上级来人说让我们入。那时我岁数也小,我老太太她家房子宽敞,家里有厢房,人家区长这些干部啥的来了都在他们家住,我也不知道人家后来咋入的,有老陈家,有老李家,还有我们老宁家,在不就是我们老隋家有几家,那当时反正一共有十来户,我们那是小互助组,后来就是转了大互助组。

我要是能干的话,一天也十分工,男的能干的一般能得个十二三分、十五六分。工分那都是小队定,我们有工票,你干这一天给你十分工,最后拿着这个票去兑换粮食什么的这些东西,报工钱,都是用这个票子。

我可没当过啥干部,我四叔当过干部,他好像是大队里的干部,但具体搞什么我不知道。那功夫可是没有妇女当干部的,那不知道了,反正上小队干活去,你愿意干啥干啥,他愿意干啥干啥,反正春天的时候播个种子、挑个粪啥的,这是女人的活。就是为了整点工分,你去

---

① 刷子:指短发。

了这不是一天十分工,这要是秋天整不过来,你还得欠人家小队的一天三毛两毛的。那得好好干,那不弄这点工分,秋天领不了粮食。

要是有孩子的话,得在家看着孩子,不是有老的呢么,那没老的就是自己在家看着,看一年多,多少离开点手了,我没太上小队干活,家里有孩子,没人哄。夜工一般白天都去不了,孩子太小,都一生日来的,孩子一般抱着,上小队干点就行了。

一个月出不了几天工的,那一个月也就出了十天八天的工。出了这活就出去干两天去,后来我就不去了。

(五)妇女与人民公社、"四清""文化大革命"

1.妇女与劳动、分配

人民公社那时候就是混那十个工分,累倒不是那么累。说是共产党会多,那时候我岁数还小,哪知道啥呀,啥也不知道,咱们这块没有妇女参加,反正咱这营子是没有,有可能说是敖吉有,那我是不知道啊。农业学大寨那也啥也不知道了,妇女就比男的挣得少,一天倒是也有那十分工,那男的一天得十五六分工。

大锅饭那谁愿意吃,根本没人愿意吃,整的脏的,没说么,现在整个猪头,整的干净儿的,差的还不要。那功夫猪头就是放在衣柜里,放放就熬粥喝了。有的做饭的这个粥不是凉了么,他还拍拍,那我们就那么看着那也得吃,那你不吃咋整,就得饿着。

2.集体化时期劳动的性别关照

那时候根本没有对妇女有什么特别关照,妇女也和大家一样干活,不干活就没有工分,没有饭吃。再说了,就是让你不干活,妇女都不愿意,不干活就没有钱。

3.生活体验与情感

我一般不上山去干活,没去过几次,根本没人管。这功夫往哪边送个幼儿园啥的,那功夫谁管。那他们都上食堂吃去,端着咸菜,那就比在家吃多吃二两米,咱们在家吃四两,人家上食堂吃就是六两,那反正你去了食堂就吃的多。你敢吃去就多吃点,不敢吃在家就少吃点,我一回没吃过。他老婶子那是新过门的,新媳妇,端着咸菜就上那去,那吃的多。我认准在家挨着点饿,我也不上那里去吃,我一开始就是不愿意去食堂吃。

入食堂那时候,锅碗瓢盆什么的没有都放进去,那家里也有东西,也能在家做着吃。那不自己做饭了,可是也吃不饱。有的家庭棒子啥的没交上去的,自己家没有碾子,就用锅蒸着吃,好歹也有点吃的,蒸着棒子粒啥的,那也能吃。那可不,你寻思和现在这个走道似的,人们都大步流星地,那时候的人可消停了,饿得走不动了,后来家家都有点自留地,自留地也没多少,那反正就将就着吃点。一秋一秋的吃这个棒子粒。那功夫好了呢,吃点棒子粒啥的,吃点棒子粥的。那先头吧,都没寻思着吃这饭,先头那棒子干粮也吃不上。人们还吃点棒子干粮的,吃点棒子粒的,这不有了自留地了么,再自己种点菜整点吃的。后来把人饿的,有饭都是紧着孩子先吃。大多数的时候都没粮食,没粮食都是拿着镰刀上山砍点菜啥的,可困难了。别的地方有饿死人的,我们这没有,咱们这地方是没有。这个杨树叶子、柳树叶子、榆树叶子那个时候都吃了不少。

自杀的咱这块可没有,要是有的话,那得是大河南,是有女的喝药的。咱们也不知道因为啥,以前多了,这二年消停了,没有了。那些年河南也得一年一个。

4.对女干部、妇女组织的印象

铁姑娘队,我也是没听说过,那估计是别的地方。咱们这没有,那估计是敖吉有,那大队书记。其他大队小队也好像没有妇女干部,妇联我也记不得了,组织啥活动我也不知道。

5."四清"与"文化大革命"

"文化大革命""破四旧"那些我都不知道,自留地也没有多少,都是没到熟了,就都割了吃了,把人们饿的。上供销社买东西,你买啥呢,你买点咸盐还得这两个小鸡下蛋,下多少蛋,买多少咸盐,不然你买咸盐的钱都没有。那阵儿可困难了,那几年,我那时候倒是没那么困难。

(六)农村妇女与改革开放

我没参加过分田包产到户,孩子和妇女都一样,要是分不上的话。现在好比家里一共四口人,只有家里男人有地,其余几口都没地。

村委会年年选,选的时候还给选票,你也得跟着去,每年都得去。谁愿意上大队去就选谁,我没选过妇女。你想选谁,就写上他名。给你选票你就得选,不给就拉倒了。

现在我们这里有精准扶贫,也不知道让谁摊上了,反正我是没有,也不知道人家都是咋选的。

村里的老人们有时候在一起聊天,我没有手机,也不会用。家里有电视,有空就看会儿,一般就是中午、晚上,看会儿电视啥的。

六、生命体验与感受

我现在那也没觉得有什么,说实在,我在我儿子边上,他们两口子都待我特别好,炕每天给我烧热乎的,饭也做得热乎的让你吃上,我就没觉得日子咋回事。

要说印象最深的事,那我也不知道,那也没啥,我这个人没心,什么事情也不放在心上,也没记住什么。这一辈子凑合也中,衣裳也不缺,现在衣裳都给我买了三十多件,我都穿不了,你说那我当啥穿,他们家一个儿子加上两个闺女,什么都给我买,这什么都不缺。就这行李啥的,都干净的,觉得这生活真是特别好呢,我十分满意,很开心。

YL20170128LCF 李彩凤

调研点：内蒙古赤峰市敖汉旗牛古吐乡车罗城村
调研员：闫磊
首次采访时间：2017 年 1 月 28 日
出生年份：1937 年
是否有干部经历：1949—1951 年，曾担任共青团书记。
是否生育：是
受访者结婚的时间节点、生育子女的具体情况：1949 年定亲，1951 年结婚；1956 年生育第一个孩子，共生育九个孩子，五个儿子四个女儿，现已全部结婚。
现家庭人口：7
家庭主要经济来源：务农
受访者所在村庄基本情况：车罗城村是当地的行政村，有上千人口，包括七个自然村，也叫村民小组。村前有叫来河穿过，村子里李姓、张姓、孙姓、王姓占人口绝大多数，其中李姓最多，祖先大多都是闯关东搬迁到当地，历经几十年变迁，在当地定居繁衍。

当地民风淳朴，特色鲜明。村子里大多数中年男性靠出外打工养活一家老小，妇女和老人在家只种一两块地或干脆不种地，剩下的家庭承包外出打工男性家庭的土地，靠农业为生。青年也都从村子走里出去，去大城市奋斗或者在镇上安家立业。村子里一年四季分明，村子里现有一个中型的养鸡场，还有一个小型驾校场地。人民生活尚算富足。村子里于 2016 年春季开始启动内蒙古自治区的"十个全覆盖"工程，古老农村，旧貌换新颜。

受访者基本情况及个人经历：老人于 1937 年出生，1948 年上学，上了八年学，1949 年与自己的同学定亲，1951 年结婚，1949—1951 年担任村里的共青团书记，1956 年生育第一个孩子，共九个孩子，五个女儿，四个儿子，现在与小儿子一家一起生活，小儿子是招的养老女婿，老人身体十分好，老人平时生活就是由小儿子照顾。老人大儿子、大女儿都于二十三岁结婚，当时已经强调婚姻自主，老人因为受过教育，十分开明，因此，对待子女十分包容慈爱，始终积极地面对生活。老人的老伴早已去世，但老人心态依旧十分好，每天锻炼身体，在村子里溜达，谈起以前的岁月，老人依旧激情满满。

一、娘家人·关系

(一)基本情况

我叫李彩凤,彩色的彩,凤凰的那个凤。这是我在学校起的名字,那个时候我才十一岁,才刚刚上学,我在学校一共读了八年书。等过了"大风暴"①,贫下中农便掌权了,我就不再念书了。我没当过村长、公社书记这样的干部,但我做过共青团书记。在娘家,我和家里几个姐姐,都是排辈叫的,占彩字,我家四姐叫李彩芬,六姐叫李彩云,最小的叫李彩花,我只有李彩芬一个亲姐姐,其余的都是亲叔伯姐妹。

我1937年出生,爸爸去世的早,家里有个哥哥也去世了,家里的成分是贫农,在娘家的时候就是我母亲带着我们姐妹俩,就我们娘仨。1949年我和丈夫定亲,1951年结婚。土改期间是贫农成分,我的丈夫有两个兄弟,三个姐妹,我的公婆儿女双全,没有抱养、领养的孩子。1956年,我生第一个孩子,共生九个孩子,五个女儿,四个儿子。

(二)女儿与父母关系

1.出嫁前女儿与父母关系

(1)家长与当家

在娘家的时候,家里很穷,没啥当家不当家的,我爸很早就没了,家里都是我们娘仨单独过,家里我娘当家、管钱,我娘拿着家里的钥匙。说是这样说,那个时候家里也没钱,啥钥匙不钥匙的,有钥匙也没什么用。

当时村里家里有父亲或者爷爷荒唐不成器的,那也是男人当家,很少有女人当家的,像我们家这样的很少。那时候要是爷爷没了,就得分家,要么就是大小子当家,没有女的什么事。如果家里都是女儿,还是爸爸当家,没有别人什么事。

当时家里没有内外当家长之分,我父亲很早就去世了,全是我母亲当家,也算不上什么当家做主。我母亲也是挺民主的人,我搞对象就是我自己做主的。

(2)受教育情况

我在娘家的时候读过书,几个姐妹里只有我读过书,他们都没读过,我母亲很愿意让我读书,从十一岁开始,一直到十九岁,我读了八年,我那个很早就去世的哥哥也没读过书,他后来去当兵了。

村里读书的女孩很少,人们都说女子无才便是德,都说丫头上学没什么用,村子里一般人家也比较穷,没有多少读书的人,读书的大多数都是男人。1949年以后,等家里条件好多了的时候,你要是想念的话那就供你读书,就看你自己啥样了,现在也是这样,也没说不让谁念,谁有能力谁读。1949年以前不念书的原因,一个是没钱,一个是人家也不让你念。那就是人家地主自己开一个私塾,人家自己念书,根本不会让穷人念书。那可不和现在似的,国家在哪儿哪儿安个学校,谁想上学,谁就能上学。在那个时候,有钱的都去念书,没钱的人也没地方去念书。

(3)家庭待遇及分工

家里当时只有我们娘仨,我母亲对我很好,没说是因为我是丫头而对我差。说是添饭的规矩啥的,都是先给长辈添饭,先给客人添饭,其余就是随便吃。家里来人的话我肯定是不能

---

① 大风暴:当地人对土地改革的称呼。

上桌子的,那得人家大人先吃,小孩子妇女啥的那就要先等等。家里平时吃饭,没什么讲究啥的,随便坐就得了,家里一共我们娘仨,谁想坐哪里就坐哪里。过年的时候没有什么压岁钱,那时候家里穷的饭都吃不上,怎么还会有压岁钱。现在的孩子,过年都得给发压岁钱,一发就是几百块钱,而且现在男孩子和女孩子给的都是一样多,有的时候丫头还比小子多。现在都是喜欢丫头,觉得丫头好,早先可不是那样,人们都喜欢小子,觉得小子以后能养家。是这个家庭的香火和延续;丫头嫁出去就是别人家的人了,娘家养丫头这么多年,就是在给别人家养丫头。说是这样说,这是别人家这样,我家里,我母亲对我很好,反正家里也没有小子。

(4)对外交往

过年的时候出去拜年,家长都领着小子,那是人家男人的事,丫头都不出去拜年。我母亲那时候不出去拜年,都是我父亲出去拜年,我母亲拜年也都是在自己的家族里。

家里如果来客人的话,女人都先不上桌,得在地下伺候人家,给人家端端饭什么的。都是大人和大人吃,小孩子和小孩子吃,小孩子都是不能上席面的,小孩子上去了席面,把东西都给人家霍霍了,东西就不能吃了。如果到别人家吃饭的话,那一般都是请谁谁去,对方一般都是请男人,那请你妇女干啥呢,基本没有请妇女去吃饭的。家里大人不在家,那肯定就不去了,没有小孩子代替大人去的,再说了,那时候请客的人家很少,人家拿啥请你呀,自己家里人吃饭都费劲。

虽然说家里穷,但也不至于去外面讨吃的,即是说是讨吃的,也不能让小孩子去,小孩子不懂啥。

(5)女孩禁忌

我在娘家的时候,想出去就出去,随便玩,这个家里不管,自己就在家附近玩,想怎么玩怎么玩。亲戚们都在自己村里,也不走亲戚。女孩子想和谁玩和谁玩,没人管这些事情,也没人说这个。晾衣服啥的也没有什么讲究,没那么多穷讲究,该咋的就咋的得了。洗衣服也很随便,没有啥禁忌。我家里也没说重男轻女,说不让咱丫头干啥干啥的,都没有这样的事情。我在家的时候,丫头都可以和般对般的小子一起玩,我就经常和老王家的王一块玩,那时候我俩都小,差不多大,家里人也从来没说不让我俩一起玩。

我在娘家的时候,什么活都是我母亲干,我父亲很早就没了,就算是基本没有为这个家庭干什么活。那时候家里种地也不用我母亲我们自己做,因为我哥哥去当兵了,他那时候还在,国家有拥军优属的政策,就是家里青壮年有当兵的,剩下全是女人,种地、收拾地的那都不用你管了,到了春天,人家来人把你家地给你种上,到了秋天再给你打回来给送到家里去,就是这样。所以基本我母亲我们就不用干什么活,就是家里这点家务活,所以我们生活的还算是挺轻松的。

至于说家务事什么的,那就是帮忙看孩子、帮忙收拾家,这些活我都干,零碎的那些活。男的都不用做家务,他们就负责上山干活。自从我哥哥去当兵以后,我家那就没有男人了。

我家里没有纺纱织布啥的,但我从小就开始学针线活,帮着家里做衣服,女孩子都要学会做衣裳和做针线活。父母对男孩和女孩的教育都没有问题,也没有区别。女孩子在家也没有什么规矩,什么仪表仪容什么的,那就更别提了,那时候连穿的衣服都没有,就别说其余的要求了,能穿上衣裳就不错了,对女孩子的言语啥的也没要求。我在家里,就是想干啥干啥,没那么多讲究和需要注意的。

2.女儿的定亲、婚嫁

我十九岁那年定亲,我和孩子他爸在一个学校念书,那个时候实行婚姻自主,我们自己谈的恋爱,但是也有包办婚姻的家庭,婚姻自主和包办婚姻的区别大概就是,自由恋爱之后定亲,这算是两个人自愿的,就不能要彩礼什么的。我那阵儿就是一分钱没要。爹妈帮忙找的对象大多数的也不能要钱,因为说要反对包办婚姻。我的妹妹李彩花,她就是自己在学校搞的对象,我俩是一个性质。那个时候啥都没有,就是给你一身衣裳,也没有钱,也不用找媒人,我们定亲、结婚的时候都没有媒人。

3.出嫁女儿与父母关系

我定亲和结婚的时候没有聘礼,大家家里都没钱,拿不出聘礼。也不流行陪送姑娘,也不陪送什么东西,都穷的嘎巴嘎巴的,家里什么都没有,就陪送了我两套行李。我儿子娶媳妇的时候,我记着都是媳妇自己来的,亲家骑着小毛驴将孩子送过来。我孩子的四娘就是年三十的晚上上头的,年三十结婚,也是人家娘家那边给送来的。那时候家穷,年三十就上头了,那功夫挺时兴的,也就是年三十晚上给新娘子盘上头,就算结婚了。我儿媳妇来家里的时候穿的是一身紫色衣裳,还是用紫色的颜色染的衣裳,那时候都流行染破布,用紫颜料染,就做了那么一身衣裳,用小毛驴接着就送来了。我结婚的时候,我是我丈夫家里去了马车接来的。那时候入高级社了,生产队有了马车,谁结婚的时候,想用马车都可以用一用。那个时候人们互相相中就可以了,根本没有婚书啥的,也根本没有现在这些玩意。那定亲那就是父母人家看好了,那就是和媒人一起去看看就行了,看看这个人啥样,那根本不管你的意见啊,那我这个事家里比较开明啊,那都是我自己在学校里搞的对象,那就是自己相中了,那就是回家和我母亲一说,男方那边找个媒人,上门过来提亲的,那是就行了。

我结婚的时候婆家的情况不太好,公公婆婆都是种地的,婆婆家就是家里那几口人,公公婆婆,还有大伯子,还有大伯嫂子,还有我亲侄子,那时候也有他了,有他爹有他姐。就是这几口人。那换小贴、换大帖什么的都没有,双方商谈之后,那就那样定下来了,男方没有定亲宴会,就定下来了,等着结婚就行。结婚也没有什么主婚人,也不拜堂,也不回避。定亲一般叫唤中,就是公公婆婆,和爹妈到一起看一看孩子,说是人家孩子行,那就完事儿了,就算定亲。唤中一般都是爹妈来看,哥哥姐姐不去,他们管不了这些。

结婚的时候没那么多讲究,婚宴座次和现在差不多,最亲的坐在最上席。进婆家的门也没有那么多讲究,不用跨火盆,结婚就是吃顿饭就完事,那个时候那穷成那样,也根本没有什么主婚人。结婚第二天就得给婆婆端茶倒水,伺候人家。也是不用铺被子,那我是没给人家干过,公公婆婆也没有那么过。那就是那一天,等以后有功夫的时候,他要的话就递给他一杯,不要的话就算了,不用给哥哥姐姐倒水。结婚以后还要去祖坟拜拜,我家里没有祖祠,我去了丈夫家的祖坟拜,结婚之后,丈夫的祖坟就是我的祖坟了,娘家就不是自己家了,不用去娘家的祖坟。

那个时候我们家条件也还挺好的,我结婚的时候家里做了两套行李,十五件衣裳,赶的那个嫁妆来四个挑子,那个时候讲挑挑子,不和这阵儿似的可以坐车。我嫁到婆家之后那人家也不管这个,婆婆也不要我的彩礼,人家要这个干啥呢。

嫁出去的姑娘都会回门,就是三天一回门,在婆家住三天,然后回娘家吃个饭,住也不住,就回家了,一般都是丈夫跟着一起回。那个时候那不流行过生日,年轻人根本不过生日,不和现在似的,小孩子也要过生日。

那个时候有团圆媳妇,在小东营子,张海义老婆和西营子张海鹏老婆,都是童养媳。那都是不大的时候,人家娘家就送这儿来了,就是在婆家养着了。养到十七八,那就是结婚了。那也不给钱或者彩礼,就是人家给养着,团圆媳妇的娘家都没有什么人了,将姑娘送给人家了,给人家做媳妇了,也就放在这儿了,也许是三年,也许是五年,时间不一定,那反正就结婚了。团圆媳妇和平常的媳妇都一样,虽然说一样,待遇也差一点。那阵儿没小子的人家少,能生就生。

一般家里没有小子的才会招赘,如果需要招赘,就需要和媳妇商量一下就好,俩人就这样决定了,当然,女婿一般都不能当家长。都要老丈人说了算,如果老丈人去世,那女婿自然而然就当家了,女儿不当家。

村里有个二婚的妇女,二婚的那就是随便一点了,不会有什么隆重的仪式,一般都不会办婚礼,这样的话,在村儿里也不会被歧视。那李国田他妈就是二婚,当然,那阵儿那人们都不叫离婚,叫活头,我孩子五奶奶他娘家就是大五家的,他那阵儿那是叫离婚,离婚了又来和你五爷爷搞的对象。那个时候结婚就是稀里糊涂的事,就不在乎那么多。

(三)出嫁的姑娘与兄弟姐妹的关系

出嫁的姑娘那有的也是随便回,想回就能回,离得近了那就是自己回了,那离得远了就是娘家接回去。娘家的人来回接,也送走。出嫁的姑娘一年中的节气中都可以回娘家,只是不是那么经常回。回去那也不带什么礼物,那时候那穷的,没有什么礼物可带,顶多就是带点罐头啥的,那就算是礼物了。出嫁的姑娘一般也不回娘家上坟,就是回家去给点钱,或者纸啊啥的,让家里的人帮着上上坟就行了,姑娘一般是不上山上坟。嫁出去的姑娘也都不管娘家的事了,那阵儿要是说说吵架的,我结婚以后吵架的都少。那阵儿就不是和过去似的重男轻女,说打就打的这就不了。那时候就男女平等,不让离婚,都说这种事情碜碜,那要是说谁家有个离婚的,那就了不得了,碜碜,那阵儿不是有那句话么,嫁鸡随鸡嫁狗随狗,你想离婚,那娘家也不同意,所以那阵儿离婚的少。我娘家和婆家在一个村,那个时候那有离的近的,也有离的远的。我娘家就是下营子,和婆家就是一个村,就这么远。现在北营子李的家里那块的地方,就是我们娘家。那就是从那里嫁到这里,都是一样的,两家关系当时也很好,虽然不常走动,但有事情需要帮忙的时候,对方能帮忙都会尽量帮忙的。

姑娘嫁出去之后就上婆家过日子去了,基本就和娘家没什么关系了。那就上人家过日子去,分家什么的也没你的份。不嫁出去的姑娘那就是在家过了,在家过的那姑娘也不分财产,财产都是儿子的。再说了,那的人也少,也没啥可分的。那阵儿家里都没什么,穷的嘎巴嘎巴的,我们家只有我们娘仨,就没分过家,我们两个丫头都嫁出去了,家里的东西都是我母亲的,到母亲去世后,家里也没剩下什么东西。反正我们家不分家,我也不知道人别人家是怎么分的。

那要是家里有什么事,也会接姑娘回来商量商量,嫁出去的姑娘给娘家的姊妹和兄弟随礼那都是一样的,有多少随多少,那也没说哥哥就多随,姊妹就少随,那没有那样。姑娘一般回娘家就住在爹妈家,肯定不能住在人家哥哥嫂子家里,你和人家没什么关系。嫁出去的姑娘的女儿儿子结婚什么的,不用舅舅们的同意,不关他们啥事。那一般就是自家人商量商量,有爹妈给找的,也有自己搞的对象。结婚什么的那也得娘舅什么的过来,都要坐上等席。现在也是,都是最亲的娘舅坐一桌。那要是自己家的姑娘和自己闹矛盾,就自己调节,都不用娘舅什么的出面。

嫁出去的姑娘回娘家拜年,就是头一年结婚就回去拜年。除了那一年,一般都是正月初二这样的日子再回去,姐姐妹妹哥哥什么的往一块儿聚聚。回娘家待一天吃一顿饭。我每次回娘家,就头一年回,以后基本都不回了。这时候也就是说有钱的话就带点,没钱的话也不拿什么东西。那个时候一般家里都没什么钱,不会带什么东西!那就是一般过年过节才拿点东西,其余日子也不拿什么。那个时候也就是买两瓶罐头,那也就是过节了,或者带两包干粮。那功夫都没钱,要是说那不如现在的贵,那时候就是钱好!那个时候一斤鸡蛋才两毛钱。那钱要是要三毛两毛的,那就买不少东西。那时候花钱买的东西都是几毛几毛的、几分几分的,现在都没有了。现在谁还花这个钱,现在这一块几毛的都不当个钱了,以前那样有一块,你得买多少东西啊,十个鸡蛋才两毛。那会儿那个钱可是值钱。这会儿那鸡蛋十个那得十来块钱。

二、婆家人·关系

(一)媳妇与公婆

1.分家前媳妇与公婆关系

我们家里分家之前,婆家公公是家长,啥事都是他们管,婆婆就是在家干活,公公就是管外边的事。男人决定大事,没有女人什么事。家里干活什么的,大家都要动手,只要有劳动能力的都动手,也不用说是公公婆婆还是大伯子,还是大伯嫂子,也不管男女,还是外头的活,反正稀里糊涂的都一起做,大家谁也不计较,谁干的多了少了的,只要能干,就都干。做饭之类的屋里的活,反正就是妇女负责,男的不会管,男的在外头干活。我和婆婆的关系特别好,所以我现在也很想她,她是个好婆婆。儿媳妇伺候婆婆也没什么规矩,就是给端茶倒水。当时村里也有虐待儿媳妇的家庭,反正都是极少数,这种情况不是很多,那情形我也不清楚是怎么回事,那是别人家里了。在家伺候丈夫那也没那么多讲究,也没啥伺候,反正就是家里面那些事,一般家务活那男的就不干,全是女的,男的就是回来吃上饭就行。公公婆婆不管我们的事,爱怎么过怎么过。在外面交涉的事情都是男人做,女的都不管。丈夫与公婆一般也没什么矛盾,就是干活就行了,没有什么矛盾,当时我们和几个妯娌那也没啥矛盾。

我一般很少回娘家,平时想回来就回来,如果娘家人来接,那就跟着回去。公公婆婆也不会不让。媳妇在婆家有财产权,但也没什么财产,那时候那么穷,媳妇的嫁妆什么的都是自己保管,就是自己支配。结婚后也没有私房钱,那时候穷的,没有私房钱,家里都没多少钱。

2.分家后媳妇与公婆关系

我结婚后八年了才分的家,这几年分家没有什么规定,说是结婚几年能分家,闹不到一起就分,想啥时候分家就啥时候,那个时候穷,也没什么可分的。那就闹不到一起老的就开始说话了,说你们要不分家算了。我们当时分家之前,那就是和刚才在这块的我侄子他们家,他爸他妈我们都在一家了。那说分就分了,就是自己做饭吃,就算分家了。也就是分个碗筷子,把使用的家具随便分了分,其余没什么东西,因为家里很穷。我们就五间房子,老太太老爷爷一间,他大伯嫂子住一间,他们住一间。反正大家就在一起,那个时候那是没什么房子。赶到以后了,又盖了三间房子。当时分家就是分了个锅碗瓢盆,剩下什么都没分到。

公婆岁数大了的时候,我们家和他哥哥家,哥俩一人养一个。不能全是一个人管老两口,那说不过去。

(二)妇与夫

1.家庭生活中的夫妇关系

(1)夫妇关系

我和丈夫是在上学的时候认识的,所以不是结婚那天见的面,那当时结婚之后那就是说那还怎么称呼,那肯定不叫名。那要是有孩子了,那就叫孩子他爹,那要是有点什么事就是说你去找孩子他妈去。那阵儿都是叫小名,也别管是老的还是小的,那都得叫大号,要么就是叫小名。

关于分家后谁说了算,反正就是两口人过日子,你说这个中,这个行,那就行,你说不行那就不行。那阵儿也没有啥当的,谁说了算的那就是谁做主。再说那阵儿也没什么事,能有什么事呢,过那穷日子,也没什么可以商量的。那就是拉拔孩子,就是在一个生产队做活,那就是这事,其余别的事没有。家里也没钱,谈不上管啥,穷得叮当响,没啥可管的。小鸡下两个鸡蛋,那就是拿着这五个八个的,吃这个东西,或者拿出去卖。家里也没有钥匙,柜柜箱箱的什么都没有,也没啥钱,没钥匙啥的。那家里就是两个人一起下地干活,也不分谁干什么谁干什么。那个时候孩子都小,再说了,出去干活的话,孩子也没地方去呀。那个时候根本没有打工的地方,家里也没说谁的地位好,谁的地位不好。

(2)娶妾与离婚、婚外情

1949年以前,一般人穷的根本娶不起那么多老婆,没钱用啥娶,一个都养不起,更别提养两个了。也就是段品三娶了三个,西营子的那过的大日子那都没有娶两个老婆。他是先生,他就是你三奶奶的娘亲舅,他就是娶两个。这个大的是那刁民的亲姑奶奶,这是大老婆。他的小老婆就是从西围子那里领回来的。段可让就是他这个小妈生养的。两个老婆那时间长了那也不打仗,再说了,那时候还挺好的,不像现在,现在要是两个老婆那不是又了粥了么?那时那就是那个样。那阵儿赶这个段品三领着这个小女人回来的时候,那大女人就自己搬到一边去了,也不和他们在一起住了,他俩丫头一个小子,那就上一边住去了。和大老婆也没离,两个老婆分主房和厢房。人家大老婆就都搬到厢房去了,那阵儿那事情根本没地方说理去。

分家后那要想从别人家过继一个,那必须得两个人都同意,不然不行。家里头平时要是想买个什么东西,和男女现在都一样,就是谁买啥谁买就行,买东西那也是有钱就买,没钱就不买。那时候就是穷,你买啥呢,买件衣裳都没有。不和现在一样。1949年以前那没有女人说自己离婚,那不好听,说出去名声不好,娘家也不让,这样算是给娘家丢脸。

2.家庭对外交往关系

家里的人情往来什么的还有给粮食的呢,那这不给粮食这才几年,前几年这不还是一家子一升粮呢么,谁过生日那就是拿着粮食去了。大家随礼都是五毛三毛的,这个时候再说五毛三毛的,那让人笑话。前两年那送礼还有拿二斤挂面的。家里有客人,那要是来男客人就是男的坐那陪人家吃,妇女就先不能吃,因为还得伺候人家。这阵儿也是,要是有地方妇女就坐着一起吃,要是没地方妇女就等等再吃。

1949年以前我基本上不出门,没地方可以去,那个时候大家家里都是那么穷,没钱出门。并且一般家里有孩子的,妇女都不怎么出门,她要照顾孩子,还要照顾老公,还要照顾公公婆婆,给家里做饭,你出门了怎么办呢。

(三)母亲与子女的关系

1.生育子女

我一共九个孩子,五个姑娘四个小子,我的大孩子就是姜志峰,是1949年以后出生的,他今年六十一岁,就是加工厂加工的那个人。我生他的那个时候,家里穷得叮当响,根本不会庆祝。那个时候啥都没有,过个生日连个鸡蛋都吃不上,家里有吃啥吃。那时候那也不当回事,我的公公婆婆对生丫头生儿子都是一样,人家不管这个,我生什么他们都挺开心,来啥要啥。那阵儿那没说和现在似的做计划生育,能生育几个就生几个,反正就一直在生。现在家里有吃有穿,但那时结婚之前也不会挣钱,也没有地方能够挣钱,那个时候拿打礼的钱那都是三毛五毛的,大家都没什么钱,连一百块钱也没有,说是给丫头压腰,这样的这整不了多少钱。在我家里,我们对待儿子姑娘都一样,我公公婆婆对待姑娘和儿子也都一样,他们没有什么重男轻女的观念,所以我和婆婆相处的也非常好,基本没什么矛盾。

我女儿定亲的时候,根本不看生辰八字,到了现在,我们家里孩子结婚,也不看生辰八字。那可是有个别的人信这个事情,我们家里可是从来不信。婚姻好不好,不能看这些东西,我们家里人都觉得这些是封建迷信,这些不能相信,两个人过日子还是要两个人一起努力,批了八字之后婚姻就会好吗,这个不一定的。批了八字之后,如果说两个孩子不合适,就不结婚了吗,这不是耽误孩子的一辈子么。

2.母亲与婚嫁后子女关系

我大儿子结婚那年大概是二十三,他大姨也二十三岁,他二姑是二十岁,他家没人做饭。他大姨也二十三岁结的婚。我结婚时候婆媳关系和之前的婆媳关系都一样,没啥区别那阵儿。我那天还在说,我婆婆没了,到现在我也想她,她人真是特别好了,现在都根本找不到她那样的人,她耐心特别好,不管多少孩子都没凶过孩子。那天我的孩子们说铺炕,我说是我这个废物,我连这厚被褥我都搬不动,我又自己用棉的做了一床薄被子,就轻快了,我还在和三丫头说,她老太太活着的时候还不如死了,那时候她都没过上好日子。我们分家分的早,家里人口也多,结婚还没到一百天就分开了。家里就是些小叔子小姑子的,就是他是最大的。那也合不来,人们都说,小姑子多舌头多,小叔子多鞋脚多。那阵儿你就是看出来不行就得抓紧的分家。

我在公主坟的大女儿,十四就定亲了,二十三才结婚。那阵儿家里穷,就是和卖姑娘似的,但又说回来,卖姑娘也没多少钱,也就三百来块钱。等到孩子她二姨是十九岁定亲,二十就结婚了,男方家里没人手,就要抓紧结婚了,帮着男方家里去干活。赶到孩子她三姨就是自己搞的对象了,都是差不多十九岁、二十三岁这块结婚。两个人定亲之前都见过面,彩礼都没什么,一个丫头三百块钱,再给几件衣裳,那阵儿流行给四合礼,也就是两双袜子,两条手巾,两条腿带子,还有两块香皂。再就是给买身衣裳,也叫定亲衣,定亲衣一定要是新衣裳,新买的,图一个吉利的好彩头。

我带孙子的时候根本没花钱,等着儿子们分家了,就是这一个孙子在身边,就得我给他哄着。哄孩子也是有时有晌的,他老婆婆哄着的多,他也有病那上不了山,我就还得再上山干活吧,两个人总要有一个人挣钱,养活一家人吃饭。

我们这个营子基本没有无儿子的家庭。这就是那姜志文,他招的养老女婿,那我们这营子的养老女婿那都没有。后院姜志广招的养老女婿,那院姜志荣招的养老女婿。我家里的孩子她二舅也是招的养老女婿,那个就是养老女婿啊,西头张海义也是养老女婿。

那我平时也是常去姑娘家住的,说回去就回去,姑娘也很愿意让我回去,女婿人也非常好,我回去了能跟着姑娘呆呆,帮着姑娘哄哄孩子。

三、妇女与宗族、宗教、神灵

(一)妇女与宗族

我们这个村子没有宗族,宗族什么的都是南方才有吧。像我们家里,根本没有什么家族活动。虽然我们也都是一个大家庭,但平时都是自家过自家的,不会组织到一起,搞什么活动之类的。

(二)妇女与宗教、神灵、巫术

我们家里人都不信宗教,也不信什么神之类的,也不会拜神。我们村里有庙,但我从来不去,我不信这些,家里孩子们也不信。我婆婆那时候也不信。

四、妇女与村庄、市场

(一)妇女与村庄

1.妇女与村庄公共活动

出嫁前,我从来没有什么村庄活动,一般就是唱戏的去听一听。我还会唱戏呢,那时候那妇女也能去,想坐哪儿坐哪儿,也能和男人坐在一起,这个没有限制。那我当时还会唱戏,那早先我会的可多了,我也是个多才多艺的人。出嫁前村里的会议我都不知道,一般妇女都没参加。出嫁前,那村里的那些人我都认识,大家互相都熟悉,因为我们都是从小就在这个村的。村里没有保长甲长,也没有绅士,不过说实话,我都不知道啥叫绅士。村里有个挖渠什么的活动,妇女也都能参加。

2.妇女与村庄社会关系

我在娘家有班对班的人,之前在家玩的时候就是随便玩,没那么多讲究,现在我们那群人就是东的东、西的西了。我班对班小伙伴结婚的时候我都去了,没有哭嫁这些的说法,那时候穿的衣服那就是随便穿,现在有举行婚礼的婚纱啥的,那阵儿那都没有,那就是随便穿。男女都去。除是你孩子小,说是妇女就不去了,那时候一般开会都是晚上开,反正妇女那要是带孩子的孩子小,那就是在家看孩子,男的去开会。要是白天开会的话,男女都可以去。妇女也可以发言,妇女也有发言权。

那个时候也安排妇女劳动,也修渠打坝,男女一起干活,工资就是自己挣自己要。

结婚之后那也不用去邻居家拜访,串门看看之类的。我嫁到婆家和妯娌的关系那很好,大家相处得都很好,基本没什么矛盾,有婆婆在,大家都不敢说话。

那时候妇女没有什么组织,妇女会这样的组织在咱们这都没有。像一般村里有什么红白喜事啥的,嫁出去的姑娘那人家还招呼你帮忙,都是自愿帮忙,那就是你帮他他帮你,家家都有事。别看我们营子是邻居还是亲戚啥的,那一般都是自己家里。就是关系还不错才去的,因为咱们这个营子小。

关系好的妇女唠嗑什么的,那就是上谁家串门就上谁家唠嗑去,不固定去哪一家,就是随机的。妇女不去别的村唠嗑,在别的村没有什么事,不会去别的村子,除是有姐姐妹妹的,那姐姐妹妹的也没什么时间去别的地方串门子去。现在这些妇女也是一起唠嗑,都往一起凑合,打扑克,唠闲磕,那这阵儿也没什么活,早了都是有针线活,现在大家都不做针线活了。

（二）妇女与市场

我在娘家的时候不赶集,那阵儿没有集。等到我嫁出去之后,还是没有集。村里立集没有几年。先头就是有供销社,买点什么东西去供销社买去。卖东西的也有女的,不能赊账,如果没钱人家不卖给你,你没钱拿就不买,你也不好意思说赊什么。一般做鞋的材料什么的,针线这类的,都是从供销社买来的,做好的鞋子那也不拿出去卖,家里人也多,自己够穿就不错了,根本没有多余的拿出去卖钱。那阵儿全是用手做鞋,也没有这机器、缝纫机啥的。那时候我家里也没有织布机啥的,现在家里的缝纫机可是有年岁了。割资本主义尾巴的时候,我还可以上供销社,我也经常去,那缺啥少啥,那不得去供销社买点啊。反正没钱就拉倒了,啥也不买了。

五、农村妇女与国家

（一）认识国家、政党与政府

我最开始听说国家这个词是新中国成立,那就是新国家了,那啥时候听说共产党的我倒是记不清了,那年岁这堆着的,就给忘了。可是要是说共产党给咱老百姓做的好事的话那可是多了,要是过去的那些个大地主管事的时候,普通老百姓哪还有这个时候,那个时候全都是地主自己说了算。当时有投票,咱们这个现在也有投票,现在也有去选妇女干部的,那男女都能去选,给你个选民证,你想投谁就投谁。

我当时听说过国民党,但没见过,没听说过蒋介石,但是我知道孙中山,孙中山我听说过。我们念书的时候都有孙中山语录,每个人都要学习孙中山课本,上课的时候老师会给讲解,孙中山最出名的,我印象里,应该是三民主义。

现在的国家主席那我肯定知道,是习近平,刚刚开始选举的时候我就听说了,这都多少年了。

我认识党员,虽然说我认识很多党员,但我没入过党,我入了团,但后来岁数大了,就退出去了,不能一直做团员。现在我已经八十来岁了,也就啥也不寻思。女党员我也认识不少,其他的也没什么。

当时共产党组织投票啥的那我没去过啊,家里也没有党员啊,那我也觉得入党挺好的啊,那肯定是挺好的,要是不好的话那谁入呢。

我没有裹过脚,那阵我家里是穷人,裹不起脚。人家有钱的才撕起裹脚布了,我们家里撕不起。可别说裹脚了,那就是受罪,那就是稍微走走形式,那脚也不大。我脚还挺大,还不太佝着。我婆婆他们那个年代那个岁数的都裹过,那时候挺看重裹脚的,再好的人,要是不裹脚,要是去唤中,对方问怎么样,说是脚大脸丑的。再好的人,如果不裹脚,就说你脚大脸丑。要是说是裹脚的,说是怎么样,说是这中啊,是小娇娇,那就那样。我搞对象的时候,没有受影响,那时候就不时兴裹脚了。

我在村里也接触过干部,那就是支书、主任,再就是村长。一说是开个会啥的,人们就上那里去了。

我以前没接触过什么女性干部,现在这女干部那就是郭素梅,其余就没有了,反正要是你有能力就能去当干部。妇女当干部也好,可是要是人家不推举你,你也上不去,现在不也是这么回事么,你就是有天大的能耐,没人推举你也不行。我也希望自己的女儿媳妇什么的当干部,希望现在也没有那样的了。现在咱们这,哪儿像郭素梅似的,就那一个妇联主任,全村也就那一个。

妇女也会参加劳动,现在也有妇女出去干活,那阵儿那反正能出去打工的,有地方去的,那就都出去了。就是说累点,也能挣到钱,就像咱们这在家待着的,根本没有地方挣钱。

我对于政府号召剪短发没什么印象,我记得我小时候,就一直留着短发,家里没时间帮我扎头发,至于男人们什么时候剪辫子,我记不清了。

(二)对1949年以后妇女地位变化的认知

我没听说过妇联,男女平等啥的那些话我也忘了啥时候听说过的了。1949年以后,孩子的婚姻都是由自己决定的,我结婚那时候就是自己决定的。那阵儿那说是不包办婚姻了,婚姻自主,让我们自由恋爱。不过那阵儿爹妈也有封建的,说是我们自己搞那就觉得有意见似的,说怕人家笑话。你说你不同意的,那孩子们要是愿意的话,父母也干涉不了。

尤其男女平等啥的,妇女再能顶半边天,你就说你年轻,你儿女孩子多你出去了吗?再说就是说一个烂活计就把你追死了。不过,说到平等,现在可是比过去强了一百个头。那阵儿就是说咱们妇女出去,说句话都不好听,就像咱们这个穷光蛋,人家根本不理你。但现在谁也能说话,妇女的地位那就是比以前高了,以前妇女说啥啥不算,现在啥事也能参加了。不过,虽然1949年以后,妇女地位是提高了,但伺候丈夫还是要伺候啊,妇女在家里的地位变化,和政府倡导有一定的关系。现在家里还是什么事那都是两个人商量一下,谁有道理那就听谁的,不是男人自己做主了。现在那我孙女啥的那上了好几年学呢,那都是上了七年呢,还有九年的。

(三)妇女与土改

1.妇女与土改

土改之后,我家里就是娘仨,那时候就是我母亲、我四姐,还有我哥,他十八岁就去当兵了,后来就没了,咱们这里没有工作队员上咱家来动员,咱们整个这一块都没有,就是自己一个大队。有一段时间,有一个安排法庭似的东西,地主富农们就往一个院里放东西,那个时候有村长、有主任、有书记,他们保护这些个东西。以后跟着工作的这些个人吧,那就是咱们农民,贫农一家子一个人,都得跟着跑,那就是大风暴。大风暴的口号就是打土豪分田地,我家里也分着东西了,那阵儿反正是谁有心眼,就跟着谁走,就是那些破烂的东西,给大家分一分,那些破缸、破篓子什么的就随便分点儿。这就是村里组织咱斗地主的过程,但咱们这妇女没有参加,但咱们这有儿童团跟着,上哪个营子去,他们都在后边跟着,拿着小红缨枪。

2.妇女组织和女干部与土改

在我的印象里,贫农团里没有妇女,也没有妇女会,妇女主任好像也没有。我也说不上来,我当时参加这些活动都是啥心情,就是瞎跟着去,也没啥心情。土改时候我们这里根本没有冒尖的妇女,对于这个我没什么印象了。

现在想想,妇女翻身1949年以后就是妇女地位比以前说话好一点,以前根本没人听你说话,现在好多了。

我当过干部就是共青团书记,那还是在出嫁前。我也不知道那到底算不算干部,反正我就是负责去开个会、团委会啥的,那时候我就是给大家统计统计人,带领要入团的人开开会、交交表,也没啥活。就当了大约两年,我结婚之后就不干了。

(四)互助组、初级社、高级社时的妇女

村里在生产队时选队长了,有劳模,有队长,就说劳模和队长他们一起一参考,大家都上一起种地,这个营子的人都上一起去干活去。也就是放在一起,一家子也就给上一亩地,就是自己的自留地。劳模和队长都是村里贫下中农选的。那个时候人家当官的,也得人家选,选上了给我们这个社员一公布就行了,也不和现在似的,现在都是说咱大队干部都是有选票的,那阵儿不是,那阵儿大队一说和社员一公布就行。互助组、初级社、高级社时期的妇女都得下地干活,不干活就没有饭吃,挣不来工分,能干的都得干,工分再给合成钱,到秋,挣不来那就什么都没有。就是凭你的能力,比如说你有能力你一天挣十分,我没有能力我一天挣七分,还有八分的,还有五分的,那就是看你能力大小。工分是生产队定的,队长今天领着一群人,说你今天干活啥样,他今天啥样,就是这样,人家在那一评,说你八分你就八分,说你十分那就十分。总共就是农民种地这一套,咱们这块都是种地的,也没有别的。当时那些农具都搬到生产队去了,不和现在似的,有机器,那阵儿都是人,用一个点种的,一个两个挘粪的,那阵儿还没有现在这个料。反正就是三个犁也好,是两个犁也好,都需要下地。那个时候家里都困难,你不下地干去,人家都不用别人动员,就得自己自动就得去,你不去吃不上饭。你干多少活,你家有几口人,给你多少工分。你得拿这个钱去领。假如说就是这个钱在生产队,你有多少多少钱,就是光给你钱领粮食,你也领不上。

当时没有什么女队长、女干部,就是男干部、男队长,那时候也没有分工,假如说都是去挘地,妇女和男的就一起去挘地,大家都是一样干,一样的工分。那也有孩子,家里有大孩子的,让大孩子领着这些小的,没有大孩子的,那就是用上一个人,老太太、老爷子的,占上一个人,在这看孩子。那时候我老太太还在世,她在家看孩子,每天干活回来还得做饭,那阵儿那吃饭都是不挣眼,就是吃那个菜,把菜给剁了,拌上棒子面,两种东西也放不在一起,就直接用锅一蒸。那啥也不是啊那阵儿,现在猪都根本不吃这些东西了。我们那时候,什么杨树叶子、柳树叶子、榆树叶子都吃。

入合作社也没什么想法,就是跟着人家干活,为了填饱肚子。多整点就能多吃点。不是固定的一口人给多少粮食,如果说多挣点,再挣也挣不多少的,劳动一天也就十分工十二分钱。那阵儿不打粮,也没法往回领粮食。最高劳动力一天挣七毛钱,这就是最多的,就是一天算七毛钱,也就是那么一年,剩下的三毛两毛的,还有算二分钱的。

都说共产党会多,那个时候妇女也不是经常开会,一般在村儿里干活的时候,大家休息的时候坐在一起,队长一宣布就行了。

(五)妇女与人民公社、“四清”“文化大革命”

1.妇女与劳动、分配

人民公社的时候妇女也是一样干活,也没什么口号,和互助组那个时候一样,不论男劳动力、女劳动力,都得上山,一样劳动。有劳动能力的人都要去干活,不去吃不上饭。

要我说,还是自己种自己的地好。大伙一起种地的时候,啥都没有,粪都上不过来,都是些驴、马粪,那也不壮。那时候没有化肥。种出来的谷子只有那么大,也不打粮。集体劳动的时候还好,集体劳动的时候,大家都不认真,就是混日子。你自己种地就是把地分到各户去了，自己种的话，怎么也得给自己多攒点粪。到了夏天，每家都有个圈，养上两个猪，或者养两个驴，下雨天都在垫圈，人们下雨天也没有待着的，用抬筐去当街抬土、垫圈、弄粪，到了秋天的时候起出来、倒出来，然后再拉出来，粪就多了。

1958年那时三面红旗，咱们这没有大炼钢铁那厂子。敖吉那里有个铜厂，入食堂一年就散伙了。我记着好像是二月的时候入食堂，九月十月的时候那就散伙了。入食堂的时候就是坐在这给人家起萝卜缨子，起完了去给人家整萝卜干子。

社里都是同工同酬，怎么说呢，一天不论男女，不论老少，一般都是十分工，很少有比较少的，前提是你干的都差不多。那时候那女人最多也就是一天挣十分，那男人也是最多一天十分工。自留地都是按照人口分的，一口人多少个垄，那没有什么差别，倒是自留地都是些边边角角的地，那妇女那常年出工，挣的钱那也差不多可以养活自己了。

2.集体化时期劳动的性别关照

人民公社集体时期没有说照顾妇女，无论怎样妇女都得下地干活，不干活没有饭吃，他不让你干那妇女都不干。我记得我当时，正是九月份的时候。那阵儿就是我生孩子，就给你十斤荞麦，十斤小米，就是让你坐这个月子，那根本不够。但是人家就是给这些，爱够不够。那就是给你十斤面、十斤米。不够吃的话，反正你爱吃不吃。公社也没有专门照看小孩的地方，家里有岁数大的，你出去干活，他看着孩子，反正总得倒出一个人手来。

3.生活体验与情感

入大食堂的时候有专门做饭的人。那吃饭也不是随便吃的，都是有量的，一口人就是一勺子，就这么大的勺子。那时大家不在食堂里吃，都是打回来吃。至于最后为啥办不下去了，还是饿得难受。那个时候大家不干了，就散了，不光咱们这一个地方这个样子，全国都是那个样子，人们饿得难受，不就不干了。后来就饿死人了，就解散了。那个时候上山饿得太厉害了，榆树叶子、柳树叶子什么的还能吃，就特别这到岁数的人和小孩子，饿得都躺在这里不动弹。可是饿死人也没有办法，妇女也没说提意见啥的，根本没人可以提的那个时候。要是偷粮食被抓住了，人家肯定不让你，就会挨罚。你就得去人家那干活。也就不罚别的了，家里也没啥还罚什么呢。反正就是你偷啥就给人家送回去。

我当时是上识字班的，就是晌午的时候，大家都吃完饭，就去识字班去学习一会儿。十二点来钟的时候去，一点来钟就回来了，散了你还得回来安排安排孩子，休息一会儿，两点上山。但是人家根本不让你休息，就让你学两个字。那个时候我们倒是不上夜校。

建国以前妇女喝药就是河南那里有，咱们这块可是没有，也没有集体自杀的。改革开放后那妇女都是和以前差不多少。

4.对女干部、妇女组织的印象

那当时也没有铁姑娘队、劳模什么的，妇女主任好像也没有，那我都没听说过。大队小队也没什么妇女干部，也没有妇联。

5."四清"与"文化大革命"

那四清和"文化大革命"的时候记忆也很模糊了，我也没去参加斗地主，我不敢，那就是在家偷偷地看着他们斗地主，婚姻啥的那都是介绍的，那时候那一般都是那包办婚姻，但我不是，我是自己谈的恋爱。

自留地当时也被没收了，妇女用的那些东西那也不去买了就。破四旧那会儿那在家里的皮影什么的那都是烧了,还有早先的旧的东西,割封建么。

"文化大革命"时也没有什么革命化的婚礼,咱们村里的婚礼还算正常,没啥特别的。

(六)农村妇女与改革开放

土地承包时,妇女去开会了,我也参加了,妇女不是一个被决策者了。分地妇女和男人都是一样的,那时候还没有土地证,村委会选举我也参加了,就是让你选谁,当时没选妇女,那时候那还不兴选妇女。现在也只有郭素梅一个大队女的当妇女主任的。计划生育的时候就不让你生那么多了,早先的时候那都是可劲生,想生几个生几个。现在让我选的话,那现在就挺好的,孩子多那还算有个照应。现在正在搞的精准扶贫,对男的老人和女的老人那没什么区别,那就都一样,就看你谁困难,谁有困难就给谁,不分男女。

我现在也有手机,是那种老人机,我不会上网,就是用来打打电话什么的。我会给别人打电话,也会接电话,一般都是在外的外甥孙子、外甥闺女什么的给我打电话。几个孩子也会给我打电话,都是喊我去打麻将、打扑克时,打电话来比较方便,不然还得跑一趟,有了手机就是方便。我家里也有电视,什么事情都是通过电视了解的,比如国家政策,还有天气预报,还有一些家长里短的乱七八糟的犯法的事情,电视上就是有意思。不过我看电视的时间还比较少,我有时间就出去溜达,不在家光坐着,老这么坐着人就容易老,不年轻。

六、生命体验与感受

我这一辈子比较印象深刻的事情就是过去特别困难,不过现在再困难也过去了。要是放到现在,和过去一比,现在就是享福了,过去根本没什么顺心的事,穷的要死,吃了上顿没下顿,衣服也穿不上,补丁摞补丁,你穿完我穿,没有什么可想的,日子那就是这么困难,过去的日子可是太苦,现在就是享福,也吃上大米白面了,穿的衣服样式也多,想穿啥穿啥,还能经常换一换,这不就是比过去享福了么?也不受罪,也不受气,那儿女都拿自己当回事似的,那不就行了么?我很满足。

我现在只希望自己能多活几十年,看着国家越来越好,我家里的日子也越来越好,儿子女儿们家庭都幸福,孙子孩子们都争气,我还想看着以后更好的日子,也算我没有白活这一辈子。

YX20170109XXF 向仙凤

调研点:浙江省建德市寿昌镇城北村

调研员:杨昕

首次采访时间:2017 年 1 月 9 日

出生年份:1932 年

是否有干部经历:否

是否生育:是

受访者结婚的时间节点、生育子女的具体情况:1956 年与丈夫结婚,1957 年生下第一个孩子,共育有三儿一女。

现家庭人口:4

家庭主要经济来源:儿子赡养

受访者所在村庄基本情况:城北村位于寿昌镇城区,东与东门村为界,南与城中村相邻,西至西昌路,北至 320 国道。村交通四通八达,十分便捷,320 国道依村而过,距金千铁路仅 1.5 千米之遥。村区域面积达 0.54 平方千米,耕地面积 137 亩,山林面积 10 亩,水面面积 5 亩。全村共 167 户,村常住人口 412 人。城北村共有正式党员 28 名,设有 2 个分支部,本村共有 4 个村民小组,33 名村代表。作为城北村的一大特色,村自办的老年保健学校办得有声有色,得到市、镇级领导和全体村的一致好评。

受访者基本情况及个人经历:老人于 1932 年出生,祖籍浙江省淳安县向家乡。老人年幼时入学晚,直接从三年级读到六年级毕业,能够识字。1950 年土地改革,老人积极参与。1952 年抗美援朝,老人志愿参加志愿军,母亲觉得危险拦下,后经人介绍于 1955 年前往杭州厂里上班。1957 年因新安江水库的修建移民至建德市桐庐瑶琳仙境。1956 年与丈夫结婚,1957 年生下第一个孩子,共育有三儿一女。1958 年工厂合厂,随即被调派到绍兴工厂。1963 年精简机构,和丈夫一起被下放至寿昌镇城北大队,随即在家生产队做生活。1966 年饲养毛兔、鸡鸭、奶牛、猪等家禽家畜,收入颇丰。1972 年时自家造房子,依靠养兔子成为专业户,后成为村里第一个万元户,受杭州市长参观。但是 1993 年丈夫带着家里收入出门花完了,随后无固定收入来源,依靠子女赡养。

老人现与小儿子一起居住,由三儿子和小儿子一起赡养,每个月还有国家的高龄补贴,丈夫独自住在养老院。

一、娘家人·关系

(一)基本情况

我叫向仙凤,是父亲起的名字,当时我还小,应该是按照族谱起的名字吧。我父亲之前有娶过一个妻子,之前就生了两个姐姐和四个哥哥,两个姐姐分别叫明凤和东凤,可能我们家的女孩子都叫凤吧。哥哥们的名字是荣字辈的,分别叫荣炳、荣志、荣昌、荣照,这个也是有族谱排名的,我父亲以前是律师,还算是比较有文化的,而且当时我们那个村也是有宗族族谱的,起名字还是算比较有讲究的。我的亲生母亲是我丈夫的第二个妻子,但是我两岁的时候父亲就去世了,家里就是我们三姐妹和母亲一起住。我是1932年出生的,那时候家里应该是三四亩地,因为父亲名誉比较好,土改的时候想给他划成富农,已经提名了,但是因为家里真的穷,还是划成了中农的。这时候哥哥们都长大出去了,家里就是我母亲和我们三姐妹了,没有兄弟姐妹被抱养的,都是自己养的。我结婚的时候是二十四岁,是1956年,当时在杭州厂里面上班,直接在厂里结婚的。丈夫家里有两兄弟两姐妹,也没有被抱养的。我自己是有三个儿子一个女儿,结婚后就生了的,第一个孩子是在二十五岁的时候吧。

(二)女儿与父母关系

1.出嫁前女儿与父母关系

(1)家长与当家

我在出嫁以前的时候,按道理来说应该是父亲是家长的,但是父亲去世的早,家里主要还是我母亲做主的,后来几个哥哥都已经长大陆续成家出去了,家里的劳力不够了,母亲就招亲招了一个叔叔回家的,主要是照顾一下家里边,也谈不上谁做主谁不做主了,就是为了维持家里几口人过生活的。基本上都是自己顾着自己家里的,没有什么重大的事情是不需要找族里的人,没有内外当家这种说法的。

(2)受教育情况

我在娘家的时候是有读过书的,就是入学比较晚,十几岁的时候才小学毕业,不过相比较那些没书读的人来说已经算是很好了。当时村子里一般的女孩子都是不能读书的,因为女孩子最后都是送给人家的,所以觉得读书没有用,还是男孩子读书比较多。不过我家里不是的,我自己很想读书,我母亲也没有特别轻视我,她还借钱给我读书的,从三年级开始读到了六年级,现在才有了一些文化。我的小哥哥文化程度比较高,是浙江大学毕业的,我母亲也很看重他,他也很孝顺我母亲的。

(3)家庭待遇及分工

在我家里,男孩子和女孩子没有特别明显的差别的。我母亲对儿子女儿都很心疼的,上桌吃饭,添饭加菜,添衣买东西都没有太大的讲究的,而且家里主要是姐妹在,也不会说先给儿子不给女儿的,没有什么太大的区别。关于压岁钱这个,那时候家里穷,几乎没有人家会给小孩子压岁钱的。

(4)对外交往

我的老家在淳安县向家乡,地方非常好,我们也都很喜欢,后来要修建新安江水库,上游的我们就全部移民到了建德桐庐的瑶琳仙境,但是风俗还是和老家一样的。我们淳安是没有过年拜年这种风俗的,所以也没有这种社会交往的。那时候大家都穷,很少有酒席要参加的。

不过过年的时候如果家里有客人来了,我们上桌是可以的,但是一般好菜是不敢动筷子的,要留着等客人的,等到正月过去了我们才能吃的,主要还是因为当时日子不好过,大家都很节省的。

(5)女孩禁忌

平常在家里的时候,我们主要也是帮家里干活的,读书的空隙放放牛,割割猪草,干一点家务活,怎么可能不出门呢,在家里待着没人干活就没钱吃饭了。那个时候都是大家一起出门干干活的,不需要家人陪的,穷人家的孩子早当家,我们都是从小就开始自己出门干活了,也算不上有什么禁忌的。我家里都是姐妹比较多,兄弟基本不在家,晾衣服也看不出什么。

(6)家庭分工情况

我家里干活都是大家干的,女人家劳力不够的才招亲了一个叔叔帮忙干农活的。我母亲是会自己养蚕织布的,两年攒一批丝,之后织布就可以自己做衣服了。冬天是棉布,夏天是蚕丝,我母亲都会自己纺纱的,有时候也会雇别人来织布,然后我母亲自己做衣服的。我是不会这些活的,我主要就是帮母亲摘摘桑叶,换换蚕做这些杂事,自己家里人的衣服主要都是自己做得多,很少是买来的。

我家里因为父亲早逝,教养孩子主要是母亲来做的,我母亲也没定什么家规,那时候只要好好做人,不偷不抢,好好过日子也就可以了。不过我父亲在世的时候几个哥哥都是父亲亲自教养的,我父亲文化水平比较高,所以教养的还是比较好的。我那个浙大的小哥哥是被人说媒的,说媒的时候就说谁家姑娘好,年纪正好,要不要配一下这样子的,也没有见过面的。这里我小哥很是吃亏的,我哥哥文化水平高,但是嫂嫂却是个文盲,挺不讲道理的,可惜了我的小哥哥了

2.女儿的定亲、婚嫁

我是没有定过亲的,我后来经别人介绍到了杭州厂里上班,在厂里碰上了丈夫,就在厂里面结婚了,没有人撮合介绍,算是自由恋爱吧。

我二十四岁结婚的时候都是自己做主的,不需要族长同意的,也没有什么规矩讲究的,也没有送嫁的什么仪式,就是厂里的同事请客吃了一顿饭,其他的也没有什么了。厂里面结婚也没有嫁妆聘礼这些,本来就都是同事,算是新式婚礼了。我母亲,娘家兄弟也没有插手我的婚礼的,都是我自己做主的,虽然后来丈夫不好后悔,但是我自己选得不好,也不能怪别人。结婚以后也没有说专门过来看看的,就是我回家的时候偶尔回娘家去看看母亲。

关于童养媳我知道一点点,原来我有个邻居就是童养媳,我们关系很好,经常彼此照顾的,那时候我不会干农活,都是她教我的,她被她婆婆教训的很惨,她婆婆经常偷偷打她的,因为不是自己的孩子所以不心疼,我倒是心疼她,想她赶紧跑掉,但是后来她家全部到江西去了,也就没有消息了。

换亲的事情我是不清楚的,但是入赘这个是有的,我家里那个叔叔就是招亲入赘的,不需要跟族里的人商量的,他们也都能理解的,毕竟家里只有女人家干活劳力是不够的。当然,这是我们自己家里的事情,我母亲自己决定就可以了,别人也没有管得太多。

3.出嫁女儿与父母关系

出嫁以后的一段时间我都在杭州厂里上班,后来调到了绍兴,到1963年下放的时候才回到村里的,那时候在外面上班很少回家的,也没有什么讲究和禁忌,不是说不允许回来,而

是时间少来回不方便,我就很少回娘家的。而且娘家的事情母亲会做主,兄弟家里的事情也是他们自己做主,轮不到我去管。一般来说,嫁出去的女儿,分家出去的兄弟,有了自己家庭之后都是照顾自己家里的比较多,别人哪怕是亲戚管的也少。

我的婆家和娘家不是一个村子的,隔得还算比较远的,双方的交往也不是很多,而且本来也不熟悉的,也照顾不到的。我出嫁以后,就不用赡养母亲了,母亲主要是靠着哥哥嫂嫂,我就是有空的时候回去看望一下而已。母亲去世以后的家产自然也不会留给我的,都是留给儿子的比较多。不过话说回来,那时候也没有那么多财产。我母亲后来都是靠嫂嫂照顾,但是嫂嫂不太愿意照顾,所以对我母亲不是特别好,我母亲快去世的时候我回去看了,在家里照顾了几天,不用特意说明白要出多少钱的,自己的母亲自己出一份力就好了。清明时节有上坟的习俗,但我娘家离得太远了,来回不方便,所以清明也很少回去上坟了。

(三)出嫁的姑娘与兄弟姐妹的关系

我和我小哥哥的关系比较好,因为我母亲当年省吃俭用地供着我小哥哥读大学,年纪相差不大,也比较亲近的,另外几个哥哥年纪比我大好多,而且是父亲的前妻生养的,分家的也早,所以和其他几个哥哥接触不是很多。平时我和小哥哥的联系也不多,没有大事是不会见面的,他们家里要做决定也不用我的同意,除非就是生死大事了。

我回娘家的时候主要就是住在小哥哥家里,因为小哥哥是和母亲一起住的,看母亲也就是看小哥哥了。我和丈夫吵架的时候,也不需要娘舅出面调解的,隔得远管不到,也不怎么相干的。你看我的丈夫对我并不好,甚至不养我,还要抢我的工资,但是我也不会让我的娘家人给我出面调解的,也没有受了委屈要娘舅出面调解的说法。我也不回娘家拜年,虽然寿昌这边有拜年的风俗,但是我也不会专门跑回家给娘家人拜年的,再说原来家里也没这种风俗。

出嫁以后也不说和姐妹亲还是和兄弟亲了,总的来说来往还是比较少的,偶尔地能见面往来一下,谁和母亲住得近,和谁的交往就比较多了,专门跑到姐妹家兄弟家走亲戚的事情就比较少了。

二、婆家人·关系

(一)媳妇与公婆

1.婆家婚娶习俗

我结婚的时候并没有和婆家有来往的,我俩都是在厂里结婚的,我没喊娘家人,他也没喊婆家人,我们也没有专门回婆家去办酒席。我们结婚的时候,婆家是公公婆婆两口子,然后还有两个小姑子已经出嫁了,还有个弟弟是在家里村里面干活的,后来还当了支部书记的。在我们俩还在厂里上班的时候,我们和婆家的来往也很少的,都忙着工作了,到后来下放回家的时候才和婆婆住在一起的。

当时结婚并没有什么定亲仪式,迎亲仪式、拜天地这些都没有,就是很普通的婚礼,厂里的朋友邀请一下吃顿饭就没有了,结婚以后第二天也没有要专门回去祖坟拜墓,都忙着上班啊,上班是更重要的事情,不会专门不上班跑回去的。而且也没听说有这种风俗习惯。平时上坟的话这边就是清明冬至的时候,去墓上祭拜一下就算是可以了,没有专门规定说什么时候必须去,什么时候不能去的,看时间自己安排就可以了,讲究规矩不是特别多。

2.分家前媳妇与公婆关系

我是1963年单位下放的时候才回来的,和丈夫一起的,这时候回来就已经分家了,婆婆跟着我们住,而公公跟着小叔一家住在一起的,公公婆婆已经分开了,而家里的做主主要是小叔和我丈夫,所以公公婆婆不能算是家长了。和婆婆开始住在一起的时候就已经是分家的状态了,分级之前都是很少来往的,主要就是我们在厂里面干活,公公婆婆自己在家里住的。

3.分家后媳妇与公婆关系

我和婆婆一起住的时候还是很信任婆婆的,我出去干活的时候从来不锁门,钥匙在哪里婆婆也是都知道的,婆婆住在我们家里也会帮忙干点活的,日子也还算好过的。当时我小叔叔看了眼红我们,一直想说让婆婆去他们家里住,可以帮他们家里干活的,但是我婆婆很聪明,她不愿意去的,她更愿意跟着我们住,因为我们对她更好,更相信她。我的小叔子以前当过支部书记的,家里有米有油,算是吃得比较好的了,但是他们都是两口子晚上偷偷躲起来吃的,连他们自己的孩子都瞒着躲着的,更别提说会给公公婆婆吃了,所以我婆婆算是叫也叫不走的了。我做事情不需要请示婆婆,反而是婆婆听我们的更多一些。

原来在厂里的时候主要就是在厂里面上班的,不涉及到家里干活的问题,后来下放到寿昌这里才开始慢慢学着干活的。那时候还是在生产队里面的,我是从来没有干过农活的,只能从头开始学,也吃了很多苦头。刚开始的时候干活不会干,只能被人骂,割稻子的时候要一边割一边捆起来的,但是我没接触过怎么也捆不起来,进度很慢,拖了生产队的后腿。也是周围的邻居教我的,割稻子的时候要用手压一下,一边压一边割一边捆就快一些,我后来才学会的。下放到家里以后,什么都是从头开始学,什么活都要干,家里的家务,也包括外面的农活。丈夫是不来干这些的,只能让我来做了。

平时我也不需要伺候婆婆的,端茶倒水这种也不需要的,没有这种规矩,反而是婆婆帮着我们照顾家里,婆婆其实更加依赖我需要我的照顾,所以她不会随便训斥我虐待我的,我和婆婆相处很和平的。到后来大概1972年的时候吧,我婆婆去世了,当时她住在边上的小房子里,我觉得有情况就过去看看她,结果就看见她倒下了,我连忙去扶,但是力气小扶不动,只能撑在那里喊人来帮忙,也把自己吓得半死。当时婆婆去世了,小叔子就不管了,也不给钱,丧事都是我们家里自己办的,分家了就不管了的,到时候公公去世我们这边也不管的。但是修墓穴的时候还是修成了双穴的,给公公留了一半的,当时这个还是我丈夫的学生修的呢,还稍微便宜一些的。办丧事的时候没说不让我参加的,这种大事还是要我们操持的,媳妇的名字也是写在墓碑上的。寿昌这边的风俗就是清明冬至去坟上祭祖的,有时间我们都会去的,每年都是这样的。

(二)妇与夫

1.家庭生活中的夫妇关系

我和丈夫并不是结婚那天才见面的,我们一起在厂里干活,认识了觉得合适就在一起了,都是自己决定的,当时还是算比较满意的,我们也都是喊名字,没有尊卑区别。我丈夫比较强势,家里的事情基本上是他说了算,尤其是管钱。早在厂里干活的时候,我的工资就要归他管,我自己一分钱也没有,买米买油都要他亲自去买的,我一个女人家连自己的零花钱也没有,每个月例假来了想买一下纸巾都没有办法,丈夫管得太严了。有时候我也会不高兴,我自己的工资凭什么要给他,他就跟我算的很清楚,如果他买米买油,我就要买煤买其他的。

后来回家了以后,我丈夫也干不了多少体力活的,他做裁缝、当老师,生产队里面的活主要还是我去干的,而且钱也都是他管的。再后来大概 1965 年,我们自己家里养猪,养奶牛,养毛兔,依靠这些发家致富,日子就好过了一些。我丈夫就是这样的,在家里一定要他说了算,他根本不把我放在心上的,儿女也是。我丈夫比较自私,他只顾着他自己,从来不考虑老婆孩子的。

我当时生孩子的时候,丈夫也只顾着自己在厂里面,我躺在医院想找人帮忙都找不到,要生的时候还是隔壁床的人帮忙照顾的,结果还是来不及找医生就生在了来帮忙人的手上了,而这时候我的丈夫依然不在我的身边,更别提坐月子的时候让丈夫来照顾我了。

我和丈夫结婚在 1949 年以后,已经不能娶小妾了,但是我的丈夫还是在外面找了女人。我丈夫比较风流的,家里的钱辛辛苦苦赚来都被他攥在手里,然后去外面吃喝玩乐,我觉得我这些钱都是白赚的,最后都送给别人了。那时候丈夫不止养着别的女人,还帮着那个女人养孩子,足足养到了十八岁,而自己家里的孩子却不管,不让他们读书还要让他们干活,所以我的孩子们对父亲也不是没有怨言的。包括到了现在,老头子年纪大了,依旧是不管家里的,他自己住在外面的疗养院里面,自己拿退休工资,说起来像笑话一样的,从年轻到老都是这样,没有一点改变。

2.家庭对外交往关系

我很少去外面的,都是在家里干活比较多,外面都是丈夫去的。我丈夫的婚外情也是到了后来村里人才知道的,他在村里的风流都是有名的,别人说不说他也无所谓的。不过就是做人来说,他在外面做得很好的,不熟悉的人对他的评价很高的。我记得那个时候西门那里有户人家家里有苦难,我丈夫就马上去帮忙了,结果人家都说"曹志舅人好啊,愿意帮助我们的",只有村里熟悉的人才知道,才会说"省点钱给自己的老婆孩子吧"。我丈夫这边是没有宗族的,也没有人能去劝他,不过劝了他也不会听的。

(三)母亲与子女的关系

1.母亲与婚嫁前子女关系

我一共生养了 4 个孩子,最大的孩子是 1957 年左右生的,是大儿子。报喜的风俗也没有的,我生了儿子丈夫也没有特别开心,也没有特别照顾,反正他的眼里只有他自己。我生了孩子以后并没有专门去祭祀摆酒,坐完月子就好了,并没有庆贺的仪式。当时生产的时候在杭州,来探望的亲戚也很少,几乎没有,都是同事比较多。

我公婆的态度还好,没有特别看轻女儿,但是丈夫就是不论生儿子还是生女儿都没有特别在意,他不高兴,也不犯愁。家里的几个孩子上学都是上到初中左右,读到初中我丈夫就不让他们继续读了,就让他们赶紧干活去了。我的孩子从小的时候就要干活,放牛啊割草啊,有时候迟到了被老师罚站,有时候连早饭也没得吃,我丈夫也从来不在意的。我是想让儿子女儿读书的,但是丈夫不肯,钱又都是他管的,我也没有办法,几个孩子对丈夫有意见也没用的。

在我眼里儿子女儿都是一样的,我都心疼。可惜的是丈夫不心疼他们,他从来不给我的孩子们零花钱,他们哪怕饿了也不能买东西吃,跟我一样只能干活,哪里还有办法有私房钱。我儿女结婚的时候也是恋爱自由的,没有说亲,孩子们自己开心觉得好就好了,我也不干涉他们的婚姻的。我这个做母亲的也是没用,儿女结婚的时候都帮不到他们的,也没有给聘礼,也没有添陪嫁,更没有能力帮儿子造新房,一切都是靠儿女自己的。

2.母亲与婚嫁后子女关系

我大儿子结婚的时候大概都是改革开放前后的事情了,我的婆婆是基本上没有为难我的,我也不会为难我儿媳妇的,做得不对的地方讲道理说一下就好了,也不是什么大矛盾。我的儿媳妇对我还是挺好的。

原来儿子结婚以后是和我们一起住的,但是儿子受不了了,就想和丈夫分家。原来丈夫说好的结婚以后就分家的,结果一直拖着。其实我也能理解儿子,自己成家了但是一点钱也没有,钱都在他父亲那里,儿媳妇想买点东西也买不了,确实受不了的。后来我儿子实在受不了了,没等到过年就自己搬出去了,他带着媳妇出去单过了,好歹还自由一些,省得在家里被父亲管着。我儿子差不多算是什么东西都没带走的,他父亲也不支持他,出去了以后也还是全部依靠他自己的。我女儿出嫁的时候也没有定亲,也没有嫁妆,他父亲那么精明怎么可能会给钱女儿呢,什么也没有置办的。

孙子我肯定是要帮忙带的,我的大儿子很可怜的啊,他们两夫妻去世得很早,只留下一个孙女,我肯定要帮忙抚养的啊,还好老三老四都还帮衬着的,这个侄女他们也帮忙照顾的,这样才能把这个孩子拉扯大。几个儿女的孩子如果有需要有能力我都会帮忙照顾的,没有差别的。

我现在主要是靠儿子养的,主要就是三儿子和小儿子,我和小儿子住在一起,三儿子就住在边上,平时来往也很方便的。我丈夫自己在外面住的,不需要儿子赡养他的。现在农村里老人一般都是靠儿女养的,不养的少,但是真正不养也没有办法了,只能靠自己了。养儿子养女儿都是一样的,只要对你好就好了,对你不好养儿子养女儿都是没有用的。不过现在国家给老人发一点钱的,高龄补贴也够老人家每个月买米了,现在还是国家的政策好啊,照顾着我们老人家,然后大队里面也有一点钱的,我们的土地被征用走的钱。

三、妇女与宗族、宗教、神灵

(一)妇女与宗族

我老家淳安县向家乡是有宗族的,但是出嫁以后夫家这边是没有的。以前还在老家的时候我们有祠堂有族谱的,祠堂比较大的,有三进,后面有放灵牌的地方,村里也有一些相关的活动。我记得只有结婚和去世的时候,就是红白喜事才需要放在祠堂或者经过祠堂的。娶媳妇和嫁女儿也是不一样的。女儿出嫁的时候,要上轿了,要从祠堂里面过,花轿停在祠堂门口,新娘吃了高低饭,把簸箕翻过来用秤锤压住的,意思就是嫁出去的女儿泼出去的水,从祠堂出去上轿就好了。娶新娘的时候,新娘下轿后,由新郎抱着,从用麻袋交替前铺的路上走进去,走到祠堂里面。当时我哥哥喊回来结婚拜堂就在祠堂里面,他都不愿意去,还是我拖着他到祠堂里面去拜堂。这种红白喜事我们都可以参加的,不管是妇女还是小孩子,没有讲究的。

除了红白喜事,没有其他的事情需要进祠堂了,我们没有祭祖这些,就是把灵牌放在祠堂后面。也没有定时的聚餐,只有人家在祠堂办事情的时候会做饭,村里人也会来帮忙的。

我们的祠堂是不管什么救济的,我记得除了办红白喜事就没有其他的事情了,婚嫁、出轨这些人家家里的事情也是不管的。但是像处理纠纷的时候,是要在祠堂里面处理的,打架纠纷,打官司都是在祠堂处理的,那时候我父亲就负责过这些事情,名气也是这么传开的。

(二)妇女与宗教、神灵、巫术

我不信教,也没有接触过巫医巫术,更没有听说过求雨这些事情。但是我知道过年的时候,要准备猪头、鸡,到菩萨殿里祭拜的,一般都是男的和小孩子会去。女的一般家里都比较繁忙,没有空去。

四、妇女与村庄、市场

(一)妇女与村庄

1.妇女与村庄公共活动

一般像村里有事的时候都要开会的,我们也都要参加的,1949年之前就是这样的,但是那之后我们就移民了。到后来下放后在生产队干活,村里基本上就是干部开会记工分了,这个我们就很少参与了。

2.妇女与村庄社会关系

当时在村里的时候,一般都是一起干活的比较多,专门一起出去玩的就很少了,再后来移民了之后大家就去了不同的地方的,就是人生地不熟的了。

(二)妇女与市场

以前那个年代没有专门的市场的,买菜的话都是在路边摆小摊卖的,农贸市场到了很晚才有的,而且以前的时候都是自给自足的,自己家里能够解决的都不会到别人那里去买。

到后来要讲粮票了,我们的粮票都是买的,农民没有的,农民都是做工分换粮食的,只有居民有粮票,我们只能问他们买。那时候吃饭一定要粮票的,要用的话只能去居民那里买,所以那时候很少有人出门,饭很难买到。然后布票是有的,大概3尺布一个人,连做一条裤子都不够。还有就是如果双方同意的话可以私底下换点东西的,比如说我可以拿鸡蛋去和别人换布票啊什么的。一般就是我去换,问一下有什么,需要什么,合适的话就换。主要是那段时间抓得紧,农村里不能随便自己做买卖的,不然要说你走资本主义道路的。

五、农村妇女与国家

(一)认识国家、政党与政府

1.国家认知

1949年以前我们村里有专门设立的小学,不过都是有钱人家的孩子才能上学的,一般穷人家的孩子都上不起小学的。1949年以后也还是有小学的,我上小学的时候就学习了一些基本的文化知识,省得连字都不认识几个。之前国民党有发行的钞票。1949年之前我是不知道什么蒋介石共产党的,是到了后来土改的时候民兵说的,所以之前有没有人说国民党的好坏这个事情真的不好说。

2.政党与政府认知

我家里没人参加共产党,也没人参加国民党,我是到了土改的时候才了解到共产党的,所以到了土改的时候我也很积极参加土改的,我还去当时我们村的土改工作队帮忙,我记得很清楚,那是1950年的事情。

我没有裹过脚,裹脚了干活就不方便了。我们淳安都是要上山干活的,村里人基本都是这样的。我也没有参加过夜校,都是在小学里学的,小学毕业之后马上就土改了,土改之后马上我就出去工作了。

1949年以前村里的干部我接触也不多,在土改的时候接触得比较多,比如说我们村长收了地主的好处,包庇地主的,我因为帮着土改工作队所以接触得比较多。女性当干部的都是比较少的,除了妇联、妇女主任这些,基本上还是男的干部做主的。

我记得计划生育当时抓得很严的,我们村里有妇女偷偷怀孕了,为了躲查计划生育的干部,只能东躲西藏,还逃到了四川那边,这边的干部知道了就追过去了,但是当时肚子已经很大了不能引产了,只能先把她抓回来再说,结果刚到县城的时候就不行了,动了胎气怕是要生了,生下来之后才哭了一声孩子就去世了,可能是来回颠簸太辛苦了,真是作孽啊。

3.对1949年以后妇女地位变化的认知

妇联是1949年以来成立的,我也是到了1950年的时候才了解得比较多,也是帮助土改的。我结婚的时候已经是1949年以后了,婚姻大事都是我们自己定的,丈夫也是自己选的。结婚以后虽然不用伺候着丈夫,但是我丈夫也是只忙着外面的,家里的事情都是我做的,那时我也是做得很辛苦的。

但是家里的大事我也是能够做主的,当时家里要造新房子的时候原来不是这个位置,但是我觉得这个位置好,后来争执不下,就喊了弟弟来看,弟弟说同意我的意见,最后才建在了这里。后来整修好了,他们都觉得我这个位置很好的,也多亏了我挑的好地方。

(二)国家对农村妇女的建构

1.1949年以前

1949年以前,我们村里的女人也是要干活的,不是说就待在家里的。当然,男人和女人的地位还是不一样的,但是我家里叔叔是招亲入赘的,所以也没有说我母亲地位低下。平时的时候,干部很少会来我们家里的,基本上不打交道的。

2.妇女与土改

土改的时候我家里成分是下中农,原来是要划成富农的,因为我父亲是当律师的名气比较大,所以一开始想给我家里划成富农,但是我家里人口多田地少,不可能是富农的,我就去和村长讲道理,据理力争才划成了下中农的。那时候也是年轻胆子大。

当时土改开会我也经常去的,土改队的人也很喜欢让我去帮忙的,有事情就会叫我的,所以土改的事情我接触得比较多的。中农家里就是自给自足的,基本没有分到什么东西的。参加的妇女也不是很多,还是男的干部多,女的就是妇女会。

3.互助组、初级社、高级社时的妇女

互助组这个时候刚好赶上了抗美援朝,我原本想参军的,现在想来如果当初我参军了,可能命运就和现在不一样的。但是当时我母亲觉得太危险了,坚持不肯让我去,所以我只能找人帮忙去杭州厂里面上班了,这一点我还是比较怨念我母亲的。

再往后,初级社高级社那会我就不在家里了,都在厂里面上班,1958年的时候辗转去了绍兴的厂里,家里的劳动是没有参加的。

(三)妇女与人民公社、"四清""文化大革命"

1.妇女与劳动、分配

人民公社时期我正好从杭州到了绍兴,都是在厂里面,由厂里面安排工作的,所以村里的大食堂我是没有参与的。到了后来1963年下放回来,就在生产队里面劳动了。这个时候就干活干得很辛苦了,我从来没有接触过这些农活,从头开始学习的,任务又重,真的很累的。而且男的劳力比较好的,工分和女的是不一样的,男的大概是十分,女的是六分。但是我家里情况比较特殊,我丈夫被人说成是反革命分子,所以我们的工分很少的,丈夫是四分,我是三分半,家里人口有八口,都是不够吃的,我们家都是超支户,还好我的邻居比较好,都会把粮票拿来给我,粮食分给我吃,没有粮票的话就去他家称米吃。

2.集体关照

集体劳动的时候如果女人家怀孕或者生小孩的时候,集体是会照顾一下的,干活能够不去的,但是来例假的话就不会照顾的,这个都是女人很常见的,不会因为这个特殊照顾的。

3.生活体验

集体食堂的时候我在厂里面,吃的也是厂里的食堂,所以大食堂、"三年困难时期"这些都没有在村里经历的,都是在厂里,所以困难的程度也还好。

4.对女干部、妇女组织的印象

我们这里没听说过铁姑娘队,女干部,女劳模也比较少的,我们这里干部还是男的比较多,倒是无赖的普通女人很多,跟我们有矛盾的也很多。不过妇联这种基本的妇女干部还是有的。

5."四清"与"文化大革命"

"四清"和"文化大革命"的时候大概就是资本主义抓的最严的时候,那时候全部都是收归集体的,自己多种一棵南瓜都不行,要说你走资本主义道路的。当时我们从厂里下放回来,还带了缝纫机回来的,想着回家做裁缝过生活的,结果被上面收走了,说是我们想搞地下工厂,说我们是反革命分子,就没收了我们的缝纫机。还好书记比较清楚状况的,说这么一点东西没办法搞地下工厂的,才让我们去拿回来。结果我丈夫都不敢去拿,还是我去拿的。

那时候最狠的就是"破四旧"了,把很多东西都砸掉了,寿昌还把城隍庙都给砸掉了。我记得隔壁家里有一张雕花的床,有龙有凤雕得很好的,也砸了的。那时候很多好点的古董全部都砸了的,结果现在全部当宝贝了,找都找不回来。

(四)农村妇女与改革开放

邓小平上台以后,改革开放了个人家里条件就好起来了。而且田地又分到每户人家,但是现在又征用掉了,现在家里又没有田地了。现在每个人只有3分田。我们的田都是在横钢那里,那边征用掉用来造房子了。剩下来的田也不好,好的田地都被征用掉了。

村委会的选举我们是都参加的,这是我们公民的权利啊,我都有自己去填选票的,干部男的女的都有的。政策上面现在二胎都开放了,也不讲计划生育了,现在就是有的人让她生二胎都不生了。

我现在自己开了一个麻将室,平时老人家来我这里打打麻将也热闹,也有人跟我一起聊聊天,也挺好的。现在手机也很方便的,儿子女儿都在周围,不打电话也没事的。

六、生命体验与感受

我这一生都是不顺畅的,从小丧父就开始过苦日子;丈夫也没有选好,到现在孤苦无依,只能依靠儿女;儿女工作也需要我操心,反正就是从小到老都没有顺利过。我以前心情总是很烦闷,后来出去打球养花还好一些。心总要慢慢放宽,但是不操心也是不可能的。所以,我这一生,最大的感受就是太苦了,如果可以我都想把自己的经历写成一本书纪念一下。

YX20170113WCH 王春花

调研点:浙江省建德市航头镇

调研员:杨昕

首次采访时间:2017 年 1 月 13 日

出生年份:1928 年

是否有干部经历:否

是否生育:是

受访者结婚的时间节点、生育子女的具体情况:1946 年结婚,与丈夫育有二儿四女,有一大女儿于半岁时夭折。

现家庭人口:4

家庭主要经济来源:子女赡养

受访者所在村庄基本情况:航头镇地处中国著名旅游城市建德市西南部,东北邻寿昌镇,东南与大慈岩、龙游交界,西南与大同镇接壤,西北与淳安县毗邻。行政区域面积 153 平方公里,辖 42 个行政村,2 个居委会,总人口 3.5 万人。距新安江街道仅 17 公里,距杭州 120 公里。杭新景高速公路,320 国道,023 省道贯穿全境,地域平坦开阔,交通十分便捷。境内资源十分丰富,为省重点水土保护区,亦是国家级风景名胜区"灵栖洞天"所在地。

受访者基本情况及个人经历:老人于 1928 年出生,祖籍浙江省建德市航头镇。五岁时母亲去世,后父亲再婚,娶了后娘,一共十个兄弟姐妹。老人未曾接受文化教育,未曾入党。1932 年,老人的母亲去世,1940 年逃鬼子,出嫁前在家帮助料理家务,放牛割草。1946 年老人结婚,嫁给同村的丈夫,与丈夫育有二儿四女,婚后在家和妯娌料理家务,未曾外出工作,集体化时期在村中参与修路修水库。有一大女儿于半岁时夭折。现由大儿子和小儿子轮流照顾,主要生活来源是儿孙辈的赡养,此外还有高龄补贴。目前身体状况良好。

一、娘家人·关系

(一)基本情况

我叫王春花,名字是父亲起的,应该也是记入了族谱了,我娘家也算是比较好的人家了。我家里一共有十个兄弟姐妹,我亲娘生了五个兄弟姐妹,亲娘去世以后父亲娶了后娘,后娘又有五个孩子。我最大的姐姐叫王菊花,今年算起来有一百岁了,第二个是王桂花,我是王春花,家里算起来我是老五,大哥是家里老三,王竹清,老四是王竹飞,这是我们五姐妹。后娘生的老六是王冬花,王秋花,王竹林,王秀花。还有一个是抱养来的。以前人家孩子生得多带不过来,抱养的弟弟原来亲生妈妈死掉了;后娘原来是嫁在陈家的,这个孩子是他前夫的,结果前夫死掉了,她就带到我们家了。其实如果不算这个我家里也是有十个兄弟姐妹的,就是还有个弟弟死掉了的,全部活下来的加上抱养的就是十个兄弟姐妹了。兄弟姐妹都是自己家里养大的,没有给别人抱养的。

我是1928年出生的,那时候家里的土地也记不清楚了,我父亲是富农成分,农忙的时候会雇人来帮忙。我十七岁的时候定亲,十八岁就嫁给丈夫了,在1946年的时候。夫家这边上面有太婆,有公公婆婆,还有三个小叔,原本一共有四五个小姑的,其他三个都已经嫁出去了,还有一个在家里,再有个就是他们来拜香火的时候死掉了的。夫家也没有兄弟姐妹是被抱养的。我婆婆是生了九个孩子,我自己是生了七个,带大了六个,一共两个儿子四个女儿,还有一个大女儿死掉了,那时候带了半岁多就夭折了。生第一个孩子的时候应该是十九岁吧,就是1947年左右。

(二)女儿与父母关系

1.出嫁前女儿与父母关系

娘家当然是父亲最大了,家里的事情都是父亲管的,父亲的规矩也很多。虽然说晚上是可以出去玩的,但是过了那个时间我父亲就要关门的,关门了你就不能回来了。我记得当时我哥哥好像没有按时回家,结果被关在外面就在大堂里面睡了一夜。我是没有读过书的,当时都是在家里干活,放牛割草,没有机会读书的。而且那时候重男轻女的思想很严重的,兄弟读书的少,女儿就更加没机会读书了。村里也都是这样的,女孩子读书都很少的。

我家里也不是说儿子的待遇比女儿好一些,是后娘孩子的待遇比我们好一些,后娘她心疼自己的儿子女儿的。当时我爷爷奶奶还在世的时候,对我们都很好的,尤其是对我,我还能多吃一点的,我爷爷奶奶比较心疼我的,他们另外要给我吃的,因为我小时候比较机灵的,帮爷爷奶奶干活,搬火盆啊,烧开水啊这些的,所以他们都对我好一些的。我哥哥有时候都要说我的,说我太机灵,吃也要吃好,干活又要偷懒的。不过后来爷爷奶奶走了就不太好过了。过年吃饭的时候我们都是可以上桌的,平时吃饭的时候也是的,这个没有差别的,都是一样的。

我也是不能随便出门的,晚上回家的规矩多的,而且那个时候都要忙着给家里干活,玩耍的时间也很少的,平时和女伴一起也都是一起干活的,跟男的也就更少了。那时候小姑娘都是害羞的,怎么还敢和男孩子一起出去玩呢。

平时在家里的时候也是要帮家里干活的,不需要下地干活,年纪大一些了就在家里帮嫂嫂洗碗做家务。一般来说早上起来帮忙做早饭,等出去干活的大人回来吃完了以后就收拾洗碗。也没有纺纱织布这些,我是从来没学过,也不会的。

我母亲在我五岁的时候就去世了,所以我们是父亲和爷爷奶奶教育长大的,尤其是爷爷奶奶教养的比较多,所以我和爷爷奶奶很亲近,我们几个姐妹都是的,两个姐姐出嫁的时候还是爷爷奶奶亲手置办的嫁妆,很是丰厚的,等到我出嫁的时候爷爷奶奶都不在了,后娘也不管我了,所以相比较来说,我的嫁妆几乎就没有了。那时候来说亲的都是找我父亲的,看看年纪算算八字就差不多了。

2.女儿的定亲、婚嫁

我是十七岁那年定的亲,在1945年左右,正是在1949年之前。他们这些媒人就找我爸爸,问你女儿给别人家肯不肯的,说那家的小伙子人还不错这样子的。我父亲挑女婿是这样的,要看人家会不会干活,能不能靠手艺过生活的,我两个姐夫也是这样的,我父亲觉得嫁给有钱人家会糟蹋的,嫁给老实人家只要肯干活就可以了,比如我大姐嫁的是住茅草房的,但是姐夫是做裁缝的,二姐也是没房子的,但是二姐夫会做木匠,我丈夫会种田会杀猪。我父亲说有钱人家要赌要嫖的,很容易败家产的,女儿过去是要吃苦头的,所以宁愿嫁给穷的手艺人。

定亲的话押八字是有的,我定亲当时找了算命先生的,说我和丈夫是小合,不是大合的,但是结婚不犯冲就好了。也没有些什么婚约的,就是两家说好了就好了,彩礼的话说好要给我做四套衣服的,结果就做了三套,最后嫁过去了就没有了,聘金也有的,大概是六十几块钱。

定亲的时候就是我父亲说了算的,我什么都不知道的。当时我邻居还问我,怎么我们一家姐妹都是嫁到了航头村这里的,但是他们问我我也不知道的,就问了在航头村哪个地方,但是这块地方也有很多小后生的,我怎么知道是哪个小后生呢。我们也不会反抗的,怎么能反抗呢,都是听父亲的啊。定了亲的话很少有人反悔的,不管是男方还是女方,定下来了基本上就是这样了。

本来结婚前是看不到自己丈夫的,以前有很多小姑娘都是等到结婚那天才见到丈夫的,拜堂的时候透过红盖头看到丈夫走路一颠一颠的,才发现原来是个跛子,但是已经拜堂了没办法了,只能偷偷哭啊,不过哭也没用了,木已成舟了,所以你在结婚前根本不知道丈夫到底是正常人还是残疾的。但是我在结婚前是见过丈夫的,我爸爸以前都要找人去田地里干活的,要雇人的,刚好我有个叔叔在我丈夫那边,说正好喊过来看看,所以正好雇了他(我未来的丈夫),雇人要到雇主家吃饭的,所以他就到我们家里来了。但是当时我也是怕的,早饭做好了以后就跑出去玩了,等他们吃完了再回来洗碗的,很害羞的。

再后来我的手上生了一个疔,不能吃饭,整个人都折腾地瘦了,也没有药。没有母亲的人就是这样的,生病了也没人管的,整夜整夜睡不着觉的。我邻居是做豆腐的,大半夜起来就能听见我在哭喊,说我真可怜啊,然后邻居第二天卖豆腐碰到了我的公公,就跟他说"你儿媳妇很可怜啊,生病了都没人管的"。刚好我公公是认识一些草药的,就帮我找了一些药送过来了,还跟我说用点白糖拌一下。但是我口袋里一分钱也没有的,我公公就到街上帮我买了一包白糖的。当时我丈夫还在干活,回家后他母亲就跟他讲了:"你媳妇现在生病了很可怜的,还是你爸爸找了点药给他的。"然后他午后就来我们家了,刚好我爸爸和我丈夫都挺爱喝酒的,于是就两个人煮酒喝,这才第一次见面。当时我一个人躺在大厅里休息,我父亲让我喝点粥,我就去灶头了。我丈夫看见我都疼得很瘦了,觉得很可怜,他就来问了我一些话,这是第一次讲话。他回家跟他母亲说,他母亲就让我去他们家玩两天的,但是我还是不敢去的。后来又说想办法让我去那边帮忙洗菜,我也不去的,我说现在就要帮忙以后要洗一辈子了,后来结婚了才真正过去的。但是总归来说,在结婚之前我们是已经接触过了的。

我十八岁就正式结婚了。结婚的时候还要坐轿子的,还要穿凤冠霞帔,就像做戏一样的。凤冠霞帔和轿子都是租来的,租轿子的人家有凤冠霞帔的,就像现在影楼拍婚纱照一样的,租一天多少钱的计算好的。到了丈夫家那边先拜堂,拜天地拜公婆,和现在电视里放的一模一样的,拜完堂之后就把新娘子送到房间里面去了。然后外面再摆几桌酒,拿点肉啊酒啊招待一下客人就好了。有些人巴结大户是要请保长他们来吃喜酒的,但是我家老头子很硬的,不喜欢巴结的,要他去请他们吃饭他是做不到的,都是靠自己十个手指做起来的,我妹夫当大队干部好多年,我丈夫从来也不请他吃饭的。结婚的时候还是比较简单的,主要就是男方这边要租好花轿和凤冠霞帔来迎娶的,迎娶之后就是拜天地高堂,随后转房,外面就开始摆酒席了。

结婚的时候新娘子有糕饼带过来放在箱子里,第二天早上拿出来烧好茶水给公公婆婆吃。然后之前做好的鞋子袜子,一人一双事先给公公婆婆做好的。现在也有这种风俗,就是第二天早上拿好托盘,把鞋子,糕点,还有红鸡蛋、甘蔗、花生、糖等这些都捧给婆婆,让婆婆分了这些给来家里的客人。然后自己也留一点在箱子,如果有人来我们房间玩,说看看新娘子,小孩子讨糖吃也可以给他们的。拜祖宗也是没有的,就是一般上坟的时节去就好了,结婚以后不需要马上去。

嫁妆按道理也是要有的,比如箱子啊,烤火盆啊,马桶啊这些都有的,没有人家要说的,所以一般女儿出嫁都要置办好嫁妆的。像有的人家家里条件好的嫁妆就多了,我嫂子是地主家里的,嫁妆很多,阵仗也很大,有大衣橱、大柜子,还有桌上的摆件啊这些全部都拿到丈夫家里的,而且她连媒人都有轿子抬来吃酒的。不过我结婚的时候没有的,后娘太小气不给的,当时我姐夫要帮我做箱子送我出嫁的,结果她都不肯的,后娘说没钱就算了,我说我先拿我母亲的凑合用,等箱子做好了再还回来,结果后娘也不肯的。在我奶奶还在世的时候这些事情都是奶奶负责的,但是奶奶去世了后娘就不管我了,所以我的嫁妆就很少了。

结婚了第二天就是回门的,和丈夫一起来家里看看,但是不能在娘家吃晚饭不能过夜的,白天就走了,由兄弟送回夫家的。

童养媳这个也是有的,那时候人家家里生女儿比较多,就送给人家养的,养大了就直接送到房间当媳妇的。童养媳很可怜的,因为婆婆不心疼她,主要就是干活,从小要负责家里的家务,而且吃也吃不好,穿也穿不好,有时候受了委屈就偷偷跑到娘家找母亲哭一下,哭完了就要回去的,毕竟已经是人家家里的人了。

3.出嫁女儿与父母关系

出嫁了以后不能随便回娘家的,回娘家了也不能过夜,一定等到出嫁满了一个月才可以回娘家过夜的,民国的时候就是这个规矩了。不过我平时也很少回去的,爷爷奶奶在的时候或者亲娘在的时候回去才像个家,能够诉诉苦,讲讲心里话,不然回去了后娘也不亲也没有意义了,我娘家和婆家隔得很近的但是我都很少回去的,父亲在的时候还和丈夫回去喝喝酒,他们两个都喜欢喝酒的,父亲去世了以后我就基本上就不回去了。我爷爷奶奶一早就说过了,他们还在的时候一年起码可以回去两次,上半年一次,下半年一次,等他们去世了就不能回去了,真的是一语成谶啊。

一般来说,嫁出去的女儿就不能管娘家的事情了。那时候我哥哥很可怜的,因为一点事情和后娘吵了几句,我后娘很生气,就跟我父亲说居然还有老公要来管我的,我父亲听了也很生气,就要打我哥哥,拿了把椅子等在门口说等他回来就打他,吓得我哥哥都不敢回家,都忙着让邻居拦住我哥哥。我大姐听到了就很心疼,毕竟是亲生的弟弟,连忙赶回娘家劝我爸爸,结果我爸爸就让她不要死回来,回来干什么啊。所以说就是嫁出去的女儿卖出去的田,就不归家里管了,也不能管家里的事情了。

我有事情自然也不会找娘家的,亲近的爷爷奶奶和母亲都去世了,也没人好求助了。而且我和我丈夫相处得还算好的,我们相处的时间里他就打了我一次耳光,那次是我教训女儿比较狠的,推搡了一下,他就推了一下。也就这么一次,其他的也没有什么需要向家里求助的了。说那时候苦大家的日子都苦的,也不是我一个人这样。

娘家和婆家还是有来往的,但是不频繁,我也不需要特地赡养父母,他们有儿子赡养的,我们嫁出来的女儿就不需要赡养他们了,当然也不能分财产了。

离婚的事情比较少的,到了1949年以后有的姑娘比较厉害才离婚的,那个年代很少有人离婚的。

(三)出嫁的姑娘与兄弟姐妹的关系

我和兄弟姐妹的关系还算好的,结婚的时候送我到夫家的,过年的时候也有来往,再有就是生孩子的时候也会来看看的,平时一般不怎么来的,都要忙着干活的。我家十个兄弟姐妹虽然是两个娘,但是都是姓王的,都是一个父亲,都是一样的姐妹啊。不过兄弟家里有事情不会来找我们的,那时候人家都是自己顾着自己的。

不过兄弟娘舅的地位还是比较重要的,结婚回门都需要兄弟出面的。除了年节、生育的时候走动之外,其他走动就很少了。

二、婆家人·关系

(一)媳妇与公婆

1.分家前媳妇与公婆关系

婆家自然是公公当家的,但是家务的事情有太婆每天检查的。太婆的规矩很好的,她自己有七八个女儿、两个儿子,都规矩很好的。在婆家每天早上我起来要给太婆的房间扫地,然后打水用抹布擦一遍擦干净,然后擦大堂,然后是婆婆房间,最后才是自己的房间。吃完早饭擦完桌子,就去洗衣服,家里七八口人的衣服,以前还有跳蚤的,跳蚤的痕迹一定要用冷水才能洗掉,没有肥皂都是用树上的皂夹洗的,有时候还要用稻草烧成灰清理过,用玉米芯搓干净,最后洗干净了再用竹竿一排一排晾好。以前我们五个人的衣服,都是用竹竿晒的,没有现在的架子的。竹竿要擦的很白的,早上拿出去晚上拿回来。公公的衣服要晒在最前面,然后是丈夫的小叔的;女人的衣服要先晒太婆的,然后婆婆的晒在太婆边上,我们的衣服再晒在婆婆边上,都有讲究的。晾衣服一定要有规矩,不能乱晒的,女人家的衣服一定要晒在最矮的地方的。别人走过来一看这户人家就是很有规矩的,连衣服都晒得很好的。而且在洗衣服的时候,我们女人的裤子也不能放在洗衣服的菜篮子里和水桶里的,要找绳子绑起来拿在手上的,因为菜篮子要洗菜,水桶要接水的,规矩很多的。我的衣服晒好以后太婆会一行一行看过去的,洗的不干净就要拿下来让你重新洗的,说"春花啊,你这里衣服没有洗干净,领子上袖子上都是脏的",以前没有肥皂只能用茶饼拍一拍的,没有刷子就用玉米棒子搓一搓,洗完了再晾出来太婆又要来检查的,说"春花啊,这个衣服都被你洗起毛来了啊"。我太婆很厉害的,连焖饭都能看出来的。我家里十几个人吃饭米需要比较多,米洗好了以后一定更要把热水烧开才能放米的,这样子清爽一点。家里人出去干活要回来吃早饭的,一定要定时起来不然来不及的。但是有天早上我起晚了,等不到水烧开就把米放下去了,我太婆那饭勺一舀起来就说"春花啊,今天这个米饭烧的时候水没有烧开吧",我说"没有的没有的",太婆连这个都能看出来我也是很佩服她的。然后我问我婆婆太婆是怎么看出来的,我婆婆说如果烧开了水放米饭是不会粘在勺子上的,没烧开的话就会粘在勺子上了。

以前干活干得很辛苦的,从早上起来就要干活,单是洗衣服就忙不过来了,太婆的,加上公公婆婆的就三个人了,还有三个小叔,这就六个人了,还有我们自己两口子。那时候我大伯也是结婚了的,我和嫂嫂是轮流干活的,比如说今天她做饭,我就擦桌子洗碗,不煮饭的就洗衣服干其他的事情这样的。每天早上起来还要给太婆和婆婆刷马桶,一只手一个提出去洗干净,然后还要拿点"黄金柴"放在里面防虫的。我太婆的衣服换下来之后,不管是围裙也好衣服也好,全部都要用米汤水泡过的,这样衣服就会比较松软,非常严格的。

太婆和公公婆婆一般不会骂人的,但是一旦他们骂你都不敢讲话的,我公公更加威严的,他一开口你连应都不敢应的。记得有一次我们两口子在大堂吵架,我公公回来一咳嗽我们都不敢吵了。还有后来村里做戏敲锣打鼓很热闹的,我们很想出去看的,但是公公婆婆很早就交代了,要看戏自己带着孩子去。我和嫂嫂哄孩子睡着了就想把孩子放在婆婆那里能够出去看看戏,但是我婆婆说"到时候醒了怎么办,难道还要我去找你们么,这么多人怎么可能找得到你们",然后我们都不敢去了,只能在家里了。

那时候儿子干活挣钱都是给公公婆婆放起来的,媳妇很可怜没有钱的。还好我自己机灵本事,自己偷偷拿聘礼钱攒了一百斤稻谷,然后拿出去放账收利息,就是借给别人吃啦,到后来有了六百斤的稻谷。那年分家的时候,我嫂嫂弟媳分家分到也就十斤谷子,一下子就吃完了,但是我自己有六百斤谷子啊,随便挑一担就有的吃了。我的日子好过,但是他们没得吃两口子就经常打架的,只能砍柴卖钱换米吃的,就说我这个嫂嫂厉害。

2.分家后媳妇与公婆关系

我们是生第二个孩子的时候分家的,大概是婚后一两年吧,到后来分家了就自己做自己家的活了。分家的时候就分到了十斤米,一罐子盐,还有一碗菜油,就是这些东西,很苦的。五兄弟一人只有一间房就没有了,也算是平分的吧。当时分的一间房还要做灶房,不然不能烧饭的,没办法只能在菜园地搭了一点点房子当灶房的。分家以后的日子很不好过的,但是因为我自己之前放账赚了六百斤稻谷,所以还有贴补,日子还稍微好过一些。

(二)妇与夫

1.家庭生活中的夫妇关系

我和丈夫在结婚之前就有见过面的,那时候也没有什么满意不满意的,定下来了就这样了,还好我丈夫也蛮关心我的。分家了之后就是丈夫做主了,我主要就是在家里做家务带孩子的,但是后来困难时期家里没得吃的时候丈夫去淳安种玉米,我自己没办法也去山上砍柴的。

那时候有钱人家有的会娶好几个老婆的,一般人家都是娶一个的,不然养活不过来的。

2.家庭对外交往关系

平时家里大事小事都是丈夫做主的,有事情要到外面也是丈夫做主,我是不管这些的。

（三）母亲与子女的关系

1.母亲与婚嫁前子女关系

我是 1947 年左右生的第一个孩子，是个女儿，但是养到半岁夭折了，后来又生了两个女儿之后才生了第一个儿子。不过家里人他们都是喜欢儿子的，我生了女儿的时候我婆婆说不能进产房的，说产房太血腥了，但是生了儿子的时候马上就进来了说抱抱孙子暖一下。太婆，公公婆婆都是喜欢儿子的，不喜欢女儿的。生完孩子娘家的兄弟会过来看望的，第一个孩子的时候拿一点衣服尿片之类的，后来的拿点鸡蛋红糖看望一下，其他的就没什么了。

我的孩子们基本上都是读过书的，除了我的三女儿。当时生了小儿子没人带没办法，我要到生产队里面干活的，只能让她带了，所以她就是在家里没有读书的。现在还挺埋怨我的，其他的或多或少都是读过书的。

我的女儿们都比较懂事的，当时知道家里条件不好，出去干活挣的钱都会拿回来补贴家用的，到了几个小的孩子工作了就是他们自己用了。他们的婚事也都是自己做主了，也不讲媒人定亲了。我女儿的嫁妆是很少的，基本上没有，因为条件不好。但是后来两个儿子造房子我们还是要帮忙的，原来村里有个仓库的，我们把它盘下来给一个儿子造了房子，另外一个儿子隔了一些距离也安排造了房子的，不在一起住显得亲热一些。

2.母亲与婚嫁后子女关系

我儿子们结婚到现在已经好多年了，现在连孙媳妇都生下双胞胎了。我和媳妇们的关系挺好的，我有两个媳妇，我自己心里也清楚的，我需要两个媳妇照顾的，但是不能亏待任何一个的。原来是我们老两口自己做饭，老头子去世以后就是跟着他们吃了，大儿媳去北京服侍刚生孩子的媳妇了，小儿子家里是卖猪肉的，儿子在外面，儿媳在航头村里，我摔倒了需要人照顾，在医院女儿们都来了，回家以后女儿来就不方便了，我也动弹不了下不来地的，我就跟儿媳讲，早上不用管我了，他们买来一些零食放在床头我都能拿到的，中午和晚上给我送个饭就好了，晚上洗脸水提前打好就好了，早上就放心做生意就好了的。我女儿来看我也是在媳妇家吃的，我自己也在这里，所以我就自己也买米给儿媳，钱也给一点，油也给一点，不能让她吃亏了的，现在身边只有二儿媳，不能太亏待了她的，大儿媳现在去北京了也没办法轮流了。我把自己的米啊油啊菜啊全部拿出来的，我自己一个人也吃不完的，而且我自己住院也不要他们出钱的，我自己有就自己出的，反正我死了以后也全部都是儿子的，现在就没有必要让他们出钱了，不能亏待了儿子媳妇的。所以我的媳妇也很相信我的，家里的钥匙，钱财我都知道的，但我也从来不会去动的。

我的儿女、孙辈都很孝顺我的，我的孙子年纪很大了还跟我一起睡的，而且他们经常回来看望我，每次都要给钱给我用的，我都花不完的。毕竟这些孙辈都是我一手带大的，基本上都带到了两岁的，孙辈太多，都有些带怕了，现在看到那些很可爱的孩子都不敢去抱了。

三、妇女与宗族、宗教、神灵

（一）妇女与宗族

1.妇女与宗族活动（参与与排斥）

我的娘家和夫家好像都有族谱的，我夫家一共五兄弟，我大伯叫周树根，我丈夫叫周土根，第三个周柏根，第四个周友根，最小的周寿根。宗族活动是没有的，我也不清楚祠堂的。

2.宗族对妇女管理与救济

没有宗族可以进行管理和救济,全靠自己家里的规矩。

(二)妇女与宗教、神灵、巫术

我们这里是有拜香火的,因为以前的日子难过,有些孩子带不大,就说要拜香火,就是除了自己的亲生父母,另外认一个亲妈,为了确保自己的孩子顺利长大。以前就有人认了我婆婆做亲妈的,原来就说喊喊亲妈就可以了,后来就把我们家里的香火都拿走了,所以我的小姑就死掉了啊。

以前还有烧半天啊,烧路道啊这些事情的,现在都没有这些了。我儿子小时候经常喊半天(类似于叫魂的仪式)的,因为他三岁的时候经常抽搐的,要抽好久才会还阳,那时候为了让儿子顺利长大,真是什么把戏都做尽了。后来算命他们都说我公公婆婆家做人好,这个儿子是修来的,是福泽深厚才有儿子,因为之前都是女儿。

四、妇女与村庄、市场

(一)妇女与村庄

1.妇女与村庄公共活动

我基本上不参加村里的活动的,我不喜欢这些事情的,所以他们开会我都不参加不去的,我都是在家里的。

我的丈夫曾经当过保长的,不过是挂名。当时,国民党的时候要抽壮丁的,抽到老大的时候太婆带着他躲起来躲掉了,抽到老三的时候出钱买了一个去的,抽到老五的时候就没有办法了。以前当国民党的兵很可怜的,不像现在这么自在的,假如没有娶老婆就算了,娶了老婆我到你家里了,丈夫去当兵了我就要哭死了。他那时候才是刚读了半年书,没文化的,当时老婆都在家里了,但是我公公也没办法了,说几兄弟逃了一个买了一个,现在实在是没办法了,家里杀鸡都杀过了。然后去找当时那个保长,刚好他和我公公关系很好,保长就说让你儿子来我家里帮我干活,然后挂名当了保长,其他的工资什么的还是给他,就是送东西出门的时候去一下就好了。结果人是留下来了,后来1949年以来要找保长,结果我家老头子只是挂名的什么都不知道的,连烟都没抽人家一根的,都是天天在田里干活的,后来就骂他反革命啊什么的,很是凄苦的。其他几个兄弟家里很贫困可以申请贷款的,我家里就是反革命什么都没有的。

2.妇女与村庄社会关系

娘家的女伴主要就是平时一起干活的那些,她们结婚了吃喜酒还是要去的。结婚以后邻居会来家里看新娘子的,所以要备一点招待客人的。

出嫁以后主要是和妯娌相处,也很少再和外面的人来往了。不过我的妯娌们比较顾着自己,没有我气量大,所以相处起来也比较吃力。好几次我捡到了嫂子的钱包、粮票之类的都主动还给她们了,她们也没有说很感激我的。后来我邻居来我家玩掉了钱包,我也马上还给人家了,因为我气量比较大,所以相处的也还比较好的。

(二)妇女与市场

以前买东西不是去市场的,都是去合作社买的。以前都是靠粮票的,丢了粮票就没办法过日子了。那时候都是不够吃的,只能自己想办法的,我全靠了自己那六百斤米才能支撑过来的。

五、农村妇女与国家

（一）认识国家、政党与政府

1.国家认知

我没读过书的，对国家这些都不清楚的，只要自己家里过好日子就好了，不管其他闲事的。

2.政党与政府认知

我了解到共产党是1949年之后了，之前是不了解的，之前国民党时期就知道抽壮丁不好过，国民党的时期很苦的。我也没有入过党，这些事情我不清楚的。接触干部就是之前找保长帮忙，我丈夫挂了个名，其他什么事情也没参与，什么事情也不了解的。

3.对1949年以后妇女地位变化的认知

到了1949年以后，重男轻女的事情就稍微好一些了，妇女的地位也高一些了。不过妇女干部还是比较少的，主要就是妇女主任这些。

（二）国家对农村妇女的建构

1.1949年以前

1949年以前都是在家里当小姑娘的，结婚后主要就是在家里做家务，很少接触国家的，接受教育的本来就很少了，所以妇女很少参与这些政治生活的。

2.妇女与土改

土改的时候我在夫家，夫家是贫农，没有什么田的，基本上一人一亩田左右，土改开会的时候我也不参加的，我不喜欢这些的。

3.互助组、初级社、高级社时的妇女

集体化的时候我也到生产队里去干活的，家里的孩子也没人带，只能让女儿不读书在家里带孩子。

（二）妇女与人民公社、"四清""文化大革命"

1.妇女与劳动、分配

当时集体劳动都是生产队安排的，我只要每天去出工记工分就好了，男的主要是耕田啊，女的耕田耕不动的，女人力气比较小，女人就是打稻子，绑稻子啊这些的，男人的活更重一点的，所以他们的工分更高一些。而且集体修水库修路也要去的，这边村里的水库我都去做过的，主要是挑石头挑泥。

2.集体关照

那时候怀孕生孩子都是常事，没有人会关照你的，更别提生理期了。你真正吃不消不要去就好了，也没人强迫你去干活的。

3.生活体验

那时候弄食堂啊，大家所有人全部都到"水之源"一个食堂去吃饭的，很挤的。那边那个"下之源"也有食堂，那边煮粥的瞎子就是上面一个人，下面一个鬼。大家都说我家土根煮粥好，都到这边食堂吃，他们就说让土根过去煮饭，让瞎子过来，结果他们就全部都到那边食堂去吃饭了。我家土根良心好啊，他们要从食堂搜刮一点米回来的，我丈夫不会的，打饭的时候我丈夫的窗口排队很长的,其他窗口没人。然后他们就很生气说土根你去收饭票,我来打饭,我丈夫就说收饭票就收饭票。他总说人家在外面干活,能够多吃一点是一点的,他给人家盛饭的时候都是捞米的,他把整锅粥搅拌一下,这样又有米饭又有汤水,人家只有汤的,人家吃饭都能掂量出来分量的,所以大家都喜欢去找我老头子的。我老头子收饭票的时候,人家一毛他说一毛二,八分的说一毛,也会给人家多吃一点的。

4.对女干部、妇女组织的印象

我对女干部没什么印象的,女干部比较少。

5."四清"与"文化大革命"

"文革"的时候我印象最深刻的就是家里的族谱什么的都被毁掉了,斗地主我也是不参加的,其他的都记不得了。

(三)农村妇女与改革开放

改革开放的时候分田,一下子分了,一下子给食堂了,一下子又分了,搞来搞去一下子也不清楚的。村委选举现在年纪大了都不管这些事情了,就和几个朋友一起打打牌就好了,两耳不闻窗外事,自己活动活动脑筋就好了。

六、生命体验与感受

以前的日子都是苦的,大家的日子都不好过的,也没什么好说的;要说开心嘛是现在最开心,什么也不用操心,也不犯愁的,吃也有的吃,穿也有的穿,还有孙子孙女孝顺你拿钱给你用。现在也不想其他的了,只要身体好一点就好了。我还是很乐观的,当初很多人算命说我活不过七十岁的,但是我心态好福气好,所以现在这样我已经很知足了。

附录　口述调查小记

白孝龙 口述调查小记

(调查员单位：河西学院法学院)

2018 年 2 月 4 日 晴

甘肃省定西市通渭县李家店乡郭坪村，是国家级贫困村，但这里生活的人民，充满了对美好生活的渴望，正是这片土地，孕育出了很多才子佳人。通渭县也是全国的"文化艺术之乡"，"一等人、忠诚孝子、两件事、读书耕田"的"通渭精神"也是激励着每一代通渭人积极进取的内在动力。短暂的学校生活后，我又回到了家乡，开始了妇女口述史和贫困户的调研工作。在郭坪村党支部和村委会的大力支持下，村委会主任主持召开了"郭坪村 2018 年华中师范大学寒假妇女口述暨贫困户调研推动会议"，县农村妇女人大代表、乡镇相关领导出席会议，我村妇女代表和贫困户群众列席会议。会议听取了我关于《华中师范大学妇女口述史和贫困户调研的报告》，我向会议阐述了这次假期调研的意义，会议一致认同这次活动的重要性和必要性。领导高度重视，群众思想看齐。会上，各级领导发言，阐述了我村的实际发展情况，并指出了扶贫的政治性、长期性、艰难性，妇女代表和群众也谈了自己的感受和对扶贫的想法。

在村监委会主任的引领下，临近中午，我来到了郭坪村郭岔社杨秀莲奶奶家，正式开始了寒假的妇女口述史入户访谈之旅。刚走进老人家门时，我感受到了农村老人的热情。我去的时候，老人一个人正坐在土炕上，好像若有所思，老人满头白发，脸上布满皱纹，双手长满老茧，还有那小脚，这些仿佛都是时间的记忆，展示了老人一生的风华。我先和老人的儿子与儿媳妇打了招呼，做了简单的交流，说明我来的目的，他们表示欢迎。在与老人的交流中，我感觉到了老人的沉着老练。但老人的耳朵有点问题，听力不太好，所以我们交流的时候坐得很近，我也在炕上坐着。我们聊了很多事情，老人对共产党很赞赏，说到毛主席，老人很高兴，老人说得也很感动，我作为一个当代的大学生，感觉很吃惊。当老人讲到六儿子的时候啊，哭得很伤心，因为老人的六儿子因为事故丧失了生育能力，说到这里，老人认为这是她一生的罪过。后来，我感触比较深的，就是在谈到新中国成立之后，有一段时期妇女在生育方面的艰辛。老人说，当时孩子没人带，每天上工去的时候，就把孩子留在家里，无人照顾。还有就是当时妇女的生理卫生问题，没有得到很好的解决。老人说，当时她们用棉花、麦草的秸秆做卫生棉，我听后，很震惊。但说实话，那时国家并不富裕，人民也是理解的，大家一起努力，改变贫困。在老人看来，改革开放带来了农村的大变化，还说到了邓小平，这是个伟人。老人说了很多，还有就是 2006 年国家免除了粮食税，这件事让老人很高兴，党和政府对老百姓是真好。老人是低保户和建档立卡贫困户，党和政府给予了其很大的帮助。老人说到这几年农村的变化是翻天覆地的，老百姓的日子过得一天比一天好，很感谢党的政策，很感谢国家的扶持。

2018 年 2 月 10 日 晴

今天我来到了郭坪村张坪社尚秀英奶奶家中，老人今年八十岁了，老伴也健在，老人见到我很高兴。我首先和老人谈了一下我来的目的，老人很理解，我说我来的目的就是记录农村妇女的一生事迹。我第一次去的时候，老人和老伴在吃早餐，我们那儿的早餐就是喝茶。但老人说她有胃病，早上不能喝茶，所以就喝了点汤，然后我们就开始了谈话。老人从 1949 年之前说起,那时的日子很苦,老人说国民党时期,当官的、有钱人对老百姓的压迫很大。老人也谈到了她听过的红军在我们通渭的英雄事迹,我听了很振奋。大概是1935年,老人说毛主席在我们通渭县的榜罗镇召开了"榜罗会议",共产党打土豪、分田地,一心为了老百姓,人民是很感谢党的。人民公社时期,老人积极参加集体活动,多次被评为劳动模范,老人说到这儿很激动。国家计划生育时期,老人的记忆也是很深的,老人总体上认为计划生育的政策是好的,但也有不合理之处,就是基层干部在具体执行的过程中有一些失误。当然,在这个时期,老人也是很伤心的,老人一个3岁的儿子因为错吃了东西,就中毒死了。老人说到这儿流下了眼泪。

改革开放以后,老人参加了土地经营承包的活动,老人感觉土地是自己的,干劲很大,因为地是自己的,粮食也是自己的,劳动的积极性就大了。老人说,具体是在1982年左右,老人说,像这样的好事,在以前是不敢想的。进入21世纪,老人也谈了一些农村的变化,农民都出去打工了,农村就留下一些老人、妇女和儿童,出现了"空巢老人"和"留守儿童",农活都是由妇女和老人来干。这也是老人担心的问题,我也做了认真的思考,这个问题确实是存在的。老人讲到这几年,很是满意,这几年的发展很好,老人日子过得也很好。村里有养老院、文化广场,老人有时间的话就去转转,锻炼身体。老人是低保户和建档立卡贫困户,长期以来受到了党和政府的关怀,老人说得很朴实、很真实。老人说驻村帮扶队的女干部经常入户看望她,并宣传党的政策。老人很相信党,也很满足当下的生活。

2018年2月10日 晴

习近平总书记讲:"全面建成小康社会,一个不能少;共同富裕路上,一个不能掉队。"这是我在贫困户家的扶贫手册里见到的,确实,这是中国共产党做出的郑重承诺,也是对"精准扶贫"这个政治任务一贯重视的体现。我亲自走访了15户建档立卡贫困户,其中11户为农村低保户。我感触很大,对人民群众生活的点点滴滴都有了深入了解。这些贫困农民对党的政策很感谢,大家都认为党的政策是好的,老百姓们很感激。一些群众说"我们不能等、靠、要,要自己动手,创造幸福生活。"

2018年2月11日 晴

习近平总书记讲:"没有贫困地区的小康,就没有全面建成小康社会。"我调研了郭坪村这个国家级贫困村,到一线去了解农村的真实情况,感触很深。村党支部书记回答了我提出的问题,并对当下我村的实际情况作了全面的分析,也表达了对新时期农村妇女工作的重视,阐述了"精准扶贫"政治任务的紧迫感。村党支部书记就当下村里的一些致贫原因做了讲解,一是产业发展滞后,二是思想观念落后,三是基础条件差,四是因病、因灾其他致贫原因。对此,村党支部和村委会在乡镇领导的指示下,结合本村发展实际,做出了一系列脱贫的工作部署,一是重视产业发展,专业合作社、企业带动扶贫户项目,二是实现技能培训,三是推进教育扶贫,四是加强健康扶贫,五是落实安居扶贫,六是发展异地搬迁,七是贯彻生态扶贫,八是强化兜底保障。对此村党支部书记讲,今后的工作依旧任重道远,要全力以赴,以"时不我待,只争朝夕"和"不放松、不停顿、不懈怠"的精神,以"能干,会干,巧干"的方法逢山开路,遇水架桥,确保在2020年贫困村如期摘帽,村党支部和村委会以新时期习近平中国特色社会主义思想为指导,着眼"乡村振兴"战略。村民一体,上下一心,在今后的工作中,采取保障性措施,一是健全工作机制,二是紧盯短板,全面推进,三是营造良好社会氛围。

此次调研我采访两位老人,完成一份贫困村调研,15份贫困户调研,入户36次,查阅书籍档案 15 本次,调阅材料文本 40 余件。亲身了解了农村妇女的发展史,实际感受了贫困村庄的脱贫史,仔细体会了贫困人口的生活史。感触颇多,收获巨大。

　　假期调研接近尾声,但对中国农村工作的研究永远在路上,作为当代大学生要理论联系实际,脚踏实地,久久为功,把学到的东西应用到解决实际中,整装再出发!

丁顶 口述调研小记

(调查员单位:华中师范大学中国农村研究院)

寒假调研并不是我第一次接触口述史调查,去年暑假我已经做过一次了,只不过上次是五位老人,这次是十位。放假后我开始了调研,北方的冬天的确要比武汉冷,而且不仅仅是冷一点。回家一天后,我踏上了寒假口述史调研之路。

北方冬天的早晨比较冷,天亮得也晚,农村人要是没有什么事的话起得也晚。我们住在镇中心,村子之间隔的距离都不远,由于本村的老人在暑假的时候我已全部拜访完了,所以只能去对面村子找老人。我预想中找老人应该不是一件很难的事,事实告诉我,我高估自己了。这次找老人我没有去找村干部帮助,是直接入村去找的。第一天,我得早早步行到隔壁村子,街上人烟稀少,通过询问后发现了一位老年人平时比较喜欢聚在一块打牌的地方,然后就在那等着,心里不停地祈祷着可以快点见到老人们,所幸自己没白等,碰到了好几位老人,其中有两个特别符合条件的,心中不禁窃喜,那一天自己做了两位老人的口述史。晚上回家的时候心里想,照这样的速度,不出五天就做完了吧,理想终究是理想,第二天就遇到麻烦了。那天我直奔昨天去的地方,正好有一个合适的老人在那里坐着,我上去请求老人给我讲述,但是老人始终不愿意,并且说自己没读过书,说不好。我也就没勉强。于是我就直接问老人村子里还有哪些符合条件的,他们给我说过后,我就直奔而去。我敲开了老人的门,说明了来意,老人让我进屋了,当时和爷爷聊了几句就直奔正题了,可是在我已经录了一小时音之后,发现爷爷在最关键的阶段出去当兵了,家中的事情全然不知。当时心中无比惆怅,感觉这一个话谈要废掉了。正准备起身离开的时候,奶奶坐在一旁突然开口说话了,我和奶奶聊了几句,奶奶看起来很年轻,聊着聊着奶奶突然说今年已经八十三岁的时候,我心中大喜,奶奶不是正好符合妇女口述史的条件么,这时才感觉,原来运气并没有想象中那么差,终于花了一天的时间把奶奶的妇女口述史给完成了。

接下来的日子也是难受,符合条件的老人不好找,每天奔波在各个村子之间,有时候能找到一位老人就感觉无比激动了。在找第六位老人的时候,我结识了一位原来是地主成分的爷爷,当时真是感觉如获珍宝。这位老人土改的时候家里有三顷的土地,十二口人,土地全都是雇用穷人们给他家种地。或许是因为家庭条件相对充裕,老人当时一直读书,读到高中毕业,高中学历在当时已经很高了。但是老人现在却住在养老院中,不过身体还很棒。聊得深入了,我发现老人的一生也是坎坷的。据老人介绍,自己家当时被划的成分是地主,但是那时自己还小,土改定完成分,在以后的很长时间内,地主后代这个标签一直贴在老人身上,贴得很紧,紧到足以影响老人的一生。因为当时正是由于地主后代的身份,老人拥有良好的知识,却没有地方得到施展,自己不被允许当干部,不能随便外出,有时候还要承受人们的指责。老人时常讲道:"我没有罪啊,为什么我是地主后代就要受到这样不公平的待遇。"改革开放时,老人已经四十三岁了,至此老人放弃了从政报国的想法,做起了生意,也获得了不小的收获,老人说自己现在花的钱就是自己经商挣的。现在老人过上了安静的生活,看电视、看新闻、写作是平时的爱好,整个敬老院与文字有关的写作或是宣传都是由他负责的,因为院中六十多位老人,没人会写。老人说:有时候很多人说我,说如果我不是地主后代的话,我现在至少也是县里的干部了,老人自己认为是这样。我也认为是这样,或许会更好。老人平时热爱书法,经常抄录一些诗词,他的床头挂着一句诗:天生我材必有用,千金散尽还复来。

接下来的几天,我仍然在村庄之间穿梭,寻找合适的老人,原本打算一周就把口述史做完的计划成为泡影。最后跑遍能去的所有地方,发现还差一位老人,当时感觉既轻松有失落,因快做完了而感到轻松,为还差一个感到失落。最后在村里村干部的帮助下,几经周折,终于找到了最后一位老人。可是等到晚上回去查录音的时候发现,没了,或许是没有保存。当时感觉整个人都不好了,没办法,不好意思再去找老人家问一次,只能重新再找,所以当时才发现,认真检查保存文件是多么重要。于是我只能去别的村子再去联系老人。我来到一个村子,在村子转了一圈,碰到一个老人,我上去搭话,得知老人七十多岁,不符合条件,然后老人来了一句"我带你去见一个人",当时我心中满满的感动。老人带着我去了另外一位老人家里,这位老人八十三岁了,合作化的事情他都记得很清楚,聊天中得知老人的老伴还是我们村的人,这样的话聊起来就更容易了。走的时候老人极力挽留我在他家吃饭,我婉拒之后就回来了。

回家的时候,顶着寒风,风中夹杂着雪粒,异常刺骨,就像当时的心情,丝毫没有完成访谈人物后的轻松感,只觉得岁月催人老。

杜真　口述调查小记

(调查员单位:华中师范大学中国农村研究院)

　　2018 年 1 月 17 日,今天是我踏上妇女口述史调研之路的第一天,或许是由于访谈提纲没有烂熟于心的不自信,又或许是对于即将访谈对象的未知性产生的焦虑,怀着紧张和忐忑的心情开始了我的第一次妇女口述史。

　　这一位受访的老人是我的大娘,她是我在采访大伯的时候确定的访谈对象,大伯的父亲是我爷爷同父异母的亲兄弟,大伯父亲的母亲是太爷爷娶的第一个老婆,后来因为得病去世了,但是太爷爷还年轻,于是再娶,生育二子,我爷爷是太爷爷最小的儿子,他出生的时候,太爷爷大儿子的孙子也就是我大伯已经出生了,家中就出现了孙子比儿子还大的情况。大伯生于 20 世纪 30 年代,经历了旧中国到新中国的变迁,深刻感受到了国家特定时期政策的变化,又有过从军和干部的经历,自然成为特殊时期口述史的首选对象,他的夫人,也就是我的大娘,因此也成为另一个主题——妇女口述史的访谈对象。完成了大伯的口述史访谈之后,我立刻开启了妇女口述史的试访谈。一个多小时的试访谈结束,我确认了,大娘就是我要找到的"对的人"。

　　大娘在娘家生活到 1959 年,当年嫁到杜家以后,就为杜家添下一个儿子,之后又陆续添下三个儿子,大娘说自己最遗憾的就是没有女儿,人家都说女儿是小棉袄,大娘为自己不能享受到女儿的温柔而感到遗憾。但是她说自己也并不后悔,因为自己的四个儿媳妇都十分合心意,对待自己也能像母亲一样,从另一个角度讲,也相当于收获了四个女儿,这算是自己人生里面最满意的事情,就算是自己现在离开,也能保证自己的四个儿子能够过上幸福生活。和大娘深入交流,发现她的幸福感来源于知足。大娘嫁到杜家以前,也就是在娘家的时候,家里的条件是十分优越的,父亲早年做过地下工作,思想比较开放,对待自己的儿子和女儿一视同仁,所以在娘家,大娘接受的家庭教育良好。加上父亲还在镇上开了丝绸行做买卖,大娘家里的经济条件也相对富裕,到了谈婚论嫁的时节,大娘家里人开始给介绍对象。当时大娘二十四岁,也不知道嫁人到底是个啥标准,后来嫂子的娘家叔叔给介绍的,这个叔叔同时又是杜家的舅舅,这么一个尴尬的亲戚关系夹在中间,如果这门亲事得不到同意的话,就把这个中间人给得罪了,因此当时大娘的父亲不是很满意杜家相对贫困的家庭条件,但还是勉强同意了。

　　定亲了以后,两个人还没有见过面,当时的大伯还在部队当兵,简单地见了个面之后两个人就是书信往来,书信通了一年左右的时间,才确定要结婚。那时候部队上的要求比较严格,倡导晚婚,规定男的二十三岁以前是不能结婚的,加上一年只有一个月的假期,等到该结婚的时候,就只请下了两天的假期,结完婚之后就回去部队了。当时杜家家里条件比较差,给不起很多彩礼,当时虽然不兴巨额彩礼,但是给女方的聘礼数量的多少也切实能够显示出男方的诚意,但是当时杜家的家庭条件并不是很好,两个人的婚礼一切都从简了。大娘告诉我,他们结婚一共花了两块八毛钱,其中两块钱是作为女方买结婚衣服的钱,另外八毛钱是检查身体的钱。说到结婚的事情,大娘总是一脸笑意,说自己当时嫁的条件并不是最好的,甚至是最差的,但是仍然觉得自己比较幸运,因为大伯确实是个好男人,在很多时候都很照顾自己,这相对于很多嫁的条件好但是被人瞧不起的家庭来讲,已经是很让人满足的事情了。大娘说不管自己处到什么样的环境中,都要怀着一颗感恩的心,得会体谅人,不能说老是由着自己的想法来,得多为别人考虑,如果别人给你的东西已经是他能够给你的最好的,就不要再奢求更多了,既难为别人,自己也得不到,何必呢。大娘的幸福之道让我豁然开朗,常怀知足和感恩之心,幸福就在离你不远处的地方。

1月22日,我已经找到了第二个合适的访谈对象。与王大娘相比,刘大娘的身世遭遇相对悲惨一些。刘大娘出生的时候父亲已经去世,刚刚出生的她还没有感受到父亲的爱护就已经变成了孤儿,家中也没有更多的男丁,母女二人相依为命,因此所有的田间劳作都只能靠母亲一人完成;刘大娘的叔叔家还有几个男丁,家里有的时候确实有难处不能顾及,叔叔家里的男人们会来帮助刘大娘,日子一天天过得紧巴巴,苦兮兮。刘大娘常常心疼自己的母亲,在母亲下地干活的时候陪着她,想帮着她做些什么,无奈年纪尚幼,不能承担过度的劳动,只能帮着母亲拾拾草,做些力所能及的工作。因为相对贫困的家境,刘大娘家里的思想观念也相对保守落后一些。尤其与王大娘相比,刘大娘家的教育观念依旧保留有封建的色彩,认为女孩子就应该老老实实地在家里做些针线活,不应该在外面玩耍,因此当其他家里的小孩子在外面玩耍的时候,刘大娘就只能跟随母亲在家里纺纱织布和拾草割草,不能出去玩,更加不能和男孩子有任何接触,否则是要被母亲狠狠地批评的。悲惨的家庭出身,并没有消耗掉刘大娘的噩运,经媒人介绍嫁给了沈大伯的刘大娘并没有获得美满的婚姻,甚至可以说是一段失败的婚姻,一直到现在,刘大娘都没有办法与沈大伯进行有效的沟通,两个人从来都不在一个桌上吃饭。

生于同一年代的两个妇女,命运遭遇却有巨大的差异,这让我感慨不已,更让我惊异的是,两位老人居然是玩了半辈子的好朋友。王大娘告诉我,刘大娘对她特别好,每次都给她带自己喜欢吃的东西,无论夏天还是冬天,只要是她来找自己玩,一定不会空着手来,也不管王大娘喜欢的东西贵不贵,刘大娘从来眼睛不眨一下就买给她,两个人的友谊一直经历了半个世纪那么久。我也十分羡慕两个大娘之间的闺蜜情,希望我到了耄耋之年,也能和我的好朋友一起徜徉于各个广场之上,晒着太阳,聊一聊我们从前的故事,我此生将无憾。

费高阳　口述调查小记

（调查员单位：华中师范大学教育学院）

时间：2018 年 2 月 19 日

地点：安徽省宣城市溪口镇华阳社区

天气：阴

自己出生在华阳，但四岁左右便进城上学去了，对自己家乡的印象仅限于每年寒暑假和小长假的拜访。华阳村还是有一些有点名气的旅游景点的，比如说，白云洞、千年紫薇王、高峰山、铁瓦寺等，但由于当地政府并没有投资什么金钱去打广告和建设旅游区，使得华阳村虽然有旅游景点，但是知道的人并不多，前来游玩的人也是稀稀疏疏。早些年前，家乡靠着白云洞的游客、寺庙的香火钱、当地产的茶叶和香菇维持生计，外出打工的人不多，逢年过节街道上还挺热闹，也能经常看见一些年轻人。而如今来游玩的人数量减少，香菇养殖也因为市场竞争太激烈、长年种植菌类质量下降而被淘汰，当地人不再种植香菇了，田间还到处都是往年用过的养菇棚，折射着当年热闹的生产场面；茶叶也是一些在外找不到好工作，或者因为家里的某些事情而不得不留在家乡的人、顺便有点收入的产业了。其实家乡的茶叶还是很不错的，因其地理位置以及土壤环境，加上世世代代种植茶叶的经验积累，溪口高山茶不论口感还是品质都是很好的，但由于没有打开市场，每年的销售量还是不太乐观。没了香菇和茶叶来维持生计，劳动力纷纷外流。如今除非过年那几天，暑假和小长假回家乡的时候，白天街道上总是如空城一般，不管是店铺还是车和人，数量都大为减少，只有到了傍晚乘凉的时候，街道两旁才会有坐在小板凳上的老爷爷老奶奶，要不然就是中年妇女抱着一个幼小的婴儿，而这个孩子大多是她的孙子，孩子的母亲往往也就二十出头，没有经济能力，因此托付给家乡的母亲照料，自己在外打工。稍大一点的孩子，也会离开爷爷奶奶，跟着爸爸妈妈去城市里读书了，村上原来有一所小学一所初中，那个小学还是 1998 年左右一个上海的有钱人士捐款和当地人筹款建起来的，校舍现在外观不算破旧，还是 3 层的，但是目前只利用了第 1 层的几间教室。初中不复存在了，改成了幼儿园，但是幼儿园条件不太好，儿童游戏设施等都不太齐全，最主要的是师资力量薄弱，幼儿园老师一般都是一些初高中毕业或者在职业技术学院毕业的学生和一些年轻的村干部大妈们。上文所提的小学里面的老师，主要是一些几近退休的老教师，这样的教学环境使得只要是稍微条件好点的家长，都会把孩子带出去读书。

我访谈的对象是我的母亲帮忙联系的，村里年纪大的老人不算少，但是说话条理清晰的不是特别多。第一个访谈的是适易眉奶奶，她是我的姨奶奶。小时候家里条件好，又是独生子女，丈夫是招亲过来的，所以她一直在家里没有出嫁。从小妈妈也没有让她做什么家务活，于是她的儿时还算是快乐的了，她自己也说

她家里把她当男孩养。令她伤心的是她结婚后生的第一个孩子，生下来不久就不幸夭折，算是她人生中不太能忘记的痛苦了。后来三十岁左右在生产队的时候捡了一个男孩，在家里养大，现在这个儿子的孩子都有了孩子了。老人三十多岁的时候学会了裁缝，后来一直开着一家裁缝店，到现在仍然白天的时候给别人做裁缝，晚上休息，加上住在街道上，一起聊天娱乐的老奶奶有不少，老人家的生活不算寂寞。和老伴的感情还好，说到婚后吵不吵架，她说就像牙齿和舌头，哪有不打架的时候。老伴去世的有些早，五六十岁的时候得了病，瘫痪在

床好几年最后还是去世了，老人唯一的儿子的妻子，她十分喜欢，笑着说她又漂亮又贤惠，是她看中的，只是也是五十多岁就得了病，早年去世，家里客厅上还挂着她的黑白相片。亲人的过早去世，不禁让老人有些悲凉。但如今儿孙满堂，也有了重孙子，四世同堂，经济条件也还好，老人说到现在她还在领独生子女的补贴。老人身体也硬朗，没有什么大病，她也觉得现在的生活很幸福，自己能动，比一切都好。最让我吃惊的是老人的牙齿，我觉得比小孩子的牙齿都好，非常整齐，而且雪白的没有坏一颗牙齿，我起初以为是假牙，结果老人笑着说是真的，我半开玩笑半当真的说您这可以去拍广告了。

另一个老人，过年之后有八十六岁了，这个太太叫刘秀枝，她的身世啊，那真的是夹杂着封建社会的黑暗与生命的顽强。老人四岁多的时候因为家里孩子太多养不起，爸爸和叔叔吵架一气之下把她扔到河里打算溺死，幸亏被早起挑水的人发现及时救起没有丧命，然而还是家庭原因，她十二岁被送到别人家当了童养媳，直到十八岁才因为土改解除了婚约，重新组建了自己的家庭。在童养媳的家中，婆婆一直虐待她，打她、骂她，两个冬天不给她被子盖，让她出去挖菜，可怜的孩子找不到菜不敢进屋，因为知道进去了就是一顿毒打。她在门外吹着冷风瑟瑟发抖，身上只有单薄的几片棉花絮，踩着一双松垮的破鞋，这样的场景我想一想都觉得可怕。和家里人说没用，自己从小被狠心的父亲丢弃，长大后又是母亲把自己变成了童养媳，老人很多年没有认自己的父母，我想她的童年、她的家庭对她身心的摧残与伤害，不会比那个婆婆对她造成的伤害小。从适易眉奶奶那里偶然得知关于刘秀枝奶奶的事情，她说那个婆婆，曾经用烫热了的火钳，去烫刘秀枝奶奶的下体，打这些字的时候，心如刀割，这么残忍残暴禽兽一般的行为，竟然就是这样赤裸裸的发生过，我觉得自己无法想象奶奶曾经经历过什么，在她满是皱纹的脸上，我看不到憎恨，和她的谈话中，我甚至感受到一种乐观，我心情复杂，不知如何评价奶奶的一生，只是感叹，能活下来、活到现在，真的是一种奇迹啊！

随着时间的流逝、城市化的进程，有些事情被慢慢地遗忘，还好这些老人都记得。也许他们也曾辗转反侧希望忘记一切痛苦，然而我想，我们不忘记，就是最好的铭记吧。

记录历史，回忆过去，是为了光明的未来。

顾亚宁 口述调查小记

(调查员单位:华中师范大学文学院)

时间:2018 年 2 月 3 日星期六

地点:甘肃省白银市白银区强湾乡强湾村

从武汉一路奔波到白银的家中,已经是踩在了 2018 年 1 月份的尾巴。而经过三天的休养和多方打听,最终我将距离白银区十五公里的强湾村确立为自己进行口述史调研的村落。为了确保调研的顺利进行,以及考虑到方言等沟通方面的问题,我最终选择了和姥姥一起出行。

还好天公作美,虽然天气严寒气温保持在零下十几摄氏度,但我们出发时有幸见到了北方冬日里鲜有的暖阳。在驱车前往村子的路上,大太阳暖融融地照在身上,放眼望去车窗外的农田河流都仿佛被镀了层金色的外壳,小河水面上还依稀可见三五成群的野生水鸭子,不远处的大道上还有驱赶羊群走走停停的悠闲牧羊人——此情此景,让人不能不感叹一句田园好风光。我带着事先备好的小礼物与文本资料,对此次行程也开始充满了期待。

二十分钟车程后,我和姥姥抵达了目的地强湾村。根据事先搜集到资料来看,这是一个省级的贫困村,而眼前依山而建规模不大的村落建筑群也证实着这一点。我联系了事先做好沟通的村支书,在与村支书碰面后便在他的带领下前往我此行采访对象的家中。

滕作英,1933 年生,八十五岁,兰州市榆中县青城镇东滩村火烧沟人。

老人出生于兰州市榆中县青城镇东滩村火烧沟,家中有一个哥哥一个弟弟,而今均已过世。她幼时便与现在的婆家定了亲,十三岁来到强湾乡强湾村,十八岁出嫁,共育有六个孩子,分别是一子五女,大女儿早夭。不过并不是我所想象的由于重男轻女原因,一连生了五个女儿直到最后生下儿子,反而是第一胎就生了儿子,后来出于农村多子多福的理念逐渐生下了五个女儿,如今大儿子也有六十七高寿了。滕作英老人当初虽说是以童养媳的身份来到婆家强家,但我在随后的采访中得知老人的婆婆正是她的三娘(当地方言,即三姑姑),两家人是亲上加亲的关系;而且无独有偶,滕作英老人的儿媳妇也正是她哥哥的女儿,所以我认为不能一概而论的将这种结亲定义为童养媳,而是要在考虑到当时当地亲上加亲风俗的情况下进行多方位理解。老人的婆家强家当时共有三个儿子,大儿子因病早早过世,十天后其妻也不幸过世,只留下八个月大的儿子,滕作英老人嫁给了老二,随后也对其大伯遗留下的儿子进行了抚养。

东滩村和强湾村从行政规划上来说属于两个市,实际上只有一河之隔,地理条件也很恶劣,地势起伏山路崎岖,可以用来耕种的农地并不多,当地农民的日子都过得很艰难,滕作英老人家尤甚。在土改之前,老人的娘家里甚至都没有地,日子极其困苦。据老人回忆,家里只有她一个姑娘,所以其实爹娘都非常疼爱,只是日子艰难实在无法养活三个儿女,才不得不早早让她去三娘家(即婆家)生活。老人一辈子都不曾上过学读书,这样的例子在当地比比皆是,不存在男孩上学女孩不能读书的情况,其实也是因为大环境所限,只有当地家里非常富裕人家的孩子才有条件识字读书。不曾上学读书可能是老人心中极大的遗憾,在采访过程中老人多次提到自己没文化非常可惜,并且发自内心的表达出对知识的向往。由此再联想到现在不少学生拥有条件优渥的学习环境却不知珍惜反而大加浪费,将他们的所作所为和滕作英老人进行对比，我不禁百感交集。

孟子曾曰："富贵不能淫，威武不能屈，贫贱不能移。"在滕作英老人身上，我正是看到了"贫贱不能移"的中华民族传统美德。虽然生活困苦，可老人的精神并不贫瘠，她出嫁后在婆家十分吃苦耐劳，不仅侍奉公婆用心，而且还将大伯遗留下的子嗣与自己的儿女一视同仁，得到了邻里乡亲的一致好评，后来还被乡亲们共同推举为妇女主任。甚至在 1957 年时经共事老党员的介绍加入中国共产党，在长达一年的入党考察期中表现优良，于 1958 年正式成为一名优秀的中国共产党党员。滕作英老人随后也在村中长期担任干部职位，多次随干部队伍前往白银、兰州及定西等市进行学习并参加有关会议，直到后期因为年岁渐长身体不好才卸任。然而就算是这样，她也仍然坚持参加乡干部村干部召开的党员大会，为建设自己的家乡而尽一份绵薄之力，哪怕到今天都依然坚持着这样高觉悟的习惯，堪称十里八乡的妇女楷模。

前半生的努力辛勤最终成就了老人后半生的安稳幸福，如今已经八十五岁高寿的老人耳不聋眼不花，在与我长达三个小时的交流中情绪也始终保持着积极的精神头未见疲态，在说到一些感兴趣的话题时还不乏笑语，老人的好状态也感染到了我，本以为枯燥的三个小时采访在不知不觉中就进行到了尾声。如今滕作英老人不仅身体康健，而且家中四世同堂，膝下孙子重孙众多，甚至部分儿孙的居住地也都和老人相去不远，能够让老人享上儿孙绕膝的天伦之乐。最让我记忆深刻的是，在采访过程中老人曾不止一次的感叹现在生活的变化，她乐于见到社会发展所带给自己生活以及家乡的种种良好变化，也铭记所有人在艰难岁月里坚韧不拔的拼搏，我们很容易在这样一个人身上见证历史变迁打下的烙印。酸甜苦辣人世滋味老人一一尝过，换言之老人见证着国家一个时代的落幕与新中国的扬帆起航。

在中国，还有数以千万计像滕作英老人这样的历史见证者，他们犹如沙粒散落在九百六十万平方公里的土地上，等待着我们去挖掘，去寻找。而这些最普通最平凡的普罗大众，也正是最不凡的存在，南到南沙群岛，北到漠河，他们所站的地方，他们在逃亡中走过的每一寸土地，焕然一新的故乡，日新月异的城市，就是我们的祖国。

黄希鑫　口述调查小记

(调查员单位：华中师范大学中国农村研究院)

2017 年 1 月 15 日　星期天　天气阴转小雨

早上七点醒来，看着外面阴沉沉的天，突然想爬到被子里再窝一会儿，但想着和同学已经提前约好，果断起床收拾，坐公交八点到了村里，外面飘起毛毛细雨，果然，毛毛雨是贵州冬天的标配。和同学见面后，她立马带着我往奶奶家里赶，一进奶奶家，就被煤火的热气包围住，分外暖和。我向杜奶奶说明来意后，奶奶笑呵呵地答应说："这是好事呀，我在家闲着也是闲着，有个人陪我说说话，我很开心的。"原本担心奶奶不同意，见状我瞬间轻松了许多，真是个和善的好奶奶。

杜奶奶今年已经八十二岁了，老伴过世后，就搬到了大儿子家，和儿子一家人在一起生活。奶奶耳聪目明，精气神很好，平时没事看看电视、散散步，老年生活很是惬意。说起自己的名字，奶奶回忆到："名字是国民党新师给取的，我出生的时候还没解放，当时去上学，学堂里杜志云先生给我取了名字。"聊起以前的事，日子虽然艰难，但也不乏有趣的时光，新中国成立那会儿，奶奶只有十四岁，村里安排她们小姑娘去跳秧歌，代表村里去比赛，奶奶说："跳秧歌还是有技巧的，不是随便舞舞就行，需要跟着音乐的节拍，开始、停顿得恰当，这样看起来才流畅、协调，如果穿上统一的服装，再舞上手帕，欣赏起来还是很精彩的。"在跳秧歌的过程中，和伙伴们聊聊天，算是奶奶生活中别有的娱乐、难忘的休闲时光。

奶奶的记性很好，以前很多事的细节都记得清清楚楚，说起当时的婚娶习俗，那可是很讲究的，奶奶一五一十地说与我听："对于定亲，男方这边不需要请家族中的族长，媒人就是证人，而对娘家那边来说，媒人是属于带信的人。我是 1949 年以后结的婚，所以就有轿子坐；有的人 1949 年以前结婚，便没有轿子坐。还记得结婚当天，接亲的轿子抬过来，放在家里的坝上，坝上摆放着桌子，上面用红布盖着，桌上放着猪脑袋，通常会在猪鼻子上插三支香，算是结婚的一个仪式。接新娘的花轿抬到新郎家后，要先放在门槛外面，然后新郎伸手过来牵新娘，带着新娘往堂屋里走。接着两位新人跟随着婚礼主持人的口令，参拜天地、高堂以及对拜，算是礼成。新婚第二天，两位新人需要早早地起来，给爸妈磕头、端茶，同时还要给其他长辈磕，把内亲、外戚的亲人都拜完后，再跪拜家里的四个门，才算是合乎规矩。在跪拜之前，新娘要把屋子内外的地板打扫干净，新郎会在前一天晚上将扫把放在房门口，新娘第二天早上起来不仅要给家人烧洗脸水，扫完地后，还要把屋子里的桌子摆放整齐，之后请婆家的四门六亲到屋里坐，差不多到午饭的时候，新娘会陪他们一起吃饭。这时候，新娘需要说几句话，我当时说的是，太阳出来照红岩，我站在中堂四处望，不知众亲老少我叫什么，一张桌子四个方，四个板凳阴阳相，老的请来上面坐，小的请来坐两方，你们上面下面请侧着，左边右边我们陪到。像类似的规矩，说起来话就多了，所以女孩子在家里学点礼教也是为这时候做准备。"

我听得饶有兴致，不知不觉已经和奶奶聊了三个多小时，聊天过程中，奶奶时不时摸摸我的手，问我冷不冷，奶奶的手很温暖，像冬日的暖阳，流淌在我的心田。今天天气很冷，凛冽的寒风中还夹杂着丝丝细雨，但我觉得分外充实，在和奶奶聊天的过程中，品味着奶奶独特的人生。在感谢奶奶不吝分享后，合上提纲，准备出门时，奶奶叫住我，给我竖起大拇指，说我是在做有意义的事,那一刻,心里除了感恩,更是佩服,其实奶奶,您才是我学习的榜样,您拥有了一个多么丰富、充实的人生!

姜越亚 口述调查小记

(调查员单位:西华师范大学)

时间:2017 年 1 月 16 日 农历腊月十九
地点:四川省宜宾市南溪区林丰乡茶丰村一组
天气:阴

今天是我第一次参加口述史的调研活动,拜访的是一位年过九旬的老太太——肖乾坤老人。由于今天天气很冷,所以我选择下午去拜访。老奶奶家离我家比较远,我走了两个多小时的山路才到她家,虽然很艰辛但经过和老人的交流后,我觉得走这么远都是值得的。

老人从小就是抱哥儿(童养媳),由于当时家里太穷,孩子又太多,父母没办法,在她九岁的时候就把她抱给郑家作为童养媳。老人在讲述她作为童养媳在赵家的生活时,眼泛泪光。她说,在赵家时每天要做很多活,起早贪黑。即便是这样,婆婆还是要打骂自己,不准自己吃饭,很多时候她只能看着他们吃饭。这样的日子一直过到她二十岁那年,和丈夫圆了房分了家之后才结束。本以为日子会从此好起来,没想到在生了一个儿子和女儿后丈夫却不幸去世了,生活的重担又落在了她一个人身上。特别是在集体化时期又要出工又要带孩子,晚上打着火把都在干活,后来一个人挣得的工分实在是养不活一家人,就招了一个上门的丈夫,什么仪式也没有就组成了一个新的家庭。当我问老人和丈夫之间是否存在爱情时, 她摇着头说:"那个时候有啥子爱情哦,饭都没得吃,你以为像现在啊。"是呀,在那个年代都是父母之命,媒妁之言,结婚的时候才能见丈夫,爱情是什么或许很多老人都不知道。

在问到她小时候是否裹脚时, 她抹了抹眼睛告诉我, 在她两岁左右她的母亲给她裹了脚,当时脚趾都掰断了四个,讲到这里她将鞋脱掉给我看她断了的脚趾。看到这一幕被震惊了但我发现老人的脚还是很大并不是传说中的三寸金莲,我疑惑地问老人原因,原来后来孙中山政府勒令放足,裹了一段时间又放了才会变成今天这样。看着老人的双脚就知道当时裹脚时老人承受了多大的痛苦。

现在老人还有两儿一女在世,和二儿子住在一起。二儿子是一个鳏夫,老婆在小儿子两岁时去世了。老人现在九十二岁了但还是要下地干活做家务,我去拜访她的时候,她还在削红薯。当我们谈话结束时老人拉着我的手让我有空再去玩。那双满是伤痕和老茧的大手我想我一辈子也不会忘记。这双历经沧桑的大手就是老人曾经经历的艰辛和磨难的见证!

时间:2017 年 1 月 17 日 农历腊月二十
地点:四川省宜宾市南溪区林丰乡金光村四组
天气:阴

今天就是一个阴沉沉的天气,但我的心情却是格外的激动,因为今天我要访问的是一个九十七岁的老人(爷爷告诉我的)。走了大概一小时的路程来到老人家中。老人的住所很简陋,土砌的房子,屋子里乱糟糟,堆满了拾来的废旧物品。去的时候老人还在剁草药。

老人对我的到来十分热情,也非常积极地配合我的访问。在与老人的交谈中,笔者得知老人是地主家庭出生,从小就受到严格的家教,读过书,会绣花会纺线。在她十三岁的时候嫁到了另一个比自己家稍微差一点的地主家庭。由于家庭比较殷实,出嫁时置办了比其他家庭多得多的嫁妆。嫁到婆家以后,老人就过上了不幸的生活,婆婆将自己的嫁妆全部没收,不准自己用,还不准自己和自己的丈夫住在一起,让她睡床板,这一睡就是小半年。一次婆婆出远门走亲戚自己才得以和丈夫圆房从此摆脱睡床板的命运。老人说自己到婆家后克尽妇道,勤勤恳恳,但婆婆还是百般刁难,处处苛责,甚至经常打骂自己,不准自己上桌吃饭。

因为婆婆就这一个儿子所以一直没有分家,日子也就一直这样过下去。后来快土改的时候,老人因为小时候读过书就被叫去读了一个速成师范,当了一名小学老师。再后来就进行土改了,因为自己的婆家和娘家都是地主,都是被批斗的对象。老人的父亲由于不能忍受这些批斗、侮辱自己喝农药自杀。而婆婆和丈夫所有家产被分,活活被关在仓里饿死了。本以为自己也难逃厄运,幸运的是由于自己在教书吃的是公家饭,未被列入地主成分。当我问到老人对土改政策的评价时,老人沉默不语。

再后来由于老人的婆家人全部都去世了,在自己的幺爹(叔叔)的动员和劝导下,老人同意改嫁。当我问到老人在三年困难时期是怎样度过时,老人十分激动的告诉我,当时饿死了很多人,自己也吃很多白泥(一种很黏的土),有的拉不出就死了,村里好多人都吃树根、燕子花(一种植物),连蚱蜢也吃。

现在,老人和二儿子住在一起,但由于二儿子常年在外务工,基本上老人是独自居住。通过与老人的交谈,我能深深体会到在当时的环境下,作为地主出身的她所经历的痛苦与磨难。在这里我只想祝福她在接下来的晚年生活幸福。

时间:2017 年 1 月 18 日 农历腊月二十一

地点:四川省宜宾市南溪区林丰乡花园村七组

天气:阴

今天我拜访的是一位当过医生的老人——代树芳。刚看见老人的时候就觉得老人的精神特别好,神采奕奕。老人今年刚好八十岁,理解能力、记忆力都很好。这位老人和我之前采访的老人不太一样。首先。她的家教没有那么封闭、严格,在未出嫁前,老人可以去赶集去玩耍。在老人十七岁时,由于国家开展扫盲活动,老人进入了村上办的小学,受到了教育,真是这一机遇让老人的人生走上了和别的女孩不一样的道路。因为读书时老人已经十七岁,所以老人学习特别努力,学习成绩名列前茅,后来考上了县城最好的初中。十七岁在当时的社会环境下本是谈婚论嫁的年纪,再加上家庭贫困,家中还有兄弟,故父母极力反对自己再去上学。父母曾对她说,女孩子读这么多书干什么,只要会写自己的名字就行了。后来都是在学校老师、村委会的干部等的劝导下才得以继续读书。

在读书期间,老人认识了自己的老伴儿,并在自己上初二的时候嫁给了他。虽然定亲的时候还是安了媒,但从本质上看这也算一段自由恋爱:因为两人是在认识交往后,男方才请了媒人来谈,才双方家长面谈,在定亲的时候,老人的父母也征求了老人的意见。从老人的言谈举止之中可以看出老人深爱着自己的老伴儿,对能够嫁到老伴儿家十分满意。在问到老人婚后生活是否辛苦时,老人表示总体情况不错,就是在集体化的时候受了不少的苦。那个时候记忆最深的就是没饭吃就去挖野菜,挖石头,每天都饥肠辘辘,实在饿得不行了也学别人吃黏土。

现在,老人住在自己的小儿子家,但儿子已经搬到县城,相当于自己一个人住,在住的地方老人开了一个小诊所,为村里的人看病,自己也有一定的收入,儿女们也会打生活费和回家看望老人。老人表示现在的生活十分幸福,儿孙满堂,最遗憾的就是自己的老伴儿命薄,不能和自己一起享受这幸福的晚年生活。

季旭东　口述调查小记

(调查员单位:华中师范大学中国农村研究院)

　　本次寒假调研任务中新增了农村妇女口述史这一专项调查，对于我来说这是一个全新的调查专题。虽然之前有过土地改革、土地集体化等时期农民口述史的调研经验,但是当拿到一本厚厚的农村妇女口述史调查提纲的时候,心中不免还是有些紧张。农村妇女口述史调查虽然和以往我所做过的口述史调查有一些相似之处,但是与土地改革、土地集体化口述史调查有着不小的差异。土地改革、土地集体化口述史多以国家的政策或运动为依托,以时间轴的顺序将历史事件与农民的个体命运相结合,农民在回忆运动的进程中讲述个人的经历。而妇女口述史调查则更加聚焦,通过剖析受访者个体生命史的变迁来展现农村妇女从 1949 年以前到当下社会地位及自我认知等方面的转变。同时,妇女口述史的调查内容更加细致入微,需要我们在选择调研对象时进一步提高筛选和辨别的能力,才能收获一份高质量的调查成果。

　　在回家调查之前,我同众多调研员一起接受了基地班统一安排的调研培训。在培训过程中, 妇女口述史调查提纲的设计者以及以往有过妇女口述史调查经历的调研员向我们介绍了提纲的设计思路、调查目标以及调查的经验与技巧,帮助我们尽快熟悉访谈提纲的内容、掌握调查的方法。经过系统的培训之后,原本没有任何底气的我增加了一点信心,不过依然怀着一颗忐忑的心踏上回家的路,准备迎接这一次寒假调查的考验。

　　回到家之后,我立刻着手寻找此次妇女口述调查的访谈对象。由于我母亲从事基层民政工作,在过去为我的调研提供了极大的帮助,所以为了保证调研的顺利开展,本次寒假调查我依然选择在母亲工作单位所在的乡镇范围内寻找合适的调查对象。经过多方联系,我的一个叔叔说他所在的村庄有几位年龄超过八十岁,并且思维比较清晰的女性老年人,所以我便和母亲一起前往叔叔的村庄——古邵镇虎里埠村进行调查。

　　到了村里之后,没有过多的停歇,我马上请叔叔带着我去老年人家中。下着小雨的天气有些阴冷,但是丝毫不影响我调研的急迫心情。到了这位老年人家中,老人刚刚吃过早饭,还有另外一位老年人过来串门,两位老年人都是八十多岁高龄了。经过叔叔的介绍之后,我就开始对叔叔联系好的杨刘氏奶奶进行调查。在问了半个小时左右的时间之后,我发现老人对于过去的很多事情记忆不是很清晰,恐怕无法达到调查的要求,反而过来串门的杨王氏奶奶在一旁能够补充介绍很多内容。于是我转而对杨王氏奶奶的基本情况进行询问,询问之后发现杨王氏奶奶更加适合作为此次调查的访谈对象。

　　于是,我果断选择调整访谈对象,开始对杨王氏老人进行调查,依然是从第一页访谈提纲开始,从头对老人进行全面系统的访谈。1月份北方的冬天已经很冷了,杨刘氏奶奶家也生起了炉子,我们就围坐在炉子旁边,一问一答地进行着访谈。我到杨刘氏奶奶家的时候已经上午9点半了,在对杨刘氏老人询问了半个小时之后又调整了调查对象,从 10 点钟左右才开始对更为合适的杨王氏老师进行调查。从十点钟开始聊,不知不觉过去了近四个小时,我在过程中也提出让老人休息休息,别耽误吃午饭,但是杨王氏老人说"我们上了岁数的人,一天就吃早晚两顿饭就够了,你能来给我们做调查,我得先配合你做完调查"。期间我的叔叔也有多次过来叫我回去吃午饭,但是看到两位老人对于调查的热情,我也没有了饿意,一直到下午两点钟才完成所有的访谈。对两位老人再三表示感谢之后，我才满怀歉意的离开，并嘱咐老人赶紧做饭，免得饿坏了身体。回到叔叔家中叔叔又专门为我热了饭菜，虽然一上午没喝一口水，也没有按时吃上午饭，但是两位老人也一直陪着我，耐心地配合我完成所有的访谈内容。虽然天气寒冷，但是内心却暖流汹涌。

有了第一个调查成功的经验之后，我对妇女口述史调查的信息更加足了，因为我的第二个访谈对象是我的姥姥。我姥姥虽然"仅有"八十二岁，但是我之前已经为姥姥做过土地改革、土地集体化阶段的口述史，姥姥对于过去事情的记忆特别清晰，并且会给我讲述很多当时她经历过的故事。姥姥虽然相较于杨王氏老人年龄小一些，但是受访的经验却更丰富。我专门把姥姥接到了我家，保证调研的时间更加充分，也为了让姥姥有更多的休息时间，确保调查的质量。每一次对姥姥访谈的时长都在一个小时左右的时间，之后就会让姥姥休息一会，不至于太过劳累。姥姥之前接受过我访谈调查的经历的确为这次访谈提供了很多帮助，姥姥依然能够准确清晰地介绍自己小时候在娘家的生活，后来嫁到婆家，以及之后土地改革、土地合作化、人民公社等不同阶段个人所经历的种种。同时，姥姥依然保持着以往的受访风格，不仅能为我介绍清楚我所询问的各条问题，还会拿自己的亲身经历或者当时村里发生的真实案例作为辅助，让我在一个又一个真实的事件中理解她们过去的所有经历。这种方式对于我一个"90后"去理解1949年以之前以及建国前后这些事件有着很大的帮助。在姥姥的大力支持之下，我的第二份妇女口述史调查也得以圆满完工，整个过程都十分顺利。在完成这次口述史调查之后，我依然感慨"家有一老如有一宝"。自我读研之后，所做的各个类型的口述史调查都能够请姥姥作为访谈对象，而姥姥也能够成为十分合适的受访者，为我提供一份又一份高质量的调查成果。而我也在访谈之中见证了姥姥年轻的时光，以调查者的视角去体会了一遍他们那个年代不同的人生经历。

焦银平 口述调查小记

(调查员单位:西华师范大学)

今天是 2018 年 1 月 20 日,天气比较晴朗。第一位访谈对象王秋草是同村的一位老奶奶,也算是熟人了。以前我就听父母讲过她的一些故事,饶有趣味,因此想趁机挖掘一下岁月留给她的一些宝贵的东西。

正是寒冬腊月,天寒地冻。前几天下的雪还没有融化,麦地里的雪还是厚厚的一层,大路上的雪被村民清扫过了,还算畅通。九点半吃过早饭,我就在妈妈的陪同下来到奶奶家,大概走了 20 分钟。她家门口有三只狗正在玩闹着,见有人来了就互相追逐着跑远了。大门是木板做的,里面有个栓子将门扇插着,我们喊了三四声就在门口等着,不一会从门缝里看到有个男孩走过来了。开门的是奶奶的孙子,模样挺俊的,今年刚上高一。奶奶见到我们很高兴地过来拉着我们的手,让赶紧上炕坐着暖暖。妈妈今年也六十多岁了,以前经常跟这位奶奶在一块干活,关系挺好的,她向奶奶说明来意之后奶奶很开心地表示愿意配合我的调研。接着,奶奶呵斥孙子关掉电视机让他好好学习、写作业。老人今年八十岁了,老伴去世之后就一个人住在这个院子里,现在已经是满头银发,零零散散也开始掉落了,她随手一抓就有好几根掉落了,她感叹她老了。但是奶奶的精气神儿特别好,口齿清晰、思维敏捷,去年还在给外孙的孩子做鞋子,也能忆起她经历过的故事,说得有声有色,土改、"文化大革命"时期的口号也能说得上来。我们聊了三个多小时,中途没有休息,她讲起以前的故事的时候也很带劲。直到孙子接到他大伯的电话,说他大伯下午要回家吃午饭,我们才暂时结束,打算第二天继续聊。奶奶的大儿子是村里有名的医生,在当地也算是有声望的人,听妈妈说有外地人专门赶来找他治病,他也收到了很多锦旗。那位叔叔今年六十岁了,已经快退休了。前几天下了雪,因为路况的缘故他就没有回家吃饭。临走时奶奶的孙子帮我们拍了照片,拍完之后奶奶才想起来她没有整理头发,我笑着说"明天咱们再拍,给您拍美点"。奶奶还给我送了两双自己亲手做的鞋垫,花样也是她自己画的,很漂亮。离开的时候我妈说这一带的狗太多了,前段时间还咬伤了人,她就顺手在奶奶家的柴堆里捡了一个树枝防身用。

奶奶的故事总是在我的脑海里形成一幅幅画面,小时候的她是如何的活泼可爱、成年的她如何的懂事乖巧以及婚后的她又是如何的操劳持家等,一切恍如昨日,不禁感慨人生是如何匆匆流逝了。生活不易,且行且惜,面对时光飞逝、面对父母白发横生、面对未来种种的不可预知,能做的只有把握当下、珍惜现在。每一个不曾起舞的日子,都是对生命的辜负。来日可期,愿我们都能在自己的生活里熠熠生辉。

今天是 1 月 22 日,访谈对象也是村里的一个熟人,名叫王果丹,今年八十四岁了。妈妈年轻的时候,她们整天在一块干活,也算是知根知底的。听说这位奶奶年轻的时候在婆家受了不少苦,现在儿子对她也不是特别地孝顺,借这个机会了解一下她的人生轨迹,想必也是有所收获的。

因为我跟这位奶奶没有见过面,所以还是妈妈带我去的她家。刚好今天镇上有集,家里只有奶奶跟她的重孙,小孩大概三岁了,很顽皮。奶奶一个人住在偏房,里面的设施很简单,两张桌子、一个柜子,柜子的样式很老,大概有四五十年了;炕边的窗帘是紧拉着的,光线有点暗,房间里面没有电视机。妈妈向奶奶说明来意之后,奶奶对于这次的调研表现出了浓厚的兴趣,也表示愿意讲她自己一生的经历和感悟。接着,妈妈因为要去输液的缘故就离开了,我就开始了此次访谈。老人的精力很不错,我们聊了三个多小时中间没有停歇,期间问她要不要休息她都拒绝了,她觉得有人愿意听她讲过去的事情很难得。她的一生挺不容易的,当时的婆婆不好伺候,没少刁难她们这三个媳妇,挨打也是常事,不管有什么委屈,当媳妇的只能逆来顺受。好不容易才将几个孩子拉扯大,倾尽家财给儿子娶了媳妇,分家之后儿子也都不是很照顾她,别人都说养儿防老,她却不以为然。总觉得以前的社会还是特别封建的,是吃人的社会,女性在那个时候就不算人、处在最底层,只有被人践踏的份。虽说缠脚是对肉体的摧残,让人行动不便,却更是对心灵的蹂躏。她在时代变迁的过程中经历了许多磨难,但是依然发自肺腑地感激新时代,相信将来的日子会越来越好。老之将至,难得的是能够参透万物自然、诗意人生,"知天之所为,知人之所为者,至矣"。

回家的时候已经三点了,冬季的阳光接受着生命的朝拜,冷风迎面而来还是有一种刺骨的寒意。我一个人走在回家的路上,任影子被孤独地拉长。金灿灿的阳光在田间地头飞舞着,犹如有些故事正在上演着,有些故事却在谢幕。人生如梦,梦像老狗,把我们不知遗忘的东西扒了出来,衔着,放在脚前,然后悄悄地、一声不响地走开。我想,我离开之后或许奶奶还能回忆起更多的故事吧!

2018年1月23日,气温骤降,天气变得阴冷,预报说夜间会下雪。今天去王奶奶家,奶奶今年也八十多岁了,听父母说她的身体还算硬朗,日子也过得不错,儿女都很孝顺,经常走着去赶集。吃过早饭,爸爸用电动车带我过去的,去之前不知道惠奶奶在不在老家。本来是要带我去找杨奶奶的,她是我一个初中同学的奶奶,现在一个人独居。她的人生算是比较不幸的,年轻时丈夫出门十几年没有回过家,回家之后也经常打骂她;好不容易将几个孩子拉扯大,又给三个儿子娶了媳妇,结果几个媳妇离婚的离婚、死的死;孙子也不是很争气,现在都三十好几了,也没有结婚。好在这位奶奶心态很好,也想得开,虽说是八十几的人了,依然可以生活自理,有时候自己还会去沟里扫落叶、捡拾柴火。两位奶奶住得很近,路过惠奶奶家的时候爸爸就停下车进去问了一下,我们还算幸运,她正好在家。进门之后,赶上他们家准备吃饭,我们说明来意就等了一会儿,屋里的炉火很暖。奶奶吃完饭之后爸爸寒暄了一会就离开了,我们就坐在炕上聊了起来。老人的记性很好,对于很久之前的事情都能够想起,甚至是许多细节,她也特别了解年轻人的生活,比如手机、网络,对信息化的社会也有着自己独到的见解。奶奶年轻的时候也特别不容易,对她不错的婆婆很早就过世了;接着,公公又娶了一位,新婆婆身体略带残疾也不方便干活;公公当了干部,还算有点声望,在"文化大革命"的时候跳井自杀了,那时候也才四十几岁;婚后不久丈夫就去当兵了,那些年家里的什么事情都是靠她自己的,她出工干活的时候没人照看孩子,孩子顽皮差点摔死;荒年的时候多亏了娘家人的帮衬才算捡回了性命,不至于被饿死。她说现在心脏有问题了,总是心慌气喘,大概都是年轻时的遭遇让她受了惊吓和刺激,毕竟那时候也才十几岁最多二十出头。值得欣慰的是后辈很争气,儿孙们都很有出息,对老人也特别孝顺,或许这就是所谓的苦尽甘来。不到四个小时我的访谈就结束了,老人不愿意让我走,我又陪她聊了一会。四点多的时候媳妇已经做好了饭,给我们端了过来,我有点不好意思。吃饭的时候父亲开车过来接我了,出门才发觉外面已经落了一层薄薄的雪,他们让我有空常过来坐坐,我连忙答应着。事实上,从上高中开始我就很少回家,高中的时候每隔一个月才能休息一次,加上学业压力的缘故,即使放假也忙着充电没有时间玩。上了大学之后也是一年回家两次,一次是暑假、一次是寒假,来去也匆匆。

因此，每次回家都很少出去串门，即使见到了也总觉得他们是真真切切都渐渐老去了，就像我的爸爸妈妈一样。漫天的雪花飞舞着，车子驶得越来越远，离家越来越近。回到家里妈妈说他们吃过了，给我留了饭，我笑着说我也吃过了。晚上的时候雪停了，屋顶上落了厚厚的一层，雪让黑夜变得跟白天一样敞亮。家人说快立春了，这可能会是冬天的最后一场雪。是的，冬天到了，春天还会远吗？

李克义　口述调查小记

(调查员单位:华中师范大学中国农村研究院)

2017 年 1 月 10 号

果然调研这个事情有一帆风顺,也有挑战磨炼。果不其然,今天我就吃了闭门羹。由于我们村甚至是隔壁村的爷爷奶奶都被我"挖掘"完了,今天我开始将目光转向那更远的村庄。我骑上电动车,揣着录音笔去寻找那远方的村庄了。

我进了一个村子,感觉嗅到了一丝不一样的气息,果然,凭借着我熟练的调研经验,我发现有一个老年文化茶馆,经验告诉我这里面肯定有老人。我停好电动车以后,就走进去茶馆,门口坐着一群爷爷在下象棋,我赶紧拿出我的天真无邪笑跑上去,跟爷爷们套近乎,可是也不知道是爷爷们下象棋太认真了还是不愿意理我,反正结果是没人理我。于是等爷爷们下完这一局,我拿出有眼力,胆子大,脸皮厚的勇气再一次说明了我的来意,其中一个爷爷指着另外一个爷爷说,你这个朱爷爷今年八十多了,我们都没有人家大,我想跟那位符合条件的爷爷继续深聊呢!朱爷爷拒绝了我,不相信我是干啥的,将我当成了骗子,我软磨硬泡了一个上午都没有成效,眼看到了中午,我只能礼貌地道别回家吃饭。

可是我心里却打着另外一个算盘,虽然我没有得到爷爷的许可,但是在聊天中我得知他下午还在这里晒暖。于是下午我又来了,果然,爷爷被我的真诚感动,同意我的调研。就这样我开始了我的四个调研对象,经了解,朱爷爷在合作社的时候还担任过"保管"这一职位,爷爷详细地跟我说了合作社时候的劳作制度和当时的生活状态,我受益匪浅。在结束了调研后,爷爷感慨现在生活好了,村里面还有唱戏的,还放电影,真是生活好了。

2017 年 2 月 22 号

终于到了要做妇女口述史的时候了,今天是第一次做妇女口述史,尽管已经提前做好了一些学习工作,但是还是想让我的调研挖掘出来的内容更为丰富一点。今天的调研对象是我好朋友的婆婆,今年已经九十一岁高龄了,身体健康,耳目清楚,还非常健谈。

我在婆婆午休结束后到婆婆家里,婆婆非常热情地招待了我,叙叙家常后,我们就一起回忆起以前的故事。婆婆总是会说,那时候的女孩子在社会上的地位低得很,"大门不出,二门不迈",从出生开始就不得到家长的喜欢,连读书的权利也没有,日常的生活就是在家做做女红,干干家务,就跟那戏文里面唱的一样,在绣房里面不出来。婆婆在谈到婚姻问题上,生动地形容当时的婚姻是"布袋子里面卖猫",就说都是父母做主,直到结婚的当天,结婚的双方才能看到对方的模样。女孩子没有权利选择自己的婚姻,家里的灶台才是一个女人一生的一亩三分田。

说到这 1949 年以后,婆婆显然觉得解放带来了社会风气的转变。婆婆说在 1949 年以后,妇女们的社会地位提高了,到处都在提倡"妇女能顶半边天",当时的妇女都主动去提出来离婚的,婚姻生活中男人和婆婆不敢随意打骂媳妇,包办婚姻逐渐减少,这些在解放以前是想都不敢想的。在劳动中,涌现出来越来越多的妇女干部,她们担负着越来越重要的角色,这些思想的转变带来社会风气的转变。改革开放更是让生活越来越好,婆婆说她根本想不到现在的美好生活。

同样作为女性,听过婆婆的描述,我觉得现在生活的时代真是很幸福!

罗彦　口述调查小记

（调查员单位：华中师范大学中国农村研究院）

2017 年 2 月 5 日　晴

今天做了最后一位口述史，也是一位妇女口述史。想着今年的口述史从妇女开始，以妇女结束，真像是缘分一样。不过人与人是天差地别的不一样了。就像电影《教父》中说的那样，"在一秒钟内看到本质的人和花半辈子也看不清一件事的本质的人，自然是不一样的命运"。我倒并不是觉得这两位奶奶的差异在谁看得清事情的本质，谁看不清，而是说明，性格决定命运，眼界决定高度这种理论是很有道理的。

这位老人叫陈梅，今年九十岁，是一位充满生命力，充满干劲的老人家。与这位老人相约的是 2 月初，这位老人比我这个年轻人还讲究效率，她身上的时间观念令我深深敬仰。在 2 月 5 日的今天，老人不等我去她家登门拜访就来我家中做客了，专门为这件事。我当时刚起床吃早饭，老人显然已经活动了几个小时了，活力满满。我随便解决了自己的早餐，我们就开始了谈话。其实老人的命运特别苦，早年丧父，中年丧夫，因为家中贫困，养不起自己，十二岁作为童养媳出嫁，十八岁生下第一个姑娘，二十岁丈夫就过世了，二十一岁带着女儿改嫁。幸运的是，老人有一份不可磨灭的坚强。在二嫁的婆家，婆婆对待老人并不很好，常常磨砺自己，但是自己想办法让身边的人制衡婆婆，劝说婆婆。

老人善于与人交往，开朗的性格在很多的地方都能和大家打成一片，为人又勤快正派，所以不管是男人还是女人，都能信服老人，和她交好。因为性格好和自己丈夫感情也好，丈夫从来不会约束自己的自由，她说："女人要是做事情有把握，知分寸，懂进退，有礼节，要是男人还不支持的话，那就是这个男人有问题。女人不比男人低等，只要自己有本事，有能力，谁有权力看不起谁呢？"这段话和我的想法不谋而合，我连连说对，还补充自己的想法，觉得自己成为女人是一件幸运的事情，这意味着我们更有机会去感受家庭的重要。老人家将我引为知己，我们竟不知不觉成为"忘年交"。

今天的访谈进行了将近 6 个小时，老人将她一辈子的奋斗、一辈子的辛苦、一辈子的心酸，都对我诉说，在做妇女委员的时候所行的善事，在家中抚育子女的苦与乐，娓娓道来。说实话，我真的感激，在这种言传身教的过程中，我看到生命更多的可能性！

李滇燕　口述调查小记

（调查员单位：西北师范大学国际文化交流学院）

2017 年 1 月 17 日，今天距离我从兰州回江西老家已经过去了一个礼拜，这也是踌躇的一个礼拜。华中师范大学和我们学校的口述史调研每一年都有，也就是说，去年大一都没有头脑一热就去参加一个活动，在更加迟疑的大二，我为了给自己更多的锻炼机会，给自己报了参加口述史调研的名。其实在有一些程度上是受到优秀的室友的影响。在迈出去这一步之后，其实还有九十九步需要坚持去走。这也是我在今天的调研中的一点感受。长年在外地读书，对于村庄的了解程度不够，找不到可以去调研访问的老人。多亏了我爷爷奶奶他们在村里生活了这么多年，认识很多九十岁的老人，他们帮我找到了可以去访谈的老人。我不敢单独去到人家去采访，只好让我奶奶陪我一起去找老人。找到老人也羞于开口问问题，都是旁人帮忙一起说，然后才慢慢打开了话匣子，我们家这边说的是赣方言，访谈的册子上的大部分的问题表达都过于文学性，把它们都翻译成方言的表达有点晦涩，让老人不容易理解。以上是对于今天的采访所做的反思，下面是对调研对象的一些感悟。今天找到的这个老人是我们同村的，老人已经九十岁的高龄了，依旧耳朵很灵光，眼睛也很光亮，头脑很清晰，问及一个问题，老人总是能讲一个完全，故事也讲得非常的生动，老人在采访过程中一直在重复一句话，以前的日子真是太苦了。老人的感慨绝不是虚浮的无病呻吟。

1 月 18 日，今天又去昨天的那一位老人家里，老人接着昨天的话又给我讲述了许许多多故事，从他们在合作化生产队时期，老人家里的主要劳动力——老人的丈夫在工厂里做木匠活，一个月拿一点微薄的工资，家里只有一个妇女挣六分工分，家里孩子又多，家里的工分时常是超支的状态，那个时候超支了就领不到粮食，一家人经常挨饿，我觉得老奶奶以前的生活真的是特别的艰苦。老人在家中吃不饱穿不暖的情况下，还和丈夫共同养育了九个儿女，家里的儿女都读过书，有三个儿女都上过高中，其余都读过初中。它不仅仅是一份慈爱可以概括的，更多的是为儿女前途考虑的远见。老人也是一个特别特别善良和乐观的人，每当讲起一件苦难的事，她都会很庆幸地说都亏那个时候那个人在物质上的帮助，想到那个人总要说起他们对人特别好，在那个陋化富农的时代，他们作为富农，一点都不会看不起穷人，每当有吃不上饭的人去他们家借米都会借给他们，而且从来都不问还不还。老人的生活虽然艰苦，但弱小的身躯总能抗住生活的大风大浪。让我们这些做晚辈的人心生敬畏。

1 月 19 日昨天和前天访问的那个健谈的老人让我觉得其实调研很容易，然后今天又兴致勃勃地去访问了一个快要一百岁的老人，但是老人耳朵听不清晰，想问一个问题都特别费劲，在初步的问了几个问题之后发现调研继续十分艰难，于是决定转到去问另外一个也九十多岁的老人，她年轻的时候是专门给人接生的，而且文化程度也算可以。

当我们走到老人家里的时候，老人正躺在床上，由于身体状况不佳，老人的情绪十分低落，在问到一些问题的时候还伤心落泪，比如说在问到小时候家里的情况的时候，老人呜咽地说，她亲娘去世的早，后来父亲又娶了后娘，在做衣服的时候，除了她所有的小孩都有衣服，在那时候老人心里就存了这样的阴影和委屈；后来嫁的老公又赌又嫖，日子艰难，只有离婚再嫁；再嫁生了一个儿子还在去年动手术的时候去世了。老人情绪如此低落，我们怕影响到老人的身体健康状况，只得放弃采访。

从老人家里出来,奶奶又带我到了另一个八十九岁的老人家里进行访谈,我们刚刚走到老人的屋旁就看见老人在菜园子里忙活,看到我们来了就和我们打招呼,喊我们去她家烤火,听明白了我们的来意后,老人就说要我问,她想的起来她就回答我。就这样我一个一个问题的问,老人耳朵也不聋,思路也很清晰,一个接一个的回答,而且不同于前一个老太太的那种健谈,这个老人的答话都十分简单且切中要害,让我在整理的过程中没有特别的费事,言简意赅,这让我很敬佩。老人走过了将近九十年的光阴,依然看上去像六七十岁,腿脚也很灵便,身体依然很康健,耳聪目明,我想这应该和老人的潇洒率真有很大的关系。

老人出生在一个封建思想很严重的传统家庭,可能那个时候的社会风气普遍都是妇女没有地位和权力,所以老人只能看着兄弟去读书。后来十三岁出嫁,丈夫也是给人家做长工的人,也没有太高的文化水平。但是,老人虽然是在这样环境中生活,但是在土改的一次契机中脱颖而出,成为妇女干部,并且在下乡知青的引导下认字读书,成为一名优秀的妇女主任,这真的很让人惊叹。但是老人一直在说是这个时代让妇女有了说话的权利、有了说话的分量,她由衷的感谢这个让妇女不那么卑微的时代。老人说,正因为在农会里的工作,让她从一个目不识丁的妇人成为一个合格的共产党员,虽然后来因为一系列的原因没有继续农会里的工作,但是看到自己在那个最青春最美好的年代有对于自己严格的要求和见证自己不断的成长,自己还是很开心。而且那个时候在农会里工作没有和普通妇女一样要在田间地头辛苦的劳作,这样和那个时代的人比起来就没有那么辛苦,更重要的是和农会里的干部一起去过很多地方,见过一些大事,对于生活中的很多事比别人看得更开一些。经过对老人的访谈,不仅认识到他们那个时代动荡更迭,更见证了一个时代对于一个自强不息的人的塑造,把握时代,成就自我。

覃雯 口述调查小记

(调查员单位:华中师范大学中国农村研究院)

2017 年 1 月 17 日

在我放寒假之前,朋友圈里小伙伴们已经开始行动了,我每天都忧心忡忡,万里长征我竟没有踏出一步。回家之前我就发动了各路亲朋好友,帮我留意身边的老人,功夫不负有心人,终于有人为我引荐。

俗话说"万事开头难",这句话还真是我内心的写照。在去受访者老奶奶家里的途中,我内心忐忑:"我与她素不相识,她会配合我,相信我吗?能有精力与我聊那么长时间吗?我会被家人阻止吗……"

访谈开始之前,我花了 5 分钟左右的时间与奶奶表明了我的来意和真实目的,顺带聊聊家常,这下我和奶奶都放松了许多,之前的紧张感不翼而飞。我们正式进行交谈时,奶奶一直努力想要把我的问题回答好,只不过随着时间的增长,记忆力已经有所减退,我一边放慢语速,一边向她表达记不起也没关系,能说就好。访谈就这么有序地进行下去,两个半小时很快就过去了,我开心地获取到了自己想要了解的信息,奶奶也很欣慰有人专程跑来了解她的历史。

这个下午给我的寒假调研开了一个顺利的头,在回家的路上,我豁然开朗,有时候令我们敬畏的不是事情本身,而是我们的思想太过于复杂,总会给自己寻找躲避的理由而不是前进的动力,因此我才会被自己给自己吓着。访谈的时候,我紧张老奶奶因为精力不足不能坚持,她却担心表达得不够清楚,我不能理解,我和她就是这样保持着为对方紧张的心理交谈,整个过程简单而美好,心情已经由阴雨转情。

2017 年 1 月 17 日

还沉浸在前两天进程顺利的欣喜中,没有缓过神来,今天就被现实狠狠地拍到了地上。昨天在跟奶奶聊天,村里不少奶奶都在旁边一边烤火一边听着我们的聊天内容,时不时还接上一两句话,我暗自高兴,咱们这个村懂得当时情况的人还是不少的,结束访谈的时候,我就顺带预约了其他奶奶,第二天再去拜访她们,她们也很愉快的答应了,很热情地表示支持我的工作。我满怀期待地等着第二天的到来。

今天一大早,我装好了热水,背上小书包,踏上了去已经预约好了的奶奶家里的路程,结果去到奶奶家后面,透过窗子看到她站在门外,我正想叫她的时候,她发现我朝她走去,转身就跑进屋里了,我在外面一直呼喊,她也一直没出来,然后我转身离开,想要去另一个已经预约好的奶奶家,没想到那个奶奶家大门紧闭,我又失望而归,在路上遇见了一位常见的奶奶,尝试和她交流,她摆摆手,说不记得那些年代久远的事了。我失望地向家里走,一直摸不着头脑,为什么大家会躲着我,不愿意讲以前的事情呢?我只是个学生呀。我沮丧,无奈,感觉找个老人太难了,晚上去村支书家做问卷调查的时候,顺变道出了我的苦恼,村支书表示理解:"那些老人都是经历过土改都地主的人,当时被扣上地主帽是件很可怕的事情,就意味着你成了我们大家伙儿的公敌。所以以前是成分较高的奶奶难免会有所顾虑,担心你做这个调查,以后对她们的儿孙造成不良的影响。"我明白地点点头,知道真实愿意的我似乎没有那么难过了,她们的担忧跟她们的经历相关,一开始她们的出发点是想要帮助我,但是又说服不了自己不往其他方面想,比起残忍拒绝,她们宁愿不要碰面。

　　这样想想,这些奶奶们又都是可爱的人,我有我的无奈,她们也有她们的无奈啊,我有我的为难,她们也有她们的担忧,不管怎么样,调研还是要进行下去,目标还是要达成,与老年人打交道依然要继续。谁让我们都是这世上离不开柴米油盐酱醋茶的凡夫俗子呢?

史天逸　口述调查小记

（调查员单位：华中农业大学）

时间：2017 年 8 月 19 日

地点：浙江省海宁市周王庙镇博儒桥村史家埭

天气：晴

自从七月初从学校回到家里，我一直在忙着完成我的暑期社会实践，一直到最近几天社会实践结束以后，我才能正式开始进行这一年的农村妇女口述史调研项目。在之前的一个月里，我简单地看过了访谈提纲，当我今天去进行实际的访谈后，我发现我原来的判断出现了一些问题。

访谈对象是我家后面的一位亲人，往上计算甚至还是不算遥远的亲属。老人名叫周桂仙，1934 年出生，今年已经八十三岁了。但是在交谈的过程中，我明显可以感受到老人的充沛的精力与清晰的思维。这给我的访谈带来了一定的便利之处。我是与我奶奶一起去找到老人的，由于有我奶奶这样一个当地的介绍人存在以及我本身就是当地人，所以我进入环境的难度减小了很多。但是当我正式开始访谈之后，我逐渐发现我之前看访谈提纲的时候过于简单了，所以有很多细节没有注意到。例如说，这一篇访谈提纲中存在着数量比较多的带有一定私人隐私性的问题，这一些问题如果直白、直接地问出来，造成的结果不仅是导致这一问题的失效，还会使老人对这一个访谈产生怀疑、排斥与抗拒心理，从而影响后续访谈的开展。所以我在访谈过程中，尽力尝试不去直接触碰老人内心敏感的地方，转而使用迂回的策略进行旁敲侧击，这样做的结果是：效率不高，但是还是有一些比较好的问题得到了回答。另外，这一个提纲中有一些问题我自我认为是太过于空泛、宏大而缺乏一个访谈过程中明确的落脚点，例如："您什么时候接触到国家这个概念？谁向您提及？在此之前您认为的国家是什么？此后您认为的国家是什么？"，我感觉这样的问题实在不知道应该如何去问，因为很明显，这个问题太大了，即使是去问读过书的学生，也不一定可以回答出来，更遑论是没有读过书的、八十多岁的老人了。所以有时候，我选择了将这些问题跳过的处理方式。

此外，在访谈过程中，因为老人的女儿太热情了，经常会在聊天的过程中突然插进来，这样的情况一定程度上让我对老人的描述有了更加完整的认识，但是也对访谈的完整性和连贯性造成了一定的影响。

这一位老人一共访谈了两次，时间一共达到了四个多小时，但是最后，全文整理以及分阶段整理的字数也只有两万多字和一万多字，这说明我对这位老人的访谈其实是低效率、低水准的。我没有能够高效、准确地对老人进行访谈，使老人以及旁观者的无关补充比较多。因此，我需要吸取这一次的教训，避免再出现这样的情况。

时间：2017 年 8 月 22 日

地点：浙江省海宁市海昌街道东郊新村

天气：晴

今天访谈的老人是祁引宝。我去年参加土地改革口述史调研活动的时候就对这位老人进行过访谈。老人是 1935 年出生，今年八十二岁。老人的孙子是我的高中同学，正好借高中同学的优势条件，让我能够顺利对老人进行连续两年的访谈。老人十七岁结婚，嫁的丈夫之前有过妻子，但是去世了。也就是说，老人是填房进入男方家里的。老人育有一女，女儿的丈夫是上门女婿。但是没等女儿和女婿生下孩子，女儿就去世。然后女婿重新娶了一个妻子，并生下了一个儿子，也就是我高中同学。老人家庭关系十分复杂，当我没有对老人进行这次访谈的时候，我完全理不清其中的家庭关系。但是，很幸运的是老人的女婿以及女婿现在的妻子对老人非常好，完全尽到了赡养老人的义务。在我的观察和了解中，尽管老人和女婿他们没有血缘关系，但是胜似亲人，家庭非常和睦，家人也尽心尽力照顾老人。

在访谈过程中，老人因为自身以及女儿的经历，对有些问题比较敏感，选择了回避的方式。出于尊重老人，所以我没有继续在那些问题上追问下去。另外，通过对老人和前天周桂仙老人的访谈内容进行对比，我发现，即使是在相距不过20公里的同一个县市中，也存在着一定的差异性，而不是完全一致。我想，这是由于社会历史条件决定的。在1949年以前，普通人家的出行方式几乎全部集中于步行。而且农业社会的特性也束缚了农民的出行，大部分人都很少出去到其他地区。人员与信息交流的闭塞导致同一地区不同区域的风俗习惯发生异化，这在两位老人各自的访谈中所提到的各种风俗习惯的差异性中可以看出。同样，当交通方式迅速发展与信息传递方式的不断更新之后，人们的信息互换更加频繁，从而使人们的风俗习惯、价值观念也随之趋向一致。这一点，我们可以从1949年以后，尤其是现在两地的各种风俗习惯中看出来。

最后，通过这一次的农村妇女口述史调研实践，再加上去年对土地改革的口述史调研，我对我的家乡1949年以前的一段时间历史有了一个比较清晰、明朗的认知。并且也对爷爷奶奶这一辈人的生活状态有了简单的了解，在他们平淡从容的语气中，我能感受到当时剧烈的社会变革，也能感受到蕴含在平淡话语中深刻的情感。无论是今年的两位老人，还是去年的五位老人，当我问到什么时候是最好的时代的时候，所有老人无一例外都在强调着现在社会的美好。我觉得，尽管现在中国这个社会里，还有着污染、有着腐败，还有着各式各样的不好之处，但是相对于当年新中国成立之前的社会，我们这个社会有肉吃、有酒喝，也能安安稳稳地过完一辈子。

《二十二》里的老人说过这样一句话："这世界真好，吃野东西也要留出这条命看。"老人正在逐渐凋零，希望口述史工程可以为中国的老人留下更多的他们的声音。

王乐 口述调查小记

(调查员单位:华中师范大学中国农村研究院)

2017 年 1 月 9 日

今天开始寒假的调研工作,去靴铺窑子村进行寒假的问卷调查。村里的冬日,一片金黄色的景象,农户家都住得很分散,还好开车了,不然一天我怎么找这么多户的人家啊。村委会比较配合,和村支书和主任之前约好了,村长来接我们,在前面带路。村长是个比较客观的人,讲了一些他对当前基层农民生活变化的一些看法。

通过入户,发现内蒙古的"十个全覆盖"搞得还不错。村民的房子整修的也不错……通过一天的调查,感觉这里农牧民很淳朴,热情、好客,对于一些事情毫无忌讳,问什么,他们就给你说什么,一点难度都没有。知道我是大学生还做寒假调研,他们一点都没有不耐烦,反而都很积极配合,让我很欣慰。

2017 年 1 月 15 日

前几天把问卷做完之后,就开始了口述史的调查,因为暂时没有找到老人,只能就在家里待着,让哥哥在他家的社区帮我找了一些符合条件的老人。早上坐公交车 20 多分钟来到恒润新村。进了社区,老人好多呀,而且各个都在打牌,打桌球。内心好开心呀,就像同学们说的,现在看见老人都是眼前一亮。

今天采访了两个老人,早上老人的记忆力会比较好,而且都有过干部经历,对于集体化时期的事情都比较清楚。后一个老人不是很理想,因为老人没读过书,很多东西他都表达不出来,而且不愿意多说,总是我问一点,他回答一点。进行得不是很顺畅。但是对整个旗里的入社时间和简单的合作化时期的事情都有了些许的了解。

2017 年 1 月 16 日

今天依然是去恒润新村去找老人,特别幸运的是找到了去年访问土改时的老人呼占彪,关于土改的访谈,老人就记得特别的清楚,今年能在遇上他也是也别的幸运。

1935 年出生, 祖籍内蒙古自治区鄂尔多斯市准格尔旗,1948 年逃荒来到内蒙古鄂尔多斯市达拉特旗。没有读过书,1956、1957 年扫盲扫了两年。有四个儿子、一个女儿。老伴儿已经过世了,女儿在中蒙医院上班,女婿是公安局副局长,儿子们在交警队上班;两个孙子也一个在交警队上班,一个在铁路上上班;四个孙女,两个在奶奶大学,一个在房管局工作,一个在城建局工作。老人的生活来源是每月 335 元的养老保险,老龄补贴 150 元,一共 485 元。在旗交通局退休时,1962 年老人的工资是 45.5 元,按照百分之四十又给提成,现在一年给补到五六千。老人以前在秦油坊住的,搬上达拉特旗到现在已经十五六年了。原来老人住的那个地方,人家要建厂开发,就征了老人六十亩土地,一亩土地卖了两万三。

老人的一生可谓是十分丰富,十八岁入团,1955 年开始当的秦油坊生产队的队长。1956 年和 1957 年进行了扫盲学习。1957 年参加了工作了,到了旗交通局。1962 年调到高头窑贝儿江海(注:内蒙古鄂尔多斯市达拉特旗的一个地方)修路,1962 年回来以后,在大队里面又待了三年,又回来在生产队当了队长,一直到 1963 年"四清"完了以后才回来。"四清"结束后又休息了三年,又当了队长一直当到老人六十多岁,1966 年入党,成为一名光荣的共产党员。农业生产合作化对农业生产发展是有帮助的,大集体的时候,大家统一行动,统一劳动,统一分配,统一规划,是有帮助的。在老人看来,那个时候社会一个阶段是一个阶段,从现在对比来看,那个时候的农业合作化纯属胡闹,一下把大家弄在一起,大家在一块儿劳动,根本不好好干,过去一个生产队,能产五万或者六万斤的粮食,现在分化开来,一户人家就能产几十万斤粮食,这个悬殊比较大。

访谈结束后,我问了一下老人的近况,才得知他的四儿子今年出了次车祸,做了两次的开颅手术,老人的精神备受打击,短短一年未见,感觉老人一下子老了好多,使我内心感慨颇多。

2017 年 1 月 25 日

今天去姥姥家,她刚好满足妇女口述史的访谈条件,刚好可以完成妇女口述史访谈。通过访谈,了解了姥姥的不少事情。

姥姥家在牧区,没有土地,她们不种地,主要以放牧为生,那时候的草场不像现在一样都分给个人是多少亩多少亩,那时候的草场都是大队的,大家都没有限制,放牧,想走哪里走哪里。姥姥的娘家养着骆驼,差不多有个二三百只,每家人家都是靠这些来维持生活。姥姥的父亲弟兄四五个人从东南西北走大山把这些骆驼全部找到。这些骆驼是用来去后套,驮粮食的,牧区没有粮食,全靠吃后套托运来的这些粮食。一列骆驼是七个,从沙漠里面把这些骆驼都找回来之后,要先把它们拴到一起,不给他们吃,只给他们喝水,控食七八天,他们才可以托运粮食,不止给我家托运也给其他人托,那时候全靠这些骆驼去后套把粮食偷运到牧区来吃。后套是现在临河,那边种粮好。

姥姥十九岁与姥爷结婚,二十岁的时候生的第一个孩子。姥爷家也没有土地,都是在牧区。他们这里没有进行过土地改革,只是划了一个成分,没收了东西,却没有挨批斗,挨批斗是在文化大革命。姥爷的父亲是商业资本家,姥爷的父亲家是开靴子铺、盐铺做生意的,但是1949 年以后没多久,他家的东西就都被没收完了,家庭开始败落了。土改后,姥姥和姥爷家都没有种过地。家里的收入来源主要是靠做生意,一边是点石图的生意,另一边就是塔拉沟的生意。塔拉沟的生意,字号叫福成永,点石图的生意字号叫福生厚。家里开的靴子铺,但是包括的东西很多,薅羊毛,又做靴子制革,就把生皮子,回来做成皮子,做出来之后再做鞋子靴子。倒卖咸盐、把蒙古人从沿海驮出来的咸盐买下来,再转卖给陕西口里的人。老爷爷他们就把这些盐买下来之后,再转卖给他们,一斗米换一斗盐,陕西口里的人会上这儿来买盐。除了这些,还经销百货,放牧为生。当时姥爷家里的生活水平不止在村里是最好的,在整个塔拉沟也算数一数二的人家。塔拉沟是牧区,没有进行过土地改革,土改是在陕西口里的老家进行的,当时姥爷的父母被划成了商业资本家,因为姥爷抱养的,所以人家就给我另划了成分,划得贫农成分。

因为家庭富裕,姥爷也接受了比较好的基础教育。当时是在三连联部的一个学校上学。在那儿读完之后,又去包头读了一年。那个时候地方上只有小学,杭锦旗都没有一个完整意义上的小学,就一个还没有完小。那个时候,小学是 1 到 4 年级,完小是 5 到 6 年级,这才读完了完整意义上的。再等到"文化大革命"的时候,姥爷已经不被允许继续上学了,才没有继续读。可是直到现在姥爷依然很是喜欢看书,历史知识的储备也是非常多,活到老,学到老,值得我们这些孙辈好好学习。

王顺平　口述调查小记

(调查员单位:华中师范大学中国农村研究院)

　　自从推免结束后,我就对此次寒假抱有极大的期待,平日里读书的时候,看杜润生老先生写的关于土改的这些书籍,让我对 1949 年前后的那段历史很感兴趣,很高兴迎来了期待已久的寒假调研,让我能够走出书本亲身了解当时的社会生活到底是什么样子的,这也能够让我挣脱历史课本的束缚,了解广大农村地区的真实情况。不过令我没有想到的是,这次除了要调查合作化口述史之外,还有两个妇女口述史的调研任务,在经历了调研培训之后我了解到妇女在 1949 年前后身份地位的巨大差异,正是有了中国共产党,不仅广大农民翻身做主人,广大妇女同志也不用再受封建社会的压迫,所以妇女地位提高的历史也是中国人民社会地位变化的历史的一部分,了解这段历史对于我们认识 1949 年前后的农村社会生活变化至关重要。

　　为了能够高质量完成这次妇女口述史调研,我在培训结束后立马联系家人,因为我要回家乡找八十岁以上的老人调研,因此我需要家人帮忙联系一下家乡有没有八十岁以上的、身体状况不错的老人能够配合调查,毕竟妇女口述史的调研要求比较高,提纲也比其他类型的口述史要厚不少,因此我最好能找到两位身体素质较好,能够坚持完成访谈的老人。果然功夫不负有心人,在奶奶的帮助下,她想到了一位认识多年的老朋友,只不过现在奶奶年纪大了很少出门,因此两位老朋友之间的走动不如以前频繁,不过两位老人的关系一直很好,奶奶说她带我去找那位老人,老人自己在家没什么事,肯定会答应的。因此在奶奶的带领下我们来到邻村的那位老人家里,敲开老人的家门之后老人见到奶奶来找她十分高兴,奶奶向她表明来意之后,老人十分愿意帮忙,只是老人觉得自己不识几个字,就怕帮不上什么忙。在我的解释下老人明白了我此次访谈的目的和内容,因此老人便很痛快地答应接受我的访谈。

　　访谈的时候尽可能用方言将提纲上的问题提出来, 这样也能让老人充分理解问题的含义,老人说自己年龄大了,记性不太好,我问的都是几十年甚至是她小时候的事情,时间太久了很多事情她根本记不住,她表示自己只能尽可能地回忆自己能想起来的事情,我急忙向她表示感谢。在访谈中,老人在回答我的问题的时候,回忆起自己小时候过的苦日子感慨万分,甚至时不时地流下泪水。旧社会的女性不论是小孩还是大人,社会地位和家庭地位都极其低下, 只有在共产党来了之后才提高了女性的地位, 老人将过去的生活与现在的生活进行对比,十分感谢党和毛主席能让自己过上好日子,不用再卖苦力干活,也不用再吃不饱饭。

　　在访谈的过程中,老人的儿子来看望过老人,见到我们在访谈,就坐了一会儿便离开,老人的大儿子走后老人说起她生育了两个儿子和三个女儿,但是二儿子因病去世,现在只剩下大儿子和三个女儿了,不过这些孩子都十分孝顺,对待老人很好,经常来老人这里看望老人,老人不愁吃也不愁穿,对现在的生活感到很满意。上午的访谈进程比较慢,可能就是因为问的问题大多是关于老人结婚前在娘家过的那些苦日子,引起老人对那些日子的回忆。快到中午的时候老人的女儿又到了老人家里,老人说女儿正忙着干活,中午还会给她送饭,对老人十分孝顺,在交流的过程中我了解到,我与老人的一位外孙曾是小学同学,只不过不是一个班的,现在也没有任何联系,老人还嘱咐我一定要好好学习。

　　中午快到十一点的时候老人说要把女儿送的饭热一热,我也考虑到老人八十多岁,不能长时间接受访谈，我便结束了上午的采访，让老人吃饭休息。临走之前我与老人约好下午等老人休息好之后继续访谈，老人也答应我，能记起多少说多少。因此我便与奶奶离开这位老人家先回家吃饭，吃完饭后休息到两点左右我们才继续去访谈的，目的就是为了让老人多休息一会儿，不要因为长时间访谈影响老人的身体健康。下午到老人家的时候老人已经在家等着我们了，由于老人结婚后的事情老人的印象比较深，因此访谈进展得很顺利，老人也在此过程中以自己的亲身经历为例，进行了今昔对比，感慨社会发展变换真快真好。

其实在找到这位老人之前，我也找过其他一些老人，但是老人要不就是身体状况不佳，难以配合接受长时间的访谈，要不就是老人身体较好但是却不在家——因为我们当地的冬天非常寒冷，一些老人冬天都到城里的儿女家居住，这样还方便儿女照顾老人。为了不耽误我的调研进程，我便让奶奶帮我想办法找老人，功夫不负有心人，最终成功找到了这位合适的老人。其实这次妇女口述史调研不仅让我顺利完成任务，也让我对1949年以前出生的女性群体有了更深刻的认识：她们当中的很多人出生在并不富裕的家庭，享受不到男性的优等待遇；而1949年以后社会地位的提高以及能够挣钱养家，使得妇女能顶半边天，这一代老人小时候在家干活吃苦，长大后为集体生产吃苦受累。令人欣慰的是，老人们在年老不能干活后能够享受到儿女的孝顺以及国家对老人的补贴和帮助，老人的晚年生活才能无忧无虑。一切的一切除了老人自身的不懈奋斗之外，正是得益于中国共产党这一伟大的政党正确的领导，旧社会的女性才能脱离苦海，因此老人在访谈结束后感谢党中央，感谢毛主席的正确领导自己才能过上好日子。

王玉莹　口述调查小记

(调查员单位:华中师范大学中国农村研究院)

2017年1月3日,作为新年的初始,在大多人处于元旦假期放松之际,我却在父亲的帮助之下找寻着自己进行口述史调研的第一位八旬之上的老人。寻觅许久,当听到父亲为我联系好一名老人时,我的心情霎时充满着欢快但随之也有些许紧张,因为之前自己是从未做过口述访问这样的事情,不过"万事开头难",在通览过妇女口述史调研的问题大纲后我便踏出了口述史调研的第一步。

来到老人家里,是老人的二儿媳妇接待了我,因为之前父亲的提前招呼,对方很是清楚我的来意并待我也很热情,在她的引领下我来到了受访者屈俊英奶奶的房间。屈俊英奶奶今年有八十三岁,身体看起来还是很硬朗,精神头也很高昂,思维表达也算是清晰。于是在开始访问之前我和屈俊英奶奶唠了一会家常,随后我又向屈俊英奶奶讲了我的来意和访问要求,本以为对于我访问录音屈俊英奶奶会表现排斥,结果发现屈俊英奶奶很是通情并不介意。于是在屈俊英奶奶的那间十平方米的房间内,我和屈俊英奶奶一同坐在她的床上渐渐展开老人那时对于土改和合作化时期的追忆。

因为是第一次做访问,对大纲也不甚了解,所以在访谈过程中,关于问题的提出都是按照书本上的大纲在进行,可是现实不可能会一成不变的向着预想的方向发展,脱离大纲的事实不期而至。"初出茅庐"的我在面对这样的变化,毫无意外的开始慌张与混乱,大纲中有关于农村妇女的婚嫁问题,屈俊英奶奶是结婚后和丈夫一起在娘家住并未在婆家生活,但是大纲的方向有一块是研究婆媳关系,所以在提问的时候屈俊英奶奶一直强调她自己并未与婆家有甚深联系但我还是"迷途不知返"的"往南墙上撞",不过好在屈俊英奶奶在结婚后在婆婆家住过一周的时间,所以对于我的问题屈俊英奶奶也在尽力回忆和回答。

第一次的调研,真是描绘了这样的场景:开始之前对未知的忐忑,过程之中对变量的慌张,结束之后对定局的放松。整个过程虽然磕磕绊绊,但最终还算是圆满地完成了首次战略任务。相信有了这次的经验总结,以后的路只会越来越顺畅!

在接受调研时便已经隐隐感觉,找寻八旬以上的明白老人并不容易,果不其然,在第一个妇女口述史"旗开得胜"之后,迎来的是苦苦找寻合适老人的瓶颈。由于代际相差很大,仅靠自身的一己之力在调研的路上愈发艰难,所幸家中的父母在我的调研之路上给予了很大的支持。

由于妇女口述史需要寻找的仅是两位八旬以上的老人,加之已经完成了一个,因此对于另一个妇女老人的寻找本打算在土改、合作化口述史访问之后再另行打算。哪曾想,踏破铁鞋无觅处,得来全不费工夫,在日常看望奶奶时,询问了一下奶奶的年龄,发现自己的奶奶不正是自己这段时间苦苦找寻的调研对象么。1月22日,在对奶奶进行过试调研的基础上,我和奶奶正式开始了关于土改与合作化时期,妇女在那个社会环境下所见、所感、所知、所想的一系列的访问。

在访问过程中,因为是自己的奶奶,加之第一次对妇女口述史访问的经历,整个的访谈在进行中较为顺利。也是通过这次的访谈,使得作为孙辈的我对于奶奶之前所经历的事情有了一个更深的了解,对于奶奶的感情也更进了一层。奶奶对于土改与合作化时期的印象虽然偶尔会出现混乱，但是对于当时的岁月艰难、饥饿贫苦、重男轻女、婚姻生育等各个方面还是很有感触。也正是了解了当时那个岁月，奶奶作为一名女性是如何支撑一家、艰难度过，我更加体会到了奶奶对如今美好生活是如此的珍惜。因为奶奶之前生活在一个贫苦的家庭，并且还是作为捡来的孩子，因此奶奶对于自己孕育的孩子甚至孙辈的情感极其深厚，对于奶奶来说亲情对其来说是一个很重要的情感。也是因为奶奶之前经历过饥荒，感受过饥饿的胁迫，因此即使如今生活在物质生产较为丰富的现下，仍时刻秉承勤俭节约的行为准则，不肯浪费些许粮食。而在与奶奶进行访谈交流之后，听闻奶奶在那时的遭遇与经历，使我对于"珍惜"一词有了更深层的理解，要珍惜先辈为我们营造的现今的自由平等的环境，要珍惜对我们来说看似轻而易得的粮食或者其他物品，更要珍惜血缘维系下的每一代之间的亲情。

徐强　口述调查小记

（调查员单位:华中师范大学公共管理学院）

2017年2月3日,周五,多云

早八点左右回到家,吃过饭后就来到村委会查看老人资料,在村主任刘叔的帮助下找到了黄庄村的老人资料,但是年纪八十以上的就4位,刚好都认识,我就直接去老人家里了解情况了。首先来到白坤民老人家里,白爷爷是我同学的爷爷,平时经常见,打了个招呼就问起了合作化期间的事情,老人很爱说话,那时候的事情记得很清楚,那时候老人担任合作社会计,对于入社的事情知道得很详细,记工分分粮食也给我说得很清楚,哪一年发生的事情也都记得,访谈进行得很顺利,一上午就做完了,老人还留我吃饭,我很礼貌地拒绝了。

告别白爷爷后下午我来到白坤茹老人家,白坤茹老人是白坤民老人的近亲表兄弟,两人的爷爷是亲兄弟。这位老人小的时候上过学,后来一直当老师教小学,所以说我问的问题他都很明白,一些专业的词语他也能很快听懂,就是老人脾气不怎么好,由于问题很细致,烦琐和重复,老人几次都有点着急,幸好中途休息了几次,总算在天黑前把全部的问卷做完了,临走前我接连向老人表示歉意,老人也不生气了,还热情地让我留下,陪我聊了很多早先的事情,最后我才回家。

2017年2月5日,周日,小雨

今天上午还是先来到谷士宽老人家进行合作化口述史调查,老人的态度很配合。临近中午才做完,至此完成了一位老人的口述史。没来得及回家就来到了村东头的谷吉山老人家,老人已经九十五高龄,是村里年纪最大的,但是老人身体还不错,了解了一下情况就决定下午来采访。下午来到谷吉山老人家后,简单聊了几句就聊起了互助组和合作社,老人一开始跟我聊着那时候家里的情况,但是通过老人的描述,我觉得老人一直将互助组当作合作社,我旁敲侧击地提醒老人,但是老人也回忆不起来,到谈到工作队的时候,虽然有老人女儿在一旁帮忙提醒老人,但是老人年纪太大,记忆力衰退,很多都忘了,停止了采访,无功而返。

然后是在村里寻找老人,最后我来到了村北头谷志高老人家,老人今年八十六了,土改后当过生产小队的组长,集体化时当过仓库管理员,"文化大革命"时被批斗过,老人一直单身,但是脾气很好,可能自己一个人居住,对我很热情,也很配合。一下午的采访很顺利,中途来了位串门的老人,两人一起回忆合作社时期的事情,意见不一样时还会争吵几句,很快土地改革部分就完成了。由于怕耽误老人休息,下午休息了好几次才继续采访,老人记忆很好,集体化的口述史在老人的回忆中结束,还给我讲了很多其他的事情。

2017年2月7日,周二,晴

今天天气很好,由于昨天下午在村里没有找到符合年纪并且愿意配合的妇女,今天只好去邻村采访同学的奶奶。去之前和同学打了个电话,得到其父母的同意后就买了点礼品上门了。来到司法荣奶奶家,老人很热情,远远一看老人就很慈祥,身体也不错,得知我的来意后老人虽然愿意,但是怕自己年纪大了很多事情记不清楚,但是在我的安慰下就开始了今天的口述史调查。老人一开始还有点拘束,在我提问了几个问题后老人就很放松了,很愿意聊起她小时候的事情,这样不知不觉就接近两个小时。我竟然忘了让老人休息会,老人也不在意,亲自要给我倒水喝。我看着临近中午,就在老人的热情挽留下准备回家,临走和老人约定好明天再来,老人也热情地答应了。

两件最感动的事:

暑期在东峪北崖村进行调研的过程中有许许多多的事让我感动,刚来报道就在镇办公室主任的带领下见了镇长,然后开车送我进村与村干部认识;调研过程中村干部和农户都很配合,并且给予了我很大的帮助。但是还是有一位老人,深深地感动了我。王培荣老人是我在7月20日在街上遇到的,老人正在街上与李芳玉老人乘凉,当时正在寻找孟广秋的住址,老人说住址就在这附近,但是很难找,直接带我去。我看老人拄着拐杖往前走,就自觉地上前挽住老人的胳膊,老人一边笑着说"没事,自己走习惯了",一边带着我去孟广秋家。路上就随口问了下老人多大年纪了,老人说今年九十了,我突然感觉不应该让老人带路的。后来到了地方发现家里没人,我又扶着老人回到了路口,坐下陪老人聊天,当时就想既然没有人就采访下这位奶奶吧。

通过聊天,我知道了王奶奶虽然九十高龄了,但是却是自己一个人过,老伴走的早,家中本来有四个儿子,但是早年间因为各种原因陆续都死亡了,只留下两个孙子。孙子在济南上班,都已成家,虽然每周都会回来,也很孝顺老人,但是平时老人都是自理。听到这些我突然感觉老人很可怜,也许我不该采访王奶奶的,让老人想起了很多伤心的事。王奶奶却说道:"虽然以前受过很多苦,但是老了以后生活好了,也享受到了,看到孙子成家立业,还有了孩子,每星期都会抱回来让我看看,我觉得以前的苦也没白吃",我发现老人的心态很豁达,或许经历得多了,在老了以后也看得开了,用乐观的心态去对待每一天。我也听旁边的李芳玉老人说王奶奶虽然年纪大了,但是很热心,邻居家缺点什么的都会把自己家的借给邻居,是村里的"老好人"。采访完王奶奶后,我把手提袋里的毛巾等小礼品送给老人,但是老人坚决不要,一个劲儿说不是图我的东西,我陪她说会话就很高兴了,不能要东西,让我拿着用到别处。最终礼品也没收下。

第二天我去王奶奶家拍房屋照片,奶奶正好在家,而且还有很多邻居在给奶奶家修房顶,近期有大雨,周围邻居怕奶奶家房子漏就来帮忙了,我想这就是王奶奶热心的回报了。拍完照片在屋里聊了几句,我悄悄地把专门买的营养品放下就走了,虽然王奶奶一直留我吃饭,但是真的不想给老人增加负担。虽然只接触了两次,但是王奶奶的乐观和热心让我深受感动。

最困难的事:

暑期调研最困难的就要数口述史了,由于东峪北崖村没有找到合适的老人,于是我就决定回家在自己村找,毕竟家里的老人都很熟悉,没想到在家里做口述史也是困难重重。

回家的第一天,我就立刻去村里查看老年人的资料,虽然村庄很小,但是还是找到了几位八十以上的老人。第一位马庆喜老人,是我同学的爷爷,很健谈,跟我聊了很多,但是土改过程中逃荒去了东北,只好放弃;第二位白坤祥老人,今年八十六了,土改时期也没有在本村庄。虽然前两位都失败了,但是从两位老人口中得知我们村土改时期没有真正的地主,斗争也很不突出,因此只好放弃我们村转向邻村。姥姥在世时是住在邻村谷楼村的,所以也比较熟悉。在村支书的帮助下筛选了好几位八十以上的老人。第一位谷士宽老人很配合也很热情,由此完成了第一份口述史,可是接下来就不顺利了,地主出身的谷士本老人在谈到斗地主阶段拒绝采访,只好换成谷士希老人,而谷士希老人也不想提以前的事,就去找了九十高龄的谷积山老人,老人年纪太大很多事忘记了,实在没办法我就骑着车在村里寻找打听,历经四天终于找到了住在村北地里的谷志高老人,这才完成了第二份口述史。

许英　口述史调研小记

(调查员单位:华中师范大学中国农村研究院)

2017年1月12日,今天是调研的第一天。其实早都很着急了,还没从外地回到老家,就听说有同学已经完成一半任务了。本来回老家之前,计划的是每天访问一位老人,这样几天就可以完成调研任务,说起来也不算太难;可当真正回到老家以后,才发现远远不是自己想得那么简单,因为在南方的农村地区,八十岁以上的老年人,还要头脑清晰,说话清楚,记得几十年以前的事情,能同时满足这些条件的老年人,实在是凤毛麟角,欲哭无泪啊!

最终,在爷爷奶奶的帮助下,我将妇女口述史的访谈目标锁定在了吴会清和张天英两位老人身上。两位老人的年龄均在八十五岁以上,而且,两位老人目前的居住状态均为独居,儿女们常年在外面打工,难得回一趟家,这样一来,我的访谈过程就不会轻易受到外人的干扰,访谈过程也更加流畅和顺利。事实证明,我的选择是正确的。吴会清和张天英两位老人来自同县不同镇的两个村庄,相同之处是两位老人年轻时候均是家里的"实质当家人",对于家庭事务以及村庄情况了解较为全面,再加上两位老人精神状态都很不错,思路清晰,我根据访谈提纲稍加引导,她们就能快速回忆起过去的事情,还提供了很多丰富的素材给我,为我后续的调研材料写作提供了非常多的帮助。

访谈吴会清老人的时候,令我印象深刻的是老人身上那股坚强和倔强的品质,老人的婆家原本是富农,吴会清的父亲当初看好这门婚事也是因为看好这家人多劳力强,而且土地多,希望自己的女儿嫁过去以后可以享福。没想到,吴会清的丈夫为人老实憨厚,在吴会清看来,甚至可以用愚钝来形容,在家里面什么事也管不了,只知道埋头干活,家里面的大小事情还得靠吴会清一个女人家来操持,买建材修房子、打灶头、为子女张罗婚事等,几乎全靠吴会清张罗。吴会清本身个子矮小,由于年轻时候过于操劳,现在已经落下了腿疾的毛病,走路都需要拐杖加以支撑,行动不便的老人已经很少出门,令人心疼不已。

另外一位访谈对象张天英,年轻时候也是一个妥妥的"女强人",丈夫常年在外面打鱼挣钱,家里面的财务和家务也主要靠张天英操持,张天英本人在土改时期还担任过妇女队长,是村里面的妇女模范。时过境迁,如今,老人的丈夫早已经去世,老人自身患有非常严重的白内障,双眼几乎处于完全看不见的状况,平时生活全靠一点一点去摸索。令人感到悲哀和叹息的是,老人虽然有六个子女,但他们几乎没有管过老人的日常生活,老人一人生活在老房子里,行动时,经常因为看不见而摔跤,却只能依靠自己的力量尽快恢复。那种辛酸的感觉,老人说来虽然语气平淡,但作为旁观者的我,甚至有些憎恨老人的不孝子女。而且,"养儿防老"观念浓厚的张天英老人,时刻都期望自己的儿子可以多回来看望自己,陪自己聊天,因为老人一个人实在生活得太苦了。

经历了妇女口述史访谈,虽然面临着沉重的后期写作任务,但有那么一些时刻,我感觉自己是幸福的,有机会花几天时间去了解耄耋之年老人的生命史,听她们回顾自己的一生,反思,感恩,成长,我要满怀爱过好每一天。

姚卫东　口述调查小记

（调查员单位：华中师范大学中国农村研究院）

2017 年 1 月 4 日　天气阴

刚过完元旦，就趁着人少，赶紧回家开始寒假的调研了。坐从武汉到信阳的飞机，再从信阳坐汽车回到县城，爸爸听说我要回来，已经来到县里面来接我了。想想已经有半年没有见到爸爸了，再次见到有一种油然而生的温馨感。我和父亲一路坐着公交车回家，乡还是那个乡，每次见到都有一种亲切感，家里面在我不在的半年里有了不少的变化：以前的坑坑洼洼的柏油路不见了，取而代之的是厚厚的平整的水泥路，浅灰的道路，放眼望去穿梭在一个个村子之间，像是一条整洁而又细腻的绸带。在车上我和爸爸说明了我这次回来调研的任务，希望爸爸在空闲的时候带我在村子里面走走，进行调研，爸爸很愉快地答应了。就这样在与爸爸的交流中，不知不觉间回到了家里，家还是那么温馨，一切都是原来的样子，床很整齐的叠着，还能感受到在被子中阳光的温暖，妈妈还在忙，闲来无事，我就在屋子里面看看问卷，熟悉问卷的问题，并考虑下在明天进行问卷的时候问问题的方法。问卷的政治思想部分和丧葬部分都是一个令人十分头疼的问题，政治思想部分有点抽象不好问，丧葬部分不吉利不方便问，这可真是一个考验人的技术的问卷呀。

2017 年 1 月 5 日　天气晴

早上早早地起床，洗刷完毕，把该准备的东西都准备好，吃过早饭，我让爸爸带我去村委会，希望获得村委会的帮助，这样的话接下来的调研就会更好做一些。村委会搬到了新的屋子里面，原来的村委会已经废弃不用，爸爸一路带我来到了新的村委会，新的房子，洁白的墙壁，相较于过去老房子，给人一种新的精气神。来的时间刚刚好，村支书刚好在屋子里面处理事务，我们进去爸爸和村支书相互寒暄，接下来我说明了我这次来找村支书的意图，村支书听了我这次的调研目标后表现出了极大的支持，说以后会找人带我去村里面做问卷，并帮助我找八十岁以上的老人，一切都是很顺利地进行。接下来村支书跟我们说今天就不太可能进行了，因为今天星期五，要进行定时会议，所以就只能无奈地回家了。在回家的路上，父亲见我不怎么高兴的样子，提出说因为我们这里是贫困村的缘故，村委会的事情比较多就不麻烦村支书了，由他带我进行访谈和找老人，于是就这么愉快的决定了。下午吃过午饭，稍作休息，我们就开始了入户访谈，父亲先带我去他在村子里面玩得比较好的朋友那里，让他们配合我的问卷访谈，刚开始做问卷一切都比较生疏，提问的方法也需要进一步的锤炼，问卷做得比较慢，一下午就做了两份问卷。

2017 年 1 月 6 日　天气晴

在经历了昨天下午的各种尴尬与语塞之后，总结下来有了一定的经验，做起问卷来也比较流畅了，一个上午就做了三份问卷。爸爸带着我走完了他比较好的朋友，接下来就带着我在我们队周围进行随机找人。这些人和我爷爷都很熟悉，与回来近十年的父亲来说也是相互认识，说起来我从来都没有这么认真地去观察过我的村子，了解一下在村子里面有什么人物，这次的寒假调研让我从新认识了一下我的村子，算是一个意外的收获。话说最令我惊喜的是我竟然在村子里面有这么多的表爷，他们大多数都有八十岁，这是一个不错的口述史访谈对象呀。

2017 年 1 月 8 日 天气阴

在持续忙碌了四天以后,20 份农户问卷和 1 份村庄问卷总算圆满地完成了。在进行问卷的访谈过程中,给予我最大帮助的就是我的父亲,是他带着我不辞辛苦的找相适应的问卷访谈对象,谢谢爸爸对我的帮助;第二个对我访谈帮助最大的就是我的小学同学文国庆的妈妈了,她在我们小学旁边开有一个小卖部,她还是村里的妇女主任,平时很多人都会在她的小卖部里面聊天,宛然一个小型的聚会场所。我的大部分农户问卷都是在小卖部里面完成的,大家在妇女主任的照顾下,许多合适的人能够顺利地做问卷。

2017 年 1 月 9 日 天气晴

做完了问卷接下来就是艰巨的口述史任务了,询问了爸爸,哪里有八十岁以上的老人,爸爸就把我带到了我们家门口池塘的对面,那里住着一对老人,他们是我们队里面年纪最大的人了,爷爷有八十九岁了,奶奶八十三了,身体都还好,都是口述史比较好的访谈对象。在访谈的时候,爷爷有点事,就先进行奶奶的妇女口述史访谈。妇女口述史是今年第一次做,厚厚的一本提纲,任务很艰巨。上午和奶奶在屋子里面聊了许多过去的事情,奶奶向我讲述了许多过去让人难忘的往事,过去奶奶家生活很苦,小时候就被送做童养媳,在嫁入了爷爷家里以后,奶奶的婆婆嫌奶奶太小,没法干活,就只能吃家里的饭,就把她撵回娘家说不要她了。不过奶奶在家里住了几天还是忍着回爷爷家,过去妇女只要嫁出门基本上就算是打发掉了,必须要在爷爷家生活。年轻的时候奶奶干不好活,也会受到爷爷的打骂,奶奶的生活很曲折也很辛苦,和奶奶谈了一上午,接着又谈了一下午才结束了奶奶的妇女口述史。现在奶奶腿脚不太好,爷爷也转变了过去对待奶奶的态度,天天伺候奶奶,现在的生活虽然不算很好,不过奶奶依然是有着开心的笑容,一辈子大风大浪都走过来了,奶奶不容易,祝愿奶奶生活越来越好。下午访谈完,奶奶说天色已经不早了,就问爷爷明天有没有空,爷爷明天早上有事情,要赶集,就约定了下午才去奶奶家进行对爷爷的合作化访谈。

2017 年 1 月 10 日 天气晴

上午第一位访谈的爷爷因为有事情就没有再去他们家里找爷爷,就向我奶奶询问有没有其他的适合进行访谈的对象,奶奶听说了我要对过去的事情进行访谈,很支持,就带着我去了我奶奶屋子后面的一个生产队新寨队,那里有我的三老太爷,是一个很好的访谈对象。都是亲戚,又有奶奶的牵线,访谈进行得很顺利。中午在家里面吃过午饭,稍作休息就估计时间差不多就去第一位爷爷家,进行访谈,爷爷也如约在家里面等着我。由于有了先前的经验,一切访谈都很顺利,完美地完成了爷爷的口述史访谈。

2017 年 1 月 15 日 天气晴

经过了十几天的连续访谈,总算是结束了寒假调研的任务,不过一切都需要进行进一步的仔细整理。由于学校还有英语课要进行考试,于是就再一次回到了武汉。从农村到武汉,每一次的到达,总会情不自禁地感叹武汉的人多、交通的发达,到了学校,一切都是那样的匆忙,各色的学子在道路上匆匆地向图书馆走去,学习的感觉是那么的好。你好华师,我在离开了十几天后,再次见到你很高兴。

闫磊 口述调查小记

（调查员单位：华中师范大学中国农村研究院）

刚刚回到家里，我便开始了口述史访谈。在妈妈的帮助下，我成功找到了李彩凤老人，作为我的第一个妇女口述史访谈对象。

寒冷的冬天，村子和旁边的马路上光秃秃的，我和妈妈一大早起来，路上根本看不到人，妈妈裹着厚厚的棉袄开车载着我，我连头都没洗，胡乱围上围脖就出门了。

李彩凤老人是妈妈的姑姑，我应该唤她一声姑姥姥。妈妈的亲姑姑、我的亲姑姥姥——李彩花，经常被李彩凤老人提到。因为我和老人的关系十分亲近，因此，聊起天来十分开心，老人知无不言，讲起以前的事情，老人眼中闪耀着光芒，像是她还是年轻的时候。老人做过团委书记，算是村里为数不多的见过"大世面"的人。虽然年纪大了之后也没有入党，现在只是一个普通群众，可老人十分开明、开朗，不同于普通的农村老太太。

一天的访谈结束，妈妈接着我赶回家去，老人非要亲自送我们到门口，我坐在车上，看着老人满脸笑容地站在门口，大声喊着：你们常来啊，常来说说话。老人的几个儿子、孙子们站在她的后边，也朝我们挥着手。傍晚下的老人，真是慈祥。如果不是这次机会，我可能永远不会和老人有什么交集，最多也只是从妈妈的嘴里听到老人的消息。感谢中农院给我平台和机会，让我近距离了解身边的老人，了解身边的历史。祝愿老人身体康健，幸福长寿！

今天妈妈将我送到了二姨家，为了和我的第二位妇女老人进行访谈。隋秀英老人和我的二姨夫关系很好，二姨夫的父亲宁志田年已九十一，年轻时曾跟随隋秀英老人的父亲——隋玉一起打铁，隋玉是宁志田的师傅，两家关系一直十分好。老人的儿媳妇与妈妈也是同学，见到我十分热情。

谈起一生过往，老人说得最多的就是那时候家里条件好，老人丈夫家里人们都命短，老人的父亲打铁，家里生活较为优越，老人家里也没有重男轻女的思想，没受过苦。老人四十多岁的时候，丈夫便去世了。老人就这样，一直自己生活到了八十多岁，现在依然精神矍铄。谈起长寿的秘诀，老人直言，全是自己的好心态，什么事情都不放在心上，开心一天也是一天，难过一天也是一天。

整整三个小时的访谈，老人丝毫没有显露出疲惫之意。中间打断了我，回到她自己的小屋喝了点管腿疼的药。老人的小屋在儿子家屋子的后边，两个屋子是一体的，只是隔开了而已。访谈结束后，老人兴致勃勃的请我看她的衣裳和被褥，放置的十分整齐，被褥也十分干净。

傍晚离开之时，老人坚持将我送到门口，微笑着看我离开。望着老人家前面的田地，心生感慨：希望在田野上！在党的领导下，我们的日子都会越来越好！

杨昕 口述调查小记

(调查员单位:华中师范大学中国农村研究院)

2017 年 1 月 9 日 天气晴朗

回家匆匆赶完了报告,终于开始了寒假调研的进程。昨天傍晚散步的时候遇上了家附近的一位老奶奶,去年寒假的时候访谈了他们家的爷爷,算是面熟,得知奶奶的一些基本情况以后就预约了今天下午访谈。妇女口述史的提纲比较长,但好在天气很好,奶奶的心情也不错,边晒太阳边访谈也算得冬天里的闲暇。

奶奶名叫向仙凤,今年 85 岁了,小学毕业,有一定的文化水平,所以对于一些事情都有一些客观且独到的见解。向奶奶老家是淳安县的,因为新安江水库的修建才移民到建德的,也算得上是当时比较典型的例子了。奶奶老家是向家乡,因此祠堂和宗族还是存在的,虽然宗族活动并不多,但是在婚嫁和丧葬的红白大事上还是有一些比较有特色的文化的。此外,奶奶在土改的时候非常热心参与,因此土改的事情还是了解的比较清晰,唯一遗憾的是土改之后奶奶就去了杭州厂里上班,因此互助组,初级社和高级社期间的集体记忆大多在厂里,直至 1963 年才下放回农村,但好在后来的集体化生活记忆清晰。非常有意思的一点是,因为在厂里上班,婚嫁由自己做主,也不需要特地从厂里回家摆酒席,也不需要停止工作回家侍奉公公婆婆,有点类似现代的儿媳。漫长一下午访谈时间,接触到了很多未曾涉及的东西,以往的调研为了更清晰明确,总选择爷爷作为访谈对象,针对女性的专项调研经验很少,所以也算是一段非常宝贵的体验。传统的妇女尤其不易,问及一生的深刻体验,奶奶坦言日子太苦,从小操心到现在也不能有一刻停歇,听着让人唏嘘不已。

2017 年 1 月 13 日 天气晴朗

因为去年寒假的调研找遍了镇上的老人,因而这次的调研寻找老人就成为我最大的一个问题,而且合作化访谈对记忆的要求更高,真是愁煞我也。不过邻居也很热心地帮助我,正巧邻居的亲戚过来走亲戚,邻居一看年龄正好,就赶忙来找我,于是我就有了第一个合作化的访谈对象。

王惠根爷爷,今年八十一岁,出生于地主家庭,这倒是让我很欣喜,因为地主成分的老人本身都比较难找,没想到遇上第一个就是地主成分。爷爷祖上是江西人,来浙江也才两三代人,因为祖上是木工出身所以积攒了一些家底,买了一些田地,所以才在土地改革的时候被划成了地主。但是做人却比较好,和村里人相处的也比较好,在合作化期间表示愿意参加,但害怕被骂,可见当时的政策力度。

访谈完爷爷已经是中午了,正好另外一个邻居要回老家村里去,村里正好有适合访谈的老奶奶,于是就带着我去了。

王春花奶奶,今年九十岁了,虽然住了几次医院,但是身体依旧硬朗,而且记忆力极好,对于年幼时的事情记忆非常清晰,且眼观六路,耳听八方,交流起来完全没有阻碍。虽然奶奶没有文化,但是在和王奶奶的访谈过程中,我却访谈到了传统民国社会对于女性的规矩,以及当时的婚姻习俗,家庭传统等。就婚后媳妇的主要家庭责任而言,未分家的大家庭中,妯娌间要轮流分工承担家务,一人煮饭,另一人就负责洗衣扫地。洗衣服也是有规矩的,女性的裤子不能放入篮子或者水桶,只能用绳子捆好提在手上;洗衣服时用何种材料清洗,需要清洗到什么程度,洗完以后用米浆进行保养等都会受到监督,尤其是晾衣服的时候,必须先晾好公公和丈夫叔伯的衣服,其次是太婆和婆婆的,最后才能是自己的衣服,而且女性的衣服必须晾在最低。晒衣服的规矩最为直观,客人只看一眼就能知道这户人家是否有规矩,所以太婆每天都要检查,不合格的要重来。可见,操持家务并不是一件非常简单的事情,在家的妇女可能会比外出工作的人有更多的束缚。此外,定亲、婆媳相处、母子相处之间都有一些独特的方式方法,细细想来也是很有趣。

总而言之,今天的收获颇丰,邻居还答应第二天专门带我去拜访两位老人,进行合作化的访谈调研,感恩。

2017 年 1 月 14 日 天气晴朗

今天一大早就出门,赶往周边镇的村中,好在是邻居的老家,所以也还算顺利,前后访谈了两位老人,两位老人的印象都还比较深刻,也算是访谈到了比较有价值的东西。

王福星爷爷,今年八十八岁,雇农成分,从一开始接触口述史以来,这是我第一个完整访谈到的雇农成分的老人,很是激动,老人从十六岁时开始就给别人当长工,直到二十一岁解放,后因为成分好,担任民兵连长,团支书,党支书等职位,对当时农村了解得比较透彻,跟他访谈也可以了解当时作为农村基层干部在经历合作化阶段的记忆与思考,而且因为曾经当过助理会计,所以对于一些农具、土地的数量还记得一些,实属难得。

第二位访谈的是周进生爷爷,年龄比较小,只有七十六岁,但是因为年幼父母双亡,又是老大当家,所以早熟,对于事情记忆深刻且善于表达,而且曾经担任生产队队长和会计,是一个不可多得的访谈对象,他甚至对于一些当时的口号都印象深刻,如"生活集体化,组织军事化,行为战斗化","多劳动者多食,少劳动者少食,不劳动者不食"等。

2017 年 1 月 15 日 天气晴朗

今天的调研,从又一位邻居的帮助下开始,穿梭在周边各个乡村。今天只访谈了一位老人,因为时间的原因没有办法访谈第二位老人,只能留到第二天了。

今天访谈的老人是吴克武,今年八十岁,也是淳安水库的移民,对于后期口粮的记忆比较清晰,曾经当过队长直到单干,原本家境尚可,后父亲赌博卖掉因而是下中农成分。

2017 年 1 月 16 日 天气阴转多云

今天访谈的爷爷叫翁金根,八十四岁,家中成分为中农,当会计多年,隐约记得一些具体数据,但有些也记不深切了,有些可惜,不过对于合作化的进程还是很了解的。不过因为受访者会计这个身份还是有些期待。总体而言,如今的访谈已经过半了,还是很欣慰的,非常感谢曾经帮助我的邻居们。

2017 年 1 月 21 日 天气晴转多云

中间修养了几天,来到我的外婆家进行问卷调查和剩下的口述史访谈。张明法爷爷主要访谈,童春林老人作为翻译和补充,让我了解了山区的合作化进程,老人的一句话让我印象深刻,"上头的文件千变万化,一天等一二十年,而到了山区真正实施下去却明明没有那么快的。"可见山区与平原地区的差异。下午,访谈了童康福爷爷,今年也是八十六岁了,对于一些标志性事件也能够记得比较清楚的,除了交流比较费力以外,一切还是比较顺利的。

2017 年 1 月 22 日 天气晴朗

今天主要做问卷,舅舅在当地比较熟,所以一直陪着我。先去村委会,书记刚问了一会就急匆匆赶往城里开会了,还好村委很配合地帮助我完成了问卷。剩下的问卷大多是找自己家的亲戚朋友,所以也没有太大的阻碍,不过山里的农村在政策方面还是偏后的,政治意识也比较淡薄,感觉问卷的意义不是很大。在做问卷的过程中,碰到了一位老人,八十七岁,贫农成分,老家在金华,为了吃饭来到山区,因为这里有土地山地可以过日子,所以也比较典型;可能也是因为山区的原因,互助组和初级社,高级社的界限不是很分明,但也能问出一些东西。

　　总而言之,寒假的调研任务到此算是圆满完成了,这次的调研明显比上次更显得力不从心,可能因为太累了的缘故吧。

授权说明

    本卷所出版之妇女口述相关成果(访谈材料、照片、资料等),获得了受访老人的书面或口头授权。经受访老人许可,华中师范大学中国农村研究院享有相关成果的占有、使用、出版等权利。在此,也对受访老人的慷慨支持表示衷心感谢!

教育部人文社会科学重点研究基地

华中师范大学中国农村研究院

后 记

　　2015 年，华中师范大学中国农村研究院启动了"2015 版中国农村调查"，旨在深度调查中国农村，深入研究和认识中国农村，《中国农村调查·口述类》正是该项目的系列成果之一。其中，围绕"关系·惯行视角中的农村妇女"主题开展的妇女口述调查，主要研究农村妇女与家庭、家族、宗族、村庄、市场、国家、政党等的互动、互构关系以及农村妇女自身的发展变迁历程。

　　本卷所收录的口述材料，主要源自于 2016 年冬季、2017 年夏季和 2017 年冬季的妇女口述史调查，经入户访谈、资料整理和筛选编排，前后一年有余。本卷近 60 万字的口述材料，正是从众多口述成果中择优选编而成，依次收录了白孝龙、丁顶、杜真、费高阳、顾亚宁、黄希鑫、姜越亚、季旭东、焦银平、李克义、罗彦、李洯燕、覃雯、史天逸、王乐、王顺平、王玉莹、徐强、许英、姚卫东、闫磊、杨昕 22 位调查员对 39 位老人的口述访谈。在此，首先要对所有的受访老人表示衷心的感谢和崇高的敬意！调查之时正值冬季和夏季，气候处在一年中最寒冷和炎热的时刻，受访老人多已年过八旬，身体状况欠佳，言谈行动十分不便，然而他们依旧热情地接纳了年轻来访者，敞开心扉回顾往事，声情并茂地讲述他们的人生经历，许多老人讲至动情之处不禁潸然泪下。老人们的慷慨和支持，让调查员备受鼓舞和感动，面对这些颤颤巍巍的老人，更加增强了调查员"抢救历史"的责任感、使命感和紧迫感。其次，要对所有的调查员表示诚挚的谢意。调查之时正值暑假与寒假假期，大家牺牲十分难得的与家人亲友团聚的美好时光和自己娱乐休闲、轻松歇息的机会，走街串巷、入户访谈，有的为了找到合适的老人费尽周折，有的甚至饱受误解、委屈和指责，然而他们毅然坚持了下来。此外，访谈结束，还要结合录音整理文稿、撰写日志，也可谓是另一件颇费心血的事情。

　　在本卷的编辑过程中，徐勇教授承担了总体指导和后期审定工作；邓大才教授全程参与并悉心督导，对材料整理和编排进行指导；刘筱红教授逐字逐句地审阅文章内容，认真严谨，就出版规范、内容要求、编辑问题等都做了详细批注。三位老师为本卷的出版倾注了极大的心血，有时候直到凌晨还在进行审阅。正是得益于他们的辛勤付出，本卷才能够迅速、高质量地完成。同时，感谢这 22 位调查员，他们深入扎实的调查、认真细致的整理，才使得本卷有了翔实的材料可供选用。

　　此外，本卷的出版还得到了华中师范大学人文社会科学高等研究院石挺副院长的大力支持，华中师范大学中国农村研究院徐剑副书记、刘义强教授、陈军亚教授、刘金海教授、熊彩云副教授、郝亚光副教授、张大维副教授、黄振华副教授、张晶晶老师、任路老师、肖盼晴老师、胡平江老师、万婷婷老师、张利明老师、李华胤老师等给予了许多指导和帮助。在此一并表示感谢！余成龙、王锐、胡丹、李媛等同学协助刘筱红教授设计、修订调查提纲，并进行了扎实深入的试调查工作，为提纲完善和调查开展做出了贡献。本卷的整理工作主要由王琦、张如洁完成,她们承担了大量细致入微的工作,在此也表示感谢。

由于编者的水平有限,错漏之处在所难免,敬请专家、学者批评指正,我们将在今后的编辑工作中不断改进和完善。

编者谨记